Buddhas
Sieben Übungen

Anleitung für unser Glück

Mit Reiseführerin in das
Reine Land der Großen Freude

Brigitte Thelen

Bestellungen an:

Brigitte Thelen
Hermann-Schmid Strasse 4
80336 München

Tel.: 089-764507
Fax: 089-764507

brigittethelen@t-online.de

ISBN 978-3-00-064496-2

1. Auflage: Februar 2020

Herausgeberin, Zeichnung, Photo, Umschlaggestaltung, Satz: Brigitte Thelen,
München

Druck: Alfa print,s.r.o., Robotnicka 1/D, 03601 Martin, Slowakei

Inhalt

Unsere/n Herzenslama und

die fühlenden Wesen

sollten wir nie vergessen!

Vorwort

Zunächst möchte ich meine tiefe Wertschätzung für Buddha ausdrücken und für die, die auf diesem Weisheitsweg so viel weiter sind als ich.

Die Sieben Übungen, die oft auch Sieben Zweige Gebet genannt werden, und von denen dieser Text handelt, sind eine klassische Übung, die von Buddha gelehrt wurde. Wir begegnen ihr im tibetischen Buddhismus fortlaufend.

Insofern war mir diese Praxis schon länger oberflächlich bekannt. Auch mündliche Belehrungen hatte ich wiederholt dazu erhalten. Als ich mich dann näher damit befasste, ging es zunächst darum, mündliche Erklärungen vorzubereiten und hierfür Notizen zu machen. Aber die Aufzeichnungen an den langen Münchner Winterabenden im Februar 2013 wurden immer länger. Irgendwie konnte ich gar nicht genug von diesen Sieben Übungen bekommen. Man könnte es auch so ausdrücken, dass mir an den dunklen Abenden ein klein wenig ein Licht aufging. Denn mit Erstaunen wurde mir klarer, dass diese scheinbar so einfachen Übungen sehr kostbar und überaus nützlich sind.

Weiter, dass diese Praxis auch sehr gut für Menschen geeignet ist, die im modernen Leben stehen und wenig Zeit haben. Oder die vielleicht (noch) nicht formal Buddhistinnen oder Buddhisten werden möchten, aber Hilfreiches aus der Lehre Buddhas für sich verwenden wollen. Denn diese Übungen betreffen die Dinge, denen wir auch in unserem normalen Leben begegnen, und sie helfen uns, bessere Lösungen zu finden und anzuwenden.

Bei der Recherche fand ich keine ausführliche Veröffentlichung zu diesem Thema. So entstand die Idee die belastbaren Informationen, die ich in Büchern und Skripten fand, die in meinen Aufzeichnungen standen und die im Internet bereitgestellt sind, zu einem Text zu fassen. Dabei dachte ich an 60-70 Seiten.

Da ich mir aber nach wir vor nicht sicher war, fragte ich Lama Jigme Rinpoche, was er davon hielt, und er gab positive Rückmeldung.

Das Buch wurde so aufgebaut, dass verschiedene Zugänge möglich sind:

1. Es kann vom Anfang bis zum Ende gelesen werden. Das ist sinnvoll, da die Kapitel aufeinander aufbauen. Auch ist jedes Kapitel so gestaltet, dass zunächst allgemeine Informationen gegeben werden und dann Details folgen. Daher kann man beim ersten Durchgang jedes Kapitel auch lediglich soweit lesen, wie es angenehm ist, einen Teil überspringen, und dann direkt mit dem nächsten Kapitel weitermachen.
2. Kapitel können aber auch einzeln gelesen oder nachgelesen werden.

3. Unterkapitel können ebenfalls separat gelesen oder nachgelesen werden. Nicht zuletzt, weil ein Einstieg auch in einzelnen Kapiteln oder Unterkapiteln möglich sein soll, gibt es viele Wiederholungen, meist mit jeweils anderem Schwerpunkt oder Blickwinkel und weiteren Informationen.
4. Es ist auch möglich zum Entspannen die eingefügten Geschichten zu lesen.

Schließlich ist dieses Buch unter anderem so umfangreich geworden, weil es wirklich nötig ist, dass wir uns mit den Informationen beschäftigen, wiederholt, um immer mehr ein gutes Verständnis zu erhalten. Denn nur dann können wir die Unterweisungen richtig anwenden, was wichtig ist, um die gewünschten Ergebnisse erhalten.
So nimmt unser Vertrauen zu, und wir machen dankbar und froh weiter, selbst wenn es einmal schwieriger werden sollte. Wir wissen einfach inzwischen, dass es sich wirklich lohnt, mehr als alles, was wir bisher versucht haben.

Und auch, wenn wir manchmal aufgeben möchten, kann es sinnvoll sein, daran zu denken, dass wir auch anderen helfen möchten, die den dauerhaften Ausweg aus dem Leid noch nicht kennen. Können und wollen wir sie im Stich lassen?

Es mag weiter beim Lesen auffallen, dass Zitate und Lebensgeschichten von Frauen häufiger vorkommen. Auch Beispiele sind öfter in der weiblichen statt in der sonst üblichen männlich orientierten Darstellung gehalten.
Dafür gibt es Gründe, wie beispielsweise einmal eine etwas andere Sicht zuzulassen und zu erkennen, wie sehr wir auch in sprachlichen Gewohnheiten verfangen sind. Weiter wird mit der zusätzlichen Verwendung der weiblichen und der männlichen Form Dualität deutlicher. Und wenn wir sie besser erkennen, dann können wir dadurch die Trennung in Ich und Du eher lockern.

Was die Quellen der Zitate angeht, so wird auf die Liste der Zitate am Ende des Buches verwiesen.

Ich möchte nicht schließen, ohne allen Verwirklichten und allen fühlenden Wesen zutiefst zu danken. Letztlich sind sie alle an dieser Arbeit beteiligt.

Die Ausführungen in diesem Buch bedeuten jedoch nicht, dass die Inhalte von mir selbst bereits umgesetzt werden konnten. Vielmehr bemühe ich mich darum.

Denn das, was Buddha gelehrt hat, ist perfekt und fehlerfrei. Allerdings ist es trotz Sorgfalt und Bemühen nicht ausgeschlossen, dass mir Fehler unterlaufen sind. Hierfür bin ich selbst verantwortlich und bitte dafür um Nachsicht.

München, im Dezember 2019   Brigitte Thelen

1. Einleitung

Wir und alle anderen fühlenden Wesen haben die Buddha-Natur. Das heißt, wir sind in der Essenz Buddhas, ausgestattet mit grenzenlosen Möglichkeiten und Qualitäten. Weiter sind wir alle grundlegend völlig frei von Begrenzungen und Problemen, von allem, was uns hindert oder stört.

Das, was wir also in Wirklichkeit sind, kann beschrieben werden mit Qualitäten wie beispielsweise pure Liebe, reine Freude, vollkommene Weisheit, unermessliche Kraft, völlige Furchtlosigkeit und unerschütterlicher Gleichmut.

Obwohl wir uns vermutlich von dieser Beschreibung angesprochen fühlen, werden wir uns doch nicht wirklich darin wiederfinden.

Denn uns stresst die kleine Biene, die auf unser Lieblingseis fliegt, wenn wir an einem schönen Frühsommertag am Starnberger See im Freien sitzen.
Und es stört, wenn unser Espresso nicht warm genug ist. Es ist der Espresso, der für eine andere Person die richtige Temperatur hat.

Dieses „sich gestört fühlen" tritt auf, weil man sich der eigenen vollkommenen Natur nicht gewahr ist. Denn man verweilt in einem Zustand der Unklarheit, der Unwissenheit. So entsteht Anhaftung an ein erfundenes Ich, an dem man hartnäckig festhält, und daraus ergeben sich alle anderen Probleme.
Unser derzeitiger Zustand ist also getrübt durch das, was man Schleier nennt. Es sind die Schleier der störenden Gefühle und die Schleier des Wissens.

An dieser Stelle ist die gute Nachricht, dass wir diese Trübungen entfernen können. Denn sie verschleiern den perfekten Zustand, den Buddhazustand, lediglich zeitweise, können ihn aber niemals beschädigen oder gar zerstören.

Es ist also nicht nötig, dass wir etwas zu uns hinzufügen. Oder, dass man Erleuchtung kauft, erbettelt oder irgendwie erzeugt. Erleuchtung heißt auch nicht, dass man im ganzen Universum nach etwas suchen müsste, das einem fehlt und dann „ganz" macht.

Allerdings bedeutet es nicht, dass von unserer Seite keine Bemühungen erforderlich sind. Denn wir werden nicht zufällig oder aus Versehen in die Erleuchtung hineinstolpern. Uns kann auch niemand anderer erleuchten, und unsere Probleme werden definitiv nicht eines Tages von alleine verschwinden.

Die Frage ist also, wie wir die Trübungen entfernen und diesen wunderbaren, vollkommenen Zustand eines oder einer Buddha verwirklichen können. Dabei können wir zunächst so vorgehen wie immer, wenn wir etwas lernen möchten.

Es ist also möglich, die Schritte anzuwenden, die wir schon kennen. Denn wenn wir Interesse an einem Thema haben, suchen wir natürlicherweise Informationen und befassen uns mit dem, was uns dazu inspiriert. Und wir versuchen, Personen zu finden, die das, was wir lernen möchten, schon können, das heißt Lehrerinnen und Lehrer. Wir suchen also im Außen, wenn wir etwas finden möchten.

Allerdings wenden wir uns auf dem buddhistischen Weg letztlich nach innen. Das ist etwas, was wir eher nicht gewohnt sind.
Deshalb treffen wir unsere buddhistischen Lehrerinnen und Lehrer, die sehr geschickt sind, genau dort, wo wir immer suchen, also im Außen. Die buddhistischen Erklärungen sagen dazu auch, dass es ohne eine qualifizierte Lehrerin oder einen qualifizierten Lehrer nicht möglich ist diesen qualitativ hochwertigsten Zustand zu erlangen. Die Lehrerin oder der Lehrer ist also die Bedingung, um höchste Weisheit, dauerhaftes Glück und damit bestmöglichen Nutzen für sich selbst und für andere zu erreichen. Und jedes fühlende Wesen hat eine Lehrerin oder einen Lehrer, die oder der sie oder ihn zur Erleuchtung führen kann. Das schließt uns ein.

Es ist tatsächlich wie im normalen Leben: Interessiert es uns beispielsweise gut zu schwimmen, gibt es die Option, dass wir versuchen, es uns selbst beizubringen. Das mag soweit ganz gut klappen, braucht aber viel Zeit, Versuch und Irrtum. Wir schlucken auch einfach eine Menge Wasser.
Irgendwann hören wir dann vielleicht von jemandem, die oder der sehr gut schwimmen kann. Oder wir sehen so eine Person schwimmen. Dann kann der Wunsch entstehen, von ihr zu lernen, denn wir stellen fest, dass sie einfach so viel besser ist, als wir es sind. Wir müssen also zunächst einmal in der Lage sein zu erkennen und anzuerkennen, dass es jemanden gibt, die oder der besser schwimmen kann als wir.
Weiter benötigen wir Ressourcen, zum Beispiel, um dahin zu gelangen, wo diese Person unterrichtet. Das könnte eine U-Bahnfahrkarte sein oder auch ein Fahrrad.
In einem weiteren Schritt werden wir dann einiges, von dem wir meinen, es schon gut zu können, ablegen und Neues dazulernen müssen. Denn ohne Fehleranalyse und Fehlerkorrektur werden wir uns nicht wirklich verbessern können.
Auch ist es nützlich, davon zu profitieren, was unsere Schwimmtrainerin und ihre anderen Schülerinnen und Schüler schon besser machen als wir. Freuen wir uns darüber, dass wir in so guter Gesellschaft sind, können wir viel Hilfe erhalten. Denn da wir offen dafür sind helfen, uns die anderen auch viel eher.
Schließlich ist es nötig, dass wir die Lehrerin oder den Lehrer nach Anleitung fragen. Vor allem da, wo wir nicht weiterkommen oder ein Problem haben.
Und sie sollte natürlich auch so lange bleiben, wie wir sie benötigen. Schließlich werden wir irgendwann gut schwimmen, vielleicht werden wir eine der Besten

oder einer der Besten weltweit sein. Diese Kenntnisse nicht für uns zu behalten, sondern sie genau und vollständig weiterzugeben, führt dazu, dass auch andere lernen und weiterkommen können.

Diesen Prozess durchlaufen wir regelmässig, wenn wir etwas lernen möchten und sehr gut darin werden wollen. Und er beschreibt auch bereits eine mögliche Anwendung der Sieben Übungen. Denn alle sieben Schritte sind in dieser Anleitung, um Schwimmen zu lernen, enthalten.

Allerdings werden uns diese Fähigkeiten, wie beispielsweise eine exzellente Schwimmerin oder ein exzellenter Schwimmer zu sein, nicht vor allem Leid bewahren. Auch erfahren wir dadurch kein dauerhaftes Glück bester Qualität. Schließlich gibt es vieles, was wir dann noch nicht können, Kochen beispielsweise. Obwohl es natürlich hilfreich für uns und andere sein kann, wenn wir schwimmen können. Auch ist Schwimmen etwas, das unerlässlich ist, wenn wir weitere Wassersportarten, wie Surfen, lernen wollen. Daher stellt sich die Frage, ob wir umfassend genug denken können und wollen, um uns langfristig für die Verwirklichung aller unserer Qualitäten und die Beseitigung aller unserer Probleme zu interessieren. Und ob wir allen anderen helfen wollen.

Wenn ja, dann sind wir diesbezüglich in einer ziemlich luxuriösen Situation, denn Buddha Shakyamuni hat vor rund 2500 Jahren die Methoden hierfür im Großen Weg und im Diamantweg vollständig gelehrt. Diese Erklärungen sind bis heute erhalten. Und es gibt auch jetzt noch qualifizierte Lehrerinnen und Lehrer und die weiteren, guten Bedingungen, die wir für dieses Projekt benötigen.

Da fühlende Wesen aber unterschiedlich sind, und auch verschiedenartige Vorlieben und Abneigungen haben, hat Buddha eine ganze Reihe von Übungen erläutert, mit denen wir auf dem buddhistischen Weg voranschreiten können. Eine dieser Methoden sind die Sieben Übungen. Da wir diesem Training in sieben Schritten im Buddhismus immer wieder begegnen, liegt es nahe, dass es sehr wichtig ist. Tatsächlich wurde es von Buddha Skakyamuni als Teil des Blumengirlanden-Sutras (Avatamsaka-Sutra), einer seiner Lehrreden, erklärt.

Kann auch ich die Sieben Übungen verwenden?

Diese sieben Praktiken können wir ohne formale Voraussetzungen üben. Damit können sie auch von allen, die nicht Buddhistinnen oder Buddhisten sind, verwendet werden. Und auch von denen, die den buddhistischen Weg gerade erst angetreten haben.
Und obwohl die einzelnen Teile aufeinander aufbauen, ist es auch möglich, jede einzelne Übung ohne die anderen Schritte anzuwenden. Sinnvoll ist es aber, dann anschließend immer auch die siebte Übung zu praktizieren.

Damit geben wir dem Positiven, das aufgebaut wurde, die bestmögliche Richtung. Beispielsweise ist es eigentlich sehr einfach, wenn wir uns an allem Guten, das andere tun, erfreuen. Denn durch Mitfreude sammeln wir die gleiche Menge an Positivem, wie diejenigen, die die Handlungen tatsächlich ausführen. Das bewirkt jetzt und in der Zukunft Glück. Weiter können wir so unseren Neid und unsere Eifersucht reduzieren, was auch angenehmer und gesünder ist. Wir können selbst ausprobieren, ob es so ist. Und auch, wenn wir nicht direkt kommunizieren, dass wir uns über etwas Gutes, das jemand anderer getan hat, freuen, wird die andere Person es doch spüren. Damit wird unsere Beziehung zu diesem Menschen positiver.

Durch derartige Übungen, auch im Alltag regelmässig angewendet, wird sich, mit der Zeit eine tiefgreifende, positive Änderung in unserem Denken, unserer Sprache und bei dem, was wir tatsächlich tun, vollziehen. Denn wir legen ab, was uns jetzt Schwierigkeiten einbringt und in der Zukunft Probleme bereiten wird. Und wir finden mehr und mehr Zugang zu unseren Qualitäten.

Es verändert sich damit nach und nach unser ganzes Leben zum Guten.

Denn die Sieben Übungen, die Buddha gelehrt hat, sind ausgesprochen tiefgründig und zu dieser Tiefgründigkeit können wir durch fortlaufendes Üben nach und nach einen Zugang finden.

Angemerkt sei, dass es für das Üben hilfreich ist, die buddhistische Zuflucht, das Bodhisattva-Versprechen, die Übertragung durch Lesen (tib.: lung) und mündliche Erklärungen (tib.: thri) erhalten zu haben oder im Laufe der Zeit zu bekommen. Wie weiter oben ausgeführt wurde, ist das aber keine Voraussetzung.

Die Sieben Übungen in einer Alltagssituation

Wir können die Sieben Übungen als formale, in sich abgeschlossene Praxis anwenden. Meist werden sie aber als Teil von Übungen und Meditationen verwendet.

Weit weniger bekannt ist, dass wir sie komplett oder teilweise in alltäglichen Situationen einsetzen können.

Angenommen, man spricht beispielsweise sehr gut Französisch. Da man gerade umgeben ist von Menschen, die das nicht so gut können, möchte man, vielleicht auch ohne es recht zu bemerken, mit den eigenen Fähigkeiten glänzen.

Also sagt man: „Honi soit, qui mal y pense." („Beschämt sei, wer schlecht darüber denkt.").

Vielleicht fällt einem, kaum dass man das gesagt hat, auf, dass die anderen damit nichts anzufangen wissen. Und dass man selbst wohl gerade etwas Stolz entwickelt.
Kennen wir die erste Praxis der Sieben Übungen, Wertschätzen, verwickeln wir uns nicht weiter in diese stolze Geisteshaltung.

Stattdessen versuchen wir, herauszufinden, was die anderen um uns herum sehr gut können und bringen in uns eine Geisteshaltung von Wertschätzung und Respekt hervor.

Ist da also jemand, der besonders gut kochen kann, machen wir uns klar, dass das eine Qualität ist, die wir selbst vielleicht gar nicht in diesem Ausmaß haben. Wie schön also, dass wir in so guter Gesellschaft sind! Umgeben von Menschen, die in Dingen gut sind, die wir selbst nicht wirklich beherrschen. Es ist etwas, dass wir sehr schätzen können.

In so einer Situation können wir dann gleich auch die nächste Übung anwenden. Beispielsweise dieser Wertschätzung Ausdruck verleihen, was eine Form von Geben ist: Wir könnten also der guten Köchin in angemessener Art eine Anerkennung für das wunderbare Essen schenken.

In Gedanken, und wenn wir geübt sind, geht das relativ schnell. Mühelos können wir anschließend die dritte Übung praktizieren: Wir bedauern, dass wir gerade uns selbst in den Vordergrund gestellt haben und nur unsere Qualitäten gesehen haben. Wir wissen ja inzwischen, dass es nachteilig ist, wenn wir meinen, wir wären wichtiger als andere. Und zwar auch für uns selbst.
Dabei bedeutet Bedauern nicht, dass wir uns schuldig fühlen sollten. Eher sind wir froh darüber, dass wir etwas weniger Zuträgliches in uns erkannt haben und beginnen können es abzustellen.
Und als nächstes könnten wir Mitfreude anwenden, indem wir uns daran erfreuen, dass jemand gut kochen kann; vor allem, wenn es jemand ist, die oder der auch für andere kocht. Dann würde sich unsere anteilnehmende Freude nicht nur auf das Talent der Köchin in Bezug auf das Kochen erstrecken, sondern auch auf die anderen zugewandte, freundliche Haltung und Handlung. Weiter erinnern wir uns daran, dass sie einmal die Ursache gesetzt hat, um gut kochen zu können. Sie muss also Positives gedacht oder gesagt oder getan haben. Vielleicht auch alles drei. Auch darüber können wir uns freuen.
Wenn wir dann merken, dass es uns besser geht und wir froher sind, könnten wir uns daran erinnern, woher diese so nützlichen Informationen darüber, wie es möglich ist, Glück zu kreieren, kommen.

Oft entsteht dann ganz natürlich der Wunsch, dass alle diese Informationen erhalten können. Dann denken wir vielleicht für einen oder einige Momente an die buddhistischen Lehrerinnen und Lehrer und wünschen aus ganzem Herzen, dass sie diese authentischen Informationen allen geben.

Die sechste Übung ergibt sich auch ganz natürlich, denn wir möchten doch, dass die, die so nützliches Know-how haben, bei uns bleiben. Wir bitten also innerlich die authentischen Weisheitshalterinnen und Weisheitshalter, bei uns zu bleiben und uns zu helfen, damit wir weiter lernen können. Wir denken beispielsweise für einen Moment, dass die, die wissen, wie wir glücklich werden und schließlich den besten Zustand erreichen können, für uns zugänglich bleiben sollen.

Das Gute, das wir so angesammelt haben, können wir dann für die Erleuchtung, das vollkommene Dauerglück aller fühlenden Wesen einsetzen; in einer Art, die perfekte Weisheit und voller Mitgefühl ist. Wir denken also, dass wir das gerade hervorgebrachte Positive so verwenden wollen, wie es die Buddhas und Bodhisattvas tun. Ist uns das „zu buddhistisch", könnten wir den Gedanken fassen, dass alles Positive, das jetzt entstanden ist, dazu führen möge, dass dadurch alle fühlenden Wesen das Bestmögliche überhaupt erreicht können.

Das Beispiel zeigt, dass wir die Sieben Übungen oder Teile davon in sehr vielen Situationen anwenden können. Denn die obige Beschreibung enthält alle sieben Schritte. In diesem Beispiel war selbstbezogener Stolz der Auslöser dafür, sie anzuwenden.

Wäre man allerdings der ursprünglichen stolzen Geisteshaltung gefolgt, hätte man vielleicht eine Situation kreiert, in der jemand aus Neid über die Französisch-Kenntnisse etwas weniger Freundliches gesagt hätte. Man hätte sich vielleicht geärgert, möglicherweise wäre der Abend verdorben gewesen.

Tatsächlich lässt sich diese Praxis der Sieben Übungen auch bei anderen Emotionen, die einen in nachteiliges Denken, Reden und Handeln hineinziehen, anwenden. So können wir lernen, mit problematischen Gefühlen, die zu Leid führen, in einer besseren Weise umzugehen.

Eine Emotion, die normalerweise Leid hervorbringt, kann somit der Auslöser dafür werden, sehr viel Positives anzusammeln und Negatives zu bereinigen. Damit geht es uns und anderen besser, wir haben weniger Schwierigkeiten und erleben mehr Freude.

Die Sieben Übungen im eigentlichen Sinn

"Seit anfangsloser Zeit sterben Wesen –
ihre Gefäße, die Körper, zerfallen.
Warum nur kehren sie immer wieder in Körper zurück?
Mein Gefäß ist heute zerbrochen,
aber ich kehre nirgendwohin zurück.
Ich verweile in unbedingter Glückseligkeit.
Wahrhaft wunderbar ist der Lehrer!
Ihr Wesen, wollt ihr glücklich sein, vertraut ihm!"

Manibhadra

(Siehe Zitateliste Seite 569-572)

Die Sieben Übungen im engeren Sinn sind auf die ausgerichtet, die uns helfen können, das zu erreichen, was wir fortlaufend wollen: glücklich sein und kein Leid erleben. Denn wenn wir Espresso trinken, suchen wir in Wirklichkeit Glück. Und wenn wir eine Biene verscheuchen, wollen wir Leid vermeiden.

Tatsächlich können wir die tief zugrundeliegende Triebfeder für alles, was wir tun, in folgenden Punkten zusammenfassen:

1. Wir wollen, dass es uns für immer vollkommen gut geht, dass wir also nie mehr leiden müssen.
2. Wir wollen im Grunde allen fühlenden Wesen effizient helfen können, diesen Zustand auch zu erreichen.

Tatsächlich bedeutet es, dass wir meist, ohne es noch recht zu wissen, Befreiung (erste Erleuchtungsstufe) und Erleuchtung, den perfekten Zustand, erreichen möchten.

Daher suchen wir Hilfe und Anleitung bei denen, die das alles können, wir bezeichnen sie als Buddhas. Eine oder ein Buddha weiß aus erster Hand, was zu Glück und was zu Leid führt, denn sie oder er hat die entsprechenden Methoden gefunden (nicht erfunden), hat sie angewendet und das perfekte Ergebnis erzielt. Aus Liebe zu uns hat Buddha dann erklärt, wie dieser Weg aussieht. Denn sie oder er sah, dass die fühlenden Wesen leiden und dachte, dass es besser ist, wenn sie frei von Leid und glücklich sind. Daher verwenden wir Erleuchtete, in unserem Fall Buddha Shakyamuni, als wesentliche Stütze. Aber wir stützen uns auch auf die, die ein bestimmtes Mindestniveau erreicht haben, die weiter sind als wir. Der Zustand, den sie erreicht haben, wird auch Befreiung genannt, da man ab dann dauerhaft frei von Leid ist.

Die, die mindestens Befreiung erreicht haben oder noch fortgeschrittener sind, werden als verwirklichte Sangha bezeichnet. Sie sind weiter als wir, aber noch keine Buddhas.

Im Kleinen Weg, eine der beiden Abteilungen der Lehre Buddhas, besteht die verwirklichte Sangha vor allem aus Arhatis und Arhats.

Im Großen Weg, der anderen Abteilungen der Lehre Buddhas, wird die verwirklichte Sangha von Bodhisattvas gebildet.

Dabei sind Arhatis und Arhats primär auf das Erreichen des eigenen Glücks ausgerichtet.

Bodhisattvas hingegen sind diejenigen, die ausschließlich am Glück aller fühlenden Wesen interessiert sind. Oder einfach erklärt: Wenn wir zu jemandem sagen: „Du bist ein Engel", ist diese Person für uns in dem Moment wie eine oder ein Bodhisattva.

Auch die Lehre Buddhas, der Dharma, ist für uns sehr wichtig, weil hier das Know-how über die Methoden zusammengestellt ist, wie wir uns fortlaufend verbessern können.

Wer Buddhistinnen oder Buddhisten beobachtet, wird vielleicht auch schon gesehen haben, dass sie die Texte, die den Dharma der Schriften bilden, schätzen und achtsam behandeln. Der Grund ist nicht, dass hier den Blättern in den Büchern Wertschätzung entgegengebracht wird. Es ist vielmehr die Information, die für uns so wichtig und hilfreich ist. Auch, um das nicht zu vergessen, werden die Bücher gut behandelt, also nicht irgendwohin gelegt, wo sie Schaden nehmen könnten. Tatsächlich ist der Dharma aber nicht nur Text. Es geht vor allem darum, die Anleitungen umzusetzen, sie zur eigenen Verwirklichung werden zu lassen.
Die Lehre Buddhas ist hier wie eine Wissenschaft zu sehen, denn es wird unter anderem untersucht, was zu Leid und was zu Glück führt, und wie der Geist funktioniert. Daraus ergibt sich ein Lebensstil. Dessen Leitlinie, der rote Faden, ist das Glück aller fühlenden Wesen, uns selbst eingeschlossen. Wobei mit Glück vor allem das ungetrübte und dauerhafte Glück gemeint ist.

Wenn einen also jemand anderer abwertend behandelt, dann zeigt sich, ob wir das, was wir gelesen haben, auch umsetzen können. Schlägt man also egoistisch motiviert zurück? Oder können wir mit der Situation umgehen und zum Beispiel wertschätzenden, mitfühlenden Humor an den Tag legen.

Wenn uns also eine Verkäuferin an der Theke im Bio-Supermarkt den Rücken zudreht und uns nicht beachtend angestrengt Käse abschneidet, was tun wir?

Haben wir Stil, und hier ist der Dharma-Stil, die Dharma-Geisteshaltung, gemeint, könnten wir zum Beispiel mit freundlicher Miene und Geisteshaltung sagen: „Möchten Sie vielleicht eine kleine Pause von der anstrengenden Arbeit haben, indem sie mir das Brot dort abwiegen und einpacken, was viel weniger anstrengend ist?"

Vielleicht dreht sie sich dann um und ist froh, dass jemand erkennt, wie sie sich fühlt. Und verstanden hat, was sie jetzt gerne hätte, eine Pause. Auch wenn wir gerade nicht viel mehr anbieten können als eine Unterbrechung der anstrengenden Arbeit durch etwas, was zwar auch Arbeit, aber doch leichter ist. Das ist eine an sich unscheinbare Situation. Aber es ist ein kurzer Moment, in dem ein klein wenig Positives entsteht, ein winziger Augenblick von etwas weniger Leid für ein fühlendes Wesen.

Das ist ein Beispiel dafür, was wir kultivieren, wenn wir den Lebensstil von Bodhisattvas ausprobieren und trainieren.

Hat man diese Art von Stil nicht, fühlt man sich vielleicht gestört und sagt möglicherweise etwas Abwertendes. Problematisch für einen selbst ist dabei allerdings, dass diese Handlung eine Ursache setzt, die dann irgendwann wie ein Bumerang zu einem selbst zurückkehren wird. Es wird also definitiv zwei geben, die leiden. Eine oder einer davon wird man selbst sein.

Wer uns das Know-how dafür geben kann, wie wir den Bumerang in einer Art nutzen können, dass etwas Nützliches für uns und für andere entsteht, das sind Buddha und die verwirklichte Sangha. Sie geben uns den Dharma, die Erklärungen und Methoden in einer Weise, die auf uns individuell zugeschnitten ist. Und zeigen an ihrem Beispiel, was möglich ist.

Weil also Buddha(s), die verwirklichte Sangha und der Dharma für uns von so großer Bedeutung sind, heißen sie in der buddhistischen Fachsprache auch Drei Juwelen. Denn Juwelen sind in unserem Weltbild sehr wertvoll. Und für die, die dauerhaftes höchstes Glück anstreben, sind Buddha, Dharma und die Sangha wirklich sehr, sehr kostbar.

Durch unsere Ausrichtung auf die Repräsentantinnen und Repräsentanten der Erleuchtung hat unsere Übung viel mehr Kraft. Während wir üben, haben wir weiter auch schon vor Auge, was wir selbst sind, aber erst freilegen müssen: Es ist der völlig makellose Buddhazustand.

Durch die Drei Juwelen haben wir weiter in Sichtweite, wie die Stufen dorthin aussehen. Und zwar durch die, die fortgeschrittener sind als wir, die verwirklichte Sangha. Und wir sehen, welche Informationen verlässlich und zielführend für unser Projekt sind. Es ist die Lehre Buddhas, der Dharma.

Tatsächlich sind die Drei Juwelen wie die Tür zur Schatzkammer all dessen, was zu bedingtem und damit zu befristetem, vor allem aber zu nicht bedingtem, und damit nicht befristetem, ungetrübtem Glück führt. Das heißt zu allem, was wir (eigentlich) wollen. Und unser Vertrauen in sie ist wie der Schlüssel für die Türe zu dieser Schatzkammer. Dabei sind die Drei Juwelen nichts anderes als eine Reflexion der nicht bedingten Qualitäten von Körper, Sprache und Geist von uns selbst und allen anderen. So sucht also tatsächlich unser nicht erleuchteter Geist Schutz und Anleitung bei unserem erleuchteten Geist.

Die verwirklichte Sangha wird im Kontext der Drei Juwelen auch oft einfach „Sangha" genannt. Gemeint ist dann aber in diesem Zusammenhang immer die verwirklichte Sangha, also diejenigen, die bereits frei vom Leid sind.

Die anderen Buddhistinnen und Buddhisten, die lehren, können uns zwar eine gewisse Anleitung geben. Denn sie haben selbst (hoffentlich) wiederum Lehrerinnen und Lehrer und stehen (hoffentlich) in einer buddhistischen Linie. Aber sie sind keine wirkliche Zuflucht vor Leid, da sie eben selbst noch leiden. Allerdings heißt es, dass sie unter Umständen viel gütiger zu uns sind als selbst Buddha, weil wir eben derzeit niemand anderen haben. Weiter leiden sie noch, nehmen das aber auf sich, um uns zu helfen. Bodhisattvas ab der Befreiung leiden dagegen so gut wie nicht mehr, das heißt auch kaum noch unter ihren Schülerinnen und Schülern.

Die verwirklichte Sangha ist sehr wichtig für uns, auch wenn sie bei der klassischen Aufzählung an dritter Stelle steht. Denn in der Regel ist sie es, die uns den ersten authentischen persönlichen Kontakt mit der Lehre Buddhas ermöglicht. Sie ist die beste Gesellschaft, die wir haben können. Denn Buddha können wir derzeit mit unseren Wahrnehmungsmöglichkeiten nicht persönlich treffen, er ist ja bereits vor circa 2500 Jahren gestorben.

So sagte Kisagotami, die zur Zeit Buddhas lebte:

„Mit guten Freunden kann sogar ein Dummkopf weise sein.
Pflege gute Gesellschaft und Weisheit wächst an.
Diejenigen, die gute Gesellschaft pflegen
können vom Leid befreit werden."

(Siehe Zitateliste Seite 569-572)

Oft ist dann auch von einem weiteren wichtigen Bezugspunkt die Rede, das ist die oder der Lama. Damit ist die buddhistische Lehrerin beziehungsweise der buddhistische Lehrer gemeint. Sie oder er ist, wie erwähnt, nicht unbedingt erleuchtet. Aber sie oder er vertritt die oder den Lama, die oder der die Linie leitet und die oder der eine voll verwirklicht ist.

Letzteres ist wirklich wichtig, weil nur jemand, die oder der voll verwirklicht ist, sicherstellen kann, dass die höchste Qualität erhalten bleibt. Und dass Änderungen keine Verwässerungen und Verschlechterungen mit sich bringen. Weiter, dass das Ergebnis, Erleuchtung, mit den gegebenen Methoden auch erreicht werden kann.

Über die Lehrerinnen und Lehrer, die noch nicht den perfekten Zustand erreicht haben, entsteht dann die Verbindung, sie sind wie eine Brücke.

Die oder der Lama ist bei genauerem Hinsehen allerdings oft in den Drei Juwelen enthalten: Ist sie oder er erleuchtet ist sie oder er bei Buddha eingeordnet. Und ist sie oder er befreit, aber nicht erleuchtet, gehört sie oder er zur verwirklichten Sangha.

Diese Drei Juwelen bilden zusammen die Zuflucht, denn sie geben uns Schutz vor Leid. Genauer bezeichnet sind sie die äußere Zuflucht, im Überblick:

1. Buddha
2. (verwirklichte) Sangha
3. Dharma

Neben der äußeren Zuflucht gibt es die innere Zuflucht

Das sind die im folgenden aufgeführten Drei Wurzeln:

1. Die oder der Lama, die Wurzel für Segen.
2. Die persönliche Meditationsgottheit, sie wird auch als Übungsgottheit oder tibetisch als Yidam bezeichnet. Sie ist die Wurzel für Verwirklichung.
3. Die Schützerinnen und Schützer oder Dakinis und Dakas, sie sind die Wurzel für Aktivität.

Die oder der Lama, und hier ist vor allem die oder der eigene Lama gemeint, enthält aber die gesamte Zuflucht, das, was uns vor Leid schützt. Sie oder er vereint damit sowohl die Drei Juwelen als auch die Drei Wurzeln.

Weiter gibt es den Begriff des Wurzellamas. Damit ist die oder der Lama gemeint, die oder der uns in die Natur des Geistes einführt. Das heißt, sie oder er zeigt uns, wie unser Geist beschaffen ist.

Auch begegnen wir der Bezeichnung „Gefolge". Das ist die Bezeichnung für diejenigen, die die jeweilige Hauptfigur, den Hauptbezugspunkt einer Übung, umgeben. Viele davon sind noch nicht so weit fortgeschritten wie die zentrale Figur.

Wenn wir im buddhistischen Kontext die Sieben Übungen ausführen, so sind sie also im engeren, eigentlichen Sinn im Wesentlichen ausgerichtet auf:

1. unsere Wurzellama oder unseren Wurzellama - wenn wir diese oder diesen haben - mit Gefolge, oder:
2. unsere persönliche Meditationsgottheit (Yidam) - wenn wir diese haben - mit Gefolge, oder:
3. die Drei Juwelen mit Gefolge, oder:
4. die Drei Juwelen und die Drei Wurzeln mit Gefolge, oder:
5. die Buddhas mit Gefolge, hier vor allem mit den Bodhisattvas, oder:
6. der Meditationsaspekt, zu dem wir den stärksten Bezug haben, also beispielsweise Grüne Tara oder Chenrezig, wieder mit Gefolge, oder:
7. alle, wobei der für uns jeweils wichtigste Bezug der vorgenannten Repräsentantinnen und Repräsentanten der Erleuchtung in der Mitte steht.

Wir stellen uns bei der eigentlichen Übung diese Weisheitshalterinnen und Weisheitshalter vor uns im Raum als Licht-Energieform vor.

Was das Gefolge angeht, so braucht man nicht jedes Mitglied einzeln zu kennen und sich vorzustellen. Allgemein heißt es dazu, wenn die Königin anreist, dann ist das Gefolge automatisch ebenfalls dort, wo die Königin ist, denn es umgibt sie. Man muss dann nicht jede Person des Gefolges mit Namen kennen. Das Gefolge braucht also zunächst nicht in allen Einzelheiten visualisiert zu werden.

Wenn wir das alles etwas vereinfachen, dann können wir folgende zentralen Bezugspunkte für unsere Übung vergegenwärtigen:

1. die oder den Lama, oder
2. Buddha, oder
3. unseren Lieblingsmeditationsaspekt, wie Grüne Tara oder Chenrezig
4. unseren Yidam, also die persönliche Meditationsgottheit.

Die Sieben Übungen als formale Praxis sind somit auf die Repräsentantinnen und Repräsentanten der Erleuchtung ausgerichtet. Sie werden auch als „höheres Feld der Ansammlung" bezeichnet.

Warum ist es so wichtig, dass wir dieses beste Feld für unsere Übung verwenden? Die Antwort ist, dass das Feld, das wir für das Ansammeln von guten geistigen Eindrücken wählen, so wichtig ist, weil davon das Ergebnis abhängt.

Nebenbei ist es ja auch zuträglicher und angenehmer, auf eine wunderschöne Landschaft zu schauen, als einen Schuttplatz im Blickfeld zu haben.

Hier wählen wir also die wunderschönen, strahlenden Repräsentantinnen und Repräsentanten der Erleuchtung, denn sie haben höchste Qualitäten. Und dadurch, dass wir uns auf sie ausrichten, bekommen wir Zugang zu diesen Qualitäten, die genauso in uns selbst auch vorhanden sind. Weiter sammeln wir dadurch, dass wir unser Training mit ihnen verbinden, gute geistige Eindrücke (die buddhistische Glückswährung) an. Das heißt, wir kreieren Samen für Glück durch dieses sehr gute Feld.

Aber auch alle fühlenden Wesen sind ein Feld der Ansammlung. Denn wenn wir ihnen, mit möglichst wenig Anhaftung an uns selbst, helfen, vermehren wir ebenfalls gute geistige Eindrücke. Dadurch geht es uns und anderen besser und unsere Kapazitäten wachsen an.

Es gibt aber weitere Gründe dafür, dass wir uns beim formalen Üben auf dieses höhere Feld der Ansammlung ausrichten. Einer, den wir leicht verstehen können, ist, dass wir auch üben, was wir tun sollten, wenn wir tatsächlich hohen buddhistischen Lehrerinnen und Lehrern begegnen.

Weiter hilft uns diese Praxis Vertrauen, Hingabe und Offenheit den Repräsentantinnen und Repräsentanten der Erleuchtung gegenüber zu entwickeln. Das ist wichtig. Denn ohne diese Eigenschaften könnten wir sogar ständig neben Buddhas sitzen, ohne dass sich viel bei uns ändern würde. Wir wären dann wie eine Person, die am Ufer eines Sees sitzt und dort verdurstet. Allerdings ist unsere Hingabe keine blinde Hingabe. Es ist eine Hingabe, die darauf beruht, dass wir die Lehrenden geprüft haben und dass wir ihre Qualitäten mehr und mehr sehen und schätzen.

Es ist also auch nötig, Wissen zu folgenden Punkten zu suchen und zu erhalten:

1. wie wir in der richtigen Weise eine Lehrerin oder einen Lehrer suchen,
2. welche Merkmale eine Lehrerin oder eine Lehrer haben muss,
3. wie wir uns in der richtigen Weise auf die Lehrerin oder den Lehrer stützen,
4. und es ist wichtig, dass wir der Lehrerin oder dem Lehrer in der richtigen Weise zuhören, darüber nachdenken, was gesagt wird und das selbst üben.

Weiter ist der Bezugspunkt, auf den wir unser Üben ausrichten, Erleuchtung, denn diese wollen wir letztendlich erreichen. Was das ist, ist allerdings für uns derzeit wenig fassbar. Daher verwenden wir die Repräsentantinnen und Repräsentanten der Erleuchtung in einer Form, die für uns zugänglich ist.

Bei den Sieben Übungen vergegenwärtigen wir somit das höhere Feld der Ansammlung, die Repräsentantinnen und Repräsentanten der Erleuchtung, vor uns im Raum. Wir laden sie dort auf schöne, bequeme und kostbare Sitze ein. Und vor dieser Visualisierung führen wir beim formalen Üben die Übungen aus.

Der Grund dafür, dass dieses Training funktioniert, besteht aus drei Punkten:

1. Wir und die, die Erleuchtung repräsentieren, sind von gleicher Grundnatur.
2. Die Wunschgebete derjenigen, die befreit und erleuchtet sind.
3. Unser Vertrauen, das wir in sie setzen.

Man mag sich an dieser Stelle vielleicht fragen, ob man sich nicht auch beispielsweise die Sonne oder einen Delphin als Bezugspunkt für die Übung vorstellen kann. Oder vielleicht eine Diktatorin oder einen Diktator. Letzteres mag abwegig erscheinen, das gibt und gab es aber immer wieder.

Die Sonne ist hier für unser Vorhaben kein geeigneter Bezugspunkt. Es gibt zwar auch im buddhistischen Kontext immer wieder Analogien, Beispiele oder auch Symbole, die die Sonne zum Thema haben. Aber die Sonne ist für uns kein Objekt, das uns Schutz vor Leid geben kann. Oder Anleitung dazu, wie wir Erleuchtung erreichen können. Sie spricht weiter nicht zu uns oder malt Buchstaben in den Sand am Strand. Tatsächlich ist sie auch vergänglich. Aber wir schätzen trotzdem alle Phänomene, also auch die Sonne.

Und was ist mit einem Delphin? Er ist ein fühlendes Wesen, und hat die Buddha-Natur. Allerdings ist er nicht erleuchtet, ist also selbst nicht frei von Leid. Daher kann er uns den Weg, der aus dem Leid heraus führt, nicht zeigen. Natürlich schätzen wir den Delphin und helfen ihm, so gut wie wir können. Sind wir weit genug, können wir ihn sogar als Buddha sehen. Erklärungen in Richtung Erleuchtung wird er einem aber derzeit nicht geben können. Das sollte uns allerdings auch nicht dazu verführen, zu meinen, wir wären besser als er. In der nächsten Wiedergeburt sind wir nämlich vielleicht ein Delphin, und der Delphin ist ein Mensch, der die Sieben Übungen praktiziert!

Was die Diktatorin oder den Diktator angeht, sie oder er ist ebenfalls ein fühlendes Wesen, ein Mensch und hat die Buddha-Natur. Allerdings, sie oder er ist nicht erleuchtet, also nicht frei von Leid. Daher kann dieser Bezugspunkt für die Übung einem nicht helfen, den Weg zum Ende vom Leid zu finden und zu gehen. Im Gegenteil, hier hätte man zusätzlich noch das Problem, dass man sich mit jemandem verbindet, die oder der massiv nachteilig handelt. Und das kann einen in die gleiche Richtung ziehen. Denn Handeln, das Leid bringt, verursacht kein Glück, so wie glückbringendes Handeln kein Leid verursacht. Daher ist es sinnvoll, vorausgesetzt, wir möchten nicht leiden, sondern glücklich sein, die entsprechenden Ursachen zu setzen und uns mit passenden Vorbildern zu verbinden. Möchten wir Blumen pflanzen, gehen wir ja auch nicht zu jemandem, die oder der ausschließlich Samen für Dornenpflanzen verkauft. Allerdings vergessen wir dabei nicht, dass auch die Diktatorin oder der Diktator die - im Moment recht verschleierte – Buddha-Natur hat. Sie oder er ist also wie eine Person, die ziemlich krank ist.

Die Buddha-Natur schätzen wir auch in so einer Person, gleichzeitig sehen wir, wie schädlich es ist, was so jemand denkt, sagt und tut; und wir distanzieren uns davon, richten unseren Geist also nicht auf diese Verhaltensweisen als positiv aus.

Die oben genannten Zielobjekte der Sieben Übungen, die Repräsentantinnen und Repräsentanten der Erleuchtung, sind dagegen sehr gut, sie haben eine große Kraft, um uns in eine sehr gute Richtung zu führen. Und sie sind ein Rollenmodell für uns, mit dem wir erreichen können, was sie erreicht haben. Wir vergegenwärtigen also, wo wir hin möchten, das Ziel, und richten unseren Geist darauf aus. Und auf den Weg. Denn unser Geist folgt dem, wohin wir ihn ausrichten. Will man nach Tahiti fahren, richtet man als erstes den eigenen Geist dorthin aus. Dann macht man sich auf den Weg. Und irgendwann ist man dort.

Aber wieso haben Erleuchtete viel mehr Qualitäten als wir? Ein sehr wesentlicher Unterschied besteht darin, dass die, die wir so vergegenwärtigen, keine gewöhnlichen Wesen sind wie wir. Denn ihre Aktivität ist anstrengungslos ausschließlich auf andere ausgerichtet; darauf, dass es uns und allen anderen fühlenden Wesen gut geht und dass wir glücklich sind.

Man selbst dagegen ist die allermeiste Zeit damit befasst, dass es einem selbst gut geht, man setzt sich an erste Stelle. Normalerweise ist man mit dem, woran man denkt und was man sich vorstellt, im Egomodus. Dadurch, dass wir uns mit d e n Repräsentantinnen und Repräsentanten der Erleuchtung befassen und unseren Geist auf diese ausrichten, schwächen wir diese Gewohnheitstendenz.

Auch führen wir diese Übungen, wie Wertschätzen oder Gaben darbringen, nicht vor den Repräsentantinnen und Repräsentanten des höchsten Zieles aus, weil sie unsere Aufmerksamkeit, unser Geld oder irgendetwas anderes von uns benötigen. Sie haben ja bereits alles erreicht und verweilen beispielsweise in ständiger ungetrübter Freude. Weiter haben sie alles beseitigt, was zu beseitigen ist, alle Probleme, alles Leid. Was also könnten sie noch von uns für sich selbst benötigen? Die Antwort ist: „Gar nichts." Auch ihre Aktivität für unser Glück ist vorstellungsfrei. Das heißt, sie haben keine Vorstellungen wie: "Ich will das und das." Oder: "Ich will das und das nicht." Allerdings bedeutet das nicht, dass wir den authorisierten buddhistischen Lehrenden nicht helfen. Denn das hilft uns! Weiter helfen sie mit unserer Unterstützung anderen.

Wenn wir die Übungen ausführen, tun wir das weiter vor der Vergegenwärtigung derer, die Erleuchtung darstellen, weil wir ein Gegenüber als Vorbild benötigen, um unsere eigene erleuchtete Natur irgendwann erkennen zu können.
Aber es sei daran erinnert, dass wir die Sieben Übungen tatsächlich vor unserer eigenen erleuchteten Natur ausführen, die im vermeintlichen Außen wie eine Spiegelung vor uns entsteht.

31

Denn, wie erwähnt: Wir haben die Buddha-Natur, erkennen sie aber nicht. Wir stützen uns daher auf äußere Repräsentantinnen und Repräsentanten, wir brauchen also jemand im Außen, die oder der uns den Weg zeigt, dahin, wo wir schon immer waren, sind und immer sein werden.

Um unser Gesicht zu sehen, schauen wir ja auch in einen Spiegel. Wir würden hier nicht sagen, dass das Gesicht im Spiegel wirklich unser Gesicht ist. Aber wir denken auch nicht, dass das Gesicht im Spiegel nicht unser Gesicht ist.

Hier soll noch angemerkt werden, dass bei dieser Übung im Sutra (Weg, auf dem man mit der Ursache arbeitet) davon ausgegangen wird, dass hier ein nicht erleuchtetes Ich ist, und dort ein davon getrenntes erleuchtetes Du. Im Tantra (Weg, auf dem man mit dem Ergebnis arbeitet) werden die Sieben Übungen in dem Bewusstsein ausgeführt, dass unser Geist der Buddha-Geist ist, also in Bezug auf den Geist nichts wegzunehmen und nichts hinzuzufügen ist.

Vielleicht denken wir jetzt, wenn wir selbst die Buddha-Natur haben, dann bräuchten wir uns im Außen nicht mehr auf die Repräsentantinnen und Repräsentanten der Erleuchtung zu stützen. Das ist aber nicht der Fall.
Nicht zuletzt ist auch das tatsächliche oder vorgestellte Sehen erleuchteter Formen im Außen sehr segensreich.

So hat eine Prinzessin aus Sri Lanka die erste Erleuchtungsstufe in dem Moment erreicht, in dem sie eine Abbildung von Buddha erblickt hat.

Die Sieben Übungen im weiteren Sinn

Aber obwohl die Sieben Übungen in erster Linie die Repräsentantinnen und Repräsentanten der Erleuchtung als Bezugspunkt haben und auch das klassische Training für unsere Einstellung und unser Verhalten ihnen gegenüber sind, werden sie, wie erwähnt, auch unseren Umgang mit anderen fühlenden Wesen positiv beeinflussen.

Denn alle haben die Buddha-Natur, und mit der Zeit sehen wir auch alle fühlenden Wesen als Buddhas. Auch Delphine und Diktatorinnen und Diktatoren. Gleichzeitig ist aber auch klar, dass sie Delphin oder Diktatorin oder Diktator sind.

Atisha zum Beispiel sagte, wenn er einen schwierigen Menschen oder zornigen Hund sah:

"Ich verbeuge mich vor der Buddha-Natur."

(Siehe Zitateliste Seite 569-572)

Dann faltete er seine Hände. Er hat also den Fokus auf die Buddha-Natur anderer ausgerichtet. Und nicht auf oberflächliche Verblendungen, wie Dumpfheit, Zorn oder Bösartigkeit, das heißt, seiner Wahrnehmung davon. Das Verehren und Falten der Hände entspricht übrigens auch der ersten der Sieben Übungen.

Die Sieben Übungen und die Sechs Befreienden Handlungen, Teil 1

Es soll aber darauf hingewiesen werden, dass im klassischen Sinn das Training mit den Sieben Übungen auf die ausgerichtet ist, die für unser letztendliches Ziel, Erleuchtung, stehen.

Das Training in Bezug auf die fühlenden Wesen, das heißt, die, die noch nicht befreit und erleuchtet sind, wird im Großen Weg klassischerweise mit den Sechs Befreienden Handlungen zusammengefasst. Es wird aber etwas später noch genauer ausgeführt werden, dass die Sechs Befreienden Handlungen in den Sieben Übungen enthalten sind.

Für sich genommen geben uns diese Sechs Befreienden Handlungen eine Anleitung dafür, wie wir Bodhicitta, die erleuchtete Geisteshaltung auf fühlende Wesen anwenden. Sie fassen somit zusammen, was wir als Bodhisattvas in Bezug auf fühlende Wesen trainieren.

Diese sechs Verhaltensweisen ergeben sich auch ganz natürlich, wenn wir anderen aus tiefstem Herzen wirklich helfen möchten, weil wir sehen, wie sie aus Unwissenheit leidvoll handeln, dabei aber einfach nur glücklich sein möchten.

Hier ein Überblick darüber, wo wir die klassischen Informationen für unser Training wem gegenüber finden:

Erleuchtungstraining gegenüber	Informationen dazu geben
den Repräsentantinnen und Repräsentanten der Erleuchtung.	die Sieben Übungen.
den fühlende Wesen, die die Buddha-Natur haben, aber nicht erleuchtet sind.	die Sechs Befreienden Handlungen.

Unterschiede in unser Einstellung gegenüber den Repräsentantinnen und Repräsentanten der Erleuchtung und den fühlenden Wesen

In Bezug auf die Drei Juwelen überlegen wir, was wir ihnen verdanken. Hätte Buddha beispielsweise nicht gelehrt, gäbe es heute nicht die Informationen, wie wir Erleuchtung erreichen können. Das mag ziemlich weit weg klingen.

Aber es sind die Informationen darüber, wie wir unseren Geist und den anderer langfristig von einem unglücklichen Geist in einen dauerhaft völlig glücklichen Geist verwandeln können. Und bevor wir das erreicht haben, gibt uns das, was Buddha gelehrt hat, die Anleitung dafür, wie wir auch jetzt und hier schon vergängliches Glück in unserem Geist und im Geist anderer kreieren können. Wir überlegen dann weiter, wie viel andere auf sich genommen haben, bis diese so nützlichen Informationen, die uns und andere aus dem Gefängnis des Daseinskreislaufes befreien können, über die vielen Jahrhunderte bei uns angelangt sind.

Diese Frauen und Männer haben sich gegen Eltern, Geschwister, andere Verwandte, konventionelle Ehepartner und Ehepartnerinnen, andere Frauen und Männer durchgesetzt, um ihrem Weg in die wirkliche Freiheit folgen zu können.
Sie haben Strohhütten und Paläste hinter sich gelassen, haben sich abends im Staub gebettet, oder auf der kalten, nassen, harten Erde. Sie waren aufgrund ihrer buddhistisch orientierten Partnerwahl ausgestossen, hatten nur Lumpen als Kleider und manchmal nicht einmal das, haben ihren letzten Brotkrumen weggegeben. Sie haben lange, beschwerliche Reisen unter großen Gefahren auf sich genommen. Dabei haben sie Hitze, Krankheit, Misshandlungen, sexuellen Missbrauch und Vergewaltigung erduldet. Sie sind ohne Zögern durch unbekannte, gefährliche Gewässer, also das Meer, Seen und Flüsse, geschwommen. Und sie haben in der klirrenden Kälte, mit hungrigem Magen und Schmerzen ganz alleine in Meditationshöhlen ausgeharrt, um die Lehre Buddhas in die Praxis umzusetzen. Oft wussten sie nicht, ob sie überleben würden und haben trotzdem getan, was nötig war, und was ihre buddhistischen Lehrerinnen und Lehrer ihnen gesagt haben.
Und sie taten dies nicht nur für sich, sondern vor allem im Bewusstsein, dass diese Methoden, die Buddha gegeben hat, auch sehr nützlich für andere sein würden. Für uns eben.

Beispielsweise hat Achi Chökyi Dölma alle Heiratsanträge abgelehnt und verließ mit 16 Jahren ihre Heimat, um alleine in den entfernten Ostteil von Tibet zu reisen. Mit nichts weiter als der Vision, in der sie ihren zukünftigen Ehemann, einen ernsthaften buddhistischen Praktizierenden, gesehen hatte.
Eine derartige Reise wäre auch heute schwierig, um wie viel mehr war sie es damals für eine Jugendliche!

Trotzdem machte sie sich auf den Weg und traf den Mann. Dann überzeugte sie ihn davon, dass sie unbedingt heiraten müssten.
Tatsächlich war Achi eine sehr hohe Verwirklichte der Drikung-Kagyü Linie und hat getan, was nötig war.

Wenn man Streit mit jemandem hat, kann man sie auch mit den Worten anrufen:

„Achi, aus dem Nanam-Klan, sa wang chuk drönma!",

(Siehe Zitateliste Seite 569-572)

Dann löst sich die Feindschaft auf.

Mandarava beispielsweise wurde auf ihren Reisen vergewaltigt und sexuell missbraucht. Aufgrund ihrer Verwirklichung konnte sie den eigenen Geist trotz allem stabil halten und liebevoll bleiben.

Oder Gelongma Palmo, sie war sehr schwer an Lepra erkrankt und wurde deshalb aus der Gemeinschaft ausgeschlossen. Sie verlor ihre Hände, musste essen wie ein Tier und verfiel in Depressionen. Wenngleich entmutigt, meditierte sie trotzdem weiter, gab nicht auf und erreichte Verwirklichung.

Milarepa zum Beispiel war bis auf das Skelett abgemagert, weil er keine Zeit hatte, um Geld zu verdienen, da er sich mit aller Konsequenz der Praxis widmete.

Angemerkt sei hier, dass wir allerdings angemessen essen sollen, wenn genug da ist. Hungern, nur um des Hungerns willen, hat noch niemanden erleuchtet.

Es gab also immer Schülerinnen und Schüler, die diese Schwierigkeiten, wenn es notwendig war, auf sich genommen und tatsächlich das gleiche Niveau wie ihre voll verwirklichte Lehrerin oder ihr voll verwirklichter Lehrer erreicht haben. So wurden die Methoden nicht nur theoretisch weitergegeben, sondern auch verwirklicht. Das ist wirklich nötig, damit die nächste Generation von Übenden dieses Level ebenfalls wieder erreichen kann.
Die Methoden und Lehren mussten dann darüber hinaus auch bewahrt und wiederum weitergegeben werden.
Und es gab und gibt viele Unterstützerinnen und Unterstützer, beispielsweise Menschen, die Spenden geben und die dafür auch selbst auf etwas verzichten, was sie sich sonst kaufen würden. Oder andere, die in ihrer Freizeit ehrenamtlich Aufgaben bei buddhistischen Projekten übernehmen. Viele haben also vieles auf sich genommen.
Und nun schauen wir auf unsere eigenen Erfahrungen. Auch uns tut manchmal der Rücken weh, während wir einer buddhistischen Belehrung zuhören. Die Augen sind müde, wenn wir bei nicht optimalem Licht eine Mitschrift anfertigen.

Vielleicht haben wir auch Zahnschmerzen, während wir einen buddhistischen Text überarbeiten. Oder die Sonne lockt, wenn wir an einem schönen Tag unsere Meditationspraxis machen. Möglicherweise hat auch die Familie Einwände, wenn wir zu einem buddhistischen Kurs fahren möchten.

Das ist eine Winzigkeit im Vergleich dazu, was andere eingesetzt haben, um das Kronjuwel dieser Welt, den Dharma, für uns alle sicherzustellen.

Aber unsere eigenen Anstrengungen geben uns doch auch eine Idee davon, wie viel andere eingesetzt und geleistet haben.

Diese Überlegungen helfen uns dabei, uns daran zu erinnern, wie viel Güte diejenigen für uns haben, die uns einen Zugang zu dieser kostbaren Möglichkeit geben.

Daraus entsteht dann natürlicherweise Liebe, die nichts anderes als Hingabe ist, denen gegenüber, die dafür sorgen, dass wir die so kostbare Lehre Buddha erhalten können.

Diese Hingabe entsteht aber auch, wenn wir mehr und mehr die Qualitäten erkennen und dann schätzen können, die hohe Lehrerinnen und Lehrer haben. Anfangs ist es allerdings schwer, das auch nur ansatzweise sehen zu können.

Authentisches Mitgefühl entsteht dagegen, wenn wir an das Leid der fühlenden Wesen denken. In Bezug auf die fühlenden Wesen entwickeln wir allerdings zuerst Liebe und dann die richtige Art von Mitgefühl. Denn wir haben unzähligen fühlenden Wesen unermesslich viel zu verdanken.

Beispielsweise hat uns unsere Mutter in ihrem Körper genährt. Das war für sie nicht immer einfach. Dann hat sie uns geboren, eine, was öfter vergessen wird, potenziell lebensgefährliche Situation. Unsere Mutter hat uns anschließend versorgt. Und unser Vater hat sich um uns gekümmert, weiter Verwandte, Freunde und viele andere. Zum Beispiel wurde vom Geld anderer unsere Geburtsklinik bezahlt, unser Kindergeld, Kindergarten, die Schule und so weiter.

Aber auch heute haben wir zahllosen fühlenden Wesen unser Glück zu verdanken. Wie viele Menschen und Tiere haben Anteil daran, dass wir heute morgen frühstücken konnten? Also beispielsweise eine Scheibe Brot hatten. Und viele, die Beiträge geleistet haben, sind schon tot. Also diejenigen, die vor 70 Jahren die Felder angelegt haben, auf denen das Korn für unser heutiges Frühstücksbrot gewachsen ist. Damit wächst die Zahl derer, die uns unser heutiges Leben ermöglichen, noch weiter an. Aus diesen Überlegungen entsteht ganz natürlich Liebe für die, denen wir soviel zu verdanken haben.

Wenn wir dann darüber nachdenken, dass die, die für uns so viel getan haben, leiden, weil sie nicht wissen, was zu Glück führt und was nachteilig ist, entsteht wiederum auf natürliche Weise Mitgefühl. Und es ist eine bescheidene Art von Mitgefühl, denn wir wissen, wie sehr wir anderen zu Dank verpflichtet sind.

Dieses Mitgefühl für alle fühlenden Wesen führt uns dann dazu, dass wir ihnen nicht nur begrenztes, flüchtiges Glück wünschen. Wir wünschen ihnen vor allem das dauerhafte, qualitativ perfekte Glück der Erleuchtung und setzen uns dafür ein. Je weiter wir fortschreiten, desto mehr sind wir bereit und fähig, dafür auch Schwierigkeiten auszuhalten. Bis wir eines Tages, wenn es nötig ist, sämtliche Widrigkeiten auf uns nehmen können. Im buddhistischen Kontext heißt das auch, dass wir Geduld üben und einen freudigen Geist bei allen unseren Anstrengungen aufrechterhalten. Bis wir das können, üben wir, es so gut zu tun, wie es uns gerade möglich ist.

Angemerkt sei, dass es auch eine Art von Mitgefühl gibt, die ungünstig ist. Wenn einem nämlich jemand leid tut, die oder der mit etwas sehr Sinnvollem beschäftigt ist. Würde man eine Person bedauern, die vielleicht die Meditation der Geistesruhe übt, während "alle anderen" draußen am Starnberger See sind, wäre das eine wenig sinnvolle Art von Mitgefühl.

Es wäre kein Mitgefühl im buddhistischen Sinn.

Wie entkommen wir möglichst bald dauerhaft dem Leid?

Die Antwort lautet: Indem wir die Ursache für Leid beseitigen, gute geistige Eindrücke aufbauen und den Segen der Lama oder des Lamas erhalten.

Um das tun zu können, ist es aber unter anderem nötig, dass wir wissen, was die Ursachen für Leid sind, wir müssen sie genau kennen, dann jeweils erkennen und beseitigen können. Daher beschäftigen wir uns hier damit.

Weiter möchten wir nicht nur alleine dem Leid entkommen, sondern auch allen anderen helfen. Im Großen Weg dauert das drei Weltzeitalter. In dieser Zeit leiden sowohl die anderen fühlenden Wesen als auch wir. Daher suchen wir nach einem schnelleren Weg. Tatsächlich gibt es einen derartigen Weg, denn im Varjayana, dem Diamantweg, ist, bei entsprechend guten Bedingungen und Bemühen, Erleuchtung in einem Leben möglich. Hierfür ist, insbesondere im Vajrayana, eine qualifizierte buddhistische Lehrerin oder ein qualifizierter buddhistischer Lehrer unerlässlich. Weiter ist es nötig, dass wir ihr oder ihm unerschütterlich vertrauen und folgen, was nur bei entsprechenden Voraussetzungen möglich ist. Das steht nur sehr, sehr wenigen offen.
Es gehört dazu in jedem Fall eine sehr gute Verbindung. Auch daher sind die Sieben Übungen vor der vergegenwärtigten spirituellen Lehrerin oder dem vergegenwärtigten spirituellen Lehrer so hilfreich, denn wir schaffen die Ursachen dafür, eine derartige Verbindung eines Tages zu erhalten.
Denn es ist gut, zu bedenken, dass Leid zwar eine Illusion, eine Art Wahnvorstellung ist, aber das macht es derzeit nicht weniger unangenehm.

Daher ist es in jedem Fall wünschenswert, so schnell wie möglich selbst nicht mehr zu leiden und anderen auch dazu zu verhelfen.

Glückbringendes und Leidbringendes

„Ein gutes Ergebnis zu erwarten,
ohne gute geistige Eindrücke anzusammeln
ist wie der Versuch Butter durch das Schlagen von Wasser zu gewinnen.
Ein gutes Ergebnis zu erwarten,
nachdem man gute geistige Eindrücke angesammelt hat,
ist wie wenn man Butter durch das Schlagen von Milch gewinnt."

(Siehe Zitateliste Seite 569-572)

Lama Jigme Rinpoche hat es auch einmal so erklärt: Eine Handlung ist, wie wenn wir beim Fotografieren auf den Auslöser drücken. Das Photo erhalten wir erst danach. Ähnlich ist es bei Karma, wir setzen die Handlung, das ist das Drücken des Auslösers, und später kommt das Ergebnis, es ist ein Bild, das in der eigenen Wahrnehmung auftaucht. Denn alles, was zusammengesetzt ist, entsteht nicht zufällig oder aus sich heraus, sondern in Abhängigkeit von anderem. Dieses Entstehen in Abhängigkeit ist aber nicht identisch mit der Verknüpfung von Ursache und Wirkung. Unten und oben entstehen auch in Abhängigkeit voneinander, hier liegt aber keine Ursache-Wirkung-Beziehung im Sinn von Karma vor. Bei Karma ist die Ursache nicht mehr da, wenn die Wirkung eintritt. Bei oben und unten sind beide jedoch gleichzeitig vorhanden. Und nimmt man eines weg, ist auch das andere verschwunden.

Karma bedeutet, wir tun etwas und daraus entsteht eine Ursache, ein Same, für etwas, das später unter bestimmten Bedingungen passieren wird. Und das, was passieren wird, erleben wir entweder als angenehm oder als unangenehm. Oder auch als weitgehend neutral, was bedeutet, dass es uns nicht weiter tangiert.

Wenn man also die Biene tötet, die das eigene Eis auch so lecker findet, dann ist die tote Biene etwas, das sehr bald wieder vergeht. Es verbleibt aber unbemerkt noch etwas, es ist der weniger gute Eindruck im Geist der Person, die getötet hat.
Dieser ist dann die Ursache dafür, dass man später Leid erleben wird. Bei uns besteht allerdings eine Tendenz, die Ursache mit der Bedingung zu verwechseln.

Wenn man also beispielsweise ein Ergebnis erlebt, das beschreibbar ist als „Kopfschmerzen nach dem Sitzen in der Sonne", so treten die Kopfschmerzen auf, wenn man in der Sonne saß. Saß man nicht in der Sonne, ist die Bedingung nicht gegeben. Die Kopfschmerzen treten nicht auf.

Man denkt also, man bekäme Kopfweh, weil man in der Sonne war. So sagt man dann auch: „Ich habe Kopfweh, weil ich gestern in der Sonne gesessen bin."
Die Ursache liegt allerdings woanders. Die Ursache hat man mit einer Handlung kreiert, die man früher einmal ausgeführt hat. Möglicherweise war es starke Aversion oder Hass. Vielleicht hat man getötet. Verantwortlich ist also nicht die Sonne. Verantwortlich ist niemand anderer als man selbst.
So meint man fortlaufend, äußere Umstände seien schuld daran, wie es einem geht. Diese äußeren Umstände sind aber lediglich die Bedingung. Ähnlich wie bei einem Samen, der zum Wachsen beispielsweise Wasser als Bedingung benötigt. Es ist wichtig, das zu wissen. Denn wenn wir Ergebnisse kreieren wollen, die für uns und andere hilfreich und sinnvoll sind, müssen wir die tatsächlichen Ursachen für das, was geschieht, kennen.

Ein Teil des Problems ist also, dass man sich überhaupt nicht klar darüber ist, was zu Glück führt und was zu Leid führt, was also die Ursache wofür ist.

Ein anderer Teil besteht darin, dass man zwar die richtigen Informationen hat, man kann sie aber nicht umsetzen, auch weil man nicht wirklich davon überzeugt ist. Wenn wir aber weiter darüber nachdenken, werden wir bemerken, dass unsere eigenen Strategien für das Erreichen von Glück bisher nicht optimal waren und auch derzeit nicht perfekt sind. Wenn uns das klar wird, können wir damit beginnen, das zentrale Problem zu identifizieren und zu bearbeiten. Es ist Selbstbezogenheit, es ist unser Einsatz für unser eigenes Glück, der wie ein Magnet Leid anzieht, obwohl es uns so anders erscheint.

Deshalb besteht die weitere Übung darin, dass wir ausprobieren, Glück nicht mehr darin zu suchen Gutes nur für uns erreichen zu wollen. Stattdessen ändern wir die Vorgehensweise dahingehend, dass wir trainieren, anderen das zu ermöglichen, was wir uns selbst so sehr wünschen: froh zu sein. Und sei es nur, den einen kleinen, lichteren Moment im Geist einer anderen Person zu ermöglichen, die vielleicht gerade angestrengt den Käse schneidet.

Wenn wir anderen dann Glück schenken, hat das auch den Vorteil, dass wir uns gar nicht mehr um unser eigenes Glück zu kümmern brauchen. Es kommt von ganz allein zu uns. Wie ein Bumerang, es ist dann ein Glücksbumerang.
Er ist ausgestattet mit allem Guten ausgestattet. Der Haken an dieser Betrachtungsweise ist allerdings, dass man mal wieder meint, da wäre etwas im Außen. Trotzdem ist es eine ganz gute Analogie.

Bisher nahm man aber das Leid anderer mehr oder weniger in Kauf, um selbst etwas zu erzielen, von dem man meinte, es sei gut. Aber nicht alles, was sich für einen selbst gut anfühlt, ist auch wirklich gut. Tatsächlich ist das ein weiterer Teilaspekt des Problems: Man folgt dem, was sich gut anfühlt, statt dem, was wirklich gut ist.

Beispielsweise isst man vielleicht gerne günstige Eier. Dafür werden Hühner in zu kleinen Wohnbereichen gehalten, weil man die Eier haben will, die einem so schmecken. Für das Huhn ist die Situation in der viel zu engen Wohnung nicht erfreulich. Könnte es also sinnvoll sein, Eier von Hühnern zu kaufen, die genug Auslauf haben? Für das Huhn, aber auch für einen selbst? Könnte es sein, dass man keine größere Wohnung findet, weil man unterstützt, dass andere in kleine Wohnungen gepfercht werden? Angemerkt sei, das wir mit geschickten Mitteln, die nichts anderes als angewandte Weisheit sind, auch aus so einer Situation noch etwas Gutes für die Zukunft bewirken können. Mehr dazu später.

Teilweise nimmt man außer dem Leid anderer aber sogar auch noch eigenes Leid in Kauf. Und wofür? Um ein bisschen vermeintliches Glück zu erreichen. Ein Beispiel hierfür ist Rauchen im Beisein Dritter.

Tatsächlich kann aber eine Handlung, die die Ursache für Leid ist, nur ein ungünstiges Ergebnis haben. Das ist keine Strafe, es ist einfach so. Denn das Ergebnis ist ähnlich der Ursache und nicht gegenteilig. So bringt ein Unkrautsame keine Blume hervor. Der Unkrautsame hat hier nicht die Absicht, jemanden zu bestrafen. Es ist seine Natur, dass aus ihm Unkraut wächst. Wenn wir also etwas nicht möchten, ist es sinnvoll die Ursache dafür nicht zu kreieren. Wenn wir etwas möchten, ist es sinnvoll, die Ursache dafür zu kreieren. Um Glück zu erleben, ist es also notwendig, so zu handeln, dass eine Ursache für Glück kreiert wird. Denn eine glückbringende Ursache kann nur zu Glück führen. So wie eine ungünstige Handlung nur die Ursache für Leid werden kann.

Übersicht hierzu:

Eine Handlung führt zu	einer Ursache für	folgende Wirkung:
Positive Handlung setzt	eine positive Ursache, daraus folgt	eine positive Wirkung.
Negative Handlung setzt	eine negative Ursache, daraus folgt	eine negative Wirkung.

Die Ursache ist also etwas, das dem Ergebnis hilft, in Existenz zu kommen. Und das Ergebnis ist nachgelagert. So wie Feuer zu Rauch führt. Der Rauch kommt zeitlich gesehen nach dem Feuer, er ist nicht vor dem Feuer da.

Und Ergebnisse werden wir selbst erleben; bildlich gesprochen werden die Blumen (Positives) und das Unkraut (Negatives) in unseren eigenen Blumenkästen wachsen. Unser eigenes Karma wird bildlich ausgedrückt nicht in den Blumenkästen der Nachbarin wachsen. Allerdings könnte man die Nachbarin, wissentlich oder unwissentlich, dazu bringen, in ihren Blumenkästen Unkraut auszusäen. Nur wird zusätzlich auch in den eigenen Blumenkästen Unkraut wachsen, wenn man andere zu Negativem anstiftet.

Selbst aber an der Ausführung der Handlung nicht direkt beteiligt war.

Handelt man selbst also unangemessen, wird die Folge in jedem Fall im eigenen Geistesstrom auftreten, nicht stattdessen woanders. Und es werden definitiv Schwierigkeiten daraus erwachsen. Diese Probleme machen es dann noch schwieriger, positiv zu handeln. Es ist ein abwärts gerichteter Kreislauf. Obendrein wird es durch diese ungünstige Ausgangslage immer schwerer bis unmöglich, langfristig Erleuchtung, perfektes Dauerglück und optimale Hilfe für sich selbst und für andere hervorzubringen. Auch leidet man immer mehr.
Daher ist es wirklich wichtig, gute Samen zu säen, damit wir dann auch gute Ergebnisse ernten.
Auch ist es gut, das Säen schlechter Samen zu vermeiden, da diese zu Unkraut führen, das lästig ist und einen dauernd beschäftigt hält. Damit fehlt dann unter anderem die Zeit, die man benötigt, um sich mit der Lehre Buddhas zu befassen. Weiter ist der eigene Garten dann voll Unkraut, und es wächst kaum etwas von den guten Samen zu schönen Blumen und Essbarem heran.
Auch sollten wir es vermeiden, gute Samen zu verlieren, sie also zum Beispiel für Nutzloses einzusetzen, und uns weiter bemühen, schwierige Samen zu entsorgen.

Vielleicht denken wir jetzt: „Schön und gut, aber ich habe ja gar nicht so viele Probleme. Der Kühlschrank ist voll, das Frühstück ist gesichert, meine Beziehung ist perfekt, meine Arbeit ist mein Traumjob. Auch habe ich keinerlei Kopfschmerzen, und auch sonst läuft alles gut. Ich bin rundum zufrieden."

Aber wird es für immer so bleiben?

Wenn wir die Lebenserfahrung hinzuziehen, werden wir diese Frage mit „nein" beantworten müssen.

Zum einen kann sich die eigene Lebenssituation jederzeit verschlechtern, denn auch hier ist das eigene Wissen begrenzt: Man kann nicht sehen, was kommt.
Zum anderen gibt es weitere Überlegungen: Auch das Glück, das man jetzt erlebt, ist nicht von bester Qualität, selbst wenn es einem sehr gut geht. Es gibt ja trotzdem Dinge, die stören.

Aber selbst, wenn es einem bis zum eigenen Tod bestens gehen würde und man meinen würde, mit dem Tod sei alles vorbei: Wie steht es mit den anderen, die unsäglich leiden? Die, die, wir wir schon wissen soviel für uns getan haben.

Und was, wenn man sich irrt, wenn es nach dem Tod doch weitergeht, wenn man wiedergeboren wird? Aber nicht in guten Verhältnissen, sondern in einem Slum, durch die Schadstoffe auf der Müllhalde nebenan schwer vergiftet?

Wenn wir genauer über diese Dinge nachdenken, werden wir feststellen, dass es tatsächlich sehr sinnvoll sein kann, sich unter anderem ausführlich damit zu befassen, was grundsätzlich zu Glück und was zu Leid führt. Und dass wir das nicht irgendwann tun, sondern jetzt und fortlaufend.

Das heißt in diesem Kontext, dass wir Informationen dazu erhalten und anwenden sollten, was nicht nur zu befristetem Glück führt, sondern vor allem dauerhaftes, also sicheres Glück hervorbringt. Für uns und alle anderen. Das ist eine Perspektive, die wirklich sehr weit über dieses Leben hinausgeht. Und über uns selbst, denn wir sind nur ein fühlendes Wesen. Die anderen aber sind sehr, sehr viele.

Es kann wichtig sein, dass wir uns noch genauer damit befassen, dass gute geistige Samen nicht unbedingt das sind, was wir dafür halten.

So erklärt uns der Dharma, dass materieller Reichtum daher kommt, dass wir früher einmal in der richtigen Weise großzügig waren. Das ist der Same, aus dem Reichtum als Ergebnis, als Frucht, entsteht.

Reichtum kommt also nicht daher, dass man das, was man hat, nur für sich selbst verwendet, andere betrügt, etwas stiehlt oder aber neidisch und missgünstig ist; selbst wenn es vielleicht momentan so wirken mag, wie wenn man durch diese Verhaltensweise wohlhabend oder doch zumindest nicht arm werden würde. Eine derartige Vorgehensweise bringt keine glückbringenden Samen, sondern stattdessen leidbringende Samen hervor. Wenn man in dieser Weise vorgeht, wird man nämlich in Zukunft Armut als Ergebnis erzielen. So ist es grundsätzlich. Aber ganz so einfach ist es dann doch nicht, denn es hängt von mehreren anderen Faktoren ab, welches Ergebnis Großzügigkeit hat.

Zum Beispiel ist es verdienstvoller, einer armen Person 10 Euro zu geben als jemandem, die oder der schon „alles" hat.
Außer letztere würde sich beispielsweise sehr darüber freuen, wohingegen die arme Person sich mit dem Geld (noch mehr) Alkohol kaufen würde oder zu dumpf wäre, um die 10 Euro überhaupt zu bemerken. Dieses Beispiel zeigt schon an einer kleinen Situation, dass ein genaues Wissen nötig ist.

Darauf, was sich gerade gut anfühlt oder was wir vermuten, können wir uns in einer so wichtigen Sache demnach nicht verlassen. Wir sollten uns also klarmachen, dass wir keine Expertinnen und Experten dafür sind, die einzelnen Samen auseinanderzuhalten und beispielsweise (nützliche) Petersiliensamen von (hochgiftigen) Eisenhutsamen unterscheiden zu können.

Es ist auch ähnlich wie bei der Diamantensuche: Wissen wir, was ein Diamant ist und wie er aussieht, dann können wir ihn finden und ansammeln.

Auch wenn er vielleicht zunächst im Rohzustand nicht glitzert oder irgendwie auffällt. Weiß man es aber nicht, kann es leicht passieren, dass man zwar glitzernden, aber wertlosen Kindertand am Strand für etwas Wertvolles hält. Möglicherweise fängt man sogar Streit an, um ihn zu bekommen.

So könnte man auch meinen, der Aufbau guter geistiger Eindrücke fände statt, wenn man es sich gut gehen lässt oder sich etwas gönnt und nichts tut. Tatsächlich werden hier aber im Gegenteil normalerweise gute geistige Eindrücke abgebaut. Beispielsweise verdient man im Urlaub kein Geld, im Gegenteil, er kostet Geld. Ähnlich ist es mit guten geistigen Eindrücken, man baut sie nicht auf, wenn man es sich gut gehen lässt, man verbraucht sie. Was nicht heißt, dass wir nicht in Urlaub fahren dürfen. Es ist allerdings gut zu wissen, was dabei stattfindet. Und dann den Schwerpunkt im Leben nicht auf den Verbrauch guter geistiger Eindrücke zu legen, sondern auf deren Erwerb.

Hilfreich kann es sein, wenn wir wissen, dass wir durch das Sammeln von guten geistigen Eindrücken immer öfter glücklich sind. Sogar ohne Urlaub. Daher heißen sie ja auch glückbringende, geistige Eindrücke. Wir bauen einfach glückbringende, geistige Eindrücke auf, und das Glück kommt dann von ganz alleine; wir können es gar nicht verhindern. Wir arbeiten also an der Ursache, statt dem Ergebnis nachzujagen oder die Bedingungen zu manipulieren. Eine weitere Methode ist, das Ergebnis als bereits vorhanden zu sehen. Auf Letzteres soll jetzt nicht weiter eingegangen werden. Schließlich sei angemerkt, dass wir, wenn wir wissen, wie es geht, überall gute geistige Eindrücke aufbauen und Probleme Förderndes abbauen können. Auch im Urlaub.

Weiter ist es wichtig, dass wir uns damit befassen, wie wir unangemessene Tendenzen abbauen. Hierzu ist es wiederum auch nötig, zu lernen, welche Verhaltensweisen im Detail die Ursache für Leid kreieren und dass wir bereuen, was wir früher weniger Gutes getan haben und es ab jetzt unterlassen. Hierzu wird es viele weitere Informationen im folgenden Text geben.

Allerdings reicht allein das Abbauen und Unterlassen von problembildenden Gewohnheiten und der Aufbau und der möglichst geringe Verbrauch von guten geistigen Eindrücke nicht, um Erleuchtung zu erreichen. Denn wir können mit dieser Herangehensweise unterschiedliche Ergebnisse hervorbringen, im Regelfall, ohne dass wir auch nur annähernd wissen, was sich abspielt.

Tatsächlich gibt es eben zwei Arten von Glück.

Einmal bedingtes Glück, das ein Ende hat. Es ist also ein Glück mit Verfallsdatum und oft gar nicht von so guter Qualität. Wenn man diese Art von Freude erlebt, dann ist man weiter trotzdem nicht grundlegend in Sicherheit vor Leid.

Auch wenn es natürlich wünschenswert ist, bedingtes Glück zu erfahren statt Leid.

Dann gibt es nicht bedingtes Glück, Buddha-Glück, das nicht mehr zu Ende geht und das frei von Leid ist. Um diesen Zustand erreichen zu können, sind Maßnahmen nötig, mit denen wir uns auch noch befassen werden.

Zunächst ist es wichtig für uns, zu wissen und unterscheiden zu können, dass es vergängliches und nicht vergängliches Glück gibt. Denn sonst investieren wir in befristetes Glück statt in unbefristetes Glück. Und so eine Investition werden wir definitiv wieder verlieren.

In einem Überblick:

Zwei Arten von Glück:	Beschreibung:
Bedingtes, befristetes Glück	beruht auf Bedingungen, ist deshalb definitiv irgendwann wieder zu Ende; ist weiter nicht völlig frei von Leid.
Nicht bedingtes, unbefristetes Glück	beruht nicht auf Bedingungen, man kann es nicht mehr verlieren; es ist völlig frei von Leid.

Bei glückbringenden Handlungen ohne weitere Maßnahmen kann man das Gute also auch sehr schnell wieder verlieren.
Lodernder Hass beispielsweise verbrennt Unmengen von guten geistigen Eindrücken; und man hat noch nicht einmal etwas davon. Im Gegenteil, vielleicht wird man als Ergebnis später Kopfschmerzen bekommen!
Man ist hier wie jemand, die oder der 100 Euro aus Versehen in ein Feuer fallen lässt, ohne es richtig zu bemerken. Das Geld ist dann weg.
Weiter kann es vorkommen, dass man gerade Gutes erfährt, aufgrund positiver geistiger Eindrücke. Das Gute wird dann aber eingesetzt, um anderen zu schaden.
Ein Beispiel hierfür sind intelligente Menschen, die zu Kriminellen werden. Die Intelligenz, die das Ergebnis von Gutem ist, was man einmal getan hat, wird für etwas Negatives eingesetzt. So kann etwas Positives dazu führen, dass Problematisches daraus entsteht.
Es ist wie bei einer Person, die 100 Euro hat und dann 200 Euro ausgibt. Sie geht mit 100 Euro Schulden aus der Sache heraus; und diese Schulden müssen irgendwann zurückgezahlt werden.

Zum anderen kann man aber durch gute geistige Eindrücke bedingtes, also befristetes Glück, erleben. Hierbei lässt man es sich gutgehen, ohne anderen nennenswert zu schaden oder zu nutzen.

Man erlebt Angenehmes, wobei man nicht befreit oder erleuchtet ist oder sich wirklich in diese Richtung bewegt.

Dieses Glück ist allerdings fast immer auch nicht völlig sorgenfrei. Weiter ist es vergänglich, es wird definitiv irgendwann zu Ende sein. Leid ist bei diesem Szenario insofern nur noch eine Frage der Zeit.
Hier ist man wie eine Person, die 100 Euro hat und diese beispielsweise für einen Pullover, der ihr sehr gefällt, ausgibt. Irgendwann ist der Pullover nicht mehr modern, er gefällt einem nicht mehr oder er ist aufgetragen. Auch ist man, während man den Pullover hat, definitiv nicht permanent glücklich dadurch, dass man ihn hat. Aber selbst, wenn es so wäre, könnte man ihn wieder verlieren, denn er ist vergänglich. Und damit wäre es auch das damit verbundene Glück.

Vielleicht werden gute Eindrücke aber auch eingesetzt, um weitere gute Eindrücke aufzubauen, es ist dann eine Samsara bildende positive Kraft. Also eine positive Kraft, die dennoch den Daseinskreislauf, Samsara, aufrechterhält. Eine Person, die Geld hat und damit Armen hilft, wäre ein Beispiel. Das ist natürlich sehr gut. Aber auch dieses glückliche Erleben erschöpft sich fast stets wieder. Und dann sind die guten Eindrücke, die mit bereits vorhandenem Gutem aufgebaut wurden, auch schon wieder aufgebraucht.
Es ist wie jemand, die oder der 100 Euro hat, diese gut verwendet und bald 1000 Euro erzielt. Aber diese 1000 Euro können dann jederzeit wieder verloren gehen. Vielleicht erlebt man Gutes, man gibt das Geld bildlich gesprochen oder tatsächlich aus. Oder es fällt, bildlich gesprochen, unbemerkt in ein Feuer, in das Feuer der unangemessenen Emotionen, wie Ärger oder Neid.

In keinem dieser Szenarien wird letztlich etwas bleibend Gutes erreicht. Die eigenen Bemühungen im Daseinskreislauf waren also nicht wirklich effektiv.

Der Daseinskreislauf

Samsara, der Daseinskreislauf ,ist also von Nachteil. Denn man erfährt entweder Leid, oder wir erleben bedingtes, vergängliches Glück, das in Wirklichkeit nur eine temporäre Reduzierung von Leid ist. Und dieser Vorgang geht endlos so weiter, wenn man nichts unternimmt.

Es gibt in Samsara einfach keinen Ort, wo man vor dem Heranreifen von Karma und vor Leid endgültig sicher wäre.
Denn wenn wir sterben, trennen sich Geist und Körper. Der Körper, der eine Leihgabe der fünf Elemente ist, bleibt zurück und zerfällt. Der Geistesstrom dagegen geht weiter, in der Regel, aber nicht immer, in den Zwischenzustand. Dann folgt ein neues Leben.

Dieses kann man allerdings derzeit nicht bewusst wählen. Denn es hängt in hohem Maße von unseren glückbringenden und leidbringenden geistigen Eindrücken ab, wie unser nächstes Leben sein wird. Und nicht nur davon, was man möchte. Wir leben also, wir sterben, sind in der Regel im Zwischenzustand, werden wieder geboren, leben, sterben und so geht es in einem fort.

Als Analogie kann man einzelne Tage mit einzelnen Leben gleichsetzen. Morgens aufwachen ist ähnlich wie geboren werden. Dann vergeht der Tag, und das Einschlafen ist wie sterben. Mal haben wir gute Tage, mal hat man weniger gute Tage. Und tatsächlich hat man keine wirkliche Kontrolle darüber, dass es einem morgen gut gehen wird.

Wenn man es genauer betrachtet, stellt man tatsächlich fest, dass man derzeit überhaupt keine Kontrolle hat. So kann man noch nicht einmal kontrollieren, was man in den nächsten fünf Minuten denken will und wird.

Übungshalber können wir uns heute Abend beim Einschlafen vorstellen, wie es wäre, wenn wir am nächsten Morgen nicht mehr an der gleichen Stelle aufwachen würden. Sondern über Nacht sterben und im Zwischenzustand wieder zu uns kommen. In diesen Zwischenzustand werden wir dann weder unseren liebsten Besitz, unseren Körper, mitnehmen können; auch werden uns unsere Lieben nicht begleiten. Familie und Freunde werden also zurückbleiben. Und das, was wir haben, werden wir auch nicht mitnehmen. Auch das, was wir meinen, unbedingt zu benötigen, morgens einen Espresso beispielsweise. Und unser Name bleibt nicht bei uns. Alles das wird abgeschnitten. Selbst das Brot, das wir gerade noch gekauft hatten, werden wir nicht mehr zum Frühstück essen können. Auch wird man im Zwischenzustand nicht den Espresso bekommen können, den man so gerne trinkt. Der Pulli, der einem so gut gefiel und der teuer war, bleibt nicht bei einem, und auch die 30 Euro, mit denen man übermorgen etwas einkaufen wollte, nimmt man nicht mit.
Tatsächlich ist der Tod also, stark vereinfacht ausgedrückt, wie ein wirklich sehr drastischer Friseurbesuch, bei dem mittels Kahlrasur abgeschnitten wird, woran wir so sehr hängen. Unsere Illusion ändert sich in diesen Momenten deutlich, ist aber grundsätzlich weiter vorhanden. Was uns bleibt, das sind die Haarwurzeln, aus denen dann wieder neue Haare wachsen. Allerdings können sie auf einmal völlig anders aussehen. Dieses Beispiel hinkt etwas, aber alle Bilder und Beispiele können sich Sachverhalten nur annähern. Allerdings sind sie doch auch hilfreich, um besser zu verstehen, was gemeint ist.

Es gibt aber, wie erwähnt wurde, etwas, das uns begleitet, nachdem wir unseren Körper und diese vielen Dinge, an denen wir so sehr hängen, aufgeben mussten: es sind unsere positiven und weniger guten geistigen Eindrücke.

Diese bedingen dann nicht nur, wie wir die üblichen maximal sieben Wochen im Zwischenzustand erleben werden. Sie führen uns weiter in eine der sechs grundlegenden Erlebniswelten, die auch die sechs Wiedergeburtsbereiche oder die sechs Daseinsbereiche genannt werden, aus denen der Daseinskreislauf besteht.

Sollten wir das überaus seltene und sehr gute Karma haben, als Mensch wiedergeboren zu werden, werden es diese geistigen Eindrücke sein, die bestimmen, wie wir ausgestattet sein werden. Das heißt, in welchem Land wir geboren werden, welche Eltern wir haben werden und wie unsere Umgebung sein wird. Auch unser Verhalten und ob wir intelligent sein werden, bestimmen wir somit selbst. Und zwar durch die guten und nicht so guten geistigen Eindrücke, die wir vorher angesammelt haben. Diese von uns kreierten Eindrücke werden auch hervorbringen, welche Art von Körper wir bekommen werden. Weiter, ob er gesund oder krank, schön oder weniger schön sein wird. Oder besser gesagt, wie wir uns wahrnehmen werden, und wie wir wahrnehmen werden, dass uns andere wahrnehmen. Möchten wir also in Zukunft gut aussehen, können wir das auch ohne Schönheitsoperation erreichen, so sinnvoll diese im Einzelfall sein mag. Angemerkt sei hier aber auch, dass letztlich nicht die Schönheit des Körpers entscheidend ist, sondern die Schönheit, die Makellosigkeit des Geistes. Trotzdem ist gutes Aussehen etwas, das auf guten geistigen Eindrücken beruht. Bereits in diesem Leben können wir so unser Aussehen verändern!

Wie wertvoll wäre es also nicht nur für unsere Zukunft in diesem Leben, sondern auch für zukünftige Leben, gute geistige Eindrücke zu haben, die dazu führen, dass wir es gut haben werden?! Und wie schön wäre es, wenig leidbringende geistige Eindrücke in unserem Geistesstrom wie Ballast mitzuschleppen?! Und wenn wir die Weichen dafür stellen könnten, um darüber hinaus das qualitativ hochwertigste Dauerglück der Erleuchtung zu verwirklichen?
An dieser Stelle sei angemerkt, dass Positives auch dabei hilft, die Auswirkungen von negativen Samen zu reduzieren.

Bricht man sich beispielsweise ein Bein, während man als einzige Überlebende eines Flugzeugabsturzes noch einen Tagesmarsch zur nächsten Siedlung gehen muss, ist das lebensgefährlich, vermutlich tödlich. Bricht man sich dagegen in München ein Bein, ist anzunehmen, dass es lästig, aber nicht lebensgefährlich, und so gut wie überhaupt nicht tödlich sein wird. Hier sind einfach die Bedingungen viel besser als an der Absturzstelle im Hochgebirge. Das gebrochene Bein ist also das Reifen von schwierigem Karma, die guten, lebensrettenden Umstände in München beruhen auf unseren guten, geistigen Eindrücken. Wichtig ist hier wieder, die guten Umstände nicht mit der Bedingung im buddhistischen Sinn zu verwechseln. Die Bedingung bezieht sich nämlich auf die Situation, in der der Beinbruch passiert ist. In München könnte es ein Hocker beim Hausputz gewesen sein.

Letztlich beruhen aber Ursache, Umstände und Bedingungen auf Karma. Angemerkt sei hier, dass nur eine oder ein Buddha genau sehen kann, welche Handlungen welche Auswirkungen haben werden. Insofern sind diese Erklärungen nur eine rudimentäre Annäherung. Es ist ähnlich, wie wenn man erst einmal die Zahlen lernt, wenn man später komplizierte mathematische Formeln verstehen will.

Um Erleuchtung zu erreichen, sind bestimmte gute Voraussetzungen, also gutes Karma, das durch gute geistige Eindrücke entsteht, nötig. Beispielsweise brauchen wir eine Wiedergeburt in einem Umfeld, in dem die Lehre Buddhas vorhanden ist und das ihr nicht feindlich gegenüber steht. Weiter brauchen wir ein Mindestmaß an Gesundheit und Ressourcen.

Auch ist es nötig, dass qualifizierte und autorisierte Lehrerinnen und Lehrer für uns in Reichweite sind, wir sie treffen und umsetzen, was sie uns raten.

Und wir sollten einen Zusammenhang zwischen Ursache und Wirkung in Betracht ziehen. Dabei kann es helfen, dass wir uns überlegen, wie viel zusammenkommen musste, damit wir beispielsweise dieses Buch lesen können. Ist das Zufall? Oder ist der Grund dafür, dass Handlungen ausgeführt wurden, die zu Ergebnissen führten, die dann wieder verwendet wurden, um weitere Handlungen auszuführen? Und so weiter. Und wenn ein Schritt in dieser Kette nicht stattgefunden hätte, hätten wir dieses Buch wahrscheinlich nicht.

Wenn wir uns mit diesen Überlegungen etwas vertraut machen, werden wir also feststellen, wie kostbar unsere derzeitige Situation ist. Denn bei all den vielen Dingen, die auch anders hätten verlaufen können, sind wir jetzt in einer Lage, in der wir langfristig Erleuchtung erreichen können. Aber selbst, wenn wir das noch nicht anstreben, haben wir jetzt Methoden, um gute geistige Eindrücke aufzubauen und leidbringende geistige Eindrücke zu reduzieren. Und abgesehen vom Nutzen für dieses Leben wird uns das Gute weit über dieses Leben hinaus begleiten. Allerdings werden diese guten geistigen Eindrücke auch wieder aufgebraucht, das wurde schon erwähnt. Die Frage, die sich hier stellt, ist, ob es eine Möglichkeit dafür gibt, gute geistige Eindrücke in Sicherheit zu bringen und dafür zu verwenden, damit wir alle Probleme lösen und alle Qualitäten entfalten können. Um dann frei von Leid und glücklich anderen in perfekter Weise helfen zu können.
Hierfür gibt es eine Methode. Denn wenn wir wie die Buddhas und Bodhisattvas wünschen, dass die guten geistigen Eindrücke, die wir ansammeln, für den höchsten Zustand, die rasche und leichte Erleuchtung aller fühlenden Wesen eingesetzt werden, statt diese für uns zu horten, dann werden sie zeitlos.
Der buddhistische Fachbegriff hierfür ist Widmen, es ist die siebte der Sieben Übungen. Sie wird noch beschrieben werden, und sie ist wirklich sehr wichtig.

Kurz gefasst ist jetzt in einer Tabelle aufgeführt, was unsere Perspektiven sind:

Ohne Buddhas Lehre:	Daseinskreislauf, also keine Kontrolle und Erleben von Leid, mal mehr, mal weniger.
Erfolgreiche Anwendung von Buddhas Lehre:	Sehr nützlich schon vor der Befreiung, dann Befreiung und Erleuchtung, dadurch effiziente Hilfe für andere.

Entsagung, was ist das?

Wenn wir aus dem Leid aussteigen möchten, wird das als Entsagung bezeichnet. Damit ist die Abkehr vom Daseinskreislauf gemeint.

Entsagung entsteht, wenn wir sehr gründlich darüber nachdenken, dass wir im Daseinskreislauf entweder Leid oder aber vergängliches und mit Leid vermischtes Glück erleben. Zum Beispiel leidet man, wenn man eine Arbeit hat, hat man keine, leidet man auch. Hat man Urlaub, erfährt man mehr Glück, was aber mit Leid vermischt ist; ist er zu Ende, leidet man wieder mehr.
Der Begriff „Entsagung" kann aber leicht missverstanden werden. Denn er klingt danach, wie wenn einem etwas weggenommen würde. Vor allem alles, was Spaß macht! So ist es aber nicht. Denn Entsagung bedeutet, dass wir die Anhaftung aufgeben, die unser Leid verursacht. Was wir aufgeben, ist die Quelle unseres Leidens. Wir entsagen ihr also. Es ist somit genau anders herum. Anhaftung bedingt unser Leid. Und Entsagung ist die Quelle unserer Freude.
Im Überblick:

Anhaftung führt zu	Leid.
Entsagung führt zu	Glück.

Dabei bezieht sich Entsagung auf uns selbst, und sie kommt hervor, wenn wir unser eigenes Leid verstehen.
Mitgefühl bezieht sich auf die anderen fühlenden Wesen, es wird freigelegt, wenn wir deren Leid verstehen.

Auch dazu ein Überblick:

Eigenes Leid erkennen führt zu	Entsagung.
Leid der anderen erkennen führt zu	Mitgefühl.

Hat man Mitgefühl ohne Entsagung, wird man aus dem Daseinskreislauf nicht aussteigen können.

Buddhismus im Alltag

Was einen nicht wirklich vor Leid schützen kann, das sind, wie gesagt, die vielen Dinge, die einen so sehr in Anspruch nehmen.

Allerdings ist es wichtig zu wissen, dass das nicht heißt, dass wir die Belange des Alltags komplett vernachlässigen sollten.

Denn der Weg zur Erleuchtung ist für jede und jeden von uns anders, und es gibt durchaus Buddhistinnen und Buddhisten, die von außen betrachtet ein recht normales Leben führen. Was sie üben, unterscheidet sich jedoch deutlich von dem, womit sich Leute befassen, die nicht die Lehre Buddhas anwenden.

Der Grund ist, dass praktizierende Buddhistinnen und Buddhisten üben, das, was sie denken, sagen und tun, auf das Glück anderer und auf Erleuchtung auszurichten. Andere fühlenden Wesen richten sich auf das Erreichen von befristetem, mit Leid kontaminiertem Glück aus, unter Inkaufnahme von Leid anderer und teilweise auch unter Inkaufnahme des direkten eigenen Leidens.

Zu erkennen, dass alles, was auf Bedingungen beruht, vergänglich ist, bedeutet auch definitiv nicht, dass man den eigenen Körper unnötigerweise schlecht behandelt. Oder dass man die Rechnungen nicht bezahlt, selbstschädigend unnütz hungert, man sich sinnlos in gefährliche Situationen begibt und einem alles egal ist.

Worum es also auch geht, ist eine realistische Einschätzung dazu zu erhalten, wo wir stehen und wie wir weitergehen wollen und können.
Möglicherweise heißt das also, dass wir nicht nächsten Monat in eine Höhle in den Himalaya umziehen können, um dort ohne gesicherte Ernährung achtzehn Stunden am Tag zu meditieren. Oder eben keine Zurückziehung von mehreren Jahren beginnen, so segensreich das ist, wenn es passt.

Sondern dass wir dieses Jahr damit verbringen, unnötige Dinge zu reduzieren, um Zeit dafür zu finden, uns mehr und mehr mit der Lehre Buddhas zu befassen. Das heißt, dass wir die kleinen Freiräume nutzen, die wir haben. Zum Beispiel können wir morgens 5 Minuten meditieren, nach jedem Frühstück 5 Minuten in ein buddhistisches Buch schauen. Und in der Mittagspause 5 Minuten meditieren. Wir können auch erstmal einen dieser drei Vorschläge umsetzen. Diese Ansätze bauen wir dann nach und nach aus.

Und damit wir diesen Weg aber nicht nur beginnen, sondern auch weitergehen, ist es wirklich sehr wichtig, dass wir uns unter anderem sehr gründlich damit befassen, was:

1. zu Leid führen wird,
2. zu relativem, also vergänglichem Glück führen wird,
3. zu dauerhaftem Glück führen wird.

Auch sollten wir uns klar machen, dass wir – einmal erleuchtet – allen werden helfen können. Lieben wir andere also wirklich, ist es das Beste, was wir tun können, dass wir uns in Richtung Buddhazustand bewegen, und zwar so, wie es uns Schritt für Schritt möglich ist. Und das durchzuhalten, auch, wenn es schwierig wird. Und dass wir wieder anfangen, wenn wir mal aufgehört haben!

Gleichermaßen sollten wir folgendes bedenken: Wenn wir jetzt nicht an uns arbeiten, könnten wir im nächsten Leben unter Umständen keine Informationen darüber erhalten, was sinnvoll und was weniger sinnvoll ist.

Einer der Gründe, weshalb wir schwieriges Karma reinigen und Gutes aufbauen, ist also, dass schwieriges Karma, wenn es hochkommt, unsere derzeitigen extrem guten Möglichkeit zunichte machen kann. Und zwar unter Umständen für sehr lange Zeit, das bedeutet, im buddhistischen Kontext, möglicherweise für sehr viele Leben.
Dazu kommt, dass man in viel schwierigeren Umständen die mühsam angesammelten guten geistigen Eindrücke wieder verlieren kann und Gefahr läuft mehr und mehr Nachteiliges anzusammeln.
So würde sich das Rad der Wiedergeburten für uns immer weiter drehen. Manchmal wohnt man in einem Palast, öfter in einem Slum oder in einem Arbeitslager. Ohne herausgefunden zu haben, was die wirklichen Gründe sind.

Es macht also sehr viel Sinn, sich jetzt zu überlegen, wie wir für uns und andere dauerhaften Schutz vor Leid finden können. Das heißt herauszufinden, was wirklich wichtig ist.

Wesentlich ist es auch, sich mit Fragen zu befassen wie:

1. „Hat Leid denn nie ein Ende und wenn ja, wie kommen ich und alle anderen da denn endlich einmal heraus?"
2. „Was kann ich genau hier und jetzt tun, um dem Leid endgültig zu entkommen und nicht bedingtes Glück zu finden, das nicht mehr aufhört."
3. „Wie kann ich allen wirklich helfen?

Diese Fragen könnten wir uns auch stellen, während wir in der U-Bahn sitzen!

Warum ist Erleuchtung das Beste, was wir erreichen können?

Erleuchtung ist nicht etwas, das außerhalb von uns ist. Buddha ist nirgends anders zu suchen als in unserem eigenen Geistesstrom.
Denn wir alle haben die Buddha-Natur. Unser Geist ist also grundlegend Buddha, von dem wir niemals getrennt waren, sind oder sein werden. Und dieser Geist ist im erleuchteten Zustand klar, bewusst und unbegrenzt.

Eine Analogie für den Buddhazustand ist die volle Sonne am wolkenlosen Himmel.
Ihr Licht steht für Buddhas Weisheit, die perfekt ist. Der Geist, alle Gedanken sind gereinigt.
Und ihre Wärme steht für vollkommene Liebe und das grenzenlose Mitgefühl. Das Herz, alle Gefühle sind gereinigt.

Auch ist die Buddha-Natur in jedem fühlenden Wesen vorhanden, ob jemand formal Buddhistin oder Buddhist ist oder nicht.
Das können wir erkennen, wenn wir sehen, dass es Menschen gibt, die keiner äußeren formalen Leitlinie oder Religion folgen und doch einen mitfühlenden, gütigen Geist haben.
Oder auch, wenn wir Tiere beobachten, die sich rührend um ihre Jungen kümmern. Diese anderen zugewandte, gütige Haltung ist Ausdruck ihrer Buddha-Natur. Dass sie diese gütige Einstellung allerdings nicht auf alle fühlenden Wesen anwenden, ist Ausdruck ihrer Verdunkelungen.
Weiter möchte jedes fühlende Wesen glücklich sein, und niemand will leiden. Die Ursache dafür, dass alle fühlenden Wesen so reagieren, ist ebenfalls die Buddha-Natur.

Erleuchtung hat dabei zwei Aspekte.

Da ist einmal der Nutzen für uns selbst. Denn Buddhaschaft ist das Maximale, das wir erreichen können. Gleichzeitig bedeutet der Buddhazustand, dass es nichts mehr gibt, was entfernt werden müsste. Erleuchtung ist also der eine Zustand, in dem alle unsere guten Eigenschaften voll entfaltet und alle unsere Geistestrübungen komplett gereinigt sind.

Das beinhaltet, dass uns nichts mehr stört und wir ungetrübt glücklich sind. Wir haben alle Fähigkeiten zur Verfügung, dazu gehört auch einiges, das man sich derzeit eher nicht vorstellen kann. Zum Beispiel Allwissenheit. Das heißt, wenn wir Buddhas sind, müssen wir nichts mehr im Internet nachschauen. Allerdings kann eine oder ein Buddha im Internet nachschauen, wenn sie oder er das möchte und andere nicht das Karma haben, etwas anderes zu sehen.
Weiter hat eine oder ein Buddha immer, egal wie alt sie oder er ist, eine faltenlose und glatte Haut, die völlig makellos und fein ist. Ohne Aufbaukur!

Denn der Körper einer oder eines Buddha ist stets exquisit und perfekt.

Für uns selbst haben wir also mit der Buddhaschaft alles erreicht. Und für andere können wir unermesslichen Nutzen bewirken und sie langfristig zur Erleuchtung führen.

Der zweite Aspekt, der zweite Nutzen, ist damit, dass Erleuchtung die beste und sinnvollste Möglichkeit ist, um anderen zu helfen. Und zwar einmal bei allen relativen Problemen. Denn Buddhas und Bodhisattvas haben diese Geisteshaltung und den Wunsch, fühlenden Wesen zu geben, was immer diese sich an auch nur halbwegs Sinnvollem wünschen und benötigen. Und sie haben die Fähigkeit, das zu tun, soweit es die Begrenzungen der fühlenden Wesen zulassen. Vor allem aber möchten sie uns allen helfen, Erleuchtung, den perfekten Zustand, zu erreichen. Selbst, wenn ein fühlendes Wesen nicht versteht, was Befreiung und Erleuchtung ist, weil es davon nichts weiß, so ist es doch das, was es grundlegend benötigt und haben möchte. Je schneller wir also Erleuchtung erlangen, desto schneller können wir anderen helfen, denen, die derzeit zum Teil sehr leiden. Wenn wir uns demgemäß nicht bemühen, dann schädigen wir nicht nur uns selbst, sondern auch alle anderen fühlenden Wesen. Dabei besteht für Buddhas kein Unterschied zwischen dem eigenen Nutzen und dem Nutzen anderer, für sie ist es dasselbe.

Wir werden Erleuchtung aber nur erreichen, wenn wir vor allem den Nutzen der anderen im Auge haben und unseren eigenen Nutzen vergessen. Wie erwähnt entsteht der eigene Nutzen auch von ganz alleine, wir brauchen uns also gar nicht darum zu sorgen. Wenn unser Hund um die Ecke kommt, erblicken wir auch zuerst nur die Schnauze. Aber wir wissen, dass dann die Pfoten, der Körper und der Schwanz kommen, auch wenn wir das alles noch nicht sehen. Wenn wir sinnvoll vorgehen, entsteht unser eigener Nutzen also mit Sicherheit, ob wir ihn schon sehen können oder noch nicht.

Hier im Überblick:

Zwei Aspekte der Erleuchtung:	Details:
1. Der Nutzen für andere:	1a. Nur Erleuchtete können die Lehre Buddhas in allen Aspekten vermitteln. 1b. Sie geben fühlenden Wesen alles, was sie wollen und was ihnen (gleichzeitig) nützt, soweit es deren Karma zulässt.
2. Der Nutzen für uns selbst:	2a. Erleuchtung 2b. Es geht uns immer besser.

Der Weg zur Erleuchtung

"Ich habe Euch den Weg gezeigt,
der zu Befreiung und Erleuchtung führt.
Ob Ihr ihn gehen wollt oder nicht
liegt an euch selbst."

Buddha Shakyamuni

(Siehe Zitateliste Seite 569-572)

Befassen wir uns intensiver mit diesen Themen, kommen wir irgendwann zu dem Ergebnis: Außer dem Erreichen von Befreiung und Erleuchtung gibt es nichts, was sich wirklich lohnt. Denn nur dann können wir anderen und uns selbst wirklich helfen. Angemerkt sei, dass wir das Gute, das uns auf dem Weg begegnet, allerdings sehr wohl auch genießen dürfen. Wir sollten es aber mit allen teilen, zumindest gedanklich.
Ab der Befreiung, der ersten Erleuchtungsstufe, ist Leid dann so gut wie vorbei. Wir können uns dann allerdings noch weiter verbessern. Denn nach der Befreiung geht es weiter: Über die Bodhisattvastufen (Erleuchtungsstufen) reisen wir weiter zur Erleuchtung.

Angemerkt werden soll hier, dass Befreiung, Freiheiten und Freiheit nicht dasselbe bezeichnen.

Befreiung ist die erste Erleuchtungsstufe, man leidet nicht mehr, und dieser Zustand ist unumkehrbar. Hierbei sind Befreiung, erste Erleuchtungsstufe und erstes Bhumi gleichbedeutend.

Die (acht) Freiheiten beschreiben die Abwesenheit von Umständen, die, falls vorhanden, den buddhistischen Weg unmöglich machen. Dazu später mehr.

Der Begriff Freiheit, wie wir ihn im normalen Sprachgebrauch verwenden, bezeichnet dagegen einen Zustand mit etwas mehr Freiraum. Das ist erstrebenswert. Wirklich frei ist man dann allerdings nicht.

Genau betrachtet ist eine leidvolle Situation im Daseinskreislauf auch wie eine glühende Eisenkette mit Stacheln.
Eine vergängliche, glückliche Situation im Daseinskreislauf, die im Regelfall mehr Freiheitsgrade mit sich bringt, ist dagegen wie eine goldene Kette in richtiger Temperatur. Aber beide Ketten halten uns doch gefangen.

Um diesen Zustand, Erleuchtung, der unsere eigentliche Natur ist, freilegen zu können, ist es also wichtig, unsere derzeitige Situation klug und gut zu nutzen.

An sich ist der Weg zur Erleuchtung auch sehr angenehm, wenn man nicht Widerstand leistet. Allerdings wird das passieren, denn Gewohnheiten aufzugeben ist nicht leicht, es wird manchmal schmerzhaft sein.

Auch kann es ein schwieriger Moment sein, wenn man erkennt, wie sehr man von Gewohnheiten und Zwängen dominiert ist und wie wenig Freiraum man eigentlich hat. Das kann so unangenehm sein, dass man die Verantwortung dafür und für das, was schief läuft – trotz inzwischen besserem Wissen - weiterhin auslagert in ein "Du bist schuld."

Das behindert allerdings unsere Möglichkeit, an uns selbst zu arbeiten.

In Wirklichkeit hat man auch nur wenig freien Willen, man denkt nur, man hätte ihn. Denn man hat so gut wie keine Kontrolle über das, was passiert und was passieren wird. Wir haben nur gewisse Handlungsspielräume, und Buddha hat uns erklärt, wie wir sie nutzen können, um langfristig glücklicher und zufriedener zu werden. Und nach und nach immer mehr Handlungsspielraum zu erhalten.
Man ist also wie eine Person, die Angst vor Bienen hat. Einerseits ist so jemand natürlich frei andererseits ist diese Person aber geprägt und beeinflusst von dieser Angst und kann zunächst nicht so viel dagegen tun.
Oder es ist wie bei einem Zug, der auf einem Gleis fährt. Eine gewisse Entscheidungsfreiheit besteht nur da, wo es Weichen gibt. Insgesamt ist alles aber ziemlich eingeschränkt.

Daher ist es wichtig, dass wir die Gelegenheiten und kurzen Momente, in denen etwas Raum entsteht, verwenden, um positiv zu handeln. Und zwar auf der Basis, dass wir Ursache und Wirkung kennen, verstehen und sinnvoll anwenden. Dadurch bekommen wir immer mehr Freiraum und können wiederum Gutes aufbauen. So wird unsere Freiheit immer größer, und wir werden klarer und weniger getrübt. Hierdurch sammeln wir Schritt für Schritt an, was auf unserem buddhistischen Weg hilfreich ist und vermindern alles, was diese spirituelle Reise beschwerlicher macht. Das bedeutet, dass wir leidbringend Muster abbauen und glückbringend Muster aufbauen.

Wir nehmen also die notwendigen Änderungen bei dem, was wir denken, sagen und tun, vor. Nimmt man diese Korrekturen nicht vor, wird man weiter im Daseinskreislauf kreisen. Man kommt dann zwar herum, aber nicht weiter, bewegt sich also nicht in Richtung Erleuchtung.

Zusammenfassend arbeiten wir insofern unter anderem daran:

1. möglichst viele leidbringende geistige Eindrücke abzubauen,
2. möglichst wenig leidbringende geistige Eindrücke aufzubauen,
3. möglichst wenig glückbringende geistige Eindrücke abzubauen,
4. möglichst viele glückbringende geistige Eindrücke aufzubauen.

Daher sind die meisten buddhistischen Rituale und Meditationen darauf ausgerichtet, neben anderem, auch diese vier Punkte zu gewährleisten. Und die Sieben Übungen sind das Rückgrat all dieser Praktiken.

Tatsächlich heißt es auch, dass die Sieben Übungen alle Schlüsselpunkte beinhalten, um Verdienst aufzubauen. Und sie beseitigten intensiv Negatives.

Aber ganz grundlegend ist es das Ziel, dahin zu gelangen, dass wir in jeder Lebenssituation Verdienst aufbauen können und keine guten Eindrücke verlieren.
Weiter sollten wir nach und nach fähig werden, in jeder Lage Negatives zu unterlassen und Schwieriges zu reinigen. Zum Beispiel, wenn wir in den Bio-Supermarkt gehen, um dort Brot zu kaufen.
Oder, zum Beispiel, wenn wir eine Biene von unserem Eis naschen lassen, statt sie zu verscheuchen oder gar zu töten.

Allerdings, alles, was erforderlich ist, werden wir nur dann tun können, wenn wir eine Verbindung zur Erleuchtung in Form von qualifizierten Lehrerinnen und Lehrern haben. Diese Verbindung muss auch gut genug sein, damit wir umsetzen, wozu sie uns anleiten. Wir benötigen also wirklich unbedingt den Segen einer qualifizierten buddhistischen Lehrerin oder eines qualifizierten buddhistischen Lehrers.

Denn wir brauchen einfach jemanden, die oder der uns erklärt, was wir tun und was wir lassen sollen. Und zwar bezogen auf unsere jeweilige momentane, einzigartige Situation. Also jemanden, die oder der genau sieht, wo wir jetzt gerade besser sein könnten und uns dabei hilft es zu erkennen, es anzunehmen und auch umzusetzen.

Neuzeitlich ausgedrückt, könnten wir unsere verwirklichten Lehrerinnen und unsere verwirklichten Lehrer wie unsere Erleuchtungscoaches sehen.
Sie sind aber sehr viel mehr. Sie sind tatsächlich die einzigen, neben denen, die mindestens Befreiung erreicht haben, auf die wir uns verlassen können.

Ein anderes Bild kann voll verwirklichte Lehrerinnen und Lehrer wie Navigatoren zur Erleuchtung sehen, die nie irren.

Weiter muss diese Person dann auch lange genug bei uns bleiben, damit wir Erleuchtung erreichen können.

Aber auch, wenn all das gegeben ist, besteht die Gefahr, dass man Gutes auf dem Weg zur Erleuchtung durch ungeschicktes Verhalten wieder verliert.

Es ist also wirklich wesentlich, dass unsere guten geistigen Eindrücke auf die Erleuchtung aller ausgerichtet werden, dass wir sie also diesem Zweck und Ziel widmen. Statt sie ausschließlich dazu zu verwenden, um beispielsweise durch Anhaftung ein größeres Auto zu kaufen oder in ebenfalls ichbezogener Absicht die eigenen Verführungskünste zu verbessern. Das heißt allerdings nicht, dass wir nicht Dinge in unserem Leben verbessern dürfen. Im Gegenteil, es sollte uns so gut wie möglich gehen, und zwar unter Einbeziehung anderer. Das bedeutet, mit anderen zu teilen, und nicht nur sich selbst im Blick zu haben.

Auch ist Bodhicitta, die erleuchtete Geisteshaltung, wichtig. Denn wir werden unsere guten geistigen Eindrücke allen fühlenden Wesen nur dann und in einer Art geben, die dauerhaft glückbringend ist, wenn sie uns am Herzen liegen.
Schließlich verbessern diese guten Wünsche zum Nutzen der anderen aber wiederum unser Bodhicitta, und auf mehr oder weniger subtiler Ebene sind unsere guten Wünsche auch tatsächlich hilfreich.
Durch diese Wünsche für den Nutzen aller fühlender Wesen, die die Widmung beinhalten, verbessern wir auch die Verbindung zu allen fühlenden Wesen. Weiter helfen diese Wünsche, schwierige Verbindungen zu neutralisieren. Das unterstützt uns weiter dabei, weniger Hindernissen zu begegnen, während wir zum Nutzen aller daran arbeiten, langfristig Erleuchtung zu erreichen.

In der Art des Widmens nehmen wir die Buddhas und Bodhisattvas als Vorbild, wir widmen also so, wie sie widmen. Denn sie sind frei von Dualität, sie trennen nicht zwischen Ich, Tun und Du und setzen das Gute so ein, wie es am sinnvollsten ist.

Wenn wir in dieser Weise die Ursachen für Erleuchtung kreieren, wird sie unausweichlich kommen, denn Ursache und Wirkung funktionieren fehlerfrei. Wir werden dann definitiv Buddhas, selbst, wenn wir es gar nicht wollen würden!

Denn einen anderen Weg, auf dem das Ergebnis als bereits vorhanden gesehen wird, können nur wenige gehen und auch dieser Ansatz erfordert Vorbereitung. Das heißt, auch hier ist es nötig, die Ursachen zu kreieren, die diesen Ansatz überhaupt erst möglich machen.

Wie wichtig sind gute geistige Eindrücke auf der Reise zur Erleuchtung?

Unsere Übung zielt darauf ab, alle unsere Qualitäten freizulegen und alles Hinderliche zu beseitigen. Das Kernelement dieser Qualitäten sind Liebe und Mitgefühl. Damit wir sie hervorbringen können, benötigen wir gute Umstände im buddhistischen Sinn. Diese wiederum hängen davon ab, dass wir genügend Verdienst haben und wenig Hindernisse.

Tatsächlich benötigen wir immense Mengen guter geistiger Eindrücke, damit wir zum Nutzen aller fühlenden Wesen, langfristig Erleuchtung erreichen können. Auch benötigen wir Verdienst, um zu erkennen, was unsere Lehrerin oder unser Lehrer von uns will. Haben wir genügend gute geistige Eindrücke, können wir deutlicher sehen, was es bedeutet, wenn unsere Lehrerin oder unser Lehrer krank ist. Oder wenn der Lehrer in einem Kurs sein Smartphone aus der Tasche zieht. Und etwas später benötigt jemand Hilfe für das Freischalten eines Smartphones. Obwohl wir es uns nachher irgendwo gemütlich machen wollten, wissen wir doch, dass wir uns um den Smartphonezugang kümmern sollen. Mit genug Verdienst brauchen wir also nicht unbedingt stets persönliche Gespräche mit unserer Lehrerin oder unserem Lehrer. Es kann hier auch reichen, eine Bemerkung auf einem ihrer oder seiner Vorträge zu hören, und das ist dann die Antwort auf eine Frage, die wir hatten.

Das sind Beispiele dafür, wie wichtig gute geistige Eindrücke sind.

Warum sollen wir Negatives abbauen, wir sind doch nicht so schlecht?

Warum aber ist dauernd die Rede davon, dass Negatives bereinigt werden soll? Wie denken hier vielleicht: "Ich habe ja in meinem ganzen Leben nichts wirklich Unrechtes getan." Und: "Ich habe doch nicht getötet oder gefoltert und auch keine Banken ausgeraubt."

Allerdings denkt man nur so, weil man nicht den vollen Überblick hat. Der Zeithorizont, der überblickt werden kann, ist einfach viel zu kurz. Denn man hatte schon unzählige Leben, und was man in all diesen Leben getan hat, weiß man nicht. Aber auch vieles, vermutlich das Allermeiste, was man in diesem Leben getan hat, erinnert man nicht mehr. Wobei „Tun" definiert ist als fortspinnendes Denken, Reden und tatsächliches Handeln. Wir können allerdings Hinweise dazu zu finden, was wir früher gedacht, gesagt und getan haben; und zwar in unseren Gewohnheiten, in dem, was und wie wir derzeit sind, und in welchen Umständen wir leben. Es ist wie bei Archäologinnen und Archäologen, die Fossilien finden und dadurch darauf schließen, was früher einmal war.

So sagte Buddha sinngemäß:

„Wenn Du wissen willst, wer du warst
schaue Dir an, wer und was du jetzt bist.
Wenn du erfahren möchtest, wie deine Zukunft aussieht,
schaue Dir an, was Du jetzt denkst, sagst und tust."

(Siehe Zitateliste Seite 569-572)

Die Realität ist, man hat seit anfangsloser Zeit Negatives getan. Tatsächlich verdoppelt sich alles, was man tut – egal ob gut oder schlecht – jeweils alle 24 Stunden. Das heißt, ein Same ist nach einem Monat mit 30 Tagen auf das knapp 540-Millionenfache angewachsen. Vorausgesetzt, wir unternehmen nichts, um die Samen abzuschwächen oder zu verstärken. Es ist wie bei einem Baum. Zuerst gab es einen kleinen Samen. Und später ist daraus ein großer Baum geworden.

Auch ist man seit anfangsloser Zeit daran gewöhnt, ein Ich zu kreieren, daran festzuhalten und deswegen leidbringend zu handeln.

Also, selbst wenn man in diesem Leben wirklich nicht viel Negatives getan hat, man weiss nicht, wie viel Negatives im eigenen Geistesstrom aus früheren Leben vorhanden ist. Tatsächlich ist es realistischer, davon auszugehen, dass man sehr viel Leidbringendes in früheren Leben getan hat, statt zu meinen da wäre nicht viel Negatives. Das bedeutet auch, dass es jederzeit möglich, ist, dass Negatives reift und dass man dann deutlich mehr Schwierigkeiten bekommen kann. Schließlich reifen jede Sekunde 65 karmische Samen heran, das sind pro Stunde 234.000 Samen. Und wenn negative Samen sich öffnen, kann das eigene Handeln, als Reaktion darauf, sehr viel unangemessener werden als jetzt. Dadurch schafft man wieder neue Ursachen für Probleme.

Auch hat man fortlaufend Gedanken, die mit Anhaftung und Abneigung verbunden sind. Hier ist jeder der Achtsamkeit entgehende, sich fortspinnende Gedanke potenziell problematisch. Tatsächlich bemerkt man diese Gedanken so gut wie gar nicht, oder man hält sie für normal. Wären wir klarer, würden wir erkennen, wie Greifen nach vor allem negativen Gedankenketten unseren Geist verschmutzt, und das, was wir daraufhin sagen, das, was wir tun.

Beispielsweise denkt man vielleicht immer wieder: „Oh, da ist eine Biene, sie könnte mich stechen, ich muss sie töten."
Und was ist der eigentliche Grund dafür, dass man immer wieder denkt, die Biene könnte einem schaden? Es ist Ich-Anhaftung und die sich daraus ergebende Abneigung der Biene gegenüber. Obwohl einem persönlich vielleicht noch niemals in diesem Leben je eine Biene etwas zuleide getan hat. Im Gegenteil, Bienen sind sehr fleissig, und ohne sie gäbe es viele Nahrungsmittel nicht. Bienen haben also schon viel für uns getan. Wir dagegen nehmen ihnen den Honig weg und geben ihnen minderwertiges Essen dafür. Angemerkt sei hier, dass die Ursache dafür, dass man Angst vor der Biene hat, in einer Handlung liegen muss, die dem Ergebnis, der eigenen Angst, ähnlich ist und die man einem fühlenden Wesen (oder mehreren) angetan hat.

Wir könnten in so einer Situation die Methode üben, zu bemerken, dass ein Gedanke entsteht, transparent ist und vergeht; und wir versuchen möglichst wenig daran anzuhaften. Würden wir überhaupt nicht daran anhaften, würde ein einzelner Gedanke auch kein Karma kreieren.

Denn einzelne Gedanken an sich schaffen keine Ursachen für Leid, wenn wir sie nicht verfolgen, also nicht anhaften. Problematisch ist demnach nicht das Auftauchen eines einzelnen Gedankens an sich. Das Problem ist, dass man derzeit nicht anders kann, als dem Gedanken zu folgen und nach ihm zu greifen. Haftet man an einem Gedanken an, spinnt ihn also fort und bildet so Gedankenketten und Konzepte, dann kreiert man auch Karma.

Leidbringende Gedanken, an denen man haftet, sind eben auch Handlungen, die Ursachen hervorbringen, aus denen dann ein problematisches Ergebnis entsteht.

Weiter sammeln sich auch kleine negative Handlungen unbemerkt an, fast wie von alleine. Es ist ähnlich wie mit Staub. Ein einzelnes Staubkorn auf einem Spiegel sieht man nicht. Aber mit der Zeit wird der Spiegel schmutziger und schmutziger. In der Folge kann man das Spiegelbild immer schlechter erkennen. Denn man denkt, redet und handelt die ganze Zeit. Das bedeutet, dass man ganz verschiedenes Karma ansammelt. Und auch aus der Vergangenheit ist sehr viel unterschiedlichstes Karma vorhanden, was auch als Mischung erscheinen kann.

Im eigenen Geist entstehen somit in Wirklichkeit jeden Moment Ursachen für Leid.

Weitere Informationen zu Karma

Grundsätzlich kann man karmische Ergebnisse auch in folgende zwei Punkte einteilen:

1. Sie sind schon eingetreten. Dann erfährt man das Ergebnis. Der Teil des Ergebnisses, der noch in der Zukunft liegt, kann aber noch modifiziert werden.
2. Sie sind noch nicht eingetreten. Hier kann man noch andere Ursachen setzen, die entgegenwirken, also gute geistige Eindrücke aufbauen und weiter reinigen, bis das Ergebnis stark abgeschwächt wird.

Schwieriges Karma kann man allerdings auch beim zweiten Punkt nicht sofort völlig eliminieren, jedoch schwächen oder nach hinten verschieben, oft auch beides. Zeitlich verschieben wir das leidvolle Erleben durch Reinigung und Aufbau von Positivem weiter in die Zukunft, dann haben wir wieder mehr Zeit, es weiter zu reinigen. Irgendwann kann das Ergebnis nahe Null gehen.

Auch belasten uns Probleme immer weniger, je weiter wir auf dem Weg voran kommen. Schließlich mag an sich Schwieriges zwar auftreten, stört uns aber kaum noch, und irgendwann sind wir gar nicht mehr beeinträchtigt.

Möglicherweise schätzen wir Schwierigkeiten sogar als Übungsfeld. Oder wir sind fast froh, dass das Negative jetzt heranreift und es uns dann später nicht mehr stören kann. Auch das ist ein gutes Ergebnis unserer Bemühungen.
Insgesamt gibt es vier grundlegende Möglichkeiten, wie wir Heilsames oder Unheilsames zusammentragen:

1. Man hat die Handlung begangen und angesammelt.
2. Man hat die Handlung begangen und nicht angesammelt, zum Beispiel, weil man sie sehr schnell bereut hat. Das ist die dritte Praxis der Sieben Übungen.
3. Man hat die eigentliche Handlung nicht begangen, aber angesammelt, zum Beispiel durch Mitfreude oder auch Schadenfreude; hiermit befasst sich die vierte der Sieben Übungen.
4. Man hat die Handlung nicht begangen und nicht angesammelt.

Wenn wir etwas getan haben und nichts unternommen haben, um das Ergebnis in der Stärke der Auswirkung zu ändern, trifft Punkt eins zu. Das gilt für Gutes wie für das Schlechte.
Haben wir aber etwas Gutes oder weniger Zuträgliches getan, und zum Beispiel dann bereut, fällt das Ergebnis geringfügiger aus. Haben wir uns aber beispielsweise darüber gefreut, verstärken wir das Ergebnis.
Haben wir selbst etwas nicht getan, aber andere, so können wir uns durch Freude darüber, sowohl über Positives als auch über Negatives, „einklinken". Das heißt, wir selbst werden ein gutes oder schlechtes Resultat erleben, obwohl wir nichts getan haben oder besser meinen, nichts getan zu haben. Denn Mitfreude oder Schadenfreude sind auch Aktivität. Und zwar mittels Gedanken, die wir fortspinnen. Weiter fällt unter diesen Punkt, wenn wir andere dazu bringen, etwas Gutes oder Schlechtes zu tun. Auch dann haben wir die eigentliche Handlung nicht ausgeführt, kreieren aber günstige oder ungünstige Ursachen, die in unserem Geistesstrom reifen werden.

Hat man nichts getan und nichts angesammelt, erhält man auch kein Ergebnis.

Ganz entscheidend dafür, ob unsere Handlung zu Glück oder zu Leid führt, ist aber unsere gute oder schlechte Motivation in Bezug auf den Nutzen anderer.

Oder, wie Jetsünma Chimey Lüding Rinpoche einmal in ihrem Interview, "Frauen: eine buddhistische Sicht." sagte:

"Wenn Du ein großes Herz hast, ein Herz voll Mitgefühl,
kannst Du alles tun.
Wenn Du kein großes Herz hast,
selbst wenn Dein Geist viele Dinge erreichen will,
wird es nicht funktionieren."

(Siehe Zitateliste Seite 569-572)

Unsere Absicht ist also wirklich sehr wichtig, hier im Überblick:

Motivation:	Handlung:	kreierte Ursache:	Ergebnis:
gut	gut	gut	gut
gut	schlecht	gut bis eher gut	gut bis eher gut
schlecht	gut	eher schlecht bis schlecht	eher schlecht bis schlecht
schlecht	schlecht	schlecht	schlecht

Wenn wir somit nicht wissen, was wir in einer bestimmten Situation tun sollen, können wir uns auch folgende Fragen stellen möglichst, ohne sich zuviel vorzumachen und anwendend, was wir über die Lehre Buddhas wissen:

1. "Nutzt es vor allem anderen, also allen anderen Beteiligten, aber auch mir?"
   Dann ist es glückbringend.
2. „Nutzt es vor allem anderen, also allen anderen Beteiligten, schadet aber mir?"
   Wahrscheinlich ist es leidbringend, kann aber auch glückbringend sein.
   Dann ist es aber trotzdem sinnvoll, genau auf Grundlage der Lehre Buddhas zu prüfen, was sinnvollerweise weiter getan werden sollte.
3. „Schadet es anderen, also allen anderen Beteiligten, aber nutzt es mir?"
   Dann ist es leidbringend.
4. "Schadet es anderen, also allen anderen Beteiligten, aber auch mir?"
   Dann ist es leidbringend.

Beteiligte sind hier nicht nur die unmittelbar Beteiligten, sondern auch die Beteiligten im weiteren Umkreis, letztendlich alle Repräsentantinnen und Repräsentanten der Erleuchtung und alle fühlenden Wesen.

Bodhicitta, die erleuchtete Geisteshaltung

„Die Wurzel des Kleinen Weges ist die Zuflucht.
Die Wurzel des Großen Weges ist Bodhicitta.
Und die Wurzel des Diamantweges ist Vertrauen."

(Siehe Zitateliste Seite 569-572)

Mit der Zuflucht wenden wir uns dem buddhistischen Weg zu, um dauerhaften Schutz vor Leid zu finden. Wir brauchen einfach Schutz und Anleitung, da es viel einfacher ist, negativ zu handeln als Positives zu kreieren. Und es erfordert viel Kraft, sich Unzuträglichem entgegen zu stemmen.

Denn die Erscheinungen ziehen einen magisch an, man ist geradezu hypnotisiert davon; dann handelt man meist negativ, um zu erhalten, was man unbedingt haben will und um zu vermeiden, was man nicht haben will.

Sitzt man also am Starnberger See, isst ein Eis, es fliegt eine Biene herbei und das Eis fällt beim Versuch, sie zu verscheuchen, herunter, lässt man sich von dem, was gerade geschieht, vielleicht völlig einnehmen.

Sässen wir dagegen im Kino und würden einen Film mit dem Titel: „Die Killer-Biene und das Eis der Frau der Ringe" anschauen, dann würden wir uns weit weniger aufregen. Wir würden sogar noch Geld bezahlen, um den Film sehen zu können. Mehr Geld, als es kosten würde, jetzt ein neues Eis zu kaufen und sich darüber zu freuen, dass die Eisverkäuferin eine weitere Einnahme hat.

Aber wir waren beim Eis, das heruntergefallen ist: Haben wir Liebe und Mitgefühl für die Biene, und wenden mehr Weisheit an, ist die Situation anders. Wir erkennen vielleicht, dass sie fleissig arbeitet und sich bemüht, etwas zusammenzutragen. Dabei missachtet sie manchmal die Eigentumsrechte anderer, weil sie es eben nicht besser weiß. Denken wir so, dann lassen wir uns nicht derart stören. Das Eis wäre vermutlich gar nicht heruntergefallen.
Wir hätten ihr einfach etwas davon gegeben und dann weitergegessen. Das wäre vielleicht dem Mann, der neben uns auf der Steinmauer sitzt, aufgefallen, weil er auch ein liebevolles Herz hat. Und wer weiß, möglicherweise hätte er uns angelächelt, was uns sehr gefreut hätte. Denn die Beziehung, von der wir dachten, sie hält für immer, also bis dass der Tod uns scheidet, ist inzwischen doch schon vorher zu Ende gegangen. Wie es jetzt also weitergegangen wäre, hätten wir die Biene auch etwas von dem Eis essen lassen, wissen wir nicht.

Eines aber ist klar: Wir hätten mit dieser liebevollen, mitfühlenden, weisen Vorgehensweise Gutes kreiert, statt Leid zu schaffen, für jetzt und die Zukunft.

Tatsächlich ist Ich-Anhaftung die stärkste negative Kraft. Bodhicitta, die vollkommene Hinwendung zu fühlenden Wesen, ist die stärkste positive Kraft.

Im Überblick:

Stärkste positive Kraft	Stärkste negative Kraft
Bodhicitta	Ich-Anhaftung

Die erleuchtete Geisteshaltung ist somit ein mächtiges Gegenmittel, das bewirkt, dass wir uns   von Negativem fernhalten und Positives tun. Sie ist der köstliche Nektar, der alles Gute bewirkt.
Durch Bodhicitta wenden wir uns weiter vom Kleinen Weg ab, aber ohne diesen geringzuschätzen. Und wir wenden uns dem Großen Weg zu.

Das bedeutet, wir interessieren uns nicht mehr nur für uns selbst, sondern öffnen unser Herz für das Glück aller anderen, letztendlich dafür, alle fühlenden Wesen zur Erleuchtung zu führen. Beim Bodhisattva-Versprechen verpflichten wir uns auch formal dazu. Wir kreisen dann also nicht mehr nur um uns selbst und meinen, wir hätten die größten Probleme oder wir hätten Glück am meisten verdient. Wir erkennen dabei, dass wir und andere grundlegend gleich sind. Und wir machen uns klar, dass sie leiden und dass wir ihnen immens viel zu verdanken haben. So entsteht natürlicherweise der Wunsch zu helfen.

Mit der Zeit erscheinen uns dann alle fühlenden Wesen als attraktiv und als etwas ganz Liebes und Nahes.

Tatsächlich ist Bodhicitta die wirkliche reine Liebe allen gegenüber und sie ist die hervorragendste Geisteshaltung überhaupt.

Mit der Zuflucht wenden wir uns also den Repräsentantinnen und Repräsentanten der Erleuchtung zu, weil wir Schutz suchen und erkannt haben, wo dieser Schutz in perfekter Weise zu finden ist. Und mit Bodhicitta wenden wir uns den fühlenden Wesen zu, weil wir wissen, wie viel wir ihnen zu verdanken haben und wie sehr sie Hilfe benötigen.

Dabei wissen wir, dass wir selbst das Ticket für die Reise zur Erleuchtung schon in der Tasche haben. Die anderen aber wissen nicht, dass sie diese faszinierende Reise auch machen können. Sie wissen noch nicht einmal, dass es diese Reise gibt und dass sie das Ticket dafür ebenfalls schon haben. Geschweige denn, was sie damit tun sollen.

Wir haben also eine große Verantwortung, wenn wir Bodhicitta hervorbringen. Denn wir sind diejenigen, die sicherstellen, dass jedes fühlende Wesen glücklich sein wird. Und wir sind die geschickten, liebevollen und weisen Führerinnen und Führer der Wesen. Durch Übung und indem wir immer besser die erleuchteten Geisteshaltung hervorbringen, werden wir dann mehr und mehr zur Pilotin, die das Flugzeug mit all den Passagieren sicher durch jegliche Turbulenzen an das Ziel steuert. Daher ist es auch wichtig, dass wir uns immer gut prüfen. So wie eben ein Flugzeug gut gewartet sein sollte und die Pilotin immer Fortbildungen macht und dafür sorgt, dass sie in der Lage ist das Flugzeug zu fliegen. Daher stützten wir uns auf die Anleitung voll verwirklichter Lehrerinnen und Lehrer, bis wir selbst erleuchtet sind.

Dabei wissen wir auch, dass wir nur eine oder einer sind. Die anderen aber sind viele. Auch das ist ein Grund dafür, dass wir uns um andere kümmern sollten.
Man kann die erleuchtete Geisteshaltung aber auch so erklären: Buddha, der erleuchtete Zustand, ist wie das Meer, die fühlenden Wesen sind wie Eisklumpen, die darin schwimmen, und Bodhicitta ist die Wärme, die die Eisklumpen zum Schmelzen bringt.

Erleuchtung ist dabei auch gleichbedeutend mit der Weisheit, die weiß, wie das bestmöglich zu bewerkstelligen ist.

Hierbei gibt es drei Arten, wie wir die erleuchtete Geisteshaltung, Bodhicitta, hervorbringen können:

1. Die Einstellung einer Königin: Sie geht davon aus, dass sie zuerst Macht und Einfluss benötigt, um anderen helfen zu können. Sie bemüht sich also zunächst vor allem um und für sich selbst; mit der Geisteshaltung, dass sie es tut, um anschließend anderen bestmöglich von Nutzen zu sein.
2. Die Einstellung einer Fährfrau: Sie nimmt andere mit, während sie selbst den Fluss überquert.
3. Die Einstellung einer Hirtin: Se kümmert sich um ihre Schafe, ohne groß an sich selbst zu denken. Erst wenn auch das letzte versorgt ist, isst und trinkt sie und ruht aus.

Allgemein heißt es, dass alle drei Einstellungen gut sind; es hängt auch davon ab, was für ein Typ Mensch wir sind, von der Lebensphase und den Möglichkeiten, welcher der drei Einstellungen wir Vorrang geben. Allerdings ist die Methode, zuerst an andere statt zunächst an sich selbst zu denken, diejenige, die hervorragend und schnell ist. Trotzdem bemühen wir uns am besten um alle drei Einstellungen, und es kann sogar im Laufe eines Tages vorkommen, dass wir mal die Königin sind, mal die Fährfrau und mal die Hirtin.

Für das Entstehen der erleuchteten Geisteshaltung sind nun vier Ursachen erforderlich:

1. Wir sehen den großen Nutzen, den diese Einstellung mit sich bringt.
2. Wir haben Vertrauen zu Buddha und zu seinen Informationen.
3. Wir sehen das Leid der fühlenden Wesen.
4. Wir haben spirituelle Freundinnen und spirituelle Freunde, die uns in makelloser Weise dazu ermuntern, die erleuchtete Geisteshaltung hervorzubringen.

Was den Nutzen von Bodhicitta angeht, so ist dieser unermesslich, und wir können ihn derzeit nicht ansatzweise begreifen. Was wir aber verstehen können, ist, dass Leid nicht so gut ist und dass Glück viel besser ist. Und, wie schön es wäre, wenn es uns allen gut gehen könnte und wir alle froh wären. Und dass es wunderbar wäre, wenn alle den perfekten Zustand erreichen könnten.

Weitere Hinweise auf den Nutzen der erleuchteten Geisteshaltung sind:

1. Bodhicitta legt den Samen, aus dem alle Qualitäten der Erleuchtung für uns zugänglich werden und beseitigt jegliche Armut.
2. Bodhicitta ist ein vollkommener Schutz vor Leid.
3. Bodhicitta ist wie ein Fundament, das alle fühlenden Wesen stützt.
4. Bodhicitta ist wie eine perfekte Lanze, die alle störenden Gefühle, unsere wahren Feinde und die Ursache für unser Leid, besiegt.
5. Bodhicitta ist wie ein Beil, das den - vermeintlich vorhandenen - Baum des Leidens abschneidet.

Bevor wir allerdings die erleuchtete Geisteshaltung hervorbringen, ist es, wie weiter oben beschrieben, notwendig, dass natürlicherweise Liebe und Mitgefühl für die fühlenden Wesen entsteht. Dadurch nimmt unsere Ich-Bezogenheit ab und unsere Weisheit wird zugänglicher. So bauen wir unzuträgliche geistige Konzepte ab und legen die guten Eigenschaften frei, die unsere eigentliche Natur sind. Und das wiederum erleichtert den Zugang zu unserer Weisheit.
Diese positive Kraft verbinden wir mit der Motivation und den Wünschen, die auf Erleuchtung ausgerichtet sind, zum Nutzen anderer.
Damit geht es uns selbst auch allgemein besser, und wir können uns anderen immer mehr zuwenden.
Und so wird die erleuchtete Geisteshaltung auf natürliche Art und Weise immer stärker werden.

Liebe und Mitgefühl können auch wie folgt eingeteilt werden:

1. Weltliche, emotionale Liebe, die mit Begierde und Anhaftung verbunden ist; es ist also eine recht selbstbezogene Liebe.
   Und weltliches, emotionales Mitgefühl, es ist ein zwar positives, aber begrenztes Mitgefühl, denn es ist mit Anhaftung verbunden und richtet sich in aller Regel nur auf einige, sehr wenige fühlende Wesen aus.
2. Authentische Liebe und authentisches Mitgefühl für alle fühlenden Wesen, aber ohne perfekte Weisheit.
3. Bodhicitta; Mitgefühl, Liebe und Weisheit sind grenzenlos und untrennbar voneinander.

Unsere Liebe und unser Mitgefühl unterliegen also Begrenzungen: So hat man eine starke Tendenz, für das Leid derer, die man mag, mehr Mitgefühl zu empfinden, als für das Leid derer, die man nicht mag und die einen ärgern.

Schließlich meint man weiter, dass Menschen, die viel Glück erleben, weniger Mitgefühl verdient hätten, als solche, die gerade sehr viel offensichtliches Leid erfahren. Auch hier ist wieder eine samsarische Sichtweise vorhanden.

Denn tatsächlich ist die glückliche Person fast schlechter gestellt als die leidende Person. Erstere verplempert mit hoher Wahrscheinlichkeit gute geistige Eindrücke, und letztere reinigt schwieriges Karma. Auch das ist die Wirklichkeit.

Es ist aber sinnvoll, dass wir eine weite Sichtweise beibehalten und erkennen, dass beide in keiner guten Situation sind. Denn das Klären des schwierigen Karmas bringt nicht viel, wenn man nicht weiß, wie man endgültig aus dem Leid aussteigen kann. Und das glückliche Erleben hilft nicht wirklich weiter, wenn man nicht weiß, wie sich diese guten Umstände wiederholen lassen, oder wie man sie nutzen kann, um endgültig dauerhaftes Glück zu erleben.

An diesem Beispiel sehen wir, dass Liebe und Mitgefühl im normalen Leben etwas anderes sind als Liebe und Mitgefühl im Buddhismus.

Denn authentische Liebe und authentisches Mitgefühl erstreckt sich mit Gleichmut und Güte auf alle fühlenden Wesen, ohne Ausnahme. Aber auch authentisches Mitgefühl und authentische Liebe werden alleine nicht zu Befreiung und Erleuchtung führen, so wichtig sie auch sind. Denn es fehlt Weisheit, die nötig ist, um Unwissenheit zu beenden.

Bodhicitta dagegen schließt Weisheit mit ein. Hier ist Weisheit wie die Augen, die das Ziel sehen können, und Mitgefühl entspricht den Beinen, die uns zum Ziel bringen. Tatsächlich sind Liebe und Mitgefühl also die Voraussetzungen für die erleuchtete Geisteshaltung, aber sie sind verschieden von der erleuchteten Geisteshaltung.

Auch finden wir Mitgefühl sowohl bei Nicht-Buddhistinnen und Nicht-Buddhisten als auch in den anderen buddhistischen Schulen.

Die erleuchtete Geisteshaltung ist dagegen das besondere Merkmal des Großen Weges und des Diamantweges (der oft zum Großen Weg gerechnet wird).

Die Definitionen für Liebe, Mitgefühl und Bodhicitta finden wir in folgenden Wunschgebeten:

1. Liebe: Mögen alle fühlenden Wesen Glück und die Ursache von Glück haben.
2. Mitgefühl: Mögen alle fühlenden Wesen frei von Leid und der Ursache von Leid sein.
3. Bodhicitta: Mögen alle fühlenden Wesen Erleuchtung erreichen.

Die erleuchtete Geisteshaltung ist unterteilt in relatives und absolutes Bodhicitta. Sie sind in den Mahamudra-Wünschen des 3. Karmapas beschrieben:

Vers 22

„Die Natur der Wesen ist immer die eines Buddha,
doch sie erkennen dies nicht und irren daher im endlosen Daseinskreislauf umher.
Möge das Leid aller fühlenden Wesen
überwältigendes Mitgefühl in unserem Geist erwecken."

Vers 23

„Das überwältigende Mitgefühl erscheint ungehindert,
gleichzeitig zeigt sich nackt sein leeres Wesen.
Mögen wir den hervorragenden Weg der
fehlerlosen Vereinigung von Leerheit und Mitgefühl
ohne Unterlass Tag und Nacht üben."

(Siehe Zitateliste Seite 569-572)

Dabei ist relatives Bodhicitta wiederum unterteilt in relatives Bodhicitta des Wunsches und relatives Bodhicitta der Anwendung.

Denn wenn wir eine Reise unternehmen möchten, dann steht am Anfang dieser Reise der Wunsch. Wir möchten also beispielsweise zu einem Kurs fahren.

Analog möchten wir beim relativen Bodhicitta des Wunsches die erleuchtete Geisteshaltung hervorbringen. Wir möchten einfach, dass alle fühlenden Wesen das Bestmögliche erreichen und wollen etwas Grundlegendes dafür tun.
Dieser Wunsch kann auch in Form von bereits für uns vorbereiteten Wunschgebeten geübt werden. Ein Beispiel sind die Vier Unermesslichen, etwas später mehr dazu. Eine weitere Übung, um das Bodhicitta des Strebens hervorzubringen, ist Tonglen, Geben und Nehmen im buddhistischen Sinn. Hierzu ebenfalls später mehr.
Angemerkt werden soll an dieser Stelle nur noch, dass die bekanntesten Übungen für das Bodhicitta des Strebens, also des Wunsches, die Vier Unermesslichen und Tonglen sind.

Wenn wir dann tatsächlich zu dem buddhistischen Kurs fahren, so ist das die Umsetzung des Wunsches, wir können auch sagen, die Anwendung.

Genauso ist relatives Bodhicitta der Anwendung die Umsetzung des Wunsches, die erleuchtete Geisteshaltung hervorzubringen.

Man nimmt hier das Bodhisattva-Versprechen und übt es mithilfe der Sechs Befreienden Handlungen, der Sechs Paramitas.
Sie sind auch ein Gegenmittel gegen die drei grundlegenden Probleme, die wir haben: Unwissenheit, Anhaftung und Abneigung.

Hier in der Übersicht:

Nr.	Befreiende Handlung (Paramita)	Gegenmittel gegen
1	Sinnvolle Großzügigkeit	Anhaftung
2	Sinnvolles Verhalten	Anhaftung
3	Sinnvolle Geduld	Abneigung
4	Sinnvolle, von Freude getragene Aktivität	Abneigung
5	Meditation/geistige Stabilität	Unwissenheit
6	Weisheit (im buddhistischen Sinn)	Unwissenheit

Buddha lehrte bei den Sechs Befreienden Handlungen zunächst Freigiebigkeit. Ein Grund ist, dass sie Anhaftung, die eine grundlegende Ursache für unsere Probleme ist, reduziert. Und wir können relativ leicht verstehen, was Weggeben ist. Weiter ist ein Ergebnis von Großzügigkeit Reichtum. Auch weil für fühlende Wesen Glück stark mit Vergnügen verknüpft ist, für das materielle Ressourcen nötig sind, hat Buddha Großzügigkeit als erstes Paramita gelehrt. Angemerkt sei aber, dass Freigiebigkeit auch andere Ergebnisse als materiellen Reichtum haben kann.

Wir begegnen weiter immer wieder der Einteilung in Zehn Befreiende Handlungen Hier ist dann die sechste Befreiende Handlung, Weisheit, weiter unterteilt in geschickte Mittel, Wunschgebete, Kraft und ursprüngliche Weisheit. Weisheit selbst wird aber mitgezählt, als sechstes Paramita, und die weiteren Unterpunkte sind dann Paramita sieben bis zehn.
Es gibt aber auch viele weitere Übungen für das, was Bodhisattvas üben. Sie werden auch Geistestraining genannt, und die Sieben Übungen gehören ebenfalls zum Geistestraining.

Durch relatives Bodhicitta wird unser Geist mit der Zeit immer offener für andere, und wir können Anhaftung an unser vorgestelltes Ich vermindern und schließlich aufgeben.

Das führt zu absolutem Bodhicitta, das frei von dualistischer Wahrnehmung und damit frei von Leid ist. Es ist tatsächlich der natürliche Zustand unseres Geistes.

Man lässt sich hier nicht mehr von den Erscheinungen, wie einer Biene, stören und wendet sich dem zu, was das Wichtigste ist: Bodhicitta eben.

Absolutes Bodhicitta kann auch so erklärt werden, dass wir selbst, das, was wir für andere tun und die hilfsbedürftige Person wie ein Traum sind. Selbst der Gedanke oder die Vorstellung, dass Hilfe benötigt wird, ist eine Illusion. Denn wir denken immer, es passiert etwas, in gewisser Weise passiert da aber in Wirklichkeit gar nichts.

Jetzt könnte man auf Gedanken in der Art kommen, dass man, wenn das alles gar nicht wirklich ist und da nicht wirklich etwas passiert, auch nicht zu helfen bräuchte. Dabei übersieht man aber einen wichtigen Punkt: Die, denen wir helfen, haben Leerheit nicht realisiert - und wir vermutlich auch nicht. Das bedeutet, die hilfsbedürftige Person erlebt Leid und durch unsere Hilfe eine Verminderung ihres erlebten Leidens. Und durch die Verbindung, die so entsteht, werden wir ihr letztendlich einmal helfen können, Leid ganz hinter sich zu lassen und Befreiung und Erleuchtung zu erlangen.

Absolutes Bodhicitta tritt hervor, wenn man Leerheit realisiert hat. Das heißt, wir sind dann frei vom Greifen nach einem Ich. Hier soll angemerkt werden, dass Leerheit nicht bedeutet, dass da nichts ist, denn andererseits erscheint ja fortlaufend etwas, was dem Klarheitsaspekt des Geistes entspricht.

Bodhicitta umfasst grundsätzlich die beiden Aspekte von Mitgefühl und Leerheit.

Dabei beendet Leerheit das Herumirren im Daseinskreislauf. Mitgefühl für alle bewahrt uns davor, auf den Kleinen Weg zu geraten. Also auf den Weg derer, die sich (erstmal) für lange Zeit nur vor allem für ihr eigenes Glück anstrengen. Und erst nach sehr, sehr langer Zeit Erleuchtung erreichen und erst dann anderen am besten helfen können.

Das Bodhisattva-Versprechen selbst bezieht sich auf das relative Bodhicitta der Anwendung.
Allerdings übt man, wenn man das Bodhisattva-Versprechen abgelegt hat, sowohl relatives Bodhicitta des Wunsches als auch relatives Bodhicitta der Anwendung.

Absolutes oder auch letztendliches Bodhicitta ist dagegen kein Versprechen, es ist etwas, das wir freilegen. Dabei ist nicht das Bodhicitta des Wunsches weniger wichtig als das Bodhicitta der Anwendung. Und das Bodhicitta der Anwendung ist nicht unwichtiger als absolutes Bodhicitta.
Tatsächlich sind alle drei gleich wichtig. Denn ohne den Wunsch, die erleuchtete Geisteshaltung hervorzubringen, erreicht man noch nicht einmal relatives Bodhicitta.

Weiter sind sowohl Mitgefühl als auch Bodhicitta nicht damit zu verwechseln, ständig freundlich und sanftmütig zu sein.

Oder dass man alles tut, was andere wollen. Beispielweise möchte eine Alkoholikerin womöglich eine weitere Flasche Rum, aber wir werden sie ihr im Regelfall nicht geben.

Es ist auch nicht richtig, zu glauben, buddhistische Lehrerinnen oder Lehrer wären gut, wenn sie nett sind, und sie wären schlecht, wenn sie nicht ganz so nett zu uns oder anderen sind.

Denn die erleuchtete Geisteshaltung ist tatsächlich wie eine gute Medizin zu sehen, die alles Schwierige vertreibt. Diese Medizin muss nicht stets angenehm sein. Die Person, die die Medizin verabreicht, sollte allerdings wissen, wann eine bittere Medizin angebracht ist und wann nicht und diese auch gut dosieren können.

Mitgefühl ist also in diesem Szenario das gute Herz, das helfen will, Weisheit führt dazu, dass man die richtige, hilfreiche Medizin gibt, in richtiger Dosierung und zum passenden Zeitpunkt.

Es ist auch ähnlich wie bei Akupunktur. Man muss wissen, wohin man die Nadeln sticht. Weiß man es nicht, tut es einfach nur weh, und wenn es ganz ungünstig verläuft, entsteht sogar ziemlicher Schaden. Auch wenn man etwas Gutes tun wollte, also Liebe und Mitgefühl hatte. Hier fehlte die Weisheit, die weiß, wie, wo und wann die Nadeln zu stechen sind.

Wenn allerdings eine Lehrerin oder ein Lehrer einmal weniger nett ist, heißt das nicht, dass wir selbst uns auch schon so verhalten sollten. Denn wir können derzeit nicht unbedingt einschätzen, welche Medizin wann in welcher Dosis erforderlich ist, oder wie bei welcher Reaktion auf die Arznei vorgegangen werden sollte.

Bodhicitta im Überblick

Für alle, die eine schematische Herangehensweise mögen, im folgenden ein Überblick:

1. Voraussetzungen für Bodhicitta:
    1.1. Liebe für alle fühlenden Wesen hervorbringen, indem wir überdenken, wie viel wir jedem einzelnen fühlenden Wesen zu verdanken haben.
    1.2. Mitgefühl für alle fühlenden Wesen hervorbringen, indem wir überdenken, wie sehr sie leiden, weil sie nicht wissen, was wirklich zu Glück und was zu Leid führt.

2. Bodhicitta:
    2.1. Relatives Bodhicitta
        2.1.1. Bodhicitta des Strebens/des Wunsches, durch beispielsweise:
            2.1.1.1. Wunschgebete, beispielsweise:
                2.1.1.1.1. Die Vier Unermesslichen
                    2.1.1.1.1.1. Glück
                        Mögen alle fühlenden Wesen Glück und die Ursache von Glück haben.
                    2.1.1.1.1.2. Mitgefühl
                        Mögen alle fühlenden Wesen frei von Leid und der Ursache von Leid sein.
                    2.1.1.1.1.3. Mitfreude
                        Mögen sie alle niemals getrennt sein von wahrer Freude, die frei von Leid ist.
                    2.1.1.1.1.4. Gleichmut
                        Mögen sie alle, bei Nah und Fern, frei von Anhaftung und Ablehnung in Großem Gleichmut verweilen.
                2.1.1.1.2. Samantabhdra Wunschgebet
            2.1.1.2. Tonglen (wird im Kapitel „Geben" näher beschrieben).
        2.1.2 Bodhicitta der Anwendung durch:
            2.1.2.1. Die Sechs Paramitas
                2.1.2.1.1. Sinnvolle Großzügigkeit (anderen helfen)
                2.1.2.1.2. Sinnvolles Verhalten (anderen nicht schaden)
                2.1.2.1.3. Sinnvolle Geduld (Schwierigkeiten überwinden)
                2.1.2.1.4. Sinnvolle, von Freude getragene Anstrengung (mit Freude Gutes ansammeln)
                2.1.2.1.5. Meditation/geistige Stabilität (Einsgerichtetheit)
                2.1.2.1.6. Weisheit (Bewusstheit)
                    2.1.2.1.6.1. Geschickte Mittel
                    2.1.2.1.6.2. Wunschgebete
                    2.1.2.1.6.3. Kraft
                    2.1.2.1.6.4. ursprüngliche Weisheit

2.2. Absolutes Bodhicitta

Wird aus der Leerheit heraus erlangt. Leerheit bedeutet, ohne Greifen nach einem Ich zu sein, weil man erkannt hat, dass das Ich eine Illusion ist.

Bei genauerer Betrachtung dieses Überblicks mag auffallen, dass die Begriffe „Ursache von Glück" und „Ursache von Leid" verwendet werden.

Diese Ursache ist hier sehr wichtig, denn wir brauchen sowohl den Samen als auch die Frucht.
Das heißt also, die Ursache für Glück, die der Same ist und das Glück selbst, das die Frucht ist.
Denn wenn wir normalerweise von Liebe und Mitgefühl sprechen oder anderen Gutes wünschen, dann geht es lediglich um die Frucht. Hier wünschen wir anderen jedoch auch, dass sie in der Lage sind, gute Samen zu pflanzen; also angemessen zu denken, zu reden und zu handeln, um nicht nur jetzt, sondern auch in Zukunft gute Ergebnisse zu haben.

Das Bodhisattva-Versprechen

Durch das Bodhisattva-Versprechen verpflichten wir uns verbindlich zu dieser Geisteshaltung, die das Wohlergehen anderer in den Vordergrund stellt. Wir sammeln damit unermesslich viele gute geistige Eindrücke an. Und sogar wenn wir schlafen, bewusstlos, unachtsam oder ähnliches sind, nimmt das Gute ständig zu. Weiter erreichen wir vergleichsweise schnell den Buddhazustand.

Bevor wir das Bodhisattva-Versprechen nehmen, ist allerdings (mindestens) die buddhistische Zuflucht erforderlich, diese erhalten wir von dafür autorisierten buddhistischen Lehrerinnen und Lehrern.

Das Bodhisattva-Versprechen selbst können wir:

1. vor einer dafür autorisierten Lehrerin oder einem dafür autorisierten Lehrer ablegen;
2. wenn wir wegen Lebensgefahr oder eingegangenen Verpflichtungen nicht zu jemandem gelangen können, die oder der uns das Bodhisattva-Gelübde geben kann, können wir es:
   2.1. in korrekter Weise vor einer Buddhastatue nehmen, durch dreimaliges Wiederholen;
   2.2. falls auch das nicht möglich ist können wir uns die Buddhas und Bodhisattvas, die alle zehn Richtungen des Raumes ausfüllen, vor uns vergegenwärtigen. Dann legen wir das Versprechen ab, indem wir das Bodhisattva-Versprechen drei Mal sagen.

Nachdem wir das Bodhisattva-Gelübde ein erstes Mal genommen haben, können wir es auch selbst immer wieder ablegen.

Wir stellen uns dabei die Buddhas und Bodhisattvas als Zeuginnen und Zeugen und Stütze vor uns im Raum vor. Das macht unser Versprechen kraftvoller. Wenn wir es abgelegt haben, stellen wir uns vor, dass sie sich in Licht auflösen. Dieses Licht schmilzt in uns hinein, und damit ist Bodhicitta in unserem Geist.

Wenn das Bodhisattva-Versprechen gebrochen ist, nehmen wir es erneut. Ist es beschädigt, so bekennen und bereuen wir die Beschädigung dreimal. Genauere Informationen dazu finden sich im Kapitel „Bereuen". Und im Kapitel mit den vorformulierten Texten gibt es eine Fassung für das Bodhisattva-Versprechen.

Bodhicitta ist im Moment zuviel für mich, was kann ich tun?

Wenn wir uns aber der scheinbar übermächtigen und dem Anschein nach unerfüllbaren Aufgabe gegenüber sehen, die zahllosen fühlenden Wesen, ohne Ausnahme, zu Befreiung und Erleuchtung zu führen, ist es verständlich, das wir uns zuerst einmal überfordert fühlen. Ein bisschen zumindest..

Schließlich sind unsere Tage ausgefüllt mit: schlafen, aufstehen, meditieren, uns anziehen frühstücken, fünf Minuten in ein buddhistisches Buch schauen, arbeiten, Brot kaufen, 5 Minuten Geistesruhe üben, essen, trinken, mit dem Hund spazieren gehen, den roten Pullover waschen. Und wir wollen ungestört Zeit mit unserem Partner verbringen, die Eltern besuchen, mit unseren Kindern auf den Spielplatz gehen, mit der Freundin den Film im Kino schauen, ein buddhistisches Buch zu Ende lesen, den nächsten Urlaub planen. Weiter möchten wir zum Meditationsabend im buddhistischen Zentrum gehen, das Fußballspiel schauen, im Internet surfen, schauen, wer eine Nachricht für uns hat, Tango tanzen und den Sonnenuntergang am Starnberger See genießen.

Wo sollen wir denn da die Zeit hernehmen, allen fühlenden Wesen zu helfen?!

Die Antwort ist: Wenn man seine Tage weiter überwiegend mit Aktivitäten vollstopft, die meist nicht zur Erleuchtung führen, werden mehr Glück, Befreiung oder gar Erleuchtung in der nächsten Zeit sehr wahrscheinlich nicht erreichbar sein. Und wenn man nicht lernt, wie man Aktivitäten für die buddhistische Praxis nutzen kann, von denen man meint, sie wären unentbehrlich, wird man auch nicht besonders schnell weiterkommen. Allerdings ist es auch nicht völlig falsch, der Ansicht zu sein, dass wir gerade nicht soviel bewirken können.

Wir wollen ja Erleuchtung erreichen, eben weil wir jetzt begrenzte Möglichkeiten haben und dann soviel mehr für andere tun können. Und damit auch für uns selbst. Für Einsteigerinnen und Einsteiger kann es daher hilfreich sein, zunächst das Bodhicitta des Wunsches hervorzubringen. Das bedeutet, immer wieder den Wunsch in sich wachzurufen, relatives und absolutes Bodhicitta hervorzubringen und es zu vervollkommnen. Das ist auch am Starnberger See möglich, wenn die Sonne im Westen untergeht!

Es ist also wichtig, Wünsche zu haben und zu machen, die uns diese gute Richtung einnehmen lassen. Und wir verwenden am besten die für uns vorgefassten Wunschgebete derer, die wissen, welche Wünsche sinnvoll sind, um Glück, Befreiung und langfristig Erleuchtung zu erreichen.

Eine weitere Möglichkeit ist, dass wir zunächst einmal den intensiven Wunsch entwickeln, anderen dauerhaft helfen zu können.

Und wir freuen uns von Herzen darüber, dass andere Bodhicitta schon so gut praktisch umsetzen können und über ihre diesbezüglichen Aktivitäten.

Die guten geistigen Eindrücke, die wir so generieren, widmen wir, wie die Buddhas und Bodhisattvas, der Erleuchtung aller fühlenden Wesen. Damit bauen wir eine Verbindung mit der erleuchteten Geisteshaltung auf und sammeln die guten geistigen Eindrücke an, die für das Nehmen des Bodhisattva-Versprechens nötig sind.

Weiter sollten uns unsere derzeitigen, eher begrenzten Möglichkeiten aber nicht davon abhalten, zu tun, was wir tun können und das immer weiter auszubauen.

Beispielsweise können wir die Abfolge von Buchstaben, die wir gerade vor unseren Augen haben, verstehen. Das war aber nicht immer so.

Im Kindergarten oder in der Schule konnten wir zunächst nicht lesen und haben es Schritt für Schritt gelernt. Wir haben zuerst einmal begonnen, die Buchstaben zu lernen, Worte, dann Sätze. Und schließlich konnten wir den Sinn dessen, was da geschrieben war, verstehen. Wie mühselig aber war es, Lesen zu lernen und anfangs auch nur ein Wort zu entziffern?! Und wie oft haben wir Fehler gemacht, als wir Schreiben lernten?! Jetzt dagegen ist es selbstverständlich.

Genauso wird es einmal eine Selbstverständlichkeit für uns sein, alles dafür zu tun, damit alle fühlenden Wesen weniger oder nicht mehr leiden, glücklich sind und Befreiung und letztendlich Erleuchtung erreichen können. Es wird so einfach und selbstverständlich sein wie das Atmen für eine gesunde Person.

Weiter rettet uns im Zweifelsfall immer unsere gute Motivation zum Nutzen anderer, auch wenn wir Fehler machen. Und man wird Fehler machen. Aber wir werden aus diesen Fehlern auch lernen.

Schließlich kann es hilfreich sein, sich klarzumachen, dass wir und all diese unermesslich vielen fühlenden Wesen nichts anderes sind als ein Traum. Und diese gigantische Anstrengung ist auch nichts anderes als ein Traum. Und da alles einem Traum, einer Illusion, gleicht und der Geist offen, klar und unbegrenzt ist, ist auch alles möglich. Das heißt auch, unendlich viele fühlende Wesen zur Erleuchtung zu führen!

Wir sollten dieses Langzeitprojekt also als fortlaufenden Prozess sehen und nicht als etwas, womit wir ganz schnell „fertig" werden können oder müssen.

Denn so sinnvoll es ist und so viel einfacher es zu sein scheint, einer begrenzten Gruppe von fühlenden Wesen „nur" Essen, Getränke oder Kleidung zu geben, allen die Erleuchtung auch nur zu wünschen, ist weitaus umfassender und wirkungsvoller.

Trotzdem tun wir, was wir können, und geben im Rahmen unserer Möglichkeiten Essen, Getränke oder Kleidung und so weiter.

Was ist ein fühlendes Wesen?

Immer wieder begegnen wir dem Begriff „fühlendes Wesen". Daher einige Erklärungen dazu.

Ein fühlendes Wesen ist ein Wesen, das fühlt und einen Geist hat, es besitzt die Buddha-Natur, kann also Erleuchtung erreichen.

Ein Gegenstand dagegen hat diese Merkmale nicht. Weiter kann ein Tisch kein Karma haben. Die Existenz des Tisches beruht aber sehr wohl auf Bedingungen. Es musste also jemand das Holz bearbeiten, vorher musste Holz vorhanden sein, es mussten davor Bäume vorhanden sein, wieder davor der Same und genug Wasser, Erde und Sonne, davor der Baum, von dem der Same stammte und so weiter. Auch kann der Tisch selbst eine Bedingung sein, beispielsweise dafür, dass man dort eine Tasse abstellen kann. Und dass der Tisch in unserem Geist erscheint, beruht auf unserem Karma.

Auch Pflanzen sind keine fühlenden Wesen. Dass es manchmal anders wirken mag, hat damit zu tun, dass Pflanzen die Wohnung vieler, unter Umständen von uns auch nicht wahrnehmbarer, fühlender Wesen sind. So wissen wir, dass in Pflanzen Parasiten leben können. Auch gibt es fühlende Wesen, die sich in oder auf einem Stein oder anderen Gegenständen aufhalten können.

Karma betrifft also ausschließlich fühlende Wesen.

Diese gibt es in sechs Daseinsbereichen, zwei davon können wir wahrnehmen, es sind die Bereiche der Menschen und der Tiere. Die vier anderen sind für uns derzeit nicht ohne Weiteres zugänglich. Hält man es nicht für möglich, dass es noch andere fühlenden Wesen gibt, nur weil man sie nicht erkennen kann, sei daran erinnert, dass man beispielsweise winzigst kleine Tiere auch nicht ohne Weiteres sehen oder anderweitig wahrnehmen kann.

Und es gibt vieles, was wir auch nicht direkt wahrnehmen können, wie Radiowellen, Ultraschall oder Röntgenstrahlung. Sind sie deshalb vorhanden oder sind sie nicht vorhanden?

Bei den sechs Daseinsbereichen unterscheiden wir die drei niederen, leidvolleren Daseinsbereiche und die drei höheren, angenehmeren Daseinsbereiche. Der Bereich der Menschen gehört zu den angenehmen Daseinsbereichen, ist hier aber der unterste Bereich. Trotzdem ist das Dasein als Mensch die beste Daseinsform. Warum ist das so?

Der Grund ist, dass ein sehr angenehmes Dasein dazu führt, das es einem so gut geht, dass kein Antrieb besteht, etwas zu ändern und grundlegende Lösungen zu suchen. Man denkt ja auch, dass es immer so weiter geht.

Ein sehr leidvolles Dasein dagegen ist ungünstig, denn es bietet keinerlei Freiheiten.

Im menschlichen Bereich gibt es dagegen Leid, was uns zeigt, dass nicht alles perfekt ist. Aber wir erleben auch Glück und wissen somit, dass es etwas gibt, das besser ist als Leid. Auch haben wir gewisse Freiheiten, um Lösungen suchen und finden zu können.

Das menschliche Dasein allein reicht jedoch noch nicht für den buddhistischen Weg. Es sind Upgrades nötig, weitere Faktoren, die wir benötigen, damit wir Leid endgültig ausschalten und letztendlich Erleuchtung erreichen können. Es sind die, später noch genauer beschriebenen, acht Freiheiten, zehn Möglichkeiten und drei Arten des Vertrauens. Dieses upgegradete menschliche Dasein wird in der buddhistischen Fachsprache kostbares Menschendasein oder auch kostbarer Menschenkörper genannt. Wir erlangen diese gute Existenz allerdings nicht zufällig, es sind dafür sehr viel gute geistige Eindrücke nötig. Und diese kann niemand anderer als nur wir selbst für uns ansammeln. Um dieses Dasein dann auch wirklich dafür nutzen zu können, um auf dem Weg zur Erleuchtung, dem perfekten Buddha-Glück, voranschreiten zu können, ist es weiter nötig, dass wir uns auf eine spirituelle Lehrerin oder einen spirituellen Lehrer stützen. Und ihre oder seine Erklärungen erfolgreich anwenden.

Andere fühlende Wesen und auch Menschen ohne kostbaren Menschenkörper haben dagegen so starke Hindernisse wie große Dumpfheit, intensiven Hass und so weiter, dass sie ihr Potenzial derzeit nicht verwirklichen können. Auch wenn sie uns vielleicht in einzelnen Fähigkeiten übertreffen. So können manche fühlende Wesen, Bienen zum Beispiel, ohne Hilfsmittel fliegen.

Wir dagegen benötigen ein Flugzeug oder ähnliches. Wieder andere können viel besser sehen als wir. Bei der Gelegenheit soll darauf verwiesen werden, dass es aber nicht gut ist, sich zu wünschen, man wäre ein Tier. Oder eine Person, die es zwar sehr gut hat, aber nicht über eine kostbare menschliche Existenz mit den acht Freiheiten, zehn Möglichkeiten und drei Arten des Vertrauens verfügt.

Man sollte also auch nicht denken: „Hat der Hund meiner Freundin es gut, der muss nicht arbeiten und bekommt jeden Tag etwas gekocht. Ach, wäre ich doch auch so ein Hund!" Es könnte nämlich sein, dass dieser Wunsch in Erfüllung geht und man dann auch erleben müsste, wie es weitergeht. Und was man nicht weiss: Der Hund der Freundin wird nächstes Jahr Rückenprobleme bekommen und im Alter nicht mehr sehen können. Auch wird diese Freundin nach Tahiti ziehen und muss ihren Hund dann woanders hingeben, wo es überwiegend Dosenfutter gibt. Und sehr laute Opernarien.

Kurz: Die Zukunft des Hundes ist einem völlig unbekannt, genauso wie die Zukunft jedes anderen fühlenden Wesens, dessen Platz man vielleicht gerade so gerne einnehmen möchte.

Besser ist es also, wir wünschen (uns) allen Erleuchtung und arbeiten mit Freude und Engagement dafür. Dabei können wir uns allerdings sehr wohl wünschen, so zu werden wie Buddha oder wie Karmapa oder Grüne Tara.

Denn die wirklich gute Nachricht für uns ist: Wir sind in der exzellenten Situation, dass wir einen, diesen, kostbaren menschlichen Körper haben. Und schon eine ziemliche Strecke bis zu Erleuchtung hinter uns liegt.

Woher wir das wissen?

Nun, wir lesen doch dieses Buch.

Warum sind die Sieben Übungen im Buddhismus so wichtig?

Wir finden die Sieben Übungen im Sutra und im Tantra, und es gibt Beschreibungen dazu, dass sie als Set die wichtigsten Übungen sind, um gute geistige Eindrücke aufzubauen.

Hierbei bringt jede der Sieben Übungen mehr gute geistige Eindrücke hervor als die jeweils vorhergehende.

Weiter ist Sieben-Schritte-Prozess sehr effektiv, um Schwieriges abzubauen.

Er hilft uns aber auch, eine Verbindung zu denen aufzubauen und zu verbessern, die uns helfen können, unsere Buddha-Natur zu verwirklichen.

Und dadurch, dass wir sie beim Üben vergegenwärtigen, richten wir unseren Geist auf unser Ziel aus.

Um diesen Weg gehen zu können, ist es allerdings nötig, dass wir klären, was wir eigentlich wollen.
Denn das wird auch bestimmen, ob wir diesen überaus sinnvollen Weg, dem wir begegnet sind, wirklich folgen werden oder nicht. Und ob man bei Schwierigkeiten gleich aufgibt. Oder ob wir motiviert genug sind, um weiterzumachen, bis wir das entsprechende Problem gelöst haben.

Hier stellt sich auch grundlegend die Frage, ob man es weiter gemütlich und sicher haben will. Obwohl wir genau wissen, dass nur sicher ist, dass alles völlig unsicher ist.

Oder wollen wir die derzeitigen exzellenten Bedingungen nutzen, um uns langfristig in Richtung Erleuchtung zu bewegen, dem dauerhaften, perfekten Glück zum Nutzen aller fühlenden Wesen?

Die Sieben Übungen helfen uns, hier Klarheit zu gewinnen. Wir stellen uns mit dem Üben also auch Fragen wie:

1. Bin ich bereit, anzuerkennen, dass es authentische Weisheitshalterinnen und Weisheitshalter in dieser Welt gibt und mich ihnen zu öffnen?
2. Bin ich bereit, Dinge, vor allem die, an denen ich hafte, für das Erreichen der Erleuchtung einzusetzen?
3. Bin ich bereit, unzuträgliche Muster aufzugeben und langfristig an mir zu arbeiten?
4. Bin ich bereit, mich unvorstellbarem Reichtum und unermesslichen Qualitäten zu öffnen?
5. Bin ich bereit, authentische Weisheitshalterinnen und Weisheitshalter nach Anleitung zu fragen?
6. Bin ich bereit, so lange von ihnen zu lernen und sie zu bitten, zu bleiben, wie es nötig ist, um selbst eine Weisheitshalterin oder ein Weisheitshalter zu werden?
7. Bin ich bereit, alles Gute mit allen fühlenden Wesen zu teilen und auf das Ziel, Freilegen unermesslicher Fähigkeiten und kompletter Bereinigung von Schwierigkeiten, auszurichten?

Die Sieben Übungen decken alle wichtigen Punkte ab

Im folgenden ein Überblick in Frage und Antwort:

Übung	Fragestellung	Antwort
1. Verehren	Wen oder was lohnt es wertzuschätzen?	Ich erkenne, wer und was wirklich gut ist, möchte diesen guten Weg auch gehen, und verbinde mich damit.
2. Geben	Was sollte ich einsetzen, also vor allem die Frucht, um in diese gute Richtung zu gehen?	Ich setze das, was ich habe, für diesen Weg ein; ich gebe damit auf, woran ich hafte, also vor allem die Anhaftung selbst.
3. Bereuen von Negativem	Was sind meine Begrenzungen und wie gehe ich damit um?	Ich erkenne, was mich begrenzt und von dieser guten Richtung abhält, verringere und beseitige es schließlich.
4. Mitfreuen an Positivem	Was ist mein wirklicher Reichtum, und wie gehe ich damit um?	Ich kultiviere alles, was (schon) gut ist und mich in der guten Richtung weiterbringt; ich verstärke Positives durch Mitfreude.
5. Auffordern	Wie und wo erhalte ich Anleitung?	Indem ich die Richtigen um Anleitung bitte, damit ich diesen stufenweisen Weg gehen kann.
6. Bitten	Wie lange brauche ich diese Anleitung, und wie sichere ich den Zugriff darauf?	Ich bitte darum, dass ich diese Anleitung solange erhalte, wie ich und alle anderen fühlenden Wesen sie benötigen.
7. Widmen	Wofür setze ich alles, was ich auf diesem guten Weg ansammle, also vor allem die Samen, ein?	Ich verbinde das Gute mit dem Vorsatz, Erleuchtung für alle fühlenden Wesen zu erreichen, setze es dafür ein und richte meinen Geist darauf aus.

Ein weiterer Überblick, um die Sieben Übungen zu verdeutlichen:

Übung	Kurze Beschreibung	Ziel
1. Verehren	Respekt und Wertschätzung: Wir verehren die Repräsentantinnen und Repräsentanten der Erleuchtung mit Körper, Sprache und Geist.	Wir erkennen, wo wir hin wollen und schaffen eine Verbindung damit.
2. Geben	Anhaftung aufgeben: Wir verhalten uns den Repräsentantinnen und Repräsentanten der Erleuchtung im engeren Sinn, aber allgemein auch allen fühlenden Wesen gegenüber freigiebig und unterstützend.	Wir setzen das, was wir haben, für das langfristige Ziel, Erreichen der Erleuchtung, ein.
3. Bereuen von Negativem	Fehleranalyse und Reinigung: Wir bedauern von Herzen unsere Fehler, nehmen uns vor, sie in Zukunft zu unterlassen und stattdessen Positives zu tun.	Begrenzungen, Fehler und Hindernisse bei uns selbst erkennen und entfernen.
4. Mitfreuen an Positivem	Verwirklichung von Qualitäten: Wir erfreuen uns an allem, was (wirklich) gut ist.	Qualitäten erkennen können, anerkennen, vermehren und verwirklichen.
5. Auffordern	Informationserhalt: Die Richtigen um Informationen dazu bitten, wie wir langfristig Erleuchtung erreichen können.	Richtige und effiziente Informationen darüber erhalten, was zu tun und was zu lassen ist.
6. Bitten	Zukünftigen Informationserhalt sichern: Wir bitten die Lehrerinnen und Lehrer, lange genug bei uns zu bleiben.	Diese Informationen und Zugang dazu sichern, d.h. so lange wie nötig, damit alle fühlenden Wesen Erleuchtung erreichen.
7. Widmen	Ressourcen für ein Ziel einsetzen: unsere Bemühungen auf das langfristige Ziel Erleuchtung ausrichten.	Gewonnene Ressourcen und Ursachen für alles Gute, für das beste Ziel, also Erleuchtung für alle, einsetzen und damit grenzenlos vermehren und unzerstörbar machen.

Faktoren, die Handlungen beeinflussen, in Bezug auf die Sieben Übungen

Das Ergebnis einer Handlung hängt nicht nur von der Handlung selbst ab. Bei den Sieben Übungen sind mehrere verstärkende Faktoren bereits vorgegeben. Bei anderen Faktoren kommt es auf uns selbst an.

Faktoren, die Handlungen verstärken oder schwächen	Faktoren, die eine buddhistische Übung verstärken, am Beispiel der Sieben Übungen
Motivation	Sehr gut: Damit alle fühlenden Wesen rasch und leicht langfristig Erleuchtung erreichen und auch auf relativer Ebene glücklich sind (Bodhisattva-Motivation).
Zielobjekt	Sehr makelloses Objekt: - äußere Zuflucht (Buddha, Dharma, verwirklichte Sangha) - innere Zuflucht (Lama, Yidam, Schützerinnen und Schützer)
Art der Handlung	- sehr positiv - sehr tiefgründig - sehr segensreich

Geistesverfassung bei der Handlung	- sehr hochwertig, da mit:
	   Offenheit, Hingabe, Vertrauen, Respekt, Freude
	   höchster Motivation (also für die Erleuchtung aller)
	 - geistig präsent
	 - frei davon, Ich, Tun und Du als getrennt voneinander wahrzunehmen

Häufigkeit der Handlung	- in der Realität: so oft wie möglich
	 - in der Vorstellung:
	   - - in unendlich vielen Ausstrahlungen von uns selbst
	   - - mit allen Wesen in deren unendlich vielen Ausstrahlungen in kostbarem Menschenkörper
	   - - stets in Vergangenheit, Gegenwart und Zukunft

Intensität der Handlung	aus tiefstem Herzen
Welche Handlung ist es ?	die Sieben Übungen

Auswirkungen von Emotionen auf unsere Wiedergeburten

Die Sieben Übungen helfen uns auch, wie weiter vorne schon erklärt wurde, mit schwierigen emotionalen Zuständen umzugehen.

Insofern einige kurze Ausführungen zu nachteiligen Emotionen.

Das wesentliche negative Gefühl wird im Buddhismus Unwissenheit genannt. Sie führt dazu, dass man ein Ich für wirklich hält. Dadurch entsteht Anhaftung und die weiteres Leid generierenden Gefühle wie Abneigung, Stolz, Eifersucht oder Neid. Traditionell heißt es, dass es 84.000 problembildende Gefühle gibt. Tatsächlich sind es aber unendlich viele.

Folgt man diesen negativen Gefühlen, entstehen Schwierigkeiten, auch weil sie zu leidvollen Wiedergeburten führen können.

Denn unsere emotionalen Gewohnheiten beeinflussen vor allem, aber nicht nur:

1. wie unsere zukünftigen emotionalen Gewohnheiten sein werden:
   Sind wir also heute eine wütende Person, und unternehmen nichts dagegen, ist absehbar, dass wir auch in Zukunft so sein werden.
2. Auch bei einer menschlichen Wiedergeburt beeinflussen sie die Umgebung und Bedingungen.
   Haben wir also einen Hang, zu töten, wird ein Umfeld wahrscheinlich, in der wir wieder töten oder selbst getötet werden. Die Belehrungen sagen, dass wir auch Gefahr laufen, in einem armen und vom Unglück verfolgten Land wiedergeboren zu werden.
3. Sie beeinflussen, in welchem Daseinsbereich wir wiedergeboren werden.
   Die niederen Daseinsbereiche sind sehr leidvoll. Das Leid dort übersteigt alles, was wir uns auch annähernd vorstellen können. Auch ist es sehr schwer, von dort aus wieder in einen höheren Daseinsbereich zu gelangen. Das ist viel, viel schwerer als aus einem der Krisengebiete dieser Welt als arme, blinde Person nach Europa zu gelangen.
   Aber auch die höheren Daseinsbereiche sind wenig hilfreich, da Glück dort vergänglich ist; von diesen angenehmeren Bereichen ist lediglich der menschliche Bereich sinnvoll, da nur hier ein kostbarer Menschenkörper möglich ist, mit dem wir langfristig Erleuchtung erlangen können. Daher ist es für uns eine große Gefahr, in andere Bereiche zu geraten. Eine menschliche Wiedergeburt mit einem kostbaren Menschenkörper, der für das Erreichen der Erleuchtung nötig ist, ist dann nämlich möglicherweise für unfassbar lange Zeiträume nicht erreichbar. Und wir erleben unsägliches Leid für unermesslich lange Zeit. Weiter sind wir ziemlich nutzlos für andere.

Im folgenden eine Aufstellung über die jeweilige unangemessene Emotion und den Daseinsbereich, in die sie uns führen kann:

Leidbringende Geisteshaltung	Daseinsbereich (vollkommen herangereiftes Ergebnis)
Unwissenheit	Tier
Anhaftung, Begierde	Mensch
Geiz	hungriger Geist, auch Hungergeist
Abneigung, Hass	Paranoiawesen, auch Höllenbereichswesen
Stolz	Göttin/Gott
Neid, Eifersucht	Halbgöttin/Halbgott

Wie kann es sein, dass unsere Emotionen so großen Einfluss auf unsere Wiedergeburten haben?

Wir können es uns vielleicht auch so erklären: Eine Wiedergeburt in Paranoiabereichen ist das Ergebnis des eigenen Ärgers. Man erkennt nicht, dass man die Welt durch die Kraft des Ärgers einfärbt, sie also mit der Ärgerbrille sieht. Wenn man das dann dauernd „übt", wird es Gewohnheit, und damit kreiert man den eigenen Höllenbereich, man kreiert unsägliches Leid.

Gerät man in den Bereich der hungrigen Geister, die stets immensen Hunger und Durst erleiden, ist die Ursache dafür Geiz. Wenn man also immer denkt: „Ich habe nichts." und deshalb nur sehr selten großzügig ist, dann programmiert man damit sozusagen die eigene Software. In der Zukunft erlebt man dann den Film: „Ich habe nichts.", oder „Der Habenichts".

Es soll noch angemerkt werden, dass grundlegend starke negative geistige Eindrücke zu einer Wiedergeburt im Paranoiamodus führen, mittelstarke negative geistige Eindrücke zu einer Wiedergeburt im Hungergeistermodus und weniger starke negative geistige Eindrücke zu einer Wiedergeburt im Tierbereich. Töten wir also aus Versehen, führt das regelmässig nicht zu einer Geburt in den Paranoiabereichen. Denn für eine Wiedergeburt dort ist ein intensiverer geistiger Eindruck nötig. Beispielsweise starker bösartiger Hass.

Auch auf welches Objekt die schwierige Emotion gerichtet ist, spielt eine Rolle. Es ist wesentlich schädigender, wenn es jemand ist, der oder dem man viel zu verdanken hat, als wenn es ein Tier ist.

Wie intensiv geistige Eindrücke gespeichert werden, kann man auch wie folgt veranschaulichen:

1. Sehr schwache geistige Eindrücke sind, wie wenn man ins Wasser malt: „Ich habe nichts".
   Kaum kommt uns ein solcher Gedanke in den Sinn, ist er auch schon wieder vergangen.
2. Mittlere starke geistige Eindrücke sind, wie wenn man „Ich habe nichts" in den Sand malt. Es dauert etwas, bis die Schrift vergeht.
   In so einem Fall denkt man immer wieder, dass man nichts hat.
3. Starke geistige Eindrücke sind, wie wenn man „Ich habe nichts" in Fels meißelt. Es wird lange Zeit bestehen bleiben.
   Das geschieht, wenn man immer und immer wieder, möglicherweise auch sehr stark emotional aufgeladen, denkt, dass man nichts hat.

Störende Gefühle in versteckterer Form erkennen können

Dabei ist es gut zu wissen, dass sich leidbringende Emotionen nicht immer direkt zeigen, sie können sich auch etwas anders äußern. Im folgenden einige Beispiele:

1. Unwissenheit kann als umfangreiches weltliches Wissen auftreten.
2. Anhaftung kann in Form von Frustration erscheinen.
3. Ärger äußert sich möglicherweise als Sarkasmus.
4. Stolz liegt auch vor, wenn man sich für die Schlechteste hält.
5. Eifersucht könnte sich äußern, indem man schlecht über jemanden redet, die glücklich ist, ohne dass man selbst die Auslöserin oder der Auslöser dafür ist.
6. Neid kann versteckt auftreten, indem man abwertet, was man neidet und doch eigentlich so gerne hätte.

Leidbringende Gefühle und
verschiedene Methoden, um damit umzugehen

Leidbringende Gefühle sind also ein großes Thema in unserem , und ihre Auswirkungen können immens sein. Daher finden wir viele buddhistische Erklärungen darüber, wie wir damit umgehen können.

Buddha hat hier verschiedene grundlegende Herangehensweisen gegeben, um mit den unangemessenen Gefühlen umzugehen.

Eine Einteilung folgt den drei Wegen:

1. Kleiner Weg: Unzuträgliche Gefühle, wie Wut, führen zu Leid. Warum also sollten wir uns damit befassen? Wir gehen dem Auslöser aus dem Weg oder halten direkt von dem schwierigen Geisteszustand Abstand.
2. Im Großen Weg verwenden wir ein störendes Gefühl als Auslöser, um dieses Gefühl, dass alle anderen fühlenden Wesen auch (immer wieder) haben, von ihnen in der Vorstellung wegzunehmen: Und zwar als schwarze Wolke, die in unserem Herzen auf unser Ego trifft, alles löst sich auf, womit Liebe und Mitgefühl hervorkommen. Das verbinden wir mit dem Wunsch, dass sie davon und der Ursache dafür frei sein mögen. Diese Übung, die es in verschiedenen Varianten gibt, hat den Namen Tonglen. Mehr dazu folgt noch.
   Auch können wir ein störendes Gefühl nutzen, um etwas Gutes zu bewirken. Bemerken wir also Ärger über eine Person in unserem Geist schalten wir um auf die entsprechenden Gegenmittel. Bei Abneigung, Ärger, Wut, Hass und Varianten davon sind es Liebe, Mitgefühl und Geduld.
3. Im Diamantweg lassen wir uns nicht von Störendem vereinnahmen. Unter anderem wissen wir, dass das, was auftaucht, sich ständig ändert und es verschwindet somit auch fortlaufend wieder.
   Diese Herangehensweise bedeutet aber nicht, dass man fatalistisch ist.

Die verschiedenen Übungen können wir auch kombinieren oder diejenige verwenden, die gerade am Besten funktioniert.

Üben wir also im Großen Weg und können die aktuelle große (emotionale) Welle beim Surfen durch unseren Alltag noch nicht reiten, dann gehen wir dem Auslöser vorübergehend aus dem Weg, falls das möglich ist. Wir können dann also durchaus auch Methoden aus dem Kleinen Weg anwenden. Auch das zeigt, dass man den Kleinen Weg nicht geringschätzen sollte.

Andererseits ist es gut, die Übungsmöglichkeiten für die Methoden des Großen Weges und des Diamantweges zu nutzen. Oft verwenden wir dann zunächst die kleineren emotionalen Wellen, da das einfacher ist.

Im folgenden eine Tabelle der verschiedenen Möglichkeiten, wie wir mit unangemessenen Emotionen umgehen können. Jedoch ohne an dieser Stelle auf die verschiedenen Methoden genauer einzugehen. Bei Interesse sei auf die entsprechende Literatur und mündliche Erklärungen verwiesen.

Es soll hier lediglich ein Eindruck darüber gegeben werden, dass Buddha uns viele Mittel gegeben hat, damit wir mit unseren Schwierigkeiten zurechtkommen:

Möglichkeiten, mit störenden Gefühlen umzugehen	Kurze Beschreibung
vermeiden	Dem Auslöser aus dem Weg gehen, vor allem, wenn man die anderen Übungen (noch) nicht anwenden kann.
Mantren sagen	Beispielsweise Mantra der Grünen Tara, von Liebevolle Augen oder Diamantgeist (siehe Glossar) sagen.
Gegenmittel anwenden	Unwissenheit - Entstehen in Abhängigkeit (siehe Glossar) überdenken Anhaftung: - Unbeständigkeit bedenken - Fokus auf Unattraktivität statt auf Attraktivität - Freigiebigkeit, auch geistig Zorn - Liebe und Mitgefühl - Geduld - bedenken, dass auch wir Fehler haben, nicht nur die anderen Neid, Eifersucht: - Mitfreuen Stolz: - andere als gleichwertig sehen - Qualitäten in anderen erkennen - sich klarmachen, dass es immer etwas gibt, das andere besser können - erinnern, dass auch wir schutzbedürftig sind - Verbeugungen - Gaben - Demut, Bescheidenheit - alles Gute anderen geben, alles Schwierige auf sich nehmen (erstmal geistig); ähnlich Tonglen, Näheres dazu im Kapitel „Geben" Verschiedene störende Gefühle sind etwa gleich stark: - Meditation auf den Atem
Tonglen (siehe auch im Kapitel „Geben")	Störendes Gefühl bemerken und das so entstehende Leid sowie die Ursachen dafür von allen fühlenden Wesen geistig auf sich selbst nehmen. Anderen alles Glück und dessen Ursache in Gedanken geben.
statt störendem Gefühl Qualitäten erkennen können	also statt: Unwissenheit - alles durchdringende Weisheit Anhaftung - unterscheidende Weisheit Abneigung - spiegelgleiche Weisheit Eifersucht - Erfahrungsweisheit Stolz - Vielseitigkeit und Reichtum überall

Ich suchen und erkennen, dass es nicht auffindbar ist	Suchen: "Wer haftet an, wer hasst und so weiter ?" Und feststellen: Es ist nicht wirklich jemand vorhanden.
achtsam und bewusst sein	Erkennen, wie die Emotionen entstehen, transparent sind, sich fortlaufend verändern, vergehen, dabei nicht danach greifen. Die Emotion vergeht, wenn man ihr Auftreten erkennt, ohne danach zu greifen. Kehrt sie wieder, wiederholen wir diesen Vorgang.
Meditieren, grundsätzlich	Meditationen befrieden und klären den Geist und helfen dabei, hochschäumende Emotionen zu vermindern.
Sieben Übungen	Hiervon handeln diese Ausführungen.

Die Sieben Übungen als
Gegenmittel bei leidbringenden Emotionen

Tatsächlich leidet man, weil man nicht verstanden hat, wie die Dinge sind. So lässt man sich von den Geschehnissen im Geist vereinnahmen, statt zu erkennen, dass sie wie Bilder in einem Spiegel auftauchen und wieder vergehen.

Denn alles, was auf Bedingungen beruht, entsteht, bleibt eine gewisse Zeit bestehen, währenddessen es sich aber, oft eher unbemerkt, fortlaufend ändert, und es vergeht dann auch wieder.

Das bedingte Entstehen und Vergehen passiert allerdings nicht zufällig, sondern ist abhängig von dem, was wir einmal in Form von Gedankenketten gedacht, weiter gesagt oder getan haben.
Das Problem hierbei ist, dass man die Verknüpfung von Ursache und Wirkung nicht gut genug kennt. Man weiß also nicht, was die Ursache wofür ist. Daher besteht die Tendenz, Bedingungen für die Ursache zu halten. Also bei Kopfschmerzen, die durch Sonne ausgelöst werden, die Sonne für die Ursache zu halten. Dabei ist sie eine Bedingung, die Ursache war sehr vermutlich etwas, das mit Haß oder Töten zu tun hat.
Hinzu kommt, dass man - oft genug, obwohl man es besser weiß - die Erscheinungen mental nicht lassen kann, wie sie sind und dann in diesem Geisteszustand handelt. Man greift also nach dem, was auftaucht. Denn aus Unwissenheit hält man einen Teil der Phänomene für angenehm und einen anderen Teil für unangenehm. Vieles interessiert einen auch nich, oder man hat keine Kenntnis davon.
Hier will man behalten und vermehren, was angenehm ist. Und das, was unangenehm ist, will man loswerden und verringern.

Tatsächlich ist dieser Wunsch an sich nicht falsch oder schlecht. Dieser Wunsch ist wirklich völlig in Ordnung. Wie wir bereits wissen, ist die Suche nach Glück und das Vermeiden von Leid Ausdruck unserer Buddha-Natur.
Die Methoden, die man auf dieser Glückssuche anwendet, sind allerdings nicht wirklich geeignet. Oft sind sie sogar so beschaffen, dass man genau das Gegenteil von dem erreicht, was man will: Man denkt, sagt und tut dann Dinge, die auf längere Sicht Angenehmes verringern und Unangenehmes vermehren.

Beispielsweise wollen wir vielleicht mehr Geld haben: Versucht man jetzt Geld dadurch von anderen zu erhalten, dass man etwas wegnimmt, betrügt oder andere nötigt, einem etwas zu geben, kann es sein, dass es so aussieht, wie wenn das funktioniert. Dann meint man, irrigerweise, dass diese Methode geeignet sei, um Geld zu bekommen.
Es sieht aber nur so aus, wie wenn stehlen, betrügen oder andere nötigen dazu führt, dass man zu Geld kommt. Und weil es so aussieht, glaubt man, dass es so ist.
Die Realität ist allerdings, dass gerade gute geistige Eindrücke aus der Vergangenheit zum Tragen kommen, sonst würde es nicht so erscheinen, wie wenn diese negative, also konträre, Aktivität ein positives Ergebnis hervorbringt.
Dass eine negative Handlung scheinbar ein positives Ergebnis hervorbringt, wirkt so, weil die beiden Ereignisse zeitlich versetzt kurz hintereinander geschehen. Sie haben aber nichts miteinander zu tun.

Man meint aber, da sei eine Korrelation zwischen negativem Tun und einem positiven Ergebnis, und man kann nicht sehen, dass es zwar eine Ursache-Wirkung Beziehung gibt. Aber es ist nicht diese Art von Korrelation.
Das positive Ergebnis beruht auf früherem positivem Tun. Und die negative Handlung wird in Zukunft negative Folgen haben. Es wird also nur eine Frage der Zeit, bis das schwierige Karma aus dem Betrug oder dem Stehlen heran reift.

Das Negative wird also in jedem Fall zurückkommen. Außer wir haben es vorher vermindert. Beispielsweise, indem wir es zwar getan, dann aber bereut und wieder gut gemacht haben. Weiter, indem wir in Zukunft von dieser Art von problembildender Handlung Abstand nehmen.

In Wirklichkeit führt also eine derartige negative Verhaltensweise, wie aus Armut Geld stehlen, in noch größere Armut. Das Problem wird damit größer statt kleiner, es ist wie eine Lawine.
Das passiert, weil man nicht die richtigen Informationen hat. Man kennt also die Wahrheit nicht.

Diese besagt, dass Reichtum nur entsteht, wenn wir anderen etwas geben, statt zu nehmen, was nicht gegeben wurde. Auch nicht verbal oder geistig. Weiter, wenn wir insgesamt großzügig sind. Wenn wir also anderen Gutes gönnen können und sprachlich und im tatsächlichen Handeln Freigiebigkeit an den Tag legen.

Sowie insgesamt gute geistige Eindrücke nicht wieder zerstören, beispielsweise durch Neid oder Zorn. Das wurde schon erklärt.

Allerdings wird es umso schwieriger, etwas zu geben, je weniger man hat. Und je mehr man gewohnt ist, zu nehmen statt zu geben.

Sogar geistig, wo man doch ganz einfach großzügig sein könnte, fällt es einem schwer, anderen etwas zu gönnen. Man ist also neidisch, obwohl es gar nichts kostet, sich über das Glück anderer zu freuen. Und obwohl man sich selbst auch noch schlechter fühlt, wenn man Neid erlebt.

Tatsächlich bringen einem leidvolle Emotionen und Handlungen also nicht nur nichts, sondern schaden langfristig. Und andere, die darunter leiden, haben ebenfalls keinen Vorteil davon.

Trotzdem kann man so schwer davon lassen und man lässt sich dazu hinreißen, Negatives zu tun. Denn das eigene Tun ist von dem geprägt, was man gewohnt ist. Und unsere Gewohnheiten sind wirklich sehr stark. Das heißt, selbst wenn wir diese Zusammenhänge erkennen können, ist es doch schwer, sich zu ändern. Daher ist es wichtig, zu verstehen, dass ein fortlaufendes Üben erforderlich ist, durch das wir uns mit der Zeit definitiv verbessern werden.

Ein weiteres Problem kann auftreten, wenn wir zwar wissen, dass zum Beispiel Neid und Wut Unmengen von, unter Umständen sehr mühselig erworbenen, positiven Geisteseindrücken in einem Moment vernichten.

Aber etwas in einem selbst meint noch immer, es sei richtig, wütend oder neidisch zu sein. Der Grund für diese Einschätzung ist, dass man nicht genau genug beleuchtet und verstanden hat, dass nicht jemand anderer die Ursache für die schwierige Situation ist. Der andere ist die Bedingung, nicht die Ursache.

Denn in Wirklichkeit hat niemand anderer als man selbst einst die Ursache für die eigenen jetzigen Schwierigkeiten, wie Armut oder eine (subjektiv) zu kleine Wohnung, kreiert. Nur hat man es vergessen.
Und der Grund, dass man ein derartiges Karma ausgelöst hat, sind wiederum (damalige) störende Emotionen, die auf Festhalten am Ich zurückzuführen sind, was wiederum auf Unwissenheit beruht.

Wichtig ist hier, zu wissen, dass diese Emotionen nicht unterdrückt werden sollten. Auch sind sie an sich nicht schlecht. Leidbringend ist nicht, dass Emotionen auftreten. Problembildend ist, dass man sich von ihnen dominieren und zu Negativem hinreisen lässt. Man greift also geistig danach. Das ist das eigentliche Problem.

Besser ist es also, wenn wir leidbildende Gedanken und Gefühle bemerken, und dass wir uns eben nicht von ihnen dominieren lassen. Denn lässt man sich vereinnahmen, ist es sehr wahrscheinlich, dass man unangemessen handelt. Lassen wir uns dagegen nicht von ihnen vereinnahmen, verschwinden diese unangemessenen Gefühle auch wieder. Das wird mit zunehmender Übung immer leichter. Anfangs kann es aber eine Herausforderung sein und auch immer wieder misslingen. Es ist wichtig, sich davon nicht entmutigen zu lassen. Denn durch beharrliches Üben wird es mit der Zeit definitiv besser werden.

Wir können beim Üben auch eine der vielen anderen Methoden anwenden, einige wurden schon beschrieben.

Stehlen und Betrügen sind also keine erfolgreiche Strategie, um zu Geld zu kommen. Es ist eine andere Methode, die zu materiellen Ressourcen führt. Denn obwohl Großzügigkeit viele Ergebnisse haben kann, die nur ein Buddha völlig übersieht, kann man doch grundlegend sagen, dass Großzügigkeit im Denken, Reden und Handeln zu materiellem Reichtum führt. Das beinhaltet, anderen etwas gönnen zu können.

Weil es so wichtig ist, negative Mechanismen erkennen zu können, hier ein Überblick:

Ursache für Negatives	Unwissenheit, daraus entstehen Anhaftung, Abneigung und so weiter
Basis für Negatives	Körper, Rede und Geist
Handelnde, Handelnder	Ich

Störende Emotionen sind aber auch wie eine Mangelerscheinung in unserem Geist. Denn wenn sie auftreten, hat man in dem Moment, in dem man sie erlebt, nicht genug positive geistige Eindrücke, um etwas Gutes zu sehen und zu erfahren.

Daher helfen uns die Sieben Übungen schon allein durch den Aufbau von wirklich sehr, sehr viel Verdienst störende Gefühle abzuschwächen. Vor allem, wenn wir sie geistig vor den Repräsentantinnen und den Repräsentanten der Erleuchtung ausführen.

Weiter sind die Sieben Übungen ein Gegenmittel gegen die sechs grundlegenden problembildenden Emotionen.

Es heißt hier auch, dass das Set der Sieben Übungen eine der tiefgründigsten Methoden ist, um das abzuwenden, was unseren Geist vergiftet. Denn diese sieben Schritte sind Gegenmittel gegen die grundlegenden Gefühlszustände, die dazu führen, dass wir Leid erfahren und Handlungen ausführen, die später weitere Schwierigkeiten hervorbringen.

In folgender Tabelle ist aufgeführt, welche Praxis bei welcher leidbringenden Emotion hilfreich ist:

Übung	Gegenmittel gegen
1. Verehren	Stolz
2. Geben	Anhaftung
3. Bedauern	Abneigung
4. Mitfreude	Neid, Eifersucht
5. Auffordern	Unwissenheit
6. Bitten	Zweifel
7. Widmen	Anhaftung

Oder ausführlicher:

Übung	hilfreich bei
1. Verehren	- Stolz (vor allem in Bezug auf sich selbst)
2. Geben	- Anhaftung - Begierde nach Sinneseindrücken - Geiz
3. Bedauern	- vor allem Zorn - plötzlich auftretende karmische Eindrücke - alle drei leidauslösenden Hauptgefühle - alles Negative und damit zukünftiges Leid
4. Mitfreude	- Neid - Eifersucht - Rivalität und Konkurrenzempfinden - Ehrgeiz - wirkt auch Stolz entgegen
5. Auffordern	- Unwissenheit - falsche Sicht - Aufgeben der Lehre Buddhas, Degeneration - Um in diesem und in zukünftigen Leben eine stabile Verbindung zur Lehrerin bzw. zum Lehrer aufrechtzuerhalten.
6. Bitten	- Unwissenheit, - falsche Sicht, - Hindernisse, - Geringschätzen erleuchteter Aktivität und der Lehre Buddhas - bei einem Geist, der unglücklich und voll von leidbringenden Gefühlen ist - bei negativem Tun gegenüber Buddhas und Dharma-Lehrenden - Zweifel - Damit der Dharma in dieser Welt erhalten bleibt. - Um in zukünftigen Leben sicher Buddhas Lehre zu begegnen.
7. Widmen	- alles immer sich selbst zuschreiben - Unfähigkeit, Gutes mit anderen zu teilen - Anhaftung an gute geistige Eindrücke - Gegenmittel zu Greifen nach dem Selbst - verhindert das Zerstören von Verdiensten z.B. durch Wut - Verdienst wird Ursache für Erleuchtung zum Wohl aller - gegen Ungewissheit (wir können ohne Widmung nicht wissen, welche Auswirkungen unsere guten Taten haben werden)

Die Sieben Übungen in Bezug auf Verdienst und Reinigung

Im folgenden eine Tabelle, die den vorwiegenden Effekt der jeweiligen Übung in Bezug auf die Beseitigung von Negativem und Aufbau von Positivem aufführt.

Siebenteiliges Gebet	Vorwiegender Effekt
1. Verehren	Reinigen von Schwierigkeiten Aufbau von Gutem
2. Geben	Aufbau von Gutem
3. Bereuen	Reinigen von Schwierigkeiten
4. Mitfreude	Aufbau von Gutem
5. Auffordern	Aufbau von Gutem
6. Bitten	Aufbau von Gutem
7. Widmen	Aufbau von Gutem

Die Sieben Übungen in Bezug auf Verdienst und Weisheit

Oft heißt es, dass wir die beiden Ansammlungen oder die zwei Arten von Tugenden, die aus Verdienst und Weisheit bestehen, unbedingt benötigen, um langfristig Erleuchtung zu erreichen.
Allerdings kann das missverstanden werden, denn Weisheit sammelt man nicht an: Wir haben sie grundsätzlich schon in perfekter Weise, da wir die Buddha-Natur haben. Es ist eher so, dass wir Zugang zu ihr finden, wir können auch sagen, sie freilegen.

Da wir mit den Sieben Übungen sehr viel Verdienst aufbauen und Schwieriges reinigen, erhalten wir auch mehr und mehr Zugang zu unserer Weisheit.

Tatsächlich bauen wir mit den Sieben Übungen aufgrund der geschickten Vorgehensweise wirklich sehr, sehr viel Verdienst auf.
Dazu trägt bei, dass wir uns vorstellen, dass nicht nur wir als einzelne Person die Übungen vor den Repräsentantinnen und Repräsentanten der Erleuchtung ausführen. Wir denken tatsächlich, dass wir und unzählbar viele, das heißt, Milliarden über Milliarden Duplikate von uns, diese Übungen ausführen. Dadurch sammeln wir die gleichen guten geistigen Eindrücke, also Verdienst, an, wie wenn tatsächlich so viele Personen die Praxis durchführen würden. Und wir üben mit allen fühlenden Wesen im kostbaren Menschenkörper, die wir auch wieder unendlich vervielfältigen können.

Und wir stellen uns vor, dass wir in Vergangenheit, Gegenwart und Zukunft die Übungen praktizieren. Und zwar stets, auch, wenn wir nicht formal üben.

Trotzdem: Haben wir keine gute Motivation und wäre da ein kleines Mädchen, das mit einer sehr reinen und hingegebenen Herzenshinwendung vor der Statue der Weißen Tara ein Gänseblümchen hinlegt, die guten geistigen Eindrücke aus letzterer Handlung könnten sogar größer sein.

Die Sieben Übungen in Bezug auf Hindernisse

Hindernisse und Schwierigkeiten können wir auch als Segen sehen. Um sie so betrachten zu können, brauchen wir allerdings viele gute geistige Eindrücke. Diese können wir mit den Sieben Übungen aufbauen.

Tatsächlich sagte Garchen Rinpoche, dass es bei Hindernissen kein besseres Mittel gibt, als Vertrauen zum oder zur Lama und Bodhicitta. Für beides benötigen wir eben auch positives Potenzial, also gute geistige Eindrücke.

Weiter können wir uns bei auftretenden, weniger erfreulichen Phasen ins Gedächtnis rufen, dass diese doch auch Positives mit sich bringen. Allerdings haben wir das Hilfreiche dann oft nicht im Fokus, weil unsere Aufmerksamkeit auf die Schwierigkeiten verengt ist.

Dabei könnten wir in weniger angenehmen Lebenslagen auch folgende Überlegungen anstellen:

1. Probleme führen dazu, dass wir uns daran erinnern, dass wir im Daseinskreislauf nicht sicher vor Leid sind. Sie bringen uns damit zu unserer Übung zurück.
2. Weiter entsteht Mitgefühl, denn wir können nachvollziehen, wie es anderen geht, die leiden.
3. Schwierigkeiten vermindern unseren Stolz.
4. Unsere Neigung, problembildend zu handeln, reduziert sich, denn wir erfahren direkt, dass ungeschicktes Handeln zu Leid führt.
5. Leidvolle Eindrücke, die jetzt zu Störungen herangereift sind, werden uns später keine Probleme mehr machen. Können wir diese Phasen dann auch noch sinnvoll nutzen ist es wie Recycling: Aus Müll wird etwas Nützliches.
6. Sie sind also eine, allerdings eher fordernde, Trainingsmöglichkeit.

Auch heißt es, je größer die Schwierigkeiten vor dem Erreichen der Bodhisattvastufen sind, desto kraftvoller wird man sein, wenn man sie dann erreicht hat.

Die Sieben Übungen und die Vier Edlen Wahrheiten

Nach seiner Erleuchtung hat Buddha Shakyamuni zunächst nicht gelehrt. Als er dann darum gebeten wurde, waren die Vier Edlen Wahrheiten die ersten Erklärungen, die er gegeben hat.

Auf den ersten Blick erscheinen sie vielleicht einfach und banal, aber sie sind äu?erst kostbar und sehr tiefgründig.

Sie lauten:

1. Es gibt Leiden.
   Man hat keine Ahnung davon, wie viel Leid es gibt. Daher erklärt Buddha es. Diese Informationen führen dann dazu, dass wir aus dem Leid aussteigen möchten und somit Entsagung entwickeln und Bodhicitta hervorbringen können.
2. Es gibt eine Ursache für Leiden.
   Man weiss nicht, was die Ursache des Leidens ist. Buddha erläutert, dass Leid kein Zufall ist, sondern dass es eine grundlegende Ursache gibt, und das ist Unwissenheit. Daraus entstehen Anhaftung an ein vorgestelltes Ich, Egoismus und alle anderen Probleme.
3. Es gibt ein Ende des Leidens.
   Man ist nicht darüber informiert, dass Leid dauerhaft beendet werden kann. Diese Information erhalten wir von Buddha.
4. Es gibt einen Weg zum Ende des Leidens.
   Man kennt den Weg, die Methoden, nicht, um Leid dauerhaft und komplett zu beenden. Buddha ist nett und klärt uns auf.

Die ersten beiden Edlen Wahrheiten zielen auch auf die Hindernisse ab, die man hat, um Mitgefühl, die Voraussetzung für Bodhicitta, hervorzubringen.

Diese sind:

1. Der eigene Egoismus.
2. Die eigene Unkenntnis darüber, wie gigantisch das Leiden tatsächlich ist.

Damit bezeichnet die erste und zweite edle Wahrheit das, was aufgegeben werden sollte.

Die dritte und vierte Edle Wahrheit beschreibt dann die Gegenmittel, das heißt das, was anzuwenden ist.

Tatsächlich stehen die Sieben Übungen auch mit diesen Vier Edlen Wahrheiten in Verbindung:

1. Die Wertschätzung und das Verbeugen vor den Repräsentantinnen und Repräsentanten der Erleuchtung reinigen Körper, Rede und Geist; in erster Linie wird aber unser Körper, der auch die materielle Grundlage für unser Erleben von Leid ist, gereinigt.
2. Geben reinigt Anhaftung, Bekennen reinigt vor allem Abneigung und Zorn, aber auch alle anderen störenden Gefühle, Mitfreude reinigt Neid und Eifersucht. Aber auch die anderen drei Übungen beseitigen problembildende Emotionen, wie einige Seiten vorher ausgeführt wurde.
   Diese Übungen sind mit der Ursache des Leidens verknüpft.
3. Die sechste Übung, die Bitte zu bleiben, ist mit dem Ende des Leidens verbunden.
4. Der fünfte Schritt, das Auffordern, den Dharma zu lehren, steht mit dem Weg zum Ende des Leidens in Verbindung. Denn die Lehre Buddhas gibt uns die Informationen darüber, wie wir Leid beenden können.

Die Sieben Übungen und Zuflucht

Buddhistische Lehrerinnen und Lehrer sind wie eine Radiostation, die ständig sendet. Allerdings wird man das nicht bemerken, wenn man das Radio nicht anstellt, weil man dauernd mit etwas anderem beschäftigt ist. Entsprechend ist es von unserer Seite nötig, dass wir uns dorthin wenden, wo wir die Informationen erhalten, durch die wir und andere in die wirkliche, dauerhafte Freiheit gelangen können. Daher wenden wir uns der Zuflucht zu.

Zuflucht bedeutet, dass wir dauerhaften Schutz da suchen, wo dieser Schutz auch wirklich zu finden ist: Das heißt, bei denen, die selbst nicht mehr woanders Schutz suchen müssen, weil sie alle Probleme für immer gelöst haben. Jemand, die oder der selbst noch leidet, kann dagegen keinen Schutz vor Leid geben.
Zuflucht nehmen, oder wie es eigentlich heißt, „dahin gehen, wo Schutz ist", bringt uns also von nicht hilfreichen Wegen auf den hilfreichen Weg, wenn unser Ziel Freiheit von Leid ist. Damit hatten wir uns bereits befasst.

Die Zuflucht des Großen Weges beinhaltet, dass wir akzeptieren, dass wir die Buddha-Natur haben und langfristig Erleuchtung erreichen können und wollen.

Tatsächlich nehmen wir auch so lange Zuflucht, bis das Objekt der letztendlichen Zuflucht, Buddha, und wir selbst untrennbar geworden sind.
Das bedeutet, wir stützen uns auf Buddha, bis wir selbst Buddha geworden sind.
Dabei ist die wahre Zuflucht der perfekte, makellose Zustand unseres Geistes.

Die Drei Juwelen bilden die äußere Zuflucht. Tatsächlich ist die oder der eigene Lama als Zuflucht aber durch nichts zu übertreffen.

Es folgt ein Überblick über Vorteile der Zuflucht. Die Grundlagen dazu findet man in Shamar Rinpoches Buch über Geistestraining.

Zuflucht zu	Letztendlicher Nutzen	Temporärer Nutzen
Buddha	- Der Same für Erleuchtung wird gesät.	- Wir können den Verdienst ansammeln, der nötig ist, um langfristig Erleuchtung zu erreichen
Dharma	- Der Same für die erleuchtete Rede wird gesät.	- Wir werden in jedem Leben den Dharma hören. - Wir werden niemals vom Weg zur Erleuchtung abkommen.
Sangha	- In jedem Leben begegnen wir hervorragenden Lehrenden und - letztendlich erreichen wir den Buddhazustand.	- Schutz davor fehlgeleitet zu werden - Gute Wiedergeburt als Mensch mit den acht Freiheiten

Weitere Vorteile der Zufluchtnahme finden wir im "Juwelenschmuck" von Gampopa:

1. Wir betreten den Weg zur Erleuchtung.
2. Wir schaffen die Grundlage für alle anderen Versprechen, beispielsweise für das Bodhisattva-Versprechen.
3. Alle früher begangenen ungeschickten Handlungen kommen zum Ende.
4. Menschliche und nichtmenschliche hindernde Kräfte schaden uns nicht mehr.
5. Alle Wünsche gehen in Erfüllung (hier sind sinnvolle Wünsche gemeint).
6. Wir erlangen die Ursache dafür, in Zukunft sehr viel Verdienst anzusammeln.
7. Wir fallen nicht mehr in die niederen Daseinsbereiche zurück.
8. Wir erreichen schnell den Buddhazustand.

Führen wir die Sieben Übungen vor denen aus, die Erleuchtung repräsentieren, stärken wir damit auch unsere Verbindung zur Zuflucht.
Weiter werden Teile der Sieben Übungen bei der Zufluchtnahme angewendet.
Angemerkt sei, dass es wichtig ist, formal Zuflucht zu nehmen. Diese kann von einer oder einem dafür qualifizierten Lama auf Nachfrage hin gegeben werden.

Die Sieben Übungen und das Bodhisattva-Versprechen

Weiter sind die Sieben Übungen wichtig, weil sie die Reinigungen ermöglichen und die guten geistigen Eindrücke hervorbringen, die nötig sind, um Bodhicitta, die kostbare erleuchtete Geisteshaltung, zur Entfaltung zu bringen.

Denn bevor wir wichtigen Besuch bekommen, machen wir auch zunächst einmal die eigene Wohnung sauber. Dann richten wir alles schön her und dekorieren. Sehr wahrscheinlich kaufen wir Blumen und kochen etwas sehr Gutes. Wir überlegen, welche Musik unserem Gast gefallen könnte und sorgen dafür, dass nicht dauernd das Telefon klingelt. Wenn dieser wichtige Gast dann kommt, tun wir alles, damit sie oder er eine gute Zeit hat und sich bei uns wohl fühlt. Wir schenken ihr oder ihm unsere ganze Aufmerksamkeit.
So ist es auch mit der kostbaren Geisteshaltung von Bodhicitta. Ehe wir sie in unser geistiges Haus einladen, sorgen wir dafür, dass es sauber und schön ausgestattet ist und dass alles gut vorbereitet ist.

Oder mit einer anderen Analogie beschrieben: Damit sich der Same von Bodhicitta, den wir in uns tragen, zu einem schönen großen Baum entwickeln kann, der viele Früchte tragen wird, sind bestimmte Bedingungen notwendig. Unter anderem fruchtbare Erde, ein vorbereitetes Feld.
Das vorbereitete Feld, frei von Steinen und Unrat, ist das Vermindern und schließlich Abstellen von leidbringenden Verhaltensweisen, vor allem aber von deren Ursache, Unwissenheit. Die gute Erde, genug Wasser und so weiter stehen für die guten geistigen Eindrücke. Dazu kommt, dass uns jemand zeigen muss, wie wir pflanzen und die oder der uns weiter Hilfestellung gibt, wenn während des Wachstums Probleme auftreten. Diese Person ist unsere buddhistische Lehrerin oder unser buddhistischer Lehrer.

Nachdem wir den Samen von Bodhicitta in dieses Feld gepflanzt haben, hegen wir es. Sehen wir dann den ersten kleinen Keimling des Baumes, passen wir gut darauf auf, indem wir alles Schädliche von ihm fernhalten. In Bezug auf unseren Geist sind das zum Beispiel Anhaftung oder Ärger. Auch düngen wir fortlaufend, analog sammeln wir fortwährend gute geistige Eindrücke an. So wächst der Baum von Bodhicitta heran. Schließlich können wir die unübertroffen köstlichen Früchte der Erleuchtung ernten. Diese behalten wir aber nicht für uns selbst. Wir teilen sie mit allen anderen fühlenden Wesen. So wie wir es schon von Beginn an gewünscht und geplant hatten!

Wir bauen mit den Sieben Übungen also unkompliziert schwierige geistige Eindrücke ab und gute geistige Eindrücke auf, die unerlässlich sind, für:

1. das Entfalten von Bodhicitta, das wiederum unerlässlich ist, um
2. Erleuchtung zum höchsten Nutzen aller erlangen zu können.

Auch führen die Sieben Übungen dazu, dass wir eine Verbindung mit den Lehrerinnen und Lehrern erhalten und dann stärken. Mit denen also, die uns auf dem Weg zur Erleuchtung anleiten können. Diese Verbindung ist auch in Bezug auf das Bodhisattva-Versprechen hilfreich, denn es ist im Regelfall die oder der Lama, vor der oder dem wir das Bodhisattva-Gelübde ablegen.

So verwundert es insgesamt nicht, dass wir die Sieben Übungen auch als Teil des Nehmens des Bodhisattva-Versprechens in der Tradition von Shantideva in der Übertragung von Manjushri über Nagarjuna finden. Hier gibt es die Einteilung in das vorbereitende Ritual, das eigentliche Ritual und das abschließende Ritual. Das vorbereitende Ritual besteht in den Sieben Übungen. Es ist allerdings in sechs Unterpunkte unterteilt, weil Verehren und Geben in einem Schritt erfolgen.

Die Sieben Übungen und die Sechs Befreienden Handlungen, Teil 2

Mit den Sieben Übungen ist alles zusammengefasst, was wir im Großen Weg, dem Weg der Bodhisattvas, kontinuierlich üben. Denn in ihr sind alle Sechs Befreienden Handlungen, die klassischen Übungen der Bodhisattvas, enthalten.

Weiter können wir, während wir die Sieben Übungen ausführen, die Sechs Paramitas, obwohl sie enthalten sind, auch auf diese Übung selbst anwenden:

1. Sinnvolle Großzügigkeit bedeutet, dass wir die Sieben Übungen überhaupt ausführen und die guten geistigen Eindrücke, die wir so hervorbringen, der raschen und leichten Erleuchtung aller widmen.
2. Sinnvolles Verhalten wenden wir an, indem wir die Sieben Übungen nicht dazu missbrauchen, um persönliche Vorteile zu erhalten, sondern sie für alle ausführen.
3. Sinnvolle Geduld heißt, dass wir auftretende Schwierigkeiten aushalten können. Zum Beispiel, wenn wir diese Übungen praktizieren oder auch, während wir dieses Buch lesen.
4. Freudige Anstrengung bedeutet, dass wir die Übung immer wieder mit Freude machen und nicht aufgeben. Beispielsweise, wenn nicht nach einem Monat schon alle Ergebnisse für uns erkennbar sind, die wir erwartet hatten.
5. Einen stabilen Geist wenden wir an, wenn wir uns nicht ablenken lassen.
6. Weisheit bedeutet, dass wir uns davon lösen, dass hier jemand ist, die oder der etwas tut, dass etwas da ist, das getan wird und dass es jemanden gibt, für die oder den etwas getan wird, unabhängig von uns.

Die Sieben Übungen und Wunschgebete
(achte Befreiende Handlung)

Vielleicht haben wir den Wunsch, einen Traumurlaub mit unserem Partner zu verbringen, weil wir uns davon Glück versprechen. Dieser Wunsch wird aber nur Wirklichkeit werden, wenn wir genug Geld dafür haben sowie einen guten Partner, der auch mitfahren kann und möchte. Und anderes mehr.

Es ist also nötig, dass wir vorher etwas Gutes aufgebaut haben und es bis dahin behalten konnten.
Hätte man das Geld, den materiellen Verdienst, vorher ausgegeben, könnte man nicht verreisen. Hat man früher leidbringend sexuell gehandelt, zum Beispiel, indem man sehr gute intakte Beziehungen aufgrund von Ich-Anhaftung getrennt hat, kann ein schwieriger Partner als Reisebegleitung ein mögliches Ergebnis sein. Wenn die Samen, die früher gesät wurden, zu dem Zeitpunkt tatsächlich aufgehen.

Oder wir wollen in ein buddhistisches Zentrum fahren, um an einem Kurs teilzunehmen. Das werden wir nur tun können, wenn wir das Geld und die Zeit dafür haben und dann für dieses Ziel einsetzen. Aber auch andere Dinge benötigen wir, die wir oft für selbstverständlich halten. Also zum Beispiel funktionierende Verkehrswege, passierbare Grenzübergänge und so weiter.

Und ähnlich ist es mit buddhistischen Wunschgebeten. Damit sie Wirklichkeit werden, brauchen wir gute geistige Eindrücke. Und die, das wissen wir inzwischen, können wir sehr gut mit den Sieben Übungen aufbauen.

Dabei sind die fünfte, sechste und siebte Praxis der Sieben Übungen, also Auffordern zu lehren, Bitten zu bleiben und Widmen, wiederum Wunschgebete. Sie gehören somit zur achten Befreienden Handlung (achtes Paramita).

Wunschgebete sind tatsächlich auch eine ausgewogene Kombination von Weisheit und geschickten Mitteln. Und sie sind eine seltene, effektive und sehr kostbare Methode für unsere Übung. Wichtig ist es, sie mit Bodhicitta zu verbinden, das heißt für die Erleuchtung aller fühlenden Wesen zu praktizieren.

Weiter üben wir so gut, wie wir können, dualistische Konzepte, die Illusion, dass ein Ich, eine Tat und ein Du, wie wir es für vorhanden halten, ohne unser Zutun durch früheres Handeln erscheinen, zu unterlassen.

Bodhisattva-Wunschgebete können dann auch dazu führen, dass wir zur richtigen Zeit am richtigen Ort sind, ohne uns groß anstrengen zu müssen.
Und es geht hier nicht immer um die große, dramatische Rettungsaktion für zehntausend Leute. Es kann auch eine – für uns – kleine Situation sein.

Machen wir also immer wieder Wünsche dafür, zum Wohl aller fühlenden Wesen handeln zu können, ist es möglich, dass das durchaus auch mal recht anstrengungslos erfolgen kann. Es ist nicht immer schwierig!

Beispielsweise sitzen wir in einem Straßencafé, und es fällt ein Stückcken Brot auf den Boden. Wir lassen es noch liegen. Der Brotrest ist ja schon heruntergefallen, weiter kann es nicht mehr fallen. Also können wir auch zuerst einmal in Ruhe zu Ende essen, ehe wir alles, was eventuell noch herunterfällt, aufheben. Auch wissen wir, dass da eventuell kleine Tiere sind, die in der Zwischenzeit etwas davon fressen könnten.
Und dann kommen Leute vorbei, mit drei Hunden. Einer dieser Hunde findet nun das Stückchen Brot und frisst es. Wenn wir dann halbwegs geistesgegenwärtig „Om mani peme hung" flüsternd über ihn hauchen, haben wir in der Zukunft eine neue Schülerin oder einen neuen Schüler. Denn wir haben die Kombination Füttern und das Mani-Mantra über ein Tier hauchen verwendet. Das heißt, wenn wir dann selbst soweit sind, dass wir andere anleiten können. Und zwar selbstverständlich stellvertretend für die oder den Linienlama.

Auch in einer deutschen Großstadt können wir also etwas bewirken.

Die Sieben Übungen und das Samantabhdra Wunschgebet

Wie erwähnt, hat Buddha Shakyamuni die Sieben Übungen selbst gelehrt. Wir finden es in einer Sammlung seiner Lehrreden, der Avantamsaka-Sutrensammlung. Der deutsche Name ist Blumengirlanden-Sutrensammlung.

Diese ist in 39 Sutren eingeteilt und am Ende des letzten Sutras, dem Gandavyuha-Sutra, befindet sich das Samantabhadra Wunschgebete, dessen formaler Titel: „Die Wege des Strebens nach dem vollendeten Wirken der Edlen" lautet. Es wird auch König der Wunschgebete genannt, weil in ihm alle wichtigen Wunschgebete vereint sind. Tatsächlich bedeutet es, dass das Samantabhadra Wunschgebet das beste Wunschgebet für Bodhisattvas ist.

Der Grund, dass es Samantabhadra Wunschgebet heißt, liegt darin, dass dieser Bodhisattva, Samantabhadra, ein großartiges Beispiel für Bodhicitta ist. So hat er unzählbare Male, viele Weltzeitalter hindurch, diese Wünsche praktiziert.

Sein Bestreben dabei war es, jeden der immens ausgedehnten Weltenbereiche, bis hin zum feinsten nicht mehr beschreibbaren Teilchen, zu einem völlig reinen Buddhaland zu machen.
Diesen Bodhisattva gibt uns Buddha Shakyamuni als Rollenmodell für unsere eigenen Wunschgebete.

Denn wir kreieren das, was geschieht, durch unsere Handlungen, Absichten und eben durch unsere Wünsche, die eine Art von Absicht sind.

Doch ohne Beispiele für gute Wunschgebete weiss man nicht, was man sinnvollerweise wünschen sollte. Und so wünscht man sich eben meist Dinge, die man für angenehm hält. Daran ist überhaupt nichts falsch. Allerdings sollten wir nicht übersehen, dass das damit verbundene Glück ein Glück ist, das wieder vergeht und deshalb nicht alle unsere Bemühungen darauf ausrichten. Sondern statt dessen mehr und mehr, so gut wie wir es in dem Moment können, Erleuchtung als langfristiges Ziel in unseren Fokus holen.

Nicht unerwähnt sollte bleiben, dass das, was wir uns wünschen, manchmal auch zu Leid führt, für uns und für andere.

Bodhisattvas haben dagegen ganz andere Wünsche. Sie sind sehr tiefgründig und gehen weit über das hinaus, was wir in der Regel anstreben. Daher praktizieren wir diese Texte, die ihre Wünsche wiedergeben. Durch die vorgefassten Wunschgebete können wir uns dann den Wünschen großer Bodhisattvas anschließen.

So nutzen wir die immense Kraft des Geistes, sich mit etwas zu verbinden. Und wenn wir das Wunschgebet des Bodhisattvas Samantabhadra praktizieren, verbinden wir uns mit seiner Praxis und mit seiner großartigen Motivation.

Das ist sehr segensreich, und damit sind wir sozusagen auf der sicheren Seite.

Dabei geht es nicht darum, sich an jemanden zu wenden oder etwas von außen zu erbitten. Vielmehr stimuliert diese Übung das, was wir schon sind.

Mit diesen Wunschgebeten trainieren wir also unser Bodhisattva-Verhalten, unser Bodhicitta. Und, wie bereits erwähnt wurde, ist Erleuchtung ohne diese erleuchtete Geisteshaltung nicht möglich.

Anfangs kommen uns diese Wünsche aber vielleicht fremd vor. Wenn wir bestimmte Wünsche dann immer wieder machen, akzeptiert sie der Geist, die Produktionsfirma all der Filme, die wir jeden Tag sehen und erleben, mit der Zeit. Wenn wir also starke Wünsche in Richtung Erleuchtung machen, nimmt unser Geist das Gewünschte nach und nach an, und es wird langfristig so geschehen. Auch unsere karmischen Bedingungen verbessern sich durch diese Wünsche, und wir erreichen immer bessere Resultate. Auch uns geht es damit zunehmend besser.

Die Sieben Übungen stehen hier am Anfang des eigentlichen Samantabhadra Wunschgebetes. Denn damit Wunschgebete Wirklichkeit werden können, sind gute geistige Eindrücke notwendig.

Ohne diese guten geistigen Eindrücke können wir unsere Wunschgebete für die Erleuchtung aller fühlenden Wesen nicht erfolgreich praktizieren.

So heißt es auch, dass das, was wir wollen von unseren Gewohnheiten abhängt. Ob es Wirklichkeit wird, hängt von unserem Verdienst ab.

Daher sind Wunschgebete von hohen Bodhisattvas viel wirksamer als unsere Wünsche, denn sie haben einfach viel mehr gute geistige Eindrücke angesammelt als wir.

Die Sieben Übungen und die fünf Pfade

Der buddhistische Weg wird auch eingeteilt in die fünf Pfade oder Wege. Es sind der Weg der Ansammlung, der Weg der Überleitung, der Weg des Sehens, der Weg der Meditation und der Weg der Vervollkommnung. Auf dem Weg der Ansammlung ist es unter anderem notwendig, Handlungen aufzunehmen und zu vollenden, die positiv sind. Hierdurch wird Verdienst aufgebaut.
Es werden aber grundsätzlich auf dem Weg zur Erleuchtung fortlaufend gute geistige Eindrücke aufgebaut. Auch hier können uns die Sieben Übungen helfen.

Die Sieben Übungen und das
Sieben-Punkte Geistestraining (Lojong)

Die Methoden, mit denen sich Bodhisattvas trainieren, um die erleuchtete Geisteshaltung hervorzubringen und anzuwenden, wird Geistestraining genannt. Tatsächlich ist Geistestraining eine der Hauptmethoden, um Buddhaschaft zu erreichen. Beispiele für Zusammenstellungen solcher Trainings sind das Sieben-Punkte Geistestraining, die Sechs Paramitas oder die 37 Übungen der Bodhisattvas. Auch die Sieben Übungen gehören zum Geistestraining. Sie können aber auch Teil anderer Geistestrainings sein.

So finden wir die Sieben Übungen in den Lojong-Anleitungen des 5. Shamarpas. Hier wird empfohlen, wie folgt vorzugehen:

Zunächst richten wir uns auf die Zuflucht aus und bringen Bodhicitta hervor. Dann stellen wir uns vor, dass auf jedem Atom unzählige Reine Buddha Länder sind. In jedem dieser Reinen Länder befinden wir uns selbst vor den Buddhas mit Gefolge. Dabei führen wir alle fühlenden Wesen an, die jetzt den kostbaren Menschenkörper haben. Dann praktizieren wir selbst und die anderen die Sieben Übungen. Schließlich machen wir spezielle Wunschgebete, wir richten hier an die Buddhas und Bodhisattvas den Wunsch, dass wir Lojong erfolgreich verwirklichen mögen. Sinnvollerweise schließen wir eine (weitere) Widmung an.

Die Sieben Übungen und das Bodhicaryavatara

Weiter geht es in vielen Versen des Bodhicaryavataras von Shantideva um Trainings, die sich den Sieben Übungen zuordnen lassen. Beispielsweise handelt das gesamte 10. Kapitel von der Widmung.

Wir finden die Sieben Übungen in vielen Meditationstexten

Auch finden wir diese sieben Schritte in kurzer Form in vielen Meditationstexten. Und zwar vor der eigentlichen Meditation, als vorbereitende Praxis. Diese ist nicht zu verwechseln mit den vorbereitenden Übungen (Ngöndro).

In der Regel werden die Sieben Übungen vor die Entstehungsphase platziert. Denn die Sieben Übungen führen dazu, dass wir uns auf die eigentliche Meditation vorbereiten und die Bedingungen kreieren, die für eine erfolgreiche Praxis nötig sind. Denn aufgrund der so hervorgebrachten guten geistigen Eindrücke und durch eine Verminderung von Hindernissen wird unsere Praxis erfolgreicher.

So finden wir diese sieben Schritte beispielsweise in der Meditation auf Grüne Tara, weiter in der Praxis auf Liebevolle Augen (Chenrezig), in der Chöd Praxis, in der Meditation auf den Lama bei der vierten Grundübung, im Guru Yoga auf Milarepa, im Guru Yoga auf Karma Pakshi, im Bekenntnis vor den 35 Buddhas, um nur einige Texte der Karma-Kagyü Linie zu nennen. Als fünf Zweige gibt es diese Übung auch in dem Text, „Kostbares Herz", der vom 15. Karmapa verfasst wurde.
Aber auch in anderen Linien ist diese Übung in sehr vielen Meditationen zu finden. Beispielsweise in der Weißen Tara Praxis der Drikung-Linie.

Die Sieben Übungen in Bezug auf Entstehungsphase und Auflösungsphase

Die Sieben Übungen können auch als alleinige Übung ausgeführt werden. Dann werden sie vor den vergegenwärtigten Repräsentantinnen und Repräsentanten der Erleuchtung praktiziert. Anschließend lösen sie sich in Licht auf und verschmelzen mit uns. Das mag an den typischen Aufbau einer Meditation im Vajrayana erinnern, mit Entstehungsphase und Auflösungsphase, die fließend ineinander übergehen. Allerdings haben die tantrischen Meditationen in der Entstehungsphase eine Mantraphase. Es wird hier also das Mantra der entsprechenden Meditationsgottheit rezitiert.

Bei den Sieben Übungen wird dagegen kein Mantra rezitiert.

Die Sieben Übungen und die Grundübungen

Die Tiefgründigkeit und Vielschichtigkeit der Sieben Übungen zeigt sich auch darin, dass sie alle Grundübungen, das Ngöndro, enthält.

Tatsächlich bedeutet das allerdings nicht, dass damit die Grundübungen überflüssig werden und wir sie nicht mehr machen sollten.

Die Grundübungen sind überaus kostbar und selten, wer sie anfangen, durchhalten und beenden kann, ist eine sehr begünstigte Person.

Die Sieben Übungen und die oder der Lama

Wir finden die Sieben Übungen auch in Guru Yogas, der Meditation auf die voll verwirklichte Lehrerin oder den voll verwirklichten Lehrer.

Tatsächlich benötigen wir für unsere Reise zur Erleuchtung eine kundige Führerin oder einen kundigen Führer, die den Weg, es ist unser Weg, genau kennt. Ansonsten ist unser derzeitiges Dasein wie ein Boot, das von den Wellen mal hierhin und mal dorthin getrieben wird. Ohne Kapitänin oder Kapitän, die oder der weiß, wie wir das Ziel erreichen, haben wir keine Chance, Erleuchtung zu erlangen.

Insofern macht es sehr viel Sinn, die Sieben Übungen vor der Lehrerin oder dem Lehrer auszuführen. Die anderen Repräsentantinnen und Repräsentanten der Erleuchtung können wir uns um diese oder diesen herum denken. Oder wir denken sie uns als ungetrennt von der Lama oder vom Lama.

Denn das höchste, beste und geheimste Verdienstfeld ist die oder der eigene Lama; sie oder er ist in der Essenz unserer eigenen Buddha-Natur.

So heißt es im Tantra der Anordnung der Samayas:

„Besser als 100.000 Weltzeitalter über
die Meditationsgottheit mit allen Haupt- und Nebenmerkmalen zu meditieren,
ist es einen Augenblick lang an den Lehrer zu denken.
Besser als 1.000.000 Rezitationen der Erzeugungs- und Vollendungsübungen
ist ein einziges an den Lehrer gerichtetes Gebet."

(Siehe Zitateliste Seite 569-572)

Oder etwas anders formuliert:

„Nur einen Augenblick
unseren Wurzel-Lama
mit großer Klarheit und Lebendigkeit zu vergegenwärtigen,
bringt größeren Nutzen,
als 10 Weltzeitalter
auf 100.000 andere Buddha-Aspekte
zu meditieren."

(Siehe Zitateliste Seite 569-572)

Auch heißt es, dass die Kenntnis der gesamten Lehre Buddhas ohne Hingabe zur Lehrerin oder zum Lehrer wertlos für einen ist.

Denn um Erleuchtung zu erreichen, benötigen wir den Segen der Lama oder des Lamas und gute geistige Eindrücke sowie Reinigung. So heißt es:

„Angeborene absolute Wahrheit kann nur erwachen
als Zeichen von angesammeltem Verdienst und
gereinigten Trübungen
sowie durch den Segen eines verwirklichten Lehrers.
Wisset, dass es töricht ist, auf andere Methoden zu vertrauen."

(Siehe Zitateliste Seite 569-572)

Im folgenden eine kurze Variante der Sieben Übungen vor der oder dem Lama:

Geistig präsent beginnen wir damit, wie bei jeder buddhistischen Praxis, Zuflucht zu nehmen und die erleuchtete Geisteshaltung hervorzubringen.
Als nächstes stellen wir uns einen offenen und leeren Raum vor.
Dann laden wir unsere oder unseren Herzenslama und alle anderen Repräsentantinnen und Repräsentanten der Erleuchtung ein, vor uns auf einem wunderschönen, kostbaren und bequemen Sitz Platz zu nehmen. Wir denken dabei, dass sie in Licht-Energieform vor uns sind und freuen uns von Herzen darüber. Wenn wir konkret noch keine Herzenslama oder keinen Herzenslama haben, dann denken wir, dass sie oder er jetzt (trotzdem) vor uns erscheint.

Vor ihnen führen wir die Sieben Übungen aus, zusammen mit allen fühlenden Wesen, die jetzt einen kostbaren Menschenkörper haben. Wir können uns weiter vorstellen, dass auf jedem Atom unzählige reine Buddha-Länder sind, in denen wiederum zahllose Buddhas, untrennbar von unserer Herzenslama oder unseren Herzenslama, weilen, mit Gefolge. Wir können dann denken, dass wir selbst in zahllosen Duplikaten mit allen fühlenden Wesen üben.

Anschließend lösen sich unsere oder unser Herzenslama und die anderen Repräsentantinnen und Repräsentanten der Erleuchtung in Licht auf, das in uns hinein schmilzt.
Dann ruhen wir in der Gewissheit, dass unser eigener Geist und der Geist der Herzenslama oder des Herzenslamas nicht voneinander getrennt sind.

Schließlich widmen wir die entstandenen guten geistigen Eindrücke (nochmals, denn die siebte Übung ist bereits eine Widmung) der raschen und leichten Erleuchtung aller fühlenden Wesen, wie die Buddhas und Bodhisattvas widmen.

Vielleicht fragen wir uns jetzt, warum wir die, die Erleuchtung repräsentieren, vor uns im Raum einladen? Der Grund dafür ist, damit wir nicht das Gefühl haben, etwas zu erfinden.

Und für die, die in der Karma-Kagyü Linie üben: Denken wir, dass Karmapa vor uns Platz nimmt, im Folgenden, zur Inspiration, ein Zitat von Buddha Shakyamuni aus dem Samadhiraja-Sutra.

„Zweitausend Jahre (nach unserer Zeitrechnung tausend Jahre)
nach meinem Tod
werden meine Lehren in das Land der Rotgesichter (Tibet) kommen,
die von Avalokiteshvara (Chenrezig) zum Dharma gebracht worden sind.
Wenn die buddhistischen Lehren dort dann im Verfall begriffen sein werden,
wird sich der Bodhisattva mit der Löwenstimme,
dessen Name Karmapa ist, manifestieren.
Er wird die Wesen durch die Kraft seines Samadhi
wieder auf den Weg bringen und ins Glück führen,
indem sie ihn sehen, von ihm hören, an ihn denken und ihn berühren."

(Siehe Zitateliste Seite 569-572)

Allein schon an Karmapa zu denken, ist immens hilfreich. So wie jetzt gerade, während wir diese Zeilen lesen. Und zwar auch dann, wenn man ihn nicht als Stütze für die Sieben Übungen vergegenwärtigt.
Noch viel mehr Nutzen haben wir davon, wenn wir diese Praxis ausführen und Karmapa vor uns vergegenwärtigt.

Die Sieben Übungen in Verbindung mit Langslebenszermonien für große Lamas

Das gesamte Set der Sieben Übungen ist weiter Bestandteil von Langslegenszeremonien für große buddhistische Lehrerinnen und Lehrer.

Tatsächlich ist aber auch die sechste Übung selbst die Bitte an unsere buddhistischen Lehrerinnen und Lehrer, zu bleiben. Denn das ist Wunsch, den wir haben, wenn eine Langlebenszeremonie durchgeführt wird.

Die Sieben Übungen und das Tibetische Totenbuch

Das Tibetische Totenbuch ist eines der bekanntesten übersetzen Werke der tibetischen Literatur. Im fünften Kapitel steht „Das Gebet in zehn Abteilungen für die Ansammlung (von Verdienst)". Hier handelt es sich um die Sieben Übungen, wobei die erste Übung in vier Schritte aufgeteilt ist:

1. Zufluchtnahme
2. Einladung des Verdienstfeldes
3. Bitte Platz zu nehmen
4. Ehrerbietung

Die Sieben Übungen in Verbindung mit Buddha Amitabha

Es ist sehr segensreich, wenn wir die Sieben Übungen vor Buddha Amitabha darbringen. Da man ihn nicht sehen kann, praktiziert man in der Regel geistig. Haben wir eine Statue oder ein Bild von ihm, können wir auch materiell davor etwas darbringen. Eine Kerze beispielsweise. Überhaupt können wir die Sieben Übungen sowohl geistig vorgestellt als auch tatsächlich ausführen.

Verwiesen sei auch auf das Wunschgebet für eine Wiedergeburt in Buddha Amitabhas Reinem Land, das vom 5. Karmapa, Deshin Shegpa verfasst wurde.

Die Sieben Übungen und die Vier Ursachen für eine sichere Wiedergeburt im Reinen Land der Großen Freude von Buddha Amitabha

Hierzu folgen Informationen in einem separaten Kapitel.

Die Sieben Übungen und Mahamudra

Es heißt, dass es ohne die Sieben Übungen schwierig ist, Mahamudra zu verwirklichen.
Denn es wäre so, wie wenn wir auf einen hohen Turm klettern wollten, von dem aus wir den vollen Überblick und eine wunderbare Aussicht haben.

Ohne die Sieben Übungen hätte dieser Turm keine Treppe. Wie also wollen wir nach oben gelangen? Mit der Praxis der Sieben Übungen bekommt der Turm eine Treppe; so reicht es, diese Schritt für Schritt zu gehen, dann werden wir unweigerlich oben ankommen.

Die Sieben Übungen und der buddhistische Altar

Buddhistische Altäre sind auch Stütze für die Praxis der Sieben Übungen. Denn die zweite Übung, das Darbringen von Gaben, wird hier ganz konkret vor einem buddhistischen Altar praktiziert, und zwar vor denen, die Erleuchtung repräsentieren. Näheres dazu im Kapitel „Geben".

Weiter stehen die sieben Schalen auf dem Altar für die Sieben Übungen.

Andere Namen für die Sieben Übungen

Einige weitere Namen für die Sieben Übungen sind:

1. Sieben Zweige
2. Sieben Zweige Gebet
3. Siebengliedrige Übung
4. Sieben Mahayana Übungen
5. Sieben Zeilen Gebet

Warum heißen die Sieben Übungen auch siebengliedrige Übung?

Die Sieben Übungen werden, wie gerade erklärt wurde, auch siebengliedrige Übung genannt. Denn sie sind ähnlich wie Körperglieder zu sehen. Wir benötigen sie, wenn wir uns fortbewegen wollen. Genauso benötigen wir diese sieben Methoden, wenn wir auf der Reise zur Erleuchtung vorwärts kommen wollen.

Die Sieben Übungen nicht verwechseln

Es gibt im buddhistischen Kontext Begriffe, die ähnlich klingen. Ohne dass weiter darauf eingegangen werden soll, ist es doch gut zu wissen, dass es diese Namen gibt, die nicht die Sieben Übungen bezeichnen:

1. Das Sieben-Punkte Geistestraining (Lojong).
2. Das SiebenZeilen Gebet im Zusammenhang mit Guru Rinpoche. Hier handelt es sich im Prinzip um ein Guru-Yoga.
3. Die sieben Zweige der Erleuchtung.
4. Die acht Mahayana-Gelübde

Die Sieben Übungen geistig präsent ausführen

„Anderen nicht zu schaden,
anderen zu nutzen
und den eigenen Geist zu zähmen,
das ist die Lehre Buddhas."

(Siehe Zitateliste Seite 569-572)

Derzeit ist man wie jemand, die oder der auf einem wilden Pferd sitzt. Wo immer das Pferd hin will, man muss mit.
Haben wir unseren Geist unter Kontrolle, sind wir dagegen wie jemand, die oder der auf einem geschulten Pferd sitzt. Wo immer wir hin wollen, das Pferd wird dorthin laufen.
Warum macht das so einen Unterschied? Der Punkt ist, dass der Geist alles hervorbringen kann. Und wenn wir einen geschulten Geist haben, dann können wir bestimmen, was geschieht. Dann ist der Geist wie ein wunscherfüllendes Juwel.

Einerseits benötigen wir also, um unseren Geist zähmen zu können, gute Lebensumstände. Andererseits können wir aber auch nur mit einem gezähmten Geist positive Lebensumstände kreieren.

Mit den Sieben Übungen bewerkstelligen wir unter anderem die Reinigung und kreieren die guten geistigen Eindrücke, die zu diesen guten Umständen führen.

Wir können und sollten also, während wir die Übungen geistig ausführen, trainieren, geistig präsent zu sein. Tatsächlich können wir Gedanken und Gefühle, das, was in uns vorgeht, auch erst dann bemerken, wenn wir geistig einigermaßen klar und anwesend sind. Und sie zu bemerken, ist Voraussetzung dafür, um konstruktiv mit ihnen umgehen zu können und uns nicht von ihnen ablenken zu lassen, wenn wir unsere Übung ausführen.

Weiter sind die Sieben Übungen wesentlich intensiver, wenn wir geistig bei dem sind, was wir üben. Dabei ist die Idee, wir würden vor allem üben, dass der Geist auf einen Punkt gerichtet bleibt, nicht ganz richtig. Worum es vor allem geht, ist, dass der Geist bewusst bei dem ist, was gerade abläuft.

Man sollte also die Sieben Übungen nicht so nebenbei hersagen, während man mental gerade mit dem nächsten Termin beschäftigt ist. Oder mit dem Vogel, der draußen zwitschert; vielleicht auch damit, was man nachher essen wird. Oder mit der Frage, ob die Lieblingsmannschaft heute Abend das Fußballspiel gewinnen wird und ob man nicht an die Grüne Tara ein paar extra Wünsche dafür machen sollte.

Nein, wenn wir üben, dann füllen wir den eigenen Geist völlig mit der jeweiligen Übung aus; bis nichts anderes mehr Platz hat. Aber auch, wenn wir im Alltag eine der Übungen ausführen, versuchen wir, das so intensiv wie möglich zu tun: Freuen wir uns also im Zuge der Mitfreude darüber, dass eine Freundin gut meditiert, dann freuen wir uns von ganzem Herzen und vorbehaltlos darüber. So gut wir es eben können. Das bedeutet auch, ohne „..ja, aber..".

Treten ablenkende Gedanken auf, kommen wir, möglichst schnell, zu unserer Übung zurück. Dabei fragt man sich nicht, wieso diese Gedanken aufkamen, man macht sich deshalb nicht schlecht und so weiter. Wir beschäftigen uns einfach nicht weiter damit.

So, wie wir ein heißes Eisen sofort loslassen würden. Man hält es nicht weiter fest und fragt währenddessen, wieso das Eisen heiß ist oder warum es gerade die Hand verbrennt.

Welchen Unterschied
geistige Präsenz bei den Sieben Übungen machen kann

Jemand hat eine hohe Summe im Lotto gewonnen. Wir lesen das, und auf einmal fühlen wir uns nicht mehr ganz so gut. Möglicherweise weiß man gar nicht warum. Vielleicht können wir aber identifizieren, dass Neid in unserem Geist aufgetaucht ist.

Was an dieser Stelle passieren kann, ist, dass ein Auto vorbeifährt, und man ist gedanklich schon wieder woanders.

Können wir aber bewusst bei etwas bleiben, sind wir in der Lage, den Neid nicht nur als solchen zu erkennen, sondern ihn auch als Auslöser zu verwenden, um zu üben. Denn wir können von Neid auf Mitfreude umschalten.

Wenn das in dem Moment nicht einfach ist, können wir uns auch vorstellen, wie wir uns freuen würden, wenn wir den Lottogewinn erhalten hätten. Dann bleiben wir bei dem Gefühl von Freude und denken wieder, dass die andere Person das Geld erhalten hat. Das können wir mehrmals hintereinander machen.

Angemerkt sei, dass hier allerdings Anhaftung mit im Spiel ist; aber diese Vorgehensweise kann eine Möglichkeit sein, sich Mitfreude anzunähern.

Schließlich denken wir auch daran, dass die andere Person irgendwann einmal freigiebig gewesen sein muss, denn wie wir inzwischen wissen, Großzügigkeit führt zu Reichtum. Dann können wir uns auch darüber freuen, dass jemand freigiebig war. Und uns ein Beispiel daran nehmen sowie uns vornehmen, selbst im Rahmen unserer Möglichkeiten großzügig zu sein. Die andere Person ist damit in diesem Moment unsere Lehrerin oder unser Lehrer.

Und schließlich könnten wir uns überlegen, wer die besten Lehrerinnen und Lehrer für die fühlenden Wesen sind: Es sind die Buddhas und Bodhisattvas. Dann können wir uns damit befassen, wie viel Gutes sie für andere tun und uns darüber von Herzen freuen. Wir überlegen weiter, wie viel Sinnvolles fühlende Wesen tun und erfreuen uns auch daran.
Damit können wir die ganze Situation drehen: Statt uns schlecht zu fühlen und gute geistige Eindrücke zu verlieren und dann abzuschweifen, freuen wir uns, bauen gute geistige Eindrücke auf und lernen etwas. Daneben üben wir weiter, geistig präsent zu sein, was im Alltag und auf dem buddhistischen Weg äusserst nützlich ist sowie im Zwischenzustand, das heißt, nachdem wir gestorben sein werden.

Auch wird unser ganzes Leben reicher und intensiver, wenn wir klarer sind und nicht mehr überwiegend wie Schlafwandlerinnen oder Schlafwandler herumlaufen. Sowie unseren Reichtum erkennen, der sich auch darin spiegelt, dass wir jemanden wahrnehmen, die oder der im Lotto gewonnen hat. Statt in Mangelerscheinungen verfangen zu sein.

Nutzen der Sieben Übungen mit wenig geistiger Präsenz

Aber selbst, wenn wir diese kraftvolle Übung immer wieder machen, ohne allzu präsent zu sein, eher wenig darüber wissen und auch nicht viel Hingabe haben, wird sie sehr hilfreich sein. Mit der Zeit werden wir uns durch die Anwendung verbessern und Qualitäten entwickeln, die wiederum das Training effektiver machen. Auch werden wir selbst weniger leiden, und es geht uns immer besser.

Die Sieben Übungen mit Offenheit und Hingabe üben

Hingabe, gegründet auf das Wissen über die Sieben Übungen und um ihre Qualitäten, ist ein weiterer Baustein für den Erfolg.
Denn ohne Hingabe und Offenheit würden wir den Weisheitshalterinnen und Weisheitshaltern in dieser Welt keine Wertschätzung entgegenbringen.

Dabei ist Hingabe keine emotional aufgeladene Situation. Wir sind nicht wie schreiende Teenagerinnen oder Teenager, die die Hauptdarstellerinnen oder den Hauptdarsteller des Lieblingsfilms anhimmeln. Es geht vielmehr darum, dass die hoch verwirklichten Lehrenden uns sagen, was wir üben sollen. Und dass wir das dann auch tun. So gut, wie wir können.

Die Sieben Übungen frei von Dualität üben

Bei dem Satz: "Ich gebe Dir.", ist "Ich" das Subjekt, "gebe" ist das Tun und "Dir" das Objekt. Diese drei nennen wir im buddhistischen Kontext auch Drei Kreise oder Drei Sphären. Ein nicht dualistischer Geist ist völlig frei von diesen Zuschreibungen. Man nimmt diese drei aber normalerweise als getrennt voneinander wahr, beziehungsweise schreibt jedem Unterschiede zum jeweils anderen zu. Typisch für diese Unterschiede ist, dass sie sich in angenehm und unangenehm für einen selbst einteilen lassen. Und vieles nimmt man gar nicht wahr. Tatsächlich sind dies jedoch lediglich Vorstellungen, denn wir selbst sind nichts anderes als unsere eigene Visualisierung. Diese verstärken wir jedes Mal, wenn wir „Ich" denken oder „Mein" und so weiter. Schließlich haben wir uns so lange auf dieses Ich programmiert, dass wir fest daran glauben, und diese Festigkeit nehmen wir dann auch entsprechend wahr. Dasselbe gilt für das Du, das für alles steht, was wir nicht mit „Ich" etikettieren. Und es gilt auch für unser Tun, das wir für wirklich und abgegrenzt halten.

Denn wir nehmen wahr, was wir projizieren, nicht das, was ist. Und das, was wir projizieren, hängt davon ab, welche Samen sich gerade öffnen. Tatsächlich sind es 65 Samen pro Sekunde! Das sind gut 2,8 Millionen Samen pro Tag!

Und wäre eine andere Person wirklich so, wie man es wahrnimmt, wieso empfindet jemand andere oder anderer sie beispielsweise als anstrengend und man selbst sie als angenehm?

Dabei sind Ich, Tun und Du wie drei Wellen, die, obwohl als unterschiedlich wahrgenommen, Teil ein und desselben Ozeans sind.

Wir können das derzeit aber nicht so üben. Denn wir trennen zwischen jemandem, die oder der etwas tut, dem, was getan wird und der oder dem, die oder der erhält. Wir können uns allerdings daran annähern, frei von Dualität zu werden, indem wir üben, Ich, Tun und Du weniger emotional zu überfrachten, das bedeutet, auch weniger anzuhaften.

Die Sieben Übungen in einer einfachen Form, für Nicht-Buddhistinnen und Nicht-Buddhisten

Als Nicht-Buddhistin oder Nicht-Buddhist hat man möglicherweise Probleme damit, diese Übung vor den Repräsentantinnen und Repräsentanten der Erleuchtung auszuführen; und vielleicht auch damit, die Buddhas und Bodhisattvas aufzufordern, zu lehren und dazubleiben sowie alles Gute der Erleuchtung zu widmen.

Tatsächlich kann man dann zunächst die ersten vier Übungen anwenden. Beispielsweise, wie bereits beschrieben, in Alltagssituationen.

Man wird dann durch eigenes Ausprobieren rasch feststellen, dass dieses Training hilft, die Dinge anders zu sehen und besser mit dem, was geschieht, umzugehen. Mit der Zeit nehmen Probleme ab, und man fühlt sich wohler.

Denn schon die ersten vier Schritte, wertschätzen, geben, bereuen und mitfreuen, verbessern, regelmässig angewendet, die Wahrnehmung von sich selbst und der Umwelt. Dafür braucht man nicht Buddhistin oder Buddhist zu sein.

Auch kann man denn einen Schritt weiter gehen und dabei etwas weniger traditionell denken: Man kann also in Gedanken darum bitten, dass die, die über das nützlichste Wissen verfügen und es selbst erfolgreich verwirklicht haben, dieses Wissen weitergeben. Und dass sie für uns alle zugänglich bleiben sollen. Das sind die Schritte fünf und sechs der Sieben Übungen.

Schließlich kann man denken, dass das Gute, das aus diesem Training entsteht, für alle zum Bestmöglichen führen soll.

Aber selbst, wenn wir uns „nur" darin üben, fortlaufend alles zu bedauern, was ungeschickt war, und uns an allem, was wirklich gut ist, erfreuen, haben wir bereits eine äussert effiziente Übung. Sinnvoll wäre es, das dann mit dem Wunsch zu verbinden, dass die positive Kraft aus dem, was wir geübt haben, den bestmöglichen Nutzen für alle haben soll. Mit der Zeit können wir dann diese drei Schritte um die anderen Übungen bereichern.

Die formale Praxis der Sieben Übungen

Die formale Praxis der Sieben Übungen finden wir im Kapitel über die verschiedenen Fassungen dieser sieben Schritte. Üben wir, um uns anzunähern, zunächst jeweils lediglich einen einzelnen Schritt, so findet sich eine vorgefasste Anleitung am Ende des jeweiligen Kapitels für die entsprechende Übung.

Die Sieben Übungen sind schon Resultat von vorherigem gutem Tun

Es könnte das Missverständnis auftreten, dass man die Sieben Übungen ausführt und dann auf das Resultat wartet.

Das stimmt allerdings nicht völlig. Denn diese Praxis ausführen zu können, ist bereits das Ergebnis von vorherigem Gutem. Wir haben tatsächlich schon Qualitäten verwirklicht, sonst würden wir diesen Informationen gar nicht begegnen und könnten sie nicht als etwas Sinnvolles erkennen.
Dieses Ergebnis rührt also daher, dass wir schon viel Problematisches abgebaut und viel positive Kraft aufgebaut haben. Denn, um zum Beispiel überhaupt nur daran zu denken, dass wir andere wertschätzen könnten, müssen wir Stolz bereits vermindert haben. Sonst wäre das gar nicht möglich.

Aber alleine schon der Wunsch, diese Praxis oder auch nur eine der Übungen anzuwenden, vermindert bereits Negativität in uns und vermehrt Gutes.

Der Versuchung, zu meinen, dass das bereits reicht und dass wir uns deshalb auf einer Zwischenstation ausruhen können, sollten wir allerdings nicht erliegen.

Vielmehr ist es gut, sich zu freuen, dass wir bereits so weit gekommen sind, und mit dieser Freude machen wir dann weiter.

Zeichen dafür, dass unsere Praxis erfolgreich ist

Wir finden auch immer wieder Beschreibungen dazu, welche Anzeichen es dafür gibt, dass unsere buddhistische Praxis erfolgreich ist.

Zum Beispiel, dass es uns besser geht, aber auch, dass es uns schlechter geht.

Das mag paradox klingen, liegt aber daran, dass es uns gut gehen kann, weil die Praxis gut verläuft, oder weil sie nicht gut verläuft.

Und es kann uns schlecht gehen, weil wir gut praktizieren, aber auch, weil wir schlecht praktizieren.

Es kann auch so aussehen, wie wenn nichts passiert. Das ist unwahrscheinlich. Denn was, eventuell auch kaum wahrnehmbar, auftreten kann, ist Folgendes:

1. Wir praktizieren gut, und es geht uns gut. Das ist das, was wir meist erwarten, und oft wird es auch so sein.
2. Wir praktizieren schlecht, und es geht uns gut. Dann ist die Praxis nicht unbedingt die Ursache dafür, dass es uns gut geht. Sie kann aber die Ursache dafür sein, da diese Übungen sehr kraftvoll sind, selbst wenn wir sie nicht ganz richtig anwenden. Allerdings sollte diese Information nicht dazu führen, dass unser Bemühen um eine gute, richtige Praxis nachlässt.
3. Wir praktizieren gut, und es geht uns schlecht. Das nennt man Reinigung. Leidvolles kommt in sehr abgeschwächter Form hervor und stört uns später nicht mehr. Hierzu an anderer Stelle mehr.
Eine weitere Möglichkeit ist, dass wir, wenn wir anfangen zu praktizieren, bereits in einer weniger erfreulichen Situation sind und dass es einfach etwas dauert, bis unsere Anstrengungen gute Ergebnisse haben.
4. Wir praktizieren schlecht, und es geht uns schlecht. Dann ist die Praxis nicht unbedingt die Ursache dafür, dass es uns schlecht geht. Sie könnte aber die Ursache sein, wenn nämlich zusätzlich eine Reinigung stattfindet, also Dinge hervorkommen, die uns dann später eben nicht mehr stören können.

Schlecht praktizieren heißt hier auch, dass man die Übungen eigenmächtig ändert, nicht tut, was die eigene Lehrerin oder der eigene Lehrer uns rät, eine miserable, egozentrierte Motivation hat und so weiter.

Sinnvoll ist es, vor allem, wenn etwas geschieht, was wir nicht verstehen, jemanden zu fragen, die oder der sich auskennt. Und wir sollten das auch wirklich tun. Tatsächlich entspricht dieses Nachfragen der fünften Praxis der Sieben Übungen, also dem Auffordern, die Lehre Buddhas zu lehren und etwas zu erklären.

Weiter können bestimmte Träume Hinweise dazu geben, wie es um unseren Praxiserfolg bestellt ist. Einige Informationen dazu finden wir im weiteren Text.

Aber es gibt auch Zeichen, an denen wir, wenn sie immer wiederkehren, ablesen können, ob uns unser Bemühen weiterbringt. Denn dann nimmt unser Vertrauen in unsere Lehrerin oder in unseren Lehrer zu. Und die Hingabe wird stärker. Weiter wird unser Mitgefühl und unsere Liebe den fühlenden Wesen gegenüber in einer immer weniger auf unser Ego bezogenen, weniger emotionalen Weise, anwachsen.

Auch werden uns Aktivitäten des Daseinskreislaufes weniger interessieren, die buddhistische Praxis dagegen wird wichtiger. So wendet sich unser Interesse natürlich und anstrengungslos der Lehre Buddhas zu. Auch unsere Anhaftung daran, mit Freunden einfach nur zu feiern, lässt nach. Wir haben aber sehr viel Freude daran, während wir vielleicht Tango tanzen gehen, dort jemandem etwas darüber zu erzählen, dass es unvergängliches Glück gibt. Oder ein anderes sinnvolles Gespräch führen. Zum Beispiel, indem wir herausfinden, was die andere Person benötigt und ihr eine Anregung dazu geben, ohne diese aufzudrängen. Auch wird es uns immer leichter fallen, so zu handeln, dass es mit dem Dharma im Einklang steht. Schließlich werden wir offener für andere und kommen besser mit unserer Umgebung und mit den Umständen zurecht, wie immer sie auch sein mögen. Unser Leben wird einfacher, unkomplizierter, angenehmer, glücklicher, wir werden flexibler und fühlen uns weniger gestört. Beispielsweise von Motten oder Bienen. Aber auch unser Interesse an Lottogewinnen, Espresso, Eis, Rum und Ruhm lässt nach. Dabei können wir das alles gerade deshalb immer mehr genießen.
Dieser neue Lebensstil, der Ausdruck der geänderten Geisteshaltung ist, schließt ein, dass wir weniger Aufhebens um uns und unsere Belange machen. Man wird also weniger dringend mit allen über die eigenen Probleme sprechen oder sie diskutieren müssen. Weiter sind wir nicht mehr tagelang deprimiert, weil „unsere" Fußballmannschaft verloren hat. Auch wird der Drang sich in sozialen Netzwerken darzustellen, wenn er egoistisch motiviert ist, nachlassen. Photos von uns selbst sind nicht mehr so wichtig, wir müssen sie auch nicht mehr unbedingt überall hinschicken aber wir können es tun, wenn es sinnvoll ist. Vielleicht stellen wir fest, dass es nicht mehr dieselbe Tragik heraufbeschwört, wie noch vor zwei Jahren, wenn das Lieblingseis ausverkauft ist. Und wenn wir keine Kinokarten bekommen haben, dann machen wir eben etwas anderes. Denn diese Dinge müssen nicht mehr unbedingt sein. Dabei ist es die Ich-Anhaftung, die nachlässt, und damit werden wir gelassener und froher.

Was dagegen zunimmt, das ist unser Interesse an Meditation und an buddhistischen Informationen. Wir mögen es, zu buddhistischen Kursen zu fahren oder ehrenamtliche buddhistische Projekte zu übernehmen. Es ist Luxus, ein Retreat machen zu können. Sei es in Form eines Kurses in der Gruppe, alleine in einem Retreatzentrum oder auch zu Hause, während die anderen Mitbewohnerinnen und Mitbewohner am Starnberger See sind. Und es macht uns Freude, anderen zu helfen, weiter jede Situation für unser Training zu verwenden.

Atisha und die Sieben Übungen

Atisha hatte stets eine kleine Buddha-Statue und ein kleines Mandala dabei. Und jedes Mal, wenn er dem Bodhisattva-Versprechen zuwider gehandelt hatte, stellte er die Buddha-Statue vor sich hin, machte die Sieben Übungen, brachte Mandala-Gaben dar und nahm dann das Bodhisattva-Versprechen erneut.

Gampopa und die Sieben Übungen

Zu dem Zeitpunkt, als Gampopa das erste Mal etwas über Milarepa gehört hat, bestand seine Hauptpraxis in den Sieben Übungen, deren tiefgehende Praxis eine wesentliche Voraussetzung dafür war, um einem Meister wie Milarepa, der nur ganz wenige Schülerinnen und Schüler hatte, begegnen zu können.

Einige Zitate über die Sieben Übungen

Auf dem Rückcover finden sich Zitate von Shamar Rinpoche und Mipham Rinpoche zu den Sieben Übungen. Weitere Zitate sind:

„Denke nicht, ein Mangel an materiellen Gütern oder günstigen Bedingungen würde das Erwerben der Ansammlungen behindern. Wenn du innerlich Vertrauen und eine gewisse Weisheit besitzt, verfügst du, so heißt es, über unvorstellbare Mittel, Verdienste anzusammeln. Wenn du, zutiefst motiviert von der erwachten Geisteshaltung, lediglich das siebenteilige Gebet darbringst, so löst dies sämtliche Schleier auf und die beiden Ansammlungen werden dem Himmel gleich."

Djamgön Kongtrül Rinpoche

(Siehe Zitateliste Seite 569-572)

„Man sagt, dass jemand, der nie die Sieben Zweige praktiziert hat, auch keine positive Kraft besitzt. Woher kommt denn solch positive Kraft? Es heißt, dafür sei das Erwerben der Ansammlungen die unerlässliche Voraussetzung.

Djamgön Kongtrül Rinpoche

(Siehe Zitateliste Seite 569-572)

„Viele Sutras und Tantras erläutern, dass es nichts Tiefgründigeres als die Sieben Zweige gibt, um die Ansammlungen zu erwerben."

Djamgön Kongtrül Rinpoche

(Siehe Zitateliste Seite 569-572)

„Das Bestreben, uns von Negativität und Verdunkelung zu reinigen und Verdienst und Gewahrsein zu entwickeln, kommt in verdichteter Form im Sieben-Zweige-Gebet des Mahayana zum Ausdruck. Dieses Gebet erscheint häufig in Ritualtexten, denn es stellt eines der besten Mittel zur Läuterung und Entwicklung dar."

Kalu Rinpoche

(Siehe Zitateliste Seite 569-572)

„Die einzelnen Teile der siebenteilige Opferung schließen die unzähligen Methoden für die Ansammlung von Verdienst und Weisheit allesamt mit ein."

Patrul Rinpoche

(Siehe Zitateliste Seite 569-572)

Überblick über wesentliche Unterpunkte der einzelnen Praktiken der Sieben Übungen

Hier noch eine Tabelle als Überblick, die einzelnen Punkte werden in den entsprechenden Kapiteln detailliert beschrieben und erklärt.

Übung	Unterpunkte
1. Verehren	1. Mit dem Körper 2. Mit der Sprache 3. Mit dem Geist
2. Geben	1. Übertreffbare Gaben 2. Unübertreffliche Gaben
3. Bereuen von Fehlern	1. Mit der Kraft der Stütze 2. Mit der Kraft des Bedauerns 3. Mit der Kraft des Versprechens 4. Mit der Kraft des Gegenmittels
4. Mitfreude an Gutem	1. Am Guten verwirklichter Wesen 2. Am Guten allgemeiner Wesen
5. Auffordern	Die Repräsentantinnen und Repräsentanten der Erleuchtung auffordern, das unübertreffliche Rad des Dharma zu drehen.
6. Bitten	Die Repräsentantinnen und Repräsentanten der Erleuchtung bitten, zu bleiben.
7. Widmen	1. Was immer an Gutem 2. und sei es noch so gering 3. wie die Buddhas und Bodhisattvas 4. der raschen und leichten Erleuchtung aller fühlenden Wesen 5. widmen.

2. Erklärungen zu den einzelnen Übungen

2.1. Verehren
statt
Stolz

Beim ersten Schritt entwickeln und kultivieren wir Wertschätzung und Respekt für Erleuchtung und ihre Qualitäten; und zwar zunächst im Außen, in Form ihrer Repräsentantinnen und Repräsentanten, da dort Erleuchtung für uns derzeit eher zugänglich ist.

Denn es gibt diese Weisheitshalterinnen und Weisheitshalter, die ihr volles Potenzial verwirklicht und alles, was hindert, beseitigt haben.

Die gute Nachricht, ist, dass auch wir dieses Potenzial haben und es freilegen können. Durch unsere Wertschätzung dafür richten wir uns darauf aus, dieses erstrebenswerte Ziel anzusteuern. Wir nehmen dann langfristig mit fortschreitend erfolgreichem Üben die Präsenz der Erleuchtung in uns selbst immer mehr wahr.

Mit dieser Übung des Verehrens reduzieren wir unter anderem ichbezogenen Stolz, üben, bescheiden zu sein und Qualitäten in anderen erkennen zu können. Weiter kultivieren wir aber auch Wertschätzung und Respekt für alle fühlenden Wesen. Denn wir alle haben die Buddha-Natur.

Weltliche Vorbilder

Wenn uns jemand sehr inspiriert und wir auch so sein möchten wie diese Person, entstehen in uns Bewunderung und Verehrung. Dadurch entwickeln wir Offenheit, die dazu führt, dass wir bereit sind, etwas zu lernen und zu ändern. Das bedeutet, sich selbst zu ändern.

Haben wir beispielsweise großes Interesse an Fotografie und uns gefallen Bilder einer bestimmten Fotografin, werden wir versuchen, möglichst viele ihrer Werke zu sehen. Wir befassen uns damit, welche Technik sie verwendet, was sie wie fotografiert. Und es entsteht ganz natürlich der Wunsch, dieser Frau einmal zu begegnen und persönlich mit ihr zu sprechen.

Vielleicht wird es dann auch mehr und mehr ein Ziel werden, direkt bei ihr zu lernen, möglicherweise in Form einer Assistenz.

Selbst Schwierigkeiten nehmen wir dafür auf uns, um zu ihr zu gelangen und um Dinge erklärt oder gezeigt zu bekommen. Auch sind wir dankbar und bemühen uns, umzusetzen, was sie uns lehrt. Aber auch nur in der Nähe eines solchen, von uns geschätzten Menschen zu sein, ist uns einiges an Mühe und Aufwand wert. Oft lernen wir auch allein schon dadurch, dass wir mit jemandem, die oder der etwas sehr gut kann und die wir dafür schätzen, Zeit verbringen. So führen unsere Wertschätzung und Offenheit fast von alleine und ohne Anstrengung dazu, dass wir Gedanken, Worte und Taten von denen übernehmen, die wir bewundern.

Und wenn wir eines Tages auch eine sehr gute Fotografin geworden sind und unseren eigenen Stil entwickelt haben, werden wir, obwohl wir auch von anderen gelernt haben, zutiefst dankbar sein, dass wir eine so gute Lehrerin hatten.

Verlassen wir uns auf weltliche Vorbilder und Idole, gibt es in der Regel verschiedene Möglichkeiten, wie das Ergebnis aussehen kann.

Einmal können uns andere überwiegend zu Dingen inspirieren, die zu Leid führen. Dann ist das Ergebnis Schaden, für uns und für andere.

Hat man als Jugendliche beispielsweise jemanden zum Vorbild, die raucht, trinkt, Drogen nimmt oder sich unnütz tätowieren lässt, ist das eher ungünstig für einen selbst. Und für die anderen, beispielsweise die eigenen Eltern, die sich, zu Recht, Sorgen machen.

Aber auch, wenn man etwas Sinnvolles gelernt hat, es jedoch für Negatives, das anderen schadet, verwendet, führt es einen selbst ebenfalls in Schwierigkeiten. Denn wenn man ungünstig handelt, wird definitiv ein ungünstiges Ergebnis auch für einen selbst entstehen.

Wenn man also beispielsweise Photos gegen den Willen einer Person, die man fotografiert hat, veröffentlicht, und diese dadurch Nachteile erleidet.

Werden wir durch unsere weltlichen Vorbilder veranlasst, glückbringend zu handeln, entsteht hingegen Nutzen.

So kann es, um bei dem obigen Beispiel zu bleiben, sein, dass unsere Fotografien vielen Menschen Freude machen. Oder dass wir anderen nutzen, wenn wir Reportagen über Missstände machen und dadurch Verbesserungen anstoßen.

Das ist natürlich sehr gut. Der Nachteil ist allerdings, dass das Gute in diesen Fällen leider zeitlich und räumlich recht begrenzt ist. Dauerhaftes Glück und die volle Entfaltung unserer Möglichkeiten sowie die Beseitigung von allem, was hindert, erreichen wir nicht. Auch können wir langfristig so nicht allen fühlenden Wesen dabei helfen, sämtliche Schwierigkeiten zu beseitigen und alles Glück zu erreichen.

Meist sind wir allerdings von Personen, Gruppen oder Ideen inspiriert, die auf weltlicher Ebene sowohl Glückbringendes als auch Leidbringendes verbreiten.

Denn alle diese Vorbilder sind selbst nicht frei von Leid und können daher anderen nicht zeigen, wie man dauerhaft frei von Leid wird. Folgt man ihnen also, wird man definitiv Leiden erfahren, es ist nur eine Frage der Zeit. Mit diesen Gedankengängen haben wir uns auch schon in der Einleitung befasst.

Es ist also wirklich sehr wichtig, zu wissen, was Qualitäten sind. Weiter, was zu dauerhaftem Glück führt und welche guten Eigenschaften wir deshalb verehren und schätzen sollten und welche Personen die besten Qualitäten haben.

Wir sollten also wissen, wer und was der Verehrung würdig ist, und warum.

Buddha als Vorbild und Erleuchtung als Ziel

„Am Anfang waren wir beide gleich.
Aber durch deinen großen Fleiss und Eifer bist du jetzt erleuchtet.
Und aufgrund meiner Trägheit bin ich noch immer im Daseinskreislauf.
Daher verbeuge ich mich vor Dir."

(Siehe Zitateliste Seite 569-572)

Oder, anders ausgedrückt:

„Du und Ich, wir sind ursprünglich gleich.
Aber aufgrund von Hingabe und Ausdauer bist Du, wer Du bist, und
ich bin, wer ich bin.
Deshalb verbeuge ich mich vor Dir."

Drugpa Künleg zur Jowo Statue (Buddha-Statue in Lhasa)

(Siehe Zitateliste Seite 569-572)

Betrachten wir die Welt im Allgemeinen und unser Leben im Besonderen werden wir feststellen, wie notwendig es ist, dass Schädliches aufhört und Gutes mehr Raum bekommt. Es ist etwas, das für die Welt wirklich sehr wichtig ist, und es ist ein ganz natürlicher Wunsch von uns allen.

Allerdings sind die Ansichten darüber, wie das zu bewerkstelligen ist, sehr verschieden. Auch die Wege, die aus diesen Ansichten entstehen, sind unterschiedlich. Und die Resultate entsprechen fast immer nicht dem, was man sich vorgestellt hat. Oder aber sie sind vergänglich, bleiben also nicht bestehen, so lange es erwünscht und nötig ist.

Daher ist es berechtigt, zu fragen, wer uns zeigen kann, wie wir relatives und letztendliches Glück erreichen. Weiter, wie wir Leid effizient abstellen können. Und zwar ein für allemal.

Beginnen wir, dieser Frage nachzugehen und Informationen darüber zu sammeln und auszuwerten, werden wir feststellen, dass Hilfe von jemandem sinnvoll ist, die oder der bereits da ist, wo wir hin wollen. Daher ist es notwendig, zunächst genau zu prüfen, was zielführend sein kann, um wirklich qualitativ hochwertig Gutes dauerhaft zu erreichen. Wer könnte hier ein perfektes Vorbild, eine exzellente Referenz, sein und uns einen guten Weg zeigen? Einen Weg, den wir auch gehen können.

Es ist wie im normalen Leben, das wurde schon erwähnt. Will man also gut Fotografieren lernen, stellt sich die Frage, wer es schon gut kann. Eher wenig Sinn macht es, von jemandem Fotografie zu erlernen, die oder der überhaupt nichts oder nicht viel davon versteht. Insofern ist es wenig hilfreich, Freiheit von Leid bei jemandem zu suchen, die oder der nach wie vor leidet. Wenn wir hier, auch nach und nach, genau prüfen, werden wir feststellen, dass Buddha, der alle Qualitäten verwirklicht   und alles, was hindert, beseitigt hat, die beste Referenz für uns ist.

Es gibt hierzu Informationen. Beispielsweise wie vielen er geholfen hat und wie klug er dabei vorgegangen ist.

Ein Beispiel ist die Geschichte darüber, wie Kisagotami von Buddha Hilfestellung bekam. Auch bei der Heilung ihrer Krankheit.

Kisagotami

Kisagotami stammte aus einer armen Familie. Darauf deutet auch ihr Name hin, denn „Kisa" bedeutet dünn. Vermutlich hatte sie also nicht viel zu essen. Gotami war ihr Familienname.

Sie war mit Buddha Shakyamuni verwandt, denn der Bruder ihrer Mutter war der Bruder von Buddhas Vater. Trotzdem war sie Buddha nur einmal begegnet, bevor sie ihn später aufsuchte, als ihr Kind gestorben war.

Kisagotami war mit dem Sohn eines Bankiers verheiratet worden, der einigen Reichtum hatte. Insofern ging es ihr dann materiell besser. Allerdings wurde sie von der Familie ihres Mannes nicht gut behandelt. Das sollte sich ändern, als sie ihr erstes Kind, einen damals so wichtigen Sohn, geboren hatte. Doch dieses Kind starb. Daraufhin ergriff Kisagotami abgrundtiefe Verzweiflung.

Sie konnte sich einfach nicht damit abfinden, dass ihr geliebtes kleines Kind, ihr Ein und Alles, gestorben war. Und so wurde sie verrückt. Dann irrte sie mit dem toten Kind, das sie fortlaufend bei sich trug, von Haus zu Haus und bat um Medizin, damit es wieder lebendig werden würde.

Schließlich hatte ein alter Mann Mitgefühl mit ihr und riet ihr, zu Buddha zu gehen, der sich gerade in der Gegend aufhielt. Das tat sie auch, denn sie dachte, Buddha würde ihr Kind wieder zum Leben erwecken.

Als sie Buddha dann nach Medizin fragte, sagte Buddha allerdings zu ihr: „Wenn ich Dir helfen soll, dann bringe mir zuerst einen weißen Senfsamen aus einem Haus, in dem nie jemand gestorben ist."

Kisagotami tat sofort, was Buddha ihr gesagt hatte. Sie schöpfte wieder Hoffnung. Denn sie dachte in etwa: „Wenn ich so einen weißen Senfsamen zu Buddha, dem Erleuchteten bringe, werde ich von ihm eine Medizin bekommen, die mein Kind wieder lebendig macht."

Sie ging also wieder von Haus zu Haus, von Türe zu Türe. Diesmal fragt sie nicht nach Medizin, sondern danach, ob nie jemand gestorben sei. Aber so sehr sie auch suchte und sich abmühte, sie fand einfach kein Haus, in dem noch nie eine Tote oder ein Toter zu beklagen gewesen wäre.

Schließlich wurde ihr mit einem Mal klar, dass in jedem Haus schon einmal jemand gestorben war. Und dass der Tod - natürlich – jede und jeden trifft. Dadurch normalisierte sich ihre geistige Verfassung wieder.

Sie sagte dann in etwa zu ihrem toten Kind: „Mein liebstes kleines Kind, ich dachte, der Tod würde nur dich treffen. Aber alle Leute begegnen dem Tod."

Dann brachte sie ihr totes Kind in den Wald, legte es dort ab und ging zurück zu Buddha. Sie erbat die Ordination zur Nonne, die sie auch erhielt, und sie erreichte Verwirklichung.

Buddha ist aber schon tot

Allerdings lebt „unser" Buddha in unserer Wahrnehmung nicht mehr. Er ist in unserer Illusion vor etwa 2500 Jahren gestorben.

Wir können ihn, den hervorragendsten Lehrer, also nicht mehr persönlich erleben.

Daher stellt sich die Frage, ob die Informationen, die er gegeben hat, noch zur Verfügung stehen. Diese Frage ist zu bejahen. Denn die Unterweisungen, die nötig sind, um Befreiung und Erleuchtung zu erreichen, stehen uns auch heute noch zur Verfügung.

Weiter fragen wir uns vielleicht, ob es Personen gibt, die so weit wie Buddha sind oder doch fast so weit, und von denen wir lernen können. Auch diese Frage lässt sich mit "ja" beantworten. Es sind die Bodhisattvas, in erster Linie die hohen Bodhisattvas.

Hilfe können wir also trotzdem durch Buddha erhalten, und zwar indirekt. Denn wir haben seine Lehre und wir haben die, die mindestens Befreiung erreicht haben. Vor allem aber gibt es den Zugang über die voll verwirklichten Lehrerinnen und Lehrer, unsere Lamas, die unter anderem an der Spitze der authentischen buddhistischen Linien stehen.

Die Übung des Verehrens hilft uns dabei, uns auf sie als Beispiel und unser Vorbild auszurichten. Denn sie sind unsere Zuflucht, unser Schutz, und Verehrung ist tatsächlich einer der Aspekte, die bei der Zufluchtnahme wesentlich sind.

Unter anderem fokussieren wir uns aber tatsächlich auf unsere eigene Buddhanatur, die beschrieben werden kann als Klarheit, frei sein von einer materiellen Substanz und Mitgefühl. Allerdings sind uns, wie schon erklärt wurde, die Repräsentantinnen und Repräsentanten der Erleuchtung im Außen und in einer für uns wahrnehmbaren Form zunächst zugänglicher. Daher richten wir uns durch Wertschätzung auf sie aus.
Denn wenn man das nicht tut, könnte es sein, dass man keine oder nur erschwert Verbindung aufnehmen kann.

Beispielsweise sind die Texte auch nicht immer leicht zugänglich, weshalb wir mündliche Erklärungen benötigen, wie folgende, für uns möglicherweise nicht ganz so verständliche Stelle aus dem Tenjur zeigen kann:

„Die mit Worten und Gedanken unbeschreibbare Vollkommenheit der Weisheit
ist Nicht-Entstehen und Nicht-Aufhören,
wie die Natur des Raumes,
die Sphäre der ursprünglichen Weisheit des eigenen Selbstgewahrseins.
Sie ist die Mutter der Siegreichen der drei Zeiten.
Vor ihr verbeuge ich mich und preise sie."

Rahulabhadra

(Siehe Zitateliste Seite 569-572)

Vorteile des Wertschätzens
der Repräsentantinnen und Repräsentanten der Erleuchtung

„Sind die verschiedenen begehrenden und hasserfüllten Gedanken,
die dazu führen, dass wir im Ozean des Daseinskreislaufes stranden,
erst einmal als leer davon wirklich zu existieren erkannt, Kind,
dann macht das alles zu einem goldenen Land.

Wenn Du über die illusionsgleiche Natur
der illusionsgleichen Phänomene meditierst,
wird illusionsgleiche Buddhaschaft
aufgrund der Kraft von Hingabe eintreten."

Niguma

(Siehe Zitateliste Seite 569-572)

Auch sagte Buddha in einem Sutra, dass man, wenn man Buddha Verehrung darbringt, komplett jenseits des Leidens gehen wird. Denn Hingabe zu Lehrenden ohne Fehler bringt im eigenen Geist vergleichbare Qualitäten hervor. Bei Hingabe zu Lehrerinnen und Lehrern, die voller Fehler sind, werden diese Schwächen allerdings als Hindernisse bei einem selbst auftreten. Hauptsächlich fokussieren wir unsere Verehrung daher auf diejenigen, die die erleuchtete Geisteshaltung hervorgebracht haben, die Buddhas und Bodhisattvas. Denn diese Geisteshaltung ist sehr kostbar. Es ist eine Geisteshaltung, die sogar den ärgsten eigenen Feindinnen und Feinden zu perfektem Glück verhilft.

Verlassen wir uns als Vorbilder und Leitlinie also auf die, die uns in Bezug auf die Lehre Buddhas helfen können, uns zu verbessern, haben wir und andere nicht nur Vorteile in weltlichen Belangen, sondern auch auf der Ebene, die uns und anderen dauerhaften, nicht mehr vergänglichen Nutzen bringt.

Denn wir entwickeln uns langfristig in Richtung Erleuchtung.

Stolz als Hindernis

In einem tibetisches Sprichwort heisst es:

"Eine böse Person kann von Buddhas Lehre gezähmt werden,
nicht aber eine stolze Person."

(Siehe Zitateliste Seite 569-572)

Ein Hindernis auf unserer Reise zur Erleuchtung ist also der eigene Stolz. Damit ist die Art von Stolz gemeint, die die eigene Person zum zentralen Thema macht. Hochmut führt nämlich dazu, dass man bei sich selbst die Qualitäten übertreibt und bei anderen die Fehler. Damit ist man nicht offen dafür, von anderen etwas zu erbitten oder anzunehmen. Wozu auch? Man ist ja selbst die Beste oder der Beste.

Tatsächlich wirkt Wertschätzen eben diesem Stolz entgegen.

Denn es ist sinnvoll, zu denken: „Ich will die Probleme nicht mehr haben. Wo ist jemand, die oder der mir helfen kann, davon loszukommen? Und die oder der mir zeigt, wie ich eine gute Richtung einschlagen kann."
Zu dieser Person sagen wir dann. "Bitte zeige mir, wie ich die Probleme lösen kann."

So fand der Inder Rahulabhadra, der sehr angesehen war, seine Lehrerin und Gefährtin in einer Frau unterster Kaste. Wäre er zu stolz gewesen, um bei ihr, der Pfeilmacherin, zu bleiben, hätte er sich von dieser Möglichkeit, alle seine Qualitäten zu entfalten, abgeschnitten. Wie wichtig sie für ihn war, sieht man auch daran, dass er später Saraha genannt wurde, sein Name also an ihrem orientiert wurde.

Arten von Stolz

Es gibt verschiedene Arten von Stolz. Die Art, die bei uns vorherrscht, ist Stolz auf uns selbst. Das heißt, Hochmut in Bezug auf alles, woran wir den Aufkleber "Ich" heften. Stolz kann weiter auf Ableger von uns selbst entstehen. Diese etikettieren wir dann mit „Mein", also mein Hund, mein Beruf, mein Fahrrad. Oder meine Gänseblümchen auf meiner Wiese in meinem Garten. In schwächerer Form kommt Hochmut auch in Bezug auf alles vor, das wir mit "Wir" und "Unser" bezeichnen. Es ist dann sozusagen ein „Ich-Wir" oder ein „Ich-Unser".

Allerdings ist die Form von Überheblichkeit, die auf andere ausgerichtet ist oder andere einschließt, nicht unbedingt so negativ. Und zwar dann, wenn andere etwas gut gemacht haben, und wir sind anerkennend stolz auf sie, ohne sie wiederum allzu sehr als eine Art ausgelagertes Teil-Ich zu etikettieren. Der Grund dafür ist, dass wir dann unser Ich nicht so stark in den Vordergrund stellen, sondern etwas, dass jemand anderer gut gemacht hat.

Dann gibt es versteckten Stolz, bei dem man meint, man sei die Schlechteste oder der Schlechteste. Oder die, die die komplizierteste Krankheit hat.

Weiter finden wir etwas, das wir mit Stolz verwechseln könnten. Es ist aber tatsächlich Selbstbewusstsein, und es ist gut, wenn wir es von egoistischem Stolz unterscheiden können.

Denn es bezeichnet die (dann wahre) Tatsache, dass wir etwas gut und auch besser können als andere. Das ist eine realistische Einschätzung der Situation und möglicherweise sogar hilfreich, wenn es darum geht, zu prüfen, wer eine bestimmte Aufgabe am besten erledigen kann. Und zwar zum Nutzen aller Beteiligten. Es ist möglich, dass wir das eben selbst sind. Oft ist diesen Fällen aber Stolz mit Selbstbewusstsein vermischt.

Stolz kann aber auch vorhanden sein, wenn man weiß, dass man etwas sehr gut erledigen könnte, die Aufgabe aber nicht übernimmt. Und zwar, weil vielleicht jemand eine schwierige Bemerkung gemacht hat, die der eigene Stolz nicht verträgt!

Im buddhistischen Kontext gibt es auch den Begriff "Vajra-Stolz". Damit ist das Selbstbewusstsein gemeint, das wir bei bestimmten Übungen des Vajrayana benötigen. Denn wir halten uns hier nicht für zu unzulänglich, um diese schnelle Route zur Buddhaschaft einschlagen zu können. Es ist also der Stolz oder besser die Zuversicht, dass wir selbst die gleiche Grundnatur haben wie Buddha. Und dass wir alle Verblendungen überwinden werden, Erleuchtung erreichen können und alle fühlenden Wesen vom Leid befreien werden. Wir trauen uns die Buddha-Natur zu, weiter, dass wir rasch Zugang zu ihr finden.

Wir können Stolz auch unterteilen in Stolz auf Positives und Stolz auf Negatives. Stolz auf Gutes wäre zum Beispiel, wenn wir hochmütig sind, weil wir jemandem geholfen haben. Stolz auf Negatives wäre, wenn man jemandem etwas weggenommen hat und darauf auch noch stolz ist. Obwohl beide Arten von Stolz nicht wünschenswert sind, ist der Stolz auf Positives doch besser. Denn wir verbinden uns zumindest mit etwas Sinnvollem. Stolz auf Negatives dagegen führt zu einer Verbindung damit, was nicht so hilfreich ist. Angemerkt sei, dass (Mit-)freude, auch über das eigene positive Tun, das Verhalten ist, das Buddha uns nahelegt.

Es ist wichtig, dass wir Hochmut in unserem Geist identifizieren können, denn erst dann können wir üben, mit ihm umzugehen.

Nachteile von Stolz

Vielleicht fragen wir uns jetzt immer noch, ob Stolz denn wirklich so schlecht ist.

„Was ist so schlimm daran ein bisschen stolz auf mich selbst zu sein?", denken wir möglicherweise.

Allerdings kann gerade Hochmut Probleme und Hindernisse mit sich bringen. Ist man nämlich zu stolz, um etwas von anderen annehmen zu können und weiss alles besser, kommt man nicht wirklich weiter. Man sieht sich als höher an als die, die mehr können und wissen als man selbst. Auf diese Weise verschließt man sich vor deren Qualitäten. Das ist generell so. Und wir haben uns auch schon damit befasst, dass man sich damit davon abschneidet, von den Kenntnissen anderer profitieren zu können.

Und wenn es um das geht, was wirklich wichtig ist, Befreiung (vom Leid) und Erleuchtung, ist das einfach ein Problem.
Denn die Beziehung zwischen denen, die einem den Weg sowohl zu bedingtem, vergänglichem, als auch zu nicht bedingtem, dauerhaftem Glück erschließen können, den Lehrerinnen und Lehrern, und uns als Lernende, kann damit nachhaltig gestört werden. Unter Umständen reißt sie sogar ganz ab. Und ohne qualifizierte Lehrerin oder qualifizierten Lehrer ist Erleuchtung definitiv nicht möglich. Das sagen die buddhistischen Belehrungen. Aber auch alle anderen Vorteile, die die Lehre Buddhas schon weit vor der Erleuchtung bereit hält, werden dann entweder schwerer erreichbar oder auf absehbare Zeit nicht in Reichweite sein.

Aber Hochmut hat auch noch weitere Nachteile.

Wenn man stolz ist, führt das auch dazu, dass man ungewollt allein ist und darunter leidet.

Schaut man auf andere herab, zum Beispiel, weil man selbst finanziell erfolgreich ist, andere aber sehr wenig haben, kann allein schon das Wissen darum, dass diese stolze Geisteshaltung zu eigener Armut führen kann, dazu verhelfen, sie abzustellen. Hier ist es auch gut, sich daran zu erinnern, dass man selbst nicht weiß, welches Karma man noch im eigenen Geistesstrom mitschleppt. Auch einem selbst kann es passieren, dass man eines Tages arm werden wird. Und daher ist es gut, die exzellenten Bedingungen, die wir jetzt haben, nicht zu verschwenden und zu meinen, das alles bliebe für immer so. Besser wäre es, Ressourcen einzusetzen, damit wir selbst und andere auf dem buddhistischen Weg vorankommen, und anderen generell zu helfen, so gut, wie wir können. Stolz kann einen davon abhalten.

Tatsächlich ist das Gegensatzpaar Respekt und Abwerten aber auch Ausdruck dualistischer Wahrnehmung. Diese illusorische Dualität ist allerdings die eigene derzeitige Realität.
Wir benötigen daher zunächst in der Illusion gute Bedingungen, um schließlich aus der Illusion aussteigen zu können und unabhängig von guten oder schlechten Bedingungen zu werden. Auch hier ist Stolz hinderlich.

Teekanne und Teetasse

Es wird erst möglich sein, Tee in eine Tasse zu gießen, wenn sich die Teekanne über der Teetasse befindet.

So ähnlich werden wir erst dann von der Lehrerin oder dem Lehrer lernen können, wenn wir sie oder ihn in der eigenen Wahrnehmung höher ansiedeln als uns selbst. Denkt man dagegen, dass man selbst besser ist, wird man nicht viel aufnehmen können.

Realistischere Einschätzung
unserer Fähigkeiten und Perspektiven

Es ist also erforderlich, dass wir uns eingestehen, dass wir nicht die Allerbesten sind. Und dass es andere mit sehr viel mehr Qualitäten gibt als wir sie derzeit haben. Das zu erkennen und anzunehmen, erfordert Demut. Aber es ist keine Demut, die uns klein macht, denn auch wir haben die Buddha-Natur. Wir wertschätzen also tatsächlich das, was wir in Wirklichkeit sind, Buddhas mit unermesslichen Qualitäten und völlig frei von Begrenzungen und Hindernissen.

Momentan haben wir diese, unsere wahre Natur aber noch nicht entfaltet.

Wenn man aber trotzdem weiterhin denkt, man wäre unschlagbar, gibt es Möglichkeiten, das zu widerlegen. Beispielsweise kann man sich etwas überlegen, das andere schon können, was man selbst aber nicht beherrscht.

Aber auch bei dem, was man gut kann, wird man andere finden, die besser sind. Man wird mit fast hundertprozentiger Sicherheit jemanden finden, die oder der weiter fortgeschritten ist. Selbst wenn wir Weltmeisterin oder Weltmeister in einer Disziplin sind oder wären, es wäre nur eine Frage der Zeit, bis uns jemand den Titel abnehmen würde.

Weiter kann die Frage: "Wo ist das Ich?", und die Suche danach, helfen, Hochmut zu vermindern. Suchen wir also das Ich und finden nichts, stellt sich die Frage, worauf wir eigentlich stolz ist. Finden wir nichts, bleibt aber ein Gefühl von "Ich", können wir auch dieses Gefühl, das ein Gedanke ist, untersuchen.

Ein weiterer Sachverhalt, mit dem wir uns vertraut machen können, ist folgender: Jede gute Qualität, die wir haben, ist darauf zurückzuführen, dass wir irgendwann einmal glückbringend gehandelt haben. Allerdings erschöpfen sich die Früchte dieses Handelns irgendwann auch wieder. Das macht es auch eher unsinnig, stolz darauf zu sein. Es ist ja nichts Bleibendes.
Weiter sind Buddhas und Bodhisattvas die Quelle allen Wohlergehens und allen Glücks.

Auch unsere Qualitäten und alles, was wir haben, beruhen auf ihrer Güte. Denn sie lehren und sie sind das, was gut ist. Aber auch allgemein sind schöne Dinge vorhanden, weil sie viele Wunschgebete dafür gemacht haben, dass es fühlenden Wesen gut geht. Und weil sie die immensen guten geistigen Eindrücke haben, die nötig sind, damit Wunschgebete sich verwirklichen.

Schließlich haben viele andere dazu beigetragen, dass wir etwas gut können. Es sind nicht nur wir alleine gewesen.

Auch durch diese Überlegungen kann Überheblichkeit abgemildert werden.

Schließlich ist ein Gegenmittel gegen Hochmut, sich daran zu erinnern, dass wir schutzbedürftig sind. Denn wir können nicht sicher sein, dass nicht zu jedem beliebigen Zeitpunkt (mehr) Leid in unserem Leben auftreten wird. Denn jetzt mag es uns gut gehen, und wir mögen in uns viele Qualitäten sehen, die andere nicht haben. Aber wir haben keine Kontrolle darüber, dass kein Leid auftritt. Tatsächlich kann uns Leid jederzeit treffen. Daher suchen wir Schutz bei denen, die Kontrolle über ihr Leben haben und die nicht mehr leiden, bei den Buddhas und Bodhisattvas. Ist man stolz, wird man diese Möglichkeiten nicht haben.

Also erst wenn wir Überheblichkeit so weit reduziert haben, dass wir erkennen und annehmen können, dass wir Schutz und Anleitung benötigen und wie kostbar die drei Juwelen, das heißt Buddha, Dharma und Sangha, für uns sind, wird unser Stolz auf uns selbst wiederum weiter abnehmen.

Und dann können wir etwas wirklich Sinnvolles lernen.

Stolz im eigenen Geist erkennen können

Dabei ist Stolz schwerer im eigenen Geist zu identifizieren als beispielsweise Wut. Denn wenn man wütend ist, weiss man das in der Regel sofort und genau.

Stolz dagegen kann leicht unerkannt bleiben.

Betrachten wir Hochmut etwas genauer, so ist er, wie die anderen leidbringenden Gefühle mit dem Gedanken „Ich" verbunden. Wobei dieses „Ich" höher und besser angesiedelt wird als das „Du". Mit diesem „Du", das in unserer Wahrnehmung schlechter als das „Ich" ist, möchte man dann auch tendenziell weniger zu tun haben; es scheint einem eine schlechte Gesellschaft zu sein. Daher führt Stolz auch oft zum Alleinsein oder dazu, dass man sich getrennt von anderen fühlt. Das wurde schon erwähnt.

Wenn einen also jemand mit den Worten "Blöde Kuh" attackiert und man sich ärgert, kann man fragen, wieso das so ist? Untersuchen wir den Sachverhalt genauer, werden wir feststellen, dass es eigentlich der verletzte Stolz ist, der zu Ärger führt. Würde man sich nicht für besser halten als die Kuh und für intelligent(er), würde man sich von den beiden Worten, die auch nichts anderes sind als eine schlichte Ansammlung von Buchstaben, eher nicht gestört fühlen.

Schaffen wir es also, ruhig zu bleiben, entsteht genug Raum, um erkennen zu können, wie Wut aufsteigt. Schauen wir dann genauer, bemerken wir, dass der Grund für die Wut verletzter Stolz ist; und schauen wir den Stolz an, stellen wir fest, dass es ein „Ich" ist, das sich verletzt vorkommt. Suchen wir dann das „Ich" und finden nichts, werden wir irgendwann erkennen, dass Wut überflüssig ist.

Statt also mit Wut wie ein Zug ohne Alternative auf die Konfrontation zu zu rasen, haben wir jetzt andere Möglichkeiten zu reagieren. Das Gleis vor uns hat endlich mehr Weichen, und wir können sie so stellen, wie es der Situation angemessen ist, um für andere und uns selbst Nutzen hervorzubringen. Wir können also sinnvoll handeln statt zerstörerisch.

Weiter ist es hilfreich, wenn wir uns daran erinnern, dass wir selbst die Situation aus Unwissenheit kreiert haben, weil wir einmal etwas Ähnliches, aber sozusagen Kleineres, zu jemand anderem gesagt haben. Denn der Same wächst zu etwas Größerem heran.

Möglicherweise können wir aber sogar aus einer schwierigen Situation etwas Glückbringendes für alle machen.
Wir könnten beispielsweise der anderen lächelnd in die Augen schauen und sagen: "Da Sie, die Kuh und ich die Buddha-Natur haben, können wir alle nicht dumm sein." Damit hätten wir eine schwierige Situation genutzt, um jemandem die Lehre Buddhas nahezubringen. Dieser winzige Same im Geist der anderen Person wird irgendwann Früchte tragen, und es werden gute Früchte sein. Wenn es passend erscheint, können wir so etwas also sagen.

Andere im Alltag abwerten, um selbst besser wegzukommen

Auch das gezielte, manipulierende Abwerten anderer, wie es beispielsweise im Geschäftsleben vorkommen kann oder in manchen Kennenlernratgebern empfohlen wird, ist nicht zielführend.

Derartige Verhaltensweisen mögen temporär durch das Ego motivierte Ziele möglich erscheinen lassen. Für die andere Person sind sie jedoch unangenehm und damit früher oder später auch leidvoll für einen selbst.

Der buddhistische Ansatz sieht anders aus. Denn während die entsprechenden Manipulationstechniken darauf abzielen, den anderen abzuwerten und sich selbst aufzuwerten, zielt Buddhismus darauf ab, andere aufzuwerten und als so vollkommen wie möglich zu sehen; und uns selbst nehmen wir nicht mehr ganz so wichtig, obwohl wir gleichzeitig wissen, dass wir selbst auch die Buddha-Natur haben. Wir können anderen also Respekt erweisen. Und üben, sie so positiv zu sehen, wie es uns möglich ist. Uns selbst betrachten wir in dem, was wir über uns denken, als die bescheidenste Dienerin oder den bescheidensten Diener. Liest man das, regt sich vermutlich das Ego und es fallen einem Einwände ein. Oder es fühlt sich nicht gut an oder man meint, das sei falsch.

Aber wir müssen die Lehre Buddhas nicht zwangsweise anwenden. Wir können ausprobieren, wie es ist, andere zu schätzen und uns selbst etwas weniger in das beste Licht zu rücken; und dabei sollten wir nicht gleich aufgeben, wenn es nicht ganz klappt, denn das Ego hat einiges an Widerständen aufzubieten.

Unsere Gewohnheiten sind einfach sehr stark.

Möglicherweise werden wir uns aber nach einiger Zeit wundern, dass wir nicht selbst darauf gekommen sind, dass wir so viel bessere Beziehungen zu anderen haben, viel mehr Freunde und mehr Freude.

Stolz und nahe Beziehungen

Stolz führt also auch dazu, dass man sich selbst in engen Beziehungen Probleme bereitet.

Sieht man nämlich immer nur, was man selbst gut gemacht hat und bewertet das, was die anderen tun, als minderwertiger, bekommt man schlechte Laune. Und die anderen vermutlich auch. Tatsächlich wird man so nicht nur einsam, sondern auch zur eher wenig gemochten Person.

Auch können sich andere in der eigenen Gegenwart nicht richtig entwickeln, wenn man immer nur ihre Fehler sieht und meint, man wäre in allem besser.

Sinnvoller ist es, wenn wir uns an allem Guten erfreuen, das andere tun. Sowie an dem, was wir selbst tun. Und an uns arbeiten, indem wir die vielen alltäglichen Situationen nutzen, um zu üben und uns zu verbessern. Das wird vermutlich auch dazu führen, dass sich die anderen besser entwickeln können; einmal durch die hohe Meinung, die wir von ihnen haben, weiter durch das gute Beispiel, das wir selbst sind; natürlich möglichst ohne dann stolz darauf zu sein!

Tatsächlich ist es auch wenig effektiv, in Bezug auf andere deren Ist-Zustand immer mit einem eigenen vorgestellten Soll-Zustand zu vergleichen. Also damit, wie sie sein sollten. Und nur weil andere nicht so sind, wie man sie gerne hätte, sind sie nicht unbedingt schlechter als man selbst.

Angemessener wäre es, langfristig daran zu arbeiten, den eigenen Ist-Zustand zu verbessern. Und hier den perfekten Soll-Zustand als Vorbild, als Idol, als Rollenmodell, zu verwenden: den Buddha-Zustand.

Vorteile der Fehlersuche bei sich selbst statt bei anderen

Es ist einfach sinnvoller, vorhandene Fehler bei uns zu suchen und zu finden. Und bei anderen die guten Eigenschaften zu sehen. Dabei geht es nicht darum, sich selbst schlecht zu machen. Oder aber in Schuldgefühlen zu versinken. Denn damit kommt man nicht weiter.

Ein Grund dafür, die eigenen Fehler zu beleuchten, und nicht die der anderen, ist, dass wir unser eigenen Fehler korrigieren können. Die der anderen können wir jedoch nur sehr eingeschränkt ändern. Es ist also ein sehr praktisch ausgerichteter Rat, die eigenen Fehler zu bereinigen. Denn das ist wesentlich erfolgversprechender als zu versuchen, die Unzulänglichkeiten anderer zu beseitigen.

So ist die Lehre Buddhas nicht dazu da, um die Fehler anderer zu suchen und aufzuzeigen. Der Dharma ist eine Methode, um unter anderem zu entdecken, wie wir unser Leid und das anderer kreieren. Und um das dann abzustellen.

Tatsächlich bedeutet das aber nicht, dass uns bei anderen alles egal ist. Sehen wir, dass jemand geradewegs ins Unglück rennt und wir können etwas Sinnvolles dagegen unternehmen, sollten wir das versuchen.

Ein Überblick:

Stolzes Verhalten führt zu	Reduktion von Stolz führt zu
Fokus auf die eigenen Qualitäten	Fokus auf das, was wir bei uns verbessern können, mit dem Ziel Erleuchtung zum Nutzen aller zu erreichen.
Fokus auf die Mängel anderer	Fokus auf die Qualitäten anderer, vor allem die der Drei Juwelen, mit Verehrung, Vertrauen und Hingabe.

Vorteile des Wertschätzens anderer

Man ist normalerweise mit den eigenen Problemen befasst, beziehungsweise mit allem Möglichen. Die eigene Aufmerksamkeit richtet man nie auf die Buddha-Natur, die eigene, eigentliche, erleuchtete Natur.
Durch das Wertschätzen erleuchteter Qualitäten dagegen öffnen wir uns für Erleuchtung, für unsere Buddha-Natur und die aller anderen fühlenden Wesen.

Weitere Vorteile, wenn man bei anderen gute Eigenschaften statt Fehler sieht, bestehen darin, dass wir immer in guter Gesellschaft sind, gute Eindrücke aufbauen und es uns einfach besser geht. Weiter haben wir damit auch immer Vorbilder, die uns inspirieren und anregen.
Das Leben ist interessanter, spannender und macht mehr Spaß.

Wertschätzen anderer führt auch dazu, dass uns selbst wiederum Respekt und Wertschätzung entgegengebracht werden.
Hier sagen die buddhistischen Erklärungen auch, dass ein edler und guter Charakter ein Ergebnis davon ist, dass wir Hochmut aufgeben; und dass wir vor allem die, die perfekte Qualitäten haben, respektvoll behandeln.

Aber wir benötigen auch Geduld, um eine wertschätzende Geisteshaltung aufrechterhalten zu können, wenn es einmal schwieriger wird.
Das heißt, wenn zum Beispiel jemand zu uns sagt: „Blöde Kuh." Dann wissen wir natürlich, dass es bessere verbale Kommunikationsmöglichkeiten gibt. Aber wir üben Geduld und verlieren nicht die Wertschätzung dieser Person gegenüber, denn auch sie hat die Buddha-Natur.

Wertschätzung hilft uns aber andererseits auch, geduldig zu bleiben.

Angemerkt sei, dass Geduld für uns weitere Vorteile hat, obwohl wir in erster Linie Vorteile für uns selbst nicht anstreben sollten, da wir dann wieder am Ich anhaften.
Es kann aber inspirierend sein, wenn wir wissen, dass die Belehrungen sagen, dass es zu einem schönen Körper führt, wenn man geduldig ist. Und wenn wir jetzt, wie jede und jeder, harmonische körperliche Merkmale haben, dann beruht das darauf, dass wir einmal die Ursache dafür gelegt haben, also geduldig waren.

Statt nun aber wiederum stolz auf das eigene Aussehen oder Teile davon zu sein, wäre es besser, sich darüber zu freuen, dass wir einmal die Ursachen dafür gesetzt haben; dass wir also zu einem früheren Zeitpunkt glückbringend gehandelt haben. Und wir könnten uns vornehmen, so ein gutes Handeln weiter zu kultivieren.

Schätzen wir generell alle fühlenden Wesen, wird die Verbindung zu ihnen auch besser und schließlich gut. Das hilft uns dann auf dem Weg zur Erleuchtung, denn wir benötigen einfach gute Bedingungen, um ihn gehen zu können; und diese hängen auch von anderen ab. Weiter ermöglichen uns gute Beziehungen zu anderen, ihnen Hilfe zuteil werden zu lassen.

So sind Verehren und Wertschätzen Gegenmittel gegen das abschätzige Behandeln anderer, von Stolz eben.

Und Geduld hilft uns, wenn es einmal schwieriger wird, diese Wertschätzung aufrechtzuerhalten.

Scheinbarer Widerspruch zwischen Eigenverantwortung und Dankbarkeit

Vielleicht kommt es uns ein wenig widersprüchlich vor, dass wir einerseits die Verantwortung für alles, was wir erleben, selbst haben. Dann aber anderen zutiefst dankbar sein sollen. Und dass wir sie schätzen sollen. Ist denn nicht alles Angenehme, das wir erfahren, Ausdruck des Guten, das wir selbst einmal getan haben?
Es ist tatsächlich so. Allerdings stärkt diese Einschätzung die Anhaftung an das, als vermeintlich vorhanden wahrgenommene Ich. Und so kreiert man mit dieser Haltung zukünftige Probleme für sich selbst.
Wir üben also eine andere Einstellung, die den Schwerpunkt von uns weg auf die anderen hin verlagert.
Weiter haben wir viel weniger Probleme, wenn wir andere schätzen und ihnen dankbar sind. Und es ist für andere auch angenehmer, wenn sie spüren, wie froh wir sind, dass sie da sind und dass wir schätzen, was sie Gutes getan haben, tun oder tun werden.

Wertschätzen im Alltag

Wir können anderen auch konkret zu verstehen geben, dass wir sie schätzen. Oder, noch besser, genau formulieren, was wir an ihnen schätzen und warum.

So können wir im Alltag versuchen, an allen, mit denen wir zu tun haben, etwas Positives zu finden. Vielleicht ist es die schöne Handtasche oder die nette Art einer anderen Person. Oder wir loben jemanden, die oder der gut backen kann, für das leckere Brot, das diese oder dieser zur Meditationsgruppe mitgebracht hat.
Und diese Wertschätzung können wir in angemessener Weise ausdrücken, wenn es die Situation zulässt.

Hier kann möglicherweise eine kleine Bemerkung mehr bewirken, als ein (zu) dick aufgetragenes Lob.

Alle diese Ausführungen gelten übrigens auch für Tiere, die ebenfalls fühlende Wesen sind. Man kann den eigenen Hund „Mein kleiner Lump" nennen, oder „Dicker". Das ist eher abwertend; selbst, wenn diese Vorgehensweise liebevolle Anteile hat. Wir können aber auch zu ihm sagen: „Mein Schätzchen", „Mein Bester" oder „Du Kluger".

Weiter hat jede und jeder viele Eigenschaften. So ist die Kollegin reizbar, aber sie ist auch hilfsbereit, sie ist kinderlieb, aber sie mag unseren Hund nicht. Sie kann gut mit Geld umgehen und hat ihr Leben im Griff, trägt aber immer schreckliche Schuhe.

Wie viel Mühe macht es, an der Kollegin alles, was einem nicht gefällt, zu ändern? Und wie erfolgreich wird das sein? Und dann sind da auch noch andere Kolleginnen und Kollegen, da ist die Chefin oder der Chef, der Partner, die Sangha der örtlichen Meditationsgruppe, die Kinder, die Enkel. Die Postbotin oder der Postbote, die Nachbarin oder der Nachbar, der Tanzpartner, die Freundin, der Hund. Und, nicht zu vergessen, die Bienen!

Die Realität ist: Man kann die Kollegin und alle anderen nicht wirklich dahingehend ändern, dass alles immer so ist, wie man es gerne hätte, indem man sie kritisiert, sie ausschimpft, schmollt und so weiter.

Wie wäre es aber, wenn wir, statt sie zu ändern, uns selbst ändern würden? Das bedeutet, unter anderem, unseren Blickwinkel zu verändern. Wir können nämlich entscheiden, ob wir unsere Aufmerksamkeit auf die schrecklichen Schuhe richten wollen oder darauf, dass die Kollegin kinderlieb ist.
Denn wenn zwei Personen nebeneinander stehen und in dieselbe Richtung schauen, sehen beide dasselbe. Dabei schaut eine mit Abneigung und Ärger, die andere mit Liebe und Mitgefühl. Die Person, die mit Abneigung und Ärger schaut wird, unglücklich. Die Person, die mit Liebe und Mitgefühl schaut, wird ruhig, glücklich und kümmert sich.
Das bedeutet auch, dass es eine Frage von Liebe und Mitgefühl ist, ob wir in anderen Gutes sehen können.

Wenn wir also das nächste Mal die schrecklichen Schuhe sehen, können wir den Gedanken: „Was für grässliche Schuhe" schon im Entstehen erkennen, und, statt ihn weiterzuspinnen, sofort mit Liebe und Mitgefühl daran denken, dass sie kinderlieb ist.

Oder wir zählen in Gedanken zehn positive Dinge auf, die sie hat oder tut, wenn wir die hässlichen Schuhe sehen oder diese uns einfallen.

Natürlich könnten wir auch den Gedanken an „diese hässlichen Schuhe", wenn er auftritt, sofort erkennen, ihn als transparent erleben und sehen, wie er wieder vergeht, ohne weitere Folgegedanken zu entwickeln oder anderweitig einzugreifen, das heißt, danach zu greifen.

Schließlich könnten wir auch die Schuhe etwas genauer betrachten und etwas daran suchen, was wir schön finden. Auch das bringt unsere Gedanken weg von der Hässlichkeit. Und, wie können Schuhe, die auch etwas Schönes haben, insgesamt hässlich sein? Könnte es sein, dass es lediglich unsere Zuschreibung ist, dass die Schuhe hässlich sein sollen?

Auch gibt es andere, die die Schuhe schön finden. Zum Beispiel, sehr vermutlich, die Kollegin, die sie trägt. Hier könnten wir Mitfreude üben, dass sie etwas gefunden hat, was ihr gefällt.

Und wenn wir unsere subjektive Brille zumindest teilweise absetzen, haben wir den Raum, um zu schauen, ob wir für die Kollegin hilfreich sein können.

Anfangs mag das schwer sein. Aber wenn wir beharrlich üben, wird es leichter. Irgendwann wenden wir diese Methoden und andere Methoden, die Buddha gelehrt hat, ganz automatisch an.
Wir denken also an eine Person, die uns ärgert, und schon fangen wir an, zehn positive Eigenschaften in Gedanken aufzuzählen. Was dann als nächstes geschehen kann, ist, das uns jemand „Blöde Kuh" nennt, und es fällt uns daraufhin nur noch Positives ein.

Das heißt allerdings nicht, dass man jemandem, die oder der recht negativ ist, nicht auch einmal zu verstehen geben kann, dass es einen besseren Stil gibt. Hilfreich kann es sein, hier gewaltfreie Kommunikation anzuwenden.

Ist man aber stolz, dann kann man das alles eher nicht einsehen. Sind wir jedoch demütig, können wir in Betracht ziehen, dass wir uns irren. Und dass wir noch nicht die optimale Form gefunden haben, um mit unseren Gedanken, unserer Wahrnehmung und der Situation, es ist tatsächlich auch unsere Situation, umzugehen. Wenn wir aber trainieren, wird dieselbe Sache, an der wir uns früher gestört haben, zu etwas Gutem, Schönem und Positivem. Denn was wir ändern können, das sind die Bewertungen, die wir anderen und anderem anhängen. Tatsächlich ist die Wahrheit: wir sind die Schöpferinnen und Schöpfer unseres Erlebens. Es hängt also von uns ab, ob wir eine gute Zeit haben oder nicht.
Wir können uns somit entscheiden: Wollen wir dem negativen Geist Raum geben oder dem positiven Geist? Das liegt in unsere Macht, das ist unsere Freiheit. Und alle fühlenden Wesen haben genau das gleiche grundlegende Potenzial, Kontrolle über den eigenen Geist zu erlangen. Wir also auch.

Warum ist das alles so wichtig? Wir wollen ja glücklich sein und nicht leiden. Und die anderen wollen auch glücklich sein und nicht leiden. Sieht man das Schwierige, hat man selbst Probleme, und man hat Probleme mit den anderen. Stress und Druck bauen sich auf. Blicken wir auf das Positive und wertschätzen andere, sind wir glücklicher und die anderen auch. Denn sie spüren und bemerken, wie wir sind und was wir sagen und tun.

Und was uns hilft, einen unglücklichen Geist zu reduzieren und einen glücklichen Geist zu stärken, das sind die buddhistischen Methoden, die wir ausdauernd unter qualifizierter Anleitung üben.

Angemerkt soll noch sein, dass man Lob, Anerkennung und Wertschätzung nicht missbrauchen sollte, beispielsweise, um die eigene Position im Arbeitsbereich gegenüber einer Kollegin zu festigen. Sondern, weil wir uns wirklich an ihren guten Eigenschaften erfreuen können.

Wertschätzung und Tadel anderer uns gegenüber

Wie gehen wir aber damit um, wenn andere uns wertschätzen und uns loben?

Dann können wir uns freuen, denn die andere Person hat in dem Moment einen guten Geisteszustand, der es ihr ermöglicht, in uns etwas Gutes zu sehen.
Werden wir allerdings getadelt, dann ist das unter anderem eine Gelegenheit dafür, eine geduldige Geisteshaltung anzuwenden, zumindest innerlich. Und zu prüfen, ob der Tadel für uns wichtige Hinweise für Verbesserungen bereithält.

Heute und hier beginnen zu üben

Man könnte zwischenzeitlich auf die Idee kommen, dass man sehr viel zu tun hat. Und dass diese Ausführungen zwar interessant sind, man aber überhaupt keine Zeit dafür hat, sie umzusetzen.

Vielleicht meint man, man könnte erst anfangen zu üben, wenn man „richtig" meditieren kann. Oder beispielsweise drei Monate an einem Retreatplatz Meditation gelernt hat.
Ob diese Auszeit allerdings jemals kommen wird, das weiss man nicht.
Weiter weiss man nicht, ob dann nicht doch die Vögel störend zwitschern, nicht gerade eine Hitzewelle auftritt oder ob man Rückenschmerzen haben wird. Vielleicht bellt auch ein Hund. Oder es gibt Mücken oder Bienen. Auch fehlen einem schon am ersten Tag der Freund, der Espresso und das Smartphone. Später dann auch anderes, wie die Spaziergänge im Nymphenburger Schlosspark oder die Sonnenuntergänge am Starnberger See.

Die Realität ist: Wir sind jetzt da wo wir jetzt gerade sind. Es ist ein Punkt in unserem Leben wie es schon viele, unzählige Punkte gegeben hat. Und es ist wieder einmal einer von so vielen Momenten, in denen wir grundlegend eine Entscheidung treffen können, ob wir so weitermachen wollen wie bisher. Mit nichts mehr als der Garantie, dass wir nahezu definitiv in der Zukunft mehr Leid erleben werden. Oder ob wir etwas ändern wollen und zwar jetzt und hier.

Die Realität ist auch: Es gibt gerade keinen besseren Ort und auch keine bessere Zeit für uns. Denn tatsächlich sind jetzt und hier der perfekte Ort und die perfekte Zeit, um diese Erklärungen durch Anwendung, Versuch und Irrtum nach und nach in unser Leben zu holen.

Beispielsweise könnten wir jetzt, und zwar genau jetzt, so vorgehen, dass wir unseren Terminkalender hervorholen und für die nächsten drei Monate jeden Tag zu drei verschiedenen Zeiten das Wort "Wertschätzen" eintragen. Und dann jeden Tag üben. Der Terminkalender erinnert uns daran.

Jede Woche könnten wir an einem freien Tag eintragen: „20 Minuten Informationen über Wertschätzen nachlesen." Und wir könnten sieben Zettel an markanten Stellen in unserer Wohnung und an unserem Arbeitsplatz anbringen, die uns daran erinnern, Wertschätzung zu üben. Vorzugsweise so, dass wir es gleich morgens sehen und abends vor dem Schlafengehen nochmals, damit wir prüfen können, ob wir auch trainiert haben. Und damit wir uns als Nächstes unmittelbar vor dem Einschlafen über alles freuen können, was wir in Bezug auf Wertschätzen gut gemacht haben. Denn das wirkt in den Schlaf fort. Es ist auch besser, mit diesen guten Gedanken einzuschlafen als mit problematischen Gedanken. Am Besten legen wir also einen Zettel so auf unser Kopfkissen, dass wir ihn anfassen müssen, ehe wir uns hinlegen. Und einen weiteren Zettel auf unser Meditationskissen, damit wir ihn morgens gleich sehen, wenn wir meditieren. Noch besser wäre es, wenn wir ein kleines Notizbuch anlegen, in dem wir sechs Mal am Tag ganz kurz eintragen, was wir in Bezug auf Wertschätzen gut gemacht haben und was weniger gut war. Weiter jeweils, was wir in den nächsten zwei bis drei Stunden tun wollen, um uns zu verbessern. Denn vor allem anfangs benötigen wir einfach immer wieder Erinnerungen und Wiederholung der Informationen. So können wir auch mit den anderen Übungen vorgehen und jede jeweils drei Wochen lang trainieren. Dann machen wir eine Woche Pause und schauen, ob sich etwas verändert hat und was es ist.

Und so können wir immer mehr die vielen Situationen nutzen, die uns reichlich jeden Tag präsentiert werden. Eines Tages wird schließlich jede Situation eine Möglichkeit für die Praxis bieten, diese wird mehr und mehr zu unserer Natur. Damit erhalten wir mehr Freiheit; auch die Freiheit davon, ganz eng begrenzte bestimmte Bedingungen haben zu müssen, um uns in Richtung Glück und Qualitäten zu entwickeln.

Denn, wie wir jetzt wissen, jede Situation, jede Zeit, jeder Ort, jede Person ist gut (genug), damit wir üben können. Selbst und vor allem gerade dann, wenn wir „keine Zeit" haben oder wenn Schwierigkeiten auftreten. Probleme sind dann wie die große Welle, an der Surferinnen und Surfer testen, ob sie die Fähigkeit haben, auch diese zu reiten.

Alles das kann durch Hochmut unmöglich gemacht werden. Daher ist es gut, ihn zu reduzieren und schließlich abzulegen.

Buddha als perfektes Beispiel, auch für Wertschätzen, war frei von Stolz

Buddha, selbst frei von Überheblichkeit, hatte Respekt für jede und jeden. Und es ist überliefert, dass sich sogar die Bäume vor ihm verneigt haben. Er erhielt also die Hochachtung zurück, die er für alle und alles hatte. Selbst für die unbelebten Phänomene, die nichts anderes sind, als der eigene Geist.

Auch hat er sich vor dem Sitz verbeugt, auf den er sich dann setzte, um Unterweisungen zu geben.
Und als er im Süden Indiens war, wo es viele Kranke gab, hat er sich persönlich um sie gekümmert. Er selbst hat sie gepflegt, sie gewaschen, ihren Kot entfernt. Auch das ist eine Art von Verbeugung.

Wertschätzung dem eigenen Geist gegenüber

Da aber alles der eigene Geist ist, bringt man Verehrung tatsächlich immer dem eigenen Geist dar. Denn der Geist ist die Quelle aller Phänomene.

So sagte Saraha:

> „Allein der Geist ist der Same für alles das,
> aus dem Samsara und Nirwana entsteht.
> Diesem Geist,
> der so wie ein wunscherfüllendes Juwel die ersehnte Frucht gewährt,
> bringe ich meine Verehrung dar."

(Siehe Zitateliste Seite 569-572)

Somit besteht die letztendliche Verbeugung darin, alle Phänomene, also alles, als Buddha zu sehen.

Man kann insofern Hochachtung auf alles, was erscheint, ausdehnen und nichts mehr abwerten; selbst den Vorgang des Abwertens nicht!

Die alte Frau und der Hundezahn

Es war einmal eine alte Frau, die Buddha und seiner Lehre gegenüber sehr viel Hingabe hatte. Allerdings fehlte ihr ein konkretes Objekt, auf das sie ihr Vertrauen und ihre Offenheit richten konnte.

Da ihr Sohn geschäftlich viel unterwegs war, bat sie ihn, ihr etwas mitzubringen, was als äußere Stütze für ihre Praxis geeignet sein würde. Das war ihr sehnlicher Wunsch.

Ihr Sohn allerdings vergaß den Wunsch seiner alten Mutter auf der nächsten Geschäftsreise völlig. Als er dann wieder nach Hause kam, war seine Mutter sehr unglücklich. Aber sie wußte, dass er bald wieder zu einer Reise aufbrechen würde. Sie bat ihn also noch einmal, ihr etwas mitzubringen, was sie für ihren Altar verwenden konnte.

Das nächste Mal dachte ihr Sohn allerdings wieder überhaupt nicht an das Anliegen seiner Mutter. Diese war nun noch betrübter. Trotzdem gab sie nicht auf und fragte ihren Sohn erneut.

Wir ahnen es fast schon, wieder hatte der Sohn nichts anderes als seine Geschäfte im Kopf, und auch dieses Mal hatte er den Wunsch seiner Mutter komplett vergessen. Allerdings fiel es ihm dann doch wieder ein, unmittelbar bevor er zu Hause war.

Er dachte: „Ich kann unmöglich schon wieder mit leeren Händen daheim ankommen. Meine Mutter würde sehr unglücklich sein. Was mache ich bloß?" In dem Moment fiel sein Blick auf das von der Sonne ausgebleichte Skelett eines Hundes. Da kam ihm eine Idee.

Er überlegte: „Wenn ich aus dem Gebiss des Hundes einen Zahn herausbreche, diesen meiner Mutter gebe, und sage, dass es ein Zahn von Buddha ist? Hm, das könnte gehen. Jedenfalls besser, als wenn ich wieder ohne etwas Buddhistisches zurückkomme".

Also ging er zu dem Skelett und brach einen Zahn aus dem Kiefer heraus. Diesen reinigte er dann und wickelte ihn in ein Stück von dem kostbaren, feinen Stoff, den er bei sich hatte.

Als er schließlich zu Hause ankam, übergab er seiner alten Mutter feierlich den Zahn. Nicht ohne ausdrücklich darauf hinzuweisen, dass es ein Zahn Buddhas sei. Eine ganz seltene und überaus kostbare Reliquie. Und wie viel Mühe es gekostet hatte, sie aufzutreiben!

Seine Mutter war überglücklich, denn endlich war ihr Wunsch in Erfüllung gegangen.

Sogleich platzierte sie den Zahn auf ihrem Altar, an der besten Stelle. Dann verwandte sie viel Zeit darauf, vor diesem Zahn, den sie für den Zahn des Buddhas hielt, Niederwerfungen zu praktizieren und Gaben darzubringen. Ihre ganze Hingabe hatte jetzt endlich ein Objekt, denn sie verehrte Buddha sehr, und sein Zahn war für sie damit überaus wertvoll und kostbar. So praktizierte sie unermüdlich.

Als sie dann schließlich starb, erreichte sie durch die Kraft ihrer Hingabe die Befreiung, und der Zahn war zur Reliquie geworden, aus dem es Bilder Buddhas regnete. Dabei hat der Hundezahn für sich genommen überhaupt keine Segenskraft.

Diese Geschichte zeigt auch, welche Kraft unser Geist hat, und was Hingabe, die das Reduzieren von Hochmut erfordert, bewirken kann.

Wertschätzen und Zuflucht

Haben wir Zuflucht genommen, uns also entschlossen, Schutz vor Leid bei Buddha, seiner Lehre und bei denen zu suchen, die sie auf einem bestimmten Mindestniveau üben, gibt es bestimmte Regeln, die diesen Entschluss beschützen.

Hierzu gehört unter anderem das Achten der Drei Juwelen, also von Buddha, Dharma und verwirklichter Sangha. Das bezieht sich sowohl auf unsere Gedanken, als auch auf das, was wir sagen und was wir tatsächlich tun.

Weiter bringen wir allem Wertschätzung entgegen, was die Drei Juwelen repräsentiert. Haben wir also Zuflucht genommen, sollten wir spätestens dann buddhistische Texte gut behandeln und sogar die Bekleidung der Sangha nicht achtlos behandeln. Wenn also ein Sanghamitglied abgetragene Schuhe trägt, sollten wir nicht denken: „Wie schäbig!", oder etwas in dieser Art.

Wertschätzen und Vajrayana

Im Vajrayana (Diamantweg) ist Erleuchtung in einem Leben möglich. Allerdings ist es ein Weg, den nur sehr, sehr, sehr wenige komplett eben in einem Leben gehen können.

Tatsächlich geht es im Vajrayana darum, zu erkennen, dass alle fühlenden Wesen und alle Phänomene vollkommen makellos sind. Alle fühlenden Wesen sind also Buddhas, und alles Unbelebte ist makelloses Buddha-Land. Alle Klänge sind Mantren, und alle Gedanken sind Weisheit. Wichtig ist, zu wissen, dass man das nicht fabriziert oder überstülpt. Es ist auch nichts, was man künstlich erschafft. Wenn wir dann zunehmend erkennen können, dass alles in Wirklichkeit fehlerlos ist, dann können wir auch alles mit Körper, Rede und Geist wertschätzen. Davon haben wir sehr großen Nutzen. Allerdings ist damit nicht gemeint, dass wir uns alles erlauben können, weil ja alles ohne Fehler ist. Also auch leidbringendes Verhalten. So ist es nicht, wir sollten tatsächlich stets die Verknüpfung von Ursache und Wirkung sehr genau berücksichtigen.

Die Praxis des Wertschätzens ist weiter hilfreich für das Üben der 14 tantrischen Wurzelgelübde, auch wenn man sie (noch) nicht abgelegt hat, aber das eine oder andere schon beginnt, zu üben. Denn diese Verhaltensweise ist direkt darauf ausgerichtet, unseren Geist zu beschützen.

1. Wenn wir andere schätzen, werden wir das erste Gelübde nicht übertreten: Wir werden unsere spirituelle Lehrerin oder unseren spirituellen Lehrer nicht verachten oder verspotten, sondern sehr achten.
2. Auch werden wir, wenn wir Respekt haben, grundlegende Belehrungen einer oder eines Erleuchteten nicht übertreten. Dass wir das nicht tun sollten, wird im zweiten tantrischen Wurzelgelübde gesagt.
3. Wir werden auch die anderen Freundinnen und Freunde auf dem Weg, wenn wir sie schätzen, nicht in schlechtes Licht rücken, nur weil wir ärgerlich sind. Diesen Ärger werden wir weiter bei grundlegend vorhandener Wertschätzung nicht aufrechterhalten, wenn er momenthaft einmal entsteht. Hier geht es um das dritte tantrische Wurzelgelübde.
4. Auch das vierte tantrische Wurzelgelübde, Liebe und Mitgefühl für alle fühlenden Wesen nicht aufzugeben, werden wir, wenn wir andere schätzen, nicht übertreten. Denn Stolz, den wir durch Wertschätzen aufgeben wollen, führt auch dazu, dass man andere demütigt und erniedrigt. Das verträgt sich nicht mit Liebe und Mitgefühl und auch nicht mit Bodhicitta. Daher fördert Wertschätzen Liebe und Mitgefühl. Wenn wir weiter die erleuchteten Qualitäten wertschätzen, die durch die Buddha-Natur in allen fühlenden Wesen angelegt sind, wir aber sehen, dass fühlende Wesen leiden, weil diese sie nicht verwirklicht haben, entsteht bei uns ganz natürlich Mitgefühl.
5. Wir werden das fünfte Gelübde einhalten, also Bodhicitta nicht aufgeben. Denn mit Respekt und Hochachtung für uns selbst, dem was wir wünschen und gegebenenfalls auch schon versprochen haben, werden wir nicht von der erleuchteten Geisteshaltung ablassen.
Und wenn wir andere schätzen, dann können wir ihnen nur alles erdenklich Gute wünschen und uns dafür einsetzen. Da das Beste Erleuchtung für alle ist, ist die erleuchtete Geisteshaltung etwas, dass wir dann zum Nutzen aller fühlenden Wesen hervorbringen und nicht aufgeben.

6. Haben wir Wertschätzung, werden wir weiter das sechste Versprechen nicht übertreten. Das heißt, die eigenen Lehren oder die anderer herabsetzen. Wir wertschätzen alle Phänomene, auch die Lehren anderer und Teilaspekte der eigenen Lehre. Aber natürlich sollten Zweifel geklärt werden.

Auch wird man anderen helfen, wenn diese den buddhistischen Weg wirklich einschlagen und andere Wege verlassen möchten.

Und da, wo es angebracht ist, können wir sehr wohl darauf verweisen, dass das, was erklärt wird, weder zu Befreiung noch zu Erleuchtung führen wird. Anderer, nicht abwertender Meinung können wir nämlich auch sein, während wir andere respektieren.

7. Aus Respekt und Wertschätzung vor der Lehre Buddhas werden wir denen, die nicht reif dafür sind, keine Lehren enthüllen, die noch nicht passend sind. Das betrifft das siebte tantrische Wurzelgelübde.

8. Das achte tantrische Wurzelgelübde besagt, dass wir die eigenen Aggregate (Skandas), die ihrer Natur nach die fünf Buddhafamilien sind, nicht verachten sollten. Da wir alles Belebte und Unbelebte wertschätzen, werten wir auch die Aggregate, das, was unsere Person bildet, nicht ab. Und da wir unseren kostbaren Menschenkörper schätzen, mit dem wir zur Erleuchtung reisen, tun wir uns nichts an. Wir würden auch nicht das Flugzeug beschädigen, mit dem wir verreisen möchten. Wir unterlassen somit auch uns selbst schädigende Verhaltensmuster und nehmen keine unnötigen Beschwernisse auf uns. Die Betonung liegt hier auf "unnötig". Wenn es nämlich notwendig ist, Schwierigkeiten in Kauf zu nehmen, damit wir und alle anderen fühlenden Wesen Erleuchtung erreichen, dann sollten wir das im Rahmen unserer derzeitigen Möglichkeiten tun.

Zum Beispiel würde man normalerweise nicht auf die Idee kommen, den Körper einfach so aufzuschneiden. Aber bei einer Operation wird er aufgeschnitten, weil es nicht anders geht.

Genauso nehmen wir Leid auf uns, wenn es wirklich notwendig ist. Aber wir nehmen kein Leid auf uns, ohne dass Nutzen daraus entsteht.

Für etwas Kleines etwas Großes zu zerstören ist also ein Fehler. Für etwas Großes etwas Kleines zu zerstören ist dagegen gut.

Hier soll angemerkt werden, dass es buddhistische Erklärungen außerhalb des Vajrayanas gibt, die den Körper als unrein ansehen. Diese haben aber eine andere Zielsetzung und sind für bestimmte Probleme gedacht.

Beispielsweise kann eine Situation auftreten, in der Anhaftung an den Körper einer anderen Person die eigene Praxis behindert oder unmöglich macht. Hier gibt es Methoden, die dieses Haften reduzieren. Eine davon ist, einen Körper als wenig anziehend anzusehen, um das Verlangen nach diesem Körper zu vermindern. Und es gibt eine effektive Meditationsmethode, um Anhaftung allgemein zu vermindern. Zum Beispiel an Eis oder an Espresso! Es sind also Methoden für bestimmte Situationen oder Lebensphasen.

9. Wir werden die Leerheit, die Freiheit davon, nach einem Ich zu greifen, nicht ablehnen, denn sie gehört zur Lehre Buddhas, die wir wertschätzen. Dies betrifft das neunte tantrische Wurzelgelübde.

10. Auch werden wir das zerstörerische Wesen einer anderen Person nicht auch noch dadurch unterstützen, indem wir immer freundlich sind. Denn wir wissen, dass sie leiden wird, wenn sie so weitermacht. Da wir die Lehre Buddhas schätzen, werden wir also nichts Gegenteiliges durch freundliches Verhalten direkt oder indirekt fördern. Wichtig ist hier allerdings, dass wir uns innerlich stets darum bemühen, Liebe und Mitgefühl für alle fühlenden Wesen aufrechtzuerhalten. Auch rechtfertigt dieser Punkt kein grobes Verhalten, wenn es auch anders, also freundlich, geht.
Hier kann bei noch nicht vorhandener Kapazität statt kraftvoll schützender und eventuell (äußerlich scheinbar) zornvoller Aktivität mehr Abstand zu schwierigen Personen sinnvoller sein. Vor allem, wenn man nicht sicher ist, ihnen so helfen zu können. Wir handeln also gemäß unserer tatsächlichen Kapazität und nicht danach, wie wir gerne (schon) wären.

11. Nicht kontinuierlich über Leerheit zu meditieren, also darüber, dass da nicht wirklich etwas Substanzielles ist, was aber nicht heißt, dass da nichts ist, ist der Bruch des elften tantrischen Wurzelgelübdes. Denn Leerheit gehört essenziell zur Lehre Buddhas, die wir schätzen. Beginnen können wir damit, dass wir uns zwischendurch immer wieder daran erinnern, dass alles ein, unser Traum ist.

12. Andere, die Vertrauen haben, abzuschrecken, wäre der Bruch des zwölften tantrischen Wurzelgelübdes. Schätzen wir andere und die Lehre Buddhas, werden wir das nicht tun.

13. Auch werden wir in tantrischen Ritualen gesegnete Gaben an Essen und Trinken nicht ablehnen, denn wir wertschätzen die Phänomene. Ausnahmen wären hier Unverträglichkeiten, die es uns äußerlich nicht möglich machen, beispielsweise Brot aus Weizen zu essen. Innerlich sollte man aber nicht noch zusätzlich eine ablehnende Haltung kultivieren.

14. Im vierzehnten tantrischen Wurzelgelübde wird gesagt, dass wir Frauen nicht abwerten dürfen.
Männer sollten also eine bestimmte Frau, Frauen allgemein und weibliche Buddhaformen weder in Gedanken noch Worten noch Taten, in welcher Art auch immer, herabsetzen.

Wird beispielsweise einer bestimmten Frau gegenüber ein derartiges Verhalten an den Tag gelegt und sie versteht, was gemeint ist, ist die Übertretung vollständig.
Frauen sollten selbstverständlich ähnlich gut mit Männern umgehen.
Trotzdem ist das Abwerten von Männern durch eine Frau keine Übertretung des vierzehnten tantrischen Wurzelgelübdes.
Schätzen wir andere, werden wir auch dieses Wurzelgelübde einhalten können. Es ergibt sich dann ganz natürlich.

Wertschätzen erleuchteter Qualitäten im Rahmen der Sieben Übungen

Unsere Verehrung ist auf die Buddhas, den Dharma und diejenigen, die mindestens Befreiung erreicht haben, ausgerichtet; und zwar auf alle in den zehn Richtungen und den drei Zeiten. Dabei hängt es von unseren guten geistigen Eindrücken ab, ob wir die Repräsentantinnen und Repräsentanten der Erleuchtung schätzen können, und dieses Wertschätzen wiederum generiert gute geistige Eindrücke, und wir nähern uns so der Erleuchtung an.

Durch diese Verehrung, die auf den Buddha-Zustand ausgerichtet ist, beziehungsweise ihre Repräsentantinnen und Repräsentanten, verbinden wir uns mit Erleuchtung. Das bedeutet mit unserer eigenen Buddha-Natur.

Wir richten also unsere Verehrung dorthin aus, wohin wir selbst hingehen möchten, wo wir uns hinwenden, um unsere Probleme von der Wurzel her zu beseitigen. Mit diesem Gedankengang haben wir uns schon an anderer Stelle befasst.
Es ist auch wie in unserem alltäglichen Leben. Wenn wir jemanden schätzen, ist die Wahrscheinlichkeit hoch, dass wir eine gute Verbindung haben. Mag man jemanden nicht, ist die Beziehung vermutlich weniger gut.

Wenn wir das Gute an Buddha, an der Lehre, die er gefunden und mit vollem Erfolg angewendet hat und an denen, die schon viel weiter sind als wir, sehen, entstehen im Geist auch ganz natürlich Respekt und Verehrung. Sprache und Handeln folgen dann, und so wird auch unsere Hingabe anwachsen.

Zunächst können wir uns also auch die guten Eigenschaften von Buddha ins Gedächtnis rufen.

Das ein oder andere haben wir darüber bereits erfahren. Es gibt aber weiter Informationen über die Fähigkeiten unseres historischen Buddhas. Er war beispielsweise sehr intelligent und hatte immense Kenntnisse.
Und er hat sie nicht für sich behalten, sondern hat ganz viele unterschiedliche Methoden gelehrt und wirklich sehr vielen fühlenden Wesen geholfen. Selbst dann, wenn sie schwierig waren. Beispielsweise hatte Buddha einen Verwandten, der ihm immer wieder nach dem Leben trachtete und ihm auch sonst viele Schwierigkeiten bereitete. Trotzdem blieb Buddha gelassen und geduldig und hat sich bemüht, auch dieser Person zu helfen, so gut es ging.

Weiter war er seiner Zeit weit voraus, beispielsweise was seine Erklärungen zur Stellung von Frauen angeht. Um das verstehen zu können, ist es erforderlich, nicht unsere heutige Situation zu betrachten, sondern die Umstände, die damals in Indien Normalität waren.

Zu dieser Zeit war das, was Buddha lehrte, ausgesprochen fortschrittlich. Beispielsweise, dass Frauen genauso wie Männer die Buddha-Natur haben.

Auch gibt es die Geschichte, in der sich König Pasenadi bei ihm beklagte, weil er „nur" Vater einer Tochter wurde, nachdem Königin Mallika ein Kind zur Welt gebracht hatte.

Buddha sagte dann zum König:

„Oh König,
ein weiblicher Nachkomme kann sich als nobler erweisen
als ein männlicher".

(Siehe Zitateliste Seite 569-572)

Buddha erklärte dann, dass eine gute Frau auch einen guten Sohn gebären könne. Die Rede war hier von der Tochter als erwachsene Frau.

Das mag auf den ersten Blick sehr patriarchalisch wirken. Man kann es aber auch so sehen: Der König war ein Kind seiner Zeit und Buddha hat ihm innerhalb seiner recht fixierten Denkmuster eine Erklärung darüber gegeben, dass sich die Dinge ständig ändern. Da ist jetzt die (unerwünschte) Tochter, sie wird dann eine Ehefrau, dann wird sie Mutter, dann bekommt diese ein Kind, vielleicht einen Sohn. Wenn wir es weiterverfolgen, werden wir feststellen, dass dieser Sohn dann vermutlich ein Ehemann wird, ein Vater, vielleicht einer Tochter, die dann Ehefrau wird, die eine Tochter hat, die heiratet, einen Sohn bekommt, der eine Frau heiratet, die Mutter einer Tochter wird und so fort.

Die buddhistischen Belehrungen sagen auch, dass die Form vergänglich ist. Sie ändert sich von Augenblick zu Augenblick. Das heißt, dass das, was wir als beständig wahrnehmen, in Wirklichkeit eine Momentaufnahme ist. So kann jemand, der ein Mann ist, im nächsten Leben eine Frau sein und umgekehrt. Insofern ist es nicht ausgeschlossen, dass dieser König in einer seiner nächsten Inkarnationen selbst eine Frau geworden ist. Wir wissen es aber nicht.

Und vielleicht gab es andere Gründe, warum Buddha dem König gesagt hat, was er gesagt hat.

Buddha war weiter völlig frei von den Konzepten seiner Zeit.

So hat er Unterweisungen dazu gegeben, dass alle fühlenden Wesen, das heißt, auch Menschen aus niedrigsten sozialen Stellungen, die Buddha-Natur haben, völlig frei sein und Erleuchtung erreichen können. Er hat also in einer Epoche, in der viele sehr unfrei und versklavt waren, den Weg zur völligen Freiheit gewiesen.

Es war zu einer Zeit, in der es Frauen in den Harems der Herrscher gab, die nicht nur stets zu dessen Verfügung stehen mussten, sondern vom König auch jederzeit einem Günstling gegeben werden konnten; dieser konnte dann mit der Frau tun, was er wollte. Und in einer Ära, in der Königinnen und Könige über Leben und den Tod ihrer Untergebenen bestimmen konnten.

Zum Beispiel hat Buddha Punnika geholfen, die eine Sklavin war. Oder er hat Ambapali, die eine Prostituierte war und die er mit seinem Gefolge besucht hat, auf den buddhistischen Weg geführt.

Weiter hat Buddha Liebe und Mitgefühl für alle fühlenden Wesen gelehrt, also auch für Tiere.

Tatsächlich ist einiges, was er damals erklärt hat, für uns heute völlig normal. Seinerzeit jedoch war es sehr ungewöhnlich. Dabei hatte er, neben vielem mehr, die Intelligenz, die geschickten Mittel, das Charisma und die Überzeugungskraft, über alle sozialen Schichten hinweg Menschen zu inspirieren, und vielen ging es durch ihn wesentlich besser. Eine große Zahl von fühlenden Wesen wurde durch seine Hilfe auch völlig frei von Leid.

Das, was er gelehrt hat, ist dabei zeitlos und funktioniert. Das ist auch bis heute so. Üben wir wirklich und korrekt die buddhistischen Methoden, werden wir nach zehn Jahren eine ganz andere Person sein, und zwar im guten Sinn.

Das heißt, die Informationen und Methoden, die Buddha gegeben hat, sind für uns selbst und für andere ausgesprochen nützlich und hilfreich.

Wenn wir das nicht glauben, können wir die Lehre Buddhas genauestens lernen und untersuchen, sie anwenden oder auch versuchen, sie zu widerlegen. Das ist alles erlaubt. Auch so kann man ein Fan Buddhas werden.
Aber auch Lebensgeschichten, beispielsweise von Frauen aus einer Zeit, in der Frauen noch viel eingeschränkter waren als Männer, können uns inspirieren.
Diese Frauen sind ihren buddhistischen Weg konsequent und unter Überwindung aller Schwierigkeiten gegangen, und sie haben Erleuchtung erreicht.

Wir können uns auch damit befassen, welche weiteren unermesslichen Qualitäten Buddha und andere Verwirklichte haben.

So hat jede Buddha und jeder Buddha die 32 körperlichen Hauptmerkmale, wie beispielsweise perfekte Zähne. Die hat eine Buddha oder ein Buddha immer.

Aber die Qualitäten Erleuchteter sind weder zählbar noch ausdrückbar noch für uns auch nur annähernd erfassbar.

Ihre Fähigkeiten übertreffen unsere also bei Weitem. Erleuchtete sind beispielsweise immer in einem Zustand von völliger Freude, von Glück, Liebe, Mitgefühl, Gelassenheit, Weisheit, Kraft und so weiter. Wie lange und wie oft sind wir in so einem Zustand?

Auch helfen Buddhas und Bodhisattvas mit entsprechend hoher Verwirklichung unterschiedslos allen; unabhängig davon, ob diese ihnen überwiegend geschadet oder genutzt haben.

Treffen wir schließlich Verwirklichte persönlich, werden wir auch feststellen können, dass sie erkennbar positiv anders sind als wir.

Das sind aber nur kleine Einblicke, die wir, unter anderem mit Hilfe der entsprechenden Texte, vertiefen können.

Durch diese Überlegungen und Recherchen erkennen wir Vorzüge bei Buddhas und Bodhisattvas, und daraus entsteht wiederum Wertschätzung. Ein Effekt dieser Wertschätzung für die, die soviel mehr können als man selbst, ist das Vermindern des eigenen Stolzes. Denn dieser Stolz kann, wie oben schon erwähnt wurde, dazu führen, dass man keine Hilfe annehmen kann und will.

Dabei ist die Verehrung durch Hochachtung, Respekt und Hingabe gekennzeichnet und wird mit einem freudigen, vertrauensvollen Geist ausgeführt. Es ist eine freiwillige Handlung, die wir von Herzen gerne ausführen. Und nicht, weil es jemand so erwartet oder es in einer Gruppe üblicherweise so gemacht wird. Auch nicht, weil es gerade in Mode oder eine Pflicht ist.

Weiter hat Verehren nichts mit Selbsterniedrigung zu tun oder damit, sich als wertlos wahrzunehmen.

Tatsächlich können wir gar nicht wertlos sein, da wir alle die Buddha-Natur haben, die allerdings noch verschleiert ist.

Wenn wir uns diese Sachverhalte vor Augen geführt haben, können wir anfangen, uns mit der konkreten Praxis zu befassen. Deshalb folgt jetzt eine formale, einfachere, aber nicht minder effektive Übungsanleitung mit einigen Erklärungen. Eine ausführlichere Variante finden wir am Ende dieses Kapitels.

Wir nehmen also mit gesammeltem Geist Zuflucht und bringen Bodhicitta hervor.

Dann stellen wir uns einen offenen und weiten Raum vor.

Jetzt vergegenwärtigen wir Buddha oder andere Repräsentantinnen und Repräsentanten der Erleuchtung, indem wir sie auf bequeme und kostbare, ihnen jeweils entsprechende, Thron-Sitze vor uns im Raum einladen. Wichtig ist eine grundlegend korrekte Vorstellung. Das heißt, wir stellen sie uns als Licht-Energieform vor, ähnlich einem Regenbogen oder einem Hologramm. Allerdings bedeutet diese Vorstellung nicht, dass sie "nicht richtig" da sind. Wir denken sehr wohl, dass die Repräsentantinnen und Repräsentanten der Erleuchtung tatsächlich vor uns im Raum sind. So wie ein Regenbogen zwar nicht fassbar, aber doch vorhanden ist.

Wenn wir stellenweise nicht genau wissen, wie die Details aussehen, zum Beispiel der Thron-Sitz, dann vertrauen wir fürs Erste darauf, dass alles so ist, wie es sein soll.

Als nächstes denken wir daran, dass sie zahllose, vollkommene Eigenschaften haben. Wenn möglich, rufen wir uns auch einzelne Qualitäten in Erinnerung. Wir stellen uns weiter vor, wie wir ihre Qualitäten preisen. Und wir verbeugen uns in der Vorstellung oder konkret.

Diese Art der Visualisierung und Vorgehensweise ist nötig, weil wir die Buddhas und Bodhisattvas und die anderen Repräsentantinnen und Repräsentanten der Erleuchtung noch nicht wirklich wahrnehmen, beziehungsweise sehen können. Wir setzen also Erleuchtung in Szene, da wir sie noch nicht direkt erfahren können.

Wir können dann visualisieren, dass sich auf jedem Atom unermesslich viele Reine Länder mit zahllosen Buddhas und ihrem Gefolge befinden. Das heißt, sie sind überall. Und zwar auch in unserem Körper, denn wir bestehen ja auch aus Atomen. Vor diesen zahllosen Repräsentantinnen und Repräsentanten der Erleuchtung führen wir unsere Übung aus.
Jetzt mag man sich vielleicht doch fragen, wie es möglich sein soll, dass auf einem so kleinen Atom so viele Reine Länder mit Buddhas, und noch dazu mit ihrem ganzen Gefolge, Platz haben sollen.

Das ist eigentlich unmöglich, es sprengt unsere Vorstellung. Aber das soll es auch, denn Vorstellungen sind Begrenzungen. Erleuchtung aber ist unbegrenzt, wir können auch sagen, ungehindert. Mit dieser Übung nähern wir uns also auch dem Dharmadatu an, der unbegrenzt ist.

Tatsächlich ist alles möglich. Allerdings unterliegen wir der Gesetzmässigkeit von Ursache und Wirkung. Das heißt, wir sollten sehr wohl aufpassen, dass wir nicht Ursachen für Probleme setzen. Leid entsteht ja gerade, weil wir die Verknüpfung von Ursache und Wirkung nicht sehen und beachten.

Es ist also wichtig, Ursache und Wirkung gut zu arrangieren, so dass wir nützliche Ergebnisse erhalten. Arrangieren wir die Ursachen gut, ist alles möglich.

Aber zurück zu dem kleinen Atom, auf dem sich zahllose Buddha-Länder befinden. Vielleicht klingt es weniger absurd, wenn wir uns daran erinnern, dass wir in einem Rückspiegel ein ganzes Auto sehen können. Wie passt das Auto in den Spiegel? Es ist ja viel größer als der Spiegel. Oder wir können, während wir in einem kleinen Zimmer schlafen, von einer ganzen Stadt träumen. Es ist also nicht so unglaublich, dass auch die Buddhas mit Gefolge in einem Reinen Land auf einem so kleinen Atom verweilen.

In diesen Reinen Ländern befinden wir uns in unendlichen vielen Duplikaten vor jeder Repräsentantin und vor jedem Repräsentanten der Erleuchtung, mit Gefolge. Um uns herum sind alle anderen fühlenden Wesen, die jetzt den kostbaren Menschenkörper haben. Mit ihnen allen bringen wir Wertschätzung dar, und zwar:

1. geistig, indem wir an ihre Qualitäten denken und uns auch an einzelne Eigenschaften erinnern.
2. sprachlich, das heisst, wir stellen uns vor, dass wir ihre guten Fähigkeiten in wunderschönen Klängen preisen und
3. körperlich, wir vergegenwärtigen uns also, wie wir uns verbeugen. Wir können auch visualisieren, wie wir sie umrunden.

Das alles tun wir nicht zeitgebunden, das heißt, wir üben in Vergangenheit, Gegenwart und Zukunft.

Wenn wir die Übung beenden, werden die Buddhas und Bodhisattvas zu Licht, das in uns hineinschmilzt.

Dann ruhen wir im Gewahrsein.

Anschließend widmen wir diesen Verdienst der raschen und leichten Erleuchtung aller fühlenden Wesen, so, wie die Buddhas und Bodhisattvas widmen.

Verehren von erleuchtetem Körper, erleuchteter Sprache und erleuchtetem Geist

Verehren ist nicht nur auf den perfekten Körper von Buddhas ausgerichtet. Es bezieht ihre oder seine Rede und ihre oder seinen Geist mit ein.

155

Der Körper einer Buddha oder eines Buddhas zeigt 32 Hauptmerkmale und 80 Nebenmerkmale der Vollkommenheit. Zum Beispiel besteht ein Hauptmerkmal darin, dass Buddhas Zähne perfekt ausgerichtet sind, ohne Zwischenräume. Der Grund dafür ist, dass sie oder er über drei Weltzeitalter hinweg die Wahrheit gesagt hat. Er war anderen gegenüber immer ehrlich und nie betrügerisch.

Ihre oder seine Sprache hat 60 Qualitäten. So ist die erleuchtete Rede sehr wohltuend, sanft, beruhigend und aus großer Distanz hörbar. Und es ist immer sehr angenehm, sie zu hören. Auch ist das, was Buddha sagt, immer richtig.

Und Buddhas Geist ist erfüllt von unermesslicher Liebe und grenzenlosem Mitgefühl für alle fühlenden Wesen. Buddha ist völlig und ausschließlich auf das Glück anderer ausgerichtet. Buddha kennt auch alle Gedanken aller fühlenden Wesen, zu jeder Zeit. Und sie oder er hat keinerlei schwierige Geistezustände mehr, egal, wie schwierig die Situation uns erscheinen mag.

Das sind nur einige, wenige der zahllosen, unermesslichen Qualitäten des erleuchteten Zustandes.

Für alle drei, Körper, Rede und Geist, gibt es entsprechende Repräsentanten: Buddhistische Statuen stehen für Buddhas Körper, buddhistische Texte für ihre oder seine Rede und Stupas (buddhistischer Reliquienbehälter) für ihren oder für seinen Geist. Daher sind diese Objekte eine sehr gute Stütze für unsere Übung des Verehrens.

Allerdings ehren wir nicht das Material an sich, sondern das, wofür diese Objekte stehen. Wir können uns vor ihnen daher auch verbeugen, denn wir wissen, was sie symbolisieren.
Im Überblick:

Wir verehren:	auch in Form der Repräsentantinnen und Repräsentanten, also:
den erleuchteten Körper,	buddhistische Statuen,
die erleuchtete Rede,	buddhistische Texte,
den erleuchteten Geist,	Stupas.

Körper, Sprache und Geist

Generell geschieht Wertschätzung in unserem Geist, und wir drücken es durch das, was wir sagen und was wir tun, aus.

Entscheidend ist dabei immer, was wir denken, denn das bestimmt dann auch unsere Kommunikation und wie wir handeln. Daher ist die Arbeit an unserem eigenen Geist so wichtig.

Wir können es uns auch so erklären, dass der Geist die Chefin ist, und das, was wir sagen und ausführen, sind, bildlich gesprochen, die Angestellten. Hierbei sind wir uns dessen, was wir denken, meist viel weniger bewusst als dessen, was wir sagen oder tun. Allerdings ist die Einstellung, die mutig und positiv sein sollte, noch wichtiger als das, was wir denken. Und die beste Einstellung ist die erleuchtete Geisteshaltung. Das wurde schon erklärt.

Da der Geist also so wichtig ist, wäre es gut, bei dem, was man denkt, auf eine hohe Meinung von anderen zu achten. In der Regel folgen dann nämlich Sprache und Handeln von ganz alleine.

Trotzdem, weil alle Phänomene in wechselseitiger Abhängigkeit entstehen, können wir auch umgekehrt durch den Körper Einfluss auf den Geist nehmen. Daher kann auch eine körperliche Übung, wie Verbeugen mit dem Körper, selbst ohne Rezitation und Visualisierung, den Geist und auch die Rede dahingehend positiv beeinflussen, dass wir Stolz vermindern können.

Ein weiteres Beispiel dafür, wie wir mit dem Körper Einfluss auf den Geist nehmen, ist die Sitzhaltung im vollen Lotussitz. Unter anderem ist diese Sitzhaltung sehr gut für unsere Gesundheit. Diese Sitzhaltung sollte man sich allerdings nicht aufzwingen, da das zu Verletzungen führen kann. Wir können uns aber Schritt für Schritt allmählich und behutsam annähern. Geht das nicht, sollten wir wissen, dass das Wesentlichste ist, dass die Wirbelsäule beim Meditieren gerade und aufgerichtet, dabei aber entspannt ist.
Auch die Rede hat Einfluss auf unseren Geist. Sagen wir also immer wieder Wertschätzendes, beeinflussen wir damit nicht nur andere in positiver Weise, sondern auch unseren eigenen Geist.

Verehren mit Körper, Sprache und Geist

Schließlich können wir Wertschätzung ebenfalls unterteilen, und zwar in das Verehren mit unserem Körper, mit unserer Sprache und mit unserem Geist.

Bei den Sieben Übungen werden diese drei Arten des Wertschätzens durch Körper, Rede und Geist miteinander verbunden.
Hierbei ist das Darbringen von Verehrung durch den Körper weniger wirksam als Verehren mit der Sprache. Und das Verehren mit der Sprache wiederum ist weniger wirksam als das Hervorbringen von Wertschätzung im Geist.

Wir ehren also Buddhas Körper, Rede und Geist, die perfekt sind, mit unserem Körper, unserer Rede und unserem Geist, die nicht vollendet sind.

Im Überblick:

Verehren mit den sogenannten Drei Toren (Körper, Rede und Geist):
1. mit unserem Körper: Das ist jede Geste der Verehrung den Repräsentantinnen und Repräsentanten der Erleuchtung gegenüber.
2. mit unserer Sprache: Lobpreis, Gutes über die sagen, die Erleuchtung repräsentieren.
3. mit unserem Geist: Es bedeutet, eine Geisteshaltung voller Respekt für die Repräsentantinnen und Repräsentanten der Erleuchtung zu haben.

Die Verehrung mit dem Körper kann mit verschiedenen verehrenden Aktivitäten erfolgen, wie, dass wir die Hände in Richtung Erleuchtung falten, buddhistische Niederwerfungen machen oder eine tibetische Gebetsmühle drehen. Auch Umrundungen von buddhistischen Objekten sind Gesten der Wertschätzung.

Die Verehrung mit der Sprache besteht aus Worten. Es kann ein Lobpreis sein, das Sagen der Zuflucht oder eine Mail, in der wir Qualitäten einer buddhistischen Meisterin, wie Niguma, hervorheben. Sie hat sehr schnell und leicht Erleuchtung erreicht. Sie muss also in früheren Leben sehr, sehr viel Gutes aufgebaut haben.
Die Verehrung mit dem Geist ist geprägt von tiefem Vertrauen, aufrichtiger Hingabe und reiner Motivation. Weiter von Dankbarkeit sowie von nicht zu sehr anhaftender Begeisterung für die Drei Juwelen und allem gegenüber, was für Erleuchtung steht. Diese geistige Haltung ist gegründet auf das Wissen und die Überzeugung der Qualitäten des Buddha-Zustandes.

Tatsächlich können wir alle drei Arten der Verehrung verbinden, wenn wir also zum Beispiel um eine Stupa herumgehen.
Geistig üben wir uns hier in Hochachtung für den erleuchteten Zustand, den die Stupa symbolisiert. Auch sind wir geistig präsent, so gut wir können. Weiter können wir uns mit Liebe und Mitgefühl verbinden.
Sprachlich wiederholen wir typischerweise fortlaufend Mantren; das sind Zusammenstellungen von Silben, die von Verwirklichten stammen und die wiederholt rezitiert werden. Sie ermuntern und schützen unseren Geist.
Körperlich gehen wir dabei im Uhrzeigersinn fortlaufend um die Stupa herum.

Beim Drehen einer Gebetsmühle ist das Drehen der körperliche Anteil. Die Mantren im Rad sind verbale Verbeugungen.

Das Drehen nicht abgelenkt zu praktizieren, weiter mit dem Empfinden von Respekt vor dem Buddhazustand, ist die Praxis mit dem Geist. Weiter ist es gut, beim Drehen im Geist zu halten, dass alle fühlenden Wesen frei von Leid und der Ursache von Leid sein sollen. Und dass sie Glück und die Ursache von Glück haben mögen.

Für uns mag es auf den ersten Blick exotisch bis sinnlos erscheinen, eine Gebetsmühle zu drehen. Man fragt sich hier schnell, welcher Nutzen daraus entstehen soll?

„Ist das denn nicht eine altmodische seltsame Übung für alte Leute, die nichts anderes zu tun haben und die weit weg in Tibet sind?" denkt man vielleicht.
Oder:„Ist das nicht ein Spielzeug für Erwachsene, netter Zeitvertreib, aber was bringt das denn?"
Dass einem Gebetsmühlen seltsam und überflüssig erscheinen mögen, liegt allerdings daran, dass es ungewohnt ist und dass man keine Informationen dazu hat.
Menschen, die nicht wissen, was ein Smartphone ist, würden sich auch darüber wundern, wieso Leute durch die Strassen laufen und dabei auf einen kleinen schwarzen oder bunten schmalen Kasten schauen. Seltsam genug, manche Leute haben auch noch Fäden, die von dem Kasten zu den Ohren führen, mit kleinen Verdickungen, die in den Ohren stecken, so das sie nicht richtig hören können, wenn man sie anspricht. Und manchmal reden sie vor sich hin, obwohl niemand da ist, die oder der zuhört.

Oder: Weiß man nicht, dass Diamanten kostbar sind, wird man nichts damit anfangen können. Denn man kann sie weder als Kleidung verwenden, noch essen oder trinken oder irgendwelche Informationen von ihnen erhalten. Erkennen wir aber, dass sie wertvoll sind, dann können sie nützlich für uns sein.

Wenn wir uns also doch etwas mehr darüber informieren wollen, dann gibt es in Bezug auf das Drehen von Gebetsmühlen Erläuterungen.

Buddha Shakyamuni hat hier gesagt, dass es sich um eine überaus segensreich Übung handelt.

So werden Plätze, an denen eine Gebetsmühle steht, friedvoll, und die fühlenden Wesen dort werden gesegnet.

Auch heisst es, dass wir kein Phowa (Bewusstseinsübertragung in das Reine Land Dewachen) benötigen, wenn beim Sterbeprozess eine Gebetsmühle im oberen Bereich unseres Kopfes platziert ist.

Und selbst, wenn wir beim Sterben lediglich an ein Gebetsrad denken, unterstützt das, dass unser Bewusstsein den Körper durch den Zentralkanal und durch das Kronenchakra verlässt. Damit kommt eine Wiedergeburt im Reinen Land von Buddha Amitabha, was gleichbedeutend damit ist, endgültig frei vom Leid zu sein, in Reichweite.

Weiter können wir Gebetsmühlen verwenden, um Krankheiten positiv zu beeinflussen.

Das ist nur ein Bruchteil des Nutzens, den Gebetsmühlen haben, vor allem natürlich, wenn wir sie drehen. Und wenn sie authentisch sind.

Also: Nur weil man nicht weiss, was es mit Gebetsmühlen auf sich hat und einem diese Übung seltsam vorkommt, bedeutet das nicht, dass sie nicht überaus hilfreich ist.

Einige traditionell aufgeführte
Vorteile des Wertschätzens der Erleuchtung

Allein schon die Wertschätzung, die durch das Falten der Hände in Richtung auf Symbole der Erleuchtung oder verwirklichter Personen entsteht, ist bereits sehr verdienstvoll.

Denn wir richten uns durch unsere Wertschätzung für die Objekte, die höchste Qualität im spirituellen Sinn symbolisieren, auf den perfekten Zustand aus. Durch unsere Hochachtung ihnen gegenüber wird unser Geist offen für diese guten Eigenschaften, und wir können damit eine starke und gute Verbindung zum Buddha-Zustand herstellen.

So sagte Buddha in einer seiner Lehrreden:

"Angenommen jemand würde alle Reinen Länder der Buddhas,
die zahllos sind, wie die Körner des Sandes am Ufer des Ganges
vollkommen mit Kostbarkeiten füllen, um sie den Buddhas zu geben:
Die Ehrerbietung, die dadurch entsteht,
dass jemand die Handflächen aneinander legt und
sich mit einem auf Erleuchtung ausgerichteten Geist verbeugt,
wäre höher zu bewerten.
Eine solche Ehrerbietung kommt nie zu einem Ende.

(Siehe Zitateliste Seite 569-572)

In den klassischen Texten wird weiterer Nutzen aufgeführt, der durch das Wertschätzen der Erleuchtung und von allem, was sie repräsentiert, entstehen kann. Je nach Text gibt es aber Unterschiede.

Hier folgt eine Aufstellung mehrerer Punkte:

1. Wir bekommen eine gute Gesichtsfarbe.
2. Wir erhalten eine Wiedergeburt in einer gutaussehenden Form.
3. Das, was wir sagen, wird beachtet und geschätzt.
4. Wir haben sehr positiven Einfluss auf die Umgebung. Und wir können andere, die für uns tätig sind, gut anleiten.
5. Wir erhalten Zuneigung von Göttinnen und Göttern (fühlende Wesen in diesem höchsten der sechs Daseinsbereiche) und von Menschen.
6. Wir begegnen verwirklichten Menschen.
7. Wir werden körperlich widerstandsfähiger und robuster.
8. Wir erlangen Reichtum.
9. Wir generieren eine Wiedergeburt in höheren (glücklicheren) Bereichen.
10. Wir erreichen Befreiung.

Schließlich ist die Ushnisha, die Erhöhung auf dem Scheitel der Buddhas, ein Ergebnis von Niederwerfungen. Das klingt vielleicht wieder seltsam. Aber damit es auftritt, sind immense Mengen von guten geistigen Eindrücken nötig.

Auch werden wir durch Verbeugungen weicher, wacher, aufrichtiger, sanfter und freundlicher zu uns selbst und zu anderen. Das sagte Khandro Rinpoche, in einer ihrer Erläuterungen zum Nutzen der Verbeugungen, dort im Kontext der Grundübungen. Schließlich harmonisieren die Niederwerfungen die Elemente in unserem Körper, sie balancieren unser Energiesystem aus und aktivieren unsere inneren Energiebahnen und Winde. Auch bei Krankheiten, Energiemangel und bei großem Schlafbedürfnis sind Niederwerfungen hilfreich. Der Körper wird auch flexibler, beweglicher und wirkt jugendlicher. Ein weiterer Nebeneffekt kann Lebensverlängerung sein, weil wir negatives Karma, vor allem auf Körperebene, also auch zukünftige Krankheiten, reinigen.

Einzelheiten zum Verehren mit dem Körper

Wir haben mit dem Körper während zahlloser Leben Negatives getan. Denn wir haben schädigend gedacht und die sich zu leidbringenden Gefühlen verdichtenden Gedanken und die Gedanken selbst haben wir auf Körperebene ausagiert.

Beispielsweise haben wir andere getötet, körperlich verletzt, bestohlen oder auch durch unser Verhalten auf sexueller Ebene direkt oder indirekt geschädigt. Diese negativen körperlichen Eindrücke reinigen wir durch die Verbeugungen.

Weiter sind Verbeugungen eine äußerst effektive Methode, um große Mengen von guten geistigen Eindrücken anzusammeln.

Und Verbeugungen helfen uns, in Zukunft körperlich positiv zu handeln. Das heißt, mit dem Körper und im körperlichen Kontakt hilfreich und glückbringend zu sein. Wir werden aber konkrete körperliche Verbeugungen eher nur dann ausführen, wenn wir Vertrauen und Hingabe haben.

Denn bei Verbeugungen berührt man mit dem Top Spot des eigenen Körpers, mit dem Kopf, den Boden. Und der eigene Kopf ist noch unter den Füssen dessen, die oder der verehrt wird. Das ist unter Umständen nicht leicht und auch ungewohnt. Aber es ist effektiv und zeigt einem ganz direkt den eigenen Hochmut. Dabei äussert sich der eigene Stolz oft auch weniger offensichtlich, zum Beispiel in Form von allen möglichen Gedanken und Geschichten, die man sich selbst erzählt. Diese handeln davon, warum man die Verbeugungen gar nicht machen kann. Oder warum man sie natürlich gut findet und auch machen möchte. Nur jetzt gerade kann man keine Verbeugungen machen. Später dann.

Vielleicht meint man auch, dass man Niederwerfungen nicht braucht. Dann sei daran erinnert, dass auch hohe Verwirklichte Verbeugungen mit dem Körper praktiziert haben oder sie praktizieren. So hat Machig Labdrön, die berühmte Yogini Tibets, bereits im Alter von drei Jahren Verbeugungen ausgeführt.

Machen wir dann aber, trotz allem, Verbeugungen vor denen, die höchste Qualitäten haben, führt das dazu, dass unser Vertrauen und unsere Hingabe anwachsen und unser Ego bröckelt. Damit geht es uns zunehmend besser.

Für Verbeugung gibt es auch die Bezeichnung Niederwerfung, die deutlicher macht, dass wir den Körper in die Richtung werfen, in die wir gehen möchten.

Kann man Verbeugungen aber tatsächlich nicht körperlich durchführen, ist es möglich, sie in der Vorstellung zu machen.

Im Rahmen der Sieben Übungen werden Verbeugungen primär in der Vorstellung ausgeführt. Hierzu mehr im Unterkapitel „Verbeugungen mit dem Geist". Es ist aber unterstützend, wenn wir wissen, wie körperliche Verbeugungen aussehen.

Bei den eigentlichen körperlichen Verbeugungen gibt es dann im Wesentlichen zwei Formen, die im folgenden lange und kurze Verbeugungen genannt werden. Da auch die Details Bedeutung haben, sollten wir genau sein und uns mindestens die tatsächlich ausgeführten Niederwerfungen persönlich erklären und zeigen lassen. Natürlich können wir auch schon vorher versuchsweise einige Verbeugungen machen. Das wäre sogar ganz gut, damit wir eine genauere Idee davon bekommen, was das ist. Möglichst bald sollten wir allerdings nach Anleitung fragen.

Bei den folgenden Erläuterungen geht es um die langen Verbeugungen. Um diese auszuführen, stehen wir aufrecht, dann falten wir die Hände, so dass in der Mitte noch Raum bleibt. Die Hände sehen dabei aus wie eine Knospe. Traditionell bedeutet das in der Karma-Kagyü Linie, wie eine aufbrechende Lotusblüte. In Nyigmapa Linien finden wir die Variante, dass mehr Raum zwischen den Händen vorhanden ist, ähnlich, wie wenn sich ein wunscherfüllendes Juwel zwischen den Händen befinden würde. Jedenfalls entsteht in der Mitte der Hände ein Raum, der für Leerheit steht, also dafür, dass man frei davon ist, an einem Ich anzuhaften. Die Wölbung der Hände steht für den Methodenaspekt, also Mitgefühl. So führen wir die Verbeugung mit Weisheit und Methode aus. Beide sind wie zwei Flügel, die wir benötigen, um fliegen zu können. Mit diesen gefalteten Händen berühren wir leicht die Stirn, dann die Kehle und anschließend die Mitte der Brust.

Das Berühren der Stirn symbolisiert das Reinigen von den drei leidbringenden Handlungen mit dem Körper. Es sind töten, stehlen und sexuelles Verhalten, das Leid mit sich bringt. Weiter steht das Berühren der Stirn dafür, dass wir den Segen des erleuchteten Körpers erhalten.

Berühren wir leicht den Bereich der Kehle, symbolisiert das die Reinigung der leidbringenden Handlungen mit der Sprache. Also lügen, verletzende Rede, verleumden und sinnloses Gerede. Auch erhalten wir durch diesen Kontakt der gefalteten Hände mit der Kehle den Segen der erleuchteten Sprache.
Die Berührung des Bereiches in der Mitte der Brust symbolisiert das Reinigen der leidbringenden Handlungen mit dem Geist, also Begierde, Abneigung und Unwissenheit; sowie dafür, dass wir den Segen des erleuchteten Geistes erhalten.

Auch wenn wir also mit den Verbeugungen primär unangemessene Handlungen mit dem Körper bereinigen, haben diese weiterhin auf die weniger klugen Handlungen von Rede und Geist einen reinigenden Effekt.

Bei der langen Niederwerfung berührt dann unser ganzer Körper mit lang über den Kopf hinaus ausgestreckten Armen und Händen für einen Moment den Boden. Dabei berühren sich unsere Hände mit flach auf dem Boden liegenden Handflächen für einen Augenblick über dem Kopf. Dieser Kontakt mit dem Boden symbolisiert unsere Absicht, alle fühlenden Wesen aus den niederen Bereichen herauszuführen.

Weiter steht die Berührung der Stirn und der vier Glieder mit der Erde für das Reinigen der fünf störenden Gefühle: Unwissenheit, Anhaftung, Abneigung, Neid und Stolz.

Auch stehen die Stirn und die vier Glieder dafür, dass wir beim Emporkommen die Segnungen von Körper, Rede, Geist, Qualitäten und Aktivitäten der Erleuchtung erhalten.

Schließlich symbolisieren die vier Glieder, die den Boden berühren, dass wir mit den Vier Unermesslichen (Liebe, Mitgefühl, Mitfreude und Gleichmut) wirken.

Die zehn Finger stehen für die zehn Bodhisattvastufen, die elfte Stufe wird durch die Stirn dargestellt. Es ist also auch deshalb gut, darauf zu achten, dass die Stirn den Boden wirklich berührt.

Weiter bringt das Krümmen unserer Wirbelsäule bei den Verbeugungen die Energien in den Zentralkanal.

Hatten wir mit dem ganzen Körper Bodenkontakt, erheben wir uns zügig wieder. Das steht dafür, dass wir die niederen Daseinsbereiche rasch hinter uns lassen. Man bleibt also zum Ausruhen nicht auf dem Boden liegen, wenn man schon einige Verbeugungen gemacht hat.

Wichtig ist es schließlich, darauf zu achten, dass wir ganz zum Stehen kommen und für einen Moment gerade und aufrecht sind.

Weiter wird gesagt, dass die Anzahl der Atome, die wir bei einer einzigen, von ganzem Herzen inspirierten buddhistischen Niederwerfung, auf dem Boden berühren, der Anzahl der späteren eigenen Wiedergeburten als Weltenherrscher entspricht. Das ist eine ziemlich gute Wiedergeburt. Allerdings ist auch sie vergänglich. Daher ist es empfehlenswert, sich nicht vor allem darauf zu fokussieren, sondern weiter Erleuchtung als wesentliches, langfristiges Ziel anzustreben. Denn die korrekte Motivation, mit der wir als übende Bodhisattvas die Verbeugungen ausführen, ist langfristig gesehen immer die rasche und leichte Erleuchtung aller fühlenden Wesen.

Diese langen Niederwerfungen werden zum Beispiel auch bei der ersten Grundübung ausgeführt.

Bei der kurzen Niederwerfung berühren Stirn, Hände, Knie und Füsse den Boden. Diese Art der Niederwerfung oder Verbeugung wird zum Beispiel traditionell ausgeführt, wenn wir einen buddhistischen Meditationsraum betreten oder vor hohen buddhistischen Lehrerinnen oder Lehrern.

Wie bereits erwähnt wurde, gehört es auch zum Verehren auf körperlicher Ebene, wenn wir die Hände in Richtung auf die Person oder das Objekt hin falten, die oder das verehrt werden.

Manchmal haben wir aber nur eine Hand frei, beispielsweise, weil wir in der anderen Hand den Text halten, den wir gerade lesen. In solch einem Fall halten wir die freie Hand wie wir sie halten würden, wären die Hände gefaltet; in der anderen Hand halten wir den Text.

Auch bei den tatsächlichen oder vorgestellten Verbeugungen gibt es sprachliche Anteile, wie das wiederholte Sagen des Zufluchtsgebetes. Der geistige Anteil kann darin bestehen, dass wir den Zufluchtsbaum vergegenwärtigen.

Wir können Verbeugungen aber auch so betrachten und ausführen: Alles Nützliche, das wir mit dem Körper für andere tun, ist eine körperliche Verbeugung. Hierzu gehört vor allem auch die Unterstützung derer, die höchste Qualitäten haben, zum Beispiel in Form von Mithilfe in buddhistischen Zentren und bei buddhistischen Projekten. Und natürlich das Unterstützen von Hilfsbedürftigen.

Wie schon erwähnt wurde, ist auch der körperliche Anteil der Umrundungen von Stupas oder der körperliche Anteil beim Drehen von Gebetsmühlen als physische Verbeugungen zu sehen.

Und: Da Buddhas überall sind, ist jede Bewegung eine Verbeugung. Auch dieses Bewusstsein können wir aufrechterhalten.

Einzelheiten zum Verehren mit der Sprache

Weiter haben wir mit der Sprache in unzähligen Leben weniger Gutes getan. Auch hier haben wir zunächst ungeschickt geda.cht. Dann haben sich die problembildenden Gedanken zu entsprechenden Gefühlen verstärkt, und diese und die Gedanken selbst haben wir in dem, was wir gesagt oder geschrieben haben, ausagiert.

Beispielsweise haben wir andere angelogen, mit Worten verletzt, haben sie verleumdet oder einfach nur Sinnloses geredet.

Derartige negative Eindrücke auf Ebene der Kommunikation reinigen wir durch die verbalen Verbeugungen. Und wir bauen damit glückbringende Eindrücke auf.

Auch helfen uns verbale Verbeugungen zunehmend durch das, was wir sagen, positiv zu handeln. Das heißt Sprache hilfreich und glückbringend einzusetzen.

Dabei ist sprachliches Verehren höher zu bewerten als körperliches Verehren.

Wenn wir also Gutes bei jemandem finden, können wir anderen von solch einem Menschen und den erfreulichen Eigenschaften erzählen. Oder es fällt uns etwas Positives bei jemandem auf, und wir sagen es ihr oder ihm.

Tatsächlich deutet es auf Positives in unserem eigenen Geist hin, wenn wir an anderen Gutes bemerken. Meist ist ein ehrliches, liebevolles und nicht so sehr vom Ego motiviertes Lob oder ein Wort des Dankes auch für diejenigen, die es betrifft und die es direkt oder indirekt zur Kenntnis erhalten, angenehm.

Im tibetischen Buddhismus wird das verbale Sichausrichten auf die Qualitäten derer, die auf dem buddhistischen Weg fortgeschrittener sind als wir, als Praxis verwendet. Wir erfreuen uns also an den Qualitäten der Erleuchtung und drücken diese Freude mit Worten aus. Eine klassische Art des verbalen Verehrens sind die Lobpreise. Das sind vorformulierte Zusammenstellungen der Qualitäten und Taten von Buddhas oder hoher Bodhisattvas, die wir, laut oder leise, immer wieder rezitieren. Lesen wir einen buddhistischen Lobpreis laut, hat das den Vorteil, dass andere es vielleicht hören. Auch Tiere, die so eine segensreiche Verbindung und gute geistige Eindrücke aufbauen können.

Im folgenden ein Beispiel, es ist der wohl bekannteste und sehr segensreiche Lobpreis der 21 Taras. Folgendes kurzes Gebet enthält die Essenz aller 21 Lobpreisungen Taras und ihr zehnsilbiges Mantra. Letzteres lautet:

Om tara tuttare ture soha.

Und hier das Lobpreis-Gebet, das Tara Atisha gegeben hat. Wir könnten es auswendig lernen und immer wieder einmal sagen.

OM, ich verneige mich vor der Befreierin,
der edlen gesegneten Mutter.
Verehrung mit TARE, der schnellen Heldin,
die mit TUTTARE alle Schrecken beseitigt,
die Retterin, die mit TURE alle Ziele gewährt.
Vor SOHA und den anderen Silben verneige ich mich.

(Siehe Zitateliste Seite 569-572)

Glückbringend ist es weiter, wenn wir die Qualitäten der eigenen Lama oder des eigenen Lamas preisen.

So sagte Mandarava zu ihrer königlichen Mutter:

"Der Lama
ist die Quelle aller Ermächtigungen und allen Segens der Siegreichen.
Der Schlüsselpunkt sind reine Worte der Verehrung,
dann wirst Du niemals vom Lehrer getrennt sein.
Oh, Königin, ignoriere nicht den entscheidenden Punkt dieser Worte."

(Siehe Zitateliste Seite 569-572)

Beim Lobpreis sollte die Art unserer Sprache möglichst schön und wohlklingend sein. Wir können auch inspirierende Verse rezitieren oder in Melodien und Lieder gefasste Texte verwenden. Es ist insofern möglich, alle Arten von angenehmem Ausdruck zu verwenden, um die grenzenlosen Qualitäten der Buddhas und Bodhisattvas auszudrücken. Dabei sollte unsere eigene Sprache in unserer Vorstellung der weiblichen Buddha Sarasvati, deren Gefährte Manjushri ist, gleichen. Sarasvati gilt als Verkörperung von Weisheit und steht für die Gabe, sich in unterschiedlichen Arten auszudrücken, wie beispielsweise Sprache, Musik, Kunst und so weiter. Dabei ist die Sprache von Sarasvati, mit ihren fünf Aspekten des Wohlklanges, eine Sprache mit grenzenlosen Qualitäten. Wir können uns unsere Rede und unsere Lobpreismelodien auch so wunderbar vorstellen, wie der Klang des Musikinstrumentes, der Vinya, von Sarasvati. Das ist der perfekteste und am schönsten klingende Klang, den es gibt, neben ihrer Stimme.

Eine traditionelle Vorgehensweise sieht so aus, dass wir uns unendlich viele Buddhas vorstellen. Wir selbst denken, dass wir unendlich viele Körper haben. Jeder unserer Körper hat dann ganz viele Köpfe und jeder Kopf viele Zungen. Mit all unseren unzählbar vielen Zungen preisen wir die Buddhas und Bodhisattvas mit einem Wohlklang, wie von Sarasvati und ihrer Vinya.

Weiter ist das Sagen von Mantren oder das Lesen buddhistischer Texte Verehren mit der Sprache.

Schließlich gibt es die Möglichkeit, die Qualitäten Buddhas, seiner Lehre oder von buddhistischen Meisterinnen und Meister im Alltag anzusprechen. Das heißt, indem wir beispielsweise jemandem davon erzählen. Es gibt die Möglichkeit, das mündlich zu tun. Oder aber schriftlich. Auch könnten wir uns im Internet positiv äußern. Wir können in der Pause eines Fußballspiels von einer Lama erzählen, die uns sehr inspiriert. Oder wir könnten uns mit unserem Lebensgefährten bei einem Picknick hinsetzen, um aus der Lebensgeschichte einer buddhistischen Meisterin, wie Mandarava, vorzulesen. Der Grund dafür, dass wir uns aufsetzen, ist Respekt für die Qualitäten des Buddha-Zustandes. Je mehr wir uns damit vertraut machen, desto natürlicher wird so ein Impuls.

Es ist nichts, wozu wir uns zwingen müssen oder sollten.

Sprachliche Verehrung kann weiter positive Auswirkungen für Sterbende haben.

Denn um eine Person, die stirbt, vor den niedrigen Existenzen zu bewahren, können wir beispielsweise zum Kopf dieser Person hin viele Male sagen:

> „Gepriesen sei der Buddha Ratnaketu".

(Siehe Zitateliste Seite 569-572)

Warum ist das hilfreich? Der Grund ist, dass dieser Buddha folgendes Wunschgebet gesagt hat:

> „Mögen alle, die meinen Namen hören
> von (der Wiedergeburt in) niederen Existenzen befreit sein."

(Siehe Zitateliste Seite 569-572)

Und aufgrund seines Verdienstes kann sein Wunschgebet Wirklichkeit werden.

Fällt einem das nicht ein, können wir auch den Namen des Medizinbuddhas oder den Namen der Grünen Tara sagen oder Mantren rezitieren.

Im tibetischen Totenbuch steht übrigens auch, dass jemand, die oder der mit dem Kopf nach Norden gerichtet auf der rechten Seite liegend stirbt, nicht in den niederen Daseinsbereichen wiedergeboren werden wird.

Mit dem entsprechenden Bewusstsein kann aber jeder Klang Verehrung sein.

Einzelheiten zum Verehren mit dem Geist

Auch mit dem Geist haben wir in unzählig vielen Leben Negatives getan. Denn wir haben schädigend gedacht, und das führte dazu, dass wir schließlich problematische Gefühle erlebt und daraufhin durch diese negativen Gedanken und Gefühle unangemessen geredet oder gehandelt haben.

Unsere Unwissenheit führte also dazu, dass Anhaftung und Abneigung entstanden, und daraus entwickelten sich die anderen schwierigen Gefühle; von uns unerkannt konnte auf diese Weise für uns und andere Schaden entstehen.

Durch die geistigen Verbeugungen reinigen wir diese schädigenden geistigen Eindrücke und bauen Gutes auf.

Auch hilft uns das Hervorbringen von Hochachtung in unserem Geist mit dem, was wir denken, in Zukunft hilfreich und glückbringend zu sein.

Diese dritte Möglichkeit der Verehrung bezieht sich somit auf den Geist. Es ist die segensreichste Art der Verbeugungen von Körper, Rede und Geist.

Dabei bedeutet geistiges Verehren, dass wir die Qualitäten derer, die die Erleuchtung repräsentieren, erkennen, diese wissen, wertschätzen und uns fortlaufend daran erinnern. Dadurch entsteht dann ganz natürlich tiefes Vertrauen in diese guten Eigenschaften und in diejenigen, die sie haben. So empfinden wir Offenheit und Hingabe, wir lassen uns anrühren von dem, was gut für uns und für andere ist. Und schließlich werden wir uns ebenfalls in diese Richtung bewegen wollen, sowie tun, was dafür nötig ist.

Hören wir weiter von erleuchteten Qualitäten, wie Liebe und Mitgefühl oder Gleichmut, und finden, dass das sehr gute Eigenschaften sind, so ist auch das eine Form von Verehrung im buddhistischen Sinn.

Beschreibungen der guten Eigenschaften und Fähigkeiten von Buddhas und Bodhisattvas können für uns auch daher inspirierend sein.

Beispielsweise die Erklärungen, die Buddha beim dritten Drehen des Dharma-Rades, also im dritten Lehrzyklus, zur exquisiten Buddha-Natur gegeben hat.

Eine verhältnismäßig leicht zugängliche und sehr angenehme Form, sich darüber zu informieren, wie erstrebenswert Erleuchtung ist, sind die Lebensgeschichten buddhistischer Vorbilder. Wenn wir sie lesen oder hören, auch immer wieder, macht uns das mit erleuchteten Qualitäten vertraut und bringt uns in Kontakt mit unserer Buddha-Natur.

Beispielsweise die ins Englische übersetzte Lebensgeschichte von Mandarava, einer Inderin, die Erleuchtung erreicht hat. Es gibt, neben der eigentlichen Lebensgeschichte, eine kurze Fassung in Versen. Diese kurze Fassung ist sehr segensreich und hat ganz vielfältigen Nutzen. So heißt es, dass das einfaches Lesen mit reinem Vertrauen Unglück beseitigt.

Schließlich ist das Sehen oder Betrachten von Bildern der Buddhas und hoher Bodhisattvas, von buddhistischen Statuen oder Stupas segensreich und kann unser Herz für Erleuchtung öffnen. Entsteht dann Vertrauen, ist das mentales Verbeugen.
Betrachtet man dagegen Bilder oder Statuen von Buddhas oder hohen Bodhisattvas, ohne dass es einen berührt oder hat man dabei sogar negative Gedanke und Gefühle, ergibt sich trotzdem ein guter Effekt. Das ist dann aber kein Verbeugen, denn die geistige Komponente des Wertschätzens fehlt.

Sieht man in einer Statue aber lediglich ein Stück Kupfer, ist das ebenfalls kein Verbeugen vor den erleuchteten Qualitäten.

Sehr hilfreich kann es auch sein, authentische, vor allem voll verwirklichte buddhistische Lehrerinnen oder Lehrer persönlich zu erleben, denn das kann unser Herz und damit unseren Geist öffnen.

Wir können aber auch in Texten die Information finden, dass es die höchste geistige Verehrung ist, an Buddha zu denken, denn Buddha ist Dharmakaya, der alles durchdringt.
An diesen Ausführungen sieht man, wie tiefgründig die erste Übung ist, denn ohne Wertschätzen entsteht auch keine Dankbarkeit. Und dankbar zu sein, auch den fühlenden Wesen gegenüber, und das auch ausdrücken zu können, ist sehr wichtig.

169

Tatsächlich ist Dankbarkeit eine der Hauptursachen, um Leerheit verstehen zu können. Weiter wird ohne Wertschätzen Vertrauen eher nicht entstehen und damit keine Hingabe. Dabei hat Hingabe nichts mit blindem Vertrauen zu tun. Vielmehr beginnen wir, die Qualitäten der Lehrerin oder des Lehrers und der Erleuchtung zu bemerken. Dann möchte wir diese, zum Besten aller, auch hervorbringen. Und schließlich engagieren wir uns dafür, auf Grundlage dessen, was die buddhistische Lehrerin oder der buddhistische Lehrer empfiehlt.

Angemerkt sei, dass Hingabe und Offenheit nicht unbedingt eine stete, enge, räumliche Verbindung benötigen. Sinnvoll ist es aber, die Lehrerin oder den Lehrer regelmäßig zu sehen. Beispielsweise einmal im halben Jahr.
Weiter ist es gut, zu wissen, dass in der Karma-Kagyü Linie die Lehrfunktion immer bei Karmapa liegt; andere Lehrerinnen und Lehrer vertreten diesen beziehungsweise legen die Grundlage dafür, dass eines Tages eine direkte Verbindung zu Karmapa zustande kommen kann.
Diese Verbindung ist sehr segensreich, denn Karmapa ist ein voll verwirklichter Lehrer und der übernächste Buddha. Es gibt auch Erklärungen, die besagen, dass er ein Buddha ist, der uns als hoher Bodhisattva erscheint, weil wir derzeit nicht das Karma haben, einem Buddha direkt zu begegnen.

Und schließlich: Da der eigene Geist Buddha und die Lehrerin beziehungsweise der Lehrer ist, verbeugt man sich nicht nur vor Äußerem. Wir verbeugen uns tatsächlich vor unserem eigenen Geist, der eben Buddha und die oder der Lama ist. Denn wir alle haben die Buddha-Natur.

Wir können es uns nicht oft genug klarmachen.

Die drei Arten von Niederwerfungen

In einer weiteren Einteilung gibt es drei Arten von Niederwerfungen. Hier ist es gut, die Sicht der ersten Art der Niederwerfungen mit der zweiten zu verbinden, während wir die dritte ausführen:

1. Überlegene Art, sie heißt „der Sicht begegnen":
   Niederwerfungen in dem Wissen, dass Subjekt, Tat und Objekt keine wahre Existenz haben, was aber nicht bedeutet, dass da nichts ist.
2. Mittlere Art, sie heißt „sich in Meditation üben":
   Wir manifestieren uns in der Vorstellung in unendlich vielen Körpern, die diese Praxis ausführen.
   Allerdings ist das keine eigentliche Erzeugungsphase, da wir hier keine Repräsentantinnen oder Repräsentanten der Erleuchtung visualisieren. Tatsächlich vervielfältigen wir unseren derzeitigen Körper.

Im Überblick zur Verdeutlichung:

Eine Meditationsgottheit ist:	Der eigene derzeitige Körper, obwohl es ein kostbarer Menschenkörper ist, ist:
eine makellose Form	eine getrübte Form

3. Gewöhnliche Niederwerfung, auch „verehrende Niederwerfung" genannt:
   Wir werfen uns mit dem Körper nieder, mit der Rede rezitieren wir die Gebete, und unser Geist ist voller Hingabe.

Verehrung darbringen, bevor ein Text übersetzt oder verfasst wird

Zu Beginn von buddhistischen Übersetzungen und Texten finden wir oft Zeilen der Verehrung für die Repräsentantinnen und Repräsentanten der Erleuchtung. Dabei können wir an der Art der Ehrerbietung auch sehen, um welche Textgattung es sich handelt. Daher heißt diese Art der Verehrung auch: "Verbeugung, die die Textzugehörigkeit erkennbar macht".

Es werden unterschieden:

1. Bringt die Übersetzerin oder der Übersetzer zu Beginn allen Buddhas und Bodhisattvas Wertschätzung dar, handelt es sich um einen Sutratext.
Der Grund dafür ist, dass im Sutra die Dialoge zwischen Buddha und den Bodhisattvas zu finden sind, und es wird besprochen, wie die Abfolge beim Aufbau tiefer Meditation ist. Deshalb verbeugt man sich davor und bringt Wertschätzung dar. Also beispielsweise: "Ich bringe allen Buddhas und Bodhisattvas Verehrung dar."
2. Wenn das Bezeugen von Hochachtung Manjushri, den Weisheitsbuddha, als Zielobjekt hat, dann gehört der Text zum Abhidharma.
Der Grund ist, dass es hier unter anderem um die fünf Skandhas (die fünf Aggregate, aus denen wir bestehen) geht. Um diese Themen verstehen zu können, sind Intelligenz, Verständnis und Weisheit nötig. Daher wendet man sich hier eben an Manjushri, den Weisheitsbuddha.
3. Und wenn man sich zu Beginn vor Buddha verbeugt, ist der Text dem Vinaya zuzuordnen.
Denn hier steht Karma im Mittelpunkt. Und nur eine oder ein Buddha kann Ursache und Wirkung völlig überblicken, bis in die kleinste, feinste Nuance. Insofern kann auch nur eine oder ein Buddha genau übersehen, welche Regeln, die im Vinaya aufgeführt sind, warum eingehalten werden sollten. Beispielsweise gibt es in bestimmtem Kontext die Regel, nach Mittag nichts mehr zu essen. Buddha hat diese Regel gegeben, weil er genau übersieht, welche Folge sich woraus ergibt und nicht weil man hungern soll.
Interessant ist in diesem Zusammenhang übrigens, dass es inzwischen auch Untersuchungen gibt, die darauf hindeuten, dass es sinnvoll sein kann, nicht fortlaufend zu essen. Sondern, dass man stattdessen jeden Tag eine längere Pause einlegen sollte, in der man nichts isst. Ob das allerdings der (alleinige) Grund dafür ist, dass Buddha diese Vorgabe gemacht hat, wissen wir nicht.

Diese Einteilung gilt nicht für die Texte, die zum Tantra (das oft auch Vajrayana genannt wird) gehören.

Allerdings finden wir generell am Anfang von buddhistischen Texten und auch von Unterweisungen Sätze, die Ehrerbietung und Wertschätzung ausdrücken, beispielsweise der eigenen Lehrerin oder dem eigenen Lehrer gegenüber. Sehr typisch sind hier die Gesänge von Milarepa.

Durch dieses Verbeugen, diese Wertschätzung, zu Textbeginn werden zum einen gute geistige Eindrücke angesammelt. Diese sind wiederum nötig, um einen Text übersetzen und verfassen zu können.

Weiter werden Hindernisse entfernt, also gereinigt, die beim Übersetzen, Verfassen und Beenden der Abhandlung oder beim Lehren auftreten können.

Dabei geht es auch darum, dem Stolz vorzubeugen, der entstehen kann, weil man einen Text übersetzt oder verfasst oder weil man lehrt. Allerdings wird hier nicht immer formal vorgegangen, die Wertschätzung kann auch informell und subtil ausgedrückt werden.

Verbeugungen,
wie sie bei den Grundübungen ausgeführt werden

Bei der ersten der vier Grundübungen (tib.: Ngöndro) werden die langen Niederwerfungen ausgeführt.
Dabei rezitieren wir die Zufluchtsformel und richten unseren Geist auf die Vergegenwärtigung aus. Meist ist es der Zufluchtsbaum, der eine Anordnung von Erleuchtung in den Formkörpern darstellt, die jeweils in der entsprechenden Linie für die Übertragungen und Praxis am wesentlichsten sind. Wir könnten auch salopp sagen, der Zufluchtsbaum zeigt das „Who's who" oder die „VIPs" einer bestimmten Tradition.

Erwähnt werden soll, dass die Grundübungen zum Varjayana gehören, und es sind dafür Übertragungen nötig.

Wenn wir also Zuflucht genommen haben, benötigen wir weiter Textübertragung und Texterklärung. Für die zweite Grundübung ist die Ermächtigung in den entsprechenden Meditationsaspekt wünschenswert.

Verehren und Geben nach Gampopa

Im Juwelenschmuck von Gampopa finden wir Ausführungen zu den Sieben Übungen, bei denen Verehren und Geben in Kombination beschrieben werden:

1. **Gegenstand der Verehrung:** Die Wirkung ist die gleiche, unabhängig davon, ob das Objekt der Wertschätzung tatsächlich vorhanden oder vorgestellt ist.
2. **Verehrung**
   2.1. Fassbare Verehrung, oder auch zu übertreffende Verehrung
      2.1.1. Objekte der Verehrung:
         2.1.1.1. Begrüßung, beziehungsweise Verbeugung
         2.1.1.2. Lobpreis
         2.1.1.3. Materielle Gaben
         2.1.1.4. Gaben, die niemandem gehören
         2.1.1.5. mit dem Geist vorgestellte Gaben
         2.1.1.6. den Körper geben (zum Beispiel zur Verfügung stellen, um Aufgaben zu übernehmen)
      2.1.2. Vervollkommnung der Verehrung:
         2.1.2.1. Verehrung durch Meditation auf eine die Mahamudra-Erfahrung repräsentierende Meditationsgottheit (Yidam).
         2.1.2.1. Verehrung durch Gaben, wie sie in der tiefen Meditation von Bodhisattvas entstehen.
   2.2. Unübertreffliche Verehrung (höchste Art der Verehrung)
      2.2.2. mit festem Bezugsrahmen: Kontemplation über Bodhicitta
      2.2.2. ohne festen Bezugsrahmen: Meditation über Leerheit.

Verehren entspricht folgender Grundübung

Die Verbeugungen entsprechen der ersten Grundübung, die umgangssprachlich „Verbeugungen" oder „Niederwerfungen" heißen.

Verehren im Kurzüberblick

Wen verehren:	die Repräsentantinnen und Repräsentanten der Erleuchtung, zum Beispiel Buddhas und Bodhisattvas
Gegenmittel gegen:	Stolz
Verdienst/Reinigung:	Reinigung von Negativem

Verehren als alleinige Übung

Wir bringen unsere Aufmerksamkeit zu dem, was wir jetzt tun, und lösen uns, so gut wie wir können, von der Vorstellung, dass es ein Ich, ein Tun und ein Gegenüber gibt, wie wir meinen. Wir sind also auch weniger im Modus von "Ich übe", sondern eher in der Haltung, dass etwas getan wird.

Geistig präsent und mit Offenheit, Vertrauen, Hingabe und Freude nehmen wir dann Zuflucht und bringen die erleuchtete Geisteshaltung hervor.

Als nächstes stellen wir uns einen offenen und weiten, leeren Raum vor.

Indem sie in unserer Vergegenwärtigung auf von uns angebotenen kostbaren und bequemen Sitzen Platz nehmen, erscheinen vor uns in diesem Raum, strahlend, wunderschön und vollkommen, die Repräsentantinnen und Repräsentanten der Erleuchtung.

Im Regelfall ist im Zentrum Buddha. Oder die oder der eigene Lama, in der Karma-Kagyü Linie ist das Karmapa. Oder unser Yidam oder eine Meditationsgottheit, die uns besonders gefällt. Jeweils mit Gefolge.
Wir können auch denken, dass sich auf jedem Atom des Universums unzählige Reine Länder befinden. In ihnen verweilen wiederum zahllose Buddhas der Vergangenheit, Gegenwart und Zukunft mit großem Gefolge aus Bodhisattvas, Pratyekabuddhas, Arhatis und Arhats, Hörerinnen und Hörern.

Sie befinden sich in strahlenden, wunderschönen, vollkommenen Licht-Energieformen vor uns im Raum, und wir denken an ihre unermesslichen Qualitäten.

Vor ihnen führen wir in Duplikaten von uns, in der Anzahl, wie es Atome in den Welten gibt, mit allen fühlenden Wesen, die jetzt den kostbaren Menschenkörper haben, die Übung aus.

So praktizieren wir alle die erste Übung, Verehren, in Vergangenheit, Gegenwart und Zukunft.

Wir alle vergegenwärtigen uns die unermesslichen Qualitäten derer, die vor uns im Raum verweilen. Und überhaupt alle Qualitäten, die es jemals gab, gibt oder geben wird.

Dann stellen uns vor, wie wir ihre exzellenten Eigenschaften mit perfekten Klängen und Melodien preisen und uns verbeugen.

Hierbei können wir die Informationen, die wir in diesem Kapitel erhalten haben, verwenden.

Dann bitten wir die gütigen, weisen, strahlenden, wunderschönen und vollkommenen Repräsentantinnen und Repräsentanten der Erleuchtung, dass sie unsere Übung annehmen.

Anschließend löst sich der zentrale Aspekt mit Gefolge in Licht auf und verschmilzt mit uns und allen fühlenden Wesen im kostbaren Menschenkörper.

Als nächstes ruhen wir in der Gewissheit, dass unser Geist und der Geist des zentralen Aspektes nicht verschieden voneinander sind.

Schließlich widmen wir ausnahmslos dieses und alles andere Gute, das jemals angesammelt wurde, angesammelt wird und angesammelt werden wird und die Ursachen dafür aus den drei Zeiten, mit vollendetem Mitgefühl und perfekter Weisheit, das heißt, so wie die Buddhas und Bodhisattvas widmen, der raschen und leichten Erleuchtung aller fühlenden Wesen.

Wir verweilen noch einen Moment geistig anwesend und freuen uns von ganzem Herzen über das Gute, das wir gerade zusammengetragen haben.

2.2. Gaben darbringen

statt

Anhaftung

Beim Geben setzen wir das, was wir haben, ein, um endgültig alle unsere Probleme, unsere Begrenzungen und die Ursachen dafür hinter uns zu lassen. Das heißt, alles, wovon wir denken, dass es uns ausmacht und zu uns gehört.

Wir verwenden unsere Mittel also dazu, um ungehinderten Zugang zu allen unseren Qualitäten zu erhalten. Zu dem, was wir in Wirklichkeit sind, aber nicht verwirklicht, nicht zur Verfügung haben.

Der zweite Schritt ist Gegenmittel gegen unsere Anhaftung, Begierde und gegen unseren Geiz. Daher ist die letztendliche Gabe auch das Freisein von Anhaftung.

Geben hat damit zwei wesentliche Vorteile: Verdienst wird vermehrt, und Anhaftung wird vermindert. Und durch beides wird nach und nach ganz natürlich Bodhicitta, und damit Glück für uns und andere, hervorgebracht.

Dabei ist Anhaftung an das Ich und das, was daraus entsteht, wie das Haar einer Schildkröte.

Die Schildkröte

Angenommen, jemand erzählte uns, es gäbe eine besondere Schildkrötenart.

Sie hätte ganz wunderbares Haar. Dieses Haar wäre ausgesprochen weich und kuschelig. Dabei sehr strapazierfähig und so schmutzabweisend, dass es nie gewaschen werden müsste. Auch wäre ein Stoff aus diesem Haar auf der Haut äusserst angenehm, es würde zu keinerlei Reizungen kommen. Im Gegenteil, egal, welche gesundheitlichen und kosmetischen Probleme man hätte, ein Stoff aus diesem Haar würde sie beseitigen. Egal wo am Körper.

Und sogar Motten könnten von einem Kleidungsstück aus solchem Stoff fressen, denn die Löcher würden sich gleich wieder schließen.

Weiter würde eine Bekleidung aus diesem Haar bei Kälte wohlig warm halten. Bei Hitze dagegen wäre sie stets angenehm kühl. Auch bei minus 40 °C oder bei plus 50 °C, würden wir in einem Pullover aus solch einem Material weder frieren noch schwitzen. Der Pulli hat auch stets die für jeden Anlass passende Farbe und gleichzeitig die, die wir uns gerade wünschen. Weiter lässt einen ein Pullover aus diesem Stoff immer perfekt und sehr attraktiv aussehen.

177

Auch passt er immer genau. Dabei könnten wir diesen Pullover sowohl in der Freizeit als auch bei geschäftlichen Aktivitäten sowie bei festlichen Anlässen tragen. Immer sähen wir gut und richtig angezogen aus. Und in einem Pullover aus solch einem Haar gelingt uns auch einfach alles. Dazu kommt, dass er Schutz vor allem bietet, was unangenehm oder gefährlich ist.
Außerdem gibt es gerade so einen Pullover aus diesem wunderbaren Stoff in einem Geschäft um die Ecke. Im Sonderangebot!

Nun, möchten wir so einen Pullover nicht haben wollen? Seien wir ehrlich: Entsteht nicht ein klein wenig Anhaftung daran? Obwohl wir doch ganz genau wissen, dass Schildkröten keine Haare haben. Und dass das alles Unsinn ist. Wenn wir an diese Tatsache denken statt an die Beschreibung des Pullovers, entstehen in uns weder Anhaftung noch Abneigung in Bezug auf diesen Pulli.

Denn wir wissen einfach, dass es ihn nicht wirklich gibt.

So wie unser Ich. Denn es ist eine Kreation, eben wie dieser Pullover. Wenn wir eines Tages mehr Weisheit freigelegt haben, werden wir wissen, dass dieses Ich nicht wirklich existiert. Und dann entsteht auch keine Anhaftung mehr daran und damit auch kein Leid.

Aber wie sieht es jetzt in unserem normalen Leben aus?

Anhaftung im Alltag

Während wir einen sonntäglichen Herbstspaziergang mit unserem Gefährten im Nymphenburger Schlosspark machen, sehen wir vielleicht einige gefärbte Blätter auf dem Boden liegen.

Wenn nun ein Kind darüber läuft, wird uns das allenfalls auffallen. Wir werden aber deshalb keine nennenswerten negativen oder positiven Gedanken oder Gefühle haben.

Auf dem Rückweg haben wir uns dann überlegt, dass wir einige dieser herbstlich gefärbten Blätter aufheben und mit nach Hause nehmen möchten.
Dort wollen wir sie schön dekorieren und auf den Tisch stellen. Und während wir in Gedanken Blätter aussuchen und mit unserem Partner besprechen, welche wir nehmen möchten, passiert es: Da tritt doch tatsächlich eine Frau auf die allerschönsten Blätter, es sind ganz genau die, die wir uns schon ausgesucht hatten!
Und jetzt stört es uns auf einmal, dass jemand auf diese - inzwischen sind es nämlich schon „unsere" beziehungsweise „meine" - Blätter tritt. Es ist derselbe Vorgang, und es ist fast die gleiche Situation. Nur, beim zweiten Mal haben wir ein „Ich" und ein „Mein" kreiert.

Und das ist der Unterschied, der dazu führt, dass wir uns nicht mehr ganz so gut fühlen. Wir können es auch so ausdrücken: Wir erleben Leid. Es wird kein auch nur annähernd gravierendes Leid sein, aber es ist Leid.

Dieser Vorgang läuft tatsächlich normalerweise von einem ziemlich unbemerkt ab, und zwar in einem fort. Er entspringt der Funktionsweise des eigenen, derzeit getäuschten Geistes.

Denn: Etikettiert man etwas als „Ich" oder „Mein", beginnen die Probleme.

Bei diesem Beispiel kommt noch dazu, dass einem die Blätter gar nicht gehören, sie gehören der Stadt, beziehungsweise der Allgemeinheit.

Anmerken kann man hier auch, dass diese Blätter sehr vergänglich sind. Das bedeutet, sie werden zu Hause vielleicht einige Stunden oder Tage halten.

Und für so etwas Vergängliches hat man sich vielleicht geärgert.

Möglicherweise hat man auch unangemessen gehandelt, also unter Umständen sogar eine negative Bemerkung der Frau gegenüber gemacht.

Ergebnis: Die Blätter sind bald vergangen. Die problematischen Eindrücke, die man angesammelt hat, bleiben jedoch unter Umständen lange erhalten. Und nicht nur das, wenn man sie nicht bereinigt, verdoppeln sie sich jeweils alle 24 Stunden!

„Das lohnt sich ja gar nicht, für die paar Blätter!", mögen wir vielleicht denken.

Eine Frage, die an dieser Stelle auftauchen kann, ist also, welche anderen Möglichkeiten es gibt? Gibt es einen Geisteszustand, der überhaupt nicht gestört ist von dem, was wir bekommen oder nicht bekommen, haben oder nicht haben?

Tatsächlich sagen die Informationen, die Buddha gefunden und umgesetzt hat, dass es diesen Geisteszustand gibt. Ein essenzieller Punkt, um ihn zu verwirklichen, ist, dass wir Anhaftung verringern und schließlich aufgeben.

Unser Geist ist nämlich dauernd damit beschäftigt, um „Ich" zu kreisen. Schaut man genauer, wird man feststellen, wie oft „Ich" und seine Varianten im eigenen Denken vorkommen, beispielsweise: „Ich habe Hunger". Oder auch: „Ich möchte spazieren gehen", oder „Ich brauche jetzt eine Zigarette".
Indirektere Varianten sind: „Mir ist zu kalt" oder „Meine Zähne tun weh".
Noch indirekter wäre: „Es regnet schon wieder", was bedeutet, dass das „Ich" lieber ein anderes Wetter hätte.

Denn diese Abneigung gegen den Regen ist eigentlich eine Anhaftung an anderes, vermutlich schönes Wetter. Vielleicht wäre einem auch Schnee lieber. Weitere Variationen sind, wie schon erklärt wurde, dass man das „Ich" erweitert, das nennt man dann „Wir" oder „Uns", also eigentlich „Ich-Wir" und „Ich-Uns".

Sobald das „Ich" kreiert ist, steht ihm ein „Du" gegenüber, und als nächstes treten beide miteinander in Interaktion; vielleicht sind es auch „Wir" und „Ihr". Dabei bewertet man ständig das, was man wahrnimmt, indem man es für gut oder schlecht hält, und daraus ergeben sich Anhaftung und Abneigung, die dann zu dem führen, was man denkt, sagt und schließlich tut.

Durch diese Unterteilungen in Ich und Du, Anhaftung und Abneigung, die nichts als Zuschreibungen sind, kreiert man, ohne es zu bemerrken, die eigene Welt. Und so erschafft man das eigene Leid, aber auch das eigene, allerdings bedingte, Glück. Denn selbst wenn wir in der Lage sind, Umstände für Glück zu kreieren, so ist dieses Glück doch befristet. Man verliert also einmal gefundenes Glück früher oder später wieder. Das ist nicht erfreulich.

Weiter ist diese Art von Glück nie ungetrübtes Glück, es ist stets vermischt mit Leid. Damit ist es nicht von bester Qualität. Beispielsweise hat man zwar einen schönen Urlaub, aber doch ist nicht immer alles perfekt. Der Espresso ist etwas zu kalt, die Sonne brennt etwas zu stark. Bienen, die einen ärgern, gibt es erfreulicherweise keine, aber jede Menge Mücken. Und so weiter.

Auch handelt man auf Kosten anderer, wenn man versucht, Glück für sich selbst zu erreichen. Denn man handelt unangemessen, um "gut" zu erhalten und "schlecht" zu vermeiden. Was man allerdings mit dieser Vorgehensweise in Wirklichkeit hervorbringt, ist nicht Glück, sondern Leid. Und zwar auch für einen selbst. Denn man weiß nicht, was wirklich zu Glück führt. So ist es also die eigene Selbstbezogenheit, die eine Fehlfunktion des Geistes ist, durch die man fortlaufend im mal mehr, mal weniger leidvollen Daseinskreislauf umherirrt.

Es ist paradox: Man will Blumen, aber man pflanzt Unkraut. Genauso erwartet man Glück, pflanzt aber Leid.

Nun geht es beim Geben allerdings nicht darum, dass wir Vergnügen aus unserem Leben verbannen müssen, dass wir nichts Gutes für uns haben dürfen oder sogar Unangenehmes suchen sollten.

Es ist tatsächlich eine falsche Sichtweise, dass wir Angenehmes nicht genießen dürfen. Worum es wirklich geht, ist das Ausmaß der eigenen Anhaftung. Denn je mehr man anhaftet, desto mehr leidet man; haften wir dagegen weniger an, leiden wir auch weniger, es geht uns also besser.

Die gute Nachricht beinhaltet weiter, dass weniger Anhaftung nicht dazu führt, dass wir weniger genießen können. Es ist im Gegenteil so, dass gerade Anhaftung dazu führt, dass wir weniger Vergnügen erleben. Also, auch in Bezug auf vergängliche Annehmlichkeiten sind wir viel glücklicher, wenn wir entspannter sind und weniger kleben.

Auch erleben wir weniger Frustration, denn diese ist versteckte Anhaftung. Lässt die Anhaftung nach, lässt eben auch Frustration nach.

Allerdings geht es vor allem darum, zu verstehen, wie unser Geist funktioniert, und wie wir für uns und andere die bessere der beiden Arten von Glück, das unbefristete ungetrübte Glück, erreichen können.

Wollen wir also neben dem befristeten vor allem unbefristetes Glück für uns und andere erzielen, ist es wesentlich, dass wir uns von Anhaftung nach und nach verabschieden.

Der zweite Zweig, die Übung des Gebens, hilft uns dabei. Denn Geben befreit uns von dem Ballast, der wie Eisenkugeln an unseren Füssen hängt und der uns behindert.

Unsere Art des Gebens

Geben ist ein uns durchaus vertrauter Vorgang. Denn wir alle geben, sei es in materieller Hinsicht oder seien es immaterielle Dinge.

Beispielsweise ziehen wir Kinder auf, kümmern uns um Partner, Eltern, Freunde, Verwandte, Unbekannte und so weiter. Wir machen Geschenke und geben Spenden. Viele von uns haben ehrenamtliche Aufgaben übernommen. Auch zahlen wir Steuern und Abgaben, mit denen unser Gemeinwesen aufrechterhalten werden kann.

Oft sind es aber gar nicht die großen Dinge, es gibt viele kleine Situationen, in denen wir geben. Beispielsweise, wenn wir ein Fenster öffnen, damit eine kleine Biene aus der Küche ins Freie fliegen kann. Oder wenn wir jemandem, die oder der gerade keine Hand frei hat, die Türe aufhalten.

Wieso sollte man sich also noch weiter im Geben üben?
Um diese Frage beantworten zu können, ist es gut, unsere Art des Gebens genauer zu untersuchen.

Es gibt nämlich eine Art des Gebens, die man als vergiftet bezeichnen kann. Es ist zum Beispiel ein Köder, mit dem man einen Fisch anlockt.

Dann gaukelt man ihm vor, er bekäme etwas, dann verletzt man das kleine Maul mit dem Angelhaken und zieht ihn an Land. Dort zappelt er völlig verzweifelt, in schrecklicher Angst und mit entsetzlichen Schmerzen. Schließlich tötet man ihn.

Weniger krass ist es, wenn man etwas gibt, weil man sich etwas erhofft. Ein „Danke" beispielsweise, oder Lob und Anerkennung. Möglicherweise möchte man auch ein Geschenk zurückerhalten, wenn man etwas herschenkt. Das weiß man im Prinzip, vielleicht hält man es auch für völlig legitim.

Auch kann es sein, dass man gibt, weil man sich verpflichtet fühlt, wenn einem jemand vorher einen Gefallen getan hat.

Aber auch, wenn wir Geben als Methode gegen Anhaftung praktizieren, hat diese Art des Gebens dann in der Regel ichbezogene Anteile. Damit ist es limitiert, und durch dieses begrenzte Geben schneidet man sich und andere vom eigenen Reichtum, vom eigenen Potenzial und von der eigenen Freiheit ab. Denn nicht geben (können), ist in Wirklichkeit auch eine Form von Begrenzung.

Unter anderem ist man weiter nicht bereit, beim Geben alle gleich zu behandeln. Die, die man mag, beschenkt man. Die, die man nicht so gern hat oder die einen geärgert haben, erhalten nichts. War die Kellnerin nett, erhält sie also Trinkgeld, war sie nicht so nett, bekommt sie weniger. Die Leitlinie, man könnte auch sagen, Leidlinie, ist hier, ob die Kellnerin sich so verhält, wie man es für richtig hält. Diese Leitlinie ist aber nicht unser Bodhisattva-Lebensstil. Also wirkliche Liebe und wirkliches Mitgefühl in Kombination mit Weisheit. Denn mit dieser Geisteshaltung richten wir uns auf das aus, was am Nützlichsten ist, um andere glücklich zu machen. Und sei es für einen Augenblick. Vor allem aber auf das, was sie mit dem perfekten Glück, dem Buddha-Glück, in Verbindung bringt. Weiter erkennen wir, dass die Kellnerin gar nicht die Ursache für unseren Ärger ist. Dieser Ärger entsteht nämlich, weil wir früher einmal selbst unfreundlich waren. Die Ursache für diese unfreundliche Kellnerin ist also niemand anderer als man selbst.

Aber auch die, von denen man nichts weiß, bedenkt man nicht. Man gibt auf diese Weise nur an einen winzigen, kleinen Teil aller fühlenden Wesen etwas.

Schließlich gibt man oft auch nur den kleineren, schlechteren Teil dessen, was man hat. Das Beste und Meiste behält man eigentlich immer für sich selbst. Denn in der Regel ist man sich gar nicht klar darüber, dass man sich selbst die meisten Geschenke macht und meint, das brächte einem Glück.

Und oft kauft man Dinge, die man gar nicht braucht. Beispielsweise interessiert einen das neueste Smartphone, obwohl es eigentlich nicht nötig ist. Oder man kauft, durch das Ego motiviert, auch noch das zwölfte Paar Schuhe, obwohl man es wirklich nicht benötigt. Dabei ist unser Glück davon nicht abhängig.

Wäre es das, müssten alle, die das zwölfte Paar Schuhe kaufen, glücklich sein. Ausnahmen von diesem, primär sich selbst in den Mittelpunkt stellenden Verhalten, macht man nur, wenn es nicht anders geht. Oder aber bei uns sehr nahestehenden Personen; ein Beispiel ist das Verhalten von Eltern ihren Kindern gegenüber.

Dabei schätzen wir eine andere Art von Verhalten durchaus. In unserem Kulturkreis gibt es beispielsweise ein Märchen, in dem eine Passage ein anderes Handeln beschreibt.
Es ist das Märchen „Aschenputtel". Dort finden wir die Stelle, die davon handelt, wie Vögel Aschenputtel helfen, die von der Stiefmutter in weniger guter Absicht verstreuten Linsen zu sortieren. Dies tun die Vögel, indem sie die schlechten Linsen fressen; die guten Linsen kommen in eine Schale für die Stiefmutter, die das Aussortieren von Aschenputtel gefordert hatte.
Das ist ungewöhnlich, denn auch ein Vogel bevorzugt Essen, das er für gut hält.

Wenn wir jetzt das Märchen betrachten, ist es wichtig, zu verstehen, dass es nicht darum geht, Schlechtes zu essen. Es geht hier also nicht darum, das Schlechtere zu essen, sondern Aschenputtel zu helfen. Die Vögel haben den Fokus also auf dem Du.

Beim Geben trainieren wir auch, nicht darunter zu leiden, wenn wir mal nicht erhalten, was wir haben möchten, nämlich den besseren Teil. Liebe und Mitgefühl, aber auch andere Qualitäten, wie Geduld, machen das möglich.

Es geht weiter darum, dass wir, wenn nötig, den schlechteren Teil nehmen können, ohne dass es ein Problem ist. Denn damit werden wir freier.
Tatsächlich ist dieser schlechtere Teil auch nur in der eigenen Illusion so wenig erstrebenswert, denn man unterteilt wieder in gut und schlecht. Daher kommt ja das Leid. Schlecht und gut sind nicht wirklich vorhanden. Aber weil man so fest daran glaubt, wird es für einen selbst wirklich.

Wenn man also nach einem Arbeitstag eine Belohnung in Form von Schokoeis mit Schlagsahne möchte, empfindet man das als gerechtfertigt und normal.

Hier mögen wir einwenden, dass das doch wohlverdient ist und wir überhaupt auch von etwas leben müssen. Und einmal im Monat muss doch ein Eis drin sein! Das stimmt selbstverständlich. Darum geht es aber nicht.

Es geht darum, dass man anhaftet und dass man schnell bereit ist, schädigend zu handeln, wenn man das, was man will, nicht erhält. Bekommt man also das - inzwischen ist es auch schon wieder „mein" - Schokoeis nicht so, wie man es gerne hätte, weil die Schlagsahne ausverkauft ist, besteht die Gefahr, ärgerlich zu werden.

Und dann aus Ich-Anhaftung etwas Liebloses zu der Eisverkäuferin zu sagen. Im ungünstigsten Fall, unter anderen Bedingungen, könnte dieser an sich nichtige Anlass zu einem Mord führen. Falls man dann in ein Gefängnis käme, hätte man noch weniger Freiheit und noch schwierigere Umstände. Auch wird es wahrscheinlicher, in einem solchen Umfeld weniger klug zu handeln.

Das ist es, was problematisch werden kann, hier beschrieben in einer eher überspitzten Form.

Vielleicht bereut man später auch, wenn man jemandem etwas gegeben hat. Beispielsweise, wenn man dann mit dieser Person streitet. Auch damit ist das Geben nicht auf Top-Niveau. Denn es bedeutet, man vermindert nachträglich die guten geistigen Eindrücke, die durch die Gabe angesammelt wurden.

Oder man erzählt aus ichbezogenen Gründen überall herum, wie großzügig man war. Auch das ist weniger gut. Haben wir dabei allerdings eine gute Motivation, beispielsweise, weil wir andere inspirieren möchten, ebenfalls gut zu handeln, ist es sinnvoll, von unseren hilfreichen Taten zu sprechen. Dieses Beispiel zeigt wieder, wie wichtig die Absicht ist.

Und wenn die guten geistigen Eindrücke, die durch Geben entstanden sind, nicht dem Erreichen des besten Zustandes aller gewidmet werden, riskiert man, das Positive wieder zu verlieren. Es ist also wichtig, dass wir das Gute oder den allergrößten Teil davon auf das Sinnvollste überhaupt ausrichten.

Geben sollte insofern geschehen ohne anschließend:

1. etwas egoistisch motiviert zurück erhalten zu wollen;
2. es zu bereuen, zum Beispiel, weil man sich ärgert;
3. es überall egoistisch motiviert herumzuerzählen, um Anerkennung, Dank oder etwas anderes zu erhalten;
4. die Widmung zu vergessen, also das Gute nicht darauf auszurichten, dass dadurch alle fühlenden Wesen den perfekten Zustand erreichen mögen.

Angemerkt werden soll hier noch, dass auch späteres und nicht direkt mit der Handlung des Gebens in Kontakt stehendes Tun die angesammelten guten Eindrücke zunichte machen kann. Beispielsweise konsumieren Neid oder Wut immense Mengen guter geistiger Eindrücke. Es werden aber nicht alle guten Handlungen, beispielsweise durch Zorn, zerstört. Hierzu später mehr.

Eine weitere Variante ist, dass man gibt, weil man meint, es sei der einfachste Weg, einem Problem auszuweichen.
Zum Beispiel geht man widerwillig mit dem Partner ins Kino. Man gibt dann zwar etwas her, nämlich die Zeit, in der man vielleicht Musik hören wollte.

Aber man erhält dafür etwas, und das ist ein Partner, der hat, was er möchte und einen endlich in Ruhe lässt. Es ist also kein durch Liebe und Mitgefühl zum Nutzen des anderen motiviertes Geben, sondern ein Tauschgeschäft im Egomodus.
Dabei mag es auch hier so scheinen, als hätte man buddhistisch gehandelt und etwas in richtiger Weise gegeben.

Es kann auch vorkommen, dass man gibt, damit jemand anderer zu Schaden kommt. Ein Beispiel wäre, wenn man dem Nachbarskind 1 Euro geben würde, damit es der anderen Nachbarin Zeitungen aus dem Briefkasten stiehlt. Und diesen dann stattdessen mit dem alten, inzwischen unansehnlichen Laub aus dem Nymphenburger Schlosspark auffüllt.

Schließlich kommt es vor, dass man etwas auf unangemessenem Weg Erworbenes verschenkt. Also beispielsweise durch Stehlen oder Betrug, die auf Ich-Anhaftung beruhen. Diese Art des Gebens ist ebenfalls nicht günstig.

Tatsächlich führt Anhaftung auch dazu, dass man sich selbst mit Dingen beschenkt, die einem selbst und anderen direkt schaden. Zum Beispiel, wenn man raucht. Oder durch Tätowierungen, da hier Schadstoffe in den Körper eingebracht werden können. Auch kann bei großflächigen Tätowierungen die Schweißabsonderung behindert werden, was zu verminderter Ausscheidung von körperlichen Giften führen könnte.

Es gibt schließlich Szenarien, in denen wir meinen, einer anderen Person etwas Gutes zu tun, es aber schädigend ist. Wenn also eine Zahnärztin oder ein Zahnarzt Amalgamfüllungen, die zur Hälfte aus Quecksilber bestehen, legt, so meint sie oder er, etwas richtig zu machen. Tatsächlich werden dadurch aber fast sicher Probleme entstehen, die auch sehr deutlich beeinträchtigen können.

Generell lassen sich alle diese Punkte aber auf die eine gemeinsame Wurzel zurückführen, es ist Unwissenheit. Unwissenheit darüber, dass das Ich eine Illusion ist. Daraus ergeben sich alle anderen Probleme. Denn es entstehen weitere störende Gefühle wie Anhaftung, Abneigung und so weiter.
Diese sind bei unserer Art des Gebens mehr oder weniger immer mit im Spiel. Daher ist unsere Form des Gebens nicht wirklich effektiv, um glückbringende geistige Eindrücke aufzubauen.

Auch weiß man nicht, wie man das Gute auf Erleuchtung ausrichten kann, daher wird es, von seltenen Ausnahmen abgesehen, keine Ursache dafür werden. Zur dafür wichtigen Widmung, der siebten Übung, mehr im entsprechenden Kapitel.

Es liegt an uns selbst, wie es uns in jeder Lebenslage geht

Eine weitere, immer wieder auftretende Situation, die wir betrachten können, ist das Bezahlen von Rechnungen oder Steuern.

Tatsächlich wissen wir, es ist nötig, zu bezahlen. Und wir wissen eigentlich auch, dass wir direkt oder indirekt etwas in Anspruch genommen haben. Zum Beispiel wurden wir alle in den ersten 15-20 Jahren unseres Lebens finanziell von anderen, wie von unseren Eltern oder den Steuerzahlerinnen und Steuerzahlern, unterstützt.

In Bezug auf Steuern ist an sich im Grunde auch klar, dass sie nötig sind, um die Funktionen des Staates, von dem wir alle profitieren, aufrechzu erhalten.

Und natürlich, man muss sowieso bezahlen.

Trotzdem kann man eine schädigende Handlung aus dem einfachen Vorgang des Bezahlens machen, wenn man sich ärgert oder nur zähneknirschend mit geiziger Geisteshaltung bezahlt, was sowieso beglichen werden muss.

Damit fällt man in den Hungergeistermodus, was Nachteile mit sich bringt.

Die Alternative ist, dass wir eine derartige Situation nutzen, um Gutes zu kreieren, indem wir uns freuen, dass wir etwas beisteuern können, das wiederum anderen nutzt. Und indem wir gerne geben, und zwar vollständig. Ohne also anschließend weiter an das Geld irgendeine Art von gedanklichem „mein Geld" zu hängen.

Tatsächlich bedeutet das allerdings nicht, dass wir dauernd Geld ausgeben müssen. Es ist vielmehr so, dass wir wieder einmal in einer gegebenen Situation sind und selbst entscheiden, ob diese zu späterem Leid führt oder zu Glück. Nutzen wir also die gegebenen Umstände, um zu lernen und zu üben, gerne zu geben? Oder wollen wir uns ärgern und schwierige Geisteszustände kreieren?

Und schon wieder haben wir ein Beispiel dafür, wie ein und derselbe Vorgang glückbringend oder problembildend sein kann. Und dass es nicht an anderen liegt oder an den Umständen, wie es uns geht. Es liegt tatsächlich genau an dieser einen Person, die wir selbst sind. Oder um genauer zu sein, in allererster Linie an unserer Absicht, an unserer geistigen Haltung, bei dem, was wir tun.
Man kann also widerwillig bezahlen und darunter leiden, oder wir bezahlen gerne, um anderen zu nutzen und sind glücklich darüber.

Weiter freut man sich auch in der Regel (mehr) darüber, etwas zu erhalten, als wenn man etwas geben muss.

Hätte man allerdings verstanden, wie segensreich geben ist, wäre es genau anders herum: Wir würden uns freuen, etwas geben zu können und vielleicht zunächst nicht so sehr, etwas zu erhalten. Denn mit dem, was wir erhalten, verbrauchen wir im Regelfall positive geistige Eindrücke.

Allerdings können wir buddhistische Strategien anwenden und damit das, was wir erhalten, mit Geschick nutzen, für uns selbst und für andere.
Denn zum einen können wir uns darüber freuen, dass andere so gute geistige Eindrücke haben, dass sie überhaupt etwas ihr eigen nennen und dass sie uns etwas geben können und wollen. Weiter, dass sie Positives aufbauen, indem sie uns etwas geben. Diese Mitfreude beteiligt uns selbst an den guten Eindrücken, die durch das Geben von anderen an uns entstehen.
Auch bauen andere über uns, indem sie uns etwas geben, eine gute Verbindung zur Lehre Buddhas auf, falls sie hier noch keinen Zugang haben.

Schließlich können wir die Gabe wiederum verstärken, indem wir sie sinnvoll einsetzen, vor allem für buddhistische Zwecke oder für unsere weiteren Aktivitäten zum Nutzen anderer. Zumindest etwas davon. Und dann sollten wir den Verdienst für das Bestmögliche aller fühlenden Wesen widmen.

Daher können wir, wenn wir etwas erhalten, durch diese Geisteshaltung und Vorgehensweise etwas Gutes für alle fühlenden Wesen gestalten. Egal, wie klein das Geschenk ist.

Nachteile der Anhaftung

Anhaftung ist wie
„Handschellen, die uns an den Daseinskreislauf ketten".

Mandarava

(Siehe Zitateliste Seite 569-572)

Die Ursache für den Staub, der den Spiegel der wahren Natur unseres Geistes bedeckt, ist Unwissenheit. Und er verstärkt diese Unwissenheit wiederum. Daher ist es notwendig, dass wir diesen Staub entfernen. Denn aufgrund dieses Staubes, der Trübungen, sieht man nicht das, was wirklich ist, sondern das, was man projiziert. Davon ist man dann regelrecht hypnotisiert und hält es für wirklich. Schließlich will man es haben oder nicht haben, oder man ist neutral eingestellt. Dieses Habenwollen oder Nichthabenwollen, was auch eine Art von Habenwollen ist, können wir durch die Übung des Gebens überwinden.

Unwissenheit ist, wie wir schon wissen, die Wurzel allen Leidens, daraus entsteht Anhaftung.

Und hieraus erwachsen wiederum die anderen leidbringenden Gefühle und Probleme. Anhaftung ist also – nach Unwissenheit - das zweitgrundlegendste Verhaltensmuster für unsere ganzen Schwierigkeiten.

Erfreulicherweise können wir sie abstellen, denn Unwissenheit und damit auch Anhaftung, hat individuell ein Ende. Im Unterschied dazu ist die Buddha-Natur nicht nur ohne Anfang, sie ist auch ohne Ende.

Im Überblick:

Die Buddha-Natur ist	Unwissenheit ist
ohne Anfang und ohne Ende.	ohne Anfang, kann aber individuell beendet werden.

Eine Methode, um Greifen zu reduzieren, besteht darin, alles, was uns Vergnügen bereitet, sofort im Geist oder wenigstens einen Teil davon, den Drei Juwelen oder anderen Repräsentantinnen und Repräsentanten der Erleuchtung zu geben. Dann ist unsere Anhaftung bereits vermindert. Und damit auch das Leid und die Tendenz, leidbringend zu handeln. Weiter üben wir dabei, unsere Ressourcen für das Verwirklichen unserer Buddha-Natur zu nutzen.

Wenn man dagegen anhaftet, wird sicher Leid entstehen, weil man:

1. entweder nicht erhält, was man so gerne hätte und/oder
2. das Glück durch das erworbene Sinnesobjekt nicht völlig frei von Leid ist, und
3. man das Sinnesobjekt definitiv wieder verlieren wird.

Aber Anhaftung hat weitere Nachteile. So ist die wirkliche Ursache dafür, dass eine Person wenig oder nichts hat, dass diese zu einem früherem Zeitpunkt geizig oder neidisch war. Oder betrogen oder gestohlen hat. Alle diese Handlungen beruhen auf Anhaftung.

Reduzieren wir dagegen Anhaftung, dann führen wir auch weniger unangemessene Handlungen aus. Damit haben wir dann viel weniger Probleme, wenn etwas, was wir gerne hätten, nicht erreichbar ist. Vor allem nimmt die Tendenz ab, deswegen leidbringend zu handeln.

Hier geht es allerdings nicht um Wertungen oder um Schuldzuweisungen. Es geht darum, zu erfahren und zu erkennen, was die wirklichen Gründe für unsere Probleme und Beschränkungen sind und diese dann abzustellen.

Wenn wir zum Beispiel wirklich schwimmen lernen wollen entwickeln wir auch keine Schuldgefühle, wenn wir Wasser geschluckt haben.

Wir üben weiter, in einem Tempo, das uns entspricht, aber nicht unterfordert.
Dann werden wir mit Sicherheit besser werden.
Auch entwickeln wir keine Schadenfreude, wenn jemand anderer Wasser
schluckt oder sagen zu ihr oder zu ihm: „Da bist Du selbst schuld, weil Du nicht
gut genug schwimmen kannst."

Anhaftung und Geiz können schließlich auch zukünftige Leben beeinflussen. So
kann Anhaftung zu einer menschlichen Wiedergeburt führen, in kargen
Bedingungen
Eine intensivere Form der Anhaftung ist Geiz, und die Folge davon kann eine
Wiedergeburt als Hungergeist sein. Auch das Behindern der Freigiebigkeit
anderer kann als Ergebnis eine Wiedergeburt als Hungergeist haben.

Im Überblick:

Begierde kann zu einer	Geiz oder das Behindern der Großzügigkeit anderer kann zu einer
Wiedergeburt als Mensch führen.	Wiedergeburt als Hungergeist führen.

Hier ist eine Wiedergeburt im Hungergeistermodus eine überaus unangenehme
Erlebniswelt.
Aber auch das Dasein als Mensch ist oft nicht angenehm. Selbst wenn man als
Mensch subjektiv so gut wie nicht leidet, unterschwellig ist Leid immer
vorhanden oder nur eine Frage der Zeit. Haben wir aber einen kostbaren
Menschenkörper, der uns befähigt, der buddhistischen Lehre zu begegnen und
sie erfolgreich anzuwenden, ist das Ende des Leidens für uns erreichbar.

Anhaftung und Geiz können auch dazu führen, dass man, selbst wenn man als
Mensch wiedergeboren wird, in materiell eher kargen Umständen verfangen ist.
Aber selbst, wenn man ein gutes Leben hat, weil man früher auch großzügig
war, wird die Gewohnheit von Anhaftung und Geiz wieder vorhanden sein.
Mit der Folge, dass das Risiko besteht, problembildend zu handeln und so
leidvolle Kettenreaktionen in Gang zu setzen und zu unterhalten.

Geben kann uns vor all dem bewahren und darüber hinaus zu angenehmen
Wiedergeburten im Daseinskreislauf führen.
Allerdings sollte das Vermeiden von Armut oder das Erlangen von Reichtum
nicht Selbstzweck sein. Auch eine Wiedergeburt mit vielen Sinnesfreuden als
Mensch oder im Götterbereich sollte nicht das wesentliche Ziel der eigenen
Freigiebigkeit sein. Denn das alles ist zwar recht nett, aber vergänglich.
Auch sollte zum Beispiel Großzügigkeit, nur um für sich selbst dauerhaftes
Freisein von Leid zu erreichen, nicht hauptsächliches Ziel der eigenen Praxis
sein.

Die Zielsetzung unserer Art von Geben sollte auf relativer Ebene der Nutzen anderer sein, der eigene Nutzen ist hier automatisch im Paket mit dabei. Langfristig sollten wir aber die rasche und leichte Erleuchtung aller fühlenden Wesen anstreben. Hierfür benötigen wir Ressourcen, Proviant, wofür wir auch durch das Geben die Ursache setzen.

Diese exzellenten Möglichkeiten stehen uns offen, wenn wir großzügig sind.

Nutzen des Gebens

Durch die richtige Praxis des Gebens reduzieren wir also unsere Begierde und unseren Neid und damit unsere Ichbezogenheit und unser Leid.

Auch sind wir im Daseinsbereich der Begierde und haben nie genug und immer Angst vor Verlust. Geben wirkt dem entgegen.

Weiter werden durch Freigiebigkeit Hindernisse für das Erreichen der Erleuchtung abgebaut, wir stellen eine Verbindung zur Erleuchtung her und üben, das, was wir haben, für dieses großartige Ziel einzusetzen. Also dafür alle zur Erleuchtung zu führen und nicht nur alleine erleuchtet zu werden.
Geben ist allerdings sehr kraftvoll. Das heißt, selbst wenn man ohne spirituellen Hintergrund und sogar aus Eigennutz gibt, erhält man, als grundlegendes Ergebnis, Wohlstand und einen gewissen Freiraum. Damit wird sich auch das Erleben von Leid beruhigen. Vor allem aber ist es nur eine Frage der Zeit, bis eine großzügige Person jemanden trifft, durch die sie mit der Lehre Buddhas in Kontakt kommt und sich auf den Weg zu Befreiung und Erleuchtung begibt.

Großzügigkeit ist auch wesentlich für das Erzeugen der erleuchteten Geisteshaltung, Bodhicitta.

Durch Freigiebigkeit bauen wir weiter gute geistige Eindrücke, also Verdienst, auf. Und wir üben weniger in Ich, Gegebenes und Du zu trennen, was uns mehr und mehr mit unserer Weisheit verbindet. Diese benötigen wir dann wieder, um entscheiden zu können, wann wir wem und wie sinnvoll etwas geben und wann wir etwas doch vorläufig noch behalten. Auf diese Weise wird unsere Art, freigiebig zu sein, immer perfekter.

An dieser Stelle könnten wir uns fragen: „Wieso muss man denn überhaupt Verdienst aufbauen, wenn doch alles wie ein Traum ist und nicht wirklich existiert? Die guten geistigen Eindrücke existieren dann doch auch nicht wirklich!" Die Antwort ist hier, dass wir im Daseinskreislauf feststecken, in dem wir sehr wohl Leid und Glück erleben. Und es ist viel angenehmer, glücklich zu sein als zu leiden. Und Glück wiederum hängt davon ab, wie viele gute geistige Eindrücke wir aufgebaut haben.

Vor allem aber: Um langfristig Erleuchtung, das perfekte Dauerglück zu erreichen, benötigen wir ebenfalls sehr, sehr viel Verdienst.

Auch hilft uns Verdienst dabei, buddhistische Erklärungen besser zu verstehen.

So schaut man vielleicht in ein buddhistisches Buch und kann nichts damit anfangen. Dann engagieren wir uns in buddhistischen Aktivitäten, zum Beispiel Meditation oder ehrenamtliche Mitarbeit bei vor allem buddhistischen oder auch gemeinnützigen Projekten. Etwas später räumen wir dann das Bücherregal auf. Möglicherweise werfen wir nebenbei mal wieder einen Blick in dieses Buch.

Diesmal allerdings können wir es kaum noch aus der Hand legen und sind völlig überwältigt und inspiriert von dem, was dort steht. Wir lesen bis tief in die Nacht und gleich morgens beim Frühstück und in der U-Bahn weiter.
Was ist da passiert? Tatsächlich haben wir Verdienst aufgebaut, und das führt dazu, dass, bildlich ausgedrückt, eine Türe aufgegangen ist.

Geben mit Liebe und Mitgefühl vermindert, wie erwähnt, unsere Anhaftung an uns selbst, und dadurch wird unsere Weisheit für uns zugänglicher. Auch dadurch werden buddhistische Erklärungen verständlicher.

Wohingegen das Abgeben oder Schenken mit Erwartung ein Hinweis darauf ist, dass Anhaftung vorhanden ist und vielleicht sogar zunimmt. Wenn wir also beispielsweise unserer Herzenslehrerin eine Gabe darbringen, sie beachtet es aber kaum und uns das irgendwie doch etwas beschäftigt, ist das ein Hinweis darauf, dass wir eine Erwartung hatten, also anhaften. Wieso sollte es uns sonst stören?

Weiter hilft Geben dabei, dass wir uns öffnen, es ist aber auch wiederum Offenheit nötig, um großzügig zu sein.
Weiter reduziert Freigiebigkeit und das damit verbundene Nachlassen unserer Begierde unsere Furcht vor Leerheit. Dabei ist zu sagen, dass Leerheit nicht nichts bedeutet. Leerheit bedeutet, vom Greifen nach einem Ich frei zu sein.

Schließlich ist Großzügigkeit Bestandteil der vier Arten, fühlende Wesen anzuziehen, diese sind:

1. Großzügigkeit.
2. Beim Erklären der Lehre Buddhas angenehm sprechen.
3. Den Bedürfnissen eines jeden fühlenden Wesens entsprechend lehren.
4. Sich im Einklang damit verhalten, was man lehrt.

So hat das Gute, das wir für andere bewirken, auch folgende Vorteile:

1. Sie vertrauen einem.
2. Sie folgen einem.
3. Sie tun, was wir ihnen sagen (natürlich Sinnvolles!)

Handeln wir auf Grundlage der Lehre Buddhas, können wir ihnen somit helfen.

In den klassischen Texten werden drei grundlegende Arten von Großzügigkeit gegenüber fühlenden Wesen aufgeführt. Diese sind:

1. Materielle Dinge geben.
2. Furchtlosigkeit geben.
3. Buddhas Lehre, den Dharma, geben.

Bezüglich der Gabe materieller Dinge werden drei Vorteile genannt:

1. Wir sammeln gute geistige Eindrücke an.
2. Um das, was wir gegeben haben, brauchen wir uns keine Sorgen mehr zu machen.
3. Wir müssen das, was wir weggegeben haben, nicht mehr bewachen und uns nicht mehr darum kümmern. Daher besteht auch keine Gefahr mehr, dass wir deswegen unangemessen handeln.

Auch entstehen aus dem, was wir gegeben haben, als Ergebnis Reichtümer, beziehungsweise, es führt dazu, dass wir (mindestens) genug haben. Wenn eine Person also wohlhabend ist, muss sie in der Vergangenheit in der richtigen Weise großzügig gewesen sein. Statt hier neidisch zu sein, was dazu führt, dass man genau das nicht bekommen wird, was man neidet, wäre es gut, wenn wir Mitfreude üben. Damit wächst auch die Chance, dass man das, was man neidet, also auch so gerne selbst hätte, ebenfalls erhalten kann.
Wenn jemand also viel hat und es dann auch noch gut einsetzt, um für sich selbst und für andere die Lehre Buddhas zu erschließen, ist das überaus erfreulich. Es ist überhaupt kein Grund für Neid.

Weiter ist es aber auch grundlegend nützlich, wohlhabend zu sein, um die Wünsche anderer zu erfüllen.

Aus dem, was man zurückhält, entsteht hingegen kein Wohlstand. Und die anderen Vorteile finden sich auch nicht ein. Im Gegenteil, es entstehen durchaus Nachteile. So sagte Paldabum zu ihrem Lehrer Milarepa, dass sie von morgens bis abends die Magd von Essen und Kleidung sei.

Auch ist es wichtig, Mittel zusammenzutragen, die nötig sind, um die Lehre Buddhas üben zu können.

Also beispielsweise genug freie Zeit dafür zu haben, in der wir nicht arbeiten müssen. Dafür müssen wir einmal großzügig gewesen sein. Oder jetzt sein, damit wir diese guten Umstände später haben werden.

Es gibt zu Großzügigkeit viele weitere Erklärungen. Beispielsweise, welche Gabe welches Ergebnis hat. So werden wir beispielsweise unter anderem stark, wenn wir anderen Essen geben.

Allgemein können wir sagen, dass materielle Gaben vor allem Verbesserungen im materiellen und damit auch im körperlichen Bereich hervorbringen.

Das Geben von Furchtlosigkeit führt dazu, dass wir von Maras (Hindernissen auf dem Weg zur Erleuchtung) nicht beeinträchtigt werden. Weiter werden wir außerordentlich viel Kraft haben.

Furchtlosigkeit geben wir beispielsweise, wenn wir Leben retten, auch das von Tieren. Gehen wir also im Nymphenburger Schlosspark spazieren, können wir die Gelegenheit nutzen, um darauf zu achten, ob Tiere in Not sind. Wie zum Beispiel ein kleiner Regenwurm, der sich auf den Gehweg verlaufen hat. Diesen können wir dann sehr, sehr vorsichtig auf ein weiches Blatt Papier transferieren und ins feuchte Gras legen. Das kann man auch tun, wenn man (fast) gar kein Geld hat. Der Schlosspark kann nämlich ohne Eintritt von allen betreten werden, auch dazu haben wir durch das Bezahlen von Steuern einen Beitrag geleistet.

Die wichtigste Art der Großzügigkeit ist aber die Gabe des Dharma. Der Nutzen ist unermesslich, für andere und für uns selbst.

In den Texten finden wir schließlich folgende Zusammenstellung von Vorteilen, die das Geben der Lehre Buddhas mit sich bringt:

1. Wir werden bald mit Buddhas zusammentreffen.
2. Wir erhalten Zugang zu ihnen.
3. Wir schließen uns ihnen an.
4. Alle unsere Wünsche werden schnell in Erfüllung gehen.

Es wird auch beschrieben, dass wir durch das Geben der Lehre Buddhas an die, die den Dharma möchten, von allen Schleiern (Begrenzungen) befreit werden.

Grundsätzlich hat fortlaufende Großzügigkeit auch einen Einfluss darauf, wie wir aussehen. So hat Buddha Shakyamuni über Zeitalter hinweg anderen zu essen und zu trinken gegeben. Ein Ergebnis davon ist seine altersunabhängig faltenfreie Haut. Sie ist eines der Merkmale eines Buddhas oder einer Buddha. Auch hat er anderen immer und immer wieder exzellente Behausungen angeboten. Eine Folge davon ist seine stets makellose und feine Haut.

Oder er hat hat unter anderem seine Zeit dafür verwendet, um sich um die zu kümmern, die andere abstoßend fanden, und um Kranke, Alte und Schwache. Ein Ergebnis davon ist, dass Buddha alles bestens schmeckt, egal, was es ist. Das bedeutet, ein Espresso schmeckt Buddha stets vorzüglich, egal, ob er kalt oder warm ist. Gleichzeitig haben Buddhas keine Anhaftung an Espresso.

Was geben wir tatsächlich?

Unabhängig davon, was wir geben, und es werden weitere Beispiele dafür folgen, was wir geben könnten: Es ist in der Essenz Glück, das wir schenken möchten. Und zwar neben dem befristeten Glück vor allem das unbefristete Glück, beziehungsweise den Zugang dazu.

Warum aber sollen wir im Rahmen der Sieben Übungen den Buddhas und Bodhisattvas und anderen Repräsentantinnen und Repräsentanten der Erleuchtung Glück schenken? Sie sind doch, wie wir wissen, im Gegensatz zu uns, schon ungetrübt glücklich.
Der Grund ist, dass wir an diesem, unserem befristeten Glück anhaften. Und wenn wir an etwas festhalten, werden wir leiden, wenn wir es wieder verlieren. Geben wir das, was uns glücklich macht, den Repräsentantinnen und Repräsentanten der Erleuchtung, geistig oder tatsächlich, ist das Ergebnis eigenes befristetes, vor allem aber unbefristetes Glück. Tatsächlich ist es den Repräsentantinnen und Repräsentanten der Erleuchtung auf einer von uns projizierten, aber nicht wirklich vorhandenen, persönlichen Ebene für sich selbst einerlei, ob sie etwas erhalten oder nicht, oder ob sie etwas Gutes oder Schlechtes erhalten. Sie sind frei davon, dass ihr Glück von etwas abhängt. Es geht hier um uns.
In Bezug auf fühlende Wesen ist es allerdings etwas anders. Denn sie erleben Leid und Glück. Und durch unsere Großzügigkeit möchten wir einen unglücklichen Geist in einen glücklichen Geist verwandeln. Die tatsächliche Gabe ist es also, im Geist der anderen Person Glück entstehen zu lassen.

Und da wir Glück über die fünf Sinne erfahren, ist es hilfreich, das zu geben, was diese Sinne erfreut. Also etwas, das Augen, Ohren, Nase, Geschmackssinn beziehungsweise den Tastsinn anspricht.

Aber auf einer tieferen Ebene gibt man beispielsweise Licht nicht allein, um sich daran zu erfreuen oder damit eine andere Person befristet glücklich ist. Denn unser grundlegendes Problem ist Unwissenheit und das Licht ist ein Symbol für die Weisheit, die diese Unwissenheit, entfernt. So entspricht die mentale Dunkelheit der Unwissenheit. Und das Licht steht für Weisheit. Wir geben also tatsächlich Weisheit.

Wenn wir daher etwas erwerben und dann haben, so kann es eine Quelle für Glück werden, wenn wir es mit denen, die Erleuchtung repräsentieren und mit fühlenden Wesen in passender Weise teilen oder es ihnen geben.

So können wir Materielles mit mentalem Glück verbinden. Wenn wir diese Werkzeuge, das, was wir haben, allerdings ungeschickt einsetzen, entsteht daraus Leid.

Weiter beschützen wir den Geist anderer durch unsere Freigiebigkeit vor leidbringenden Verhaltensweisen. Beispielsweise lässt ihr Neid nach, wenn sie von uns etwas erhalten, was sie selbst nicht haben, sich aber wünschen.

Aber um es nochmals auszuführen: In Wirklichkeit wünschen sich alle fühlenden Wesen Befreiung und Erleuchtung, wissen das aber meistens nicht. Insofern ist die beste Gabe an die fühlenden Wesen, dass wir ihnen helfen, den Weg zu finden und zu gehen, der ihnen am meisten nützt: Es ist der Weg, der zu Befreiung und Erleuchtung führt.

Auf uns selbst bezogen üben wir dabei weiter, beim Geben die Vorstellung (auf)zu geben, dass da ein Subjekt, ein Tun und ein Objekt seien.

Geben, wo immer wir sind

Lange begleitet einen vielleicht die Idee, nur formale Meditation auf dem Kissen wäre „richtige" Meditation. Und nur formales Üben, so wie man sich das eben vorstellt, wäre „richtiges" Üben. Dabei will man sich auch nicht stören lassen. Tatsächlich ist das nicht falsch. Wir brauchen einfach formale Meditation, um voranzukommen. Und wir brauchen auch Freiraum und Ressourcen, um uns beispielsweise immer wieder in Ruhe tiefergehend mit einer Meditation befassen zu können. Oder zu planen, was wir im Alltag üben wollen. Insgesamt benötigen wir also ein gutes Gleichgewicht zwischen Alltag und Rückzug. Das heißt, auch formale Praxis auf dem Kissen ist wichtig. Und es kann hilfreich sein, zum Beispiel einzelne freie Tage oder Wochenenden dafür zu nutzen.

Aber immer mehr lernen wir in jeder Situation, selbst wenn sie unvorhergesehen ist, zu üben.

Vielleicht ruft eine Freundin an, die sich gerade sehr alleine fühlt. Sie möchte gerne mit uns ins Kino gehen. Wir haben aber eigentlich keine Zeit dafür. Sie aber wünscht sich an diesem Samstagnachmittag so sehr jemanden, die oder der sie begleitet. Wie können wir den Kinobesuch also nutzen? Denn wir haben dann doch zugestimmt, sie zu begleiten.

Es gibt hier viele Möglichkeiten: Während der Werbephase können wir die oder den Lama vor uns entstehen lassen. Dann strahlen die drei Lichter aus Stirn, Kehle und Herz in unsere Stirn, unsere Kehle und unser Herz. Anschließend löst sie oder er sich in Licht auf und verschmilzt mit uns. Vorher nehmen wir Zuflucht und vergegenwärtigen Bodhicitta, anschließend widmen wir. Die Widmung ist tatsächlich ebenfalls Geben, denn wir teilen das Gute, das gerade entstanden ist, mit allen fühlenden Wesen.

Auch können wir während des Films die Perlen einer Mala, einer buddhistischen Zählkette, durch unsere Finger gleiten lassen. Obwohl wir die nötige Präsenz vermutlich nicht aufbringen werden und das Risiko besteht, das wir uns dieses Nebenbei angewöhnen. Aber auch körperliche Handlungen sind kraftvoll, und es macht einen Unterschied, ob wir eineinhalb Stunden im Kino waren und die Perlen der Mala bewegt haben oder nicht. Selbst wenn wir abgelenkt waren. Vorher ist es, wie immer gut, Zuflucht zu nehmen und sich an die erleuchtete Geisteshaltung zu erinnern. Nach dem Üben widmen wir das Gute.

Wir können während des Filmes aber auch trainieren, möglichst präsent zu sein. Dann wird der Kinobesuch eine Übung in Bewusstheit, die wir auch grundsätzlich benötigen, um anderen effektiv helfen zu können.

Wir können auch unseren Geist beobachten, während wir den Film schauen. Welche Gefühle haben wir? Leiden wir sehr, wenn Darth Vader Luke Skywalker die Hand abschlägt? Und erkennen wir, dass das alles „nur" ein Film ist?

Und wenn wir das Leid in dem Film sehen, kann es uns daran erinnern, dass es Leid gibt und dass wir uns bemühen wollen, eine Richtung einzuschlagen, durch die wir selbst und alle fühlenden Wesen langfristig frei von Leid werden. Alles das, und noch viel mehr, können wir während eines Kinofilmes machen. Und wenn wir es nicht für uns selbst, sondern für alle fühlenden Wesen tun, ist es eine Form von Großzügigkeit.

Natürlich kann man auch den Film ansehen, ohne diese Dinge zu üben. Man sammelt dann ebenfalls etwas Gutes an, weil man in das Kino gegangen ist, um der Freundin zu helfen; und nicht primär nur für das eigene Vergnügen.

Angemerkt sei aber nochmals, dass es auch Situationen gibt, in denen wir konsequent dem eigenen Plan folgen sollten, beispielsweise, wenn wir zu einem wichtigen buddhistischen Kurs fahren wollen. Dann werden wir einer Freundin, wenn sie uns nicht wirklich äußerst dringend braucht, einen Kinobesuch abschlagen müssen. Eventuell können wir aber in der Zeit, die wir noch haben, etwas anderes für sie tun. Beispielsweise etwas Nettes schreiben.

Ein anderes Beispiel: Wir könnten an einem Sonntagnachmittag im Café in München sitzen.

Weil alle Tische besetzt sind, setzen wir uns zu jemandem, der in die Tageszeitung vertieft ist. Und wir haben uns die aushängende englischsprachige Zeitung geholt. Nicht zuletzt, weil wir die Beschreibungen des regelmäßig weltweit problematischen Geschehens als Ansporn verwenden möchten, damit wir nicht faul werden, weil ja alles für uns derzeit so angenehm ist. Auch ist es hilfreich für unsere englischen Sprachkenntnisse, damit wir auf internationalen buddhistischen Kursen die Erklärungen besser verstehen können. Vielleicht kommen wir nach einiger Zeit ins Gespräch mit dieser anderen Person, die auch am Tisch sitzt. Und schließlich ergibt es sich, dass wir ihr das Mantra geben können, von dem Buddha Shakyamuni im „Forcefull Waterfall Sutra" sagt, dass das einmalige Sehen die negativen geistigen Eindrücke bereinigt, die in 300 000 000 Weltzeitaltern angesammelt wurden. Denn wir könnten einige Kopien dieses Mantras in der Handtasche haben, für derartige Gelegenheiten. Damit haben wir in den Sonntagnachmittag etwas Nützliches eingeflochten und waren freigiebig in Bezug auf die Lehre Buddhas. Angemerkt sei, dass es dieses Mantra auch bei den Instituten von Garchen Rinpoche gibt. Auch könnte man Buddha Amitabha erwähnen, was sehr segensreich ist. Später dazu mehr.

Tatsächlich sollten wir jede Gelegenheit nutzen, um großzügig zu sein. Und wenn es ein Cent ist, wenn wir wenig haben, den wir in eine Sammelbüchse für etwas Sinnvolles hineinwerfen. Aber natürlich benötigen wir selbst auch Dinge, wie etwas zu essen. Das heißt, alles können wir derzeit noch nicht hergeben.

Aber wir können üben und uns mit Freude und ohne Druck fortlaufend verbessern.

Zwei Männer und das Ich

Irgendwo auf unserer blauen Murmel in den Weiten des Weltalls befanden sich zwei Männer auf einem sehr hohen Gebäude. Sie saßen am Rand des Daches, ließen ihre Beine baumeln und zogen an selbstgedrehten Zigaretten. Daneben standen die beiden halb ausgetrunkenen Flaschen Bier. Vielleicht waren sie aber auch halb voll. Jedenfalls waren es die jeweils achten Flaschen an diesem Abend. Die Sonne, die als großer roter Ball am zunehmend blau, rot, orange gefärbten Abendhimmel stand, näherte sich, in für diesen Tag finalem Countdown, dem Horizont.

Die beiden Männer saßen dort, schweigend, mit ausgestellten Smartphones.

Da sagte einer zum anderen: „Du, Peter, ich muss Dir jetzt etwas sagen. Deine Frau Maria hat Dich nicht erreicht, deshalb hat sie in der Firma angerufen. Und die Chefin meinte, jemand muss es dir sagen. Aber ehrlich, Mann, ich kenne dich ja fast nicht, ich weiß jetzt wirklich nicht, wie ich es dir sagen soll. Also, hm, es tut mir so leid.

Ehrlich, wie soll ich dir das jetzt sagen? Also, es ist so: Deine Tochter ist mit dem Hund spazierengegangen. Dann war da der LKW. Und, es tut mir so leid. Es hat einen schweren Unfall gegeben. Sie wurde noch ins Krankenhaus gebracht. Die Ärzte dort haben alles versucht, einfach alles; aber es war nichts mehr zu machen. Wirklich, es tut mir unendlich leid.

Da ist der andere Mann wie starr und für Momente hat er das Gefühl, er stünde neben sich. Es dauert Minuten, bis die Nachricht beginnt, bei ihm anzukommen. Es ist wie in einem schlechten Film, es kann doch einfach nicht wahr sein! Sein einziges Kind, seine über alles geliebte Tochter, soll gestorben sein. Am liebsten würde er schreien, aber er bringt nicht einen einzigen Ton heraus. Der Schmerz ist zu brutal und er weiß nicht aus noch ein. Nur nichts mehr spüren, nichts hören. Und vor allem nicht fühlen. Nicht denken, an sein Kind, ihr Lachen, das er jetzt nie mehr hören wird. Da fällt sein Blick auf den Abgrund, auf die Tiefe. Sie erscheint ihm wie eine Erlösung, wie ein Ausweg. Und so springt er hinab.

In dem Moment, in dem er fällt, ganz oben noch, denkt er aber plötzlich: „Aber ich habe doch gar keine Tochter!"

In der Mitte denkt er: „Ich bin doch überhaupt nicht verheiratet!"

Und dann bevor er unten ankommt, fällt ihm ein: „Und ich heiße auch gar nicht Peter!"

Doch kurz, bevor er unten ankommt denkt auf einmal intensiv an seine Lama. Wäre sie ihm doch vorher eingefallen!
Diese etwas extremere Geschichte zeigt, welche Probleme daraus erwachsen können und werden, wenn man etwas mit „Ich", oder hier mit „Mein" etikettiert. Das kann sogar zu einer derart problembildenden Tat wie Selbstmord führen.

Alles, was „'Ich" und „Mein" ist, muss man allerdings zurücklassen, spätestens, wenn man stirbt. Es wird sehr weh tun, wenn man nicht beizeiten übt, Anhaftung zu vermindern und aufzugeben.

Üben wir Geben, so hilft uns das auch im Sterbeprozess

Das Reduzieren von Anhaftung hilft uns, wenn wir mit dem Tod umgehen müssen. Und zwar mit dem Tod anderer lieber Menschen. Weiter mit dem eigenen Tod, dem eigenen Sterbeprozess. Und gerade beim Sterben ist der dann vorherrschende Geisteszustand entscheidend dafür, wie es mit uns weitergehen wird.

Allgemein kann man sagen, dass man sich Tag für Tag sehr anstrengt, um Dinge zu erreichen. Allerdings wird man sie, wenn man dieses Leben verlässt, definitiv nicht mitnehmen können. Im Gegenteil, man wird dann dadurch sogar Leid erfahren, eben weil man anhaftet. Dabei wird das Ausmaß des eigenen Leidens vom Ausmaß der eigenen Begierde bestimmt werden.

Man wird also den eigenen Besitz, Beruf, die Freunde und die Familie nicht mitnehmen. Die eigene Rede, das, was man sagt und schreibt, wird zurückbleiben. Auch den eigenen Körper nimmt man nicht mit. Der Körper ist eine Leihgabe der Elemente, er bleibt zurück und zerfällt. Denn in diesem Leben sind Geist und Körper zusammen, im Tod jedoch trennen sie sich wieder. Wesentlich ist es, zu wissen, dass da allerdings etwas ist, was wir mitnehmen werden. Es sind unsere glückbringenden und problembildenden geistigen Eindrücke. Diese nehmen wir in das nächste Leben mit und in weitere Leben, soweit sie nicht aufgebraucht werden. Daher ist es sinnvoll, unsere derzeitigen vergleichsweise luxuriösen Umstände unter anderem dafür zu nutzen, um glückbringende geistige Eindrücke aufzubauen und leidbringende Geisteseindrücke zu vermindern. Sowie möglichst wenig gute geistige Eindrücke zu verbrauchen und keine neuen leidbringenden geistigen Eindrücke aufzubauen. Und haben wir beizeiten geübt, weniger anzuhaften, wird das Leid beim Sterben und danach auch geringer sein. Angemerkt sei, dass wir das, was wir gelernt haben, in gewisser Weise in zukünftige Leben mitnehmen. Es kann sich als besonderes Talent zeigen. Nützliche Dinge zu lernen, ist also sinnvoll.

Sehr wichtig ist es auch, beim Sterben im Geist zu halten, dass wir alles Gute auf die Erleuchtung aller fühlenden Wesen ausrichten wollen. Tut man das nicht, besteht das Risiko, dass man, wenn man viele gute geistige Eindrücke hat, diese im nächsten Leben für Negatives einsetzt. Dann verliert man alles wieder, und, noch schlimmer: Man bewirkt Leid.

Schließlich ist es wichtig, dass wir unsere Angelegenheiten rechtzeitig regeln, damit wir jederzeit ohne Bedauern sterben können. Und ohne sich noch um Vieles kümmern und sorgen zu müssen, was auch Ausdruck von Anhaftung ist.

Auch ist es für die, die erhalten, was uns einmal gehört hat, negativ, wenn sie beginnen, sich zu streiten, weil wir nicht beizeiten entschieden und festgelegt haben, was wer erhalten wird. Setzt der Streit ein, während wir sterben oder unmittelbar danach, ist es für uns selbst auch nicht gut.

Diese Vorbereitungen schließen ein, dass wir uns frühzeitig Gedanken darüber machen, wie andere, die von uns abhängen, versorgt werden sollen. Weiter ist es hilfreich, wenn wir uns überlegen, ob und wieviel wir für buddhistische Zwecke geben möchten. Denn das hilft anderen und uns selbst dauerhaft. Auch ist es sinnvoll, wenn wir einen Teil dessen, was wir haben, an Bedürftige geben.

Um das tun zu können, müssen wir nicht wohlhabend sein. Wie immer hängt sehr viel von unserer Motivation und von unseren Wünschen ab. Weiter stellt sich die Frage, was wir in Bezug auf unseren eigenen toten Körper festlegen möchten. Das bedeutet, dass wir überlegen sollten, ob, und wenn ja, welche Organe wir spenden möchten, damit wir noch nützlich sein können. Schließlich ist es für Buddhistinnen und Buddhisten gut, festzulegen, was mit den eigenen buddhistischen Objekten geschehen soll; Das bezieht sich zum Beispiel auf gefüllte Statuen, Meditationstexte und Bücher. Oder Mitschnitte von Unterweisungen, vor allem, wenn wir die einzige Aufzeichnung haben.

Denn es gehört sehr wohl auch zum Lebensstil als Bodhisattvas, sinnvoll zu planen und Vorkehrungen zu treffen, wo diese nötig sind.

Vor allem aber ist es wichtig, dass wir uns frühzeitig damit vertraut machen, was im Sterbeprozess und im Zwischenzustand wichtig ist. Empfehlenswert ist hier, dass wir unser Streben darauf ausrichten, nach Dewachen, dem Reinen Land von Buddha Amitabha, zu gelangen. Denn dort ist Leid regelmässig nahezu sofort für immer vorbei, und es ist dort wunderschön. Einige Erklärungen dazu, wie wir dorthin gelangen, folgen noch.

Es ist auch wirklich wichtig, sich sehr, sehr bald darum zu kümmern, wie wir dafür sorgen können, dass die nächste Wiedergeburt sehr gut wird, selbst wenn man nicht in Dewachen wiedergeboren wird. Schließlich könnten wir jederzeit sterben, und dann ist es dafür zu spät. Daher wäre es das Beste, gleich heute damit anzufangen, Vorbereitungen für eine gute Wiedergeburt zu treffen. Zum Beispiel, indem wir das im Kapitel mit den vorformulierten Texten aufgeführte kurze Wunschgebet für eine Wiedergeburt in Dewachen auswendig lernen und abends regelmässig vor dem Einschlafen wiederholen. Dieses Gebet wurde von der Autorin dort auch aus diesem Grund eingefügt. Damit wir es eben jetzt aufschlagen können und nicht lange suchen müssen. Das Vorhaben, es jeden Abend zu sagen, können wir in unseren Kalender eintragen. Für jeden Abend können wir jeweils am nächsten Tag prüfen, ob wir unserem Vorhaben treu geblieben sind. War das einmal nicht der Fall, sollte man sich aber nicht schuldig fühlen, sondern sich schlicht vornehmen, es diesen Abend nicht zu vergessen. Daher legen wir am Besten eine Kopie auf unser Kopfkissen.

Vier besonders segensreiche Empfängerinnen und Empfänger

Wir sollten unsere Ressourcen möglichst effektiv einsetzen, um uns möglichst schnell zum Besten aller fühlenden Wesen zu verbessern.

Nicht zuletzt daher folgen Informationen dazu, welche vier Gruppen von Empfängerinnen und Empfängern für Gaben oder Geschenke besonders segensreich sind:

1. Die Repräsentantinnen und Repräsentanten der Erleuchtung.
Der Grund ist ihre bereits beschriebene Geisteshaltung, die völlig auf den
Nutzen anderer ausgerichtet ist. So werden Buddhas und Bodhisattvas jede
erdenkliche Schwierigkeit auf sich nehmen, um anderen zu helfen und ihnen
zu geben, was diese wirklich benötigen. Von der geistigen Einstellung her
erwarten sie nichts zurück, sie sind sehr glücklich, etwas geben zu können.
Dadurch, dass wir den Drei Juwelen (Buddha, Dharma und Sangha) und den
Drei Wurzeln (Lama, Yidam und Schützerinnen oder Schützer) oder anderen
Repräsentantinnen und Repräsentanten der Erleuchtung etwas darbringen,
können wir uns mit ihrem nicht getrübten Zustand verbinden und mit ihren
Projekten zum Nutzen aller fühlenden Wesen. Wir machen also durch Gaben
an diese makellosen Empfängerinnen und Empfänger getrübtes Geben zu
weniger getrübtem bis ungetrübtem Geben. Es ist vielleicht auch ein bisschen
so zu sehen, wie wenn wir aus Blei Gold machen würden.
2. Denen, die etwas besonders dringend benötigen.
Wenn wir jemandem mit Nahrung das Leben retten, so fällt das unter diesen
Punkt. Aber auch, wenn wir einen Hund, der uns sehnsüchtig anschaut,
streicheln und der sich riesig freut, weil er sonst fast nie gestreichelt wird.
Angemerkt sei, dass es hier hilfreich ist, dorthin zu geben, wo wir viele
erreichen. Allerdings bedeutet es wiederum nicht, dass wir einzelne oder
wenige Bedürftige nicht bedenken.
3. Diejenigen, denen wir sehr viel zu verdanken haben.
Hier ist im Regelfall das wichtigstes Beispiel unsere derzeitige eigene
Mutter. Sie hat ihr Leben, ihre Gesundheit und mehr riskiert, damit wir diesen
Körper und dieses Leben erhalten konnten. Es heißt auch, sie sei wie ein
zweiter Buddha für uns. Weiter unser Vater, der möglicherweise auch sehr,
sehr viel für uns getan hat. Oder jemand, die oder der uns das Leben
gerettet hat. Aber auch die Person, die uns mit dem Dharma in Verbindung
gebracht hat, ist jemand, die uns immens geholfen hat. Dieser Mensch ist die
vielleicht bedeutendste Person für uns in diesem Leben. Auch ihr könnten wir
bei Gelegenheit etwas schenken. Zum Beispiel eine Blume und uns bei
dieser Gelegenheit bedanken.
4. Alle, die uns schaden, also unsere Gegnerinnen und Gegner.
Das mag verwunderlich sein. Ein Grund ist aber, dass diese Vorgehensweise
die Situation drehen kann. Weiter kostet es uns viel Überwindung, wir stoßen
hier also sehr direkt auf unsere Anhaftung (an uns selbst und unsere Ideen)
und unsere Abneigung (gegenüber der Gegnerin oder dem Gegner und deren
oder dessen Vorstellungen). Oder anders ausgedrückt: Wir sind deutlicher mit
unserem Ich konfrontiert und haben eine besonders wertvolle Gelegenheit,
das Haften daran zu vermindern. Auch zeigen uns unsere Feinde, dass wir
noch schwierige Geisteszustände haben. Sie sind damit eigentlich sehr gütig,
und wir sollten sie sehen wie spirituelle Lehrerinnen oder Lehrer. Dazu
kommt, dass die, die uns feindlich gesinnt sind, früher einmal sehr freundlich
zu uns waren. Wir jedoch haben etwas getan, was für sie nicht gut war. Das
Ergebnis davon ist, dass sie uns heute als Gegnerinnen und Gegner
erscheinen. Das heißt, man selbst hat den Fehler gemacht.

Was aber tun wir im Alltag, wie können wir diese Informationen verwenden?

Angenommen, wir haben eine Blume als Geschenk erhalten. Meistens folgt man dann seinen Gewohnheiten, man macht also mit der Blume, was man bisher mit Blumen gemacht hat. Vermutlich wird man sie also irgendwo in der eigenen Wohnung platzieren und sich hoffentlich daran erfreuen.

Haben wir mehr Informationen, mehr Freiheit und mehr Raum, gibt es weitere Möglichkeiten. So können wir die Freude über die Blume den Buddhas und Bodhisattvas schenken. Und wir können ihnen auch die Blume selbst im Geist als Gabe darbringen. Oder wir geben diese Blume in Gedanken unserer Lama oder unserem Lama oder unserem Yidam. Wir können sie ganz konkret auf einen buddhistischen Altar oder vor ein Bild der Grünen Tara stellen. Und zwar im Namen der Person, die uns die Blume gab. Wichtig ist es, das Gute der raschen und leichten Erleuchtung aller fühlenden Wesen zu widmen.

Und zwar in der Art, wie die Buddhas und Bodhisattvas widmen. Diese Varianten der Verwendung einer geschenkten Blume wären sehr segensreich, denn die Empfängerinnen und Empfänger dieser Blume gehören zum unter Punkt eins des weiter oben genannten Personenkreis.

Es gibt eine weitere Information dazu, dass diejenigen, denen wir etwas geben, in Bezug auf die entstehenden guten geistigen Eindrücke nicht gleich sind. Denn es heißt, dass:

1. zweitausend normale Personen als Empfänger von Gaben einem reinen Brahmanen entsprechen;
2. zweitausend Brahmanen einem Mönch entsprechen;
3. zweitausend Mönche einem makellosen Mönch entsprechen;
4. zweitausend makellose Mönche einem mit Weisheit versehenen Mönch entsprechen;
5. zweitausend mit Weisheit ausgestattete Mönche einem buddhistischen Meister entsprechen. Oder selbstverständlich einer buddhistischen Meisterin, denn es kommt nicht auf das Geschlecht an, sondern auf die Verwirklichung.

An dieser Auflistung wird nicht nur deutlich, dass der Verdienst je nach Empfängerin oder Empfänger verschieden sein kann.

Es zeigt auch einmal mehr die Wichtigkeit, die eine oder ein Lama für uns hat, vor allem, wenn sie oder er voll verwirklicht ist. Beziehungsweise, wenn wir sie oder ihn so sehen können.

Bevorzugen wir denn dann nicht einige?

„Aber wieso soll ich beim Geben einige bevorzugen, wenn wir doch allen helfen sollen?", fragen wir uns vielleicht inzwischen doch.

Das ist eine sinnvolle Frage und Überlegung.

Tatsächlich ist es auch gut, von der Geisteshaltung her, entschlossen zu sein, allen zu helfen und alle und alles als gleichwertig anzusehen.

Bei den sinnvollsten Empfängerinnen- und Empfängergruppen geht es aber darum, gute geistige Eindrücke für die Erleuchtung aller fühlenden Wesen aufzubauen. Das bedeutet, wir denken dabei nicht nur an uns selbst, sondern an alle. Und wir versuchen, Gutes da aufzubauen, wo es am effektivsten ist. Auch werden wir derzeit schwerlich alle fühlenden Wesen als gleichwertig oder als Buddhas sehen können.

Weiter schaffen wir mit der Bevorzugung von besonders Bedürftigen keine Ungleichheit, sondern Gleichheit. Das heißt, wir gleichen die Ungleichheit, den Mangel, da aus, wo er am stärksten ist. Und wo wir gerade die Möglichkeit dazu haben. Wir geben also zum Beispiel 10 Euro der, die keinen Euro hat. Der, die schon 100 Euro hat, geben wir tendenziell kein weiteres Geld.

Wir unterstützen mithin grundsätzlich nicht mit 5 Euro die, die nichts hat und mit 5 Euro die, die schon über 100 Euro verfügt. Hiervon mag es Ausnahmen geben.

Denn die Besitzerin der 100 Euro benötigt vermutlich keine weiteren 5 Euro. Vielleicht aber etwas anderes, möglicherweise ist es gerade ein Schluck Wasser. Oder jemanden, die oder der sie ermuntert, von den 100 Euro 5 Euro jemand anderem zu geben, die oder der überhaupt nichts hat, keinen einzigen Euro also.

So generieren wir tatsächlich mehr Gleichheit, indem wir die beiden scheinbar in diesem Moment ungleich behandeln. Wesentlich ist, wie immer, unsere gute Motivation.

Würde man nämlich der reicheren Person beispielsweise aus Neid nichts geben, dann wäre das weniger gut.

Die vier Arten von Gästen bei der Chöd Praxis

Angemerkt werden soll hier, dass es bei der Chöd-Praxis vier Gruppen von Gästen gibt. Diese sind nicht identisch mit den im vorigen Kapitel genannten vier Gruppen von Empfängerinnen und Empfängern.

Der Vollständigkeit halber und um das Verständnis zu verbessern, werden die vier Arten von Gästen hier aufgeführt:

1. Gäste über uns, das sind die Repräsentantinnen und Repräsentanten der Erleuchtung:
1.1. Gäste des Respekts, wie unser Lama oder Buddha.
1.2. Gäste der Qualitäten, das sind die Schützerinnen und Schützer, hier sind die Yidams enthalten.

2. Gäste unter uns:
2.1. Diejenigen, die Bezugspunkte unseres Mitgefühls sind. Es sind die fühlenden Wesen der sechs Daseinsbereiche.
2.2. Diejenigen, bei denen wir karmische Schulden haben.

Gaben an das Höhere Feld der Ansammlung im Alltag

In einer von Buddhas Lehrreden heißt es:

> „Alles Glück und alle Freude der drei Bereiche
> entsteht durch Gaben an die Drei Juwelen.
> Wenn wir also Glück und Wohlergehen erreichen möchten,
> ist es notwendig,
> die Praxis der Darbringungen an die drei Juwelen auszuführen."

(Siehe Zitateliste Seite 569-572)

Wie weiter oben schon erwähnt wurde, ist das Geben an die vier Gruppen von Empfängerinnen und Empfänger besonders segensreich.
Die Repräsentantinnen und Repräsentanten der Erleuchtung gehören in diese Gruppe, sie stehen an erster Stelle. Üben wir Freigebigkeit ihnen gegenüber, dann verbinden wir unsere Praxis des Gebens mit denen, die bereits fast oder ganz dort sind, wo wir auch so gerne hin möchten. Das ist eine sehr segensreiche Vorgehensweise, und daher ist unsere Praxis im Rahmen der Sieben Übungen auf sie ausgerichtet. Wie schon erwähnt wurde, ist die oder der eigene Wurzellama das höchste Feld der Ansammlung.
Wichtig ist beim Geben weiter, die Repräsentantinnen und Repräsentanten der Erleuchtung zu bitten, die Gaben anzunehmen. Denn das wirkt dem eigenen Stolz entgegen. Sowie der falschen Ansicht, dass die Buddhas und Bodhisattva froh sein können, wenn sie etwas von einem erhalten.
Geben wird auch im Rahmen der Sechs Befreienden Handlungen geübt. Hier verwenden wir als Bezeichnung aber eher den Begriff „Großzügigkeit" oder auch „Freigebigkeit".

Bei der ersten Befreienden Handlung hat unsere Großzügigkeit eher alle fühlenden Wesen als Bezugspunkt. Das schließt aber die anderen weiter oben genannten Empfängergruppen ein, an die Gaben und Geschenke besonders segensreich sind. Zur Wiederholung, es sind Repräsentantinnen und Repräsentanten der Erleuchtung und die, denen wir viel zu verdanken haben. Weiter Bedürftige und Gegnerinnen und Gegner. Bitte nicht mit der Liste der vier Arten von Gästen bei der Chöd-Praxis verwechseln!

In der Übersicht:

Gaben darbringen im Rahmen der Sieben Übungen erfolgt an	Großzügigkeit im Rahmen der Sechs Befreienden Handlungen erfolgt gegenüber
die Repräsentantinnen und Repräsentanten der Erleuchtung.	allen fühlenden Wesen.

In Bezug auf das Höhere Feld der Ansammlung ist die Wirkung des Gebens an sich die gleiche, ob die Repräsentantinnen und Repräsentanten der Erleuchtung vorgestellt oder tatsächlich vorhanden sind.

Allerdings haben die Gaben in vorgestellter Form meist eine größere Wirkung. Der Grund ist, dass tatsächliche Gaben oft zumindest teilweise durch negatives Verhalten erworben wurden. Auch hat man weniger unangemessene Emotionen, wie Anhaftung, wenn die Gaben vorgestellt sind. Ein weiterer Vorteil vorgestellter Darbringungen ist, dass wir diese in der Vorstellung reinigen und ins Unermessliche vermehren können. Und es ist möglich, zu vergegenwärtigen, dass sie vollkommen makellos und von erlesenster Qualität sind. Das vermehrt unsere guten geistigen Eindrücke immens. Derartige Gaben könnte man in der eigenen Realität nicht darbringen, denn man hat sie nicht.

Wenn wir in der Vorstellung geben, eignen wir uns die Gaben aber zunächst geistig an. Dann geben wir sie.

Ein Überblick:

Repräsentantinnen und Repräsentanten der Erleuchtung als Empfängerinnen und Empfänger unserer Gaben:	Gaben selbst:
Sie haben den gleichen Effekt, unabhängig davon, ob sie tatsächlich vorhanden oder vorgestellt sind.	Tatsächlich vorhandene Gaben haben bei uns einen geringeren Effekt als vorgestellte Gaben.

Beispielsweise können wir schon durch die Gabe einer Blume an einen oder eine Buddha, zum Beispiel Buddha Shakyamuni, eine höhere Wiedergeburt möglich machen. Da Buddha aber nicht mehr lebt, können wir ihn vor uns im Raum vergegenwärtigen und dabei denken, dass er tatsächlich anwesend ist. Die Wirkung ist dann die gleiche, als ob er wirklich da wäre. Natürlich können wir bei dieser Gelegenheit die Blume vervielfältigen und viele, viele wunderschöne, vollkommene, exzellent duftende Blumen, auch aus kostbarsten Materialien, wie Juwelen und Gold, im Geist Buddha oder vielen Buddhas darbringen. Oder unermesslich vielen Buddhas und ihrem Gefolge. Oder unserem Wurzellama mit Gefolge. Und zwar nicht nur jetzt, sondern in jedem Moment der Vergangenheit und der Zukunft.

Auch beim Essen und Trinken können wir Geben üben. Bevor wir mit den Mahlzeiten beginnen oder trinken, ist es gut, zu denken, dass wir alles der oder dem Lama, den Buddhas und Bodhisattvas oder den Drei Juwelen darbringen. Oder den anderen Repräsentantinnen und Repräsentanten der Erleuchtung. Die Reste sind für die Hungergeister, und die guten entstandenen Eindrücke widmen wir der raschen und leichten Erleuchtung aller fühlenden Wesen, wie Buddhas und Bodhisattvas widmen. Diese Art der Vorgehensweise vermindert nicht nur unsere Anhaftung an das Essen. Denn damit wir etwas zu essen und zu trinken erhalten können, haben sich sehr viele fühlende Wesen Mühe gegeben. Weiter sind deshalb viele fühlende Wesen zu Schaden gekommen. Beispielsweise die vielen kleinen Insekten, die beim Ernten von Kaffeebohnen ihr Zuhause verloren haben, verletzt worden oder umgekommen sind. Damit deren Leid nicht unnötig war, damit sie bessere Wiedergeburten bekommen und langfristig Erleuchtung erreichen können, geben wir den Espresso und so weiter geistig auch in ihrem Namen als Gabe an die Drei Juwelen oder die anderen Repräsentantinnen und Repräsentanten der Erleuchtung. Und an die Bedürftigsten in Bezug auf Essen und Trinken, die Hungergeister. Die daraus entstehenden guten geistigen Eindrücke behalten wir nicht für uns selbst, sondern wir geben auch sie her, damit alle fühlenden Wesen einmal Erleuchtung erreichen. Wir widmen sie also der raschen und leichten Erleuchtung aller fühlenden Wesen, in der Art, wie die Buddhas und die Bodhisattvas widmen.

Aber das Beste, das wir Buddhas und Bodhisattvas geben können, ist Liebe und Mitgefühl für die fühlenden Wesen. So heißt es, dass es die einzige wirkliche Gabe ist, anderen in sinnvoller Weise zu helfen. Denn selbst, wenn man alle Reichtümer des gesamten Universums den Buddhas darbringen würde, wären sie viel weniger erfreut, als wenn wir anderen Glück und das Freisein von Leid geben. Es ist also die überragende Gabe, zumindest von der Grundhaltung her, anderen gegenüber freundlich gestimmt zu sein und nett und geduldig mit ihnen umzugehen. Damit werden Liebe und Mitgefühl den fühlenden Wesen gegenüber zu einer Gabe an das höhere Feld der Ansammlung.

Vielleicht hat man die Auffassung, dass kleine Handlungen nicht der Mühe wert sind. Und die großen, guten Taten außerhalb der eigenen Reichweite sind.

Tatsächlich jedoch sollten wir versuchen, jede, auch noch so kleine, gute Handlung auszuführen. Es wurde auch schon erwähnt, dass es bereits sehr gut ist, wenn wir einer Person, die die Hände nicht frei hat, die Türe aufhalten. Denn auch das ist Geben.

Nehmen unser Wissen und unsere Erfahrung mit der Zeit zu, können wir diese an sich sehr kleine Situation weiter nutzen, um sehr viele gute geistige Eindrücke zum Nutzen aller fühlenden Wesen anzusammeln. Denn in solchen Momenten können wir uns vorstellen, dass wir den Buddhas und Bodhisattvas unsere Hand zur Verfügung stellen, um einem fühlenden Wesen zu helfen.

So wird diese einfache Situation zu einer Darbringung an die Verwirklichten, und an die Person, der wir konkret helfen. Auch wird der Vorgang durch die Widmung zu einer Gabe an alle fühlenden Wesen.

Weiter können wir, während wir jemandem die Türe öffnen, denken, dass es die Türe zur Lehre Buddhas ist.

Eine andere Möglichkeit besteht darin, zu denken, dass eine Person, der wir eine Türe aufhalten, die Buddha-Natur hat, wie alle fühlenden Wesen. Dann ist es nur noch ein kleiner Schritt, sich vorzustellen, dass sie oder er eine oder ein Buddha ist, der oder dem wir die Türe aufhalten. Wenn wir also alle fühlenden Wesen als Buddhas und Bodhisattvas sehen können, dann ist alles, was wir geben, eine Gabe an die Buddhas und Bodhisattvas und damit eine Übung im Rahmen der Sieben Übungen.

Gehen wir so vor, werden die Sieben Übungen nicht nur eine Praxis auf dem Meditationskissen oder vor dem Altar.

Dann sind die Sieben Übungen eine Lebenspraxis, die wir überall anwenden können. Sie wird dann ein Teil unseres Bodhisattva-Lebensstils. Und so können wir alltägliche Situationen in wundervoller Weise nutzen.

Einfache Übung des Gebens an den Lama für jeden Tag

Auch ist es gut, beim Gehen, beziehungsweise bei den Tagesaktivitäten, die oder den Lama über unserem eigenen Scheitel zu vergegenwärtigen.

Vor dem Einschlafen können wir denken, unsere oder unser Lama verweilt in unserem Herzen.

Beim Essen und Trinken haben wir die Möglichkeit, uns die oder den Lama in der Kehle zu vergegenwärtigen, wobei wir das, was wir zu uns nehmen, ihr oder ihm in der Vorstellung darbringen. Hierbei bringen wir auch die Freude dar, die durch das Essen entsteht.

Da wir jeden Tag mehrfach essen und trinken, können wir diese Aktivität also nutzen, um viele gute geistige Eindrücke aufzubauen.

Wenn wir die Übung bereits gut ausführen können, ist es möglich, dass wir die Vergegenwärtigung weiter ausbauen: Wir denken, dass das, was wir beim Essen und Trinken der oder dem Lama darbringen, gereinigt, unendlich vervielfältigt und frei von Makeln und von bester Qualität ist. Es ist wie köstlicher, heilender Nektar. Das hilft auch uns selbst, Anhaftung und Abneigung in Bezug auf Essen und Trinken zu reduzieren.

Angemerkt sei, dass es tatsächlich nicht vom Essen abhängt, ob uns etwas schmeckt oder nicht, ob es zuträglich oder unverträglich ist. Sondern von unseren guten und weniger guten geistigen Eindrücken.

Sinnvolle Großzügigkeit allen fühlenden Wesen gegenüber

"Hungrigen Leuten gab ich im Überfluss zu essen,
Armen gab ich Juwelen,
Kinderlosen war ich eine Tochter,
für Kranke manifestierte ich Medizin.
Jenen, die sich einen Partner wünschten,
war ich Gefährte,
Wesen in den Paranoiazuständen gab ich Frieden,
den Gestorbenen im Zwischenzustand zeigte ich mich in Buddhaformen.
Ich half Wesen in verschiedensten leidvollen Zuständen.

Yeshe Tsogyal

(Siehe Zitateliste Seite 569-572)

Fühlende Wesen sind ein wichtiger Bezugspunkt für unsere Großzügigkeit. Und wir können im Rahmen der Sieben Übungen Großzügigkeit ihnen gegenüber zu einer Gabe an die machen, die Erleuchtung repräsentieren. Damit wird es eine Praxis im Rahmen der Sieben Übungen.

Buddha hat 84.000 Belehrungen gegeben. Um einen besseren Überblick zu erhalten, gibt es verschiedene Einteilungen, zum Beispiel in Kleinen Weg, Großen Weg und Diamantweg. Die im Großen Weg zentralen Übungen sind die Sechs Befreienden Handlungen. Und die erste dieser Handlungen ist Großzügigkeit. Sie ist mit den nächsten beiden Befreienden Handlungen nötig, um einen menschlichen Körper in halbwegs gutem Umfeld zu erhalten. Diesen wiederum benötigen wir, mit weiteren Ausstattungen, um der Lehre Buddhas zu begegnen, um sie erhalten und umsetzen zu können.

Überblick über die ersten drei Befreienden Handlungen:

Handlung:	Ergebnis:
sinnvolle Großzügigkeit, also anderen helfen	genügend Ressourcen haben, Reichtum
sinnvolles Verhalten, also mindestens nicht schaden	menschliche Wiedergeburt
sinnvolle Geduld, also Schwieriges aushalten können, wenn es nötig ist; und frei davon sein, emotional aufgewühlt zu sein	gutes soziales Umfeld, Freundinnen und Freunde, Gesundheit, Ruhm, langes Leben, unermessliche Freuden eines universellen Monarchen

Wir können hier die erste Befreiende Handlung, Großzügigkeit, mit den anderen fünf Befreienden Handlungen verbinden, wenn wir:

1. eben großzügig sind,
2. eine gute Motivation haben und gleichzeitig nichts Ungünstiges tun,
3. geduldig sind, zum Beispiel bei Undank,
4. fortlaufend geben, das heißt, immer wieder mit großer Freude geben,
5. geben, ohne abgelenkt zu sein oder es nebenbei zu tun,
6. ohne Anhaftung an Ich, Tun und Du geben.

Damit praktizieren wir sozusagen „all in one", alle in einem.

Auch die anderen Befreienden Handlungen können wir miteinander kombinieren.

Angemerkt sei hier, dass Großzügigkeit und sinnvolles Verhalten viel einfacher geübt werden können als Geduld. Allerdings ist Geduld sehr wichtig, und wenn uns jemand schadet, ist das eine günstige Gelegenheit dafür, um üben zu können. Wir können hier sehr viele gute geistige Eindrücke aufbauen, wenn wir in schwierigen Situationen geduldig bleiben. Ärger dagegen, dem wir mit Geduld entgegenwirken können, zerstört sehr, sehr viele gute geistige Eindrücke, und zwar solche, die wir mit Großzügigkeit und mit sinnvollem Verhalten aufgebaut haben. Außer, wir haben korrekt gewidmet, hierzu mehr im Kapitel „Widmen." Oder unsere Aktivität hatte ein sehr makelloses Zielobjekt. Angemerkt sei, dass Zorn allerdings nicht den Verdienst zerstört, der durch Geduld, freudige Anstrengung, geistige Stabilität und Weisheit aufgebaut wurde. Das sollte uns aber nicht dazu verleiten, zu denken, wir könnten uns Ärger und Wut erlauben. Denn sie ist ausgesprochen zerstörerisch, auch für uns selbst.

Wenn es um die fühlenden Wesen geht, wird das Geben, wie erwähnt, eingeteilt in das Geben von materiellen Dingen, Schutz geben und das Geben des Dharma.

Die folgende Übersicht dazu beruht auf dem klassischen Text von Gampopa, dem Juwelenschmuck der Befreiung:

1. Materielle Großzügigkeit

Bei den materiellen Dingen unterscheiden wir unreine Großzügigkeit von reiner Großzügigkeit.

1.1. unreine Großzügigkeit

Hier spielen beim Geben Faktoren eine Rolle, die kein optimales Ergebnis im buddhistischen Sinn ermöglichen.

1.1.1. unreine Absicht

1.1.1.1. falsche Absicht

1.1.1.1.1. um anderen zu schaden

1.1.1.1.2. um Ruhm zu erreichen

1.1.1.1.3. um sich anderen gegenüber zu behaupten

1.1.1.2. schlechte Absicht

1.1.1.2.1. aus Furcht vor Armut

1.1.1.2.2. um als Mensch oder im Götterbereich wieder- geboren zu werden und die damit verbundenen Sinnesfreuden zu genießen

1.1.2. unreine Gabe

Hier handelt es sich um Gaben, die anderen schaden, direkt oder indirekt.

1.1.2.1. Wir geben nichts, das anderen direkt schadet. Ausgenommen ist, wenn wir etwas schaden müssen, um größeren Nutzen zu bewirken (Beispiel: Operationen).

1.1.2.2. Wir geben keine kleinen Geschenke, wenn wir viel haben.

1.1.2.3. Wir horten keine Dinge, denn sie nicht zu geben, schadet denen, die sie so nicht erhalten (außer es ist klar, dass es nützlicher ist, sie später zu geben).

1.1.3. unreine Empfängerinnen und Empfänger

1.1.3.1. Wir geben nicht denen, die eine böse Absicht haben oder die die Gabe schlecht verwenden.

1.1.3.2. Wir geben nicht das, was eine Person zur Genüge hat, also ohne dass sie es benötigt und es sinnvoll ist. Eine Ausnahme wäre unter Umständen, wenn wir jemandem eine große Freude machen würden. Allerdings benötigt sie die Gabe dann aber auch!

1.1.4. unreine Handlung

1.1.4.1. Wir geben nicht, während ein negativer Geisteszustand besteht, wir geben also nicht mit Verachtung, nicht wenn wir nicht gerne geben, zornig oder panisch sind, jemanden beschämen, bedrohen, entmutigen usw..

1.2. reine Großzügigkeit

1.2.1. Art der Gabe

1.2.1.1. innere Gabe

Gaben, die zum eigenen Körper gehören

Den ganzen Körper sollten wir nicht geben, solange wir keine makellose mitfühlende Einstellung haben. Ist man auf den Bodhisattvastufen, ist es allerdings Pflicht, den eigenen Körper, wenn nötig, herzugeben.

1.2.1.2. äußere Gabe

Dinge, die wir besitzen, wie Essen, Trinken, Geld, Kleider, Transport, Blatt Papier, Hustenbonbon, Taschentuch, Brot, Schluck Wasser, Rosinen, Kinokarte. Wir können alles geben, Ordinierte behalten allerdings die drei Roben.

1.2.2. Art der Empfängerinnen oder Empfänger

1.2.2.1. Die, die besondere Qualitäten aufweisen, wie die Drei Juwelen, die oder der eigene Lama, Buddhas und Bodhisattva und andere, die mindestens befreit sind.

1.2.2.2. Die, denen wir viel zu verdanken haben, wie vor allem die eigene Mutter in diesem Leben, der eigene Vater und so weiter.

1.2.2.3. Die, die besonders bedürftig sind und leiden.

1.2.2.4. Die, die uns besonders geschädigt haben.

1.2.3. Akt des Gebens

1.2.3.1. außerordentliche Motivation

Wir bewirken den Nutzen fühlender Wesen und die Erleuchtung, indem wir vollkommenes Mitgefühl haben.

1.2.3.2. außerordentliche Anwendung

Wir geben freudig, mit Respekt, selbst, zum richtigen Zeitpunkt und ohne anderen zu schaden.

1.2.3.2.1. freudig

Vor dem Geben freuen wir uns, währenddessen sind wir froh und offen, und nach dem Geben sind wir zufrieden und bereuen es nicht.

1.2.3.2.2. mit Respekt

Der Person, der wir etwas geben, bringen wir Wertschätzung entgegen.

1.2.3.2.3. Wir beauftragen nicht andere damit zu geben (mit egoistischer Motivation).

1.2.3.2.4. zum richtigen Zeitpunkt

1.2.3.2.5. ohne anderen zu schaden

1.2.3. 2.5.1. ohne dass Schaden für Dritte entsteht

1.2.3.2.5.2. ohne dass andere, Dritte, betrübt sind.

1.2.32.5.3. nichts, was unrechtmäßig erworben wurde

Auch geben wir unparteiisch, immer wieder und um Wünsche vollkommen zu erfüllen.

2. Geben von Furchtlosigkeit
Furchtlosigkeit zu geben bedeutet, Schutz zu gewähren vor:
2.1. Räubern
2.2. wilden Tieren
2.3. Krankheiten
2.4. Naturkatastrophen
2.5. und so weiter

3. Geben der Lehre Buddhas
3.1. Objekt, dem man gibt:
  Wir geben den Dharma denen, die:
  3.1.1. Hochachtung gegenüber der Lehre Buddhas und den Erklärungen haben;
  3.1.2. diesen haben wollen, beziehungsweise sich danach sehnen.
3.2. Die Motivation ist:
  3.2.1. frei von weltlichen Anliegen, wie für den Dharma Geld, Ansehen, Lob und so weiter erhalten zu wollen;
  3.2.2. von Mitgefühl geprägt.
3.3. Ursprüngliche Lehre Buddhas, das bedeutet:
  3.3.1. unverfälscht, also frei von Fehlern und Verdrehungen
  3.3.2. verständlich
  3.3.2 man lehrt in einer Übertragungslinie stehend
  3.3.3. beginnend, die Grundlage des Lehrens perfekt zu ergreifen.
3.4. Die Methode, wie gelehrt wird:
  3.4.1. Zunächst gibt man im Regelfall zu verstehen, man hätte den Dharma noch nicht gründlich genug studiert, man ist also bescheiden.
  3.4.2. Man prüft, ob die Person geeignet ist, der man etwas erklärt.
  3.4.3. Man lehrt an einem offenen, sauberen Platz und an einem ansehnlichem Ort.
  3.4.4. Man lehrt von einem Thron beziehungsweise erhöhten Platz aus, der schön hergerichtet ist, mit Tüchern und so weiter.
  3.4.5. Die Lehrerin oder der Lehrer sollte sauber und ordentlich gekleidet sein.
  3.4.6. Die Lehrerin oder der Lehrer sollte angemessenes Benehmen haben.
  3.4.7. Nachdem man, umgeben von den Zuhörerinnen und Zuhörern, auf dem Thron Platz genommen hat, sollte man das Mantra rezitieren, das die Macht hat, die Maras (Hindernisse) zu vertreiben (wir finden es im Juwelenschmuck von Gampopa).

Grundsätzlich ist die beste Gabe an fühlende Wesen die Lehre Buddhas. Das wissen wir inzwischen. Denn sie zeigt den Weg, der endgültig aus dem Leid herausführt und sowohl relatives, als auch absolutes Glück ermöglicht.

Es ist allerdings auch Weisheit nötig, um beurteilen zu können, ob nicht jetzt gerade etwas anderes wichtiger ist und wir dann erst anschließend buddhistische Informationen geben, das beinhaltet auch, jemandem eine Information darüber zu geben, dass nächste Woche ein buddhistischen Vortrag stattfindet. Oder anders ausgedrückt: Jemandem, die oder der dabei ist, zu verdursten, geben wir natürlich im Regelfall zunächst einmal etwas zu trinken, dann aber, falls möglich, den Dharma.

Dabei erklären wir die Lehre Buddhas denen, die Respekt haben und die sie haben möchten. Allerdings gibt es immer wieder Situationen, wo fühlende Wesen suchen, aber nicht wissen, was sie suchen. Sie können also gar nicht nach der Lehre Buddhas fragen, weil sie nicht wissen, dass es sie gibt und was das ist. In so einem Fall können wir auch ohne direkt gefragt zu sein, erklären, wie die Dinge sind. Wobei man diese Erläuterungen nicht aufdrängt und auch nicht missmutig wird, wenn jemand sie nicht haben möchte. Wir lassen es dann im Moment einfach oder verwenden andere buddhistische Methoden. Wie ein gutes Beispiel zu sein, ohne viel zu erklären.

Wir erläutern weiter auch so, dass die andere Person die Informationen annehmen kann. Mag jemand also Tiere, könnten wir damit beginnen, zu erklären, dass auch Tiere nicht leiden möchten und wie schön es doch wäre, wenn sie glücklich sein könnten.

Wichtig ist dann auch, die Lehre Buddhas frei von weltlichem Streben zu geben, ohne also Ruhm oder Geld dafür haben zu wollen. Es ist aber in Ordnung, Einnahmen aus buddhistischen Aktivitäten zu erzielen, wenn diese eingesetzt werden, um weitere buddhistische Aktivitäten zu ermöglichen. Diese können allerdings auch so aussehen, dass es ganz und gar nicht „buddhistisch" aussieht. Wenn also jemand von den Einnahmen aus Dharma-Aktivitäten eine Halskette „für sich" kauft, kann das fehlerbehaftet sein. Es kann aber auch geschickt sein, weil die Kette vielleicht ein Mittel ist, um mit einer Person Kontakt aufnehmen zu können, die solche Ketten mag.
Es ist ähnlich, wie mit einem Messer: Man kann jemandem damit schaden, man kann mit einem Skalpell aber auch operieren und Leben retten.

Der direkte Zugang zum Dharma, beispielsweise über Kurse, sollte allerdings so gestaltet sein, dass jede und jeder ernsthaft Interessierte die Möglichkeit hat, teilzunehmen. Unabhängig von ihrer oder seiner finanziellen Lage. Mithilfe wäre dann für diese Personen eine sehr gute Möglichkeit, Verdienst anzusammeln.
Das wäre nicht zuletzt auch gut, weil das eine Form von Großzügigkeit ist, die wiederum die finanzielle Situation verbessern kann.

Auch ist es notwendig, Buddhas Lehre unverfälscht weiterzugeben; also nichts hinzuzufügen und nichts wegzunehmen. Allerdings bedeutet das nicht, dass man sofort alle Belehrungen gibt. Das, was man an Informationen gibt, muss aber ohne Verfälschungen und genau sein, so gut es einem nur irgend möglich ist. Und es ist wichtig, sich anzustrengen, damit man authentischen Dharma geben kann. Weiter sollte man bestrebt sein, Informationen, die ergänzend nötig sind, später dann auch tatsächlich zu geben. Denn meist kann man nicht alles gleich unterrichten oder erzählen. Schließlich werden fast immer häufige Wiederholungen nötig sein. Diese so zu gestalten, dass sie angenommen werden können, ist ebenfalls sinnvoll.

Wichtig ist auch, die Lehre Buddhas im Regelfall so weiterzugeben, dass es andere inspiriert. Das heißt, es sollte authentisch, aber nicht langweilig sein.

Schließlich sollte der Dharma in einer Übertragungslinie stehend gelehrt werden. Das bedeutet vor allem, dass die Lehren von qualifizierten, voll verwirklichten Lehrerinnen und Lehrern an entsprechend hoch qualifizierte Schülerinnen und Schüler fortlaufend weitergegeben werden. Letztere sollten dann die volle Verwirklichung ebenfalls erreichen, um die Qualität nicht nur der Theorie sicherzustellen, sondern sie auch verwirklicht zu haben. Nicht alle Lehrerinnen und Lehrer einer Linie haben dieses Niveau, sie bilden aber die Brücke zu denen, die voll verwirklicht sind.

Schließlich ist es wichtig, dass der Ort, an dem die Lehre Buddhas gegeben wird, angemessen ist. Natürlich kann man buddhistische Informationen in allen Situationen erläutern. Formale Belehrungen allerdings sollten an einem sauberen, ansehnlichen Platz von einem angemessem Sitz aus gegeben werden. Auch ist es sinnvoll, hinreichend ansprechend auf andere zu wirken.

Im folgenden einige weitere Informationen zu dem, was wir materiell geben:

Dinge, von denen ein fühlendes Wesen schon genug hat, geben wir besser anderen, die es dringender brauchen. Statt sich also den Kopf darüber zu zerbrechen, was wir einem Partner, der schon alles hat, zu Weihnachten schenken könnten, kann eine liebevolle Kleinigkeit ausreichen. Das andere Geld kann dann sinnvoller verwendet werden. Also für arme Menschen. Oder wir könnten damit zum Beispiel eine Freundin unterstützen, die im Retreat ist. Sinnvoll ist das dann nicht nur für die Empfängerinnen und Empfänger der Spende, sondern auch für den Lebensgefährten und für einen selbst. Wie erwähnt sollte der eigene Nutzen allerdings nicht die Zielsetzung sein. Und auch nicht der Nutzen, der begrenzt ist.
Als Ziel nehmen wir uns besser vor, den Nutzen nicht zu begrenzen. Was immer wir also geben, wir geben es im Regelfall für die rasche und leichte Erleuchtung aller fühlenden Wesen und widmen es in der Art, wie die Buddhas und Bodhisattvas widmen.

Auch wenn wir wissen, dass Erleuchtung ein Langzeitprojekt ist, können wir doch solche Wünsche machen.

Weiter kann es manchmal aber doch sinnvoll sein, einer wohlhabenden Person etwas zu geben. Zum Beispiel, wenn sie gerade traurig ist und damit aufgeheitert wird. Hier geben wir dann, offensichtlicher als vielleicht bei anderen Geschenken, in erster Linie nicht die materielle Sache, sondern die damit verbundene Freude und Zuwendung. Beziehungsweise, das Materielle ist das Vehikel, um den Geisteszustand der anderen Person aufzuhellen. Auch das wurde schon erklärt.

Auch ist es nicht gut, jemandem etwas zu schenken, wenn man auf die Person herabblickt, zornig oder in Panik ist. Die lästigen 1 und 2 Centstücke aus dem Geldbeutel herauszukramen und einer Bettlerin in die Schale zu werfen, weil man sie sowieso irgendwie loswerden wollte, ist eine weniger gute Einstellung. Vor allem, wenn man selbst genug hat und anschließend für 100 Euro einkauft. Aber es ist immerhin besser als gar nichts zu geben.

Denn hier ist die Lösung nicht, nichts zu geben, weil der eigene Geisteszustand nicht passend ist. Stattdessen ist es hilfreicher, am eigenen Geisteszustand zu arbeiten. Also zu üben, einer Bettlerin Geld nicht mit Verachtung zu geben, sondern mit Wertschätzung. Sagt man dann noch das Wort "Karmapa" oder das Mantra

Karmapa Chenno

(Siehe Zitateliste Seite 569-572)

so wird sie in 7-16 Leben Befreiung erreichen, was so viel wichtiger ist als das Geldgeschenk.

Weiter beinhaltet Geben, dass wir froh sind, etwas geben zu können. Das bedeutet, wir sind vor dem Geben glücklich, etwas tun zu können, während wir geben sind wir froh, und anschließend sind wir zufrieden damit (und bereuen es nicht).
Auch können wir Essensreste an Tiere verfüttern. Besser wäre es aber, wenn man die alten, noch gut essbaren Rosinen, die man schon vor Wochen für sich selbst gekauft hat, dann auch selbst isst und nicht an die Amseln verfüttert. Sondern für die Amseln kaufen wir eine neue Packung, wenn uns eingefallen ist, dass wir ihnen etwas geben möchten. „Warum sollte ich das denn nun tun?", mag da als Frage auftauchen. „Die alten Rosinen soll ich selbst essen und die guten, frischen den Vögeln geben?! Also wirklich! Die sollen doch froh sein, dass sie überhaupt im Winter etwas bekommen! Ein Grund für diesen, vielleicht etwas seltsam anmutenden, Vorschlag ist aber, dass wir damit üben können, andere mehr zu schätzen als uns selbst. Und zwar vor allem die, von denen wir meinen, sie wären weniger wichtig. Amseln zum Beispiel.

Ein weiterer Grund ist, dass wir trainieren, alte und neue Rosinen als gleichwertig zu sehen. Eigentlich eine kleine Sache. Es geht ja nur um ein paar Rosinen. Oder?

Auch können wir uns vorstellen, wenn wir Essensreste in den Abfall geben, dass dort kleine Tiere leben und dass wir sie damit füttern.

Da der liebste Besitz der fühlenden Wesen aber ihr Körper ist, ist das Retten von Leben besonders segensreich.
Eine Ausnahme bilden die Paranoiabereiche. Dort ist der liebste Besitz der fühlenden Wesen nicht ihr Körper, denn sie leiden sehr durch die Qualen, die sie erfahren. Hier steht das Beenden des Leides im Vordergrund, was aber mit sich bringt, dass sie den Körper, den sie dort gerade haben, verlieren müssen. Denn in den Paranoiabereichen gibt es nichts als Qual. Trotzdem ist es möglich, auch diesen Wesen Hilfe zu bringen, beispielsweise einen Lufthauch der Kühlung bei sengenster Hitze. Hoch Verwirklichte können das.

Diese Art der Großzügigkeit fällt in die Rubrik Schutz geben, beziehungsweise Furchtlosigkeit.

Man könnte, um Leben zu schützen, weiter eine Spende an einen Gnadenhof geben. Oder an ein Tierheim.

Auch Menschen oder Tiere in Lebensgefahr zu retten, ist sehr gut. Also der Biene das Fenster zu öffnen, ehe die Kollegin kommt und sie töten will. Dabei können wir denken, dass wir der Biene die Türe zum Dharma aufhalten. Und die Kollegin davor schützen, ein Leben vorzeitig zu beenden, was ihr eigenes Leben verkürzen würde.

Eine weitere Art von Schutz geben wir, indem wir Tiere und auch Menschen befreien. Beziehungsweise uns dafür einsetzen.

Beispielsweise hat Yeshe Tsogyal auf Geheiß ihres Lehrers Guru Rinpoche ihren zukünftigen Gefährten Atsara Sale gesucht. Nachdem sie ihn gefunden hatte, hat sie ihn freigekauft und ihn mit zu Guru Rinpoche genommen. Damit hat sie ihm nicht nur die Freiheit, sondern auch den viel wichtigeren Schutz der Lehre Buddhas auf so hohem Niveau zukommen lassen.

Schließlich gibt es Situationen, in denen es gerade nicht hilfreich ist, eine Sache zu geben, weil wir schon wissen, dass es übermorgen (wirklich) hilfreicher ist. Dann warten wir ab. Und es kann auch sinnvoll sein, Dinge zu behalten, die wir benötigen, um Erleuchtung zu erreichen, die dann allen nutzen wird.

So sagte Karmapa Thaye Dorje, dass die Frage immer ist, wie man am nützlichsten sein kann.

Es ist also wichtig, dass wir Geben mit Weisheit verbinden.

Großzügigkeit bezieht sich aber nicht nur direkt auf materielle Dinge. Es ist möglich, sie in vielen Bereichen zu üben. Beispielsweise, indem man andere unterstützt und ermutigt, wenn sie selbst etwas Nützliches tun und überlegen, aufzugeben. Aber auch wenn sie anderweitig Hilfe benötigen.

Weiter ist Geben zum Beispiel das Versorgen mit Medizin, Sachkenntnis, Führung, Unterstützung, Zeit, Liebe, Fürsorge. Und jemanden im Supermarkt an der Kasse vorlassen oder mit einem Hund spazierengehen, wenn die Besitzerin krank ist.

Auch können wir, wenn wir erfahren, dass ein fühlendes Wesen gestorben ist, geben üben, indem wir Wünsche für eine gute Wiedergeburt machen und Mantren sagen. Für das fühlende Wesen wird damit etwas an sich Schlimmes, der eigene Tod, durch den Kontakt zu uns und durch unser Geben mit etwas Gutem verbunden. Denn es entsteht eine Verbindung mit der Lehre Buddhas, die schließlich zu Befreiung und Erleuchtung führen wird.

Was man allerdings nicht gibt, das sind Dinge, die fühlenden Wesen schaden, das ist an sich selbstverständlich. Allerdings kann es manchmal schwierig sein, zu beurteilen, was schaden wird. Es ist nicht immer so offensichtlich, wie die Flasche Rum, die eine Alkoholikerin von uns haben möchte.

Weiter sind wir im Daseinskreislauf. Und solange wir nicht befreit und erleuchtet sind, wird es schwierig bis unmöglich, etwas für andere zu tun, ohne auch Dritten zu schaden. Daher tun wir die Dinge so gut, wie wir können, ohne davon besessen zu sein. Hier rettet uns immer wieder die gute Absicht. Auch wenn es dann in der Ausführung nicht immer gelingen mag, optimale Ergebnisse hervorzubringen. Wir sind ja in der Lernphase.

Schließlich können wir etwas im Namen derer geben, die bei der Herstellung von allem, was wir verwenden, gelitten haben. Denn dieses Leid ist bereits erlebt, wir können nichts mehr daran ändern. Aber jetzt können wir für sie etwas tun, beispielsweise gute Wünsche und Mantren sagen. Denn dann war das Leid nicht umsonst, sondern wird dazu führen, dass sie es besser haben werden.

Auch generell können wir immer wieder für alle, denen durch uns Schaden zugefügt wird, Wunschgebete machen. Und zwar dafür, dass dieser Schaden für sie zu einer Verbindung mit ihrer erleuchteten Natur wird. Es ist gut, diese Wünsche wieder mit dem Sagen von Mantren zu verbinden.

Schließlich sollten wir auch keine zu kleine und arrogante Perspektive haben und meinen, ganz sicher selbst beurteilen zu können, was gut und was schlecht ist.

Ein Schaden, der jetzt auftritt, kann dazu führen, dass später doch Nutzen entsteht. Und ein Nutzen, der jetzt entsteht, kann dazu führen, dass später ziemlicher Schaden entsteht. Obwohl wir uns natürlich immer bemühen, anderen mindestens nicht absichtlich zu schaden und zu nutzen, so gut wie wir können.

Geben kann allerdings auch heißen, zum Nutzen aller Beteiligten einem Konflikt eben nicht auszuweichen. Wobei wir von der Geisteshaltung her üben, liebevoll und mitfühlend zu sein und zu bleiben.

Geben im buddhistischen Sinn bedeutet aber vor allem, dass wir üben, nicht (so) stark zu trennen zwischen Ich (die oder der gibt), dem Gegebenem und Du (die oder der erhält). Wir beginnen das zu üben, wenn wir nicht gefühlsgeladen geben, sondern in einem ruhigen, klaren, präsenten und gelassenen Zustand. Mit zunehmender Übung trennen wir dann immer weniger zwischen uns, der Gabe und dem oder der anderen. Und wir können immer mehr und immer leichter geben.

Auch allen, denen wir eigentlich überhaupt nichts gönnen, es sind die, die wir nicht mögen, geben wir. Denn diese Personen oder auch Tiere sind sehr wichtig für uns, sie helfen uns, Geduld zu üben. Und ohne Geduld können wir Erleuchtung nicht erreichen.

Es ist beim Geben ähnlich wie mit den Samen, die eine Bäuerin aussät. Gibt sie alle Samen, die für die Saat vorgesehen sind, im Frühjahr in die Erde, so kann sie im Herbst die Ernte erzielen. Einen Teil der Samen zurückzubehalten, macht keinen Sinn. Sät sie diese Samen nämlich nicht aus, dann gibt es aus ihnen auch keinen Ertrag. Daher geben wir sinnvoll und passend und halten nicht sinnlos zurück.

Eines Tages können wir dann, zumindest von der Geisteshaltung her, alles geben, ohne nur einen Bruchteil eines Augenblicks zu zögern. Wir wissen dann auch, wann wir wem was wo und wie geben. Weiter können wir erkennen, wann es eine größere Gabe ist, etwas nicht zu geben. Also zum Beispiel eine Alkoholikerin nicht mit weiterem Alkohol zu versorgen, obwohl diese einen dafür beschimpft. Tatsächlich wollen fühlende Wesen auch dauernd etwas. An sich ist es auch nicht verkehrt, ihnen ihre Wünsche zu erfüllen. Allerdings ist Weisheit notwendig, um zu erkennen, ob die Erfüllung dieser Wünsche auch nutzbringend für die jeweilige Person und für Dritte ist.

Im Zweifelsfall geben wir daher in erster Linie das, was offensichtlich in der jeweiligen Situation am meisten nutzt. Und das wird, wenn nicht gerade der sofortige Hungertod oder ähnliches droht, immer die Lehre Buddhas beziehungsweise der passende Zugang zu ihr sein.

Es kann aber auch das Wiederholen einiger Mantren für alle fühlenden Wesen sein, während wir beispielsweise bei einer Verabredung auf jemanden warten.

Zugang zur kostbaren Lehre, die Buddha uns gegeben hat, ist also unsere größte und beste Gabe an andere fühlende Wesen.

„Ich habe aber nichts, was soll ich da geben?"

Möglicherweise ist dieser Gedanke schon mehrfach aufgetaucht. Tatsächlich zeigt ein derartiger Gedanke, dass wir im Hungergeistermodus sind.

Hier sei daran erinnert, dass Freigiebigkeit sich nicht nur auf materielle, konkret vorhandene Dinge bezieht. Auch in unserer Vorstellung können wir geben, und zwar unabhängig davon, wie viel wir wirklich haben.
Auch kann eine kleine Gabe groß sein und eine große Gabe klein. Es hängt davon ab, wie wir geben. Fühlen wir aus der Tiefe unseres Herzens Liebe und Mitgefühl, dann ist auch eine kleine Gabe bedeutend. Haben wir aber viel Anhaftung und sind stolz, wird eine große Gabe dagegen weniger wert sein.
Mit der richtigen Geisteshaltung kann also auch eine Schale Wasser aus dem Wasserhahn sehr verdienstvoll sein, wenn wir sie einem durstigen Tier geben.
Oder wir befreien eine kleine Biene, die sich in einem alten Spinnennetz verheddert hat. Dann tupfen wir vor ihr etwas Wasser auf den Boden, damit sie es zu sich nehmen kann, dabei sagen wir Mantren. Und dann fliegt sie davon.

Selbst wenn wir nur eine Plastikplane hätten, könnten wir anderen doch ein Lächeln schenken, wo es passt. Ein liebes Wort. Eventuell eine Umarmung.

Es gibt also auch für jemanden, die oder der wenig oder fast nichts hat, fortlaufend viele Gelegenheiten, etwas zu geben.

Das sehen wir vielleicht noch ein. Aber es mag mal wieder die Frage auftreten, wie wir es mit den eigenen begrenzten Ressourcen bewerkstelligen sollen, tatsächlich allen fühlenden Wesen zu helfen.
Hier sei erneut daran erinnert, dass unser Training nach und nach erfolgt.

In der Fahrschule beispielsweise lernten wir zuerst die Theorie. Dann nahmen wir aber auch Fahrstunden. Und wir konnten nicht sofort alles richtig machen. Auch später, selbst, wenn wir viele Jahre lang Auto gefahren sind, kommt es doch vor, dass wir einmal etwas falsch machen. Meist werden wir mit den Jahren aber erfahrener und machen immer weniger Fehler.
Ähnlich wächst auch unser Potenzial für andere hilfreich zu sein, mit zunehmender Übung und Gewohnheit. Das schließt ein, dass auch die Anzahl der fühlenden Wesen, denen wir helfen können, immer größer wird. Unsere Kapazitäten wachsen also.

Der Unterschied zwischen Erleuchtung und gut autofahren können ist allerdings, dass wir im ersten Fall perfekt werden können. Autofahren werden wir aber als normale Person nie perfekt.

Wir können aber versuchen, jeden Tag, jede Woche, jeden Monat besser zu werden und mehr zu tun. In einer entspannten, frohen und gelassenen Art und Weise.

Weiter gibt es die Praxis der Mitfreude. Wenn wir uns an den guten Taten anderer erfreuen, erhalten wir sehr viele gute geistige Eindrücke. Es gibt Beispiele dafür, dass wir sogar mehr erhalten können als die Person, die etwas Gutes getan hat, es kann aber auch etwa gleich viel oder weniger Verdienst sein. Und Verdienst wiederum vermehrt unser Potenzial, anderen helfen zu können. Nähere Erläuterungen zur Mitfreude finden wir bei der vierten Übung, die später genauer beschrieben wird.

Schließlich sei daran erinnert, dass wir auch sehr viel mit der Vorstellung bewirken können.

Beispielsweise können wir uns vorstellen, dass alle fühlenden Wesen haben, was sie benötigen. Und zwar immer und überall. Das kann man auch als Nicht-Buddhistin oder Nicht-Buddhist tun. Und aufgrund der Verbindung, die zwischen uns allen besteht, kann es auf sehr subtiler Ebene tatsächlich etwas bewirken.

Als Buddhistin oder Buddhist können wir den Drei Juwelen und anderen Repräsentantinnen und Repräsentanten der Erleuchtung vorgestellte Gaben darbringen. Das baut immense gute geistige Eindrücke auf, die dann bedingen, dass wir wieder mehr für andere tun können und auch selbst glücklicher werden. Diese Übung können wir überall ausführen. Zum Beispiel, wenn wir am Starnberger See spazieren gehen.

Und es gibt die Möglichkeit, gute Wünsche zu machen. Denn auch, wenn man im Moment nicht viel bewirken kann, man kann sich doch von ganzem Herzen mit Liebe und Mitgefühl wünschen, dass es allen gut geht und dass sie glücklich sind. Weiter, dass alle fühlenden Wesen rasch und leicht erleuchtet werden und dass wir vielen helfen können. Es ist gut, einige Mantren anzufügen.

Überhaupt können wir, wenn wir in einer Situation nicht viel tun können, um zu helfen, Mantren sagen. Es ist sehr segensreich, vor allem, wenn wir vorher Zuflucht und Bodhicitta vergegenwärtigen und anschließend korrekt widmen. Tatsächlich ist schon ein Mantra, das wir durch die Widmung mit allen teilen, Geben. Weiter ist bereits ein Moment von Liebe und Mitgefühl für alle fühlenden Wesen Geben und sehr hilfreich. Aber selbst ein kurzer Moment von Liebe und Mitgefühl für ein einziges anderes fühlendes Wesen ist Geben und wird eines Tages gute Früchte hervorbringen.

Grundsätzlich können wir in Situationen, in denen wir versucht sind zu denken, dass wir nicht die Möglichkeit haben, etwas zu bewirken, doch etwas tun, wie:

1. Liebe und Mitgefühl hervorbringen, oder noch besser, sich mit der Zuflucht verbinden und mit Bodhicitta.
2. Wünschen, dass sich die Sache, um die es geht, zum Guten wendet.
3. Mantren sagen.
4. Wünschen, dass wir schnell die Fähigkeiten entwickeln, auch in solchen Fällen helfen zu können.
5. Die guten geistigen Eindrücke aus einem oder mehreren der vorigen Punkte der raschen und leichten Erleuchtung aller fühlenden Wesen widmen und dafür, dass es denen, denen man meint, gerade nicht helfen zu können, schnell gut gehen wird.

Bei Gedanken wie: "Ich kann nichts tun", hilft es schließlich, sich klarzumachen, dass man sich damit selbst begrenzt, eben dadurch, dass man meint, nichts tun zu können. Wir können immer etwas tun, und sei es der momenthafte Gedanke, in dem wir wünschen, hilfreich zu sein und dass es der Betroffenen oder dem Betroffenen gut geht.

Und schon allein die Wertschätzung des Wunsches, andere zur Erleuchtung zu führen, ist bereits eine der besten Gaben, die wir darbringen können. Die guten Eindrücke daraus können wir dem Bestmöglichen für alle widmen.

Was Wünsche angeht, so die rasche und leichte Erleuchtung für alle der beste Wunsch. Darüber hinaus ist es gut, sich an Wünsche zu halten, die von Leuten empfohlen werden, die fortgeschritten sind. Beispiele für sinnvolle Wünsche sind die Vier Unermesslichen oder das Samantabhadra-Wunschgebet. Oder Wünsche, die Niguma zusammengestellt hat. Wir finden sie in ihrer Lebensgeschichte.
Wenn wir nämlich eigene Wünsche hervorbringen und zum Beispiel wünschen, dass jemand den Porsche erhält, den sie oder er so gerne hätte, ist das doch auch wieder sehr begrenzt. Weiter führt der Porsche möglicherweise sogar zu Leid, wie etwa bei einem Unfall.

Hat man dann aber doch einen ganz dringenden persönlichen Wunsch, der niemandem schadet, kann man diesen, möglichst nicht zu detailliert formuliert, an den Wunsch „Erleuchtung für alle" anhängen. Wir und andere brauchen einfach auch manche Dinge, und das ist völlig in Ordnung, solange es anderen nicht schadet.

Schließlich können wir Großzügigkeit auch trainieren, indem wir etwas Kleines geben und uns dabei etwas, woran wir sehr anhaften, vorstellen. Wir geben also zum Beispiel einer Bettlerin 10 Cent, stellen uns aber vor, wir geben ihr unser Smartphone.

Oder wir geben einer Ameise einen Rosinenkrümel, stellen uns aber vor, wir geben ihr ein Stück von unserem Körper. Damit gewöhnen wir unseren Geist daran. Wenn wir dann tatsächlich das Smartphone verlieren oder unseren Körper beim Sterben zurücklassen, ist es nicht so leidvoll.

Ambapali

Es könnte, vielleicht auch ohne dass man es sofort bemerkt, die Idee im eigenen Geist vorhanden sein, dass nicht jede oder jeder geben kann. Und dass der Grund nicht mangelnde materielle Ressourcen sind, sondern dass man zuerst etwas Besonderes erreichen oder auch einen gewissen Verwirklichungsgrad haben müsse, um zu geben. Das stimmt allerdings nicht, wie auch folgende Geschichte zeigt.

Ambapali, die erste Prostituierte einer Stadt (Vesali, heute Basarh), ging in die Nachbarstadt, weil Buddha dort lehrte. Dann lud sie ihn und sein Gefolge für den nächsten Tag zu sich ein, was Buddha annahm. Kurz danach erhielt Buddha die Einladung eines mächtigen und einflussreichen Stammes, ebenfalls für den nächsten Tag. Diese zweite Einladung verschob Buddha dann auf den übernächsten Tag. Er hatte bei Ambapali bereits zugesagt. Ambapali fand dann, dass ihr gesponsortes Mittagessen ein Erfolg gewesen war, und sie baute eine Zurückziehungsstelle auf ihrem Land, die sie der Sangha schenkte.

"Haste mal 'nen Euro?"

Bei dieser Frage einer Bettlerin könnte der Gedanke auftreten: „Arbeitet nicht, ich schon, warum soll ich da was geben? Soll sie doch auch arbeiten!"
Man ist also gerade im Konflikt zwischen etwas geben sollen, aber es nicht geben wollen. Solche Gedanken zeigen, dass man das ein oder andere noch nicht wirklich für sich abgeklärt hat, zum Beispiel:

1. Niemand zwingt einen gerade, etwas zu geben, man kann auch weitergehen, ohne etwas zu geben.
2. Allerdings, die Bettlerin ist eine großartige Möglichkeit dafür, um, zum Nutzen aller, gute geistige Eindrücke aufzubauen. Wer weiß, wann so eine Möglichkeit wiederkommt?
3. Wir könnten Mitgefühl entwickeln. Das heißt, wir machen uns klar, dass die Bettlerin nicht nur arm an Geld ist. Sondern auch arm an Informationen darüber, wie man zu Geld kommt, unter anderem durch Großzügigkeit. Zum Beispiel einer armen Bettlerin gegenüber.
4. Wir können jetzt Ursachen für unsere zukünftige Armut beseitigen, indem wir Großzügigkeit üben.

5. Die Bettlerin ist die eigene Armut, die gerade erscheint.
6. Wir haben die Ursache dafür gesetzt, dass in unserem Geist eine Bettlerin erscheint.
7. Wir haben karmische Schulden bei der Bettlerin, sonst würde sie nicht auftauchen, und uns ermöglichen, diese jetzt zu begleichen.
8. Die Bettlerin könnte eine Manifestation unserer Lama oder unseres Lamas sein.
9. Noch „schlimmer", auch wenn die Bettlerin doch nicht unsere oder unser Lama ist: Unsere oder unser Lama weiß, dass wir hier vor dem Bettler stehen, diese ganzen Möglichkeiten gerade durchgehen und irgendeinen Grund suchen, um nicht 10 Cent hergeben zu müssen, während wir doch gerade auf dem Weg sind, um für 100 Euro einkaufen zu gehen.
10. Wir könnten der Bettlerin einfach die 10 Cent geben, egal, ob wir gerade Lust dazu haben oder nicht. Oder meinen, sie verdient es nicht oder vielleicht doch, weil wir ja karmische Schulden bei ihr haben, und so weiter.
11. Und es gibt sicher noch einiges mehr, was man sich dazu auf Grundlage von Ichbezogenheit oder (viel besser) der Lehre Buddhas überlegen kann.

Aber wir wollen jetzt endlich die Schuhe kaufen, also geben wir der Bettlerin die 10 Cent, sagen dazu „Karmapa chenno" und einmal „Amitabha" und gehen weiter... und als wir gerade um die Ecke biegen und uns überlegen, dass jetzt ein Espresso, mit heißer Milch extra, gut wäre, sitzt da aber schon wieder eine Bettlerin...

Unterschiede in der Motivation beim Geben

Wenn wir einer Bettlerin begegnen, können wir an unserem Geisteszustand und bei unserer Motivation Hinweise dafür erhalten, was uns die Zukunft bringen wird. In eine tabellarische Übersicht gefasst:

Unsere Handlung:	Modus, in dem wir uns befinden und karmische Ergebnisse, wenn wir so weitermachen:
Wir ärgern uns so richtig über die ganzen Bettlerinnen und Bettler, die völlig nutzlos herumsitzen und anderen auf der Tasche liegen.	festigt Höllenbereichmodus
Wir geben der Bettlerin nichts, da wir zu geizig sind.	festigt Hungergeistermodus
Wir sind dumpf und nehmen die Bettlerin und ihre schwierige Situation gar nicht wahr.	festigt Tierbereichmodus
Wir sehen, sie hat schönes volles Haar und entwickeln Anhaftung daran, weil wir das auch gerne hätten.	festigt Menschenbereichmodus
Wir sind eifersüchtig, weil unser Partner sich um die Bettlerin kümmert, statt um uns und ihr auch noch sage und schreibe 2 ! Euro gibt.	festigt Halbgöttermodus
Wir sind stolz, denn wir arbeiten und haben ein viel besseres Leben. Und wir können Französisch, Englisch, Schwimmen und Fotografieren.	festigt Göttermodus
Wir geben etwas, weil wir wissen, dass das zu Reichtum und zu einer guten Wiedergeburt führt.	gute Wiedergeburtmodus, leider vergänglich
Wir geben etwas mit der Zielsetzung, selbst Befreiung von Leid zu erreichen. Vorausgesetzt wir begegnen der Bettlerin überhaupt und nehmen sie dann auch wahr, denn wir sind ja ausschließlich mit unserer eigenen Befreiung beschäftigt, damit wir selbst endlich Ruhe vor Leid haben.	Befreiungsmodus oder Kleiner Weg-Modus

Wir geben etwas mit tiefem Mitgefühl und in dem Wissen, dass Ich, das Geld und die Bettlerin leer davon sind, unabhängig zu existieren. Und mit der Motivation, dass es zur Erleuchtung aller fühlenden Wesen führen mögen. Dann widmen wir das Gute der raschen und leichten Erleuchtung aller fühlenden Wesen, wie die Buddhas und Bodhisattvas widmen.	Erleuchtungsmodus oder Großer Weg Modus
Wir sehen die Bettlerin, während wir ihr etwas geben, als unsere oder unseren Lama oder unserem Yidam, in einer Licht-Energieform. Die Umgebung ist ein Reines Land. Das Gute widmen wir korrekt.	schneller Erleuchtungsmodus oder Diamantwegmodus

Sollte ich mich wie Robin Hood verhalten?

Man denkt vielleicht öfter, dass es Sinn machen könnte, „den Reichen" Geld abzunehmen, um es „den Armen" zu geben.

Dazu ist zu sagen, dass es Fälle gibt, in denen eine oder ein Lama die eigene Schülerin oder den eigenen Schüler angewiesen hat, etwas zu stehlen. Hier handelt es sich um voll verwirklichte Lehrerinnen oder Lehrer und sehr besondere Schülerinnen oder Schüler.

Man selbst dagegen sollte im Regelfall grundlegend versuchen, sich im buddhistischen Sinn korrekt zu verhalten, das heißt, den Hauptfokus im Moment darauf zu legen, an sich selbst zu arbeiten. Wir üben also, „den Reichen" das zu gönnen, was sie haben, und den Bettlerinnen etwas zu geben und ihnen zu wünschen, dass sie auch wohlhabend werden. Vor allem aber wünschen wir „den Reichen", allen Bettlerinnen und allen fühlenden Wesen rasche und leichte Erleuchtung. In der Art, wie die Buddhas und Bodhisattvas das wünschen. Anders ist es, wenn wir eine oder einen Lama auf sehr hohem Niveau haben, die oder der uns etwas anderes ausreichend deutlich nahelegt.

Wenn man sich aber eigenmächtig wie Robin Hood verhält, könnte es sein, dass man sich schon in diesem Leben in schwierigen Umständen wiederfinden und im nächsten Leben noch nicht einmal das Wort Erleuchtung hören wird.

Tatsächlich bedeutet das allerdings nicht, dass das, was Robin Hood getan hat, schlecht war.

Er hatte in dem Leben keinen Zugang zur Lehre Buddhas. Er hatte eine (vermutlich) gute Motivation, anderen zu helfen, Mitgefühl mit den Armen und kannte keine andere Möglichkeit, die mit seinen damaligen Kapazitäten machbar gewesen wäre. Wir können das alles auch gar nicht genau wissen.

Es ist also nicht ausgeschlossen, dass es Umstände gibt, in denen es wirklich die beste Lösung ist, anderen aus Mitgefühl etwas abzunehmen, um es Bedürftigen zu geben.

Himmel und Hölle

Es gab einmal Wesen, die konnten nichts essen. Denn jedes dieser Wesen hatte einen Löffel mit einem sehr langen Stil. Und es konnte nur mit diesem Löffel Nahrung zu sich nehmen, nicht anders. Also nicht, wie wir, mit Messer und Gabel oder mit den Händen oder mit Löffeln, die einen kurzen Stil haben.

Nun saßen diese Wesen an einem großen, runden Tisch. Auf diesem Tisch standen köstlichste Speisen. Das Essen war auf kostbaren, mit Juwelen verzierten goldenen und silbernen Platten angerichtet und in erlesenster Weise mit anderen Speisen kombiniert. Auch der Tisch war wunderschön gedeckt. Die Tischdecke selbst nahm immer die Farbe an, die man gerne sehen wollte. Auch wurde sie nie schmutzig. Und es gab perfekte, dezente Blumenarrangements. Der Tisch war mit einzelnen Blüten und Blütenblättern bestreut, glitzernden Juwelen und Perlen. Es gab exzellente Musik, immer das, was man gerne hören wollte, in passender Lautstärke. Die Speisen wurden gebracht, und man musste überhaupt nichts tun, sich einfach nur hinsetzen und mit dem langen Löffel essen.

Aber, oh weh, die Wesen waren ganz mager und sahen alle krank und bleich aus. Was war denn passiert?

Tatsächlich hatten sie ein Problem mit den langen Löffeln. Mit diesen versuchten die Wesen verzweifelt, etwas von dem köstlichen Essen zu sich zu nehmen. Aber die Löffel waren einfach zu lang. Sie konnten die Speisen zwar auf dem Löffel platzieren, aber diesen nicht zu ihrem Mund führen.

Es war schrecklich. Da saßen sie nun vor dem gedeckten Tisch, es duftete köstlich, es sah alles wunderschön aus, die Musik war erstklassig, man saß perfekt auf den Stühlen. Aber es nützte alles nichts, sie konnten nicht essen.

Und so darbten sie vor der perfekt ausgestatteten Tafel, manche waren schon dem Tode nahe, zu schwach, um aufrecht zu sitzen, einige fielen fast von den Stühlen.

Da hatte auf einmal eines der Wesen eine Idee.

Es dachte sich: „Wie wäre es, wenn ich mit dem langen Löffel nicht versuche, selbst etwas zu bekommen. Das funktioniert ja auch gar nicht. Dann will ich doch wenigstens, wenn ich schon Hungers sterben muss, einem anderen Wesen vorher noch etwas geben. Denn mit meinem langen Löffel kann ich dieses kleine, dünne Wesen dort hinten, das so unglücklich schaut, bestimmt erreichen."

Dieses mitfühlende Wesen überlegte nicht lange, es wurde ja auch immer schwächer und älter und wollte vor seinem Tod doch noch etwas Nützliches zustande bringen.

Auch hatte es gesehen, dass der Blick des kleinen, dünnen Wesens schräg gegenüber immer wieder auf eine Schüssel mit warmer, exquisit duftender Nektar-Suppe gefallen war.

Da nahm das mitfühlende Wesen etwas von der Nektar-Suppe auf seinen Löffel und mit Anstrengung und letzten Kräften konnte es dem anderen kleinen, dünnen Wesen etwas davon vor den Mund halten. Doch dieses kleine, dünne Wesen war schon so abgemagert und wußte auch gar nicht, wie ihm geschah. So etwas hatte noch nie jemand erlebt, und zwar seit Wesensgedenken nicht! Aber es hob doch etwas den Kopf und schaute mit trostlosen Augen zu dem mitfühlenden Wesen hinüber. Auch das war überhaupt noch nicht passiert, dass es jemals zu einem der anderen Wesen hinübergeblickt hatte.

Das mitfühlende Wesen schaute freundlich herüber und versuchte, den langen Löffel mit der Nektar-Suppe in die Nähe des Mundes des kleinen, sehr dünnen Wesens zu bringen. Und so konnte das kleine, dünne Wesen etwas von dem wunderbaren Duft der köstlichen Nektar-Suppe riechen. Da erwachten seine Lebensgeister zwar wenig, aber doch genug, so dass es langsam seine Lippen dem Löffel mit der Suppe näherte. „Wie köstlich.", dachte es. „Ich wußte nicht, dass das soo gut schmeckt." Und dann schlürfte es die ganze Nektar-Suppe von dem Löffel. Und kam zu Kräften und wurde auf einmal auch größer.

Wie wird unsere Geschichte jetzt weitergehen?

Wird dieses Wesen auch das andere Wesen füttern? Werden die anderen Wesen sich ein Beispiel nehmen und beginnen, sich gegenseitig zu füttern? Und somit von der Hölle in den Himmel gelangen können? Durch Mitgefühl mit anderen. Und durch Weisheit, die weiß, was jemand anderer benötigt.

Der Vollständigkeit halber sei angemerkt, dass diese Geschichte traditionell etwas anders erzählt wird.

Hier ist dann die Rede von Wesen mit langen Löffeln, die sich nicht gegenseitig füttern und die daher darben. Und anderen Wesen mit langen Löffeln, die sich gegenseitig füttern und denen es gut geht.

Etwas annehmen oder nicht annehmen?

Neben der Frage, ob wir etwas geben sollten oder nicht, die sich durch Prüfung unserer Motivation beantworten lässt, kann ein weiteres Problem auftauchen.

Denn wenn wir die Beschenkte oder der Beschenkte sind, sollten wir auch immer alles annehmen?

Die Antwort auf diese Frage hängt eben wieder von unserer Motivation ab. Dabei ist hier nicht wesentlich, ob uns das Geschenk nützt, sondern, ob es für die Gebende oder den Gebenden sinnvoll ist, zu geben.
Das wird normalerweise der Fall sein. Und als Buddhistinnen und Buddhisten haben wir die überaus sinnvolle Möglichkeit, das Geschenk so zu verwenden, dass es zur Ursache für Befreiung und Erleuchtung wird. Und zwar auch für die Person, die uns etwas schenkt. Zum Beispiel, indem wir das Geschenk vor unseren buddhistischen Altar legen. Gut wäre es, die Gabe auch im Namen der Person korrekt zu widmen.

Allerdings gibt es Dinge, die wir besser nicht annehmen. Zum Beispiel, weil uns die Annahme des Geschenkes zu etwas Leidbringendem verpflichten würde.

Es kommt auch vor, das Lehrende eine Gabe nicht annehmen, weil sie damit der gebenden Person gegenüber in eine lehrende Funktion geraten und das wenig sinnvoll ist. Oder aber, weil andere Gründe bestehen, die aber nicht durch Ich-Anhaftung motiviert sind oder sein sollten.

Wenn die Lehrerin oder der Lehrer alles, was die Schülerin oder der Schüler hat, annimmt, ist es traditionellerweise üblich, dass sie oder er dann auch für den Lebensunterhalt ihrer oder seiner Schützlinge aufkommt.

Grundsätzlich gilt aber, dass wir Gebende nicht aufhalten oder behindern sollten. Denn damit behindern wir, dass sie Verdienst aufbauen. Weiter kann für uns selbst Armut die Folge sein.

Übung mit beiden Händen

Es gibt verschiedene Übungen, mit denen wir die Fähigkeit großzügig zu sein, trainieren und verbessern können.

Buddha hatte zum Beispiel einen Schüler, für den war es sehr schwierig, auch nur eine winzige Kleinigkeit zu geben. So groß war seine Anhaftung.

Deshalb empfahl Buddha ihm eine Übung, die Geiz reduziert. Er riet seinem Schüler, einen Stein zu suchen, der gut in eine Hand passt.
Diesen Stein sollte der Mann dann immer wieder von einer Hand in die andere Hand legen. Dabei sollte er sich vorstellen, dass die eine Hand er selbst sei. Die andere Hand dagegen sei jemand, die oder der unglücklich und sehr arm sei.
Im nächsten Schritt sollte er in dieser Art und Weise das, was von seinem Essen immer übrigblieb und was er überhaupt nicht mochte, weggeben. Auch das fiel dem geizigen Mann schwer. Aber er hatte Vertrauen zu Buddha und tat, was dieser ihm geraten hatte. Und er übte immer weiter. Allmählich konnte dieser Mann auch die Reste seines Essens geben. Davon erzählte er Buddha.
Als nächstes erweiterte Buddha das Training. Jetzt sollte sein Schüler bessere Dinge hergeben. Kleidung zum Beispiel.
Als auch das gelang, sollte der Mann mit schöneren und teureren Dingen weitermachen, beispielsweise Gold. Mit fortlaufender Übung wurde auch das immer leichter.

Schließlich sagte ihm Buddha, er könne jetzt anderen, die in Not seien, tatsächlich geben.

Geben im Rahmen der Sieben Übungen

Das Geben bei den Sieben Übungen ist im engeren Sinn auf das Höhere Feld der Ansammlung ausgerichtet, auf die Repräsentantinnen und Repräsentanten der Erleuchtung. Das wurde bereits erläutert.

Mandala Gaben

Hier wird das ideale Universum vergegenwärtigt und der Lama oder dem Lama und weiteren Repräsentantinnen und Repräsentanten der Erleuchtung dargebracht. Wir können in der Vorstellung dazu auch unseren Geist, unsere Rede und unseren Körper darbringen. Dabei hat die Durchführung dieser Übung körperliche, sprachliche und geistige Anteile.
Mandala Gaben werden bei der dritten Grundübung praktiziert. Wir können sie aber auch unabhängig davon praktizieren.

Tatsächlich werden die Mandala-Gaben als eine der besten Arten für den Aufbau von Verdienst beschrieben. Teilweise auch als die beste Methode für den Aufbau von guten geistigen Eindrücken. Vorausgesetzt, wir praktizieren sie auch wirklich!

Mandala mit Mudra

Weiter bringen wir traditionell ein Mandala dar, wenn wir die buddhistischen Lehrerinnen oder Lehrer um den Dharma bitten.

Hier führen wir mit dem Körper eine Handmudra aus, das ist eine bestimmte Geste. In Bezug auf die Sprache sagen wir vorgegebene Zeilen. Mit dem Geist vergegenwärtigen wir, dass wir das ganze Universum darbringen.

Bei der Mudra stellt der in der Mitte der Geste aufrecht stehende Mittelfinger den Berg Meru dar, die übrigen in bestimmter Weise gekreuzten Finger symbolisieren die vier Kontinente.

Diese Mudra symbolisiert das gesamte Weltall mit allem Reichtum der Göttinnen und Götter und der Menschen. Dieses Universum vergrößern und vervielfältigen wir geistig ins Unermessliche. So wird der durch die Kraft des Geistes aufgebaute Verdienst ebenfalls unermesslich.

Geben an die eigene Lehrerin oder den eigenen Lehrer

Auch wenn die oder der eigene Lama von uns nichts benötigt, ist es für uns selbst sehr segensreich, sie oder ihn in jeder Weise zu unterstützen. Tatsächlich ist das auch wichtig, damit wir unsere Lama oder unseren Lama lange behalten können. Unterstützt man sie oder ihn nicht oder zu wenig, wird die Verbindung schwächer und schließlich aufhören.
Aber sie oder er kann jede erdenkliche Hilfe von uns auch sehr gut gebrauchen, um anderen zu helfen. Oder aber, um selbst rasch voranzuschreiten, um dann anderen wieder besser nutzen zu können.

Beispielsweise brachte Tashi Khyidren, eine bhutanesische Prinzessin und Schülerin Yeshe Tsogyals, dieser, als sie in einer Höhle meditierte, regelmässig Honig und Büffelmilch.

Geben an die Sangha

Bringen wir etwas in buddhistische Gruppen ein, kann das, je nachdem wie die Gruppe zusammengesetzt ist, zumindest teilweise ein Geben an das höhere Feld der Ansammlung sein. Der Grund ist, dass die verwirklichte Sangha zu den Drei Juwelen gehört.

Können wir die Personen, die die Gruppe bilden, als Buddhas und Bodhisattvas sehen, ist Geben, auch wenn einige noch nicht so weit verwirklicht sind, eine Darbringung an das höhere Feld der Ansammlung.

Chöd und Informationen zum Geben des eigenen Körpers

Chöd ist ebenfalls unter anderem eine Übung des Gebens. Sie geht auf die berühmte Tibeterin Machig Labdrön zurück. Bei dieser Praxis sind sowohl das höhere Feld der Ansammlung als auch die fühlenden Wesen die Bezugspunkte.

Es heißt auch, Chöd ist die höchste Übung, um Anhaftung an das Selbst aufgeben zu können. Diese Praxis kann weiter körperliche Krankheiten und geistige Verblendungen entfernen. Und zwar schon, wenn man anderen auch nur zuhört, während sie diese Praxis ausführen. Auch hilft diese Meditation, Abneigung gegen Unerwünschtes und Schmerzliches abzubauen.
Allerdings ist Chöd auch anspruchsvoll, und wir benötigen sehr gutes Karma, um die Übertragungen zu erhalten, die Praxis ausführen zu können und es dann auch tatsächlich zu tun.

Bei dieser Übung trainiert man in der Vorstellung, den eigenen Körper zu geben. Das geschieht, nachdem man entsprechend der Meditationsanleitung visualisiert hat, dass das Bewusstsein den eigenen Körper verlassen und eine verwirklichte Form angenommen hat.
Denn unser Körper ist etwas, woran wir sehr hängen, der uns aber mehr oder weniger Probleme macht. Nicht zuletzt auch, weil er meist nicht so ist, wie wir ihn gerne hätten. Wir können ihn nicht als etwas Vollendetes sehen, und daher ist er in unserer Wahrnehmung nicht vollendet.

Weiter investiert man fortlaufend in den eigenen Körper. Auch andere haben viel dafür gegeben, damit man den eigenen Körper bekommen konnte. Beispielsweise hat uns unsere Mutter monatelang in ihrem Körper wohnen lassen und uns genährt. Weiter hat sie uns nach unserer Geburt versorgt. Aber auch viele andere fühlende Wesen haben uns geholfen, diesen Körper zu erhalten. Beispielsweise alle, die bei unserer Geburt mitgewirkt haben.

Diese Investitionen sind aber langfristig mehr oder weniger nutzlos, denn als normales fühlendes Wesen wird man den eigenen Körper zwangsläufig zurücklassen müssen, wenn man stirbt. Angemerkt sei, dass wir, wenn wir entsprechend hoch verwirklicht sein werden, auch hier völlige Freiheit haben werden. Geben wir aber den Körper in unserer Vorstellung während der Chöd-Übung als etwas Hilfreiches für andere weg, werden auch die Bemühungen anderer für uns sehr sinnvoll genutzt. Denn auch das vorgestellte Weggeben baut positives Potenzial auf.

Denn, wenn wir unseren Körper tatsächlich oder in der Vergegenwärtigung für Nützliches einsetzen, ist das eine Möglichkeit, um alle anderen, die uns geholfen haben, daran teilnehmen zu lassen.

Man könnte immer mal wieder auf die Idee kommen, den eigenen Körper tatsächlich wegzugeben. So, wie die Prinzessin Mandabhadri, die ihren Körper an einen Tiger verfüttert hat. Allerdings geben wir als normale Person den eigenen Körper ausschließlich in der Vorstellung. Das wurde schon erwähnt.

Konkret sollten wir den eigenen Körper bei entsprechendem Bedarf erst hergeben, wenn wir Leerheit realisiert haben, also, wenn wir mindestens die erste Bodhisattva-Stufe erreicht haben. Denn nur dann ist sichergestellt, dass wir diese Gabe nicht bereuen, weil wir nicht anhaften. Eben unter anderem an diesen eigenen Körper. Vorher würde man es sehr wahrscheinlich bereuen, spätestens, wenn man Schmerzen hat. Es bringt dann nicht nur nichts, sondern kann sogar zum Problem werden.

Auch benötigen wir unseren kostbaren Menschenkörper für unseren buddhistischen Weg zum höchsten Nutzen aller fühlenden Wesen. Und ob man in der nächsten Wiedergeburt die geeigneten Bedingungen haben wird, weiß man nicht. Man ist tatsächlich einfach noch nicht weit genug verwirklicht, um das sicherzustellen.

Es ist wie bei einem Medizinbaum. Ist so ein Baum noch klein, nützt er wenigen. Schützen wir ihn aber, bis er groß und stark geworden ist, dann kann er vielen helfen. Daher sollten wir den kleinen Baum nicht für Medizin verbrauchen, sondern ihn erst zu einem großen Baum heranwachsen lassen.

Teile des eigenen Körpers können wir aber, wenn es passt und nicht verschwendet ist, schon vorher geben. Passend und nicht verschwendet ist es, wenn wir mit guter Motivation zum Nutzen anderer geben, sowie die eigene Praxis zum Nutzen anderer nicht behindert wird. Wenn wir also gesund sind und es uns dadurch nicht schlecht geht, könnten wir Blut spenden. Oder unser langes Haar.
Weiter beschädigen wir den eigenen Körper nicht auf den Wunsch anderer hin für eine Geringfügigkeit oder wenn kein Nutzen entsteht.

Der Vollständigkeit halber soll auch erwähnt werden, dass man den eigenen Körper nicht aufgrund leidbringender Emotionen, wie Hass oder um anderen zu schaden, hergibt. Man führt also keine Selbstmordattentate aus und fährt auch nicht viel zu schnell mit dem Auto, weil man sich sehr geärgert hat.

Tonglen

„Was gibt es da noch zu sagen?

Die Kindischen arbeiten zu ihrem eigenen Nutzen,
die Buddhas arbeiten zum Nutzen der anderen.
Schau dir nur den Unterschied an.

Wenn ich mein Glück nicht eintausche
gegen das Leid der Anderen,
werde ich die Buddhaschaft nicht erreichen
und sogar im Daseinskreislauf keine wirkliche Freude erleben."

Shantideva

(Siehe Zitateliste Seite 569-572)

Eine weitere klassische Übung, die schwerpunktmäßig auf die fühlenden Wesen ausgerichtet ist und nicht auf das höhere Feld der Ansammlung, ist Tonglen, das Geben und Nehmen.

Sie kombiniert die Meditation der Geistesruhe mit dem Training einer liebevollen und selbstlosen Einstellung anderen gegenüber. Und da es eine exzellente Gabe an die Buddhas und Bodhisattvas ist, anderen zu helfen, soll im folgenden darauf eingegangen werden. Auch bauen wir durch Tonglen sehr viel gute geistige Eindrücke auf.

Shantideva sagte sogar, dass es keinen besseren Weg gibt, um Verwirklichung zu erreichen, als sich selbst gegen andere auszutauschen.

Wenn wir jemandem sehr viel zu verdanken haben, möchten wir spontan und ohne große Erwartungen etwas geben. Auch wenn wir ein Wesen sehr lieben, sind wir bereit uns zurückzunehmen und den anderen in den Vordergrund zu stellen. In diesen Situationen fällt es uns auch leichter, das Bessere und Schönere wegzugeben und das weniger Gute zu behalten.
Und wir können uns dabei darüber freuen, dass die oder der andere glücklich ist. Obwohl wir den schlechteren Teil haben, geht es uns gut. Der Grund ist, dass in solchen Augenblicken unser Fokus nicht so sehr auf uns selbst gerichtet ist. Unsere Anhaftung an uns selbst ist verringert, deshalb geht es uns besser.

Diese Art der Geisteshaltung beim Geben geht in die Richtung der buddhistischen Meditation des Gebens und Nehmens, Tonglen.

Zunächst mag es paradox erscheinen, warum wir anderen das Gute geben und das Schwierige auf uns selbst nehmen sollen. Denn man will normalerweise das Gute für sich selbst und nicht primär für alle anderen.

Aber es ist einfach nötig, die Anhaftung an sich selbst zu reduzieren. Und mit Tonglen balanciert man aus, dass man sich normalerweise immer in den Vordergrund stellt.

Tatsächlich heißt das allerdings nicht, dass wir nichts mehr haben dürfen. Denn mit Tonglen geht es uns nicht nur nach und nach besser, wir bekommen nach dem Gesetz von Ursache und Wirkung das, was wir geben, wenn wir das Gute nicht anschließend vermindern, um ein Zigfaches zurück!

Zur weiteren Erklärung, warum Tonglen Sinn macht, können wir auch einbeziehen, was ein buddhistischer Meister sagte. Er meinte, dass er selbst alle seine Probleme verursacht habe. Sein ganzes Glück aber verdanke er anderen. Daher gebe er alles Gute anderen und das Schwierige nehme er auf sich selbst.

Bei dieser Übung ist es wichtig, schrittweise vorzugehen. Deshalb trainieren wir zunächst die Einsicht, dass andere so sind wie wir. Auch sie wollen glücklich sein und nicht leiden. Darin sind wir alle gleich. Dieser Gedankengang ist uns auch nicht so fremd.

Weiter denken wir darüber nach, wie viel wir unserer eigenen Mutter in diesem Leben zu verdanken haben und wie viel sie für uns auf sich genommen hat.

Als sie beispielsweise feststellte, dass sie mit uns schwanger war, wußte sie nicht, ob die Schwangerschaft für sie schwierig oder leicht werden würde. Trotzdem hat sie uns in ihrem Bauch wohnen lassen, sie hat uns also sozusagen Kost und Logis gegeben. Wir dagegen haben mindestens lange Jahre nichts oder nicht viel dafür zurückgegeben.
Und zu wie vielen Untersuchungen, die vielleicht nicht immer angenehm waren, ist sie gegangen. Dabei galt ihre Sorge nur uns und dass es uns gut ging, an sich selbst hat sie zuletzt gedacht. Vielleicht wurde sie sogar krank.
Und sie konnte mit dem großen Bauch nicht richtig schlafen, nicht richtig essen, ihr wurde möglicherweise übel. Auch ihre Arbeit ging ihr nicht mehr leicht von der Hand. Wie schwer fiel es ihr beispielsweise, hochschwanger aufzustehen und sich wieder hinzusetzen. Und dann die Geburt, die selbst in sehr guten Verhältnissen nicht angenehm und auch nicht ungefährlich ist. In Wirklichkeit kann nämlich eine Geburt für die Mutter Lebensgefahr bedeuten und bringt auch die Gefahr sich anschließender gesundheitlicher Probleme mit sich.

Aber auch, als wir geboren waren, hat unsere Mutter alle möglichen Schwierigkeiten auf sich genommen.

Sie hat uns umsorgt und uns behütet, wieder hat sie nur an uns gedacht und alles getan, damit wir zufrieden waren. Selbst wenn wir uns schlecht benommen haben. Sie hat auf Schlaf verzichtet, weil wir wach lagen und weinten. Sie hat uns die besten Happen Essen gegeben und das Schlechtere für sich selbst genommen. Auch dann noch, wenn wir alles ausgespuckt haben, hat sie nicht aufgehört, uns das gute Essen zu geben.

Und sie ist es, die uns anfangs fast alles beigebracht hat, sie hat uns beschützt. Später hat sie uns auf das Leben vorbereitet, hat uns gezeigt, wie man aus einem Glas trinkt und wie man einen Löffel hält. Vermutlich wissen wir von ihr, von unserer lieben und gütigen Mutter, dass man an einer Fußgängerampel wartet, wenn rot ist. Und dass man einer Spinne nicht die Füsse ausreisst, sondern sie an einen sicheren Ort setzt.

Sie hat uns also unseren Körper verschafft, sie hat wegen uns vieles auf sich genommen, sie hat uns auf das Leben vorbereitet und die Welt erklärt.

Durch sie haben wir aber auch Ermunterung erfahren und Herausforderung. Letzteres war vielleicht nicht immer das, was wir wollten, es hat uns aber geholfen, die oder der zu werden, die oder der wir heute sind.

Wäre also unsere Mutter nicht gewesen, hätten wir diesen Körper nicht und damit auch keine Ausbildung. Wir hätten tatsächlich nichts von dem, was wir heute haben und erleben.

Vor allem aber hätten wir jetzt nicht die Möglichkeit, die Lehre, die uns Buddha gegeben hat, zu üben. Den Weg also, der uns völlig aus dem Leid herausführen kann. Auch diese kostbare Möglichkeit gäbe es für uns nicht, wenn uns unsere liebe Mutter nicht geboren und nicht selten auch überwiegend großgezogen hätte. Und diese, unsere Möglichkeiten hat oder hatte unsere Mutter vielleicht nicht. Durch diese Überlegungen entsteht tiefe Liebe.

Aber selbst, wenn wir das nicht glauben können oder meinen, wir hätten unserer Mutter nicht soviel zu verdanken: Es tragen unzählige fühlende Wesen dazu bei, dass wir alles das haben, was wir besitzen. Beispielsweise unser lieber Vater. Oder unsere Großeltern. Und andere, auch die, die schon tot sind und zum Beispiel das Krankenhaus gebaut haben, in dem wir geboren wurden.

Auch das Haus, in dem wir wohnen, wurde von anderen gebaut, dasselbe gilt für die Strassen, Busse, U-Bahnen, Züge und Flugzeuge, die wir benutzen. Und wie viele Leute arbeiten jetzt daran, dass diese Transportmittel auch funktionieren? Und daran, dass sie sauber sind. Wie viele Arbeitsstunden hat es gekostet, unser Smartphone zu entwickeln?

Wenn wir detaillierter untersuchen, wie viele es sind, denen wir dankbar sein können, entsteht auch ganz natürlich Liebe für die fühlenden Wesen.

Nehmen wir die buddhistische Sichtweise hinzu, dann haben wir und alle anderen fühlenden Wesen schon unzählige Male gelebt.

Das heißt auch, dass wir schon unzählige Male eine Mutter hatten, es war sehr wahrscheinlich ein anderes fühlendes Wesen als unsere heutige Mutter gewesen. Denken wir darüber nach, dann kommen wir zu der Erkenntnis, dass bereits alle fühlenden Wesen unzählige Male unsere liebe Mutter waren. Oder unser lieber Vater, der immer für uns da ist. Unser über alles geliebter Mann, oder unsere zutiefst geliebten Kinder, die Oma, an der wir so sehr hängen, die beste Freundin, der wir seit Jahrzehnten so innig zugetan sind. Die Cousine, die wir jederzeit anrufen können. Und so weiter. Wenn wir diese Überlegungen miteinbeziehen, kommen wir zu dem Ergebnis, dass jedes fühlende Wesen schon einmal jemand war, die oder den wir von ganzem Herzen geliebt haben. Selbst, wenn wir uns in diesem Leben zeitweise als alleine und einsam wahrnehmen.

Und so entsteht ganz natürlich der tiefempfundene Wunsch, dass alle fühlenden Wesen glücklich sind und die Ursache des Glücks haben mögen. Vielleicht beginnen wir auch schon, zu überlegen, was wir tun können, um unserer Liebe Ausdruck zu verleihen.

Liebe ist hier im Buddhismus der Wunsch, dass alle fühlenden Wesen Glück und die Ursache von Glück haben mögen.

Als nächstes denken wir darüber nach, dass unsere liebe Mutter, die so viel für uns getan hat, oder ein anderes von uns über alles geliebtes fühlendes Wesen Leid ausgesetzt ist. Oder aber darüber, dass andere, denen wir doch auch so viel zu verdanken haben, leiden. Denn selbst, wenn es ihnen gerade gut geht, perfektes Glück erleben sie nicht, es ist immer auch Leid vorhanden. Und sie sind alle nicht sicher davor, in schwierige Situationen zu geraten, wie krank zu werden oder Schmerzen zu haben. Vielleicht sind derartige Ereignisse auch schon eingetreten. Weiter sind sie fast alle nicht in Sicherheit davor, Wiedergeburten in den leidvolleren Daseinsbereichen zu erleben.
Leid für fast alle fühlenden Wesen ist also in Wirklichkeit jetzt schon vorhanden, auch wenn es gerade nicht sehr schmerzlich ist. Weiter ist größeres Leid regelmäßig nur noch eine Frage der Zeit.
Wie schön wäre es aber, wenn sie nicht leiden müssten!

Auch denken wir daran, dass wir selbst ebenfalls nicht leiden wollen. Und wären wir an der Stelle der Person, die leidet, wie gerne wären wir frei von Leid und stattdessen glücklich! Wir versuchen also auch, uns in die Lage anderer zu versetzen, die vielleicht gerade große Schmerzen haben oder gefoltert werden. Real ist, dass genau jetzt, während man vielleicht auf dem Sofa bequem sitzt oder es sich in einem Café gemütlich gemacht hat, andere geschlagen und gequält werden.

Weiter denken wir aber auch daran, dass Leid eine Illusion ist, die aufgrund von Unwissenheit entsteht.

Soviel Leid und dabei ist es gar nicht so vorhanden, wie wir meinen! Wenn wir darüber nachdenken, entsteht natürlicherweise Mitgefühl.

Mitgefühl ist hier im Buddhismus der Wunsch, dass alle fühlenden Wesen frei von Leid und der Ursache des Leides sein mögen.

Grundsätzlich geht man dann zum nächsten Schritt über: Man nimmt geistig das Leid anderer, der eigenen früheren Mütter, auf sich und gibt ihnen ihr eigenes Glück. Da einen das aber vermutlich erst einmal überfordert, fangen wir schrittweise an.

Zunächst beginnen wir mit dem Üben von Tonglen also nicht mit anderen fühlenden Wesen als Bezugspunkt, sondern wir beginnen mit uns selbst. Oder besser gesagt, mit unserem zukünftigen Ich.

Wir denken also an etwas Unangenehmes, Unerwünschtes, das uns heute noch erwartet und stellen uns unser zukünftiges Ich in dieser Situation vor. Dann denken wir, dieses Problem sei schwarzer Dunst. Diesen lösen wir aus diesem zukünftigen Ich heraus und ziehen ihn mit dem Einatmen in unser Herz. Und zwar in eine kleine Flamme dort.
Wenn der schwarze Dunst schließlich auf die kleine Flamme, unsere Selbstsucht, trifft, verpuffen beide, es bleibt nichts übrig. Kein Leid und kein Ego. Wir bemerken dann vielleicht, dass wir uns erleichtert fühlen. Es geht uns also besser, und nicht schlechter!

Dann dehnen wir die Übung aus, auf den ganzen restlichen Tag, auf den nächsten Tag, auf die nächsten Tage, die nächsten Wochen, die nächsten Monate, Jahre, bis zu unserem Tod. Dann auf den Zwischenzustand, auf das nächste Leben. Und auf alle unsere nächsten Leben. Das können wir nach und nach machen. Das heißt, wir üben jeweils einen Schritt. Und wenn wir diesen gut ausführen können und er uns vertraut ist, dann nehmen wir uns die nächste Übung vor.
Dann verfahren wir so mit unserer eigenen Mutter. Wenn das zu schwer ist, können wir die Übung auch mit jemandem machen, der oder dem wir sehr viel zu verdanken haben. Oder den oder die wir aus ganz tiefem Herzen sehr innig lieben.

So stellen wir uns also vor, dass wir tiefe Liebe und intensives Mitgefühl haben und alle Schwierigkeiten unserer lieben Mutter oder dieser geliebten Person in uns hineinziehen. Und zwar als schwarzen Dunst, oder auch schwarzes Licht. Wenn dieser auf die kleine Flamme in unserem Herzen trifft, lösen sich beide auf. Damit ist dieses Leid verschwunden. Ebenso wie unser Ego, das mit dem Leid eigentlich nichts zu tun haben wollte.

Wenn wir das gut geübt haben, können wir die Praxis erweitern.

In einem zweiten Schritt geben wir beim Ausatmen jeweils alles Gute dem Ich in der schwierigen Situation später am Tag. Dann unserem Ich des heutigen Tages, des morgigen Tages. Dann unserem Ich der nächsten Tage, der nächsten Wochen, der nächsten Monate, und dann Jahre bis zu unserem Tod. Unserem Ich im Zwischenzustand, im nächsten Leben, in allen nächsten Leben. Wir üben weiter und geben unserer Mutter oder einer anderen geliebten Person alles Gute, über das wir verfügen.

Wir können zum Beispiel unseren Espresso, unser Frühstück und unsere U-Bahnkarte geben. Oder unseren Lieblingspullover, obwohl er nicht aus perfektem Schildkrötenhaar besteht! Weiter unsere Urlaubsansprüche. Wir geben unser Smartphone. Dann unsere angenehmen Erlebnisse, unseren Körper (den wir ohnehin von unserer Mutter haben) und überhaupt alles Glück. Weiter geben wir unseren Platz im Reinen Land der Großen Freude, unsere Befreiung und unsere Erleuchtung. Wir geben in unserer Vorstellung einfach alles, ohne irgendetwas zurückzuhalten.

Dabei können wir uns vorstellen, dass diese Dinge in Form von weißem, wunderbar angenehmem und alles heilendem Licht aus unserem Herzen zu unserem zukünftigen Ich strahlt. Beziehungsweise, je nachdem, was wir gerade üben, beispielsweise zu unserer Mutter oder zu jemand anderem strahlt.

Wir stellen uns weiter vor, dass wir selbst in der Zukunft oder unsere Mutter oder die andere Person jetzt mehr und mehr erleichtert ist. Denn ihr Leiden lässt nach. Und sie wird nach und nach völlig glücklich, entspannt und zufrieden. Und so sind wir es jetzt auch.

Dann machen wir die gleiche Übung mit dem Leid von anderen Nahestehenden und geben ihnen unser Glück und alles Gute, an das wir ein „Ich" hängen.
Diese Vorgehensweise ist von Vorteil, weil es uns bei Nahestehenden leichter fällt, das Schwierige auf uns zu nehmen und alles Gute wegzugeben.

Denn als nächstes erweitern wir diese Übung sukzessive um Personen, die weniger nahestehend sind. Dann üben wir mit denjenigen, denen gegenüber wir neutral eingestellt sind, und schließlich trainieren wir mit unseren Widersacherinnen und Widersachern.

Wir können Tonglen auch mit den fühlenden Wesen der sechs Daseinsbereiche durchführen, einen nach dem anderen. Schließlich gibt es niemanden mehr, den wir nicht einbeziehen, es sind alle willkommen.

Mit dieser Übung wirkt man auch der Gewohnheit entgegen, immer alles und damit auch alle fühlenden Wesen in drei Gruppen einzuteilen:

1. Die, die man mag und das, was man mag.
2. Die, die man nicht mag und das, was man nicht mag.
3. Die, denen gegenüber man neutral eingestellt ist, beziehungsweise dem, dem gegenüber man neutral eingestellt ist, also:
   3.1. die, die einem egal sind beziehungsweise das, was einem egal ist;
   3.2. und die, von denen man nichts weiß und das, wovon man nichts weiß.

Tonglen hilft uns somit, diese Unterscheidung auszubalancieren. Weiter unterstützt es uns darin, alle gleich, das heißt, alle gleich liebevoll zu behandeln. Zumindest von der Geisteshaltung her.

Weiter stellen wir uns nicht nur vor, dass wir das jetzige Leid auf uns nehmen und das eigene Glück geben. Wir denken, dass wir das Leid und dessen Ursache aller fühlenden Wesen aus der Vergangenheit, Gegenwart und aus der Zukunft auf uns nehmen. Und dass wir das eigene Glück und dessen Ursache aus diesen drei Zeiten allen fühlenden Wesen geben.

Wir können dann abwechselnd üben, Leid auf uns zu nehmen und Glück zu geben. Beim Einatmen ziehen wir alles Schwierige und die Ursache dafür zu uns, beim Ausatmen geben wir alles Gute und dessen Ursache davon. Und zwar eine Übung nach der anderen, zuerst unser Ich später am heutigen Tag und so weiter.

Hierbei sollten wir so gut, wie wir können, von der Vorstellung frei sein, dass da jemand etwas tut, etwas getan wird und jemand etwas erhält.

Auch macht man keinen Ego-Trip aus Tonglen, in dem Sinn, dass man jetzt die Retterin oder der Retter der Welt ist.
Es ist eher unser Bodhisattva-Lebensstil, dass wir mit vielen anderen für viele andere hilfreich sind. Tatsächlich brauchen wir auch kein Aufhebens darum zu machen, weil es ganz natürlich ist, gut zu anderen zu sein. Es ist die Aktivität dessen, was wir grundlegend sind, Buddhas eben. Daher ist es auch viel angenehmer, leichter und natürlicher, liebevoll und freundlich zu sein. In Wirklichkeit ist es nämlich unnatürlich und auch anstrengend, negativ zu sein.

Und wir haben nicht nur den Wunsch, sondern spätestens mit dem Bodhisattva-Versprechen auch die Verpflichtung, für das Glück aller zu sorgen und ihnen alles Leid abzunehmen. Das verbinden wir mit Leichtigkeit und Freude.

Denn unser eigenes Leid vermehrt sich durch diese Übung nicht. Es wird kein Berg, unter dem wir zugrundegehen.

Tatsächlich stellen wir uns ja auch vor, wenn wir das Leid anderer in unser Herz aufnehmen, dass es sich in der Leerheit auflöst. Es bleibt nichts Wirkliches übrig.

Angst, dass wir das Leid tatsächlich erleben, brauchen wir also bei unserer gegenwärtigen Verwirklichungsstufe nicht zu haben. Wäre es tatsächlich möglich, das Leid anderer auf sich zu nehmen, gäbe es niemanden mehr, die oder der leidet. Buddhas und Bodhisattvas hätten dann bereits das gesamte Leid aller fühlenden Wesen auf sich genommen. Denn sie wollen nichts anderes, als dass wir alle völlig glücklich sind, und zwar auf Dauer.

Angemerkt sei, dass hohe Verwirklichte allerdings andere sehr wohl vor Leid bewahren können. Beispielsweise können sie, bei entsprechendem Karma, ein fühlendes Wesen dazu bringen, eine andere Richtung einzuschlagen. Es ist, wie wenn wir sehen, dass eine Schnecke dabei ist, auf ein befahrene Straße zu kriechen. Wir können sie dazu bringen eine andere Richtung einzuschlagen. Zum Beispiel, indem wir sie umdrehen. Oder wir legen ihr etwas in den Weg, wodurch sie selbst die Richtung ändert.

Führen wir Tonglen richtig aus, sind wir, wie erwähnt, auch nicht unglücklich, sondern wir werden glücklich und zufrieden. Und zwar nicht nur während der Übung, sondern immer mehr auch außerhalb unserer formalen Praxis.
Auch gibt es Beispiele dafür, dass Krankheiten durch Tonglen geheilt wurden. Hierbei nimmt man die eigenen Beschwerden in den Fokus und denkt, dass man diese Krankheit für alle anderen auf sich nimmt, die dadurch frei von der Erkrankung werden. Anderen gibt man in der Vorstellung Gesundheit.

In Bezug auf Buddhas und hohe Bodhisattvas können wir auch Tonglen anwenden. Da sie aber nicht leiden, entfällt der Teil, in dem wir Leid auf uns nehmen. Wir stellen uns also vor, dass von uns alles Gute zu ihnen ausgeht.

„Nur" durch das richtige, fleißige und gewissenhafte Üben von Tonglen ist es schließlich möglich, dass wir in einem Leben die erste Bodhisattvastufe erlangen. Und jemand, die oder der das erreicht hat, ist für immer frei von Leid und der Ursache von Leid!

Um ein gutes Ergebnis zu erzielen, sollten wir uns diese Meditation und ihre einzelnen Übungsschritte von dafür autorisierten Personen erklären lassen. Denn es kann bei Fehlern passieren, dass einem diese Übung nicht gut tut. Beispielsweise, weil man Angst bekommt oder sich in Leid hineinsteigert. Das liegt dann aber nicht an Tonglen, sondern daran, dass die Übung nicht richtig verstanden wurde und somit nicht richtig geübt werden konnte. Dann hört man frustriert auf, zu trainieren, und das wäre sehr schade.

Es ist auch ganz grundsätzlich wichtig, dass wir genau lernen. Und immer wieder mit anderen praktizieren und uns besprechen, damit wir Fehler abstellen können. Weiter, dass wir die Lehrenden um Rat fragen. Denn man kann fast sicher sein, dass es Fehler gibt. Es ist wichtig, dass wir sie abstellen.

Diese Praxis des Gebens und des Nehmens im Großen Weg ist, wie erwähnt, eine geistige Übung.

Die im Großen Weg wichtigen Sechs Befreienden Handlungen, die Sechs Paramitas, beziehen sich auf das konkrete Verhalten und Handeln.

Im Überblick:

Bodhisattvatraining den fühlenden Wesen gegenüber:	Übung dazu:
mit dem Geist	Tonglen
mit dem Verhalten, also konkret	Sechs Paramitas

Abschließend soll angemerkt werden, dass "Geben und Nehmen", wie es im alltäglichen Sprachgebrauch verwendet wird, etwas anderes ist. Denn hier gibt man und erwartet dafür etwas zurück. Natürlich ist das nicht völlig falsch. Denn, karmisch gesehen, führt Großzügigkeit dazu, dass wir etwas bekommen. Das Problem beim normalen Geben und Nehmen ist allerdings die ichbezogene Motivation.

Aber es ist natürlich besser, so zu denken als immer etwas erhalten zu wollen, ohne je auf die Idee zu kommen, dass man auch einmal etwas geben sollte. Diese Einstellung führt nicht dazu, wohlhabend zu werden, sie führt im Gegenteil in die Armut.

Eine Möglichkeit, die Zeit sinnvoll zu nutzen, wenn wir irgendwo warten

Wenn wir irgendwo warten, können wir denken, dass wir ein wunscherfüllendes Juwel sind. Und dass wir alle Wünsche der fühlenden Wesen auch tatsächlich erfüllen, wenn sie nicht schädigend sind.
Oder, dass wir Manifestationen unseres Körpers in alle Richtungen und Zeiten aussenden, die sich bei jedem fühlenden Wesen in einem Moment in alles verwandeln, was diesem gut tut. Dabei denken wir, dass sich dann alle fühlenden Wesen dem Weg zuwenden, der zum perfekten Zustand führt, der frei von Problemen ist. Und in dem alle guten Eigenschaften entfaltet sind.

Aufstellung von Übungen zum Geben

Aufstellung einiger Übungen, deren Hauptfokus auf Geben liegt.

Übung:	Hauptbezugspunkt:	geistig/ konkret:
im engeren Sinn die erste Befreiende Handlung, Großzügigkeit Im weiteren Sinn alle Sechs Befreienden Handlungen	fühlende Wesen	konkret
im engeren Sinn die zweite Übung der Sieben Übungen, Großzügigkeit im weiteren Sinn die gesamten Sieben Übungen	höheres Feld der Ansammlung	geistig
Geben und Nehmen (Tonglen)	fühlende Wesen	geistig
Mandala-Gaben	höheres Feld der Ansammlung	geistig
Chöd	höheres Feld der Ansammlung und fühlende Wesen	geistig
Samantabhadra-Gabenwolken	höheres Feld der Ansammlung	geistig
Drehen einer Gebetsmühle	alle fühlenden Wesen	eher geistig
buddhistischer Altar	höheres Feld der Ansammlung	geistig und konkret
Widmung	alle fühlenden Wesen	geistig

Details in Bezug auf die Gaben an das höhere Feld der Ansammlung

Da es so verdienstvoll ist, den Repräsentantinnen und Repräsentanten der Erleuchtung, wie der oder dem Lama, etwas darzubringen, im folgenden weitere Informationen dazu, was wir wie darbringen können.

Zunächst ist es gut, Gaben in einer sauberen, angenehmen, geschmückten Umgebung darzubringen.
Das heißt, auch wenn wir uns Gaben vorstellen, denken wir zuerst einmal, dass alles vorher gereinigt ist. Auch riecht es gut, das Licht ist angenehm, wir haben schön dekoriert und so weiter.

Wir können den Repräsentantinnen und Repräsentanten der Erleuchtung in der Vorstellung oder auch tatsächlich dann alles geben, was wir mögen, was uns gefällt und was wir als angenehm empfinden. Das heißt, was die Sinne erfreut, was wir sehen, hören, riechen, schmecken oder fühlen/tasten können. Der Grund dafür, dass materielle Gaben dargebracht werden, die uns gefallen und die mit Sinneseindrücken zu tun haben, ist, dass wir im Begierdebereich sind. Wir haften an den Dingen, die wir mit unseren Sinnen wahrnehmen. Alles, was wir darbringen, stellen wir uns auch wunderschön vor, makellos und in unendlichen Mengen. Und wir bieten das alles in perfekter Weise an, also auch in wunderschöner Präsentation. Und zwar so, dass wir selbst damit vollkommen zufrieden sind. Dabei bitten wir mit Respekt darum, dass die Gaben angenommen werden.

Auch wenn es bei den Sieben Übungen vor allem um vorgestellte Gaben geht, sind konkrete Gaben doch auch wichtig. Beispielsweise sind die klassischen, traditionellen Darbringungen auf einem buddhistischen Altar eine Form des Gebens im Rahmen der Sieben Übungen. Auch weil die Gaben dort die typischen Dinge sind, die die Sinne erfreuen. Und auch hier denken wir, während wir sie korrekt herrichten, dass wir diese Gaben reinigen, sie unendlich vervielfältigen und dass sie dann zu perfekten Darbringungen werden.

Dabei können wir uns zusätzlich vorstellen, dass auf jedem Atom unendlich viel Reine Länder sind, mit jeweils zahllosen Buddhas und anderen Repräsentantinnen und Repräsentanten der Erleuchtung und deren Gefolge. Wir selbst sind auch in unendlich vielen Ausführungen mit allen fühlenden Wesen, die den kostbaren Menschenkörper haben, davor platziert. Und das alles findet nicht nur jetzt statt, sondern in Vergangenheit, Gegenwart und Zukunft. Weiter immer wieder, also fortlaufend viele Male in jedem Moment.

Wir bringen damit dem höheren Feld der Ansammlung nicht nur die Gaben auf dem Altar dar, sondern auch in der Vorstellung, und zwar in unendlich vielen Reinen Ländern auf allen Atomen.

Es mag fast wie ein Kinderspiel anmuten, wenn wir solche Übungen ausführen. Allerdings handelt sich hierbei nicht um ein Spiel, so wie man mit Puppen spielt, denen man etwas zu essen oder trinken hinstellt. Sondern um sehr geschickte Methoden, mit denen wir uns verbessern können.

Diese Praxis können wir auch immer und überall anwenden, indem wir die Repräsentantinnen und Repräsentanten der Erleuchtung vor uns im Raum vergegenwärtigen. Dann bringen wir in oben beschriebener Weise perfekte Gaben dar.

So gewinnen wir unermesslich viel Verdienst, zum Beispiel, während wir, äußerlich betrachtet, lediglich auf die U-Bahn warten oder wenn man sich bei einer Zahnärztin im Wartezimmer aufhält.

Oder während wir uns auf einem innerstädtischen Friedhof an den Gänseblümchen erfreuen, während wir auch über Vergänglichkeit nachdenken. Wenn wir noch 10 Jahre zu leben hätten, wie viele Monate wären das? Es sind 60, und einer davon ist schon fast wieder vorbei! Es ist also wichtig, jede Gelegenheit zu nutzen, auch diesen Moment jetzt.

Also können wir die Blumen dort in der Vorstellung vervielfältigen und sie im Namen der Lebenden und Toten, sowie aller anderen fühlenden Wesen, in die Gaben einflechten, die wir in Gedanken den Repräsentantinnen und Repräsentanten der Erleuchtung gerade darbringen.

Angemerkt sei hier, dass innerstädtische Friedhöfe auch erfreuliche Grün-Oasen sind und weiterhin durchaus auch eine psychologische Wirkung entfalten können, da sie einen Ort, eine Stütze, für Trauer bieten. Auch wenn es, buddhistisch gesehen, eher Zeitverschwendung ist, in Trauer zu versinken. Allerdings heißt das nicht, dass wir sie unterdrücken sollten. Aber wir wissen auch, dass dort nicht die Tote oder der Tote liegt, sondern das, was noch von der Hülle, dem Hotel, das wir Körper nennen, übrig ist. Der Geistesstrom der Toten oder des Toten ist meist schon längst weitergewandert.

Übrigens sehen wir an diesem Beispiel, dass wir durchaus auch im weltlichen Bereich das verwenden, was wir im Buddhismus als Stütze bezeichnen, einen Bezugspunkt also, etwas, wo wir uns hinwenden können. Hier ist es das Grab. Allerdings ist die Stütze im Buddhismus frei von Leid, unsere toten Verwandten und Freunde sind es sehr vermutlich nicht.

Es soll an dieser Stelle wieder einmal daran erinnert werden, dass es immer wichtig ist, vor unserer buddhistischen Praxis Zuflucht zu nehmen, Bodhicitta hervorzubringen und anschließend korrekt zu widmen.

Also auch, wenn wir etwas Schönes sehen, es reinigen, in Gedanken unendlich vervielfältigen und zu etwas Perfektem werden lassen, das wir darbringen. Wie eben die Gänseblümchen.

Es gibt auch viele weitere Situationen im Alltag, die wir als Anlass und Erinnerung verwenden können, um so zu üben. Gehen wir beispielsweise an Schaufenstern vorbei und sehen dort schöne Dinge, können wir sie im Namen der Besitzerin oder des Besitzers dem Höheres Feld der Ansammlung darbringen. Die guten Eindrücke daraus widmen wir ebenfalls in ihrem oder seinem Namen und im Namen aller anderen fühlenden Wesen der Erleuchtung aller fühlenden Wesen, wie die Buddhas und Bodhisattvas widmen. Das ist sehr gut für die Besitzerin oder den Besitzer des jeweiligen Geschäftes.

Wir verschenken allerdings das, was anderen gehört, im Regelfall nicht. Denn man sollte nicht nehmen, was nicht gegeben wurde, auch nicht im Geist. Daher widmen wir das, was anderen gehört, in deren Namen. Denn auch sie wollen Glück erreichen und Leid vermeiden, jetzt und in Zukunft. Und indem wir für sie handeln, sorgen wir dafür, dass ihre Wünsche in Erfüllung gehen.

Wenn wir etwas Schönes sehen, besteht eine andere Vorgehensweise darin, dass wir es als Ideengeber verwenden. Wir lassen das, was uns inspiriert, in der Vorstellung (neu) entstehen, auch weitere wunderbare Dinge, die uns einfallen, in zahllosen Duplikaten, völlig makellos und perfekt. Dann bringen wir das alles als Gaben dar. Denn wir können Duplikate von allem Schönen, das wir wahrnehmen oder erleben, in Gedanken wunderschön und perfekt machen und unendlich vervielfältigen.

Weiter ist es hilfreich, nicht nur zu denken „Ich gebe das", sondern: „Ich gebe es auch im Namen jener, die daran beteiligt waren oder noch beteiligt sind".

Oder: „Ich gebe es im Namen aller fühlenden Wesen für die Erleuchtung aller fühlenden Wesen, in der Art, wie Buddhas und Bodhisattvas das tun."

Denn tatsächlich waren und sind letztlich alle fühlenden Wesen an allem beteiligt. Dabei ist es gut, wenn wir versuchen, frei von dem Gedanken zu sein, dass jemand da ist, die oder der etwas gibt, etwas gegeben wird und dass jemand etwas erhält. Daraus ergibt sich eine weitere Art der Übung. Denn wir können die geistige Haltung kultivieren, dass der Geist aller fühlenden Wesen und Buddha letztendlich gleich und von Natur aus leer sind und es deshalb kein Ich, keine Gabe und keine Empfängerin oder Empfänger gibt, so, wie wir meinen. Dann spielt es keine Rolle, ob etwas jemandem anderen gehört oder niemandem. Oder uns, wenn wir es in Gedanken beispielsweise den Drei Juwelen schenken.
Aber selbst, wenn wir diese Vorgehensweise anwenden, ist es nützlich, im Geist zu halten, dass wir normalerweise anderen nichts wegnehmen sollten. Auch nicht in Gedanken. Und auch nicht, wenn wir wissen, dass alles ein Traum ist. Und dass es eine Illusion ist, zu meinen, etwas gehöre jemandem. Einfach, damit wir uns nichts Problematisches angewöhnen.

Wenn wir dann tatsächlich etwas kaufen, können wir es unmittelbar nach dem Kauf in Gedanken den Drei Juwelen darbringen. Oder erst, wenn wir es zu Hause auspacken, da dann vermutlich die Freude am größten ist. Diese Freude bringen wir ebenfalls dar. Erst dann verwenden wir den Gegenstand selbst.

Auch können wir den Gegenstand in der Vorstellung wieder vorher reinigen, unendlich vervielfältigen und verbessern.

Dann bringen wir ihn, wie oben beschrieben, in der Vergegenwärtigung unserer Lama oder unserem Lama oder den Buddhas und Bodhisattvas beziehungsweise allen Repräsentantinnen und Repräsentanten der Erleuchtung dar.
Damit reduziert sich unsere Anhaftung an das, was wir gekauft haben, von Anfang an, und wir sammeln gute geistige Eindrücke in Alltagssituationen an.

Weiter können wir die Geisteshaltung einnehmen, dass wir, wenn wir etwas kaufen, das Geschäft unterstützen. Und alle, die von den Einnahmen profitieren. Sowie alle, die an der Produktion beteiligt waren. Zum Beispiel der kleine Regenwurm, der die Erde aufgelockert hat, so dass etwas wachsen konnte. Zum Beispiel das Getreide für unser Frühstücksbrot. Auch ist es gut, zu denken und zu wünschen, dass durch unseren Einkauf für alle diese Beteiligten eine Brücke zur Erleuchtung entstehen soll. Das gilt insbesondere, wenn wir etwas kaufen, das wir tatsächlich als Gabe darbringen wollen, wie Blumen für einen Meditationsraum. Denn selbst gepflückte Gänseblümchen sollte man nur dann darbringen, wenn sicher ist, dass sie niemand anderem gehören.

Was wir allerdings nicht geben, das sind Dinge, die durch das Leid fühlender Wesen hervorgebracht wurden. Damit hatten wir uns schon befasst.

Bei Kleidung sollte man also den Repräsentanten der Erleuchtung nichts darbringen, für das Tiere direkt getötet werden. Beispielsweise gibt man eher kein Leder, schlägt also auch die buddhistischen Texte nicht in Leder ein.

Auch Seide ist problematisch, da viele Seidenraupen für ein Kleidungsstück oder ein Einschlagtuch aus Seide sterben müssen.

Da mag man zu bedenken geben: „Aber für Nahrung und Kleidung müssen doch immer Tiere sterben. Beispielsweise, wenn Baumwolle geerntet wird. Viele Tiere, die dort wohnen, werden auch vertrieben, verletzt oder getötet!"
Das stimmt natürlich. Allerdings ist es doch ein Unterschied, ob sich die Anhaftung und das Wollen direkt auf ein lebendes Wesen richtet, wie es bei Leder der Fall ist. Oder ob sie sich auf etwas richtet, was kein fühlendes Wesen ist, wie beispielsweise Baumwolle. Auch wenn fühlende Wesen indirekt dabei Schaden erfahren.

Tatsächlich müssen wir auch einfach essen, weiter leben auch in unserem Körper sehr viele kleinen Tiere. Würden wir nicht mehr essen, würden sie sterben. Es geht also nicht nur um uns allein.

Auch müssen wir etwas anziehen. Generell hängt dabei alles einmal mehr von der eigenen Geisteshaltung ab. Verwendet man diese Dinge im Egomodus? Denkt man also: „Ich will dieses T-Shirt aus Seide haben, es steht mir so gut."

Oder verwenden wir diese Sachen, weil wir damit das, was ein fühlendes Wesen unter Leid hervorgebracht hat, für dieses so einsetzen, dass es später Glück dadurch erfahren kann?

Denken wir also: „Ich kann genauso gut etwas anderes kaufen, es ist mir gleich. Aber, wenn ich das Seidenshirt kaufe und es trage, dann tue ich das verbunden mit dem Wunsch, dass alle fühlenden Wesen und die Seidenraupen, die dafür gezwungenermassen ihr Leben geben mussten, langfristig Erleuchtung erreichen."

Hierbei machen wir uns auch klar, dass die Raupen schon tot sind. Wir können sie jetzt nicht lebendig machen, indem wir das T-Shirt nicht kaufen.

Was wir aber jetzt tun können, ist, ihren Tod im Nachhinein nicht nutzlos werden zu lassen, sondern ihr Opfer, und hier ist der Begriff Opfer angebracht, in etwas zu verwandeln, das sie dann auf den Weg zur Erleuchtung führen wird.

Weiter können wir aber auch darauf verzichten, Seiden-T-Shirts zu kaufen. Und zwar mit dem Argument, dass der Verzicht auf den Kauf dieser Materialien langfristig dazu führt, dass vielleicht keine Seidenraupen mehr sterben müssen. Auch das ist eine mitfühlende geistige Haltung.

Kaufen wir also keine T-Shirts aus Seide mit der mitfühlenden Einstellung, dass wir damit zur Abschaffung der Verwendung von Seidenraupen in der Textilindustrie beitragen, ist das eine gute Motivation. Und machen wir gleichzeitig Wünsche, dass die Verbindung, die wir so mit allen Seidenraupen haben, indem wir deren Leben indirekt retten, sie zur Erleuchtung führen wird, ist das sehr gut.

Aber auch hier ist es wichtig, nicht zu anhaftend und zu emotional zu sein. Also beispielsweise keinen Hass auf die zu entwickeln, die Seidenraupen töten. Mitgefühl wäre hier angebrachter, denn diese Personen werden durch das Töten der Seidenraupen Leid erfahren.

Beginnen wir dann immer mehr zu sehen, wie sehr fühlende Wesen leiden, weil sie nicht wissen, was sinnvoll und was weniger sinnvoll ist, entsteht Mitgefühl. Und zwar gleichermaßen für alle fühlenden Wesen. Denn alle machen grundlegend den gleichen Fehler, dass aus Unwissenheit ein Ich für real gehalten wird.

Und tun dann das, was sie für angenehm halten und vermeiden das, was sie für unangenehm halten. Leider verlässt man sich damit aber auf das eigene Gefühl und nicht auf belastbare Informationen. Das wäre nicht schlimm, wenn das Gefühl recht hätte. Hat es aber leider oft nicht. Warum? Weil man nicht klar sehen kann, was zu Glück und was zu Leid führt.

Es ist, wie wenn man mit einer schmutzigen Brille auf einem gewundenen Weg durch einen Sumpf geht. Weil die Brille schmutzig ist, sieht man den Weg nicht klar, verlässt sich auf das eigene Gefühl und gerät so in unsicheres Gelände.

Ein weiterer, wesentlicher Punkt ist, dass wir uns nie zufrieden zurücklehnen

sollten, weil wir meinen, wir hätten jetzt genug gute geistige Eindrücke aufgebaut. Denn wir können gar nicht genug Verdienst haben! Und Buddhas haben sehr viel mehr gute geistige Eindrücke als wir!

Wir sollten also zufrieden sein, mit dem, was wir haben. Aber das bedeutet nicht, dass wir zufrieden sind mit unserem Bemühen für das langfristige Ziel, das Erreichen der Erleuchtung, im Sinne davon, dass wir damit nachlassen.
Also beispielsweise mit dem Geben nachlassen. Das ist hier nicht mit Zufriedenheit gemeint.

Erfahrene Praktizierende nutzen fortlaufend die vielen, vielen Gelegenheiten, um gute geistige Eindrücke aufzubauen. Und freuen sich riesig darüber, dass diese auftauchen. Sie sind davon nicht gestresst oder überlastet.

Es wurden ja schon Beispiele dafür gegeben, dass es ganz viele Gelegenheiten dafür gibt, wie wir Positives zusammentragen können. Und mit der Zeit wird es eine Gewohnheit. Ganz automatisch und mit immer weniger Anstrengung handeln wir mehr und mehr nutzbringend, sinnvoll und positiv.
Damit geht es uns auch immer besser. Wobei man aber auch mal weniger erfolgreiche Phasen erleben kann, in diesem Prozess, der hin zu Freude und Glück führt.

Weiter kann es passieren, dass wir in einer konkreten Situation vor der Entscheidung stehen, entweder den Buddhas und Bodhisattvas etwas zu geben oder aber armen fühlenden Wesen. Es heißt, dass wir in einem konkreten Fall eher denen geben, die nichts haben und etwas sehr dringend benötigen.

Da es aber verdienstvoller ist, allem, was Erleuchtung darstellt, etwas darzubringen, sind wir vielleicht hin- und hergerissen. Eine mögliche Lösung kann sein, dass wir uns unter anderem vorstellen, dass die arme Person, der wir etwas geben, eine Buddha oder ein Buddha ist!

Angemerkt sei weiter, dass sich „arm sein" nicht nur auf materielle Armut bezieht. Fühlende Wesen können Armut in Bezug auf viele Dinge haben. Und die ganz grundlegende Armut, an der alle leiden, besteht darin, dass es an glücksbildenden Informationen mangelt. Tatsächlich ist das die eine große Mangelerscheinung, die das ganze Leid bedingt.

Gibt man nämlich Menschen, die arm sind, Dinge, so ist der Nutzen begrenzt, Essen ist schnell gegessen oder verdorben, Pullover sind irgendwann zerschlissen. Rosinen sind von Amseln bald aufgepickt. Und die Schnecke, die wir gerettet haben, wird sicher eines Tages sterben.

Denn so nützlich und auch notwendig diese Aktivitäten in dem betreffenden Moment auch sind, wir sollten nicht vergessen, dass dieses Gute ein Ende finden wird.

Der Nutzen des Dharma ist dagegen unbegrenzt und führt langfristig zur Erleuchtung. Also zu dauerhafter Freiheit von Leid und zu vollkommenem Glück, zu perfekter Weisheit, allumfassendem Mitgefühl, grenzenloser Kraft und so weiter.

Und haben wir dann eines Tages Erleuchtung erreicht, können wir allen fühlenden Wesen in einer Weise helfen, die derzeit für uns vollends außer Reichweite ist.

Daher ist es so wichtig, beispielsweise Meditationszentren aufzubauen, buddhistische Texte drucken zu lassen und andere mit der Lehre Buddhas in Kontakt zu bringen. Und dafür zu sorgen, dass wir uns selbst auch schnell weiterentwickeln. Dieser Hinweis kann dabei helfen, zu verstehen, warum wir Geld für buddhistische Zwecke ausgeben, während so viele so wenig haben, vielleicht hungern und durstig sind.

Sind wir weiter hin- und hergerissen, wem man etwas gibt, können wir auch authentischen, buddhistischen Lehrerinnen und Lehrern etwas spenden. Hier können wir sicher sein, dass sie es sinnvoll verwenden werden.

Eine andere Möglichkeit ist, in etwa die eine Hälfte des Geldes für buddhistische Projekte auszugeben und die andere Hälfte für karitative Zwecke.

Allgemein können wir auch beherzigen, dass wir, bei allem, was sinnvoll ist, wenigstens eine Kleinigkeit dazugeben sollten. Und sei es ein Cent. Wenn das nicht geht, wünschen wir, dass die Mittel zusammenkommen mögen, die nötig sind. Und wir sagen dazu einige Mantren. Auch das ist Freigiebigkeit.

Grundsätzlich ist es also wichtig, Begehrlichkeit zu reduzieren und zufrieden zu sein mit dem, was wir haben. Damit hatten wir uns schon eingehend befasst.

Es gibt aber auch eine Anhaftung, die für uns positiv ist, und das ist die Anhaftung an den Dharma. Denn die Anhaftung an die Repräsentantinnen und Repräsentanten der Erleuchtung ist zwar eine Form von Begierde, sie bewirkt aber Positives. Tatsächlich ist Anhaftung an den Dharma zunächst auch ganz normal. Es ist aber gut, diese Anhaftung immer weniger emotional überbordend zu gestalten.

Die Gabenwolken von Samantabhadra

Es gibt die Möglichkeit, den Geist völlig mit Geben zu beschäftigen, so dass keinerlei Raum mehr für Geiz vorhanden ist. Diese Art der Darbringung wird „Gabenwolken des Samantabhadra" genannt.

Sie gehört zu den geistigen Gaben und weiter zu den unübertrefflichen Gaben. Diese Begriffe werden noch genauer erläutert.

Wir denken bei dieser Übung, dass sich in unserem Herzen der Bodhisattva Samantabhadra befindet. Aus seinem Herzen wiederum entstehen, sich in alle Richtungen ausbreitend, unendlich viele Ausstrahlungen von ihm, die alle unendlich viele Wolken von exquisiten Gaben darbringen, die den ganzen Raum völlig ausfüllen. Und jeder Bodhisattva Samantabhadra strahlt wieder unendlich viele Samantabhadras aus, die dann erneut unermesslich viele Gabenwolken aussenden. Aus diesen Samantabhadras strahlen erneut unendlich viele Samantabhadras und Gabenwolken aus, und so geht es immer weiter.

In einer anderen Variante vergegenwärtigen wir uns selbst als Bodhisattva Samantabhadra. Aus unserem eigenen Herzen als Samantabhadra gehen in den fünf Farben, die auch im Regenbogenlicht enthalten sind, unendlich viele Lichtstrahlen aus. An der Spitze eines jeden Strahls befindet sich sofort wieder ein Bodhisattva Samantabhadra. Von diesem gehen wiederum unendlich viele fünffarbige Lichtstrahlen aus, und sofort ist auf der Spitze eines jeden Strahls erneut ein Bodhisattva Samantabhadra Und so weiter. Alle diese unendlich vielen Samantabhadras bringen unendlich viele Gaben dar.

Wir können das alles auch in den drei Zeiten, also Vergangenheit, Gegenwart und Zukunft visualisieren.

Angemerkt sei, das man sich im Regelfall nicht selbst als Licht-Energieform von Repräsentantinnen und Repräsentanten der Erleuchtung visualisieren sollte, solange man nicht die entsprechende Ermächtigung erhalten hat.

Verschiedene Einteilungen der Gaben

Es gibt verschiedene Möglichkeiten, die Gaben, die wir den Repräsentantinnen und Repräsentanten der Erleuchtung darbringen, einzuteilen. Weitere folgen jetzt.

Geben mit Körper, Sprache und Geist

Bei allem, was wir denken, sagen oder tun, ist die auf das Glück anderer ausgerichtete geistige Haltung entscheidend.

Das bedeutet, wenn wir etwas ändern, im Sinn von verbessern, wollen, ist es sinnvoll, an unserem eigenen Geist anzusetzen.

Denn man kann versuchen, immer alles im Außen zu ändern und andere dahin zu manipulieren, wo man sie, egoistisch motiviert, hinbringen möchte.

Effektiver ist es aber, wenn wir an uns selbst arbeiten. Im buddhistischen Kontext bedeutet das in erster Linie, dass wir unseren Geist trainieren. Sprache und Körper folgen dann ganz natürlich. Haben wir also geistig erfolgreich geübt, an andere etwas zu geben, wird sich das ohne große weitere Anstrengung auf unsere Rede und auf unseren Körper übertragen.

Hat man aber eine geistige Einstellung, die geizig oder neidisch ist, kann man natürlich versuchen, es nicht in dem, was man sagt und tut, merken zu lassen. Es ist aber eher künstlich und anstrengend. Wenngleich es aber immer noch besser ist als mit Geist und Sprache und Körper neidisch oder geizig zu sein.

Tatsächlich ist unser Geist ein wunscherfüllendes Juwel. Aber wir wissen das nicht. Es ist bei uns momentan wie bei einer Bettlerin, die jeden Tag auf Bettelgang mit ungewissem Erfolg geht, während daheim ein unendlich karätiger Diamant - unerkannt und ungenutzt - herumliegt.

Noch einmal angemerkt sei hier, dass im Vajrayana allerdings auch mit Körper und Sprache auf den Geist Einfluss genommen werden kann.

Geben von Körper, Besitz und heilsamen Handlungen

Um dem eigenen Körper, den liebsten Besitz, an den man große Anhaftung hat, Annehmlichkeiten zu verschaffen, handelt man sehr oft leidbringend.
So unterlässt man glückbringende Handlungen, auch weil man dazu die eigene Komfortzone verlassen müsste.

Daher ist es zunächst einmal besser, mit leichten Übungen anzufangen. Und in unserem Leben gibt es viele einfache Möglichkeiten, um mit dem Körper glückbringend zu handeln. Sie sind dazu auch noch recht angenehm. Der Vorteil dieser Vorgehensweise ist, dass es nicht so ängstigend ist, wenn sich das Training zunächst im Kleinen vollzieht, und man dann erst Schwierigeres angeht. Wir üben also in aufeinander aufbauenden Schritten. Dabei überfordern wir uns nicht. Wir bleiben aber auch nicht auf einer Stufe hängen, wenn wir weitergehen können.

Zum Geben mit dem Körper an die fühlenden Wesen gehören also natürlich auch glückbringende Handlungen, die wir direkt mit dem Körper ausführen. Beispielsweise, indem wir andere in der Absicht berühren, dass es ihnen damit gut geht. Und weiter alles unterlassen, was die oder der andere nicht möchte. Das ist auch möglich, ohne immer direkt etwas zu sagen. Oft merken wir, ob eine andere Person körperlich abwehrend ist oder nicht.

Bei Tieren ist es nicht anders. Bei Menschen haben wir immer auch die Möglichkeit, nachzufragen, ob unsere Nähe angenehm ist und ob unsere Berührungen willkommen sind.

In unserem kulturellen Umfeld haben wir weiter die Möglichkeit, etwas über angemessenen körperlichen Kontakt dazuzulernen. Beispielsweise im nicht sexuellen Kontext auf Kuschelparties. Oder in Massagekursen.

Auch gibt es Neo-Tantraabende und -kurse, die sexuellen Kontakt einbeziehen. Hier werden Einstiegsgruppen angeboten, bei denen das Üben bekleidet stattfindet.

Schließlich sei auf Initiativen, wie Free Hugs, verwiesen, bei denen wir mit dem Körper freigiebig sein können. Das ist eine weitere Möglichkeit, um zu lernen, das Einverständnis anderer einzubeziehen.

Auch erhöht Paartanz, wie beispielsweise Tango Argentino, die Sensibilität für den Körper einer anderen Person.

Eine weitere Form von Geben liegt vor, wenn wir Abstand davon nehmen, egoistisch motiviert die Harmonie einer verbindlichen Paarbeziehung zu stören. Zum Beispiel, um erfreuliche Sinneseindrücke zu erleben. Damit unterlassen wir die dritte der zehn leidbringenden Handlungen. Es ist dann so zu sehen, wie wenn wir unseren Körper an die Drei Juwelen geben.

Weiter ist es ein Geben unseres Körpers, wenn wir ihn für den Nutzen der Lebewesen einsetzen. Vor allem, wenn wir ehrenamtlich etwas dazu beitragen, dass wir alle Befreiung und Erleuchtung erreichen. Wenn wir uns also beispielsweise bei buddhistischen Projekten engagieren. Oder wenn wir arbeiten, auch um Geld für ein buddhistisches Vorhaben geben zu können.

Schließlich können wir in unserer Vorstellung den Drei Juwelen unseren Körper zur Verfügung stellen, damit sie durch uns den fühlenden Wesen helfen können. Dann wird auch das, was wir im normalen Leben Nützliches tun, eine Gabe an die Repräsentantinnen und Repräsentanten der Erleuchtung.

Ein weiterer Grund dafür, dass wir unseren Körper oder mit zunehmender Übung alle unsere Körper, die wir in früheren Leben hatten, den, den wir jetzt haben und die, die wir haben werden, geben, ist folgender: Wir reinigen damit auch das schwierige Karma, das wir angesammelt haben, ansammeln und ansammeln werden, um diese Körper zu bekommen und zu schützen.

Schließlich können wir alles geben, woran wir das Etikett „Ich" heften, wenn es Nutzen bringt. Und eines Tages können wir jede Gabe nützlich gestalten.

Es könnte beim Geben die Geisteshaltung auftreten, dass man die angesammelten, guten geistigen Eindrücke horten möchte, um selbst in der Zukunft Glück zu erfahren.

Wirkliche Praktizierende setzen allerdings die guten geistigen Eindrücke ein, damit alle fühlenden Wesen langfristig Erleuchtung erlangen können. Das können wir uns auch immer wieder vornehmen. Selbst wenn wir doch immer mal wieder das Erreichen eigener Wünsche zum Nutzen aller mit dem geschickten Verwenden von eigenem Verdienst ermöglichen. Beispielweise kann man Verdienst der Erleuchtung aller widmen und dann noch den Wunsch dranhängen, dass man gesund werden möge, damit man mehr Nutzen für andere bewirken kann. Auch das ist dann eine Gabe.

Verdienst komplett auf Erleuchtung auszurichten, ist allerdings viel effektiver, da Erleuchtung das Beste ist, das wir und alle anderen verwirklichen können. So sagen die buddhistischen Erklärungen, dass die höchste Gabe der eigene Verdienst ist.

Tatsächliche und vorgestellte Gaben

Bei den tatsächlichen Gaben scheint man auf den ersten Blick begrenzter zu sein als bei den vorgestellten Gaben. Oft wird das auch der Fall sein.
Allerdings ist es nicht immer so, weil der Vorteil der vorgestellten Gaben nicht unbedingt vor allem darin liegt, dass sie von der Menge her umfangreicher und perfekt sind.

Denn, wie erwähnt, eine ganz kleine Sache, die von jemandem, die oder der arm ist, mit Liebe und Hingabe gegeben wird, bringt auch immense gute geistige Eindrücke hervor.

Es ist also nicht unbedingt das Wichtigste, was wir geben. Denn wenn man etwas sehr Wertvolles oder Großes gibt, dabei aber durch Ich-Anhaftung motiviert ist oder mit Widerwillen gibt, dann kann das sogar eher negativ sein.

Obwohl wir nicht wenig geben sollten, wenn wir viel haben. Es kann aber sein, dass man viel Geld hat, daran aber nicht allzu sehr haftet. Aber man hängt sehr an dem von der Oma geerbten Ring mit einem winzigen Diamanten. Dann kann diese kleine, mit Offenheit, Liebe und Hingabe gegebene Sache wesentlich bedeutungsvoller sein als etwas anderes. Wie zum Beispiel die den Wert des Ringes deutlich übersteigende Spende eines Betrages, den man nicht vermisst.

Schließlich ist es wichtig, immer auf unsere Motivation und unseren inneren Zustand beim Geben zu achten. Das heißt, auf Gedanken und Gefühle.

Sonst könnten wir aus Versehen beim Geben Wünsche machen, die nicht dem entsprechen, was wir tatsächlich wollen.

Weiter ist keine gute Handlung zu klein, um nicht getan zu werden. Und keine ungeschickte Handlung ist zu klein, um nicht unterlassen zu werden.

Anhaftung hat auch nichts damit zu tun, ob wir viel oder wenig haben. Das Entscheidende ist, dass wir Greifen im eigenen Geist reduzieren, unabhängig davon, ob wir arm oder wohlhabend sind oder uns dafür halten.

So kann eine Prinzessin weniger Anhaftung an Luxus und Reichtum haben als eine Wohnungslose an ihren Schlafsack.

Beispielsweise wollte die Königstochter Lakshminkara keinen König heiraten, der leidbringend handelt. Sie tat daher so, als sei sie verrückt. Damit kam für ihren Verlobten und seine Familie eine Heirat nicht mehr in Frage. Dann lebte Lakshminkara zurückgezogen ohne Luxus, Ruhm und Geld und erreichte Erleuchtung in einem Leben.

An dieser Stelle sei auch angemerkt, dass Geben kein Zwang ist. Es ist eine Methode, die uns hilft uns zu verbessern. Und das Glück der anderen und unser eigenes Glück zu bewirken.
Geistige Gaben darzubringen, kann auch hilfreich sein, wenn man Probleme hat, tatsächlich etwas zu geben. Denn es ist eine recht leicht auszuführende Übung, im Geist gereinigte, unermessliche und vollendete Darbringungen entstehen zu lassen und sie in der Vorstellung darzubringen.

Bei den vorgestellten Gaben sind uns dann auch keine Grenzen gesetzt. Insofern üben wir hier, unseren unermesslichen Reichtum und unsere grenzenlosen Qualitäten zu erfahren. Die guten geistigen Eindrücke sind dann die gleichen, wie wenn wir diese Dinge tatsächlich verschenken würden.

Der Vorteil vorgestellter Gaben ist auch, dass sie nicht durch leidbringendes Handeln erworben wurden. Weiter ist die Wahrscheinlichkeit, dass wir auf die Gaben stolz sind, bei vorgestellten Darbringungen geringer. Daher sind sie dann oft doch verdienstvoller und damit effektiver. Trotzdem, wir sollten auch tatsächlich etwas geben. Haben wir viel, geben wir nicht wenig. Haben wir wenig, ist trotz der vorgestellten Gaben eine kleine, angemessene, materielle Anstrengung wichtig.

So sind die vorgestellten Gaben an die Buddhas und Bodhisattvas auch ein geschicktes Mittel, denn wer wenig oder nichts hat, kann trotzdem durch Großzügigkeit immens viele gute geistige Eindrücke aufbauen.

Weiter ist Mitfreude über das, was andere geben, eine Methode, um sehr viele guten geistigen Eindrücke aufzubauen. Auch wenn man selbst arm ist.

Schließlich können wir uns, zusätzlich zu unserem Dauerwunsch, dass alle auf lange Sicht rasch und leicht Erleuchtung erreichen, wünschen, dass wir in Zukunft einmal reich sein werden, um den Buddhas und Bodhisattvas, den Drei Juwelen, der oder dem eigenen Lama und den fühlenden Wesen etwas geben zu können. Und da Wünsche Wirklichkeit werden, wenn gute geistige Eindrücke vorhanden sind, ist es gut, vorher geistig vorgestellte Gaben darzubringen. Wem? Den Repräsentantinnen und Repräsentanten der Erleuchtung.

Wir können uns auch wünschen, dass wir alle fühlenden Wesen damit versorgen können, was sie gerade benötigen, um glücklich zu sein. Es ist weiter möglich, zu vergegenwärtigen, dass wir allen fühlenden Wesen in allen Zeiten und Richtungen das geben, was nötig ist, um Erleuchtung zu erlangen. Und dann, dass wir den Repräsentantinnen und Repräsentanten der Erleuchtung zahllose erlesene Dinge darbringen.

Das sind glückbringendere Wünsche, als wenn man sich wünscht, reich zu werden, um selbst eine gute Zeit zu haben. Allerdings ist es nicht falsch, sich zu wünschen, genug zu haben. Vor allem, wenn wir damit anderen helfen können. Die Wirkung der vorgestellten Gaben ist schließlich umso größer, desto detaillierter wir sie in unserem Geist entstehen lassen. Denkt man nur an die Gabe, ohne sie sich auszumalen, ist die Wirkung dagegen geringer.

Weiter nimmt der Verdienst zu, und das Ergebnis reift schneller, wenn wir uns anschließend darüber freuen, dass wir etwas dargebracht haben.

Natürlich kann man sich an dieser Stelle doch wieder einmal fragen, ob die vorgestellten Gaben überhaupt irgendeine Wirkung hervorbringen werden. Klingt das alles denn nicht allzu einfach und viel zu phantastisch?

Hierzu eine Geschichte von Milarepa, dem tibetischen Yogi:

Einmal war Milarepa über Monate hinweg im Winter durch Schneefälle von der Außenwelt abgeschnitten. Seine Schülerinnen und Schüler praktizierten in dieser Zeit immer wieder Tsog, das ist Meditation, die mit einer gesegneten Mahlzeit verbunden wird. Am Ende widmeten sie ihm jeweils die daraus entstehenden guten geistigen Eindrücke. Tatsächlich taten sie das anlässlich seines vermuteten Todes unter den sehr unwirtlichen Bedingungen, in denen er sich befand.
Später stellte sich zur Überraschung der Schülerinnen und Schüler heraus, dass Milarepa die sehr harten Monate überlebt hatte. Und er erzählte, dass er Erscheinungen von Essen hatte und manchmal auch überhaupt nicht hungrig war.

Tatsächlich passierte das genau an den Tagen, an denen seine Schülerinnen und Schüler ihm den Tsog gewidmet hatten.

Nun, ist das mal wieder eine dieser tibetischen Geschichten? Oder ist es vielleicht doch wahr? Obwohl wir nicht wissen, wie es funktioniert.

Tatsächlich erhalten die Buddhas und Bodhisattvas, was wir ihnen als Gaben darbringen. Denn in reinen Ländern manifestiert sich alles natürlicherweise, und so erreichen sie auch unsere Gaben.

Geben wir konkrete, begrenzte Gaben, können wir diese auch mit dem Geben von vorgestellten Gaben verbinden. Wir haben die Möglichkeit, diese konkreten Gaben in der Vorstellung zu reinigen, sie unendlich zu vervielfältigen und zu perfektionieren. Zusätzlich können wir uns noch weitere, andere, immense unermessliche Gaben vorstellen und auch diese darbringen.

Auch werden Lamas für ihre Dharma-Aktivitäten nicht bezahlt. Sie erhalten Spenden. Geben wir unsere Spende, können wir sie also in der Vorstellung entsprechend ausweiten. Das heißt, in Gedanken reinigen, unermesslich vervielfältigen und perfektionieren.
Wir vergegenwärtigen weiter Universen, angefüllt mit wunderschönsten, völlig makellosen Dingen und schenken auch sie der oder dem Lama im Geist.

Angemerkt sei hier, dass auch die Verpackung für alles, was wir Lamas konkret geben, schön, sauber und von guter Qualität sein sollte. So gut es uns möglich ist, und wenn nichts dagegen spricht. Allerdings wiederum ohne allzu große Anhaftung daran zu haben, was in unserer Vorstellung sauber und was nicht sauber ist. Wir tun einfach, was wir in dem Moment tun können.
Allgemein sollten wir nämlich nicht zu sehr an Äußerlichkeiten hängen. Denn das Wichtigste ist, wie immer, die Motivation. So kann ein von einer sehr, sehr armen Person mit viel Liebe und Hingabe gegebener alter, zerknitterter Umschlag, in dem sich ein von ihr oder ihm gemaltes Stückchen Papier, auf dem sich noch dazu ein schon vorher vorhandener Schokoeisfleck befindet, mehr Gutes hervorbringen als ein juwelenbesetztes Armband. Muss es aber nicht, wie wir wissen.

Äußere, innere und geheime Gaben

Im folgenden eine weitere Einteilungsmöglichkeit, und zwar in äußere, innere und geheime Gaben.

Die äußeren Gaben bestehen in allem, was die fünf Sinne anspricht und uns begehrenswert erscheint. Beispielsweise die Gaben, die traditionellerweise auf buddhistischen Altären stehen.

Aber auch alles andere, was uns erfreut. Zu den äußeren Gaben zählen weiter alle Qualitäten und Fertigkeiten. Auch gehören die Vergegenwärtigung und Darbringung des gesamten äußeren Universums zu den äußeren Gaben. Sie werden traditionell bei den Mandala-Gaben dargebracht und hier durch den Berg Meru mit den vier Kontinenten dargestellt.

Die inneren Gaben betreffen den eigenen Körper. Das bedeutet, dass wir den eigenen Körper einsetzen können, um anderen zu helfen, ihnen Schutz, Liebe und vor allem den Dharma zu geben. Das und andere Möglichkeiten wurden bereits beschrieben. Grobstofflich geben wir die fünf Aggregate und die fünf Elemente. Feinstofflich bringen wir den subtilen Körper mit den Energiekanälen, Energieströmen und den Tropfen dar. Wir können den eigenen Körper auch geistig vorgestellt als Mandala geben, wie zum Beispiel bei der Chöd-Praxis.

Die geheime Gabe ist das Darbringen der Freude der sexuellen Vereinigung.

Angemerkt sei, das die Angaben, die man dazu findet, welche Gabe wo einzuordnen ist, variieren.

Die übertreffbaren und die unübertrefflichen Gaben:
1. Die übertreffbaren Gaben

Die übertreffbaren Darbringungen können verglichen werden, es handelt sich um all das, was es in der Welt gibt.

Das alles stellen wir uns unendlich schön und edel, hervorragend und vollendet vor. Wir geben das Allerbeste und Erlesenste überhaupt. Und zwar in exzellenter, makelloser Qualität, sehr attraktiv, in wunderschönen Farben und Formen, technisch in allerbester Ausführung und überaus praktisch im Gebrauch. Auch ist alles perfekt arrangiert, mit edler Verpackung, zum Beispiel in vollendeten wunderschönen Gefäßen oder Umschlägen. Und wir bringen die mit unseren exquisiten Gaben verbundenen, unermesslich vielen wundervollen zahllosen Sinneseindrücke durch Sehen, Riechen, Hören, Schmecken und Körperempfindungen dar. Das Aroma der Speisen ist beispielsweise äußerst geschmackvoll, Töne sind genau in richtiger Lautstärke und überaus melodisch.

Wir geben dabei nicht nur die Dinge an sich, sondern vor allem auch die Freude. Und alles Positive aus den damit verbundenen Sinneseindrücken. Die materielle Ebene ist hier die Basis für die geistige Gabe des Vergnügens. Denn die Freude findet in unserem Geist statt, weil gerade entsprechende Samen reifen. Und nicht in dem Gemälde oder in unserem Auge, denn dann müsste das Gemälde Vergnügen empfinden oder das Auge, und zwar ohne miteinander Kontakt zu haben. Zum Beispiel, nachdem wir gestorben sind.

Dabei geben wir in unermesslichen Mengen. Traditionell heißt es, in Mengen, die so hoch sind wie der Berg Meru, der sehr, sehr hoch ist. Und wir geben fortlaufend.

Beispiele dafür, was wir uns vorstellen und dann den Repräsentantinnen und Repräsentanten der Erleuchtung darbringen können, sind:

Die ganze Natur ist als Gabe geeignet. Also wunderschöne Landschaften, mit Seen, deren Wasser von bester Qualität ist. Bäume, die köstliche Früchte und Nüsse tragen, in allen erdenklichen Geschmacksrichtungen und die wundervoll aussehen. Und Bäume, wie es sie im Reinen Land der großen Freude gibt. Sie bestehen aus sieben Arten von wunscherfüllenden Edelsteinen.
Auch Blumen in allen Farben und erlesenen Formen. Weiter Utpala Blumen, die höchst kostbar sind, sie treten nur auf, wenn ein Buddha in die Welt kommt. Wir können auch bezaubernde Blumenketten verschenken, wie auf Tahiti.

Oder Felsformationen, die das Auge erfreuen.

Und saftige Wiesen, übersät mit Blumen. Weiter den Blick über das Meer, Wüsten mit grafischen Sandformationen, Sonnenuntergänge am Starnberger See, Gänseblümchen auf einem Friedhof und vieles andere mehr.

Weiter Seen und Flüsse mit klarem, sauberem, köstlich schmeckendem Wasser. Immer in der richtigen Temperatur, so dass man schwimmen kann und es sehr angenehm ist. Wir geben beispielsweise das Meer, immer passend warm, sauber, mit wenig oder vielen Wellen, gerade so, wir wir es haben möchten. Auch der Salzgehalt ist immer angenehm.

Wir geben weiter perfekte Paläste und Villen, paradiesisch schön gelegen. Zum Beispiel direkt am Ozean. Bei geöffnetem Fenster hören wir die Brandung, genauso, wie es passend ist. Gehen wir auf die Terrasse, haben wir einen weiten, wundervollen Blick über bezaubernde Buchten.
Auf der Terrasse stehen Sommersessel, die perfekt sind, die exquisiten Tische sind in genau der passenden Höhe. Wir können uns Hängematten vorstellen, die von alleine so schaukeln, wie wir es gerne hätten. Sie sind aus sehr angenehmem Material gefertigt. Und egal, wie wir darin liegen, wir haben immer einen perfekten Blick auf genau das, was uns gerade gefällt.
Es gibt wunderschöne Sonnenschirme in bester Qualität, die sich von alleine so einstellen, wie es am angenehmsten ist. Die Griffe sind aus zertifiziertem Holz, geschmückt mit Juwelen. Ihre Schirme sind aus Baumwolle, bei deren Anbau kein einziges fühlendes Wesen zu Schaden kam. Die Schirme sind in genau der Farbe, die wir mögen. Auch öffnen sie sich, wenn wir nur daran denken. Möchten wir, dass sie geschlossen sind, dann schließen sie sich.

Mit dieser Gabe von Schirmen können wir auch Wünsche verbinden, also: „Mögen alle fühlenden Wesen immer unter dem Schutz der Drei Juwelen stehen."

Oder wir stellen uns Paläste auf Hügeln und Bergen mit phantastischem Blick über die Landschaft vor. Auch große, elegante Wohnungen in Wolkenkratzern, mit einem traumhaften Blick über die ganze Stadt. Es gibt dort keinerlei Schadstoffe, es riecht gut. Blumen stehen überall, wo wir sie gerne hätten, einfach, indem wir daran denken. Und ein perfekt auf die eigenen Belange zugeschnittenes Kommunikationsgerät ist immer da, wo wir es haben wollen.

Auch Chalets, ganz aus duftendem Holz und bestens ausgestattet, können wir vergegenwärtigen, mit Kachelofen und kuscheligen Sitzgelegenheiten.
Es ist alles mit besten Baumaterialien gebaut. Auf Wunsch sind die ganzen Paläste, Wohnungen, Pavillons, Gartenhäuser und Schlösser biologisch, nach Mondphasen und Feng Shui-Kriterien errichtet. Oder sie sind aus Gold, für dessen Abbau niemand leiden musste.
Diese Wohnbereiche sind mit funkelnden, kostbaren Juwelen verziert. Es gibt kostbare Marmorsäulen, die mit filigranen Perlengirlanden versehen sind. Die Böden sind auch nicht kalt, sie sind sehr angenehm, wenn wir darüber laufen. Sie fühlen sich nicht hart an, sie sind wohlig weich und angenehm.

Überhaupt ist alles genauso, wie wir es haben möchten. Es gibt einfach überhaupt nichts, das stört.

Alles das bringen wir dann als Gabe dar. Und wir lassen fortlaufend weitere Gaben entstehen und gehen noch mehr ins Detail.

So sind die Wohnstätten mit exquisiten, großen Bädern ausgestattet. Unser Blick fällt stets auf wunderschöne Landschaften und Gärten, die das Auge bezaubern.

Die Badezimmer sind mit Juwelen, Gold, Silber und mit allem, was uns gefällt, verziert. Die Badewannen sind aus Kristall und in genau passender Größe. Das Wasser ist erlesen, die Temperatur passt sich immer so an, wie es gewünscht ist. Wollen wir duschen, sind ideale Duschen vorhanden.

Wir können uns dann weiter vorstellen und ausmalen, wie so ein perfekter Palast aussieht. Mit einer modernen Küche aus bestens verträglichen Materialien, ideale Töpfe und Pfannen, Messer, die immer scharf sind. Es riecht genauso, wie wir es mögen. Und es ist immer alles sofort sauber und gespült.

Auch für das Essen müssen wir nicht arbeiten, außer wir wollen es. Die Kühlschränke sind immer gefüllt mit allem, was wir gerade haben möchten. Wünschen wir uns Gäste sind Gäste da.

Wollen wir alleine essen, sind alle verschwunden. Möchten wir ein abendliches Essen zu zweit genießen, ist das problemfrei möglich. Der Partner oder die Partnerin hat immer gerade Zeit, wenn wir ihn oder sie sehen wollen. Und der Partner oder die Partnerin ist perfekt. Sie oder er in jedem Moment exakt so, wie wir sie oder ihn gerade haben möchten.

Mit dem Geben von Palästen können wir den Wunsch verbinden, dass alle fühlenden Wesen in Zukunft die Reinen Welten der Buddhas erleben mögen.

Verschenken wir Lichter, können wir alle natürlichen Lichter verschenken, wie Sonne und Mond. Und das gesamte Licht des Universums, unendlich vermehrt. Bei künstlichen Lichtern verschenken wir das Licht, das von wunderschönen Lampen aus Juwelen und Edelmetallen herrührt. Oder Licht aus Tageslichtleuchtmitteln. Weiter das Licht von wunderschönem Feuerwerk, das völlig emissionsfrei ist und genauso ist, wie wir es gerade haben möchten.

Wir können erlesene Kerzen in kostbaren Gefäßen darbringen. Dabei können wir denken, dass das Gefäß der goldene Grund ist, dass das Wachs oder die geschmolzene Butter den Ozean symbolisiert und der Docht den Berg Meru und das Licht Sonne und Mond darstellt. Somit haben wir symbolisch mit nur einem Licht ein ganzes Universum dargebracht, wie bei einer Mandala-Gabe.

Auch das Glitzern von Edelsteinen können wir verschenken.

Weiter ist melodische, inspirierende Musik eine schöne Gabe. Sie hat immer die richtige Lautstärke, und alle Töne sind genauso, wie wir sie hören wollen. Sind wir aufgeregt, beruhigt die Musik, sind wir müde, belebt sie. Auch erklingt sie immer, wenn wir das wollen. Wir benötigen dafür kein Gerät. Wenn wir nichts hören möchten, ist es still.
Schließlich verschenken wir alle Töne, die wir mögen. Gefällt es uns beispielsweise, wenn Bienen summen, können wir diesen Klang und die Freude daran verschenken. Oder das Zwitschern von Vögeln. Gefallen uns die Töne von Windspielen, so verschenken wir das.

Wir können auch Lob und wertschätzende Sprache, in poetischen Versen und mit wunderschönen Melodien, darbringen.

Und körperliche Sinneseindrücke, dazu gehören unter anderem Empfindungen durch Tasten, Wärme, Lage oder Bewegung. Also beispielsweise Empfindungen, wie sie durch Tanzen entstehen oder durch Umarmungen, Küssen oder durch schöne körperliche und sexuelle Erlebnisse.

Und wir verschenken Kleider. Sie sind passgenau und sehen immer so aus, wie wir es wollen.

Auch musste bei der Herstellung kein einziges fühlendes Wesen auch nur ein winziges bisschen leiden. Tatsächlich entstehen alle diese Kleider aus dem Raum, wenn wir sie haben wollen. Beispielsweise kann die Inspiration dafür von einer Modezeitschrift ausgehen. Die Haute Couture, die wir dort sehen, vervielfältigen wir und verschenken sie an die Buddhas und Bodhisattvas, in Mengen wie Atome in den Welten. Tatsächlich können wir das auch zwischendurch tun. Also wenn wir bei einer Zahnärztin oder einem Zahnarzt warten und unser Blick auf die Titelcover der dort liegenden Zeitschriften fällt.

Weiter können wir in der Vorstellung eine Tageszeitung als Gabe darbringen, in der nur gute Nachrichten stehen. Und der Sportteil hält das bereit, was wir lesen wollen. Es ist sehr gut für eine Zahnarztpraxis oder ein Café und für diejenigen, die die Zeitschriften gemacht haben, wenn uns diese Hefte zu Gaben an die Repräsentantinnen und Repräsentanten der Erleuchtung inspirieren.
Weiter verschenken wir die gute Musik, die wir in einem Café hören, Schokoeis mit Sahne, das köstliche Brot aus einem Öko-Supermarkt. Alles in exzellenter Ausführung, in zahllosen Mengen und wunderschön arrangiert. All das ist auch äußerst verträglich und gesund. Wir geben vielleicht auch das Lächeln der Verkäuferin, deren Geist wir für einen Moment aufmuntern konnten, als sie angestrengt Käse schneiden musste. Und zwar in ihrem Namen.

Gehen wir in ein Geschäft und sehen technische Geräte, können wir sie als Auslöser für Gaben verwenden. Oder wenn wir etwas im Internet sehen. Und zwar mit allem Zubehör, alle Programme, die wir gerne hätten, sind bereits installiert. Weiter alle Programme, die sinnvoll sind, von deren Existenz wir aber noch gar nichts wissen. Auch die Funktionen sind so, wie wir es wollen, einfach, indem wir daran denken. Technische Geräte haben ein wunderschönes Design, sie lassen sich sehr einfach und gut bedienen, der Akku ist immer geladen, und alles funktioniert stets tadellos und schnell. Das Bild auf den Bildschirmen ist von schönsten Farben und Formen. Auch haben diese Geräte perfekte Hüllen, wenn es gewünscht ist. Und sie sind in einer schönen Verpackung, mit wunderbarer Schleife verpackt. So, wie es am angenehmsten ist. Weiter müssen wir sie nicht tragen, sie erscheinen im Raum, wenn wir sie brauchen oder haben wollen. Brauchen wir sie nicht, verschwinden sie im Raum.

Juwelen und Edelsteine, die wunderschön gefasst und zusammengestellt sind, können wir in der Vorstellung entstehen lassen und darbringen. Die Steine sind erlesen, sie funkeln, und sie sind perfekt geschliffen. Schmuck ist makellos verarbeitet. Alles ist in vollkommener Weise verpackt, wir können uns hier schön verzierte Schatullen vorstellen, die mit exquisitem Stoff ausgeschlagen sind. Auch die Schachteln sind mit Edelsteinen und Goldverzierungen versehen.

Helferinnen und Helfer mit tadellosen Manieren bringen diese zahllosen erlesenen Gaben dar.

Und alles in so großen Mengen, dass zahllos viele Universen in Vergangenheit, Gegenwart und Zukunft damit angefüllt sind und fortlaufend gefüllt werden. Haben wir das in unserer Vorstellung perfekt und wunderschön angeordnet, geben wir es ohne Anhaftung oder Geiz. Weiter, ohne etwas, auch nur den kleinsten Edelstein oder eine winzige Schatulle oder doch wenigstens das Kommunikationsgerät, für uns behalten zu wollen.

Tatsächlich ist das auch gar nicht nötig, denn wir können im Geist alles entstehen lassen, und zwar immer wieder.

Schließlich können wir alle guten Gerüche darbringen. Düfte aus erlesensten Substanzen, die immer angenehm riechen, nie zu stark oder zu schwach. Diese Düfte sind vollendet und werden in erlesenen Verpackungen gegeben.

Und wir bringen wildwachsende Heilkräuter dar. Weiter heilende Substanzen, die jede Krankheit beseitigen, gut schmecken und ohne Nebenwirkung sind. Diese angenehm und sofort wirkenden Arzneien sind immer da, wenn sie benötigt werden. Und ihre Herstellung schädigt kein einziges fühlendes Wesen.

Auch alle Reichtümer, wie Goldminen, Banken und so weiter, können wir als Gaben darbringen. Wiederum in erlesenster Ausführung.

Wir geben also das perfekte Geldinstitut, es ist wunderschön gelegen, in einem Prachtbau. Alle Räume, auch der Schalterraum, sind aus besten Materialien, die Raumtemperatur ist genau richtig, alle dort sind die nettesten Menschen. Sämtliche Konten weisen unendliche Guthaben auf. Und es gibt ein integriertes Café mit exzellentem Espresso. Natürlich mit heißer Milch extra. Und es gibt vorzügliches Schokoeis. Mit Schlagsahne. Der Kakao stammt aus Fair Trade Anbau, bei seiner Herstellung musste kein fühlendes Wesen leiden. Dasselbe gilt für die Milch, die gar nicht von einer Kuh stammt, sondern aus dem Raum entsteht, wenn wir sie benötigen. Das Süßungsmittel ist genauso süß, wie wir es haben möchten. Dieses Eis hat weiter genau die richtige Temperatur. Auch die Schale, in der es serviert wird, bringt den Geschmack perfekt zur Geltung. Der Löffel, mit dem wir das Eis essen, passt sich exakt der Hand und dem Mund an. Die Schale, der Unterteller, der Löffel, der Espresso mit heißer Milch extra, das Eis, die Sahne, der Tisch, auf dem es steht, der Stuhl, der Ausblick, einfach alles ist perfekt. Und das Schokoeis mit Sahne schmeckt köstlich, wie Nektar. Und obwohl es kalt ist, hat es heilende Wirkung. Denn es ist, ebenso wie der exzellente Espresso mit heißer Milch extra, gleichzeitig Medizin für alle Krankheiten, auch die, die wir erst bekommen würden. Dabei erhalten wir dieses Eis in genau der Menge, die passend für uns ist. Nichts bleibt übrig und wird weggeworfen.

Die von uns dargebrachte Goldmine ist ausgestattet mit Gängen aus purem Gold, es gibt Schalen mit Früchten und erlesene Getränke. Die Luft ist sehr gut, lebensverlängernd und heilend. Gold fällt einem in die Hand, wenn wir etwas davon haben möchten.

Es gibt unterirdische Seen mit Wasser bester Qualität, in genau der richtigen Temperatur und ebenfalls mit Heilwirkung. Schauen wir nach oben, sehen wir Glaskuppeln, die geöffnet werden können. Es sind mit edelsten Materialien ausgestattete Terrassen vorhanden, die den Blick über eine wunderschöne Landschaft eröffnen. Fortlaufend begegnen wir überaus angenehmer Gesellschaft. Wollen wir aber alleine sein, so sind wir für uns.

So können wir uns weiter ausmalen, was wir gerne darbringen würden, zum Beispiel Autos, Fußbälle, Bio-Nagellack, Schreibtische, Handtaschen und so weiter.

Wir können wirklich alles Schöne und Gute darbringen, was wir uns nur vorstellen können, wovon wir träumen und was wir selbst nie erhalten haben. Aber auch das, wovon wir träumten und was wir bereits erhalten haben.

Wenn einem die obigen Ausführungen doch leicht phantastisch erscheinen, nicht real und eben erfunden, sei daran erinnert, dass das eigene Ich und das ganze derzeitige Leben auch nichts anderes ist, als eine, die eigene Erfindung. Und wie phantastisch manche Filme den Menschen früher erschienen! Ist davon nicht das ein oder andere inzwischen Wirklichkeit geworden?!

Schließlich können wir auch traditionelle Dinge darbringen. Dabei kann es hilfreich sein, sich vor Augen zu führen, dass diese Gaben symbolische Bedeutung haben.

Beispielsweise ist das kostbare Rad mit tausend Speichen Symbol der universellen Macht eines Weltenherrschers. Das Siegesbanner gab man früher Königen. Und Buddhas, die die Könige der Könige sind. Dabei steht das allsiegreiche Banner für den Körper Buddhas und dafür, dass der Dharma unzerstörbar ist. Diese Gaben gehören auch zu den acht glückbringenden Zeichen, die die Qualitäten Buddhas symbolisieren.

Die acht glückbringenden Zeichen im Überblick:

1. das Siegesbanner
2. die Weiße Muschel
3. das Dharmarad
4. die zwei goldenen Fische
5. der Schirm
6. die Lotusblüte
7. der endlose Knoten
8. die Vase

Oder wir bringen die sieben traditionellen Zeichen eines Weltenherrschers dar, die Wurzeln von allem Nutzen und allem Vergnügen. Es handelt sich um folgende Darbringungen:

1. das kostbare Rad
2. das kostbare wunscherfüllende Juwel
3. die kostbare Königin oder stellvertretend die Ohrringe der Königin
4. der kostbare Minister oder stellvertretend die Ohrringe des Ministers
5. der kostbare General oder stellvertretend die Abzeichen des Generals
6. der kostbare Elefant oder stellvertretend die Stoßzähne des Elefanten
7. das kostbare Pferd oder stellvertretend das Einhorn des Pferdes

Wir können weiter die acht glücksverheißenden Substanzen geben:

1. Bilwa-Frucht (steht für vollkommenes Handeln)
2. Durva-Gras/Kusha-Gras (für langes Leben und vollkommene Anstrengung)
3. kostbare Medizin (steht für vollkommene Achtsamkeit)
4. weiße rechtsdrehende Muschel (steht für vollkommene Rede)
5. Senfsamen (symbolisiert vollkommene Gesinnung)
6. Spiegel (symbolisiert vollkommene Erkenntnis)
7. Zinnober-Farbe der Robe Ordinierter (steht für vollkommene Sammlung)
8. Yoghurt oder Dickmilch (symbolisiert vollkommenen Lebenserwerb)

Und wir können die sieben kostbaren Attribute eines Königs darbringen:

1. das kostbare Ruhelager
2. den Thron
3. das Kissen
4. das Schwert
5. die Stiefel
6. die Schlangenhaut
7. die Robe

Schließlich die sechs Wohltuenden:

1. Muskat (für das Herz)
2. Bambusextrakt (für die Lunge)
3. Safran (für die Leber)
4. Gewürznelken (für die Aorta)
5. Kardamom (für die Nieren)
6. Kakola, also Cocculus indica (für die Milz)

Weitere Gaben sind zahllose Universen, die traditionell mit dem zentralen Berg Meru, den vier Kontinenten, Sonne und Mond und mit allem Reichtum dort dargestellt werden.

Schließlich finden wir Hinweise für sinnvolle Gaben in Machig Labdröns Chöd Praxis oder im Bodhicaryavatara von Shantideva. Auch sind im Samantabhadra-Wunschgebet Gaben einzeln aufgezählt, beispielsweise edle Kleidung und anderes mehr. Weiter finden wir im Kommentar von Karma Chagme zu den Vier Ursachen für eine Wiedergeburt in Dewachen Informationen dazu, was wir geben könnten. Schließlich gibt es Anregungen für passende Gaben in den Unterweisungen zu den Mandala-Gaben im Rahmen der Grundübungen.

Diese Anordnungen und Auflistungen von Gaben haben tiefen Sinn, und es ist gut, solche Aufzählungen einzuhalten. Auch dann, wenn sie uns vielleicht teilweise altmodisch oder fremd vorkommen. Wir lassen also den kostbaren General nicht weg, weil wir friedliche Buddhistinnen und Buddhisten sind.

Wenn man beispielsweise abends nicht einschlafen kann, gibt es wieder einmal viele Möglichkeiten. Unter anderem kann man sich damit befassen, was man alles nicht hat. Zum Beispiel eine angenehme Nachtruhe.
Oder wir nutzen die Zeit bis zum Einschlafen, um die Sieben Übungen im Geist durchzugehen und verweilen dabei ein wenig länger bei den Gaben. Und während wir diese guten Dinge im Geist kreieren und den Buddhas und Bodhisattvas darbringen, können wir die Zeit mit etwas Sinnvollem verbringen. Hier können wir dann eine gute Nachtruhe als Gabe einfügen. Wir verschenken dann einen Schlaf, der immer erfrischend ist, unabhängig davon, wie lange er gedauert hat. Auch ist es ein Schlaf, der überaus nützlich ist, mit vielen guten, sinnvollen Träumen. Und ein Schlaf, der für buddhistische Übungen genutzt werden kann. Weiter schenken wir allen fühlenden Wesen, die wir uns dabei auch als Buddhas vorstellen können, einen genau passenden Schlaf, fortlaufend. Kann sogar sein, dass man immer weniger daran denkt, was einem fehlt. Und dass man einschläft, obwohl das nicht das eigentliche Ziel der Übung ist.
Tatsächlich bekommen wir aber auch, was wir geben. Bringen wir dem höchsten Feld der Ansammlung einen guten Schlaf dar, dann hilft uns das in Wirklichkeit viel mehr als Kräutertee oder anderes. Denn die Medizin kann nur wirken, wenn wir die Samen für guten Schlaf haben und diese mittels Mitfreude über unsere Gabe von Schlaf zur baldigen Reife gebracht werden. Weiter, wenn wir das Gute für unseren guten Schlaf widmen, damit wir dann fitter sind und anderen besser helfen können. Die Medizin ist dann die Bedingung, nicht die Ursache für guten Schlaf. Weiter sollte man herausfinden, wo man andere immer wieder stört oder ihrer Ruhe und Entspannung beraubt, es bereuen, abstellen und aktiv das Gegenteil tun. Hierbei ist der Same, das eigene Tun, meist sehr viel kleiner, als das Ergebnis, das man hervorbringt, hier also ein schlechter Schlaf. Bis das alles greift, sollte man aber bei anhaltender Schlaflosigkeit Hilfe bei alternativen Verfahren und gegebenenfalls auch bei der Schulmedizin suchen.

Natürlich kann man noch viele andere buddhistische Übungen durchführen, wenn man nachts ungewollt wach ist, eben bis die gerade beschriebenen Maßnahmen, nämlich der Abbau von Karma für schlechten Schlaf und der Aufbau von Karma für guten Schlaf, wirken.

Man kann zum Beispiel Mantren rezitieren, wie das Mantra von Guru Rinpoche:

Om ah hung benza guru pema siddhi hung

Oder das Mantra der Grünen Tara:

Om tare tuttare ture soha

Wir können auch üben, präsent wachzuliegen. Wir könnten üben, präsent wachzuliegen und dabei die Zufluchtsformel immer wieder zu sagen. Oder das Bodhisattva-Versprechen oder die Vier Unermesslichen fortlaufend wiederholen, möglichst geistig anwesend.

Man kann sich aber auch hin- und herwälzen und sich ärgern. Was ist besser?

Aber machen wir weiter damit, was wir wie, wem, wo, in welcher Weise geben: Eine einfache, aber effektive Übung können wir anwenden, wenn wir ein Buddhabild oder Bilder von Buddhaaspekten sehen.

Garchen Rinpoche hat empfohlen, dann zu denken, dass alles, was wir haben, wie Besitz, Familie, Ausbildung, unser Körper oder unsere Verdienste, den Drei Juwelen gehört.

Auch dadurch nimmt unsere eigene Anhaftung ab. Angst, dass Buddha tatsächlich aus dem Bild hervorkommt und einem alles wegnimmt, braucht man dabei eher nicht zu haben.

Traditionell wird bei Gaben auf dem Altar in symbolischer Form dargebracht, was in Indien als Geschenk an einen Gast üblich war.

Es gibt für buddhistische Altäre verschiedene Ausführungen, je nachdem, über welche Mittel wir verfügen und wie viel Zeit wir haben.

Diese traditionellen Gaben sind sieben beziehungsweise acht Dinge, die die fünf Sinne erfreuen:

1. Wasser zum Trinken
2. Wasser, um sich zu säubern
3. Blumen

4. Räucherwerk
5. Licht
6. duftendes Wasser
7. Nahrung
8. Musik

Wenn wir sieben Schalen vorfinden, dann sind Wasser zum Trinken und Wasser zum Waschen in einer Schale zusammengefasst.
Die Gaben haben wieder symbolische Bedeutung, im folgenden eine Übersicht dazu:

Gabe	Bedeutung (Auswahl)
Wohlschmeckendes Wasser zum Trinken, das mit den acht Qualitäten versehen ist.	Glück, Reinheit des Geistes, Ansammeln von glückbringenden geistigen Eindrücken
Bestes Wasser zum Waschen, das mit den acht Qualitäten versehen ist.	Reinigung, Reinheit des Körpers Reinigung problematischer geistiger Eindrücke
wunderschöne Blumen	sinnvolle Großzügigkeit (1. Paramita)
edles Räucherwerk	sinnvolles Verhalten (2. Paramita)
schönes Licht	sinnvolle Geduld (3. Paramita)
erlesener Duft	sinnvolle, von Freude getragene Ausdauer (4. Paramita)
köstliches Essen	klarer, stabiler und nicht abgelenkter Geisteszustand (5. Paramita)
wunderbare Musik	unterscheidende Weisheit (6. Paramita)

Hierbei sind die acht Qualitäten von sauberem, makellosem Wasser:

1. süß
2. erfrischend
3. mild
4. leicht
5. klar
6. rein
7. angenehm für die Kehle
8. angenehm für den Magen

Wenn wir einen buddhistischen Altar haben, kann es inspirierend sein, diese Gaben etwas unterhalb zu platzieren.

Aber wie immer ist unsere Geisteshaltung entscheidend. Acht lieblos hergerichtete Schälchen sind weniger sinnvoll als eine einzige Schale mit großer Hingabe dargebrachten Wassers.

Schließlich ist das Geben an die Buddhas und Bodhisattvas kein Geschäft. Man denkt also nicht: „Ich will von dir die Erleuchtung, deshalb gebe ich dir jeden Morgen eine Schale frisches Wasser." Eine solche Haltung kann auch unterschwellig vorhanden sein.
Die Drei Juwelen benötigen unsere Gaben nämlich nicht, das wurde schon mehrfach erklärt. Es ist vielmehr für einen selbst notwendig, Großzügigkeit zu üben, da man normalerweise immer etwas für sich selbst will. Die Liste ist endlos, es fällt einem auch dauernd etwas Neues ein. Die eigenen „Visualisierungen" haben also stets damit zu tun, dass man etwas bekommen will. Das hat einem aber bisher kein verlässliches Glück gebracht. Wenn es gut ging, hat man etwas Erleichterung erfahren, die man für Glück guter oder bester Qualität gehalten hat.
Wir ersetzen daher diese Visualisierungen durch eine andere, entgegengesetzte Vergegenwärtigung. Es ist die, in der wir geben. Denn alles Leid entsteht aus dem Wunsch nach eigenem Glück. Aus dem Wunsch, dass andere glücklich sein mögen, entsteht schließlich vollkommene Buddhaschaft.

Die Gaben dienen somit dazu, dieser ichbezogenen Tendenz entgegenzuwirken, und Buddhas und Bodhisattvas sind als Stütze zu sehen. Denn es ist die eigene Anhaftung, das Festhalten, das zu Leid führt und einen von Erleuchtung abhält. Diese Anhaftung an Sinneseindrücke hält einen im Daseinskreislauf fest und zieht die fühlenden Wesen vom Dharma weg. Daher schenken wir das, woran wir haften, den Drei Juwelen, und so tun wir etwas Sinnvolles damit.

Man könnte hier meinen, wenn man alles hergibt, dann würde das dazu führen, dass man nichts mehr hat und arm wird. Allerdings stimmt diese Einschätzung nicht. Denn durch das Geben verarmen wir nicht, wir bekommen immer mehr. Schließlich verwirklichen wir Buddhaschaft, reicher können wir nicht werden.
Zu unserer Beruhigung sei angemerkt, dass Buddhas fortlaufend Gaben erhalten, in einer Menge und Qualität, die wir uns nicht vorstellen können. Wenn wir also Buddhas sind, bekommen wir auch dauernd das Beste und Schönste. Aber ohne abhängig davon zu sein. Allerdings ist es für uns auch wichtig, dass wir genug haben und zum Beispiel nur im Ausnahmefall Schulden machen.

Es ist weiter hilfreich, sich zwischendurch daran zu erinnern, dass Buddhas und Bodhisattvas nichts anderes sind als unser wahrer Zustand, beziehungsweise ein Zustand, der sehr weit in Richtung Erleuchtung verwirklicht ist.

Auch ist alles Gute, das wir haben, Buddhas zu verdanken.

Wenn wir also Buddhas etwas geben, ist es, wie wenn eine Mutter ihr Kind füttert und das Kind dann etwas davon wieder der Mutter schenkt. Die Mutter freut sich natürlich darüber, obwohl es von ihr kam. So hat Garchen Rinpoche es erklärt.

Öfter lesen oder hören wir im Kontext des buddhistischen Gebens die Begriffe "Opfern", "Opferung" oder "Opfergabe". Diese Bezeichnungen treffen den Sachverhalt nicht unbedingt, denn wir geben mit Freude und Offenheit. Ein Opfer ist dagegen etwas, das weh tut und das man ungern tut oder gibt. Insofern transportiert die deutsche Übersetzung „Opfer" die passende Geisteshaltung nicht. Auch der Begriff Geschenk ist nicht optimal. Das Wort Gabe ist hier angebrachter und erfasst den Sachverhalt besser. Das wurde auch von Lama Jigme Rinpoche bestätigt.

Der oder dem eigenen Lama Gaben darbringen, bedeutet weiter, dass wir im Rahmen unserer Möglichkeiten buddhistische Texte drucken lassen, buddhistische Aktivitäten und buddhistische Zentren unterstützen und so weiter. Auch die Gabe unserer buddhistischen Praxis gehört zu den zu übertreffenden Gaben.

Schließlich beinhaltet Geben, dass wir Zeit und Geld einsetzen und auch manchmal Schwierigkeiten auf uns nehmen, um buddhistische Erklärungen zu erhalten. Sowie, dass wir unsere Zeit und Ressourcen dafür einsetzen, um die Lehre Buddhas zu studieren und anzuwenden. Tatsächlich können wir aber auch alles, was wir in Bezug auf die Lehre Buddhas erhalten, in Gedanken wiederum den Buddhas und Bodhisattvas schenken.

Beim Geben können wir den Buddhas und Bodhisattvas zum einen das geben, was wir selbst besonders mögen oder für sehr wertvoll halten. Der Grund ist, dass man an diese Dinge viel Anhaftung hat und durch Geben üben wir, dieses Haften zu reduzieren. Allerdings machen Buddhas und Bodhisattvas keine Unterschiede. Sie mögen nicht eine Sache mehr und etwas anderes weniger, so wie wir.

So hat Sukhasiddhi, die Gastwirtin war, ihrem Lehrer Virupa bei der ersten Begegnung Schweinefleisch und Bier mitgebracht. Beides war von bester Qualität. Das sind, trotz bester Qualität, nicht unbedingt völlig optimale Gaben. Aber sie gab von Herzen und mit tiefer Hingabe. Daher waren es viel wertvollere Gaben als etwas, das passender, aber nicht von Herzen gegeben worden wäre.

Es kann aber für unser Üben trotzdem sinnvoll sein, zu überlegen, was für die Repräsentantinnen und Repräsentanten der Erleuchtung noch am ehesten sinnvoll ist, aus unserer Sicht.

Bei Nonnen und Mönchen sind es zum Beispiel Roben mit Gürtel (damit die Robe hält).

Buddhas in den Formen des Freudenzustandes können wir in Gedanken Kleidung und Schmuck darbringen, sie sind ja mit Juwelen und Kleidung ausgestattet. Sowie den Gefährten beziehungsweise die Gefährtin.

Damit übt man, sich nicht immer auf das auszurichten, was man selbst gerne mag. Stattdessen richten wir uns auf andere aus und überlegen, was sie gerne haben möchten oder benötigen.
Gibt man fühlenden Wesen, ist es aber nicht in jedem Fall sinnvoll, etwas zu geben, was diese haben wollen. Eine Selbstmörderin möchte vielleicht Tabletten, mit denen sie sich umbringen kann. Das werden wir nicht geben, sondern etwas, das den Selbstmord verhindert und stattdessen hilfreich ist. Denn tatsächlich ist Selbstmord sehr leidbringend.

Gut ist es auch, wenn wir groß denken. Wir können beispielsweise Universen mit vorgestellten perfekten Dingen, die unendlich vervielfältigt sind, als Gaben darbringen. Oder wir geben in der Art, wie sie weiter vorne bei den Samantabhadra-Gabenwolken beschrieben wurde.

Wir vergegenwärtigen insofern bei den Gaben äußerst großzügig, und bei den Details malen wir uns jede Kleinigkeit aus. Und vergessen dabei nicht, das alles auch fortlaufend als Gabe darzubringen, denn es könnte sein, dass wir anfangen, festzuhalten, während wir die Darbringungen geistig kreieren.

Auch stellen wir uns vor, dass wir wunderschöne Helferinnen und Helfer haben, die die Gaben darbringen. Und zwar mit Respekt und vollendet in der Art und Weise. Diese Helferinnen und Helfer wissen weiter, wie man sich perfekt benimmt. Also zum Beispiel, von welcher Seite serviert wird und von welcher Seite abgeräumt wird.

Wir können schließlich Lob, Ruhm, Karriere, Titel, Wiedergeburten in Dewachen, die Erleuchtung, alle unsere guten geistigen Eindrücke, buddhistische Texte, Statuen, Stupas, Geld, Schuhe, grünen Tee und so weiter geben. Einfach alles.

Auch können wir uns vorstellen, dass wir einen Regen aus wunderbaren Blumen und anderen Gaben auf buddhistische Objekte der Verehrung, wie Stupas, Bilder des Buddhas, Statuen und Texte, niederregnen lassen. Diese Übung können wir auch ausführen, wenn wir dazu durch eine schöne Blume oder blühende Pflanzen oder schöne Dinge in einem Geschäft inspiriert werden.

Hier ist man vielleicht wieder an einem Punkt angelangt, an dem Gedanken auftreten können, wie:

„Wieso soll ich mir denn vorstellen, dass Blumen auf buddhistische Texte niederregnen? Das sind sind doch bloß Bücher!"

Wir können derartige Gedanken durchaus als Gelegenheit verwenden, um zu schauen, was bei uns gerade vor sich geht.

Es ist tatsächlich Unwissenheit, die zu Anhaftung an das führt, was man gewohnt ist (kein Blumenregen auf Bücher), Abneigung gegen das, was man nicht gewohnt ist (Blumenregen auf Bücher). Und weiter auch etwas Stolz. Denn man meint, man wüsste selbst am besten, was man tun sollte. Schauen wir tiefer, so führen uns diese Untersuchungen dorthin, wo wir nicht wirklich etwas finden werden: zu unserem vermeintlich vorhandenen Ich. Haben wir mehr Informationen und Erklärungen, lernen wir die Dinge vielleicht auch mit etwas anderen Augen zu betrachten. Dann überlegen wir also, dass die Texte für uns wertvoll sind, denn sie sind die Schatzkarte zu unserem unendlichen Reichtum. Und sie sind die Theorie dessen, was im Geistesstrom von Buddhas und hohen Bodhisattvas Wirklichkeit ist.
Dieser Blumenregen ist einfach auch eine weitere Übung, eine Methode. Denn wir verwenden unsere Vorstellung, um in uns Wertschätzung für die Texte hervorzubringen. Zunächst einmal ist es nämlich nötig, sie zu schätzen, das heißt, die Informationen, die sie uns geben. Denn dann erst werden wir damit arbeiten wollen und können.

Die Tatsache, dass man vielleicht keine Lust dazu hat, auf die Texte in Gedanken Blumen regnen zu lassen, zeigt insofern, dass man auch noch nicht ganz verinnerlicht hat, wie wichtig und kostbar sie sind.

Was das Geben des eigenen Körpers angeht, so sei angemerkt, dass diese Art des Gebens nach Gampopa zu den noch zu übertreffenden Gaben gehört. Wir geben unseren Körper aber derzeit nicht und schädigen ihn auch nicht, ehe wir nicht entsprechend weit verwirklicht sind.

Wir geben also zusammengefasst in Gedanken mit Respekt, Hingabe und Offenheit an die erleuchteten Repräsentantinnen und Repräsentanten das Beste, was wir uns vorstellen können. Und zwar gereinigt, in makelloser Form, in unendlicher Menge, wunderschön arrangiert und durch vollendete Helferinnen und Helfer dargebracht. Weiter in einem fort in Vergangenheit, Gegenwart und Zukunft. Hierbei denkt man nicht, dass da jemand ist, die oder der etwas gibt, etwas, das gegeben wird und jemand, die oder der etwas bekommt. Wir denken also auch, dass alles traumgleich ist.

Die übertreffbaren und die unübertrefflichen Gaben:
2. Die unübertrefflichen Gaben

Bei den unübertrefflichen Gaben handelt es sich um die Darbringungen, die Bodhisattvas ab der 1. Stufe ausführen.

Vor allem aber beziehen sie sich auf die Gaben der Bodhisattvas auf der 8., 9. und 10. Stufe. Es gibt auch Texte, die sagen, unübertreffliche Gaben sind solche, die Bodhisattvas ab der 10. Stufe hervorbringen. Bodhisattvas mit so hoher Verwirklichung haben völlig andere Möglichkeiten, etwas darzubringen als man selbst. Ihre Gaben sind derart umfangreich, dass sie nicht zu übertreffen, also eben unübertrefflich sind. Denn Bodhisattva auf den Bhumis können mit der großen Kraft ihrer meditativen Versenkung und aufgrund ihrer Wunderkräfte eine große Vielfalt außergewöhnlicher und vortrefflicher Gaben ausstrahlen, die in der Welt nicht existieren. Zum Beispiel wunscherfüllende Bäume oder wunscherfüllende Juwelen. Man selbst kann sich derzeit die unübertrefflichen Gaben nicht vorstellen, sie sind nur für entsprechend Verwirklichte zugänglich. Diese Art der Gaben ist mit den eigenen, derzeitigen Darbringungen nicht ansatzweise vergleichbar.

Die gute Nachricht ist aber: Auch wir haben die Möglichkeit, unübertreffliche Gaben darzubringen. Und zwar, indem wir die folgenden beiden Methoden voller Vertrauen praktizieren:

1. Wir geben in dem Bestreben, so geben zu können, wie die Bodhisattvas.
2. Wir wünschen, in Zukunft so geben zu können, wie die Bodhisattvas.

Schließlich heißt es in anderen, ebenfalls belastbaren Erklärungen, dass wir durch die folgende Geisteshaltung Gaben so ähnlich darbringen können wie realisierte Bodhisattvas:

1. durch die Kraft der tiefen Wertschätzung für die Buddhas
2. durch das Vertrauen, das hieraus entsteht
3. durch das Streben nach dem Bodhisattva-Verhalten

Auch sagte Buddha in einer seiner Lehrreden, dass die sogenannten drei Arten der Reinheit die unübertrefflichen Gaben sind. Diese beziehen sich sowohl auf das Verehren als auch auf das Geben. Diese drei Arten der Reinheit sind:

1. Bodhicitta, die erleuchtete Geisteshaltung hervorbringen
2. Dharma, das, was Buddha gelehrt hat, lernen und verstehen
3. Dharma üben und meistern

Wir können also ebenfalls unübertroffene Gaben und damit große Ansammlungen von Verdienst und Weisheit hervorbringen. Diese beiden Ansammlungen benötigen wir, um Erleuchtung zu erreichen, daher sind sie so wichtig.

Bei den unübertrefflichen Gaben ist weiter die Mahamudra Meditation über einen Buddhaaspekt aufgelistet.

Konkrete Dinge als Gaben, geistig hervorgebrachte Gaben, Gaben durch Wunschgebete, unübertreffliche Gaben, Gaben durch wohlklingende Lobpreisungen

Schließlich noch ein weiterer Überblick darüber, was wir darbringen können:

1. Konkrete Dinge, also:
  1.1. Das, was uns gehört, mit:
    1.1.1. Reinheit der Geisteshaltung. Also nicht für eigenes Wohlergehen, sondern damit alle fühlenden Wesen Erleuchtung erreichen.
    1.1.2. Reinheit derjenigen, denen wir die Gaben darbringen. Also unter anderem Buddhas und Bodhisattvas.
    1.1.3 Reinheit der Gabe
    Die Gaben sollten von bester Qualität, vollendet arrangiert und nicht unrechtmäßig erworben worden sein, soweit uns das derzeit möglich ist.
  1.2. Das, was niemandem gehört, die schönen Dinge der Welt. Wovon wir also hören oder lesen, das verwenden wir als Inspiration für Gaben:
    1.2.1. schöne Landschaften, wundervolle Bäume mit wunderbaren Blüten und erlesenen Früchten.
    Weiter die wunscherfüllenden Bäume, die in Reinen Ländern wachsen, sie bestehen aus sieben Arten von Edelsteinen und stellen alles zur Verfügung, was wir uns wünschen.
    1.2.2. Düfte, Sandelholz, Räucherwerk.
    1.2.3. Essen und Trinken.
    Alles ist von bester Qualität, vielfältigem Geschmack, schönen Formen und Farben und wundervoll arrangiert.
    1.2.4. Wasser in Teichen und Seen von erlesener Qualität.
    1.2.5. Wunderbare Klänge, Melodien und Musik.
  1.3. Geistig vorgestellte Gabe des Körpers.

2. Geistig hervorgebrachte Gaben, was wir also geistig erschaffen:

2.1. Waschungen, Handtücher und weiter:

Wunderschöne, kostbar eingerichtete Badehäuser und Badezimmer, mit Böden aus Edelsteinen, es duftet dort ausgesprochen gut, in den vier Himmelsrichtungen befinden sich vier, ganz aus Edelsteinen bestehende Säulen. Die Wände sind verziert mit Bordüren und Perlmutt. Das Wasser ist von bester Qualität. Göttinnen und Götter singen Lobpreislieder.

Wir rufen die Buddhas und Bodhisattvas herbei, geben ihnen erlesene Seifen, mit denen sie sich waschen. Wir trocknen sie dann mit feinsten Badetüchern ab und ölen sie mit kostbaren Duftsubstanzen ein.

Dann geben wir ihnen weiche und exquisite Bademäntel.

Das Badewasser lassen wir ab, es erreicht alle fühlenden Wesen und reinigt alles Negative, vor allem, was beeinträchtigt ist durch:

2.1.1. verletzte oder gebrochene Gelübde;

2.1.2. Kontakt mit Menschen, die sehr negativ sind;

2.1.3. nichtmenschliche Wesen, die in unserer Welt leben und die Menschen schaden, die ihnen zuvor geschadet und ihren Lebensraum verletzt haben.

Alle fühlenden Wesen fühlen sich dann vollkommen wohl.

Dann geben wir den Ordinierten Nonnen- und Mönchsroben mit Gürtel, und zwar in blau, ockergelb oder burgunderrot.

Den Sambhoghakayaformen geben wir wunderschöne Kleider in schönen, leuchtenden Farben und von bester Qualität, die gut riechen. Sowie die fünf besonderen Kleidungsstücke, die ein Weltenherrscher trägt. Und den Schmuck des Freudenkörpers (Diadem, Ohrringe, Halsketten, Armreifen, Fußreifen).

2.2. Dinge des Gebrauchs:

2.2.1. Blumen:

die kostbarsten Blumen - der Götter, also die Mandaravablume
- der Menschen, es ist weißer Lotus
- der Nagas, das ist der blaue Lotus
- fallen auf Ordinierte und
- auf die Sambhoghakaya-Formen, bei letzteren werden sie zu Blumengirlanden an ihrem Schmuck.

2.2.2. Duft (in Form von Räucherwerk), der den ganzen Raum erfüllt.

2.2.3. Speisen und Getränke:

Alles schmeckt köstlich, riecht exzellent, ist von erlesener Farbe, aber man gibt nichts Berauschendes. Weiter geben wir:
- bei Nirmanakaya-Formen in Almosenschalen.
- bei Sambhoghakaya-Formen in wunderschönen, kostbarsten und erlesen verzierten Gefäßen.

Wir wünschen dabei, dass wir uns durch diese Speisen und Getränke in Zukunft von Samadhi ernähren können.

Wir wünschen weiter, durch die Gabe des Essensduftes in Zukunft ethische Disziplin ausführen zu können.

2.2.4. Licht in vollendeten Gefäßen, auch die Gefäße sind mit Edelsteinen versehen, und sie sind so groß wie unsere Welt. Wir wünschen dabei, dass dadurch alle fühlenden Wesen von der Finsternis der Unwissenheit befreit werden.

2.2.5. Fliesen, die parfümbesprenkelt sind. Hierauf streuen wir wunderschöne und makellose Blumen. Unser Wunsch dabei ist, dass alle fühlenden Wesen Bodhicitta hervorbringen, das so stabil wie die Erde ist.

2.2.6. Exquisite Wohnstätten, perfekte Paläste, wunderbare Schlösser, in bestem Design, aus edlen Materialien, mit Edelsteinen, Gold und Silber, lieblichen Gärten und perfekten Parkanlagen. Um die Paläste herum singen Göttinnen und Götter wunderbare Lobpreislieder. Dabei wünschen wir, dass alle fühlenden Wesen in der Lage sein werden, die Stadt der Befreiung zu erreichen.

2.2.9. Schirme, wie sie Weltenherrscher zur Verfügung haben. Sie sind aus edelstem Material, der Stab ist aus Gold, die Borden sind aus Edelsteinketten.

3. Wunschgebete:

3.1. Wir bringen in Gedanken den Klang von Musik und Gesang dar und wünschen dabei, dass er überall gehört wird und die fühlenden Wesen, die diese Klänge hören, dadurch frei von Leid werden.

3.2. Blumen und Perlen regnen auf diejenigen, die die Repräsentantinnen und Repräsentanten der Erleuchtung sind. Und auf den Dharma der Schriften und den Dharma der Erkenntnis. Im letzteren Fall bringen wir diese Gabe dem Dharma dar, wie er im Geistesstrom derjenigen vorhanden ist, die das Richtige lernen, lehren und praktizieren.

4. Unübertreffliche Gaben:

Gaben der großen Bodhisattvas, wie Samantabhadra

5. Gaben durch wohlklingende Lobpreisungen:

Wir machen uns klar, über welche unermesslichen Qualitäten die Repräsentantinnen und Repräsentanten der Erleuchtung verfügen, wir preisen sie mit schönen Klängen und möchten das auch in Zukunft tun.

Woran man vielleicht als Gabe nicht unbedingt denkt

Man erlebt alles durch die eigene, duale Brille.

Daher unterscheidet man in schön und hässlich, gut und schlecht, angenehm und unangenehm.

Wäre die eigene Sichtweise bereits gereinigt, würden wir, was auch immer erscheint, als schön und vollkommen wahrnehmen, als Reines Land. Und in diesem Reinen Land gibt es nichts, was nicht als Gabe geeignet wäre. Wenn wir also üben, alles grundsätzlich als makellos zu sehen, dann ist auch alles eine perfekte Darbringung.

Wir können somit das, was wir normalerweise für hässlich oder problematisch halten, so visualisieren, dass es vollkommen ist und es dann darbringen. Beispielsweise erlebt man die eigenen störenden Gefühle als störende Gefühle. Selbst wenn man theoretisch weiß, dass sie eine Illusion und Weisheiten sind, erfährt man das nicht so. Trotzdem können wir trainieren, diese störenden Gefühle, wie Ärger über eine Kollegin, als spiegelgleiche Weisheit den Buddhas als Gabe darzubringen. Der erste Schritt ist hier, überhaupt einmal eine derartige Vorgehensweise kennenzulernen, dann so einen Gedanken für möglich zu halten und in der entsprechenden Situation auch zu erinnern.

Und es ist sogar möglich, das, was hässlich ist, darzubringen, wenn wir in der Lage sind, zu erkennen, dass es nur hässlich ist, weil wir es als hässlich ansehen. Denn es gibt so etwas wie schön und hässlich nicht wirklich. Diese Zuschreibungen werden von einem selbst - also von einem Selbst - erfunden.

Allgemein heißt es weiter, dass wir, wenn wir entsprechend vorangeschritten sind, alle Probleme als Manifestation und Segen der Lama oder des Lamas sehen können. Und dann ist auch alles als Gabe geeignet.

Erfahrene Praktizierende wissen schließlich, dass Schwierigkeiten auftreten, wenn die Übungen zielführend verlaufen. Denn diese Probleme erscheinen, weil eine Reinigung eintritt, und diese geschieht, wenn wir erfolgreich praktizieren. Schwieriges Karma erscheint dann in abgeschwächter Form. Damit wird es jetzt beseitigt, statt einem später, zu eventuell sehr unpassendem Zeitpunkt, Probleme zu bereiten. Ein gebrochenes Bein in München ist zum Beispiel wesentlich unproblematischer als nach einem Flugzeugabsturz im Gebirge. Damit hatten wir uns schon befasst. Auch wissen erfahrene Übende, dass einen die oder der Lama und die Buddhas halten. Wir können uns darauf verlassen, dass sie uns helfen, auch und vor allem dann, wenn es schwierig wird. Von unserer Seite sind hier allerdings Hingabe und großes Vertrauen nötig. Und dafür ist es wichtig, dass wir genau geprüft haben, wem wir uns anvertrauen.

Schließlich sei nochmals daran erinnert, dass gute Ergebnisse hinderlicher sein können als Probleme. Denn wenn es uns gut geht, denken wir unter anderem vielleicht, es wäre nicht mehr nötig sich anzustrengen. Schwieriges dagegen erinnert uns daran, dass wir Leid noch nicht überwunden haben.

Und dass auch die anderen, die wir nicht im Stich lassen und beschützen wollen, leiden. Also, auch Schwieriges und Unschönes kann als Gabe dargebracht werden.

Die Tiefgründigkeit der Gaben
am Beispiel der Darbringung von Licht

Buddhistische Praxis funktioniert, weil sie auf abhängigem Entstehen beruht. Das bedeutet, alles entsteht in Abhängigkeit von etwas anderem. Geht es hierbei um Karma, dann sind Ursache und Ergebnis ähnlich. Das heißt, eine glückbringende Ursache führt zu Glück, und eine problembildende Ursache führt zu Leid. Und zwar für uns selbst und für andere! Dieses Wissen können wir verwenden, um die gewünschten Ergebnisse zu erzielen.

So ähnelt die Funktion einer Lampe der des Geistes. Die Lampe erhellt sich selbst und alles um sie herum. Ähnlich erhellt der Geist sich selbst und alles, was ihm begegnet. Licht steht also für das Vertreiben der Unwissenheit. Und dafür, dass das Licht der Weisheit bei uns und allen fühlenden Wesen in unser aller Geist hell strahlt. Dadurch können alle Objekte makellos und klar erkannt werden. Die Verwendung von Licht ist somit ein geschicktes Mittel, um unser Verständnis von der Natur des Geistes zu verbessern. Wir können daher aufgrund des Wissens um das Entstehen in Abhängigkeit eine Kerze mit unterschiedlicher Geisteshaltung anzünden. Und das Ergebnis wird, je nach Vorgehensweise, anders sein, hier ein Überblick:

1. Zündet man eine Kerze als Tischdekoration für sich selbst an, wird das nicht viel Nutzen bringen.
2. Zünden wir sie an, weil wir normale Personen als Besuch haben und diese erfreuen möchten, ist der Nutzen schon etwas größer.
3. Zünden wir die Kerze vor einem buddhistischen Altar an und denken dabei, dass es - wenn es Honigkerzen sind - den Bienen helfen soll, gesünder zu sein und nicht vergiftet zu werden, ist das die Motivation von Liebe und Mitgefühl. Und zwar für eine bestimmte Gruppe von fühlenden Wesen.
4. Wenn wir die Kerze beispielsweise vor einem Bild der Grünen Tara anzünden, um selbst gute geistige Eindrücke für die eigene Befreiung anzusammeln, ist das die Motivation einer Person auf dem Kleinen Weg.
5. Zünden wir eine Kerze vor diesem Bild der Grünen Tara an mit der Motivation, dass durch die guten geistigen Eindrücke alle fühlenden Wesen rasch und leicht Erleuchtung erreichen mögen, ist der Nutzen viel größer. Wir haben dann die Motivation einer Person auf dem Großen Weg.
6. Zünden wir sie an und sehen die Kerze als das Licht der Weisheit, das alle fühlenden Wesen erhellt, und wünschen, dass alles, was von dem Licht berührt wird, ein Kraftkreis der Buddhas wird, ist das die Art einer tantrischen Praktizierenden oder eines tantrischen Praktizierenden.

Es ist äußerlich gesehen dieselbe Handlung, aber es macht doch einen sehr großen Unterschied, welche Sichtweise wir haben. Wir sehen also, dass es wichtig ist, dass wir darauf achten, was wir gerade denken und wünschen. Zum Beispiel, wenn wir Gaben auf oder vor einem buddhistischen Altar darbringen.

An dieser Stelle ist vielleicht für Fehlsichtige interessant: Es heißt auch, dass die Gabe von Butterlampen an die Repräsentantinnen und Repräsentanten der Erleuchtung zu scharfem Augenlicht führt. Es ist davon auszugehen, dass die Gabe von Kerzen den gleichen oder einen ähnlichen Effekt hat.

Die Gabe, die am meisten erfreut

Im Königstantra des Geheimen Nektars steht:

„Nicht das Geben von Räucherwerk und so weiter ist die
Gabe, die wirklich Freude macht.
Sondern den eigenen Geist brauchbar und flexibel zu machen,
das ist die Gabe, die am meisten erfreut."

(Siehe Zitateliste Seite 569-572)

Brauchbar und flexibel wird der Geist durch das Gewahrsein der Leerheit, dem Gewahrsein, das frei ist von Anhaftung an ein Ich. Das heißt auch, dass wir aufhören, bei anderen die Schuld zu suchen. Stattdessen erkennen wir immer mehr, dass wir selbst für alles, was geschieht, einmal den Samen gesät haben.

Die Repräsentantinnen und Repräsentanten der Erleuchtung freuen sich

Auch wenn die Buddhas und Bodhisattvas keine Gaben benötigen, freuen sie sich sehr darüber. Dieser Freude sollten wir uns beim Geben bewusst sein.

Leerheit und Mitgefühl beim Geben

Ist das Geben von Leerheit durchdrungen, führt es nicht zur Wiedergeburt im Daseinskreislauf, weil wir nicht anhaften, und es ist Anhaftung und alle sich daraus ergebenden Probleme, die uns in Samsara kreisen lassen. Geben wir im buddhistischen Kontext mit Mitgefühl, führt das nicht in den Kleinen Weg.
Da wir derzeit nicht perfekt in dieser Weise geben können, nähern wir uns dem an. Wir versuchen also, Geben immer weniger mit Emotionen aufzuladen. Denn auch, wenn das Leid anderer für uns unerträglich ist, üben wir, uns nicht von Gefühlen fortschwemmen zu lassen.

278

Wir gehen eher so vor wie eine Rettungsärztin. Sie fühlt mit, dabei ist sie klar und in gewisser Weise nicht zu involviert. Denn nur dann kann sie sinnvoll handeln. Nachher erwartet sie auch nicht, dass die gerettete Patientin dankbar ist. Sie macht einfach ihre Arbeit so gut sie kann.

Buddhistischer Altar

Die nun folgenden Ausführungen stellen lediglich einen Einblick dar.

Denn es gibt unterschiedliche Arten, einen buddhistischen Altar einzurichten, und auch linienspezifische Details. Bei Interesse ist es daher gut, sich mündlich erklären zu lassen, wie ein Altar aussehen sollte. Insgesamt ist aber auch hier wieder die Geisteshaltung das Wichtigste.

Milarepa beispielsweise hat sich intensiv seiner Meditationspraxis gewidmet. Deshalb hatte er keine Zeit, um Geld zu verdienen. Er war also bettelarm, und so hatte er „nur" drei Steine als Repräsentantinnen und Repräsentanten der Drei Juwelen in seiner Höhle. Aber er erreichte Erleuchtung in einem Leben.

Wenn wir allerdings über die Ressourcen verfügen, dann ist ein schöner Altar inspirierend und sinnvoll. Es ist überhaupt unterstützend, die persönliche buddhistische Praxis ansprechend zu gestalten. Auch, wenn wir wissen, dass es darauf letztlich nicht ankommt.

Der Altar sollte an einem zentralen und sehr guten Platz des Raumes, möglichst an einer nach Westen gerichteten Wand, stehen. Der Grund ist, dass das Reine Land von Buddha Amitabha im Westen liegt. Ist das nicht möglich, stellen wir uns vor, dass der Ort, an dem der Altar steht, Westen ist.
Der Altar selbst kann ein schöner Tisch sein. Es gibt aber auch speziell gefertigte buddhistische Altäre. Wir finden hier sowohl traditionelle Formen als auch moderne Ausfertigungen. Steht der Altar im Schlafzimmer, sollte er nicht am Fußende des Bettes stehen, besser in Kopfnähe.

Wichtig ist, dass er so hoch sein soll, dass die Statuen mindestens auf Höhe der Taille oder auch auf Herzhöhe stehen. Es gibt dann mehrere Stufen, weil die Gaben unterhalb der Statuen dargebracht werden. Und es sollte eine ungerade Zahl an Stufen sein. Also zum Beispiel drei oder fünf Stufen.

Den Altar selbst bedecken wir mit einem schönen Tuch, es gibt hier wieder bevorzugte Farben, beispielsweise rot.

Wichtig ist, dass auf einem buddhistischen Altar nur Objekte der Zuflucht stehen. Also alles, was aus buddhistischer Sicht Vorbildfunktion hat.

Es sollten dort somit keine Bilder von Personen stehen, die nicht mindestens die Befreiung erreicht haben, beispielsweise von Familienangehörigen. Oder von Prinzessin Lea und Luke Skywalker, weil man Star Wars besonders mag. Warum stellen wir sie dort nicht auf? Der Grund ist, dass sie nicht mindestens befreit sind.

Damit können sie uns keinen dauerhaften Schutz vor Leid bieten, auch wenn wir sie wegen einzelner guter Eigenschaften, wie wegen ihres Mutes, bewundern. Skulpturen von Tieren, wie beispielsweise von Delphinen, stellen wir ebenfalls nicht auf den Altar. Der Grund ist, dass auch sie nicht frei von Problemen sind.

Auf dem Altar selbst befinden sich dann, als Bild oder als dreidimensionale Form, und zwar jeweils von uns aus betrachtet, wenn wir vor dem Altar stehen:

1. eine oder mehrere Statuen in der Mitte:
   Buddhistische Statuen symbolisieren den erleuchteten Körper.
2. Eine Stupa auf der linken Seite:
   Die Stupa symbolisiert den erleuchteten Geist.
3. Buddhistische Texte auf der rechten Seite, eingeschlagen in ein Tuch:
   Auch hier gibt es bevorzugte Farben. Die Texte stehen für die erleuchtete Rede.

Auf einem buddhistischen Altar sollte auch immer eine Buddhastatue oder eine Abbildung Buddhas stehen, und zwar im Regelfall in der Mitte. Denn Buddha ist erleuchtet, die Bodhisattvas sind es noch nicht.
Haben wir eine Lama oder einen Lama, wie Karmapa in der Karma-Kagyü Linie, können wir eine Abbildung oder die Statue eines Karmapas in die Mitte stellen. Auch die eigene Meditationsgottheit, der eigene Yidam, kann in der Mitte platziert werden.

Statuen und Stupa sollten entsprechend den buddhistischen Vorgaben gefüllt und gesegnet sein. Auch bei den Texten ist es gut, wenn sie gesegnet sind. Den Altar selbst können wir ebenfalls segnen lassen.

Neben den Repräsentantinnen und Repräsentanten der Erleuchtung und den Gabenschalen können als dritte Gruppe noch Tormas, Dorje und Glocke oder bestimmte andere Objekte auf dem Altar stehen.

Hilfreich ist es, den Altar sauber zu halten. Das beinhaltet, dass wir auch die Statuen regelmässig reinigen. Allerdings ist ihre Bemalung wasserlöslich. Daher können wir zum Beispiel einen trockener Kosmetikpinsel für das Entfernen des Staubes verwenden. Mit feuchten Tüchern löst man dagegen die Bemalung auf.

Vor den Statuen und etwas unterhalb, aber noch auf dem Altar, stellen wir, wie erwähnt, die symbolischen Gaben auf, wie sie in Indien üblich waren.

Also Wasser zum Trinken, Wasser zum Waschen, Blumen, Räucherwerk, Licht, duftendes Wasser, Speisen und Musik. Und zwar von uns aus gesehen von links nach rechts angeordnet. Vom Altar aus gesehen ist die Anordnung damit von rechts nach links. Diese Gaben wurden bereits genauer erläutert.
Wir richten die Gaben liebevoll her und verwenden das Beste, im Rahmen unserer Möglichkeiten.
Weniger gut ist es, den Altar lieblos auszustatten, mit Dingen, die möglichst wenig kosten. Oder die man sowieso weggeworfen hätte.
Beispielsweise sollte das Licht, bei uns in der Regel eine Kerze, schön und von guter Qualität sein. Wobei im Zweifelsfall schön bedeutet, dass wir die Kerze als schön und wertvoll empfinden. Entscheidend ist nicht, wie sie tatsächlich ist.
Müssen wir aber mit anderen eine gemeinsame Lösung finden, versuchen wir, an das eigene Ideal von Schönheit nicht zu große Anhaftung zu haben. Wir üben dann, das als schön anzusehen, was vorhanden ist oder ausgesucht wird. Vorausgesetzt, es entspricht den grundsätzlichen Vorgaben. Wie beispielsweise, dass auf dem Altar keine Figur eines Delphins platziert wird.

Wir stellen also sieben oder acht optisch ansprechende Schälchen auf. Sie können auch aus Glas sein. Dieses Material ist ganz praktisch zum Reinigen. In diese Schalen geben wir Wasser. Es sollte destilliert sein, damit keine Rückstände bleiben. Das Wasser können wir auch mit Safran färben.
Der Vorteil von Wasser ist, dass es den eigenen Stolz weniger nährt, da wenig Geld aufgewendet wird. Überhaupt werden wir Wasser viel einfacher und ohne oder mit nur wenig Anhaftung und den daraus resultierenden, störenden Gefühlen geben können als andere, tatsächliche wertvollere Gaben. Das heißt aber nicht, dass wir nicht, soweit es uns möglich ist, kostbarere Dinge vor beziehungsweise auf dem Altar darbringen können und sollten. Die Lösung ist hier, an uns zu arbeiten und Anhaftung zu verringern, nicht den Wert der Gaben.

Der Wasserstand sollte in jedem Schälchen gleich hoch sein. Und es ist traditionell üblich, dass die Schälchen den gleichen Abstand von einem Reiskorn zueinander haben.

Diese Schalen werden dann jeweils morgens gefüllt und abends geleert. Gefüllt wird von links nach rechts, geleert umgekehrt. Jeweils von uns aus gesehen, wenn wir vor dem Altar stehen. Es gibt hier auch noch genauere Informationen.

Das Wasser sammeln wir abends. Wir schütten es dann mit der Vorstellung weg, dass es Segen trägt und fühlenden Wesen, die damit in Kontakt kommen, hilft. Nachdem die Schalen geleert sind, werden sie getrocknet und umgedreht. Dann werden sie wieder in gleichem Abstand zueinander auf den Altar gestellt. Wir können sie aber auch stapeln. Morgens füllen wir die Schalen dann wieder.

Es ist sinnvoll, die Gefässe regelmässig zu reinigen und sie sauber zu halten.

Eine andere Variante der Gaben ist mit Safran gefärbter Reis, wenn wir nicht täglich Gaben darbringen können. Zum Beispiel, weil wir verreist sind. Oder aber, wenn Insekten ertrinken könnten, wenn wir Wasser verwenden.

Beim Aufstellen gehen wir wie folgt vor:

Bei sieben Schalen ist die erste Schale mit Reis gefüllt. Bei acht Schalen sind die ersten beiden Schalen mit Reis gefüllt. Wir können auch zwei kleine geschlossene Behälter mit gutem Wasser auf den Reis dieser ersten beiden Schalen stellen. Und bei einer Schale entsprechend einen kleinen Behälter.
Auf die nächste mit Reis gefüllt Schale legen wir Blumen. Das wird in der Regel eine trockene Blume sein, oder es sind mehrere trockene Blumen. Natürlich können wir zusätzlich auch frische Blumen oder blühende Pflanzen dort oder vor dem Altar platzieren.
Die darauffolgende Schale wird in der Regel mit drei Räucherstäbchen versehen, die gleich hoch senkrecht herausragen.
Dann folgt eine Schale mit Licht. Traditionell steht hier eine Butterlampe. Bei uns wird es meist eine Kerze sein. Diese Schale enthält keinen Reis
Schließlich folgt eine Schale entweder nur mit Reis, schön wäre es aber, wenn wir auf den Reis etwas gut Duftendes stellen. Wir können also auch eine kleine Parfümflasche senkrecht in den Reis stellen.
Dann kommt eine Schale mit Essen. Hier können wir ein Torma verwenden. Oder etwas Verpacktes, beispielsweise eine Bio-Süssigkeit. Weiter können wir auch kleine Teile von Nahrungsmitteln, die wir sehr gerne essen und die haltbar sind, dazulegen. Oder aber etwas von einem Nahrungsmittel, das wir geschenkt bekommen haben. Wird die Schale zu voll, stellen wir noch eine Schale oder auch mehrere weitere Schalen mit Nahrungsmitteln vor beziehungsweise auf dem Altar auf. Wenn wir etwas verwenden, woran wir sehr viel Anhaftung haben, ist es möglich, dass das Haften durch diese Art von Geben nachlässt. Wird es aber schwierig, weil das Schokoeis mit Schlagsahne wegschmelzen würde, können wir es in der Vorstellung vor dem Altar platzieren.
Und auf die letzte mit Reis gefüllte Schale, die für Musik steht, können wir eine Muschel legen. Eine andere Variante könnte auch ein Datenträger mit der Musik sein, die wir am liebsten hören. Diesen Datenträger belassen wir dann auch dort und nehmen ihn nicht weg, wenn wir einen Datenträger benötigen, oder die Musik hören möchten.

Verwenden wir Reis als tägliche Gabe, wechseln wir nicht jeden Tag den gesamten Reis. Stattdessen fügen wir jeweils morgens etwas hinzu. Wir sind ja im Regelfall nicht immer verreist. Werden die Schälchen zu voll, leeren wir den gesamten Reis. Wo immer wir ihn dann vorsichtig und sanft hingeben, wir tun auch das in der Vorstellung, dass es fühlenden Wesen nutzen möge.

Weiter ist es gut, die Gaben in der Vorstellung zu reinigen, unendlich zu vervielfältigen und zu köstlichem, vollkommenen Nektar werden lassen.

Es gibt hier auch Silben, die verwendet werden. Das können wir uns erklären lassen. Eine Variante ist, dass wir mit „Om" die Darbringungen reinigen, sie mit „Ah" unendlich vervielfältigen und mit „Hung" in erlesenen Nektar verwandeln.

Der Altar kann so eine Stütze für unsere Praxis des zweiten Teiles der Sieben Übungen sein.
Aber auch für die gesamten Sieben Übungen. Denn wie in der Einleitung erwähnt wurde, stehen die sieben Schälchen weiter für die Sieben Übungen. Das erste Schälchen symbolisiert dann Wertschätzung, das zweite steht für die Gaben und so weiter.

Eine vielleicht auf den ersten Blick etwas verrückt klingende Möglichkeit, um die Sieben Übungen auszuführen, folgt hier:
Wir können die Wohnung oder mindestens den Platz, an dem wir meditieren, säubern und aufräumen. Dann duschen wir und ziehen wir uns schön an, wie für einen Ausgeh-Abend. Schließlich praktizieren wir die Sieben Übungen mit dem Altar als Stütze. Und zwar geistig anwesend und in dem Bewusstsein, dass wir sehr hohe und wichtige Gäste eingeladen haben. So eine Übung kann hilfreich sein, damit man nicht zu sehr in die Routine abgleitet. Wir müssen das allerdings nicht so gestalten.
Wichtig ist, zu verstehen, dass das kein Spiel mit Puppen ist. Es ist auch kein Computerspiel.

Weiter wissen wir, dass Sauberkeit und Schönheit Konzepte sind, die auf absoluter Ebene nicht existieren.

Geben entspricht folgender Grundübung

Geben entspricht der dritten Grundübung, den Mandala-Gaben.

Geben im Kurzüberblick

Wem geben:	den Repräsentantinnen und Repräsentanten der Erleuchtung, beispielsweise Buddhas und Bodhisattvas
Gegenmittel gegen:	Anhaftung
Verdienst/Reinigung:	Aufbau von Verdienst

Gaben darbringen als alleinige Übung

Wir bringen unsere Aufmerksamkeit zu dem, was wir jetzt tun und lösen uns, so gut wie wir können, von der Vorstellung, dass es ein Ich, ein Tun und ein Gegenüber gibt, wie wir meinen. Wir sind also auch weniger im Modus von "Ich übe", sondern eher in der Haltung, dass etwas getan wird.

Geistig präsent und mit Offenheit, Vertrauen, Hingabe und Freude nehmen wir dann Zuflucht und bringen die erleuchtete Geisteshaltung hervor.

Als nächstes stellen wir uns einen offenen und weiten, leeren Raum vor.

Indem sie in unserer Vergegenwärtigung auf von uns angebotenen, kostbaren und bequemen Sitzen Platz nehmen, erscheinen vor uns in diesem Raum, strahlend, wunderschön und vollkommen, die Repräsentantinnen und Repräsentanten der Erleuchtung.

Im Regelfall ist im Zentrum Buddha. Oder die oder der eigene Lama, in der Karma-Kagyü Linie ist das Karmapa. Oder unser Yidam oder eine Meditationsgottheit, die uns besonders gefällt. Jeweils mit Gefolge.
Wir können auch denken, dass sich auf jedem Atom des Universums unzählige Reine Länder befinden. In ihnen verweilen wiederum zahllose Buddhas der Vergangenheit, Gegenwart und Zukunft mit großem Gefolge aus Bodhisattvas, Pratyekabuddhas, Arhatis und Arhats, Hörerinnen und Hörern.

Sie befinden sich in strahlenden, wunderschönen, vollkommenen Licht-Energieformen vor uns im Raum, und wir denken an ihre unermesslichen Qualitäten.

Vor ihnen führen wir in Duplikaten von uns, in der Anzahl, wie es Atome in den Welten gibt, mit allen fühlenden Wesen, die jetzt den kostbaren Menschenkörper haben, die Übung aus.

So praktizieren wir alle die zweite Übung, Gaben darbringen, in Vergangenheit, Gegenwart und Zukunft.

Wir alle vergegenwärtigen, dass wir unendliche Universen, angefüllt mit erlesenen, besten und kostbaren Gaben aus Vergangenheit, Gegenwart und Zukunft, perfekt arrangiert, mithilfe von tadellosen Helferinnen und Helfern, voller Freude und in angenehmer, angemessener Art darbringen.

Hierbei können wir die Informationen, die wir in diesem Kapitel erhalten haben, verwenden.

Schließlich bitten wir die gütigen, weisen, strahlenden, wunderschönen und vollkommenen Repräsentantinnen und Repräsentanten der Erleuchtung darum, unsere Übung anzunehmen.

Anschließend löst sich der zentrale Aspekt mit Gefolge in Licht auf und verschmilzt mit uns und allen fühlenden Wesen im kostbaren Menschenkörper.

Als nächstes ruhen wir in der Gewissheit, dass unser Geist und der Geist des zentralen Aspekts nicht verschieden voneinander sind.

Schließlich widmen wir ausnahmslos dieses und alles andere Gute, das jemals angesammelt wurde, angesammelt wird und angesammelt werden wird und die Ursachen dafür aus den drei Zeiten mit vollendetem Mitgefühl und perfekter Weisheit. Das bedeutet, wir widmen, in der Art, wie die Buddhas und Bodhisattvas widmen, das Gute der raschen und leichten Erleuchtung aller fühlenden Wesen.

Wir verweilen dann noch einen Moment geistig anwesend und freuen uns von ganzem Herzen über das Positive, das wir gerade getan haben.

2.3. Bedauern

statt

Abneigung

Beim dritten Schritt, dem Bereuen, erkennen, bekennen und bedauern wir, was wir weniger gut machen. So trennen wir uns von dem, was Ballast ist, und durch diese Fehleranalyse können wir uns verbessern.

Wir reinigen also Körper, Sprache und Geist, um unsere eigentliche, strahlende, liebevolle, wunderschöne, glückliche, gütige, weise, kraftvolle und furchtlose Natur freizulegen.

Die Praxis des Bedauerns vermindert und bereinigt damit das, was dazu führt, dass wir und andere leiden, sowie die Ursache dafür.

Dabei werden in erster Linie, aber nicht nur, Eindrücke gereinigt, die auf Abneigung und deren Varianten und Steigerungen beruhen, wie Ärger, Zorn, Wut, Groll oder Hass.

Beim Bedauern ist es wichtig, zunächst zu wissen, was wir nicht so gut gemacht haben, um es dann bei uns selbst identifizieren zu können. Weiter ist es notwendig, einzusehen, dass etwas weniger sinnvoll war, um es bereuen zu können.

Der Vollständigkeit halber sei angemerkt, dass es für die Bereinigung von Negativem außer Bedauern auch noch andere buddhistische Methoden gibt. Diese werden aber hier nicht oder nicht eingehender beschrieben. Bei ihnen ist Bedauern aber die Grundlage, unter anderem, weil wir sie erst dann effizient anwenden können.

Leidbringendes ist wie eine Krankheit

Ohne es recht zu wissen, leiden wir derzeit an einer Langzeiterkrankung, sie heißt Unwissenheit, und sie hat viele Unterkrankheiten. Die Namen dieser Unterkrankheiten sind Anhaftung, Abneigung, Stolz, Neid, Eifersucht, Zweifel und so weiter. Und das grundlegende Symptom dieser Krankheit nennt man Leid. Es hat ebenfalls mannigfaltige Untersymptome, sie heißen Armut, Kopfschmerzen, Stress mit dem Lebensgefährten, Ärger mit den Kollegen, noch dazu mit der Chefin, Auto defekt, Smartphone verloren, Regen ausgerechnet am Sonntag. Der Espresso mit heißer Milch extra schmeckt auch nicht so richtig. Er ist einfach schon zu kalt. Und da sind auch noch Bienen und Motten.. Wenn wir von diesen Erkrankungen und Symptomen geheilt werden wollen, ist es nötig, Personen aufzusuchen, die uns helfen können.

Sie müssen fähig sein, uns zu sagen, was wir haben und was wir tun müssen, um gesund zu werden. Allerdings können sie uns nur dann helfen, wenn wir ihnen sagen, was uns fehlt und wo es uns weh tut. Wenn man diese Informationen verschweigt, aus Stolz oder aus anderen Gründen, werden sie uns nicht wirklich heilen können.

Vor allem aber müssen wir anwenden, was uns diese Expertinnen und Experten raten. Es ist ähnlich, wie wenn wir naturheilkundliche Bücher lesen, zu medizinischen Vorträgen gehen und eine naturheilkundliche oder medizinische Praxis aufsuchen. Wenn man anschließend nicht anwendet, was verordnet wurde, wird man - eine gute Behandlung vorausgesetzt - nicht gesund werden. Eigentlich wissen wir das auch.

Angemerkt sei hier, dass das ein Beispiel ist. Denn ob wir gesund werden oder nicht, hängt tatsächlich davon von ab, welche von unseren karmischen Samen gerade reifen. Das heißt, wenn wir gesund werden wollen, dann ist es nötig, dass wir alles identifizieren, was wir dazu beitragen, dass bei anderen das Leben verkürzt wird oder das sie krank macht, es bereuen, ab sofort unterlassen und etwas tun, was das wieder gut macht. Das bedeutet, dass wir stattdessen andere dabei unterstützen, gesund zu werden und länger zu leben. Weiter, dass wir die so gepflanzten Samen durch Mitfreude schneller zur Reife bringen. Sowie sie durch das Widmen für unsere Gesundheit dorthin steuern. Diese Art der Widmung kann nötig sein, damit wir diese gute Wiedergeburt nicht verlieren, wenn es wirklich ernst ist. Dazu wenden wir als Therapie an, was am sinnvollsten ist, aber sie ist dann nicht die Ursache, sondern die Bedingung dafür, dass es uns wieder besser geht. Ansonsten widmen wir aber am besten alles Gute der raschen und leichten Erleuchtung aller fühlenden Wesen.

Machen wir weiter mit der Analogie: Wir brauchen für unsere Genesung auch Pflegerinnen und Pfleger und Übungen in der Gruppe.

Ein Teil der Therapie besteht dann in einer Entgiftungskur, durch die wir alles, was für uns schädlich ist, ausscheiden können.

Wenn es dann um diese ganz grundlegende Krankheit geht, aus der alle anderen Krankheiten entstehen, ist Buddha der universelle Heiler. Denn Erleuchtete sind Top-Experten für unsere tiefsitzende und eingefressene Krankheit. Sie können uns tiefgehend völlig und dauerhaft heilen.

Universelle Hilfe, im Sinne von dauerhafter Freiheit von allem Leid, werden wir eben nur durch die Methoden finden können, die dafür geeignet sind. Auch benötigen wir jemanden, die oder der uns sagt, dass es solche Methoden überhaupt gibt und sie uns erklärt. Wir brauchen weiter Anleitung und Korrektur. Buddha hat diese Methoden gefunden und bei sich selbst erfolgreich angewendet. Und er gibt sie uns. Anwenden müssen wir sie allerdings selbst, das kann kein anderer für uns tun.

Im Unterschied dazu wird uns eine normale Heilerin oder ein normaler Heiler vielleicht von einem oder mehreren Leiden befreien können. Aber sie oder er wird uns nicht, vor allem nicht sicher, davor bewahren können:

1. diese Beschwerden erneut zu bekommen,
2. andere Krankheiten zu bekommen,
3. andere Arten von Leid zu erleben.

So wichtig es bei gesundheitlichen und anderen Problemen sein kann, aber nicht sein muss, auch auf weltlicher Ebene Hilfe in Anspruch zu nehmen, es ist gut, sich klar zu machen, dass diese Unterstützung immer begrenzt sein wird. Oder anders ausgedrückt: Wenn man derzeit Zahnschmerzen hat, geht man – auch - zur Zahnärztin oder zum Zahnarzt. Und wendet buddhistische Methoden an, wie sie vorhin beschrieben wurden. Wenn wir dauerhaftes Glück pur suchen, fragen wir Buddha beziehungsweise suchen Antworten bei denen, die sie wirklich haben. Und wir fragen dazu dann eben nicht eine Zahnärztin oder einen Zahnarzt. Angemerkt sei hier, das wir die Zahnbehandlung, sowie alles Gute auch als Aktivität der Repräsentantinnen und Repräsentanten der Erleuchtung sehen können.

Um an dieser Stelle Missverständnisse zu vermeiden: Zuflucht bedeutet, dass wir unser Ziel, Erleuchtung zu erreichen, grundsätzlich nicht für andere Ziele aufgeben. Also beispielsweise für das Ziel, schmerzfrei zu werden. Das bedeutet aber nicht, dass wir Schmerzen unnötig aushalten sollten. Wir tun, was nötig ist, um sie abzustellen, behalten aber unseren buddhistischen Weg bei, so gut es geht und flechten hier eine nötige Behandlung ein.

Tatsächlich ist es auch nicht Sinn und Zweck des buddhistischen Weges, Probleme zu haben oder sich mit Problemen zu befassen. Sie sind als Begleiterscheinungen zu sehen, mit denen wir möglichst sinnvoll umgehen. Zum eigenen Nutzen und zum Nutzen anderer. Währenddessen verlieren wir das Erreichen des problemfreien Buddhazustandes nicht aus den Augen.

Dabei mag es nicht immer einfach sein, wenn man bestimmte Dinge lassen muss. Aber es ist besser, sich mit Fehlern auseinanderzusetzen als diese eigenen ungeschickten Muster überhaupt nicht zu sehen. Und sie weiter beizubehalten, mit der Folge, dass man fortlaufend Leid kreiert.

Es mag uns also vielleicht zunächst schlechter gehen, wenn wir unsere Fehlleistungen betrachten, analysieren und dann Schritt für Schritt abstellen.
Aber das beruht auf getäuschter Wahrnehmung. Tatsächlich geht es uns übergangsweise zwar schlechter, aber unsere Situation ist dabei, sich zu verbessern.

Eben ähnlich wie bei einer Zahnärztin oder wie bei einem Zahnarzt.

Die Zahnbehandlung ist eher unangenehm, und unmittelbar danach tut es vielleicht sogar noch mehr weh als vorher. Aber die erforderlichen Maßnahmen sind der notwendige Schritt zu einem Zustand ohne Zahnschmerzen.

Bedauern ist uns vertraut

Wenn man etwas getan hat, was nicht so gut war und es dann einsieht, entsteht natürlicherweise Bedauern. Es tut einem leid, und es wäre einem lieber, das wäre nicht geschehen. Dasselbe gilt für Dinge, die man gedacht oder die man gesagt hat.
Grundsätzlich haben wir alle auch ein natürliches Gefühl dafür, was sinnvoll ist und was nicht sinnvoll ist. Es kann auch so ausgedrückt werden: Wir alle haben die Buddha-Natur. Sie ist unter anderem völlig ungehindert und frei von Greifen, von Anhaftung. Das heißt, der Buddhazustand ist vollkommen unlimitiert, auch in Bezug auf Zeit, Raum, Wissen, Liebe, Mitgefühl, Freude und so weiter. Und dieser Zustand ist grundlegend bewusst und klar.
Aber die Buddha-Natur ist bei uns derzeit getrübt und daher für uns nicht voll zugänglich. Oder auch ausgesprochen vernebelt. Daher tut man Dinge, die wenig zuträglich sind und die einen einschränken.

Um unser ganzes Potenzial zur Verfügung zu haben, ist es aber unter anderem nötig, die eigenen Beschränkungen zu entsorgen. Bedauern ist eine kraftvolle Methode dafür.

Wie Leidbringendes zur Normalität werden kann

Hat man sich einmal angewöhnt, egoistisch motiviert, die Parkuhr nicht zu bezahlen, fühlt es sich vielleicht anfangs nicht richtig an. Aber irgendwann scheint das ganz normal zu sein, und es fühlt sich nicht mehr falsch an. Und dann kommt der Moment, in dem es richtig zu sein scheint, die Parkgebühr nicht zu zahlen, und es nicht falsch erscheint, zu bezahlen. Selbst wenn dann jemand kommt und darauf hinweist, dass das ein Fehler ist, kann man es nicht glauben. Man will dann vielleicht gar nichts davon hören. Es kommt einem einfach recht merkwürdig vor, dass man bezahlen soll. Vielleicht ärgert man sich sogar. Und noch seltsamer scheint es zu sein, dass das Nehmen von etwas, das nicht gegeben wurde, in der Zukunft zu Armut und Leid führen wird.

Das ist die Art, wie man, geprägt von weniger guten Gewohnheiten, leidbringend handelt und es oft noch nicht einmal bemerkt.

So ist man es einfach gewöhnt, den eigenen Vorstellungen, Gefühlen und Einschätzungen zu folgen.

Dem, was sich gut anfühlt, aber eben leider häufig nicht gut ist. Denn oft führen diese Gewohnheiten dazu, dass es einem nicht gut geht, weil sie entweder direkt als Leid erlebt werden. Beispielsweise, wenn man neidisch ist.
Oder aber sie scheinen zunächst sogar Erleichterung zu verschaffen. Zum Beispiel, wenn man sich durch einen egoistischen Wutanfall Entlastung verschafft. Allerdings wird man später Leid als Ergebnis dieses Wutausbruches erleben. Auch leidet die Person, über die man, bildlich gesprochen, die eigenen negativen Emotionen ausschüttet.

Aber man kann normalerweise keine Verbindung herstellen zwischen dem leidbildenden Handeln, welches so richtig zu sein scheint und dem Leid, das dann als Folge, unter Umständen auch viel später, erlebt wird.

So macht man alles Mögliche für das eigene Unglück verantwortlich, was damit aber gar nichts zu tun hat. Denn die Person, an der man die eigene Wut ausgelassen hat, ist nicht dafür verantwortlich, was in einem selbst vorgeht. Dafür ist man ausschließlich und ganz alleine selbst verantwortlich. Und auch dafür, dass man früher einmal problembildend gehandelt haben muss. Denn sonst würde einem jetzt keine Person begegnen, die man als störend erlebt.

Aber man handelt weiter negativ, in der irrigen Annahme, das würde das eigene Leid vermindern. Tatsächlich nimmt es aber nur weiter zu.

Und so vermüllt man sich. Man ist dann wie eine Art Messie. Besser wäre es, eine effektive Methode anzuwenden, um Müll, hier Zorn und die Ursache für den Zorn, zu entfernen. Oder den Ärger positiv zu nutzen. Denn damit geht es uns besser. Wir leiden weniger und sind wiederum weniger unter Druck, unangemessen zu handeln.

Aber wie können wir die Probleme abstellen, die wir für uns und für andere bereits verursacht haben und gerade verursachen? Denn ungeschehen machen können wir das, was einmal in der Welt ist, auch nicht mehr.
Tatsächlich gibt es hier die Methode des Bedauerns, mit der wir die Folgen mildern und schließlich beseitigen können.

Wir können jetzt davon ausgehen, dass Gewohnheiten nicht erst in diesem Leben entstanden sind. Wir haben viele Gewohnheiten, seit anfangsloser Zeit und über viele Lebenszeiten hinweg, entwickelt.
Sie führen uns in bestimmte Umstände, die wiederum diese Gewohnheiten verstärken und das Gefühl, dass das alles wirklich richtig so ist.

Um diese uns begrenzenden, weniger klugen Muster erkennen und abstellen zu können, ist es erforderlich, sich damit zu befassen, was warum negativ ist. Es ist einfach wichtig, die Schädlichkeit einer Handlung zu verstehen. Denn erst dann können wir beginnen, anders vorzugehen.

Daher brauchen wir Informationen dazu, was angemessen und was nicht angemessen ist und warum das so ist. Dazu benötigen wir Anleitung und Übung. Mit der Zeit sehen wir dann mehr und mehr, wie sinnlos und schädigend es ist, problembildend zu handeln. Und wir haben auch einfach genug davon, als Folge von ungeschickten Handlungen zu leiden.

Auf dieser Grundlage gleichen wir als übende Bodhisattva dann fortlaufend ab, was die Lehre Buddhas nahelegt und was wir selbst denken, sagen und tun.

Wenn wir so in uns hineinschauen, werden wir dann öfter entdecken, dass unser Verhalten nicht optimal ist. Und obwohl wir das immer mehr erkennen können, sind wir nicht immer fähig, leidbringendes Handeln zu stoppen.

Man scheint teilweise wie automatisiert oder ferngesteuert zu sein. Daher ist es wichtig, dass wir wirklich sehr beharrlich üben. Dadurch sind wir mit der Zeit weniger gestört, und es wird uns besser gehen. Es ist einfach auch Arbeit, darum kommen wir definitiv nicht herum.

Wir üben daher fortlaufend, die mit Geistesgiften kontaminierten Handlungen zu erkennen, so frühzeitig wie möglich. Tatsächlich nehmen sie ihren Anfang bei dem, was wir denken. Daher ist es wichtig, auf unsere Gedanken zu achten. Und darauf, wie wir durch Greifen nach diesen Gedanken und das Bilden von Anschlussgedanken Gedankenketten produzieren. Daraus entstehen und verfestigen sich dann unsere Konzepte, unsere Ideen darüber, wie es ist und wie es sein sollte. Und schließlich haben wir Gefühle, wie beispielsweise Ärger, wenn unsere Vorstellung nicht erfüllt ist. Diese Gefühle sind tatsächlich Gedanken mit viel Energie, wie Lama Walli bei einem ihrer Vorträge in München einmal sagte. Es geht dann weiter mit dieser Kettenreaktion, die oft wenig Sinnvolles hervorbringt, mit den daraus sich anschließenden, weniger guten Folgen für unser eigenes Wohlbefinden und das anderer.

Wenn der Zug also anfängt zu rollen, können wir ihn eher und leichter anhalten oder umleiten, als wenn er mit voller Fahrt auf etwas zurast.

Wir können dann zwischenzeitlich auch damit beginnen, störende Erlebnisse nicht zu ernst zu nehmen. Und sich selbst auch nicht als das mit Abstand Wichtigste auf der Welt einzuordnen. Dann werden wir auch nicht so stark darauf reagieren, wenn etwas erscheint, was uns nicht gefällt.

Geistig präsent sein, um Negatives erkennen zu können

Die Praxis der Geistesruhe ist wesentlich, um durch die daraus resultierende Präsenz unseren Geisteszustand erkennen und untersuchen zu können.

Denn wenn stabile geistige Klarheit nicht gegeben ist, sind wir wie jemand, die oder der schläft, während Gauner die eigene Wohnung ausrauben.

Während man nämlich geistig abwesend ist und gar nicht mitbekommt, was man alles denkt, sagt oder tut, denkt, redet und handelt man oft weniger gut. Und dieses ungeschickte Handeln stiehlt die eigenen schon angesammelten, glückbringenden geistigen Eindrücke und baut dazu noch schwierige Eindrücke auf. So sind unangemessene Emotionen die Räuber unserer guten geistigen Eindrücke. Sie stehlen uns damit das Gute, das wir in Zukunft erleben könnten. Also unsere Gesundheit, eine erfüllte Partnerschaft, einen guten Beruf, Geld, Freunde, Familie, eine schöne und zuträgliche Umwelt. Sie rauben uns eine gute demokratische Gesellschaft, eine perfekte und leicht zu findende Wohnung. Aber auch unsere Zufriedenheit, Gelassenheit, Liebe, Mitgefühl, Freude und Kraft. Weiter unsere Wiedergeburten in guten Bereichen. Schließlich unsere Befreiung und unsere Erleuchtung. Und vor allem auch das Glück aller anderen.

Damit wir die Ganoven rechtzeitig erkennen, ist Achtsamkeit also wirklich wichtig.

Und um in der Lage zu sein Achtsamkeit aufrechtzuerhalten ist es erforderlich, dass wir lernen, wie wir unseren Geist befrieden. Das bedeutet, unseren Geist in sich selbst zur Ruhe kommen zu lassen. Denn ein ungezähmter Geist kann zu großen Problemen führen. Nichts ist so gefährlich wie ein nicht befriedeter Geist. Also ein Geist, der außer Kontrolle ist und von uns unbemerkt hierhin und dorthin greift.

Sagt also jemand etwas Verletztendes zu einem, hat man den Impuls, zurückzuschlagen. Man sagt auch wieder etwas Verletztendes, weil man sich angegriffen fühlt. Es scheint so richtig zu sein. Hieraus entsteht allerdings wieder nur Leid, für einen selbst und für andere.

Denn das eigene ungeschickte Handeln lässt sich immer auf eine grundlegende Ursache zurückführen: Unwissenheit. Diese führt dazu, dass man an einem illusionären Ich anhaftet. Gibt es ein Ich, gibt es auch ein davon abgetrenntes Du. Und dieses Ich und alles, was man als Mein sieht, versucht man zu schützen. Und zwar gegen alles das, was man als Nicht-Ich etikettiert.
So führt diese dualistische Wahrnehmung zu leidbringenden Handlungen mit Körper, Rede und Geist. Man ist verstrickt in schwierige Gefühlszustände, handelt weiter unangemessen und wundert sich, dass es einem nicht gut geht. Dabei wünschen wir uns doch alle so sehr, glücklich zu sein.

Leidbringendes Denken, Reden und tatsächliches Tun sind dabei wie Gift zu sehen. Es ist wirklich wichtig, dass wir erkennen können, dass Zorn und die anderen störenden Gefühle giftig sind, wenn man keine Kontrolle über den eigenen Geist hat. Und da man seit anfangsloser Zeit leidbringend gehandelt hat, benötigt man ein effektives Detoxprogramm. Bedauern ist hier die wirksame Entgiftungsmethode.

Denn durch das Bedauern negativer Handlungen, wie Hass, Töten oder Stehlen, werden sie gereinigt. Damit wird die Energie für gute Handlungen freigesetzt. So ist das einzig Positive an negativen Taten, dass wir sie reinigen können. Besser wäre natürlich, sie erst gar nicht auszuführen, allerdings ohne Gedanken oder Gefühle zu unterdrücken. Egal, wie schwierig sie sind. In der Essenz sind wie auch weder gut oder schlecht. Schwierig kann das werden, was daraus entsteht.

Nun zurück zu der Situation, in der einen jemand verbal verletzt hat. Mit der Zeit lernen wir zu sehen, dass dieser Situation und allen derartigen Umständen viele Ursachen und Bedingungen vorausgegangen sind. Und wir sind tatsächlich nur eine von vielen Bedingungen dafür, dass schwierige Gedanken und Gefühle beim anderen reif werden. Unser Anteil ist also viel kleiner, als es normalerweise den Anschein hat. Auch das kann helfen, etwas Abstand zu gewinnen, etwas mehr Raum, und damit eben mehr Handlungsspielraum und Kontrolle. Das, was man als Ich wahrnimmt, ist nämlich nicht die Mitte des Universums, das Zentrum von dem, was gerade geschieht. Es ist in Wirklichkeit nur ein sehr, sehr kleiner Teil davon.

Das können wir bedenken, während wir andererseits aber wissen, dass alles, was uns geschieht, von niemand anderem als von uns selbst einmal gepflanzt wurde. Das gilt übrigens auch für das permanente Geplapper in unserem Geist.

Diese ganzen Überlegungen bedeuten allerdings nicht, dass wir alles zulassen müssen. Fortgeschrittene Praktizierende gebieten anderen hier nicht Einhalt, weil es um sie selbst geht, sondern, um deren leidbringendes Verhalten abzustellen. Und vielleicht sogar in glückbringendes Verhalten zu verwandeln. Hierbei werden wir versuchen, so wenig Schaden anzurichten wie möglich und versuchen, zu nutzen, so gut wie wir können. Und zwar mit einer ruhigen, klaren Geisteshaltung. Weiter sollte unser Tun möglichst von Liebe und Mitgefühl für andere durchdrungen sein, und von Geduld.
Es ist wie bei einem Kind, das blindlings auf die Straße läuft, um seinen Ball zurückzubekommen. Wir werden versuchen, es zu stoppen, ehe ein Unfall passiert. Vielleicht reicht es hier nicht, zu sagen: „Bleib stehen", sondern es ist nötig, laut zu rufen.
Nachher müssen wir möglicherweise zum wiederholten Mal noch deutlicher als bisher erklären, warum die Straße so gefährlich ist. Vermutlich ist das für das Kind dann kein angenehmes Gespräch, weil es auf Fehler hingewiesen wird. Selbst dann, wenn wir gute Kommunikationstechniken anwenden wie gewaltfreie Kommunikation. Umso wichtiger ist, dass das Kind wirklich spürt, dass wir aus Liebe und Fürsorge handeln. Trotzdem, vielleicht werden wir sogar übergangsweise einen Zaun bauen müssen. Das entspräche dann dem Kleinen Weg, auf dem man sich (oder andere) von Schädlichem fernhält.

Und diese Vorgehensweise ist nicht die erste Option. Die erste Option wäre nicht nur innerlich, sondern auch äußerlich sichtbar, liebevoll und geduldig zu bleiben. Und zu versuchen, Unangenehmes für andere zu vermeiden. Falls möglich.

Ist es nicht derart dringend und handelt es sich um jemanden, die oder den wir mit ziemlicher Sicherheit so bald nicht wiedersehen werden, ist es unter Umständen auch besser, wegzugehen und nichts zu sagen. Zum Beispiel, wenn uns jemand den Parkplatz wegnimmt, obwohl wir zuerst da waren. Sollen wir jetzt einen Vortrag über Karma halten?
Oder sagen wir einfach „Karmapa chenno", und belassen es dabei, ohne uns zu ärgern. In dem Wissen, dass diese Person, da sie einmal das Wort „Karmapa" gehört hat, in 7-16 Leben die Befreiung erreichen wird.

Weiter können wir auch üben, von den auftauchenden und wieder vergehenden Erscheinungen so ungehindert zu sein wie Mond und Sonne am Himmel.

Oder wie ein Spiegel, in dem Dinge erscheinen und wieder vergehen, ohne dass der Spiegel selbst auch nur im Geringsten dadurch verändert oder beeinträchtigt würde. Der Spiegel ärgert sich auch nicht, weil sich jemand in ihm spiegelt, die oder der einem den Parkplatz wegnimmt. Je nachdem, wie fortgeschritten wir sind, haben wir also verschiedene Optionen. Wir können dann die auswählen, die uns gerade am passendsten erscheint.

Wenn wir geschickt vorgehen, entsteht also ein zukünftiges Problem gar nicht erst. Und dann müssen wir es auch nicht bereinigen.

Das wird aber anfangs eher selten möglich sein. Daher brauchen wir Methoden, um zu bereinigen. Und zwar nicht nur, was man bisher an Schwierigem angesammelt hat. Sondern auch, was man fortlaufend täglich ansammelt.
Buddha hat viele Varianten der Methode des Bereinigens gegeben. Einige sind einfacher, andere komplizierter. Auf den ersten Blick scheint es selbstverständlich zu sein, dann die einfachste Methode anzuwenden. Denn eigentlich ist Buddhismus gar nicht kompliziert, es scheint nur so.
Warum gibt es dann aber diese komplizierten Methoden? Der Grund ist, dass man selbst so kompliziert ist. Und es besteht teilweise die Tendenz, einfache Methoden nicht zu schätzen. Daher hat Buddha auch nicht ganz so einfach anzuwendende Mittel gelehrt.

Es ist wie bei der Patientin, die erst glaubt, dass ihre komplizierte Krankheit geheilt werden kann, wenn sie frühmorgens um 4:00 Uhr aufstehen muss, um die rote Pille zu nehmen.
Um 6:00 Uhr dann die blaue Tablette.
Um 9:22 Uhr den gelben Sirup, in genau 9,5 ml körperwarmem Wasser.
Und um 15:33 Uhr die grüne Kapsel.

Nicht zu verwechseln mit der dunkelgrünen Kapsel, die einen rosa Punkt hat und die exakt um 18:00 Uhr zu öffnen ist. Die Hälfte des weißen Pulvers aus dieser Kapsel muss in 50 ml Wasser gegeben werden, das 25 ° C warm ist und dann schluckweise innerhalb von fünf Minuten getrunken werden. Gegen 22:00 Uhr sind 2 ml eines Extraktes aus einer seltenen Pflanze, die im Hochgebirge nur einmal in 10 Jahren wächst, einzunehmen. Das soll sie 3 Wochen und 3 Minuten lang machen.

Hätte man alle Mittel in eine Kapsel gegeben, die nur ein einziges Mal täglich einzunehmen ist, sie hätte diese eine Kapsel nicht ernst genommen und vergessen. Und dann wäre sie zu einer anderer Behandlerin weitergewandert.

Denn was sollte eine einzige Kapsel am Tag gegen diese, „meine", komplexe, umfangreiche Krankheit bewirken? Und was ist von einer Therapeutin zu halten, die nicht begreift, dass „meine" Krankheit viel schlimmer, schwieriger und komplexer ist als all die anderen Krankheiten von allen anderen Patientinnen und Patienten? Und die so wenig Ahnung hat, dass sie nur eine einzige, winzige Kapsel verordnet? Es kommt der Patientin fast so vor, wie wenn die Therapeutin einen Panzer, also diese überaus komplizierte Krankheit, mit dem Imitat eines Lichtschwertes aufhalten will. Aber um einen Panzer aufhalten zu können, benötigt man doch mindestens einen Panzer, der größer ist! Sind wir nicht alle ein bisschen so?

Aber vielleicht versuchen wir dann doch die relativ einfach aussehende Heilmethode, die wir ebenfalls anwenden können. Die Vorgehensweise besteht darin, auf Grundlage der Lehre Buddhas, ungeschicktes Denken, Reden und Handeln zu identifizieren, von Herzen zu bereuen und abzustellen. Dann wenden wir uns dem Zustand der Perfektion zu. Das beinhaltet, dass wir aktiv Positives hervorbringen.

In diesem Prozess sieht man klar, dass man Dinge falsch gemacht hat. Und genauso klar sehen wir, dass unangemessenes Tun nicht gut, also leidbringend ist. Denn inzwischen verfügen wir über die entsprechenden Informationen. Mit derselben Klarheit bedauern wir Fehler, nehmen uns vor, sie in Zukunft zu unterlassen und stattdessen besser zu handeln. Und zwar immer mehr in der Art, wie jemand im perfekten Zustand handeln würde.

Statt also wie bisher die eigenen, eventuell auch vermeintlichen, Stärken zu sehen und zur Schau zu stellen und dabei gleichzeitig eher blind für die eigenen wirklichen Fehler zu sein, sie zu verstecken oder sich zu rechtfertigen, gehen wir anders vor. Denn wenn man so weitermacht wie bisher, kommt man nicht wirklich weiter. Das bedeutet, wir lernen, was Fehler sind und passen besser auf. Und wir versuchen, diese Fehler nicht mehr zu machen. Sind sie aber passiert, versuchen wir, zu bemerken, was wir weniger gut gemacht haben.

Dann gestehen wir es ein und bereuen es. Weiter nehmen wir uns vor, nicht mehr so zu handeln. Im normalen Leben heißt das auch, dass wir uns entschuldigen, beispielsweise für einen Wutanfall.

Aber selbst, wenn man meint, der Fehler läge bei anderen, entschuldigen wir uns, hier vor allem geistig. Denn es ist das eigene ungeschickte, frühere Handeln, das dazu führt, dass man jetzt eine Gegnerin oder einen Gegner hat. Weiter ist in Wirklichkeit nicht die Form, also die Person, die Widersacherin oder der Widersacher. Tatsächlich sind es die störenden Gefühle, die sie gerade hat. Wenn wir also etwas als schwierig etikettieren, dann sollten wir das Schild an der richtigen Stelle anbringen. Und noch genauer betrachtet, stören gar nicht die problematischen Zustände anderer, sondern die problematischen Zustände, die diese in uns auslösen. Das Problem liegt also in einem selbst. Und so kommt wieder alles darauf zurück, wie wir mit dem, was geschieht, umgehen und wie wir es sehen. Schauen wir noch tiefergehend, bemerken wir, dass wir selbst einmal die Ursache für unsere derzeitige, weniger gute Situation gesetzt haben.

Analysieren wir noch weiter, stellen wir fest, dass problematisch und nicht problematisch unsere eigenen Zuschreibungen sind. Das heißt, in dem Moment, wo ein Problem auftritt, tritt es nur deshalb auf, weil wir es so sehen.

Das bedeutet aber auch, dass schwierige Leute und Situationen eine sehr gute Möglichkeit sind, zu erkennen, wo wir noch an uns arbeiten sollten. Weiter lernen und üben wir Geduld sowie Liebe und Mitgefühl. Das sind Eigenschaften, deren Kultivierung unerlässlich ist, wenn wir langfristig Buddhas werden wollen. Also können wir bei genauer Betrachtung dankbar für diese Herausforderungen sein.
Tatsächlich beschützt Geduld nämlich unser Bodhicitta. Möglichkeiten, Geduld zu üben, sind daher sehr kostbar. Das ist eine Sichtweise, die der Wirklichkeit viel näher ist als die Schuld bei anderen zu suchen.

Als Buddhistin oder Buddhist wenden wir uns beim Prozess der Reinigung als Stütze an die Repräsentantinnen und Repräsentanten der Erleuchtung. Wir erinnern uns also auch daran, wer und was wir und alle anderen in Wirklichkeit grundlegend sind: Buddhas. Und auch das hilft uns, weniger gestört zu sein.

Tatsächlich sind diese Methoden keine formale Reinigungspraxis auf dem Meditationskissen. Aber auch durch sie reinigen wir Karma.
Denn wenn gerade schwierige Samen reifen, sind sie damit sozusagen auch schon fast entsorgt. Und weil wir gut handeln, entstehen keine neuen negativen Samen daraus. Sondern wir können vielleicht sogar etwas Gutes kreieren! Statt also die Brennessel auch noch zu schütteln, wenn sie viele reife Samen hat, gehen wir sorgfältig damit um und machen ein Heilmittel daraus.

Durch diese Methoden können wir somit die leidbringenden Eindrücke, die durch fehlerhaftes Tun entstehen, beseitigen. Das bedeutet, wir können sie vermindern und dann ganz zum Verschwinden bringen.

Dabei werden wir leidbringendes Karma durch Reinigen in der Regel nicht sofort komplett abbauen können. Es wird aber abgeschwächt oder zeitlich in die Zukunft verschoben. Dieser Aufschub führt dann dazu, dass wir bessere Bedingungen und mehr Zeit haben, um weiter zu reinigen und Schwieriges weiter zu vermindern. Dieses Leid kann dann möglicherweise abgeschwächt zu einem zukünftigen Zeitpunkt auftreten, wenn wir es als weit weniger problematisch erleben oder gar nicht mehr als Leid wahrnehmen. Schließlich kommt der Zeitpunkt, an dem alles Schwierige komplett bereinigt ist.

Durch den Entgiftungsprozess entsteht dann in uns die notwendige Offenheit, um in Zukunft von diesen Verhaltensweisen und Gewohnheiten Abstand zu nehmen. Offenheit ist auch wichtig, denn nur, wenn wir erkennen und zugeben können, dass wir Probleme und Schwächen haben, können wir beginnen, daran zu arbeiten.

Und weil diese Methoden beinhalten, dass wir uns auch selbst vergeben, können wir dann anderen ebenfalls verzeihen. Damit reduzieren sich unser Ärger, unsere Frustration, der ganze Stress und die Wut. Sowie die versteckten Formen dieser Varianten von Abneigung, wie Sarkasmus. Das Erinnern und Bereuen eigener Fehler ist auch ein Gegenmittel gegen Hass und Ärger. Angemerkt werden sollte allerdings, dass das klassische Gegenmittel hier Liebe und Mitgefühl ist sowie das Entwickeln von Geduld.
Denn obwohl fühlende Wesen so sehr danach streben, Gutes zu erleben, säen sie doch oft nur ihr eigenes zukünftiges Leid und das anderer. Denn ihnen fehlen die richtigen Informationen oder sie können andere, bessere Möglichkeiten nicht umsetzen. Auch diese Sichtweise reduziert unseren Groll, und statt Ärger entstehen Liebe, Mitgefühl und Geduld.

Wir sollten also anderen nicht grollen oder auf Rache sinnen, sondern vergeben.

Angemerkt sei auch, dass wir die Handlungen anderer sowieso nicht beurteilen können, das kann nur eine oder ein Buddha. Was für einen selbst also aussieht, als ob eine Person leidbringend handeln würde, kann in Wirklichkeit sinnvoll sein. Aus dieser Erkenntnis heraus ist es ebenfalls besser, im Regelfall an unseren eigenen Schwachpunkten zu arbeiten, statt sich fortlaufend mit den Fehlern anderer zu befassen. Dabei weiß man auch, dass das Schlechte, das man bei anderen wahrnimmt, das eigene schmutzige Gesicht ist, das man wie in einem Spiegel sieht. Auch deshalb üben wir, bei uns selbst die zu verbessernden Anteile zu erkennen und bei anderen die Vorzüge.

Dann schauen wir aus unseren Augen immer mehr auf eine makellose Welt. Hier und jetzt kann damit zu einem reinen Land werden.

Schließlich: Wenn wir selbst nicht schlecht gehandelt haben, aber andere schlechtes Benehmen an den Tag legen, ist es für unser eigenes Karma nicht entscheidend, ob und wie schlecht sie gehandelt haben. Denn wir werden dadurch selbst kein schwieriges Karma anhäufen.
Bemerken wir allerdings, dass andere definitiv leidvoll handeln und sind mit guter Motivation fähig, das zu unterbinden oder in glückbringendes Verhalten zu ändern, tun wir, was wir können.

Alle diese Überlegungen können wir zunächst meist erst nach Situationen durchgehen, die schwierig waren. Auch hierfür benötigen wir geistige Präsenz. Denn sonst ist man sehr schnell abgelenkt und vergisst dann wieder, nachträglich zu analysieren, wieso man leidbildend gehandelt hat. Und damit bleibt die kostbare Gelegenheit, sich zu verbessern, ungenutzt.

Fehler auf dem buddhistischen Weg

„Die eigenen Fehler zu sehen, ist eine Qualität
Die eigenen Qualitäten zu sehen, ist ein Fehler."

(Siehe Zitateliste Seite 569-572)

Es mag manchmal zum Verzweifeln sein, wenn wir richtig handeln wollen, aber doch immer wieder Fehler machen. Dann will man vielleicht aufgeben oder manches, wie die Sieben Übungen, gar nicht erst beginnen.

Hier kann es helfen, sich immer wieder klarzumachen, dass wir auch andere Dinge, wie Lesen und Schreiben, erst durch Übung gelernt haben. Genauso verhält es sich mit unserem buddhistischen Weg.

Wir informieren uns also, wie eine Methode richtig angewendet wird. Dann führen wir sie entsprechend der Anleitung aus. Wenn wir dann einige Übung haben, ist es gut, weitere Erklärungen zu erhalten. Dann trainieren wir wieder weiter. Und erneut lernen wir bei der Methode nach einiger Zeit dazu. So wechseln sich also Üben und der Erhalt weiterer Informationen ab.

Dabei ist es völlig normal, dass man anfangs nicht alles versteht und dass nicht alles sofort funktioniert. Aber wir werden mit der Zeit besser. Gut ist es, immer wieder mit anderen zu praktizieren, die sich mit derselben Übung befassen.

Und bei diesem Vorgang sind wir frohen Mutes, geduldig, beharrlich, aber elastisch und flexibel. So kommen wir Schritt für Schritt weiter.

Beispielsweise hat Gelongma Palmo eines Tages den 1000-armigen Chenrezig als strahlende, wunderschöne Form aus Licht und Energie gesehen. In seinem Inneren sah sie die Kraftkreise aller männlichen und weiblichen Buddhas der vier Tantraklassen. Und in jeder Pore seiner Haut befanden sich unermesslich viele Buddhafelder, von denen Mantren in alle Richtungen ausstrahlten und den ganzen Raum erfüllten.

Gelongma Palmo war erstaunt und fragte Chenrezig, warum sie ihn erst jetzt so wahrnehmen konnte. Und nicht bereits vorher, denn sie hatte bereits 12 Jahre auf ihn praktiziert. Chenrezig meinte dazu, dass er von Anfang an bei ihr gewesen sei. Aber Gelongma Palmo hatte ihn nicht sehen können, weil ihre Schleier der Unwissenheit das verhindert hatten.

Es sind eben diese Schleier, die auch wir bereinigen.

Bedauern und die fünf Skandhas

Die fünf Skandhas oder Anhäufungen beschreiben das, was uns ausmacht. Und das vierte Skandha, die gestaltbildenen Geistesfaktoren, werden in 51 Unterfaktoren eingeteilt. Einer von diesen Subfaktoren ist Bedauern.

Dabei ist die Art von Bedauern gemeint, die sich auf unangemessenes Handeln bezieht. Bedauern wir allerdings glückbringendes Handeln, dann ist das eine wenig sinnvolle Aktivität. In diesem Text haben Bedauern und Bereinigen Unangemessenes als Bezugspunkt, auch, wenn nicht immer extra darauf hingewiesen wird.

Vorteile des Bedauerns

Indem wir bereinigen, vermindern wir das, was dazu führt, dass wir Unangenehmes erleben werden und die Ursachen dafür. Weiter bauen wir die Ursachen für befristetes und unbefristetes Glück auf. Schließlich wird auch die Qualität und Zeitdauer des befristeten Glücks, das wir erfahren, immer mehr zunehmen.

Wir können es selbst erleben, mitten in Deutschland. Möglicherweise lebten wir einmal in einer Wohnung, die uns nicht gefiel. Inzwischen können wir vielleicht unser Glück darüber, dass wir eine so schöne Bleibe haben, gar nicht fassen. Dabei handelt es sich um dieselbe Wohnung! Auch das kann ein Ergebnis erfolgreicher Übung sein.

Bedauern führt auch dazu, dass wir die Gleichwertigkeit aller Phänomene erkennen, und es ist ein Gegenmittel gegen Abneigung.

Weiter sind Eingestehen und Bereuen hilfreich bei Schuldgefühlen.

Schließlich wird der Umgang mit anderen angenehmer. Der Grund ist, dass wir durch das Training, die Fehler bei uns zu suchen und zu bereinigen, weniger Konflikte haben werden. Wir werden auch selbstbewusster und ruhiger, weil wir zunehmend Kontrolle darüber haben, wie sich die Dinge entwickeln.

Vor allem aber nähern wir uns der Befreiung und langfristig der Erleuchtung.

Nachteile davon, nicht zu bedauern

Wenn man Negatives nicht bedauert und bereinigt, kann es zu einer Abwärtsspirale kommen, denn es besteht die Gefahr, in immer unangenehmere Umstände zu geraten. Und dadurch wird es dann fortlaufend schwieriger, Leidvolles zu vermeiden und das aufzubauen, was zu Glück führt: Man kreiert also durch negatives Tun und das Unterlassen von Reinigungsmassnahmen Leid für andere und auch für sich selbst.

Diese Erkenntnis kann dazu führen, dass man etwas Angst bekommt. Aber diese Furcht ist tatsächlich eine positive Furcht, weil sie uns von schlechten Gewohnheiten Abstand nehmen lässt und uns zu Gutem hinführt.

Beispielsweise hat Buddha erklärt, dass gutes Aussehen daher kommt, dass wir früher einmal in der richtigen Weise geduldig waren. Wir haben also unter anderem nicht bei jeder Gelegenheit sofort zurückgeschlagen, tatsächlich oder im übertragenen Sinn. Auch führt Geduld dazu, dass wir ein angenehmes Umfeld haben. Weitere Ergebnisse von Geduld sind, dass wir uns in guter Gesellschaft befinden, bekannt und respektiert sind. Vor allem können wir, wenn wir geduldig sind, auch besser unterscheiden, was angemessen und was nicht angemessen ist. Und es ist Geduld, die uns hilft, Zorn unter Kontrolle zu halten und damit zukünftige schwierige Wiedergeburten in den niederen Daseinsbereichen zu vermeiden. Weiter sind Gesundheit und ein langes Leben das Resultat davon, dass man von Töten Abstand genommen und stattdessen Leben verlängert hat. Hierfür ist auch Geduld erforderlich.

Ein schöner, gesunder Körper und ein langes Leben kommen also nicht daher, dass man bei jeder Kleinigkeit ungeduldig wird oder dass man zum Zeitvertreib angeln geht. Ein schöner Körper kommt auch nicht daher, dass man sich operieren lässt oder Wellnesskuren macht. Selbst wenn es so wirken mag, wie wenn das die Ursachen sind, mit denen man Schönheit, Gesundheit und ein langes Leben erreichen kann. Was aber nicht heißt, dass man nicht Wellness anwenden kann. Oder Operationen, wenn es sinnvoll ist, wie nach einem Verkehrsunfall. Aber wir sollten einordnen können, was wofür die Ursache ist.

Auch bemühen wir uns natürlich um unsere Gesundheit und darum, ein langes Leben zu haben. Aber nicht aus Anhaftung an uns selbst, sondern um zum Nutzen anderer und damit auch zum eigenen Nutzen den perfekten Weg gehen zu können. Denn der Tod ist eine sehr starke Veränderung und wie die Bedingungen im nächsten Leben sein werden, wissen wir nicht. Sie können viel schlechter sein. Denn die im eigenen Geist vorhandenen Samen, die durch leidbringende Handlungen dort gesät wurden, können uns schwierige Wiedergeburten einbringen, zum Beispiel im Paranoiamodus.

Aber auch bei einer menschlichen Wiedergeburt wird man, wenn man viel getötet hat, in Umgebungen geraten, wo viel getötet wird. Und man wird viel Leid erleben, weiter ist es viel schwieriger, einen glücklichen Geisteszustand zu erreichen. Weil man sich dieses Glück aber so sehr wünscht und so selten erlebt, handelt man mit immer höherer Wahrscheinlichkeit leidvoll. Es fehlen einem auch die Informationen dazu, was zu Glück und was zu Leid führt. Aber auch, wenn man gute Gewohnheiten aus früheren Leben hat: Unter solchen Umständen ist es viel schwerer, sich gegen alle anderen anders zu verhalten. Bekennen und Bereuen helfen dabei, negative Handlungen und deren Auswirkungen, die jederzeit zum Tragen kommen können, abzuschwächen und schließlich ganz zu entfernen. Und positive Handlungen zu trainieren, ermöglicht es uns unter anderem, die gerade beschriebenen guten Ergebnisse zu kreieren.
Tut man aber nichts oder nur wenig, ist Leid für einen selbst und für andere definitiv die Folge. Weiter besteht das Risiko, dass man für lange Zeit die Möglichkeit verliert, diesen so guten Weg wieder zu finden.

Bekennen und Bedauern ist also eine wirklich sehr wichtige und sehr kostbare Methode, mit der wir uns von Leid befreien können.

Denn es heißt auch:

„Feuer mag erkalten,
Wind mag mit dem Lasso eingefangen werden,
Sonne und Mond mögen auf die Erde fallen.
Doch das Heranreifen von Karma ist unfehlbar."

(Siehe Zitateliste Seite 569-572)

Das bezieht sich darauf, was geschehen wird, wenn wir schwieriges Karma nicht rechtzeitig entsorgen.

Vorteile des Bedauerns für
die Zeit des Sterbens und für die Zeit nach unserem Tod

Ein weiterer Vorteil von Reue ist, dass wir später leichter sterben.

Wenn wir fortgeschrittene Praktizierende sind, dann können wir sogar mit frohem Geist und ohne Furcht sterben.
Wir sind dann wie eine Touristin oder ein Tourist, die oder der von einem Land in das nächste reist und weiß, dass es ein schönes Land sein wird. Auch der Zwischenzustand, die Reise in dieses andere Land, wird angenehm werden.
Fortgeschrittene Praktizierende wissen auch, dass die Reise zur Erleuchtung, dem Zustand völliger Freiheit und makellosem Glücks, die interessanteste, spannendste und lohnendste Reise ist.

Und eines Tages wird vielleicht unsere Geschichte, die davon handelt, wie wir die Abenteuer auf dem Weg zur Erleuchtung bestanden haben, an den Lagerfeuern erzählt werden. Oder in welcher dann modernen Form auch immer.

Nachteile davon, wenn man nicht bereinigt
für die Zeit nach unserem Tod

Stirbt man dagegen mit der Negativität, mit dem ganzen Unrat, ohne bereinigt zu haben, ist Sterben nicht angenehm. Auch der Zwischenzustand wird leidvoll sein. Und die Wahrscheinlichkeit einer schwierigen Wiedergeburt ist hoch.

Es ist dann so, wie wenn man ein schönes Zuhause hatte. Aber dann erlebt man Hausarrest (Bettlägerigkeit) und wird schließlich abgeholt von dunklen Schergen und in einem kalten, unwirtlichen Wagen fortgefahren, in banger Furcht, wo es hingehen wird. Dann kommt man in ein Arbeitslager (die nächste Wiedergeburt), es gibt nicht genug zu essen, das Wasser dort ist mit Keimen und Industrieabfällen belastet. Man muss immer arbeiten, kann nie ausruhen, hat ständig Schmerzen, friert, man ist hungrig. Nur einmal am Tag gibt es ein Stück verschimmeltes Brot. Und wenn man nicht gerade selbst sexuell missbraucht oder gefoltert wird, hört man die Schreie der anderen. Es gibt keine Zuflucht, keinen Schutz und niemanden, die oder der einem sagt, wie man da wieder herauskommt. Und irgendwann stirbt man und die nächste Wiedergeburt findet wieder in solch einem Lager statt. Und so geht es weiter, Billiarden und Billiarden und Billiarden von Jahren.

Das ist keine schöne Perspektive.

Anhaftung und Abneigung

Die Übung des Bedauerns reinigt vor allem Abneigung und verschiedene Stärkegrade davon, wie Ärger, Zorn, Wut, Hass. Diese Emotionen entstehen, wenn man an etwas anhaftet.

Sind wir also am Starnberger See und wollen schwimmen, das Wasser ist aber zu kalt, entsteht vielleicht etwas Ärger darüber. Der Grund für diese Abneigung gegen das zu kalte Wasser ist aber die eigene Anhaftung daran, dass man gerade angenehm schwimmen will. Und der tieferliegende Grund dafür, dass man schwimmen will, ist Anhaftung an das eigene Ich. Man meint, Schwimmen brächte dem Ich Glück. Diese Anhaftung an das Ich wiederum beruht auf Unwissenheit darüber, dass das Ich nicht so existiert, wie man meint.

Es gibt auch die folgenden Analogie: Wo ein Körper ist, da ist (potenziell) Schatten. Und wo Anhaftung ist, da ist (potenziell) auch Zorn, eine der Spielarten von Abneigung.

Eine Übung, um mit Ärger umzugehen

Eine Möglichkeit Ärger aufzugeben, ist, dass wir uns gleich morgens beim Aufwachen vornehmen, keinen Zorn hervorzubringen, indem wir uns dessen Nachteile vor Augen führen. Das wird dazu führen, dass wir, bei auftretendem Ärger, die Chance haben, uns gleich zu besinnen und den Ärger fallenzulassen. Und wenn wir der Wut keine oder kaum eine Chance gegeben haben, brauchen wir auch nichts oder fast nichts Schwieriges zu bereinigen.

Falsche Annahmen über die Wirklichkeit

Wir haben im Wesentlichen zwei falsche Annahmen über die Wirklichkeit:

1. Es existiere etwas, das nicht existiert.
   Beispielsweise halten wir das Ich für wirklich, so wie wir es wahrnehmen.
2. Es existiere etwas nicht, das existiert.
   Hier sind als Beispiele Karma und Wiedergeburt zu nennen.

Der Nachteil solcher Sichtweisen ist, dass sie Leid als Ergebnis haben. Daher unterziehen wir auch sie einem Dekontaminierungsprogramm, indem wir sie bedauern. Tatsächlich werden diese beiden Sichtweisen aber schon allein durch die Struktur der Sieben Übungen bereinigt. Denn wir haben eine Phase in der die Vergegenwärtigung aufgebaut wird, und eine weitere Phase in der sie aufgelöst wird. Zur Erinnerung: Die Sieben Übungen sind keine klassische Vajrayana-Praxis, obwohl es Ähnlichkeiten gibt.

Im Überblick:

Die zwei klassischen Phasen:	Entstehungsphase	Auflösungsphase
Beschreibung:	Vergegenwärtigung	Auflösung der Vergegenwärtigung
führen zu/legen frei:	Verdienst	Weisheit
reinigt:	Geburt	Tod
wirksam gegen/ reinigt:	Nihilismus	Materialismus
bei den Sieben Übungen:	Feld der Ansammlung vor uns im Raum entstehen lassen	Auflösen des Feldes der Ansammlung und in uns hinein verschmelzen lassen; dann darin ruhen

Das Ich und die Buddha-Natur

Das eigene fortlaufende Erleben wird als Identität verkannt. Hierbei ist der Glaube daran, in den eigenen Geistesbewegungen sei ein Ich zu finden, die Ursache für Leid. Man hat die Illusion, dass die verschiedenen Bestandteile der eigenen Person ein einheitliches, dauerhaftes und erstrebenswertes Ich ausmachen würden. Denn aufgrund von Unwissenheit wird ein Ich erfunden, das gar nicht vorhanden ist, und man glaubt hartnäckig daran. Und so entsteht die selbstsüchtige Einstellung, die das eigene Glück für wichtiger erachtet als das Glück der anderen. Es ist das Haupthindernis für das Ausüben und Verwirklichen von Bodhicitta. Ständig versucht man also, das zu erreichen, wovon man meint, es sei für dieses erfundene Ich zuträglich. Das, was man für schädlich hält, will man vermeiden. Das Problem dabei ist, dass man dadurch in Wirklichkeit leidbringend handelt, meist, ohne es zu bemerken. Und so beschert man diesem erfundenen Ich das Erleben von Leid anstelle des Erlebens von Glück. Tatsächlich ist es auch das Ich, das ständig irgendwelche Vorschläge macht, was man tun könnte und was man nicht tun möchte.
Dabei ist die Situation ähnlich, wie wenn man stets ein kleines, quengeliges Kind dabei hat, das dauernd etwas will. Und das alles, was passiert, kommentiert. Es ist tatsächlich der eigene, ständig plappernde Geist.

In einer Analogie heißt es, dass das Ich zu sehen ist, wie die Hörner eines Hasen. Obwohl sie nicht da sind, will man an den Hörnern, am Ich, festhalten, weil man es so gewohnt ist. Tut es dem Hasen aber weh, wenn man die Hörner abschneidet? Nein, denn sie sind ja nicht wirklich da.

Insgesamt braucht man also das eigene, vermeintlich vorhandene Ich, welches man für sein ganzes Glück hält, nicht in der Art zu beschützen, wie man es gewöhnt ist. Denn die Buddha-Natur und damit unermessliches Glück war, ist und wird tatsächlich immer da sein.

Allerdings gibt es durchaus die Benennung, die Bezeichnung, „Ich". So wie man Dinge bezeichnet. Dadurch können wir auch mit anderen in Kontakt treten.
Dass kein Ich vorhanden ist, wie man es kreiert, bedeutet weiter nicht, dass da gar nichts ist, denn jedes fühlende Wesen hat die Buddha-Natur.

Unsere nihilistischen Gewohnheiten reinigen

Es ist besser, an Existenz zu glauben als an Nicht-Existenz. Denn durch den Glauben an Existenz wird eher Konzepten vertraut, die zu glückbringendem Handeln anleiten. Damit werden als Ergebnis Wiedergeburten in höheren Bereichen wahrscheinlicher.
Diejenigen jedoch, die an Nicht-Existenz glauben, riskieren Wiedergeburten in den leidvolleren Bereichen. Der Grund dafür ist, dass man mit dieser Sichtweise gar keine Leitlinie dazu hat, was getan und was gelassen werden soll. Die Wahrscheinlichkeit, Negatives zu tun, ist damit höher.

Wenn wir das jetzt, nicht unbedingt zum ersten Mal, lesen, klingt es vielleicht doch immer noch ziemlich theoretisch und unverständlich. Wie leicht überliest man diese Sätze und denkt, davon sei man sowieso nicht betroffen.

Allerdings tritt so eine Sichtweise auch bei uns immer einmal wieder auf.

Denn wenn man jemand anderem absichtlich etwas weniger Gutes antut, also zum Beispiel absichtlich und vorsätzlich etwas Verletzendes sagt, so handelt man nur so, weil man in dem Moment Nicht-Existenz annimmt.
Das heißt, die Nicht-Existenz der leidvollen Folge, die diese Handlung auch für einen selbst haben wird.
Denn hätte man wirklich verstanden, dass definitiv eine für einen selbst leidvolle Wirkung daraus entstehen wird, würde man es lassen. Schließlich will man nicht leiden.

Es ist auch ähnlich wie mit Feuer: Wenn man denkt, dass das Feuer, das man sieht, existiert, weiß man auch, dass man sich verbrennen wird, wenn man die Hand hinein hält. Also lässt man es.

Denkt man aber, dass das Feuer nicht existiert, dann kann es vorkommen, dass man die Hand hinein hält und es weh tut. Und man wundert sich, woher die Schmerzen kommen.

Eine indische Sklavin

Punnika war eine indische Sklavin, die zur Zeit Buddhas lebte, ihn traf und Verwirklichung erlangte.

Einmal klärte sie den Brahmanen Udakasuddhika darüber auf, dass schlechtes Karma nicht mit Wasser abgewaschen werden kann. Denn dann würden Wassertiere und Menschen, die mit Wasser zu tun haben, in den Himmel kommen.

Im folgenden ihre Diskussion mit einem, weltlich gesehen, weit über ihr stehenden Brahmanen darüber, wie Leidvolles bereinigt werden kann.

Punnika:

"Ich bin eine Wasserträgerin.
Selbst in der Kälte bin ich immer hinunter zum Wasser gegangen,
aus Angst vor der Strafe oder den zornigen Worten
von Frauen, die weit über mir stehen.
Also, Brahmane, wovor hast du Angst,
was bringt dich dazu, hinunter zum Wasser zu gehen?
Deine Glieder zittern ja durch die bittere Kälte"

Der Brahmane Udakasuddhika:

"Weißt du, warum, Punnika?
Ich tue Gutes, um Schlechtem vorzubeugen.
Jeder, ob jung oder alt, der etwas Schlechtes getan hat,
wird durch das Waschen mit Wasser davon befreit."

Punnika:

"Wer hat dir das denn gesagt,
dass du durch Waschen von Schlechtem befreit werden würdest?
Der Blinde leitet den Blinden an!
Wäre es so, würden alle Frösche und Schildkröten
in den Himmel kommen,
alle Wasserschlangen und Krokodile und alle anderen Wassertiere.
Schlächter von Schafen und Schlächter von Schweinen,
Fischer und Fallensteller, Diebe und Henker
und andere Übeltäter
würden von ihrem schlechten Karma befreit werden
dadurch, dass sie sich mit Wasser waschen.

Wenn diese Ströme
alle deine früheren Schlechtigkeiten hinweg tragen würden,
würden sie deine guten Taten auch wegtragen.
Du würdest von beiden getrennt werden.
Tue nicht das, wovor du Angst hast und was dich zum Wasser führt.
Höre auf damit, Brahmane,
rette deine Haut vor der Kälte."

Der Brahmane Udakasuddhika:
„Lady,
ich war auf dem falschen Weg,
und du hast mich zurückgebracht
auf den großartigen Weg.
Ich werde dir meine Bekleidung geben,
in der ich gebadet habe."

Punnika:
„Behalte deine Robe,
ich möchte sie nicht.
Wenn du Angst vor Leid hast, wenn du es nicht magst,
tue nichts Schlechtes,
weder offen noch heimlich.
Denn wenn du es tust,
selbst wenn du aufstehst und wegläufst,
wirst du dem Schmerz nicht entkommen.
Wenn du es (Anmerkung der Autorin.: Leid) nicht magst,
nimm` Zuflucht zu
Buddha, Dharma und Sangha.
Übe dich in den Regeln."

Der Brahmane Udakasuddhika:
„Ich nehme Zuflucht
zu Buddha, Dharma und Sangha.
Ich übe mich in den Regeln.
Das ist gut.
Einst war ich nur jemand, der zur Sippe der Brahmanen gehörte.
Ich hatte die drei Arten des Wissens,

(Anmerkung der Autorin:
Nicht die des Buddhas, sondern die der Brahmanen, die andere sind).
und ich war sehr gelehrt.
Jetzt bin ich ein wirklicher Brahmane.
Ich bin rein gewaschen."

(Siehe Zitateliste Seite 569-572)

Die Idee, man könne durch Wasser Negatives abwaschen, mag recht kindlich anmuten. Aber ist man nicht auch manchmal so, wenn man duscht?

Die drei Kreise

Die drei Kreise werden auch drei Sphären genannt, denn man unterscheidet hier drei Bereiche, also Subjekt, Tun und Objekt. Diese drei Sphären werden als getrennt voneinander wahrgenommen, und daraus ergeben sich Probleme.

Die Drei Kreise oder drei Sphären sind:

1. Ich/Mein: Man meint, da wäre ein vom Du getrenntes Ich.
   Anhaftung an das, was als eigener Körper und Geist gesehen, wird zu „Ich".
   Anhaftung an alles, was außerhalb davon ist, wird „Mein" genannt.
2. Tun: Es ist durchtränkt von Unwissenheit und dem, was sich daraus ergibt,
   wie Anhaftung an alles, was für „Ich /Mein" zuträglich zu sein scheint. Und
   Abneigung gegen alles das, was für „Ich/Mein" nachteilig zu sein scheint.
3. Du/Dein: Man meint, da wäre ein vom „Ich/Mein" unabhängiges „Du/Dein".

Wenn also jemand beispielsweise Schaden erfährt, nimmt man folgende drei Bereiche wahr: Schädigerin, Schädigung, Geschädigte. Dass die drei Kreise allerdings nicht in dieser Art existieren, kann man auch so erklären, dass jede Komponente aus vielen, vielen Unterkomponenten besteht. Auch müssen viele Dinge geschehen, damit diese eine Situation überhaupt zustande kommt. Sie ist also nicht aus sich selbst heraus und solide existent. Sondern die Situation ist aus Ursachen und vielen Bedingungen entstanden. Und sie vergeht, wenn Ursachen und Bedingungen nicht mehr zusammenkommen.

Beim Bedauern arbeiten wir auch daran, Ursachen für zukünftige Probleme zu bereinigen. Das bedeutet, wir kümmern uns darum, sie gar nicht erst entstehen zu lassen. Dabei können wir diese Trias, die wir grundsätzlich aufgeben sollten, doch auch für etwas Nützliches verwenden. Und zwar dafür, um eine Handlung auf ihr Potenzial dafür zu untersuchen, ob sie Ursache für Glück oder Leid ist.

Hier also ein weiterer Überblick über Faktoren, die dazu führen, dass das, was wir denken, sagen und tun, geschickt oder ungeschickt wird:

betrifft	beinflussender Faktor für Ergebnis aus dem Tun
„Ich/Mein" (Subjekt)	1. Absicht (gut, eher neutral oder schlecht) 2. Intensität der Gedanken und Emotionen (stark, mittel oder schwach)
Handlung	1. Art der Handlung (geistig und/oder verbal und/oder körperlich) 2. Qualität der Handlung (gut, eher neutral oder schlecht) 3. Häufigkeit der Handlung (oft, immer mal, selten, nicht)
„Du/Dein" (Objekt/Zielobjekt)	1. Art des Objektes, (verdienstvoll, eher neutral oder schädigend) 2. Anzahl der Objekte (viele/auch die, die vielen helfen oder wenige)

Wie glückbringend oder leidbringend eine Handlung ohne Bereinigung sein wird, können wir also auch anhand dieser Punkte abklären. So ist eine mit guter Absicht und starker guter Emotion häufig ausgeführte gute Handlung, die ein verdienstvolles Objekt, wie sehr Hilfsbedürftige in großer Zahl, betrifft, auch ausgesprochen glückbringend. Dieses Wissen kann uns dabei helfen, gutes Karma zu kreieren. Die guten Ergebnisse, wie zum Beispiel Geld, können wir dann wieder für Nützliches einsetzen. Und dabei nach dieser Tabelle vorgehen. Freuen wir uns dann über die Handlungen, wird der Effekt noch verstärkt und das Reifen des Ergebnisses beschleunigt. Wir haben damit sozusagen einen Karma-Booster. Leider gilt das auch für Negatives, wenn man nicht aufpasst!

Die Tsa Tsa-Figur am Wegesrand

Eines Tages ging eine Frau eine Straße entlang. Es war gutes Wetter und die Sonne schien. Aber die Wolken in der Ferne ließen ahnen, dass es nicht so bleiben würde. Während sie so dahinging, sah sie auf einmal etwas am Wegesrand liegen. Als sie näher trat, erkannte die Frau, das es eine kleine buddhistische Statue aus Ton, eine Tsa-tsa-Statue, war.

Da dachte sie: „Das ist nicht gut. Wenn die Statue weiter dort liegen bleibt, und es fängt an zu regnen, dann wird sie beschädigt. Aber mitnehmen kann ich sie auch nicht. Vielleicht hat sie jemand verloren und wird sie später suchen." Deshalb begann sie, nach einer Abdeckung zu suchen. Sie fand aber nur einen alten, ausgetretenen Schuh.

Nun überlegte sie:"Ich könnte wenigstens den Schuh so über die Statue legen, dass sie nicht nass wird."

Sie nahm also den alten Schuh und legte ihn ganz vorsichtig über die kleine Statue. Dann ging sie weiter.

Etwas später am Nachmittag kam ein Mann vorbei und sah den zerschlissenen, alten Schuh und darunter lugte die kleine Statue hervor.
Er dachte jetzt: „Das ist einfach nicht richtig. Die kostbare Statue ist mit einem so alten, kaputten, dreckigen Schuh abgedeckt. Ich nehme den Schuh jetzt einfach weg."

Das tat er. Und dann ging auch er wieder weiter.
Hier liegen, was das Handeln angeht, zwei völlig verschiedene Handlungen vor. Aber die geistige Haltung ist bei beiden Handlungen gleich. Denn sowohl die Frau als auch der Mann haben eine sehr gute Motivation. Sie wollten einen buddhistischen Gegenstand, etwas, das Erleuchtung repräsentiert, angemessen behandeln und schützen. Der Geisteszustand war also sehr rein. Und das, wofür das Zielobjekt der Handlung steht, ist ebenfalls völlig makellos.

Daher erreichten die Frau, der Mann und die Person, die die kleine Tonstatue hergestellt hatte, eine gute Wiedergeburt. Schließlich erlangten sie Erleuchtung.

Wieder einmal gilt: (scheinbar) kleine Ursache, aber große Wirkung. Das ist so, weil die Samen, die wir säen, egal, ob positiv oder negativ, mit der Zeit immer kraftvoller werden. Aus einem kleinen Samen kann ein großer Baum werden!

Weitere Informationen zu Ursache und Wirkung

Um effektiv bereuen zu können, sind weitere Informationen über Ursache und Wirkung hilfreich. Denn man hat Ideen dazu, was Bereuen ist. Und es ist sehr wichtig, dass wir untersuchen und prüfen, ob sie stimmen.

Beispielsweise sieht man vielleicht immer noch, auch ohne es recht zu bemerken, einen ursächlichen Zusammenhang zwischen schlechtem Wetter und karger Ernte. Oder man meint, dass die Sonne die Ursache dafür sei, wenn jemand Kopfschmerzen nach einem Aufenthalt in der Sonne bekommt.
Buddha lehrte hier, dass es die Verknüpfung zwischen Ursache und Wirkung gibt, dass diese jedoch anders aussieht. Einmal, weil wir selbst die Ursachen für unser Glück und für unser Leid kreieren. Niemand anderer oder die Umstände sind dafür verantwortlich. Es sind also nicht die Eltern, die die Kinder verderben. Sondern man selbst hat die Ursache dafür geschaffen, wie die eigenen Eltern sind. Auch die Ursache für eine unzureichende Ernte liegt nicht beim Wetter.

Das Wetter ist hier eine der Bedingungen. Ebenso ist die Sonne nicht Ursache für die Kopfschmerzen, sondern die, vermutlich eher eine, Bedingung.

Buddha gibt hier detaillierte Informationen dazu, welche Handlung mit Körper, Rede und Geist welches Ergebnis hervorbringt. Allerdings kann nur eine oder ein Buddha genau sagen, welche Handlung bei einer bestimmten Person welches Ergebnis haben wird. Wir können jedoch bestimmte, grundlegende Muster erkennen.

So wird eine intensive Handlung intensive Auswirkungen haben. Ähnlich ist es bei Träumen: Ein starker geistiger Eindruck, alles, das uns stark und intensiv beschäftigt, wird vermutlich bald und deutlich in Träumen auftauchen.

Alles, was schwache Eindrücke im Geist hinterlässt, wird im Traum schwächer und eher zu einem späteren Zeitpunkt auftauchen.
Ähnlich werden starke geistige Eindrücke schneller zur Reife kommen als schwache geistige Eindrücke. Bei etwa gleich starken geistigen Eindrücken kommen diejenigen früher zur Reife, die eher kreiert wurden.

Auch ist es möglich, dass eine Handlung dazu führt, dass wir die Auswirkungen in verschiedenen Leben erfahren werden. Andererseits können die Ergebnisse mehrerer Handlungen zu einer einzigen bestimmten Wiedergeburt führen.

Schließlich gibt es Handlungen, bei denen unsicher ist, ob sie ein Resultat haben werden. Das betrifft Handlungen, bei denen keine Absicht vorlag.

Wir erleben also die karmischen Auswirkungen dessen, was wir tun, regelmäßig nicht sofort. Das hat den Vorteil, dass wir noch Zeit haben, um die Auswirkungen zu vermindern. Nachteilig ist, dass wir oft nicht den richtigen Zusammenhang zwischen Handlung und dem Ergebnis herstellen können.

Denn nicht selten erfahren wir die Folgen von Handlungen erst in zukünftigen Leben. Im Buddhismus unterteilt man in drei vorherrschende Auswirkungen:

1. **Vollkommenes Reifen der Folgen:**
   Wiedergeburt in einem der sechs, der Handlung entsprechenden Daseinsbereiche. So können fortlaufende, intensive, verletzende Worte in eine sehr leidvolle Existenz in die Paranoiabereiche, in die Höllenbereiche, führen.

2. **Reifen entspricht der Ursache:**
   2.1. Wenn man als Mensch wiedergeboren wird, hat man die Tendenz, diese Art von Handlung dann immer wieder auszuführen.
   Spricht man oft, möglicherweise sogar geplant, verletzend mit anderen, wird man diese Tendenz im nächste Leben beziehungsweise in den nächsten Leben wieder haben.

   Diesen Punkt, das heißt, die Gewohnheit zu ändern, ist bei negativem Handeln am wichtigsten. Denn sonst geht es immer in der gleichen Weise weiter.
   2.2. Man erleidet, was man anderen antut. Spricht man also oft auf verletzende Weise mit anderen, wird man viel Unangenehmes hören.

3. **Umgebung, Welterleben und die Fähigkeiten werden beeinflusst:**
   Dieser Punkt betrifft zum Beispiel die Umgebung, in der man wiedergeboren wird. Bei verletzendem Verhalten in der Kommunikation ist es ein heißes und ödes Land, mit unangenehmen Menschen.

Es hängt von verschiedenen Faktoren ab, was man erleben wird, beziehungsweise, welche Kombination dieser Punkte man erfahren wird. Werden wir beispielsweise in einem anderen Daseinsbereich wiedergeboren, und dann wieder als Mensch, müssen wir damit rechnen, die Punkte zwei und drei als Folge von Handlungen aus früheren Inkarnationen zu erleben.

Allgemein gilt aber auch, dass leidvolle Handlungen in die drei leidvolleren, also niederen Daseinsbereiche führen.

Die (von Emotionen) kontaminierten, glückbringenden Handlungen führen in die höheren Daseinsbereiche, wenn die Ergebnisse nicht zum Beispiel durch Wünsche auf Befreiung und Erleuchtung gelenkt werden. Oder aber ein sehr makelloses Objekt, wie eine oder einen Buddha, als Bezugspunkt haben.
Die nicht von Emotionen kontaminierten, glückbringenden Handlungen führen zur Erleuchtung. Sie sind aber erst dann möglich, wenn man mindestens Befreiung erreicht hat.

Weiter gibt es unbewegte Handlungen. Sie führen in die Bereiche der Form und in die formlosen Bereiche.

Und bei Handlungen ohne Absicht ist es nicht sicher, ob sie überhaupt ein karmisches Ergebnis haben werden.

Im Überblick:

Handlung:	führt als Ergebnis zu/ kann als Ergebnis führen zu:
leidbringende Handlung	Wiedergeburt in den niederen Daseinsbereichen
glückbringende Handlung mit Emotionen, wie Anhaftung	Wiedergeburt in den höheren Daseinsbereichen
glückbringende Handlung mit Emotionen, wie Anhaftung, aber mit Wünschen auf Befreiung und Erleuchtung ausgerichtet	Der Weg zu Befreiung und schließlich Erleuchtung wird eingeschlagen.
glückbringende Handlungen frei von Emotionen (erst ab der Befreiung möglich)	Fortschreiten auf den Bodhisattvastufen und Erleuchtung
unbewegte Handlungen	Wiedergeburt im Bereich der Form oder im formlosen Bereich
Handlungen ohne Absicht	Es ist ungewiss, ob es eine Auswirkung geben wird.

Das heißt, zusammengefasst: Was wir tun, wird nicht nur Einfluss auf dieses Leben haben. Es wird weiter beeinflussen, wie es uns geht, wenn wir sterben.

Und dann, wie wir den Zwischenzustand, der meist erfolgt, erleben werden und wie die zukünftige Wiedergeburt aussehen wird. Diese Wiedergeburt kann uns in einen der verschiedenen Daseinsbereiche führen. Also in eine Zukunft, die von sehr leidvoll bis vergänglich sehr glücklich reicht.

Es gibt zwar im Zwischenzustand auch die Möglichkeit der Befreiung und Erleuchtung. Oder einer Wiedergeburt in einem Reinen Land. Das gelingt aber nur sehr wenigen, und es erfordert gezielte Anstrengung in die richtige Richtung. Einige Informationen dazu gibt es im Kapitel „Die Vier Ursachen für eine Wiedergeburt in Dewachen".

Werden wir als Mensch wiedergeboren, beeinflusst unser Karma, wie unser Körper sein wird, ob wir gesund, intelligent und schön sein werden. Weiter, ob wir Wertschätzung erfahren und kraftvoll sein werden. Auch die Umgebung und die Familie, in die wir wiedergeboren werden, hat niemand anderer als wir selbst verursacht und kreiert. Und auch, was wir mögen und nicht mögen, ist kein Zufall, sondern beruht auf unseren Gewohnheiten von früher. Schließlich sind auch alle unsere Gedanken „Made by myself"!

Buddha hat das auch immer wieder so erklärt, beispielsweise der Königin Mallika. Sie ging eines Tages zu ihm und fragte, woher es kommt, dass manche Frauen schön und manche hässlich sind. Und warum manche Frauen reich sind, andere dagegen in Armut leben. Weiter, weshalb es Frauen gibt, die viel Macht haben und Frauen, die anderen Menschen ausgeliefert sind.

Buddha hat dann erklärt, dass Geduld zu gutem Aussehen führt und Reichtum durch Freigiebigkeit entsteht.
Weiter wird man Macht dadurch hervorbringen, dass man andere wertschätzt und ihnen von Herzen gönnt, was sie haben. Das schließt ihre machtvolle Position mit ein.

Es wäre also auch für uns wichtig, schon alleine um im Daseinskreislauf gute Bedingungen zu erhalten, diese Art von Geisteshaltung und den sich daraus ergebenden Lebensstil aufzugreifen. Das gute Ergebnis können wir, wenn wir geschickt sind, schon in diesem Leben erfahren. Und hier schon sehr bald, wenn wir die Samen entsprechend durch die Widmung lenken und durch Mitfreude schneller zum Reifen bringen. Erleuchtung für alle ist hier aber der überragende Wunsch. Das bedeutet, es ist möglich, dass wir durch kluges Denken, Sprechen und Tun viele unserer Probleme lösen können. Es ist sogar möglich in diesem einen Leben alle Probleme zu beseitigen, für immer.
Hier eine weitere Übersicht von Handlungen und ihren Folgen:

Es gibt verschiedene Arten von Handlungen, es sind:	drei, und zwar mit: 1. Körper, 2. Rede, 3. Geist
Merkmale der Ursache und Wirkung-Verknüpfung bei: 1. leidbringenden Handlungen 2. glückbringenden Handlungen	1. und 2. -) Absicht, -) Qualität, -) Häufigkeit, -) Intensität der Emotionen/Gedanken, -) Art des Zielobjektes, -) Anzahl der Zielobjekte

3. Handlungen mit feststehender Wirkung	3. sich in tiefer Meditation üben
Zugehörigkeit von Handlungen:	Die Folgen erlebt die Person, die die Handlung ausgeführt hat, niemand anderer. Bei Mitfreude und Schadenfreude hat man die eigentliche Handlung nicht ausgeführt, aber hier sind die Mitfreude und die Schadenfreude die Handlung, die einem selbst zugehörig ist.
Genau der Ursache entsprechendes Ergebnis von Handlungen:	Glückbringende Handlungen führen zu Glück. Leidbringende Handlungen führen zu Leid.
Eine kleine Handlung kann große Folgen haben:	Eine scheinbar kleine, glückbringende Handlung kann großes Glück als Folge haben. Eine scheinbar kleine, leidbringende Handlung kann großes Leid zur Folge haben.
Unabwendbarkeit von Karma:	Das Ergebnis geht nicht verloren, auch nach langer Zeit nicht, es wird auch nicht mit der Zeit weniger, außer wir ergreifen Dekontaminierungsmaßnahmen.

Weiter ist es ein Unterschied, ob die Möglichkeit besteht, dass man jemandem schadet oder ob man jemandem tatsächlich schadet.

Auch ist das Entstehen von Schaden damit verknüpft, ob etwas als Schaden empfunden wird.

Schließlich ist nicht jede negative Handlung gleich in Bezug auf das Ausmaß an Leid, dass man später als Folge erleben.wird So ist es ein Unterschied, ob man sich ärgert und unachtsam etwas Verletzendes sagt, es dann aber sofort erkennt und bereut. Und sich nach Möglichkeit auch gleich entschuldigt. Oder ob genau derselbe Satz bewusst, mit hasserfülltem Geist gesagt wird und man anschließend so richtig zufrieden damit ist.

Nach Asanga gibt es hier die fünf Bedingungen, die dazu führen, dass eine leidvolle Handlung, karmisch gesehen, voll heranreift. Wenn nicht alle fünf Punkte erfüllt sind, wird die Tat auch nicht das komplette karmische Ergebnis haben. Das Resultat wird stattdessen abgeschwächt sein.

Hier ein Beispiel in tabellarischer Form, bei der Handlung geht es darum, dass eine Parkuhr nicht bezahlt wird:

Bedingung:	Beispiel:
Objekt vorhanden (Person, Gegenstand)	Parkuhr
Absicht, Planung	Man bezahlt nicht.
Tat vorbereiten und ausführen, oder ausführen lassen und sie bewusst erleben	Man ist sich bewusst, dass bezahlt werden soll, und man tut es nicht.
Handlung hatte Erfolg	Man hat nicht bezahlt.
emotionale Verblendung (wie Wut, Gier) und Genugtuung in Bezug auf das, was man getan hat (statt es zu bereuen)	Man hat Anhaftung an das eigene Geld und ärgert sich darüber, dass man für das Parken etwas bezahlen soll. Man ist zufrieden damit oder stolz darüber, nicht bezahlt zu haben und bereut es nicht.

Am wichtigsten ist allerdings im Großen Weg (Mahayana) die Motivation. Tatsächlich ist unsere Absicht der eine entscheidende Faktor, der bestimmt, ob eine Handlung zu Glück oder zu Leid führen wird. Ist unsere Absicht also wirklich gut, ist sie wie ein Heilmittel. Ist die Motivation ausgesprochen schlecht, ist sie wie ein Gift, das die Handlung durchtränkt.

Da die Absicht so wichtig ist, eine Übersicht mit jeweils einem Beispiel:

Kombinationen aus Absicht und Tat:	Beispiel:
Eine gute Absicht und eine gute Tat, das ergibt eine glückbringende Handlung.	Wir sehen eine Bettlerin, haben Mitgefühl, frei von Ich, Tun und Du und geben Geld oder etwas anderes.
Eine gute Absicht und eine schlechte Tat, das ergibt eine (mindestens meist eher) glückbringende Handlung.	Wir sagen den eigenen Eltern auf deren Nachfrage hin, es gehe uns gut, um sie nicht zu beunruhigen, obwohl es uns nicht so gut geht.
Eine schlechte Absicht und eine gute Tat, das ergibt eine leidbringende Tat.	Man ist nur freundlich zu einer Person, weil man will, dass sie einem Geld gibt.
Eine schlechte Absicht und eine schlechte Tat, das ergibt eine leidbringende Handlung.	Man will die Nachbarin ärgern und stiehlt ihre Zeitung, die aus dem Briefkasten herausragt.

Schließlich macht es einen Unterschied, welche Personen die Auswirkungen unserer angemessenen und nicht so angemessenen Handlungen erfahren. Besonders intensiv wirkt sich unser Tun auf die Repräsentantinnen und Repräsentanten der Erleuchtung aus. Also beispielsweise auf die Drei Juwelen, unsere oder unseren Lama, Buddhas und vor allem Bodhisattvas. Dann auch auf alle, denen wir im weltlichen Leben viel zu verdanken haben, wie vor allem unserer Mutter oder unserem Vater und anderen. Weiter alle, die unserer Hilfe besonders bedürfen. Das beinhaltet, dass es negativer ist, eine Person zu schädigen, die vielen hilft, als einer einzelnen Person zu schaden, die für wenige wichtig ist. Auch ist es sehr positiv, denen zu helfen, die wir nicht mögen und die unsere Gegnerinnen und Gegner sind. Diese vier Gruppen wurden schon erwähnt.

Es hängt also davon ab, wer das Objekt unseres Hasses ist. Ist es ein übler Diktator oder ist es jemand, die oder der wir viel zu verdanken haben, wie unsere Mutter?

Auch ist es gut, sich immer wieder daran zu erinnern, dass Handeln im Buddhismus Denken, Reden und das tatsächliche Tun einschließt.
Mit dem Körper leidbildend zu handeln, bedeutet beispielsweise sexuelle Aktivitäten so zu gestalten, dass Leid entsteht.
Eine unangemessene Handlung der Rede ist ein verletzendes, verbales Muster.
Und Tun mit dem Geist sind zum Beispiel ärgerliche Gedankenketten. Wenn man also einen hasserfüllten Gedanken hat und diesen fortspinnt, generiert man zukünftiges Leid.

Negatives Handeln in den drei Fahrzeugen

Ungeschicktes Tun wird in den drei Fahrzeugen allerdings unterschiedlich bewertet.

Im Kleinen Weg (Hinayana) sind leidvolle Geisteszustände unter allen Umständen zu vermeiden. Und wenn sie auftreten, werden sie als Fehler gesehen, der nicht mehr in Ordnung gebracht werden kann.
Es ist wie bei einer Tonschale. Ist sie zerbrochen, wird sie nicht mehr so sein wie vorher. Selbst wenn wir versuchen, sie auszubessern.

Im Großen Weg (Mahayana) können leidvolle Geisteszustände gereinigt werden, und wenn Fehler passieren, sind sie reparabel. Auch können schwierige, geistige Zustände zu Medizin werden. Wenn also Hass auftaucht, können wir ihn als Auslöser dafür verwenden, um Liebe, Mitgefühl und Geduld hervorzubringen.

Eine weitere Methode, mit der wir Zorn in etwas Gutes verwandeln können, ist Tonglen. Hier wird der schwierige Geisteszustand als Auslöser verwendet, um die entsprechende problematische Verfassung aller fühlenden Wesen auf sich zu nehmen und ihnen alles Positive, in der Essenz einen glücklichen Geisteszustand, zu geben. Im Großen Weg sind Fehler dann wie ein silbernes Gefäß, das beschädigt ist. Wir können es wieder in Ordnung bringen. Und es sieht dann genauso schön aus wie vorher.

Im Diamantweg (Vajrayana) nehmen wir unangemessene Geisteszustände in den Weg auf. Sie sind nicht gut, aber wir sind immer weniger an sie gebunden. Es ist wie bei einem Goldgefäß, hat es eine Delle, können wir es reparieren, und es ist wieder wie vorher.

Kurz gesagt:

1. Im Kleinen Weg befrieden wir den Geist, damit kein Schaden entsteht.
2. Im Großen Weg schulen wir den Geist, damit Nutzen entsteht.
3. Im Diamantweg erkennen wir den Geist, oder besser gesagt, die Natur des Geistes.

Verwenden wir eine Analogie, dann sind Geisteszustände, die Leid hervorbringen, zu sehen wie eine Giftpflanze, mit der wir unterschiedlich umgehen können:

1. Im Kleinen Weg meiden wir sie. Beispielsweise auch, indem wir sie mit einer Mauer umfrieden oder nicht dahin gehen, wo die Giftpflanze wächst.
2. Im Großen Weg befassen wir uns damit, um eine Medizin daraus machen zu können und diese dann auch anwenden.
3. Im Diamantweg sind wir wie ein Pfau, von dem es heißt, er kann Giftpflanzen fressen und dadurch werden seine Federn sogar noch schöner. Natürlich bedeutet das nicht, dass wir Giftpflanzen essen sollten!

Auch werden nicht alle störenden Emotionen als gleich schädlich angesehen. Denn im Kleinen Weg wird Anhaftung als großer Fehler gesehen. Der Große Weg lehrt jedoch, dass Anhaftung auch Anteile hat, die liebevoll sind. Daher ist sie auf diesem Weg nicht derart leidbringend. Hier wird eine Handlung von Hass als schlimmer angesehen als hundert Handlungen von Anhaftung. Warum ist das so? Weil wir im Großen Weg Liebe und Mitgefühl kultivieren und Hass dem völlig entgegensteht.

Hass auf unbelebte Dinge ist übrigens nicht so negativ wie Hass auf fühlende Wesen oder auf die Repräsentantinnen und Repräsentanten der Erleuchtung. Stolpert man also beim Joggen über einen Ast und ärgert sich darüber, ist das weniger gravierend, als wenn man sich über fühlende Wesen oder gar Verwirklichte ärgert.

Obwohl es natürlich sinnvoll ist, auch bei Ärger auf Unbelebtes zu trainieren, mit aufkommendem Missbehagen konstruktiv umzugehen.

Weiter bedeuten diese Unterteilungen nicht, dass wir im Diamantweg nicht auch den Kleinen Weg und den Großen Weg üben. Kleiner Weg ist insofern kein Synonym für „minderwertigerer Weg".

Allgemein wird der Kleine Weg oft damit verglichen, zu Fuß zu gehen. Der Große Weg wird mit dem Fahren eines Autos gleichgesetzt und der Diamantweg mit dem Reisen per Flugzeug.
Vielleicht können wir es auch so veranschaulichen: Um überhaupt zu einem Flugzeug zu gelangen, müssen wir zunächst zu Fuß die eigene Wohnung verlassen, als nächstes nehmen wir das Auto oder die U-Bahn, und erst dann können wir überhaupt mit einem Flugzeug fliegen.
Auch brauchen wir ein sicheres Flugzeug. Denn wenn wir mit dem Flugzeug einen Unfall haben, wird es meist gefährlicher sein, als wenn wir zu Fuß gehen und dann beispielsweise stürzen. Unter diesem Gesichtspunkt kann das Flugzeug auch schlechter statt besser sein. Wenn es nämlich nicht sicher ist.
In einer anderen Analogie wird der Kleine Weg mit dem Fundament eines Hauses verglichen, der Große Weg mit seinen Mauern, und der Diamantweg ist wie das Dach. Wir benötigen alle drei Komponenten, um ein gutes Haus zu erhalten. Aber wir werden mit dem Fundament anfangen.

Grundlegend ist der Kleine Weg also die Voraussetzung für den Großen Weg, und beide sind Voraussetzung für den Diamantweg.

Weiter heißt es, dass grobe Trübungen durch Ethik, die im Kleinen Weg so wichtig ist, aufgegeben werden. Die feineren Schleier werden durch das Bodhisattva-Versprechen und Bodhisattva-Training entfernt. Und die äußerst feinen Verschleierungen können wir durch den Diamantweg beseitigen.

Schließlich können wir grobe Trübungen mit wenig Mühe reinigen, mittlere mit mittelgroßem Aufwand und die kleinen Schleier nur mit großer Mühe.

Es ist also gut, den Kleinen Weg nicht als schlechter anzusehen. Oder den Diamantweg als zu schwierig. Der entscheidende Punkt ist, dass wir zu einem gegebenen Zeitpunkt den Weg verwenden, mit dem wir uns am ehesten verbessern können.

Aber auch in Bezug auf die Möglichkeiten Schwieriges zu reinigen, ist die Sichtweise in den verschiedenen Wegen nicht gleich. Um das besser erklären zu können, zur Wiederholung einige Informationen über Karma.

Wie wir schon wissen, erfahren wir die Folgen negativer Handlungen nicht sofort. Es gibt Abstufungen, wann wir welche Ergebnisse erhalten werden:

1. Großes Karma kommt in diesem oder dem nächsten Leben zur Reife.
2. Kleines Karma kommt im nächsten Leben oder irgendwann danach zur Reife, möglicherweise auch gar nicht.

Weiter aufgesplittet sieht es wie folgt aus:

1. Leidvolles, das mit größter Intensität ausgeführt wurde, reift im selben Leben. Es gibt hier auch Karma, das sehr, sehr schnell reifen kann.
2. Bei Negativem, wie den fünf extrem negativen Handlungen, setzt die Wirkung sofort nach dem Tod ein. Das Ergebnis wird also im nächsten Leben erlebt.
3. Dann gibt es ungeschicktes Vorgehen, dessen Ergebnis im nächsten, übernächsten Leben oder erst danach zur Reife kommt.
4. Schließlich gibt es leidvolles Tun, das irgendwann zur Reife kommt, es ist völlig unsicher, wann, und es kann auch nach Weltzeitaltern geschehen.

Voraussetzung ist jeweils, dass wir keine Reinigungsmethoden angewendet haben.

Im Kleinen Weg wird davon ausgegangen, dass man sich von den ersten beiden Handlungen überhaupt nicht völlig reinigen kann. Man kann die leidvollen Auswirkungen nur vermindern.
Im Großen Weg dagegen können wir selbst die ungünstigen Auswirkungen der ersten beiden Handlungen eliminieren. Voraussetzung ist allerdings, dass wir die Vier Kräfte anwenden, die später noch erklärt werden. Weiter ist es nötig, wirklich sehr, sehr ernsthaft und intensiv Bedauern und Reue zu empfinden. Praktizieren wir nicht wirklich so tiefgehend, ist aber trotzdem eine Abschwächung der zukünftigen Probleme möglich.
Im Vajrayana wenden wir unter anderem besondere Methoden an, durch die wir die Reinigung noch intensivieren, und wir können uns hier völlig reinigen.

Während man sich von schwierigem Karma befreit, muss man damit rechnen, Unpässlichkeiten in sehr abgeschwächter Form zu erfahren. Vielleicht fühlt man sich also schlecht, oder man erlebt eine Krankheit. Hier ist es wichtig, sich klarzumachen, dass das, was jetzt als unangenehm erfahren wird, nur eine Kleinigkeit im Vergleich dazu ist, was man ohne Reinigung erlebt hätte.

Es ist ähnlich, wie wenn wir ein Durchfallmittel einnehmen, damit ein Gift ausgeschieden werden kann, durch das wir ansonsten schwer und jahrelang krank geworden wären. Wir wissen das und werden deshalb nicht aufhören das Durchfallmittel zu nehmen so lange es notwendig ist. Auch wenn der Durchfall natürlich nicht angenehm ist.

Das heißt insgesamt, wir sollten nicht warten, bis sich das Negative via Karma reinigt, ohne dass wir es beeinflussen können.

Sondern uns stattdessen aktiv darum kümmern, Schwieriges kontrolliert zu beseitigen. Und zwar mit den Methoden, die uns ein unkontrolliertes Reinigen durch viel massiveres Leiderleben ersparen werden.

Beeinträchtigungen durch die Reinigung von schwierigen karmischen Samen treten übrigens auch oft vor dem nächsten größeren Entwicklungsschritt ein.

Wie lange dauert denn diese Entgiftungskur?

An dieser Stelle soll noch erwähnt werden, dass Verwirklichung unter Umständen sehr schnell erreicht werden kann.

So übte Niguma eine Woche mit ihrem Lehrer und erreichte dann Erleuchtung. Diese Information soll der Verfestigung der Vorstellung entgegenwirken, dass Erleuchtung noch so lange dauern wird. Und dann meint man vielleicht, man kann es auch gleich aufgeben und strengt sich gar nicht erst an. Das ist eine falsche Sichtweise.

Denn eines ist sicher: Wenn wir auf dem buddhistischen Weg kontinuierlich weitermachen, werden wir definitiv eines Tages, genauso wie Niguma, nur noch eine Woche von der Erleuchtung entfernt sein. Dieses Szenario, Erleuchtung in einer Woche, ist also ein Blick in unsere eigene Zukunft!

Unterschied zwischen Täter und Opfer

Wenn man Negatives tut, baut man zukünftiges Leid auf. Daher ist es sinnvoll, immer weniger Ungeschicktes zu denken, zu sagen und zu tun.

Erleiden wir allerdings Negatives, bauen wir zukünftiges Leid ab, wenn wir richtig damit umgehen.
Wenn wir also diejenige oder derjenige sind, die oder der Leid durch andere erfährt, geht es darum, dass in der Situation kein weiteres Leid entsteht. Das bedeutet, wir üben, auch damit zurechtzukommen, was eine uns leidbringende Handlung bei uns auslöst. Hierzu wurden und werden noch Erläuterungen gegeben.

Aber es gibt auch eine sehr einfache Möglichkeit, damit umzugehen, wenn jemand zum Beispiel etwas Unangenehmes zu uns sagt.

Es gibt zwei Überlegungen, die uns hier helfen können.

1. Die andere Person hat recht.
Dann können wir sehr dankbar sein, dass sie uns so auf einen unserer Fehler hingewiesen hat. Sie ist also sehr gütig und nimmt uns einen wichtigen Punkt beim Bereinigen ab, das Auffinden dessen, was abgestellt werden sollte. Und vermutlich sogar ohne uns dafür eine Rechnung zu stellen!
2. Die andere Person irrt sich.
Dann vergessen wir es einfach.

Was und wie bereinigen wir?

Wir erleben die Phänomene eingeteilt in „Ich/Mein" hier und „Du/Dein" dort.

Dieses „Du/Dein" wird weiter aufgeteilt in:

1. „Du/Dein" als Freundin oder Freund
2. „Du/Dein" als Feindin oder Feind und
3. „Du/Dein" als neutral

Und so kommen positive, negative und neutrale Handlungen zustande. Denn man haftet an allem an, was man als Freundin oder Freund sieht. Man hat Abneigung gegen das, was man als Feindin oder Feind etikettiert. Und das, was einem egal ist oder wovon man nichts weiss, wird als neutral empfunden.
Aber auch in Bezug auf unser Ich unterteilen wir in Angenehmes, Unangenehmes und Neutrales. So finden wir vielleicht unsere Zähne schön, mögen aber unser Haar nicht. Und über die Füße denkt man gar nicht nach.

Im Überblick:

die drei Geistesgifte	Einteilung in die drei Objekte
Anhaftung	Freundinnen oder Freunde/ Angenehmes
Abneigung	Feindinnnen oder Feinde/ Unangenehmes
Unwissenheit	Irgendwer/Neutral

Man denkt, redet und handelt also, um Angenehmes zu erhalten und Unangenehmes zu vermeiden. Bezüglich der Dinge, denen gegenüber man neutral eingestellt ist, hat man kaum einen oder gar keinen Impuls, etwas zu tun.

Allerdings kann es sein, dass man hier aus Versehen handelt, wie wenn man zum Beispiel beim Gehen auf eine Biene tritt, ohne es recht zu bemerken.

Eine Handlung wird aber nicht dadurch positiv, dass man meint, durch sie etwas Angenehmes für sich zu erhalten. Man denkt das aber, zumindest fühlt es sich so an. Und wenn etwas zunächst zu gewissen Unannehmlichkeiten für einen selbst führt, heißt das nicht, dass das Unbequeme etwas mit der Handlung zu tun hat, die unmittelbar davor erfolgte. Es ist eine fehlerhafte Sichtweise, zu vermuten, dass diese Korrelation besteht. Tatsächlich ist es so: Eine negative Handlung ist eine Handlung, die die Ursache dafür setzt, dass eines Tages Leid für uns daraus erwächst. Nur kann man das oft nicht übersehen, weil man nicht weiß, welche Handlung zu welchem Ergebnis führt. Daher handelt man immer wieder problembildend. Es ist aber wichtig, das abzustellen und bereits angesammeltes Negative zu bereinigen. Die Liste der Aktivitäten, die man lassen und bereinigen sollte, ist allerdings sehr lang.
Daher gibt es auch Aufstellungen, in denen Handlungen zusammengefasst werden. Das wird noch genauer aufgezeigt werden.

Wir können aber auch feststellen, dass sich alle leidbringenden Handlungen darauf zurückführen lassen, dass man am Ich festhält. Daher bekennen wir grundlegend, dass wir die Natur der nicht-dualistischen Weisheit nicht verstehen, und wir bedauern alles Negative, was sich daraus ergibt. Wir bedauern also alles, was uns von Befreiung und Erleuchtung wegführt oder uns nicht dort hinführt. Ob wir wissen, was es war, ist oder sein wird. Oder nicht.

Trotzdem ist es in jedem Fall auch wichtig, dass wir uns nach und nach im Detail mit einzelnen unangemessenen Handlungen befassen. Wir wollen ja üben, um für uns und andere mehr Glück hervorzubringen. Dazu müssen wir wissen, von welchen Handlungen wir uns fernhalten sollten.

Die Informationen dazu, was wir lassen sollten, werden teilweise auch Regeln genannt. Es gibt sie, damit wir üben können, wie eine oder ein Buddha sich verhält. Dabei geht es aber nicht um Verbote, um Moral oder um Strenge. Es geht darum, dass wir Hilfestellung erhalten, weil wir selbst noch nicht klar genug sehen können, was geschicktes und was ungeschicktes Handeln ist. Würden wir das klar sehen können, würden wir natürlicherweise so handeln, wie es in den buddhistischen Unterweisungen dargelegt wird. So wie wir natürlicherweise essen, wenn wir Hunger haben. Im Normalfall braucht man ja auch keine Waage, um zu wissen, wann man essen sollte. Diese kann allerdings eine gute Unterstützung sein, wenn man das natürliche Hungergefühl nicht richtig wahrnehmen kann. Beispielsweise, weil man zuviel Schoko-Eis isst!

Mit der Zeit werden wir dann mehr und mehr erkennen können, welche großen Qualitäten darin liegen, bestimmte Dinge nicht zu tun.

Wir können hier auch daran denken, wie viel Leid ganz allgemein durch negatives Handeln hervorgebracht wird. Das hilft uns, Bedauern darüber in unserem Geist hervorzubringen. Und es motiviert uns dazu, genauere Informationen darüber zu suchen, was leidbringend ist und es dann zu lassen.

Wir bedauern dabei ehrlich und mit klarem, nicht abgelenktem Geisteszustand.

Und zwar zum einen alles Leidbildende, was wir selbst je in der Vergangenheit getan haben. Weiter, alles weniger Gute, was wir gerade tun. Und alles, was wir in der Zukunft noch tun werden. Und zwar unabhängig davon, ob wir wissen, was das im einzelnen war, ist oder sein wird, oder nicht. Und da wir schon mal dabei sind, bedauern wir auch alles Negative, das andere, nämlich alle fühlenden Wesen, getan haben, in deren Namen.
Auch hier bereuen wir wieder alles Tun aus der Vergangenheit, der Gegenwart und das, was in Zukunft getan werden wird. Und wir können schließlich noch gesondert bedauern, was uns andere angetan haben, uns antun und antun werden, wieder in deren Namen.

Wir mögen uns fragen, wie das alles funktioniert und was es bewirken soll?

Wieso sollen wir zum Beispiel etwas bedauern, was wir noch gar nicht getan haben? Tatsächlich schwächen wir aber durch diese Vorgehensweise bereits jetzt unsere zukünftigen Tendenzen für leidbringendes Handeln. Das bedeutet allerdings nicht, dass man akzeptiert, dass man in Zukunft weniger gut handeln wird. Im Gegenteil, wir nehmen uns vor, alle problembildenden Handlungen zu unterlassen. Aber realistisch betrachtet wird das in absehbarer Zeit nicht ganz gelingen. Daher bedauern wir es schon jetzt.

Und wieso bedauern wir das, was andere getan haben? Wie kann das wirken? Auch mag man sich fragen, was man überhaupt damit zu tun hat. Also zum Beispiel: „Was habe ich denn damit zu tun, dass dieser schreckliche Diktator so viele Menschen hat töten und foltern lassen? Der hat doch verdient, dass er dann in der Hölle kocht! Geschieht ihm ganz recht so!". Oder? Warum bedauern wir also auch im Namen der anderen?

Der Grund ist, dass die meisten anderen fühlenden Wesen wenig Möglichkeiten haben, die Folgen des eigenen, leidbringenden Tuns selbst zu schwächen. Indem wir es voll Liebe und Mitgefühl für andere tun, führt das zu einer guten Verbindung, die ihnen eines Tages nützen wird. Und es entsteht Mitgefühl, selbst für sehr negative Personen oder andere unangenehme fühlende Wesen.
Wir erkennen auch einfach mehr und mehr, wie gering die Chance für fühlende Wesen ist, das eigene Leben dahingehend zu gestalten, dass Positives entsteht. Denn wenn fühlende Wesen negativ handeln, meinen sie, es würde zu Glück führen.

Und dabei versinken sie, bildlich gesprochen, mit jeder schwierigen Handlung weiter im Morast des Negativen und des Leidens.

Es ist also wie bei einer Person, die im Treibsand festhängt und die mit jeder Bewegung tiefer einsinkt. Selbst, wenn jemand anderer einen Stock hinhält, wird sie diesen nicht ergreifen, vielleicht aus Stolz. Möglicherweise auch, weil sie den Stock für eine Waffe hält. Und diese negative Person hat keine Chance, Informationen dazu zu erhalten, was zu Glück führt. Dazu, dass der Stock kein Schwert ist und dass es sie retten wird, wenn sie den Stock ergreift. Und dass jede unpassende Bewegung sie weiter im Morast versinken lässt. Geschweige denn, dass sie diese Informationen annehmen und umsetzen kann. Das heißt, dass sie den Stock ergreifen und lange genug festhalten sollte, bis sie in Sicherheit ist.
Und dass sie die Informationen dazu erhalten kann, dass sie keine problematischen Bewegungen machen soll, sondern solche, die nötig sind, um den Stock zu greifen. Vielleicht, und das ist viel öfter der Fall, findet sich auch weit und breit niemand, die oder der irgendeine Art von Rettungsmöglichkeit bereitstellt.

Auch ist alles, was wir wahrnehmen, unser eigener Geist. Taucht also in unserem eigenen Geist ein Diktator auf, ist er ein Teil von uns, ein Teil unserer eigenen Negativität. Wenn wir also hören, dass ein Diktator viele Menschen getötet hat, ist das unser eigenes negatives Karma. Wir haben irgendwann einmal die Ursache dafür gesetzt, dass uns etwas derart Schreckliches zur Kenntnis gelangt. Und uns vermutlich auch belastet. Schließlich ist es angenehmer, Schönes zu hören und zu lesen als Leidvolles. Daher bedauern wir auch, dass wir das negative Karma kreiert haben, das dazu führt, dass wir jetzt Informationen darüber erhalten, dass jemand anderer negativ handelt.

Weiter bekennen wir Handlungen, zu denen wir andere veranlasst haben. Man mag schließlich denken, dass man selbst nur dann Leidbringendes ansammelt, wenn man selbst ungeschickt handelt. Das ist allerdings nicht der Fall. Denn wenn man andere zu leidbringenden Handlungen anstiftet, wird das zu schwierigem Karma für einen selbst sowie für diese Person. Es ist also noch schlimmer, als wenn „nur" wir selbst Negatives tun.

Darüber hinaus bereuen wir, wenn wir uns über negatives Handeln anderer oder über eigenes unangemessenes Handeln gefreut haben. Wenn also beispielsweise jemand einer anderen Person etwas Hässliches sagt und man sich darüber gefreut hat. Oder man empfindet auch nur Genugtuung darüber. In diesen Fällen sammelt man tatsächlich selbst schwieriges Karma an, und zwar aufgrund der problembildenden Geisteshaltung.
Also angenommen, man geht mit anderen fischen, und alle haben die Absicht, Fische zu töten. Den anderen gelingt das auch, aber man selbst fängt keinen einzigen Fisch.

Man ist aber zufrieden damit, dass die anderen Fische gefangen haben. Dann kommen zwei Dinge zusammen: Einmal hatte man die Motivation, Fische zu töten. Zum zweiten freut man sich über das Töten der Fische durch die anderen. Daher generiert man selbst ebenfalls leidbringendes Karma, so wie die anderen, die tatsächlich getötet haben.

Warum aber bedauern wir das, was uns andere angetan haben? Wir werden vielleicht denken: "Jemand hat mir das angetan und jetzt soll ich auch noch die negativen Folgen für diese Person vermindern, indem ich für sie bedauere?! Nein, das werde ich ganz bestimmt nicht machen!" So denkt man aber nur, weil man im Ego-Modus ist und nicht übersehen kann, wie die Dinge wirklich sind.

Denn wenn einem jemand geschadet hat, hat man selbst irgendwann die Ursache dafür kreiert, es allerdings in der Zwischenzeit vergessen. Vielleicht ist es viele Leben her. Weiter bewertet man nicht richtig. Denn dadurch, dass einem jemand schadet, wird eigenes schwieriges Karma aus der Vergangenheit abgetragen. Eigentlich hat diese Situation, die wir als so negativ empfinden, doch auch positive Seiten.
Die andere Person wird allerdings später das Ergebnis ihres negativen Handelns in Form von Leid erleben müssen. Vorausgesetzt, sie kennt keine Methoden, um das Karma zu bereinigen. Und vorausgesetzt, wir helfen ihr nicht, indem wir für sie bedauern. Bedauern wir also für sie den Schaden, den sie uns zugefügt hat, drehen wir die Situation um, so dass jetzt und später für uns beide Nutzen entstehen wird. Denn es entsteht Positives durch das Bereinigen. Weiter sei hier erneut daran erinnert, dass auch diese schwierige Person eine Projektion unseres Geistes ist. Wir befreien also durch das Bedauern in ihrem Namen unseren eigenen Geist von schwierigem Karma in der Zukunft. Das scheint schwer verständlich. Aber die Person, die uns etwas antut, wird später Probleme dadurch haben, wenn wir nichts unternehmen. Und da sie Teil unseres Geistes ist, sind wir diejenigen, die die Probleme dann ebenfalls haben werden.

Schließlich sind fühlende Wesen für unser Erleuchtungstraining sehr wichtig. Sie helfen uns beispielsweise, sinnvolle Geduld zu entwickeln. Das bedeutet, je schwieriger die Leute sind, desto mehr Positives können wir ansammeln. Insofern sind solche Situationen zwar anstrengend, aber hilfreich. Es ist ähnlich wie beim Wellenreiten: Wir schauen einfach, ob wir auch mit größeren Wellen schon zurechtkommen. Oder fallen wir herunter vom Brett? Wenn ja, dann versuchen wir es einfach weiter, vielleicht vorübergehend mit kleineren Wellen.

Beim Bedauern ist es wichtig, zu beachten, dass es sich auf leidbringende Taten bezieht. Wenn man dagegen etwas gut gemacht hat, sollte man das anschließend nicht bedauern. Denn damit würde man die guten Eindrücke, die man schon angesammelt hat, vermindern. Tatsächlich ist Reue über positive Handlungen ein Hauptfehlverhalten von Bodhisattvas.

Auch wenn andere etwas gut gemacht haben, sollten wir sie nicht dazu veranlassen, das zu bereuen. Beispielsweise, weil man selbst neidisch ist.

Man bekennt und bedauert also im Wesentlichen mit Körper, Rede und Geist:

1. negative Taten und dessen Ursachen,
2. negative Taten, zu denen man andere angestiftet hat und die Ursachen dafür,
3. negative Handlungen, die andere getan haben und über die man sich gefreut hat; weiter die Ursache für dieses Tun.

Hier eine noch detailliertere Übersicht über bedauernswerte und nicht bedauernswerte Handlungen mit Körper, Rede und Geist in Vergangenheit, Gegenwart und Zukunft:

bedauernswerte Handlung:	nicht bedauernswerte Handlung:
leidbringende Taten von einem selbst und von anderen	glückbringende Taten von einem selbst und anderen
leidbringende Taten, zu denen man selbst oder andere wiederum weitere andere verleitet hat/haben	glückbringende Taten, zu denen man selbst oder andere wiederum weitere andere veranlasst hat/haben
leidbringende Taten, von einem selbst und anderen, an denen man sich oder an denen sich andere erfreut hat/haben; sowie die Freude darüber	glückbringende Taten, von einem selbst und anderen, an denen man sich oder an denen sich andere erfreut hat/haben; sowie die Freude darüber

Dabei ist das Bekennen keine Art von Beichte, auch wenn es Ähnlichkeiten zu geben scheint. Wir stehen auch nicht vor Gericht, und wir müssen uns nicht verteidigen. Weder sind wir die oder der Beschuldigte noch die Staatsanwältin oder der Staatsanwalt, die oder der uns anklagt.

Es ist eher so, dass wir wie eine Heilerin oder ein Heiler sind, die oder der versucht, festzustellen, was nicht in Ordnung ist. Und die oder der sich damit befasst, herauszufinden, was geändert werden sollte. Anfangs kann man das, wie erwähnt, noch nicht so gut. Daher brauchen wir buddhistische Lehrerinnen und Lehrer und unsere Freundinnen und Freunde auf dem Weg sowie die entsprechende Literatur. Aber nach und nach können wir auch selbst immer besser diagnostizieren, wo wir gerade fehlgehen und das abstellen.

Auch bedeutet Bekennen nicht, dass man Schuldgefühle haben sollte. Denn wenn man sich schuldig fühlt, ist das eine Form der Anhaftung an das Ich, da man dann dauernd um sich selbst kreist. Das ist etwas, was eben genau nicht erwünscht ist.

Man wühlt schließlich auch nicht in Problemen, und es geht überhaupt nicht darum, angenehme Dinge zu verderben. Es geht darum, dass wir tiefgreifende Verbesserungen erzielen möchten und effiziente Methoden dafür anwenden wollen. Man zählt sich insofern nicht permanent in Gedanken auf, was man alles Schlechtes getan hat, und denkt nicht immer wieder darüber nach. Wir denken also auch nicht fortlaufend: "Ich bin so schlecht."

Denn tatsächlich ist der Dharmadatu mit unermesslich vielen Buddhas angefüllt. Es ist also der Raum angefüllt mit den Qualitäten der Erleuchtung. Das heißt, ein Raum der Liebe, Fürsorge, Weisheit, Furchtlosigkeit, Kraft und des Vertrauens. In so einem Raum können wir uns öffnen und auch mit unseren Fehlern annehmen, diese anschauen und dann abstellen. Und zwar ohne uns schuldig oder schlecht fühlen zu müssen.

Und es hat auch gar keinen Sinn, beim Bereuen vor den Buddhas etwas zu verbergen oder zu verstecken. Sie sind tatsächlich allwissend. Und sie sind voll Liebe und Mitgefühl für uns, wir können uns also vertrauensvoll und mit Offenheit an sie wenden. Das bedeutet, dass wir sie vergegenwärtigen und vor ihnen die Übung des Bedauerns ausführen.

Hilfreich ist auch, wenn wir uns vor Augen halten, dass wir beim Bereinigen unsere Buddha-Natur freilegen, was ein Grund zur Freude ist. Auch daher besteht bei den Vier Kräften, die noch beschrieben werden, eine Kraft darin, sich vor Augen zu führen, was unser idealer Zustand, unsere Buddha-Natur, ist und sich damit zu verbinden.
Bei den Sieben Übungen lassen wir ebenfalls den, unseren perfekten Zustand vor uns entstehen. Es sind die Repräsentantinnen und Repräsentanten der Erleuchtung, die wir vor uns im Raum einladen.
Und wir sind zuversichtlich, denn wir haben diese Buddha-Natur, und wenn andere Erleuchtung erreicht haben, werden auch wir sie definitiv erreichen. Wenn wir die Methoden anwenden und uns entsprechend dafür einsetzen.

Dabei sollten wir nicht die große, spektakuläre Wende erwarten, die zwar passieren kann, aber realistisch betrachtet doch eher unwahrscheinlich ist. Viel wahrscheinlicher ist ein Prozess, der Schritt für Schritt abläuft. Und das bezieht sich nicht nur auf dieses Leben, sondern auch auf unsere zukünftigen Leben.
Denn wenn man versucht, ganz viel auf einmal zu bewerkstelligen, ist die Wahrscheinlichkeit hoch, dass es nicht klappt. Dann ist man enttäuscht und hat die Tendenz aufzugeben. Machen wir dagegen einen angemessenen Schritt nach dem anderen, erleben wir kleine Erfolge, die uns ermuntern, weiterzumachen. Dabei sollten wir aber nicht hinter unseren Möglichkeiten zurückbleiben und nicht faul sein. Tatsächlich sollten unsere, auf die Erleuchtung aller fühlenden Wesen ausgerichteten Wünsche und Wunschgebete sehr umfassend und weitreichend sein.

In Bezug auf unsere Praxis ist es allerdings gut, der Schritt-für-Schritt-Methode zu folgen.

Und wenn wir nach Jahren zurückblicken, werden wir feststellen, wie sehr wir uns zum Guten verändert haben. Vielleicht werden wir es erkennen, wenn wir uns über schöne Dinge in Geschäften freuen, ohne sie kaufen zu müssen.

Denken wir dann daran zurück, wie es vor zehn Jahren war, als wir diese Sachen unbedingt haben mussten, werden wir den Unterschied bemerken.

Unterstützend ist auch, wenn wir uns klarmachen, dass wir selbst die Folgen unserer ungeschickten Handlungen tragen werden, wenn wir nichts unternehmen. Das wird nicht angenehm sein. Auch gibt es keine anderen Möglichkeiten, wie zum Beispiel jemandem Geld zu geben, damit diese Person dann unser schwieriges Karma auf sich nimmt. Das ist keine Methode, die funktioniert.
Angemerkt sei hier allerdings, dass es schwieriges Karma reinigt, wenn wir beispielsweise Spenden für Stupas, buddhistische Zentren und so weiter geben.

Alle diese Überlegungen helfen uns auch, zu der Erkenntnis zu gelangen, dass es das Beste ist, die Minen erst gar nicht überall zu verteilen. Dann muss man sie auch nicht entschärfen. Das ist ein weiterer wichtiger Punkt unserer Übung.

Schließlich muss Bekennen auch nicht in großer Runde erfolgen. Wenn man damit befasst ist, sich zu verbessern, nervt man auch andere nicht dauernd damit, wie schlecht man ist und was man an Negativem getan hat. Tatsächlich kann das auf versteckten Stolz hinweisen. Insgesamt ist Bedauern auch schwierig, wenn man sehr stolz ist. Daher ist es gut, den eigenen Stolz mit der ersten Übung bereits reduziert zu haben.

Wie erwähnt sollte man sich nicht über Fehler freuen, weder bei sich noch bei anderen. Wenn wir aber etwas Negatives bei uns selbst finden, können wir froh sein. Wir wissen einfach, dass ein Fehler, den wir erkannt haben, kein Grund dafür ist, sich schlecht zu fühlen. Wir sind tatsächlich sehr froh und freuen uns, dass wir uns verbessern können. Wir freuen uns mithin nicht über einen Fehler an sich, sondern darüber, ihn gefunden zu haben. Dann stellen wir ihn ab. Dann nehmen wir uns etwas Zeit und freuen uns eben genau darüber.
Daher müssen wir uns also nicht schlecht fühlen, wenn wir Fehler bei uns entdecken.

Bei der Fehlersuche und der gelegentlichen Frustration darüber, wie oft man problembildend handelt, kann es hilfreich sein, sich ins Gedächtnis zu rufen, dass Fehler keine wahre Existenz haben. Sie sind, wie alle Erscheinungen, traumartig. Also so wie ein Regenbogen.

Trotzdem ist es wichtig von ungünstigen Handlungen Abstand zu nehmen. Auch weil wir und andere, die unser Beispiel sehen, noch nicht frei davon sind, durch problembildendes Handeln kein Leid mehr zu erleben. Weiter bedauern wir auch die Ursache für alles, was negativ ist, denn ohne Ursache gibt es kein Ergebnis, da alles Bedingte in Abhängigkeit voneinander entsteht.

Allgemein bedauern wir also alle negativen Taten in ihrer Gesamtheit. Und auch jede einzelne schwierige Handlung, unabhängig davon, ob wir wissen, was es ist oder nicht. Kennen wir aber die Details, bedauern wir auch sie.

Das bedeutet weiter, wir bereuen unabhängig davon, wie geringfügig die Handlung war. Es ist auch keine negative Tat zu klein, als dass wir sie nicht unterlassen, oder wenn wir sie ausgeführt haben, bereuen sollten. Auch ist keine positive Handlung zu klein, als dass wir sie nicht ausführen und uns darüber freuen sollten. Schließlich führt jede glückbringende Handlung zu Glück, und jedes leidbringende Tun hat Probleme als Ergebnis. Und zwar unabhängig davon, wie groß oder klein die Tat ist. Handlungen, positive wie negative, die uns klein erscheinen, können durchaus große Auswirkungen haben. Ein kleiner Same kann eben zu einem großen Baum heranwachsen.

So heißt es in Buddhas Lehrrede: „Sutra des Weisen und des Törichten"

„Unterschätzt kleine unrechte Taten nicht,
indem ihr glaubt, sie können keinen Schaden stiften.
Auch ein kleiner Funken Glut
kann einen Berg von Heu in Flammen setzen."

(Siehe Zitateliste Seite 569-572)

Weiter gewöhnt man sich durch kleine, wiederholte, negative Handlungen an leidbringendes Tun. Genau das wollen wir aber abstellen.

Und hat man einmal etwas getan, das zur Ursache für eine daraus resultierende Wirkung wird, so schwächt sich die Wirkung nicht mit verstreichender Zeit ab. Die Zeitspanne zwischen Handeln und Wirkung ist kein Faktor, der das Karma, das aus einer Handlung resultiert, verringert. Im Gegenteil, sie vermehrt und vergrößert das karmische Ergebnis. Das Potenzial eines Samens, ein Ergebnis hervorzubringen, verdoppelt sich tatsächlich jede Stunde. Und in jedem Moment werden nicht nur 65 Samen verbraucht, wir kreieren auch 65 Samen.

Viele der Übungen können auch Nicht-Buddhistinnen und Nicht-Buddhisten durchführen. Das heißt, ohne Stütze im buddhistischen Sinn in Form der Repräsentantinnen und Repräsentanten der Erleuchtung.
Effektiver wird unsere Übung allerdings, wenn wir die Referenz, das wo wir hinwollen, vor uns vergegenwärtigen.

Damit rufen wir uns unseren perfekten Zustand nochmals in Erinnerung. Das heißt, wir bedauern nicht nur vor uns selbst, sondern vor dem, unserem in der Essenz strahlenden, wunderschönen, völlig makellosen Zustand. Es ist das, was wir in Wirklichkeit sind.

Wir laden also in der Vergegenwärtigung die Repräsentantinnen und Repräsentanten der Erleuchtung, beispielsweise Buddha mit Gefolge, vor uns in den Raum ein, auf ihnen jeweils entsprechenden erlesenen, kostbaren und bequemen Thronen Platz zu nehmen. Dann bedauern wir vor ihnen.

Wir können uns weiter vorstellen, dass auf jedem Atom des Universums unendlich viele Reine Länder sind, in jedem Reinen Land sind unendliche viele Buddhas mit Gefolge, und vor all diesen bedauern unendlich viele Duplikate von uns selbst. Dabei sind wir jeweils immer umgeben von allen fühlenden Wesen, die jetzt den kostbaren Menschenkörper haben und mit uns diese Übung ausführen.

Als zentral können wir auch unseren Lama oder unseren Yidam, unsere Übungsgottheit, vergegenwärtigen, die von anderen Repräsentantinnen und Repräsentanten der Befreiung und Erleuchtung umgeben ist.

Wichtig ist es, Vertrauen in die Methode des Bedauerns zu haben. Das bedeutet, wir üben auch keine Zweifel darüber zu hegen, dass das Negative so bereinigt wird. Mit der Zeit erleben wir schließlich, dass das wirklich so ist.

Überblick darüber, was wir wie bereinigen

Da diese vielen Informationen vor allem am Anfang vielleicht ein bisschen unübersichtlich sind, können wir die Übung in sechs Punkten zusammenfassen. Wir können diese dann mit der Zeit durch detailliertere Informationen erweitern.

Hier in der Übersicht:

1. Zeit: Wir bereuen alles Negative, das wir seit anfangsloser Zeit getan haben. Und zwar in den früheren Leben, in diesem Leben, in jedem bestimmten Monat, jeder Woche, jedem Tag, jeder Stunde, jeder Minute, jeder Sekunde, jedem Bruchteil einer Sekunde. Und im jetzigen Augenblick. Weiter in jedem Moment in der Zukunft.
2. Motivation: Wir bedauern alle Handlungen, zu denen wir uns und andere sich haben hinreißen lassen, durch Unwissenheit, Anhaftung und Abneigung sowie durch andere Geistesgifte.
3. Anhäufung: Wir bereuen alles, was wir mit Geist, Sprache und mit dem Körper angesammelt haben. Und was alle anderen angesammelt haben.
4. Natur der Handlung: Wir bedauern alle negativen Taten.
5. Objekte: Wir bereuen sämtliches Tun, das auf Samsara oder Nirwana abzielt.
6. Karma: Wir bedauern alles Negative, wie ein kurzes Leben, Krankheit, Armut, und das endlose Kreisen in den leidvollen Daseinsbereichen.

Bezüglich der Körperhaltung bereut man traditionell mit gefalteten Händen. Wenn wir wollen, können wir das auch so machen.

Sofort bereinigen

Möchten wir diesen Lebensstil weiter ausbauen, dann ist es wichtig, Negatives sofort zu bereuen und damit zu bereinigen, wenn wir es bei uns entdeckt haben. Man weiß einfach nicht, ob später noch genug Zeit dafür bleibt.

Denn es kann beim Dekontaminieren jederzeit etwas dazwischenkommen.

So könnte man sterben. Tatsächlich wird auch niemand von uns überleben. Und möglicherweise ist der Tod nur einen Atemzug entfernt. Dann würde man Negatives mitnehmen, und das kann dazu führen, dass man in niedere Daseinsbereiche gerät. Aber selbst, wenn man in den höheren Daseinsbereichen wiedergeboren wird, könnte man die Reiseroute zur Erleuchtung vielleicht für viele Leben nicht mehr finden.

Und auch, wenn wir noch lange leben, könnten sich die Bedingungen jederzeit ändern. Man könnte vergessen, zu bereinigen, krank werden, und dann keine Möglichkeit oder auch kein Interesse mehr daran haben, die tickenden Zeitbomben, die man durch ungeschicktes Tun gelegt hat, zu beseitigen.
Auch haben wir uns schon damit befasst, dass negatives Karma unsere Praxismöglichkeit ruinieren kann. Beispielsweise könnte ein Unfall dazu führen, dass man weniger gut sehen kann. Dann ist es nicht mehr so einfach, buddhistische Bücher zu lesen. Und kurz nachzuschauen, wie Bedauern genau vonstatten geht. Besser ist es also, wir kennen die wirklich wichtigen Methoden, ohne sie nachlesen zu müssen. Und wir wenden diese Methoden auch an. Das hat den weiteren Vorteil, dass wir uns durch unsere fortlaufende Übung an sie erinnern können, ohne eben nachschlagen zu müssen. Damit bauen wir gute Gewohnheiten auf, die wir auch dann beibehalten, wenn wir im nächsten Leben nicht sofort oder gar nicht mit der Lehre Buddhas in Kontakt kommen. Wir werden dann zum Beispiel dazu neigen, nicht zu lügen, selbst, wenn es andere um uns herum tun. Und weil wir diese guten Gewohnheiten haben, werden wir offen sein für Menschen und Gruppen, die so sind wie wir. Damit erhöht sich unsere Chance, wieder mit der Lehre Buddhas in Kontakt zu kommen. Oder doch mit anderen Menschen, die ein gutes Herz haben.

Sind wir dann gut trainiert, können wir immer besser alles Negative, das im Geist erscheint, sofort erkennen und bereinigen. In dieser Weise können wir unseren Geist von Augenblick zu Augenblick mehr und mehr frei von Leidvollem halten. Taucht also Ärger in unserem Geist auf, entdecken wir ihn möglichst sofort und üben dann, nicht mental danach zu greifen, hängen diesen Gedanken also nicht nach.

Halten wir auch nur einen Moment daran fest, bereuen wir auch das sofort. Weiter, dass wir einmal die Ursache dafür gesetzt haben, die zu dieser weniger erfreulichen Situation herangereift ist.

Auch gibt es die Methode, überhaupt nicht nach Gedanken zu greifen und völlig unbeeinflusst von ihnen zu sein. Dann müssen sie auch nicht losgelassen werden. Allerdings erfordert das sehr, sehr viel Übung.

Weiter ist es beim Bedauern nötig, dass wir mit uns und anderen ehrlich sind. Jedoch ohne zu verletzen, auch uns selbst nicht. Wenn möglich, klären wir also Probleme und versöhnen uns: Das beinhaltet, dass wir aufrichtige Entschuldigungen annehmen. Auch dieses direkte Bereinigen von Konflikten sollten wir schnell angehen. Im Alltag kann es aber manchmal auch besser sein nichts zu sagen, wenn eine direkte Vorgehensweise Schaden anrichten würde. Wir üben dann Geduld und bereinigen für andere mit, in deren Namen.

Wie bei einem vergifteten Pfeil denkt man also nicht, dass man später noch Zeit haben wird, ihn zu entfernen. Würden wir von einem vergifteten Pfeil getroffen, würden wir sofort alles unternehmen, um ihn so schnell wie möglich zu entfernen. Und jede negative Handlung mit Körper, Sprache und Geist ist so wie ein vergifteter Pfeil zu sehen.

Es ist also wirklich dringend, dass wir unser karmisches Mülllager entrümpeln und alles Toxische dekontaminieren. Und zwar so schnell wie möglich.

Einführung in die einzelnen leidbringende Handlungen

Im Sutra der hundert Taten heißt es:

„Die Freuden und Leiden der Wesen
kommen von ihren Taten, sagte der Buddha.
Die Verschiedenheit der Taten
führt zur Verschiedenheit der Wesen und bedingt ihr verschiedenartiges
Kreisen in Samsara.
Wie unermesslich ist dieses Gewebe des Karmas."

(Siehe Zitateliste Seite 569-572)

Wir unterscheiden zwischen Handlungen, die immer leidvoll sind und solchen, die an sich nicht leidvoll sind. Sie werden aber leidvoll, wenn man das Versprechen abgelegt hat, sie zu unterlassen und es dann bricht.
Hat man beispielsweise das Gelübde abgelegt, keinen Alkohol zu trinken, dann ist das Trinken von Alkohol eine leidbringende Handlung.

Hat man dieses Gelübde nicht abgelegt, ist es an sich nicht negativ, alkoholische Getränke zu sich zu nehmen. Vorausgesetzt, man begeht als Folge des Trinkens keine weniger guten Handlungen oder man wird nicht benebelt oder man trinkt nicht regelmässig Alkohol.

Wurde zum Beispiel das Gelübde abgelegt, sexuell enthaltsam zu sein, sind sexuelle Handlungen ein Bruch desselben. Hat man das Gelübde nicht abgelegt, sind diese Handlungen nur dann leidbringend, wenn jemand darunter leidet, statt Glück zu erfahren. Das muss tatsächlich nicht jemand sein, die oder der unmittelbar beteiligt ist.

Die zehn leidbringenden Handlungen bedauern

Tatsächlich gibt es 84.000 leidbringende Handlungen mit dem Geist oder mit der Sprache oder mit dem Körper. Allerdings ist die Zahl sehr unübersichtlich. Daher hat Buddha die allerwichtigsten leidbringenden Handlungen in einer Liste von zehn Punkten zusammengestellt. Es ist eine Aufstellung dazu, was wir mit Geist, Sprache und Körper unterlassen sollten. Und sie kann als eine Zusammenfassung der 84.000 leidbringenden Handlungen aufgefasst werden.

Hierbei sind die ersten sieben Handlungen nicht stets negativ, da hier die Motivation wichtiger ist als die Handlung selbst. Denn Weisheit und vor allem ein gutes Herz sind entscheidend dafür, ob die Tat dazu führen wird, dass Gutes entsteht oder ob Probleme daraus erwachsen werden.

Die letzten drei Handlungen, die Handlungen des Geistes, führen allerdings immer zu Leid.

Im Überblick:

1. Handlungen mit dem Körper:
    1.1. Töten
        Für fühlende Wesen, außer denjenigen in den Paranoiabereichen,
        ist das eigene Leben der liebste Besitz. Daher ist Töten sehr leidvoll.
    1.2. Stehlen
        Das bedeutet, etwas zu nehmen, das nicht gegeben wurde.
    1.3. sexuelles Verhalten, das Leid verursacht;
        auch bei Dritten, wie bei den Eltern eines sexuell missbrauchten Kindes.
        Die übliche sexuelle Anziehung fällt nicht unter diesen Punkt.

2. Handlungen mit der Rede:

2.1. Lügen

Damit sind Lügen gemeint, die anderen schaden. Wenn man aber jemandem mit einer Lüge (wirklich) nutzt, ist das in Ordnung. Es ist aber wichtig, dass man daraus keine Gewohnheit werden lässt.

2.2. Verleumden

Es ist hilfreich, gut über andere zu sprechen. Außer jemand hat schädliche Freundinnen oder Freunde. Dann kann man auch etwas Negatives sagen, sogar, wenn es nicht stimmt, wenn dieser negative Einfluss nur so abgestellt werden kann.

2.3. Verletzendes in der Kommunikation

Es ist schädlicher, zu Bodhisattvas in verletzender Weise zu sprechen oder sie zu kritisieren als alle Wesen in den drei Welten zu töten. Und da man nie weiß, wer eine oder ein Bodhisattva ist, ist es auch deshalb besser, mündlich sowie schriftlich freundlich zu sein.

2.4. sinnloses Gerede

Wenn wir aber jemandem damit helfen, können wir auch belanglose Gespräche führen (zum Beispiel über das Wetter). Sie sind dann aber auch nicht sinnlos, eben weil wir jemandem so helfen.

3. Handlungen mit dem Geist

3.1. Begierde

Wenn man zum Beispiel denkt: „Ach, so ein schönes Auto, das möchte ich auch haben.", und diesen Gedanken fortspinnt, dann ist das Begierde.

3.2. Böswilligkeit

Das heißt, anderen Schlechtes antun, es ihnen wünschen oder sich freuen, wenn sie etwas Schwieriges erleben.

3.3. falsche Sicht

Also zum Beispiel die Sicht, dass es keine Möglichkeit gibt, Leid zu beenden, und zwar dauerhaft. Oder die Sicht, dass Handlungen keine Folgen haben, man also tun kann, was man will.

Alle diese Handlungen bedauern wir.

Die fünf extremen Handlungen bedauern

Die fünf extremen Handlungen sind, wie der Name schon sagt, sehr, sehr leidvoll. Auch für einen selbst. Denn man wird als Folge davon, wenn man sie nicht bereinigt, sofort nach dem Tod, ohne Zwischenzustand, in den Paranoiabereichen wiedergeboren werden. Es ist sehr, sehr schwer, von dort aus wieder in einen höheren Daseinsbereich zu gelangen.

Es handelt sich im Einzelnen um folgende Handlungen:

1. eine oder einen Buddha in schlechter Absicht so verletzen, dass sie oder er blutet
2. eine Arhati oder einen Arhat, ein sehr makelloses, befreites Wesen, töten
3. die eigene Mutter töten
4. den eigenen Vater töten
5. die Sangha spalten

Es ist aber doch möglich, dieses extrem leidvolle Karma zu reinigen, wenn man sich wirklich bemüht. Eine Möglichkeit der Reinigung bietet die intensive Praxis der Rezitation des Samantabhadra-Wunschgebetes. Hier ist der Bodhisattva Samantabhadra gemeint, nicht der Buddha gleichen Namens.

Es ist unwahrscheinlich, dass wir zuletzt eine dieser Handlungen ausgeführt haben. Darüber können wir sehr, sehr froh sein. Denn es ist Ausdruck unseres guten Lebens. Aber man weiss nicht, was man früher getan hat und was andere gerade tun. Und was wir selbst und andere noch tun werden. Daher bedauern wir für uns und für alle anderen fühlenden Wesen die fünf extremen Handlungen in Vergangenheit, Gegenwart und Zukunft.

Die fünf beinahe ebenso extremen Handlungen bedauern

Diese jetzt folgenden Handlungen haben gemeinsam, dass sie das Üben der Lehre Buddhas erschweren oder unmöglich machen:

1. eine voll Ordinierte oder einen voll Ordinierten töten;
   eine Novizin oder einen Novizen töten
2. eine Arhati verführen oder zu sexuellen Handlungen zwingen
3. eine Nonne oder einen Mönch verführen oder vergewaltigen
4. buddhistische Statuten, buddhistische Meditationsbilder, Stupas, Praxisplätze, buddhistische Gegenstände und so weiter zerstören oder beschädigen, außer um sie zu reparieren
5. (unnötig) buddhistische Texte zerstören

Das Gegenteil der Sechs Befreienden Handlungen bedauern

Das klassische Training von Bodhisattvas besteht im Üben der Sechs Paramitas.
Das Gegenteil der Sechs Befreienden Handlungen ist dagegen problembildend, denn es entfernt uns von der erleuchteten Geisteshaltung. Daher bedauern wir auch sie.

Im Einzelnen handelt es sich bei diesem leidbildenden Handeln um:

1. Mangel an Freigiebigkeit, also Geiz, wenn es gut wäre, etwas zu geben
2. Verhalten, das nicht sinnvoll ist, im Wesentlichen die zehn leidbringenden Handlungen
3. Ungeduld
4. Faulheit
5. mangelnde geistige Stabilität
6. mangelnde Weisheit

Unangemessenes Handeln
den folgenden Personengruppen gegenüber bedauern

Es ist nicht gut, denen gegenüber unangemessen zu handeln, die die Lehre Buddhas in ihrem Geistesstrom verwirklicht haben. Oder die an diesem Projekt arbeiten. Auch sollten wir uns allen fühlenden Wesen gegenüber sinnvoll verhalten. Daher bedauern wir unkluges Verhalten ihnen allen gegenüber.

Allerdings gibt es Personengruppen, denen zu schaden besonders leidvoll ist. Daher bedauern wir jegliches unangemessene Verhalten ihnen gegenüber noch einmal gesondert.

Ein Grund ist, dass es uns hilft, hier achtsamer und bewusster zu sein und dadurch unser Handeln gerade da angemessen zu gestalten, wo es besonders leidvoll wäre, es nicht zu tun.

Zur Wiederholung, diese vier Personengruppen sind:

1. die eigene oder der eigene Lama, die Drei Juwelen und die anderen Repräsentantinnen und Repräsentanten der Erleuchtung,
2. fühlende Wesen, denen man viel zu verdanken hat, vor allem also die eigene Mutter in diesem Leben oder der Vater,
3. bedürftige, hilflose, fühlende Wesen, das schließt die ein, die vielen helfen,
4. Gegnerinnen und Gegner.

Verschiedene unangemessene Handlungen bedauern

Bei der jetzt folgenden Auswahl leidbringender Handlungen gibt es zum Teil später Wiederholung, auch in Bezug auf die weiteren Auflistungen im Zusammenhang mit Gelübden. Unter anderem auch, weil wir uns durch andere Formulierungen besser mit dem Sachverhalt vertraut machen können.

Hier also eine Liste von weniger sinnvollem Handeln:

1. falsche Sichtweise, insbesondere die Sichtweise, alles tun zu können, was man möchte und für richtig hält
2. nicht an Ursache und Wirkung zu glauben, das ist noch schlimmer als die fünf extremen Handlungen, da damit Befreiung unmöglich wird
3. schlecht über Bodhisattvas denken, über sie sprechen oder sie schädigen
4. Bodhisattvas töten
5. Verdienst und Aktivität von Bodhisattvas behindern oder unterbinden
6. jemanden daran hindern, Bodhicitta zu entwickeln oder zu vertiefen
7. alles, was das Ausüben und Verbreiten der Lehre Buddhas stört
8. Störungen verursachen für die, die in geistiger Ruhe vertieft sind, für ernsthaft Übende; ihnen also zum Beispiel das Essen entziehen
9. Gaben an die Drei Juwelen aus Egoismus stehlen
10. auf Verwirklichte, Nonnen, Mönche oder gelehrte Personen herabblicken und/oder sie herablassend behandeln
11. die eigene Lama oder den eigenen Lama aufgeben
12. nicht unterlassen, was die Sangha in Verruf bringt
13. Ordinierte verurteilen und strafen, weil man persönliche Abneigungen hegt
14. einer Nonne oder einem Mönch, auch, wenn sie oder er ethische Disziplin nicht aufrechterhalten hat, die Roben nehmen, sie oder ihn schlagen, gefangen nehmen oder dazu bringen, die Ordination aufzugeben
15. alles, was denen, die Erleuchtung repräsentieren, schadet
16. ernsthafte Fragen zur Lehre Buddhas nicht beantworten und den Dharma nicht an die weitergeben, die ihn aufrichtig haben möchten
17. Personen, die nicht dafür bereit sind, Erklärungen zur Leerheit zu geben
18. sich selbst egoistisch motiviert loben und für Gewinn und Ruhm abwertend über andere reden
19. die guten Eigenschaften anderer nicht anerkennen und loben
20. aus Stolz mit dem Lernen aufhören, weil man mein,t andere vertrauten einem dann mehr
21. falsche Behauptungen über die eigene Verwirklichung verbreiten
22. die Drei Juwelen nicht mit Körper, Rede und Geist verehren
23. denen, die länger in der Sangha sind, nicht respektvoll begegnen
24. aus Stolz, Faulheit und so weiter nicht an Erklärungen zur Lehre Buddhas teilnehmen
25. Einladungen (nur) aus Ärger oder Stolz nicht annehmen
26. Geschenke aus emotionalen Gründen nicht als Spende annehmen
27. Hilfe nicht mit Dank beantworten
28. eine aufrichtige Entschuldigung nicht annehmen
29. nicht unterlassen, was die Sangha in Verruf bringt
30. sich von ärgerlichen und aggressiven Gedanken leiten lassen
31. Methoden nicht anwenden, die emotionale Verwirrtheit beseitigen
32. auf Angriffe, wie Beleidigungen, Schläge und so weiter in der gleichen Weise reagieren (siehe aber auch 5.60 und 5.61)

33. sich von denen abwenden, die sich über uns ärgern
34. Schülerinnen und Schüler sammeln, nur um Gewinn oder Berühmtheit zu erreichen
35. Nachlässigkeit und Faulheit nicht entgegentreten
36. aus Anhaftung nutzlose Gespräche führen
37. einen Eid ablegen, um so die eigene Schuld zu verbergen
38. einen Unschuldigen wegen eines Vergehens anklagen
39. sich nicht anstrengen, um den Geist durch Meditation zu stabilisieren
40. nicht die fünf Schleier der Meditation auflösen
41. Erfahrungen in der Meditation, wie Freude, Klarheit oder Nichtdenken, für das Ziel halten
42. die Lehrerinnen und Lehrer, buddhistische Statuen und Bilder, Stupas und so weiter und die Lehre Buddhas kritisieren, sowie den Buchstaben statt dem Sinn folgen
43. Unachtsame nicht zur Einsicht und so auf den richtigen Weg bringen
44. bestimmte tiefgründige Belehrungen ablehnen oder kritisieren
45. die Lehre Buddhas aufgeben oder andere dazu veranlassen, das beinhaltet, mit anderen während buddhistischer Belehrungen unnütz zu reden
46. den Bodhisattvaweg verlassen, um einem selbst fabrizierten Weg zu folgen
47. andere buddhistische Schulen oder Lehren ablehnen oder abwerten, zum Beispiel den Kleinen Weg; das Ablehnen der Lehre Buddhas ist noch schädlicher als die fünf extremen Handlungen
48. andere religiöse Systeme oder Schulen komplett und pauschal abwerten, wenn sich dort auch Gutes findet
49. behaupten, dass das Fahrzeug der Hörerinnen und Hörer (gehört zum Kleinen Weg) nicht dafür geeignet ist, um störende Emotionen aufzugeben
50. den Dharma vernachlässigen und stattdessen unnütz sinnlose Texte Andersdenkender lesen
51. sich mit diesen Texten befassen und das immer mehr mögen
52. jemanden veranlassen den Großen Weg aufzugeben
53. sich nicht dafür einsetzen, das Leid anderer zu lindern oder zu beenden
54. Nachlassen im Bemühen für das Glück aller fühlenden Wesen
55. Aufgeben von Liebe und Mitgefühl
56. denen, die Hilfe benötigen, nicht helfen
57. Kranken nicht helfen
58. den Kummer anderer nicht lindern oder beseitigen
59. denen, die es benötigen, nichts geben, obwohl man selbst genug hat
60. eine aus Liebe und Mitgefühl wirklich nötige, negative Handlung unterlassen; vorausgesetzt, man hat die Kapazitäten dazu
61. leidbringende Handlungen nicht, passend zur Situation, abstellen
62. bei glückbringenden Handlungen nicht harmonisch mit anderen handeln (also nicht gut mit anderen zusammenarbeiten).
63. spirituelle Kräfte nicht einsetzen, wenn es nötig ist, um andere zu bezähmen

64. Lebensraum anderer fühlender Wesen beeinträchtigen oder vernichten; zum Beispiel völlig unnütz im Garten umgraben oder dauernd den Rasen mähen
65. den eigenen Lebensunterhalt mit leidbringenden Tätigkeiten verdienen; also als Fischerin oder Fischer arbeiten, als Metzgerin oder Metzger oder als Kammerjägerin oder Kammerjäger und so weiter
66. Selbstmord ist, vor allem für Vajrayana Praktizierende, noch schlimmer als die fünf extremen Handlungen, weil Selbstmord die Gottheit, die wir sind, tötet; weiter sind wir der Palast, also die Wohnung, für die Buddhaaspekte
67. Unachtsame nicht zur Einsicht und so auf den richtigen Weg führen
68. das Leben in einer Weise führen, die nicht mit der Lehre Buddhas übereinstimmt (also betrügen, stehlen und so weiter)
69. leichtfertige Vergnügungen unnütz ausüben
70. berauschende Substanzen aus Anhaftung zu sich nehmen
71. meinen, man könnte Befreiung und Erleuchtung nicht erreichen

Das Brechen von Gelübden bedauern

Im Großen Weg unterscheidet man drei große Gruppen von Gelübden, die vielfältigen Nutzen haben:

1. die äußeren Gelübde, meist Pratimoksha-Gelübde genannt, durch die wir davon ablassen, anderen zu schaden
2. dann das innere Gelübde, durch das wir üben anderen zu nutzen, es ist das Bodhisattva-Gelübde
3. und die geheimen Gelübde, es sind die Vajrayana-Gelübde, die sogenannten Samayas (skr.) oder Damtsigs (tib.)

Gelübde sind auch für die Übung des Bedauerns wichtig. Denn die Praxis des Bekennens von jemanden, die oder der Zuflucht genommen und Bodhicitta hervorgerufen hat, entspricht hunderttausend Bekenntnissen von einer Person, die das nicht getan hat.
Ein Tag des Bereuens und Bekennens von jemandem, die oder der im Rahmen von Ermächtigungen Vajrayanaübertragungen erhalten hat und dadurch ein tiefes Verständnis und die erwachte Sichtweise erlangt hat, hat mehr Kraft, als jahrelanges Bekennen einer Person, die „nur" Zuflucht genommen und „nur" Bodhicitta hervorgebracht hat.

Tatsächlich sind Gelübde eine Hilfe, um Bedingungen zu ermöglichen, in denen wir üben können. Anders als die immer leidbringenden Handlungen sind nicht alle Handlungen, die mit Gelübden unpassend sind, auch ohne Gelübde leidvoll. Allerdings heißt es auch, dass die meisten dieser Handlungen, zu denen man sich durch Gelübde verpflichtet, grundlegend sinnvolle oder aufzugebende Verhaltensweisen darstellen, für alle von uns.

Und zwar unabhängig davon, ob man das Versprechen gegeben hat oder nicht.

Vielleicht denkt man jetzt, es wäre dann doch am Besten gar keine Gelübde abzulegen, denn dann kann man sie auch nicht brechen. Allerdings stimmt das nicht. Denn dadurch, dass man Gelübde genommen und sie gehalten hat, hat man sehr viel Gutes aufgebaut, und das wird zu Positivem führen. Auch wenn es negativ ist, wenn man die Versprechen zwischenzeitlich auch bricht.

Beispiele für Gelübde oder Verpflichtungen sind:

1. Die Gelübde der individuellen Befreiung (Pratimoksha-Gelübde):
Sie reichen von einem Gelübde bis hin zu den umfangreichen Gelübden für Nonnen und für Mönche.
Hier legen Nonnen auch deshalb mehr Gelübde ab, weil sie in bestimmten Situationen verletzlicher sind. Die zusätzlichen Regeln sind also eine Schutzmaßnahme.
Man kann eines, mehrere oder alle dieser Versprechen ablegen, für eine bestimmte Zeit, zum Beispiel für einen Tag oder bis zum Lebensende. Nimmt man die Pratimoksha-Gelübde für das ganze Leben, ist es dennoch möglich, sie zurückzugeben und sie zu einem späteren Zeitpunkt erneut zu nehmen.

Bei den Laiinnen- und Laiengelübden handelt es sich um fünf Versprechen:

1.1. nicht töten
1.2. nicht stehlen
1.3. nicht lügen
1.4. Treue in einer bestehenden Beziehung
   Das beinhaltet, bestehende andere Beziehungen, vor allem, wenn sie in Verbindung mit einem Versprechen besiegelt wurde, nicht zu beschädigen
1.5. keine berauschenden Mittel zu sich nehmen

Die Essenz dieser Versprechen ist Entsagung, also der Wunsch nach Befreiung. Damit gehören sie zum Kleinen Weg. Nehmen wir sie aber mit der Motivation, alle fühlenden Wesen zu erleuchten, erhalten sie die Prägung des Großen Weges.
Angemerkt sei, dass ein Teil der acht Mahayana-Gelübde diesen fünf Gelübden ähnelt, oder es sind die gleichen Gelübde. Bei Interesse können die acht Mahayana Gelübde im Glossar nachgelesen werden.

2. Bodhisattva-Versprechen, mit dem man verspricht, Bodhicitta anzuwenden:
Es zu beschädigen, zu verlieren oder aufzugeben, ist leidvoll.

Die Gründe für den Verlust des angewendeten relativen Bodhicittas kann man im Wesentlichen in zwei Punkten zusammenfassen:

1. Man verliert das Bodhisattva-Gelübde, wenn man auch nur ein einziges fühlendes Wesen aus dem eigenen Geist ausschließt.
   Das heißt, wenn man sich von einer Person abwendet, nicht mehr offen für sie ist und denkt: „Wenn sie meine Hilfe braucht, werde ich ihr nicht helfen." Oder: „Wenn ich Schaden von ihr abwenden kann, werde ich es nicht tun."
2. Weiter verliert man es, wenn man eine Geisteshaltung entwickelt, die das Erreichen der Erleuchtung zum Nutzen aller fühlenden Wesen aufgibt. Wenn man also in etwa denkt: „Ich werde nie Erleuchtung erreichen.", oder „Mir fehlt die Kapazität, um Erleuchtung zu erreichen.", oder „Das schaffe ich nie!".

Diese zwei Punkte können auch in achtzehn Punkte aufgefächert werden:

1. Um Ansehen und Gewinn zu erhalten, lobt man sich selbst und setzt andere herab.
2. Aus Geiz gibt man Leidenden und Schutzlosen nicht den Dharma und keine materiellen Dinge, obwohl es benötigt wird, man darum gebeten wurde und man die Möglichkeiten hat, das zu geben.
3. Man nimmt eine Entschuldigung nicht an. Eventuell schlägt oder tadelt man andere sogar noch für den Versuch, sich zu entschuldigen.
4. Man gibt den Großen Weg auf und verbreitet falsche Lehren.
5. Man stiehlt den Besitz oder Gegenstände der Drei Juwelen.
6. Man gibt die Lehre Buddhas auf (und nicht „nur" den Großen Weg, wie unter Punkt vier aufgeführt wurde).
7. Man schädigt Nonnen und Mönche.
8. Man begeht eine oder mehrere der fünf extremen Handlungen:
   8.1. absichtliches Verletzten einer Buddha oder eines Buddha in schlechter Absicht
   8.2. Töten einer Arhati oder eines Arhats
   8.3. Töten der eigenen Mutter
   8.4. Töten des eigenen Vaters
   8.5. Spaltung der Sangha
9. Man hält an falschen Sichtweisen fest, wie, dass es keine Wiedergeburt gäbe oder dass Selbstmordattentate Glück brächten.
10. Man zerstört Städte und Lebensräume.
11. Man erklärt Leerheit Personen, die darauf nicht vorbereitet sind.
12. Man bringt jemanden davon ab, Erleuchtung anzustreben und verleitet sie oder ihn stattdessen dazu, sich mit Befreiung zu begnügen.
13. Man bringt jemanden von der Pratimoksha-Ethik ab, indem man zu verstehen gibt, dass diese nicht nötig sei, wenn man im Großen Weg praktiziert.

14. Man schätzt den Kleinen Weg gering.
15. Ohne es zu sein, stellt man sich als reine Praktizierende oder reinen Praktizierenden des Großen Weges dar./ In anderen Texten heißt es stattdessen: Man gibt Bodhicitta auf.
16. Man täuscht vor, Leerheit verwirklicht zu haben, obwohl es nicht stimmt.
17. Man führt Gaben an Klöster anderem Nutzen zu, dem eigenen oder dem eigener Favoritinnen und Favoriten.
18. Man entzieht ernsthaft Meditierenden die materielle Grundlage und lässt die Mittel denen zukommen, die nur den Worten nach und mit Rezitationen den Dharma üben.

Außer bei falschen Sichtweisen und beim Aufgeben von Bodhicitta sind folgende vier Faktoren verstärkend wirksam. Das jeweilige Gegenteil ist abschwächend wirksam.

Verstärkend wirken:

1. die jeweilige Handlung nicht als falsch anzusehen
2. die Handlung in Zukunft wieder ausführen zu wollen
3. die Handlung mit Freude ausführen
4. keine Selbstachtung und Rücksicht zu haben
   Selbstachtung bedeutet, etwas aufgrund der eigenen Ethik nicht zu tun. Rücksicht bedeutet, etwas aufgrund der Meinung anderer nicht zu tun. Das heißt, man überlegt, wie die eigene Lehrerin oder der eigene Lehrer oder Buddha darüber denken würde, was man getan hat oder tut.

Weiter gibt es 46 Nebenregeln, im folgenden wird ihr Bruch beschrieben:

Regeln, die sich auf die erste Befreiende Handlung, Großzügigkeit, beziehen:

1. den Drei Juwelen nicht regelmässig Gaben darbringen
2. nicht entschlossen Gegenmittel gegen Geiz anwenden
3. denen, die länger in der Sangha sind, keinen Respekt entgegenbringen
4. keine Antwort geben, wenn man gefragt wird und hilfreich sein kann
5. Einladungen ohne guten Grund ausschlagen, da man hier die Großzügigkeit anderer behindert
6. ohne guten Grund Gaben zurückweisen
7. aufrichtig Interessierten die Lehre Buddhas nicht geben, wenn man es kann, also zum Beispiel, indem wir jemandem, wenn gewünscht, ein buddhistisches Infoblatt nicht geben

Regeln, die sich auf die zweite Befreiende Handlung, sinnvolles Verhalten, beziehen:

8. fühlende Wesen, die sehr leidbringend gehandelt haben und damit unser besonderes Mitgefühl haben sollten, aufgeben
9. Pratimoksha-Regeln nicht üben
10. das Wohl anderer nicht an erste Stelle setzen
11. das Bodhisattva-Verhalten im Zweifelsfall nicht über das Einhalten der Pratimoksha-Regeln stellen, wenn es zum Nutzen anderer ist
12. kein korrekter Lebenserwerb, also sich zum Beispiel einschmeicheln, um Gaben zu erhalten.
13. statt sich mit dem Üben der Lehre Buddhas zu befassen, sich (zuviel) mit anderen Dingen vergnügen und zerstreuen oder andere dazu veranlassen
14. meinen, als Bodhisattva solle man sich nicht so sehr wie die Übenden des Kleinen Weges vom Daseinskreislauf abwenden, weil man im Großen Weg auch Sinnesfreuden nutzt; tatsächlich ist das Abwenden von Samsara im Großen Weg aber sogar noch intensiver, auch wenn es unter Umständen anders aussieht;
15. wenn man zu Unrecht kritisiert wird, die Dinge nicht in angemessener Art und Weise klarstellen;
    der Grund ist, dass man mit gutem Ansehen meist mehr für andere bewirken kann, vor allem in verantwortungsvoller Position;
16. Negatives in anderen nicht vermindern, und hierfür, falls es nicht anders geht, auch vorübergehend Unstimmigkeiten in Kauf nehmen

Regeln, die sich auf die dritte Befreiende Handlung, Geduld, beziehen:

17. Verleumdungen und Beleidigungen in gleicher Art zurückgeben statt Geduld zu üben
18. Konflikte nicht beenden, wenn man es kann
19. wenn andere etwas mit einem bereinigen möchten, es nicht zulassen
20. Ärger im eigenen Geist nicht mit Gegenmitteln bezähmen

Regeln, die sich auf die vierte Befreiende Handlung, freudiger Einsatz, beziehen:

21. niedrigere Handlungen ausführen statt sich um Dharma-Handlungen bemühen und speziell nur des Ruhmes und des Geldes wegen viele Schülerinnen oder Schüler um sich versammeln
22. statt mit Tatkraft dem Dharma zu folgen, faul zu sein und viel zu schlafen
23. belangloses Reden ohne Grund, zum Beispiel über das Wetter, Sport, Sex oder Politik, nur um irgendetwas zu sagen oder sich wichtig zu machen.

Regeln, die sich auf die fünfte Befreiende Handlung, geistige Stabilität, beziehen:

24. sich nicht bemühen, Informationen über Meditation zu erhalten
25. sich nicht genug darum bemühen, Hindernisse bei der Meditation zu beseitigen, vor allem Erregung und Reue, feindselige Geisteshaltung, Dumpfheit, Schlaf und Anhaften an Sinnesfreuden
26. am Glücksgefühl in tiefer Meditation anhaften

Regeln, die sich auf die sechste Befreiende Handlung, Weisheit, beziehen:

27. das Kleine Fahrzeug geringschätzen, auch anderen gegenüber, so dass sie ebenfalls eine derartige Einstellung entwickeln
28. nur Übungen des Kleinen Fahrzeuges ausführen, obwohl man im Großen Weg übt
29. sich nur noch mit Schriften und Systemen nicht buddhistischer Traditionen befassen und die Lehre Buddhas vergessen
30. zu großes Vertrauen in nicht buddhistische Traditionen haben; gibt man dann die Lehre Buddhas auf, ist es eine Hauptübertretung
31. einzelne Teile des Großen Weges als unnötig erachten und aufgeben; gibt man den Großen Weg ganz auf, ist es eine Hauptübertretung
32. falsche Einstellung zu Resultaten haben; andere dann erniedrigen und sich selbst loben
33. sich nicht darum bemühen, die Lehre Buddhas zu erhalten, zum Beispiel ohne guten Grund nicht an Unterweisungen teilnehmen
34. Dharma-Unterweisenden gegenüber eine negative Haltung haben, und Worten folgen, statt den Sinn zu erfassen
35. nichts unternehmen, um anderen zu helfen, obwohl man es könnte
36. anderen, die krank sind, nicht helfen
37. anderen nicht helfen, wenn man es kann, man die Verantwortung für sie hat und es nicht dazu führt, dass man leidbringend handelt
38. sich nicht darum kümmern, Ursachen für Leid abzuwenden; also andere nicht von Handlungen oder Einstellungen abhalten, die dazu führen, dass sie Probleme bekommen werden
39. Hilfe, die man von anderen erhalten hat, nicht erwidern
40. anderen nicht helfen, ihren Kummer zu überwinden, wenn man es kann, hier geht es vor allem um geistiges Leid
41. Nahrung, Kleidung und Wohnung nicht geben, wenn man es kann
42. den Dharma oder materielle Dinge denen nicht geben, die einem anvertraut sind
43. eine Freundschaft mit jemandem nicht bewahren, weil man so handelt, dass es der Mentalität dieser Person völlig entgegensteht; andere, die sich gut verstehen, entzweien
44. die Vorzüge anderer nicht loben und sie nicht darin bestärken

45. wenn andere schädigende Handlungen begehen, sie nicht mit angemessenen Mitteln davon abhalten
46. falls man es kann und es erforderlich ist, keine Wunderkräfte einsetzen, um andere auf den richtigen Weg zu führen

Wird bei Hauptübertretungen das Gegenmittel nicht innerhalb von zwei Stunden angewendet, ist das Bodhisattva-Gelübde gebrochen.
Es ist dann wie bei einem Baum, bei dem die Wurzeln gekappt sind. Der Baum kann nicht weiterleben, und es muss ein neuer Baum gepflanzt werden. Analog muss man das Bodhisattva-Versprechen erneut nehmen. Das kann man auch vor einer Statue Buddhas tun. Hat man keine, lädt man in der Vergegenwärtigung Buddha, umgeben von Bodhisattvas, vor sich im Raum ein und legt vor ihnen das Bodhisattva-Gelübde ab, und zwar dreimal.

Handelt man den Nebenregeln zuwider, wird das Bodhisattva-Versprechen nicht gebrochen, aber es wird beschädigt. Es ist dann wie bei einem Baum, bei dem einzelne Zweige beschädigt sind. Der Baum selbst kann aber noch weiterleben. Hier wird das Bodhisattva-Versprechen durch dreimaliges Bekennen und Bereuen der entsprechenden Handlung wiederhergestellt.

Es ist gut das Bodhisattva-Gelübde immer wieder zu nehmen. Am besten ist es, wenn wir es im Rahmen der täglichen Praxis jeden Tag erneut ablegen.
Hat man kein Bodhisattva-Versprechen abgelegt, ist das Aufgeben der erleuchteten Geisteshaltung des Wunsches kein Gelübdebruch. Es ist aber auch dann leidvoll.

3. Vajrayana-Gelübde
Die Essenz der vierzehn Vajrayana-Gelübde ist die reine Sichtweise.
Hat man die Gelübde genommen, ist es sehr negativ, diese Verpflichtungen zu brechen, da sie mit einem tiefgehenden Engagement verknüpft sind. Tatsächlich ist es noch negativer, sie zu brechen als eine oder mehrere der fünf extremen Handlungen auszuführen. Diese Vajrayana-Wurzelgelübden wurden im Kapitel über „Verehren" beschrieben, werden hier aber noch einmal kurz aufgelistet. Die aufgeführten Handlungen sind allerdings auch ohne Gelübde wenig sinnvoll. Auch daher werden sie erneutaufgeführt:

3.1. mangelnder Respekt gegenüber der oder dem Lama
3.2. Buddhas Worte übertreten
3.3. ärgerlich auf Vajraschwestern und Vajrabrüder sein
3.4. Liebe und Mitgefühl aufgeben
3.5. Bodhicitta aufgeben
3.6. die eigenen Lehren oder die Lehren anderer verspotten
3.7. Vertrauliches aus Vajrayana-Übertragungen weitergeben, an die, die die erforderliche Übertragung dafür nicht haben

3.8. die fünf Aggregate (Skandhas) abwerten

3.9. die Phänomene nicht als makellos ansehen

3.10. enge Freundschaft mit Personen eingehen, deren Sichtweisen dem Dharma entgegenstehen und die schaden wollen

3.11. nicht fortlaufend über Leerheit meditieren

3.12. die, die Vertrauen haben, von einer bestimmten tantrischen Praxis abschrecken, für die sie die Voraussetzungen haben

3.13. Samaya-Substanzen (Tsog-Substanzen) ohne wirkliche Notwendigkeit ablehnen

3.14. Frauen in Gedanken, Worten oder Taten abwerten

4. Versprechen, die man im Rahmen von Ermächtigungen ernsthaft, bewusst und mit der Absicht, sie zu halten, genommen hat

5. Es gibt dann schließlich noch weitere Verpflichtungen und Versprechen

Wenn man beispielsweise Zuflucht genommen hat, gibt es Regeln, die sie beschützen:

So kultivieren wir Wertschätzung für die Drei Juwelen. Auch gibt man sie nicht auf, selbst, wenn man das Leben geben oder auf sehr viel verzichten muss. Und wir nehmen immer wieder Zuflucht, indem wir uns daran erinnern, welche großartigen Qualitäten Buddha, Dharma und verwirklichte Sangha haben.

Vor allem aber trainieren wir, anderen nicht mehr zu schaden. Auch stützt man sich nicht auf Menschen, die falsche Ansichten haben. Weiter suchen wir für den grundlegenden Einstieg in den Ausstieg aus dem Leid Schutz bei den authentischen Repräsentantinnen und Repräsentanten der Erleuchtung. Und nicht mehr woanders.

Schließlich schätzen wir alles, was die Lehre Buddhas repräsentiert und verhalten uns entsprechend. Das betrifft zum Beispiel jede Abbildung Buddhas. Den Dharma behandeln wir ebenfalls mit Wertschätzung. Konkret bedeutet das auch, buddhistische Bücher an Stellen zu legen, wo sie nicht beschädigt werden können. Repräsentantinnen und Repräsentanten der verwirklichten, buddhistischen Gemeinschaft, der Sangha, sollten ebenfalls mit Respekt behandelt werden.

Auch in Bezug auf das Sieben-Punkte-Geistestraining (nicht zu verwechseln mit den Sieben Übungen) gibt es Verhaltensweisen, die hinderlich sind. Weiter gibt es Verpflichtungen, die das Sieben-Punkte Geistestraining mit sich bringt. So sollten wir uns nicht mit den Fehlern anderer befassen und diese dann womöglich auch noch ausgiebig thematisieren.

Wir spotten also zum Beispiel nicht über jemanden, die oder der etwas nicht gut kann. Und zwar weder im Beisein der Person, noch wenn diese nicht zuhört. Und auch nicht in unseren Gedanken. Wir zielen somit nicht auf den schmerzhaften Punkt von anderen. Wenn wir also wissen, dass jemand schlecht Auto fahren kann, ziehen wir diese Person nicht damit auf. Auch nicht im Scherz und auch dann nicht, wenn wir uns so richtig über sie ärgern. Schließlich bürden wir anderen nicht Dinge auf, die wir nicht tun wollen und die sie nicht tun wollen, um uns selbst zu entlasten, nicht gefährdet zu werden und so weiter.
Es ist weiter negativ, wenn wir nicht froh sind.
Dies sind lediglich einige Beispiele. Bei Interesse sei auf die entsprechende Literatur verwiesen.

Auch in den 37 Übungen der Bodhisattvas finden wir Unterweisungen dazu, was passende und was unpassende Handlungen sind.

Weiter gibt es in „Die kostbare Girlande für den höchsten Weg" von Gampopa, nicht zu verwechseln mit dem sogenannten „Juwelenschmuck", viele wertvolle Informationen darüber, welches Handeln geschickt ist und welche Handlungen ungeschickt sind.
Weiter ist das Bodhicharyavatara von Shantideva eine großartige Quelle für Informationen dazu, was hilfreich und was weniger hilfreich ist.

Möglicherweise fühlen wir uns aber jetzt, nach dem Lesen dieser Listen und den Literaturhinweisen, überfordert und denken etwas in der Art wie: „Aber wie soll ich das alles behalten und umsetzen?" Oder: „Das kann ich ja alles gar nicht einhalten."

Deshalb kann es unterstützend sein, wenn wir uns an dieser Stelle noch einmal an folgendes erinnern:

1. Eine wahrhaft wirklich gute Motivation macht eine Handlung nutzbringend.
2. Lernen erfolgt Schritt für Schritt, wobei wir die leidvollsten Handlungen zuerst abstellen. Also beispielsweise Töten durch Angeln. Oder intensiven und böswilligen Hass und Neid, allerdings ohne diese Gefühle zu unterdrücken.

Es kann auch vorkommen, dass man über einige der aufgeführten Handlungen hinwegliest, weil man meint, sie seien nicht relevant. Aber es lohnt sich vielleicht doch, etwas genauer hinzusehen.

So ist das Aufgeben der Lehre Buddhas leidvoller als die fünf extremeb Handlungen. Dazu gehört auch das unnötige Zerstören von buddhistischen Darstellungen. Hier ist vor allem das geplante, mit starker Unwissenheit, negativen Emotionen und Absichten aufgeladene Vernichten gemeint.

Man denkt vielleicht, dass man das ja gar nicht macht. Aber stimmt das denn? Nun, wann haben wir denn das letzte Mal Informationsmaterial mit Bildern buddhistischen Inhaltes in der Mülltonne entsorgt? „Aber was soll ich denn sonst damit tun, ich kann doch nicht all diese Dinge aufheben?", mag jetzt als Gedanke erscheinen.

Allerdings: Einmal ist es fraglich, ob man tatsächlich derart achtlos entsorgen würde, wenn man wirklich wüsste, wie kostbar ein Bild beispielsweise der Weißen Tara ist. Und wenn man nur einmal in diesem Leben überhaupt eine buddhistische Abbildung erhalten könnte. Das ist nicht so abwegig, wie es jetzt vielleicht klingt. Es gibt Länder, in denen man bestimmte Abbildungen nicht haben darf.

Weiter hängt auch hier wieder einmal alles von unserer Geisteshaltung ab. Entsorgt man den Prospekt achtlos mit dem Gedankengang, er sei jetzt wertlos, nur weil die Kurse vorbei sind? Oder geben wir ihn mit der geistigen Haltung in die Papiertonne, dass auch dort kleinste Lebewesen sind, die davon Nutzen haben könnten? Liest man das ein erstes Mal, klingt es möglicherweise nach Haarspalterei. Aber das, was für uns so wenig unterschiedlich aussieht, ist in Wirklichkeit ein Quantensprung in unserer Einstellung. Möchte man buddhistische Texte oder Bilder nicht mehr haben, kann es tatsächlich eine gute Idee sein, sie einem buddhistisches Zentrum zu geben, anderen Praktizierenden zu schenken oder sie zu verbrennen.

Angemerkt sei noch, das man durch das achtlose Wegwerfen von buddhistischen Abbildungen wohl kaum extrem negatives Karma aufbaut. Aber es ist wieder ein kleines, weniger gutes Karma-Staubkörnchen, oder es sind vielleicht auch mehrere. Und sie sammeln sich an, bis der Staub dann doch stört. Auch verdoppelt sich das Ergebnis jeder Handlung alle 24 Stunden. Also, nur weil die Handlung so klein ist, heißt das nicht, dass man die Folgen nicht eines Tages als störend bemerken wird.

Aber: Wir sollten uns jetzt nicht fürchten, sondern diese Erkenntnisse als Ansporn dafür begreifen, die Zeit nicht ungenutzt verstreichen zu lassen. Sondern stattdessen üben, möglichst wenig Negatives in unserem Geistesstrom anzusammeln. Und bereits vorhandene, problembildende Karma-Samen zu beseitigen. Sowie natürlich möglichst wenig gute geistige Eindrücke zu verlieren und weiter Positives anzusammeln.

Es ist übrigens gut, wenn wir uns nicht nur über ungeschickte Handlungen, sondern auch über ihre glückbringenden Pendants genauer informieren. Hierzu später mehr.

Die unansehnliche Prinzessin

„Auch wenn wir gewisse Fehler sehen,
sollten wir sie nicht öffentlich verkünden,
denn wer so handelt,
wird dieselben Früchte ernten."

Mondlicht-Sutra

(Siehe Zitateliste Seite 569-572)

Zur Zeit Buddhas lebte eine Prinzessin, die man nicht schön fand. Und so wurde sie von ihrer Familie eingesperrt, damit niemand sie sehen konnte.

Als sie im heiratsfähigen Alter war, gab es dann auch keinen Prinzen, der sie heiraten wollte. Alle nahmen sie als unattraktiv wahr.
Daher wurde schließlich ein Minister ausgesandt, um einen Mann zu suchen, der aus guter, aber armer Familie kam und der die Bedingung akzeptieren würde, sie niemandem jemals zu zeigen. Tatsächlich fand sich nach einiger Zeit ein Mann, der mit der Vereinbarung einverstanden war.
Die junge Frau selbst aber beklagte ihr Leid. Sie fragte sich, welche ihrer früheren Handlungen dazu geführt hatten, dass sie jetzt derart leiden musste.
Die Prinzessin dachte immer wieder: „Was habe ich bloß getan, dass ich nicht hübsch bin?"

Trotz ihres zurückgezogenen Lebens hatte sie aber von Buddha Shakyamuni gehört. Und sie betete intensiv dafür, ihn treffen zu können. Ihre Bitten wurden tatsächlich erhört, denn sie konnte Buddha mehr und mehr wahrnehmen. Währenddessen wuchs das Vertrauen der Prinzessin, und sie intensivierte ihre Gaben und Gebete. Und mit der Zeit verwandelte sich ihr Aussehen schließlich in das einer Göttin. Buddha gab ihr auch Unterweisungen, und sie erreichte den Pfad des Sehens, das heißt, die erste Bodhisattvastufe.

Zwischenzeitlich ging ihr Mann wieder einmal alleine zu einem Fest. Die anderen Leuten wunderten sich, wie schon so oft. Sie dachten, dass seine Frau entweder außergewöhnlich schön oder recht hässlich sein müsse, weil er sie stets verbarg. Neugierig wie sie waren, beschlossen sie, ihn zum Trinken zu animieren. Der Plan sah weiter vor, dann seine Schlüssel zu entwenden. Mit den Schlüsseln wollten sie sich Zutritt zum Palast verschaffen, um selbst nachzuprüfen, warum seine Frau nie in der Öffentlichkeit zu sehen war.

Es gelang ihnen dann tatsächlich, den Ehemann der Prinzessin so betrunken zu machen, dass sie ihm die Schlüssel abnehmen konnten. Dann gingen sie in den Palast.

Was sie schließlich dort vorfanden, war eine wunderschöne, strahlende Prinzessin. Selbst ihr eigener Mann konnte sie nur noch an ihrer Stimme erkennen.

Beide, die Prinzessin und ihr Mann gingen etwas später zu Buddha und fragten ihn, warum sie unansehnlich gewesen war.

Buddha erzählte ihnen dann, dass die Prinzessin in einem ihrer früheren Leben einen Vater gehabt hatte, der die Lehre Buddhas unterstützte.
Eines Tages lud er einen Heiligen ein, der allerdings wenig ansprechend aussah.
Die damalige Tochter dieses Gönners der Lehre Buddhas und die heutige Prinzessin hatte sich sehr über das unansehnliche Aussehen des heiligen Mannes lustig gemacht, trotz seiner vielen guten Eigenschaften.

Das Ergebnis dieses ungeschickten Tuns war, dass sie in einem späteren, also diesem Leben, genau die körperlichen Merkmale selbst erleiden musste, die sie derart abfällig thematisiert hatte. Erst als der Heilige starb und sein Tod mit vielen ungewöhnlichen Zeichen, wie Regenbögen, einherging, wurde ihr klar, dass sie einen Fehler gemacht hatte.
Als sie dann eine Wiedergeburt in einem unansehnlichen Körper erleiden musste, konnte sie mithilfe Buddhas durch die Vier Kräfte, die Bereuen beinhalten, dieses negative Karma bereinigen. Dadurch wurde sie wunderschön, wie eine Göttin.

Tatsächlich zeigt dieses Beispiel auch, dass wir in der Zukunft viel Geld für Kosmetika, nachträgliche Zahnkorrekturen und so weiter sparen können, wenn wir die Lehre Buddhas jetzt richtig anwenden.

Auch wenn das nicht der eigentliche, wesentliche Sinn dafür ist, seine Lehre zu üben.

Die Kraft der erleuchteten Geisteshaltung bei der Reinigung

Es ist sehr leidbringend Bodhisattvas zu schädigen. Wir fragen uns vielleicht, warum das so ist?

Der Grund ist, dass Bodhisattvas alle fühlenden Wesen in ihrem liebevollen Geist einschließen. Schädigt man jemanden mit so einer edlen Geisteshaltung, ist es, wie wenn man alle fühlenden Wesen schädigen würde. Jemanden mit einer so großartigen, kraftvollen Geisteshaltung zu beeinträchtigen, ist nicht gut.

Andererseits ist es immer noch besser, einer oder einem Bodhisattva zu schaden, als überhaupt keine Art von Kontakt aufzubauen. Denn Bodhisattvas machen Wünsche dafür, dass auch die, die sie schädigen, dadurch Nutzen erfahren mögen. Diese Wünsche werden eines Tages Wirklichkeit. Allerdings wird die Person, die schädigt, vorher, aufgrund des angerichteten Schadens, Leid erfahren. Vorausgesetzt, sie bereinigt nicht, bevor das schwierige Karma zur Reife gekommen ist. Um aber nicht missverstanden zu werden: Viel besser ist natürlich ein guter Kontakt zu Bodhisattvas. Und zwar für uns selbst.

Warum ist Bodhicitta nun so hilfreich für unsere Reinigung? Allgemein ist glückbringendes Handeln ein Gegenmittel gegen weniger geschicktes Vorgehen. Und die großartigste positive Handlung ist das Hervorbringen der erleuchteten Geisteshaltung. Hier sind Bodhisattvas diejenigen, die diese kostbare, erleuchtete Geisteshaltung in ihrem Geist erzeugt haben, fortlaufend hervorbringen und ausweiten.

Weiter kann ein einziger Augenblick reiner erleuchteter Geisteshaltung die Auswirkungen negativer Handlungen zahlloser Weltzeitalter tilgen. Bodhicitta ist also eine sehr machtvolle, dabei überaus seltene Geisteshaltung. Tatsächlich ist vollendetes Bodhicitta die kostbarste und edelste Geisteshaltung, die es gibt.

So heißt es auch:

> „Wie das Feuer am Ende der Zeit,
> verbrennt die erleuchtete Geisteshaltung
> große Negativität in einem einzigen Augenblick."

(Siehe Zitateliste Seite 569-572)

Es mag nicht erstrebenswert sein, dass Wälder verbrennen, auch weil dann viele Tiere qualvoll sterben. Aber losgelöst von dieser Einschätzung, zeigt folgender Vergleich, wie kraftvoll Bodhicitta ist.
Angemerkt sei, dass das aufrichtige, tiefempfundene Erzeugen von Bodhicitta in tatsächlicher oder vorgestellter Gegenwart der Repräsentantinnen und Repräsentanten der Erleuchtung die beste Art ist, sich zu reinigen.

Es ist also wichtig, das zu erinnern und es auch anzuwenden:

Die beste Art, sich zu reinigen ist das	Erzeugen von aufrichtigem, tiefempfundenen Bodhicitta in tatsächlicher oder vorgestellter Gegenwart der Repräsentantinnen und Repräsentanten der Erleuchtung.

Nicht zuletzt deshalb erzeugen wir vor jeder buddhistischen Praxis des Großen Weges und des Vajrayanas die erleuchtete Geisteshaltung.

Und zwar am besten, indem wir vor uns im Raum die vergegenwärtigen, die diese bereits perfekt oder sehr weitgehend perfekt hervorgebracht haben.

Damit wird auch verständlicher, dass es eine karmisch äusserst begünstigte Gelegenheit ist, das Bodhisattva-Versprechen zu nehmen. Weiter, wie wertvoll es ist. Und dass es sehr leidbringend ist, die erleuchtete Geisteshaltung zu beschädigen, zu vergessen oder zu verlieren. Sowie diese edle und kostbare Haltung des Geistes zu verspotten oder die, die sie hervorgebracht haben, zu schädigen. Auch sagen, wie erwähnt, die Erklärungen, dass ein einziges Bedauern und Bekennen von jemandem, die oder der sich auf die Erleuchtung (Zuflucht) ausrichtet und Bodhicitta hervorruft kraftvoller reinigt, als das Bedauern und Bekennen von einer Person, die sich nicht so ausrichtet.

Vier Kräfte, die Negatives bereinigen

Bekennen und Bereuen für sich genommen sind weiter Bestandteil der klassischen Vier Kräfte, die Leidbringendes bereinigen.
Diese Vier Kräfte sind kurz gefasst:

1. die als Vorbild nehmen, die das, was wir lernen wollen, bereits können,
2. etwas weniger Gutes bedauern,
3. dieses weniger Gute in Zukunft unterlassen,
4. sich stattdessen auf Gutes ausrichten, das heißt, es auszuführen.

Die Vier Kräfte sind aber auch in den Sieben Übungen enthalten. Denn wir praktizieren sie vor dem höheren Feld der Ansammlung. Unser Vorbild haben wir damit vor Augen. Weiter bringen wir Gaben dar, tun also etwas Gutes, was auch dazu führt, dass unser Training kraftvoller wird.
Die dritte Übung ist dann das eigentliche Bereuen. Das schließt ein, dass wir Negatives unterlassen wollen. Dann kultivieren wir Mitfreude, fordern auf, zu lehren und bitten, zu bleiben. Wir wollen also alles, was problembildend ist, unterlassen und stattdessen gut handeln. Daher verbinden wir unseren Geist damit, wir richten uns also auf das Positive aus.

Grundsätzlich betrifft jede Handlung, und damit auch jedes negative Tun, entweder das höhere Feld der Ansammlung oder die fühlenden Wesen. Oder beide. Dabei ist das höhere Feld der Ansammlung unsere Zuflucht, die Stütze für unsere Hingabe. Und die fühlenden Wesen sind die, denen gegenüber wir Bodhicitta hervorbringen. Dieselben Objekte nutzen wir auch, um unser negatives Karma zu reinigen. Bei der Anwendung der Vier Kräfte verbindet sich unser Geist also mit dem höheren Feld der Ansammlung, das uns Schutz gewährt. Und durch Bodhicitta, das wir auch immer vor Beginn unserer Übungen generieren, verbinden wir uns mit allen fühlenden Wesen.

Auch gehört es zu den Vier Kräften, aufzugeben, was Probleme hervorbringt, und wir unterlassen es tatsächlich gegenüber den Repräsentantinnen und Repräsentanten der Erleuchtung und den fühlenden Wesen. Schließlich sammeln wir Gutes an, durch unsere Aktivitäten mit Körper, Rede und Geist, weiter durch die Interaktion und Ausrichtung auf die, die Erleuchtung repräsentieren und auf die fühlenden Wesen.

Die Reihenfolge, in der die Vier Kräfte beschrieben werden, variiert. Jeder und jede ist anders, daher können wir die Variante aussuchen, die uns zusagt.

Wichtig ist es, die Übung überhaupt regelmäßig auszuführen. So könnten wir jeden Abend, durch Freude über drei Dinge, die wir im buddhistischen Sinn besonders gut gemacht haben, diese Handlungen verstärken. Und drei Dinge, die besonders leidbildend waren, mit den Vier Kräften reinigen. Angemerkt sei, dass regelmässige Freude vor dem Einschlafen über Handlungen die Ergebnisse auch sehr schnell zur Reife kommen lassen können.
Eine Variante der Vier Kräfte lässt sich wie folgt beschreiben:

1. Kraft des Bereuens: die Entgiftungskur

„Wer in Tausenden von Weltzeitaltern
unermesslich viele sehr negative Handlungen begangen hat,
kann diese durch
einmaliges, vollständiges Bekennen und Bereuen tilgen."

Sutra des Goldenen Lichts

(Siehe Zitateliste Seite 569-572)

Es ist somit sehr wichtig, aufrichtige Reue hervorzubringen. Das bedeutet, es tut einem sehr, sehr leid, wenn man sieht, dass man das ganze Gegenteil von dem denkt, sagt und tut, was man möchte: Bodhicitta hervorbringen.

Um diese Reue zu erzeugen, werden drei Methoden beschrieben:

1.1. Wir erkennen, dass es nichts bringt, unangemessen zu handeln. Es ist weder nötig, noch sinnvoll, noch bringt es uns einen Vorteil oder Gewinn. Denn in der Regel handelt man, um Nahestehende zu beschützen oder um Feindinnen oder Feinde zu besiegen, um den eigenen Körper zu bewahren oder den eigenen Besitz oder die Objekte, durch die man Sinnesfreuden erfährt. Allerdings kann man nichts dauerhaft behalten. Spätestens, wenn man stirbt, verliert man es wieder. Die schwierigen geistigen Eindrücke aus unangemessenem Tun wird man allerdings mitnehmen. Fazit: Es lohnt sich nicht, leidbringend zu handeln.

Im Überblick:

Was wir beispielsweise nicht mitnehmen können, wenn wir sterben:	1. Eltern, Geschwister, Partner, Kinder, Freundinnen, Freunde 2. Besitz, wie Kleider, Lippenstift Fahrrad, Kommunikationsgeräte 3. meinen Körper
Was man mitnehmen wird, wenn man stirbt:	1. glückbringende geistige Eindrücke 2. leidbringende geistige Eindrücke

1.2. Man fürchtet sich vor den Auswirkungen negativer Handlungen. Denn die Sichtweise, dass sie nicht nutzen, aber auch nicht schaden, ist falsch. Das Ergebnis leidbringender Taten können wir wie folgt einteilen:

    1.2.1. Die Furcht, die man erlebt, wenn man stirbt. Hier ist man alleine und erfährt Leid. Und niemand kann einem helfen, weder Partner noch Freundinnen und Freunde, auch Verwandte oder Kolleginnen und Kollegen nicht. Und Besitz, Körper, Schokoeis, Fussball, Computerspiele und so weiter werden ebenfalls keine Hilfe sein.

    1.2.2. Die Furcht, die im Tod erfahren wird, hier sind Nahestehende und alle anderen keine Hilfe.

    1.2.3. Die Furcht, die nach dem Tod erfahren wird.
In der und in den nächsten Wiedergeburten erwarten einen jedoch Probleme als Folge von unangemessenen Handlungen.
Und tatsächlich gibt es viele fühlende Wesen in den leidvollen Bereichen, aber nur sehr wenige in den glücklicheren Bereichen. Eine gute Wiedergeburt zu erreichen, ist schwer und es ist ungewiss, ob das so bald wieder möglich sein wird.
Denn die Wiedergeburt geschieht bei uns in den allermeisten Fällen nicht aufgrund der eigenen Wünsche, sondern als Folge der eigenen Gewohnheiten, aufgrund des eigenen Karmas.

1.3. Die Furcht, die entsteht, wenn man feststellt, dass es nötig ist, sich schnellstmöglich von Negativem zu reinigen.
Denn man kann jederzeit sterben, und dann wird man definitiv die Folgen ungeschickter Handlungen erleben. Es ist nur eine Frage der Zeit. Nur die angesammelten glückbringenden und leidbringenden geistigen Eindrücke begleiten einen. Und wenn man stirbt, ist es zu spät dafür, Gutes anzusammeln und Negatives zu bereinigen. Das hätte man vorher tun müssen. Nochmals angemerkt werden soll hier, dass sich auch in diesem Leben die Bedingungen jederzeit ändern können.

Und dann kann man sich unter Umständen auch nicht mehr von negativen geistigen Einrücken reinigen. Zum Beispiel, wenn man schwer krank wird. Auch könnte die Verbindung zur Lehre Buddhas schwächer werden und anderes mehr.

2. Kraft des Gegenmittels: das Heilmittel, die Aufbaukur

Das Gegenmittel gegen unpassende Handlungen ist, Sinnvolles zu tun, wie:

2.1. Meditation über die Leerheit und in der Folge mehr und mehr vom Greifen nach einem imaginären Ich ablassen,
2.2. Rezitieren von Sutren und Tantras,
2.3. Rezitieren von Mantren oder Namen von Buddhas und Bodhisattvas,
2.4. mithelfen, Stupas zu errichten; dort Verehrung und Gaben darbringen,
2.5. Herstellen von Bildnissen von Buddhas, wie Statuen oder Gemälde; davor Gaben darbringen,
2.6. Dharma hören, lesen, abschreiben und Ähnliches; buddhistische Texte, Bücher drucken lassen, verbreiten oder dabei helfen.
2.7. Die Meditation auf Vajrasattva und die Rezitation seines Hundertsilben-Mantras wird oft als die beste Methode für die Reinigung bezeichnet. Hierbei ist aber das Anwenden der Vier Kräfte wesentlich.
2.8. Tsog praktizieren,
2.9. die fünf Verhaltensweisen, die den oder die Lama erfreuen:

    2.8.1. ihr oder ihm Verehrung darbringen,
    2.8.2. ihr oder ihm Dienste anbieten,
    2.8.3. Hingabe und Vertrauen zu ihr oder ihm entwickeln,
    2.8.4. tun, was sie oder er sagt,
    2.8.5. ihre oder seine Unterweisungen (zur Lehre Buddhas) üben.

2.10. Das, und alle negativen Handlungen entgegensetzten, positiven Handlungen, wie beispielsweise Leben retten, nicht stehlen, kein sexuelles Verhalten, das zu Leid führt, sinnvoll ehrlich sein, gut über andere reden, freundlich sprechen, sinnvoll reden, den Geist frei von Begierde, schlechten Wünschen und falschen Ansichten halten, sich nicht von störenden Gefühlen zu unklugem Tun hinreissen lassen; dann Großzügigkeit, sinnvolle Disziplin, sinnvolle Geduld, sinnvolle, von Freude getragene Anstrengung, geistige Stabilität, Weisheit. Vor allem ist Bodhicitta wichtig, also ein Geist, der völlig darauf ausgerichtet ist alle fühlenden Wesen für immer von Leid und dessen Ursachen zu befreien und zur Erleuchtung zu führen. Und der bereit ist, dafür alle Schwierigkeiten auf sich zu nehmen. Wenn das derzeit zuviel erscheint, wünschen wir uns zumindest immer wieder, bald diese Geisteshaltung hervorbringen zu können. Es sind hier nicht genauso viele gute wie schlechte Handlungen zum Reinigen nötig. Denn eine kleine gute Tat kann unermesslich viele negative Tate bereinigen.

Weiter heißt es, dass eine schwache negative Handlungen große Mengen von Positivem nicht zunichte machen kann. Ähnlich ändert ein Teelöffel Salz den Geschmack einer Flasche Wasser, aber nicht den Geschmack des gesamten Wassers im Starnberger See.

Doch warum unterlassen wir eine Handlung nicht nur, sondern tun das Gegenteil? Der Hauptgrund ist eben, dass wir mit den guten Handlungen gute geistige Eindrücke aufbauen und Schwieriges schwächen. Weiter ist es aber auch schwieriger, gegen etwas als für etwas zu sein. Lässt man also die leidbringende Handlung "nur", ist es, wie wenn ein Platz frei wird. Aus Gewohnheit besteht dann die starke Tendenz, dass sich die negative Handlung dort wieder "hinsetzt". „Setzen" wir aber eine gute Handlung auf diesen sozusagen leeren Platz, dann kann das wenig Sinnvolle sich dort nicht mehr so leicht niederlassen. Es ist also hilfreich, eine negative Gewohnheit durch eine positive Gewohnheit zu ersetzen.

3. Kraft der Abkehr vom Negativen: in Zukunft Abstand davon nehmen, was toxisch ist

In diesem Schritt beschließen wir aufrichtig, uns zu ändern und es besser zu machen. Durch das Wissen über die Folgen und die Furcht vor den Auswirkungen des unpassenden Handelns verspricht man, nicht mehr unangemessen zu handeln und daran zu arbeiten, sich zu verbessern. Wir könnten es auch so ausdrücken: Wir nehmen uns sehr ernsthaft vor, in jedem Fall, komme was wolle, clean zu bleiben.

Ohne diese Abkehr vom Negativen besteht einfach eine viel größere Gefahr, dass man wieder zurückfällt. Das eigene Bemühen wäre nicht so effektiv. Typischerweise tritt die negative Handlung auch in Situationen, zu Zeiten, mit Personen, an Orten oder in bestimmten Stimmungen auf, in, zu, mit,an oder bei denen sie früher aufgetreten ist. Hier gilt es, besonders wachsam zu sein, um diese Umstände eventuell auch für eine bestimmte Zeit zu meiden. Oder gerade dann bewusst das Gegenteil zu tun und sich schon vorher zu überlegen, wie wir in diesen Situationen anders, hilfreich, denken, reden und handeln wollen. Wir können hier auch schon vorher in Gedanken durchgehen, wie wir besser reagieren könnten. Es kann allerdings auch sein, dass man sich von etwas trennen muss, was vielleicht nicht einfach ist. Das bezieht sich nicht nur auf Personen, sondern auch auf Dinge, Orte, Vorlieben und so weiter.

Vielleicht fragen wir uns in Bezug auf Personen, warum man schlechte Gesellschaft meidet, denn man könnte diesen Menschen doch eventuell helfen. Der Punkt ist, dass man dafür entsprechend stabil sein muss. Sonst besteht die Gefahr, dass man selbst in unangemessenes Denken, Reden und Tun hineingezogen wird. Vor allem, wenn die anderen stärker oder in der führenderen Position sind.

Oder wie Lama Pema Zangmo einmal auf einer Autofahrt meinte, als sie beim Vorbeifahren ein Motorrad mit Fahrer und hinten sitzendem Beifahrer sah:

„Wenn einer fällt, dann fallen beide".

Das Verhalten des Fahrers hat also einen größeren Einfluss auf den Beifahrer als umgekehrt.

Obwohl man sich also bemüht, wird es trotzdem öfter passieren, dass man immer mal wieder zurückfällt. Es kann dann schmerzhaft sein, zu sehen, wie viele Fehler man macht. Und wie schwer es sein kann, sie aufzugeben. Noch schmerzhafter kann es sein, wenn man sieht, dass man wieder und wieder zurückfällt oder die Fortschritte nicht so erfolgen, wie man es sich wünscht. Es ist also gut, wenn wir kleine Schritte machen, statt von uns selbst zu große Fortschritte zu erwarten. Und dann aufzugeben, wenn diese nicht erfolgen. Hier sind dann auch Geduld und von Freude getragenes Bemühen (die Befreienden Handlungen drei und vier) gefragt.

Dieser Punkt, das fortlaufende Bemühen darum, Negatives aufzugeben, ist allerdings wirklich wichtig, weil es die Gewohnheit bricht. Ohne diesen Schritt wird man doch immer wieder leidbringend handeln. Denn auch, wenn wir zwar erkennen, was negativ ist, und es bereinigen, aber sofort wieder unpassend handeln, sind wir wie jemand, die oder der den Boden gewischt hat, hinausgeht und dann wieder mit schmutzigen Schuhen hereinkommt. Wir verpflichten uns daher dazu, Abstand von Negativem zu nehmen. Es ist einfach effektiver, Negatives von vorneherein zu lassen, als es anzusammeln und anschließend reinigen zu müssen.

Wir gewöhnen uns daher besser an, die verschmutzen Schuhe rechtzeitig auszuziehen, wenn wir in die saubere Wohnung kommen, anstatt sie anzubehalten und dann gleich wieder putzen zu müssen.

4. Kraft der Stütze: unser gesunder Zustand und unsere Heilerinnen und Heiler

Wollen wir etwas bekennen, brauchen wir jemanden, vor dem oder der wir bekennen können. Sinnvollerweise verwenden wir dazu als Vorbild die Repräsentantinnen und Repräsentanten der Erleuchtung. Denn sie sind frei von Negativem und wir haben, während wir bekennen und bereuen, vor Augen, wie wir wirklich sind. Es ist ja unser eigener, perfekter Zustand, den wir vor uns vergegenwärtigen. Auch ist die Kraft der Stütze wichtig, damit wir uns immer wieder an sie erinnern und sehen, dass wir grundsätzlich auch so sind. Und an das, was wir mit unseren Bemühungen erreichen wollen. Da wir uns auch als krank betrachten können, entspricht der Buddha-Zustand dann unserem gesunden Zustand, den wir vor uns entstehen lassen. Es ist hier gut, sich daran zu erinnern, dass Erleuchtete keine Partei.

ergreifen. Sie verurteilen uns nicht, sondern nehmen uns mit bedingungsloser Liebe an, so wie wir sind. Ihr einziges Anliegen ist es, uns zu helfen und dass es uns gut geht. Das bedeutet allerdings nicht, dass wir es uns im derzeitigen Modus bequem machen können und uns nicht mehr anzustrengen brauchen. Die vierte Kraft wirkt stärker, wenn wir Zuflucht genommen haben. Noch besser ist es, wenn wir auch das Bodhisattva-Versprechen abgelegt haben. Eine andere Reihenfolge der Vier Kräfte sieht so aus:

1. Wir lassen den gesunden Zustand vor uns im Raum entstehen, es ist das, was wir wirklich sind:

Wir laden also vor uns im Raum entweder:

1.1. die Drei Juwelen mit Gefolge, oder
1.2. die Buddhas und Bodhisattvas mit Gefolge, oder
1.3. den Yidam, den man am meisten praktiziert als Licht-Energieform, mit Gefolge oder,
1.4. die oder den eigenen Lama mit Gefolge, oder
1.5. alle genannten und weitere Repräsentantinnen und Repräsentanten der Erleuchtung ein.

2. Wir erkennen, wo wir diesen gesunden Zustand noch nicht ganz zur Verfügung haben und bedauern es:

Während wir also unsere eigene Vollkommenheit vor uns sehen, tut uns von Herzen leid, was wir weniger gut gemacht haben. Und wir bedauern, so gehandelt zu haben, dass es überhaupt dazu kommen konnte. Wir bereuen also auch die Ursachen unserer derzeitigen Probleme. Das heißt, wir bereuen generell alles Negative. Es ist alles das, was uns nicht zu Glück, vor allem aber nicht zu Befreiung und Erleuchtung hinführt. Dann befassen wir uns mit einem oder mehreren konkreten, leidbringenden Themen, an denen wir gerade arbeiten. Damit wenden wir uns davon ab.

3. Wir üben den gesunden Zustand ein:

Dazu gehört es generell, Positives zu tun. Arbeiten wir an einem bestimmten Thema, wäre hier auch zu nennen, dass wir das gegenteilige Positive von dem tun sollten, was wir an Negativem aufgeben möchten. Arbeitet man also daran, weniger ruppig zu anderen zu sein, kann man in diesem Schritt konkret üben, netter zu anderen zu sein. Unter diesen Punkt fällt auch das Rezitieren von Mantren und so weiter.

4. Wir lassen den krankhaften Zustand hinter uns:

Wir versprechen, nicht mehr leidbringend zu handeln. Wenn wir mit einem Gewohnheitsmuster befasst sind, sagen wir verbindlich zu, es aufzugeben. Zunächst aber immer wieder nur für sehr kurze Zeiträume, wie einen Tag. Wobei wir uns spätestens am Ende des Zeitabschnittes prüfen und überlegen, wo es geklappt hat und wo und warum nicht.

Schließlich eine dritte Möglichkeit der Reihenfolge:

1. Wir erkennen, dass nicht alles so ist, wie wir es gerne hätten und bedauern es:

Wir erkennen, bekennen und bedauern von Herzen alles, was wir falsch gemacht haben.

2. Wir holen uns Unterstützung bei denen, die diese Fehler nicht mehr haben, wir wenden also die Kraft der Stütze an:

2.1. Wir stellen uns dabei die Repräsentantinnen und Repräsentanten der Erleuchtung vor uns im Raum als Licht-Energieformen vor, ähnlich einem Regenbogen oder einem Hologramm.
2.2. Wir wenden Gegenmittel, wie die Vajrasattva-Meditation, an.

Es gibt hier also zwei Arten, wie die Stütze verstanden werden kann.

3. Wir üben den neuen Zustand ein:

Wir handeln positiv.

4. Wir geben die problematischen Zustände auf:

Wir versprechen vor den als Zeuginnen und Zeugen vergegenwärtigten Buddhas und Bodhisattvas, das Negative nicht mehr zu tun.

Wie aufwändig es ist, eine Tendenz zu ändern, hängt auch davon ab, wie eingefressen die Gewohnheit ist und wie oft man in Umstände gerät, die diese auslösen. Wenn bei der Anwendung der Vier Kräfte ein bestimmtes Muster immer wiederkehrt, geht man die Kräfte also auch konsequent immer wieder durch. Die Gewohnheit wird mit der Zeit definitiv schwächer und verschwindet schließlich ganz. Manchmal können wir aber auch feststellen, dass bereits ein einmaliger Durchgang dazu führt, dass das Problem weitgehend verschwunden ist. Abschließend können wir uns freuen, dass wir den Fehler gefunden haben, ihn bereut und bereinigt haben und planen, ihn in Zukunft zu unterlassen.

Wenden wir alle Vier Kräfte an, können wir selbst negativste Handlungen reinigen.
Aber bereits mit einer dieser Kräfte bereinigt man Negatives sehr effektiv. Hierbei sind die Kraft der Reue und das Aufgeben der negative Gewohnheit am wichtigsten.

Die Vier Kräfte als Praxis für jeden Abend

Wir können auch unabhängig von den Sieben Übungen die Vier Kräfte anwenden, zum Beispiel jeden Abend. Denn sie sind sehr wirkungsvoll und überaus hilfreich.

Ehe wir also abends einschlafen, können wir uns überlegen, welche wirklich glückbringenden Handlungen wir tagsüber ausgeführt haben und uns von ganzem Herzen darüber freuen. Dann widmen wir das Gute in korrekter Art und Weise. Informationen zur Widmung finden sich im entsprechenden Kapitel.
Als nächstes versuchen wir, herauszufinden, was wir weniger gut gemacht haben und wenden zum Beispiel auf die leidbringendste Handlung die Vier Kräfte an. Und zwar mit Freude darüber, dass wir die schwierigen Folgen des eigenen Messi-Modus beim Denken, Reden und Tun entfernen können. Wenn wir bereinigt haben, freuen wir uns darüber und schlafen mit dieser Freude ein.

Es ist aber fast besser, vor allem, wenn man zum Grübeln neigt, diese beiden Übungen umzudrehen. Das bedeutet, zuerst wenden wir die Vier Kräfte an, und dann freuen wir uns, auch als Belohnung, über alles, was wir an diesem Tag gut gemacht haben. Mit dieser Freude schlafen wir dann ein. Das ist sehr kraftvoll.

Einfache Handlungen zur Reinigung von Negativem nutzen

Auch können wir einfache, alltägliche, unspektakuläre Handlungen nutzen und sie damit tiefgründig machen.

Reinigen wir also beispielsweise einen Raum, dann haben wir die Möglichkeit, uns dabei vorzustellen, dass wir den eigenen Geist und den Geist aller fühlenden Wesen von Unangemessenem und dessen Ursachen säubern. Ein Hausputz kann somit eine Form von buddhistischer Praxis werden. An diesem Beispiel sehen wir auch einmal mehr, dass alles vom Geist abhängt, von der Motivation und davon, wie wir die Dinge sehen.

Es zeigt aber auch, dass man sich nicht darüber zu beklagen braucht, dass man keine Zeit hat, weil man im normalen Leben steht und deshalb nicht weiterkommt. Das ist eine falsche Sichtweise.

Denn wir können im ganz normalen Leben stehen und sehr wohl alles, was geschieht, nutzen, um auf dem buddhistischen Weg voranzuschreiten.

Tatsächlich können wir in München Stadtmitte Samstagvormittag das Geschirr spülen und uns dabei vorstellen, dass wir alles Negative und dessen Ursache von allen fühlenden Wesen entfernen.

Wir können in Berlin an einem Montagabend unter der Dusche stehen und dabei denken, dass das Wasser den Schmutz und dessen Ursache im Geist von uns und allen fühlenden Wesen wegwäscht, während wir all das Negative bedauern. Denn ob duschen eine buddhistische Praxis ist oder nicht, hängt von uns ab. Ohne diese Vorstellung ist es einfach Wasser, das über uns fließt. Es ist auch ein Unterschied, ob wir glauben, dass das Wasser selbst Negatives reinigt. So wie es der Brahmane in der Geschichte, die weiter vorne erzählt wurde, glaubte. Oder ob wir das Wasser als Auslöser verwenden, um uns vorzustellen, wie Negatives gereinigt wird. Tatsächlich kann das Wasser selbst unser negatives Handeln mit Körper, Rede und Geist nicht reinigen. Der Unterschied besteht also darin, dass der Brahmane dem Wasser selbst die Kraft zugeschrieben hat, von negativem Karma zu reinigen. Diese Kraft hat das Wasser aber nicht.

Wir können auch am Starnberger See auf einer Steinmauer sitzen und uns einmal im Monat eine Kugel Schokoeis mit Sahne gönnen. Das ist eine an sich neutrale Handlung, die im Normalfall weder besonders glückbringend noch nennenswert leidbringend ist. Essen wir das Eis aber mit der Geisteshaltung, dass wir uns stärken, um wieder zum Nutzen aller fühlenden Wesen arbeiten zu können, kreieren wir positives Potenzial. Auch können wir in unserer Kehle unseren Lama oder unsere Lama vergegenwärtigen und uns vorstellen, dass das Eis zu köstlichstem Nektar wird, das wir ihr oder ihm darbringen.

Schließlich soll angemerkt sein, dass das Positive normalerweise korrekt gewidmet werden muss, damit es uns in Richtung Befreiung und Erleuchtung führt. Außer bei einer Person, die Leerheit verwirklicht hat. Oder wenn das Zielobjekt des Denkens, Redens und Tuns makellos im buddhistischen Sinn ist.

Weitere Informationen zur Widmung gibt es bei der siebten Übung.

Die tiefgründigste Methode, um Negatives zu reinigen

Die tiefgründigste Methode, um sich von Leidbringendem zu reinigen, ist das Begreifen der Leerheit. Wir erkennen also, dass Negatives leer davon ist, so zu existieren, wie wir es wahrnehmen. Das heißt, etwas anderes zu sein, als Samen in unserem Geist, die sich öffnen, und zwar 65 pro Sekunde. Das bedeutet aber definitiv nicht, dass Negatives nicht existiert!

Zeichen der Reinigung

Hinweise darauf, dass die buddhistische Praxis erfolgreich ist, wurden bereits beschrieben. Es sind dieselben wie bei erfolgreicher Reinigung. Wir können als Zeichen des Erfolges unter Umständen folgendes feststellen:

1. Wir haben immer mehr Mitgefühl für andere.
2. Das Vertrauen in unsere Lama oder unseren Lama und die anderen Repräsentantinnen und Repräsentanten der Erleuchtung nimmt zu.
3. Das Verständnis von Ursache und Wirkung vertieft sich.
4. Wir sind immer weniger in den Daseinskreislauf verstrickt. Das muss nicht unbedingt bedeuten, dass wir äußerlich fortlaufend zurückgezogen leben oder uns seltsam verhalten müssen.

Auch in Träumen können Hinweise für erfolgreiche Reinigung auftreten:

1. Wir begegnen Buddhas und Bodhisattvas.
2. Wir hören die Lehre Buddhas.
3. Wir sehen eine Versammlung von Nonnen oder Mönchen.
4. Wir sitzen auf Elefanten, Bullen, Bergen, von Löwen gestützten Thronen oder steigen zu Palästen hinauf.
5. Wir gehen auf einen hohen Berg, und zwar bis zum Gipfel.
6. Wir sehen uns in einem schönen Garten oder auf einer weiten Wiese.
7. Wir gehen zu milchspendenden Bäumen.
8. Wir sehen Sonne oder Mond (aufgehen).
9. Wir fliegen durch den Raum.
10. Wir sehen Feuer.
11. Wir widerstehen Büffeln oder schwarzen Personen.
12. Wir trinken helle Flüssigkeiten, wie Joghurt oder Milch.
13. Wir erbrechen verdorbene Speisen.
14. Wir werden gewaschen.
15. Wir fühlen uns leicht.
16. Und anderes.

Bedauern entspricht folgender Grundübung

Bedauern entspricht der zweiten Grundübung, der Vajrasattva-Meditation.

Bedauern im Kurzüberblick

Vor wem bedauern wir?	Vor denen, die Erleuchtung, repräsentieren wie Buddhas
Gegenmittel gegen	Abneigung
Verdienst/Reinigung	Reinigung von Negativem

Bedauern als alleinige Übung

Wir bringen unsere Aufmerksamkeit zu dem, was wir jetzt tun, und lösen uns, so gut wie wir können, von der Vorstellung, dass es ein Ich, ein Tun und ein Gegenüber gibt, wie wir meinen. Wir sind also auch weniger im Modus von "Ich übe", sondern eher in der Haltung, dass etwas getan wird.

Geistig präsent und mit Offenheit, Vertrauen, Hingabe und Freude nehmen wir dann Zuflucht und bringen die erleuchtete Geisteshaltung hervor.

Als nächstes stellen wir uns einen offenen und weiten, leeren Raum vor.

Indem sie in unserer Vergegenwärtigung auf von uns angebotenen, kostbaren und bequemen Sitzen Platz nehmen, erscheinen vor uns in diesem Raum, strahlend, wunderschön und vollkommen, die Repräsentantinnen und Repräsentanten der Erleuchtung.

Im Regelfall ist im Zentrum Buddha. Oder die oder der eigene Lama, in der Karma-Kagyü Linie ist das Karmapa. Oder unser Yidam oder eine Meditationsgottheit, die uns besonders gefällt. Jeweils mit Gefolge.
Wir können auch denken, dass sich auf jedem Atom des Universums unzählige Reine Länder befinden. In ihnen verweilen wiederum zahllose Buddhas der Vergangenheit, Gegenwart und Zukunft mit großem Gefolge aus Bodhisattvas, Pratyekabuddhas, Arhatis und Arhats, Hörerinnen und Hörern.

Sie befinden sich in strahlenden, wunderschönen, vollkommenen Licht-Energieformen vor uns im Raum, und wir denken an ihre unermesslichen Qualitäten.

Vor ihnen führen wir in Duplikaten von uns, in der Anzahl, wie es Atome in den Welten gibt, mit allen fühlenden Wesen, die jetzt den kostbaren Menschenkörper haben, die Übung aus.

So praktizieren wir alle die dritte Übung, Bedauern, in Vergangenheit, Gegenwart und Zukunft.

Wir alle bereuen also tiefbewegt und von ganzem Herzen alles Unangemessene, das wir getan haben, tun oder tun werden. Und die Ursache dafür. Es tut uns einfach wirklich unendlich leid.

Hierbei können wir die Informationen, die wir in diesem Kapitel erhalten haben, verwenden.

Dann bitten wir die gütigen, weisen, strahlenden, wunderschönen und vollkommenen Repräsentantinnen und Repräsentanten der Erleuchtung, dass sie unsere Übung annehmen.

Anschließend löst sich der zentrale Aspekt mit Gefolge in Licht auf und verschmilzt mit uns und allen fühlenden Wesen im kostbaren Menschenkörper.

Als nächstes ruhen wir in der Gewissheit, dass unser Geist und der Geist des zentralen Aspektes nicht verschieden voneinander sind.

Schließlich widmen wir ausnahmslos dieses und alles andere Gute, das jemals angesammelt wurde, angesammelt wird und angesammelt werden wird und die Ursache dafür aus den drei Zeiten mit vollendetem Mitgefühl und perfekter Weisheit, das heißt, so wie die Buddhas und Bodhisattvas widmen, der raschen und leichten Erleuchtung aller fühlenden Wesen.

Wir verweilen noch einen Moment geistig anwesend und freuen uns von ganzem Herzen über das Gute, das wir gerade zusammengetragen haben.

2.4. Mitfreuen
statt
Neid

Die nächste Übung, Mitfreude, hilft uns, die guten Eigenschaften bei anderen zu erkennen und von ganzem Herzen Freude darüber zu empfinden.

Weiter führt Mitfreude dazu, dass wir anderen gönnen können, wenn es ihnen gut geht. Vor allem aber ist Mitfreude für den Aufbau von Verdienst äußerst wichtig. Denn ohne Mitfreude ist es sehr schwer, genügend gute geistige Eindrücke aufzubauen.

Und wir reduzieren durch sie unter anderem Neid, aber auch Eifersucht, Stolz, Konkurrenzdenken und Selbstbezogenheit. Weiter Anhaftung an unsere eigenen Vorzüge, an das, was wir haben oder sind. Diese geistigen Haltungen belasten einen, und sie führen dazu, dass man nicht froh ist.

Wir müssen arbeiten, andere sind auf Weltreise

Während wir diese Zeilen lesen, fallen einem vielleicht Szenarien ein, in denen man anderen etwas geneidet hat.

Beispielsweise macht ein guter Freund eine Weltreise, während man selbst arbeitet. In der eigenen Vorstellung sieht man ihn und seine Freundin vielleicht auf Tahiti am Traumstrand bei vielen Aktivitäten wie Schwimmen, Segeln, Surfen, Schnorcheln oder Tauchen. Das Essen ist sehr gut, und die Landschaft und die Strände laden sowohl zu Ausflügen als auch zum Entspannen ein. Es gibt romantische Sonnenuntergänge, es sind viele nette Leute dort. Dann reisen die beiden weiter, sehen verschiedene Städte und Sehenswürdigkeiten. Jedenfalls tun sie viele spannende Dinge, und die beiden erleben einfach den perfekten Urlaub. Zumindest in unserer Vorstellung.

Wir dagegen sind gerade im Büro, und die Sonne kennen wir heute erneut nur vom Hörensagen. Es ist auch definitiv zu stressig, denn die Konkurrenz schläft nicht. Gerade sieht es auch so aus, als würde diese den großen Auftrag erhalten, für dessen Akquirierung unsererseits viel investiert wurde. Jetzt stehen wir vor der Herausforderung, damit umzugehen, ohne schwieriges Karma anzusammeln.

Da erhalten wir eine Nachricht von unseren Freunden mit der Information: „Es ist traumhaft hier, und wir sind so glücklich."
Natürlich kann so eine Situation Neid, auch in subtiler Form, auslösen, der eine Art allergische Reaktion auf das Glück anderer ist.

Wir sehnen uns in dem Moment also nach dem Glück, von dem wir meinen, dass andere es gerade erleben, wir jedoch nicht.

Allerdings wird unser Neid nichts ändern. Die Freunde haben trotzdem eine gute Zeit, und wir sind hier und meinen, es ginge uns nicht so gut. Wir sehen also gerade den Reichtum bei anderen und den Mangel bei uns selbst.

Ein anderes grundlegendes, gegenteiliges Szenario, in dem wir temporär meinen, in der besseren Situation zu sein, sieht so aus: Denken wir einfach einmal an etwas, das wir sehr gut können und das uns leicht fällt. Das kann eine Sprache sein, es kann mit Technik oder Sport zu tun haben, es kann ein anderes Spezialgebiet sein. Hier meinen wir, vielleicht auch ohne es je richtig bemerkt zu haben, dass wir nicht nur gut, sondern viel besser als die anderen sind. Je mehr wir uns auf diese Qualität von uns selbst fokussieren, desto weniger können wir uns allerdings dafür öffnen, dass auch andere gute Eigenschaften und Fähigkeiten haben. In einer derartigen Situation sehen wir dann den Reichtum bei uns selbst und den Mangel bei anderen. Auch wenn es schön ist, etwas Positives gut zu können und wenn man bei diesem Szenario vielleicht nicht so sehr leidet, ist es doch keine angenehme, wirklich glückliche Situation.

Weiter können beide Einstellungen dazu führen, dass man, als Folge davon, Handlungen ausführt, die leidbringend sind.

Im ersteren Fall könnte der eigene Neid eine weniger gute Reaktion auslösen, die dazu führt, dass man den anderen die gute Zeit ein klein wenig vermiest.

Im zweiten Fall könnte es sein, dass man anderen zu verstehen gibt, dass sie einem eben auf „meinem" Spezialgebiet nicht das Wasser reichen können. Und vielleicht eine abwertende Bemerkung macht.

Untersuchen wir diese Szenarien allerdings genauer, merken wir, dass die Wahrnehmung von „schlechter wegkommen" oder „besser sein" eine verzerrte Sicht auf die Dinge ist.

Wir sehen das halbvolle Glas beim anderen und das halbleere bei uns, wenn wir neidisch sind.
Sind wir dagegen stolz, sehen wir das halbvolle Glas bei uns, und das halbleere Glas schreiben wir anderen zu.

Das Glas ist allerdings stets mit der gleichen Menge angefüllt.
Man selbst nimmt aber die Welt wieder einmal mehr als gespalten in Ich und Du wahr. Und entweder das Ich kommt in unserer Vorstellung besser weg oder das Du. Da man allerdings am Ich mehr anhaftet, will man den besseren Teil in der Regel für das Ich, also für sich selbst.

Daher fühlt es sich auch etwas besser an, wenn es das Ich im Moment - vermeintlich - besser hat als das Du. Stolz erscheint uns daher auch meistens weniger unangenehm zu sein als Neid oder Eifersucht. Würden diese Sichtweisen für andere und uns wirklich zu Glück führen, wären sie ja in Ordnung. Aber das tun sie nicht, und wir wissen das auch. Beide Szenarien sind weiter eine Einengung unserer Aufmerksamkeit auf eine der unendlich vielen Möglichkeiten, wie wir unsere Zeit verbringen können.

Wir könnten also, statt an den geneideten Urlaub der Freunde zu denken, unsere Zeit dafür verwenden, uns auf unsere Arbeit zu konzentrieren und hier gut zu sein, während wir Lösungen finden, die für alle nützlich sind.
In dem Moment, in dem wir Neid in unserem Geist identifizieren, könnten wir betrachten, was in unserem Leben gut verläuft und genau das genießen. Wir könnten dabei an alle die denken, die gerade keine so gute Zeit haben und ihnen Gutes wünschen. Sind wir etwas weiter, könnten wir ihnen geistig sogar das Gute, das wir selbst haben, schenken und uns darüber freuen, dass sie damit glücklich werden.
Oder wir könnten, anstelle von neidvollen Gedanken, darüber nachdenken, wie wir jemandem eine Freude machen.
Auch ist es eine Möglichkeit, dass wir den Freunden neben der derzeitigen noch viele gelungene Weltreisen wünschen und uns darüber freuen. Dabei können wir üben ehrliche Wertschätzung für das Glück anderer hervorbringen.
Oder wir nehmen unseren Neid als Anlass, den Neid und dessen Ursache aller fühlenden Wesen auf uns zu nehmen, gedanklich. Und zu wünschen, dass sie dadurch frei von dem sich daraus ergebenden Leid und dessen Ursachen sein mögen. Wir denken dann, dass sie jetzt glücklich sind, und auch wir sind bei dieser Übung froh und glücklich, das für sie tun zu können.
Schließlich könnten wir klar sehen, dass Neid entsteht, transparent ist und wieder vergeht. Und zwar ohne danach zu greifen oder ihn zu unterdrücken.
Denn wir unterdrücken schwierige Gedanken und Gefühle, wie Neid und so weiter, nicht. Wir bemerken sie wertungsfrei und lassen uns nicht davon mitreißen, also dominieren.

Es ist nämlich unsere eigene Entscheidung, worauf wir uns als Nächstes gedanklich fokussieren möchten und womit wir uns beschäftigen wollen. Und ob wir Methoden üben und anwenden wollen, mit denen wir und andere in zukünftigen Momenten glücklich werden oder nicht.

Kann man das gerade nicht und hängt am Neid fest, wäre eine weitere Option, ihn als Erinnerung dafür zu verwenden, dass es noch etwas zu tun gibt.
Wir könnten uns dann auch fragen: „Sind Neid, Stolz oder Eifersucht angenehm oder sind sie es nicht?" Vermutlich sind wir uns einig darüber, dass sie unangenehm sind. Wollen wir also wirklich unsere (ständig verrinnende Lebens-)Zeit mit etwas verbringen, das uns keine Freude macht?

Es ist ähnlich, wie wenn wir, wie schon erwähnt, einen Gegenstand angefasst hätten, der viel zu heiß ist. Wollten wir ihn, im übertragenen Sinn, nicht so schnell wie möglich wieder loslassen? Oder halten wir ihn gerade doch immer weiter fest? Verbunden mit der Hoffnung, dass es schon irgendwie besser, also weniger heiß, werden wird. Oder mit Aktionen, die nicht wirklich helfen, wie beispielsweise auf das heiße Eisen zu pusten oder die Hand mit dem Gegenstand aus dem Fenster zu halten und so weiter.

Aber vielleicht wäre es doch besser, diesen viel zu heißen Gegenstand doch so schnell wie möglich wieder loszulassen. Oder?! Und wie wäre es, wenn wir statt ihn überhaupt anzufassen und uns zu verbrennen, die Hitze für etwas Positives nutzen könnten?! Für ein Feuer, an dem wir uns und andere sich wärmen können. Mit der Wärme der auf Liebe und Mitgefühl gegründeten, anteilnehmenden Freude?

Vorteile des Mitfreuens

Durch die Geisteshaltung der Mitfreude an dem, was wirklich gut ist, fokussieren wir unseren Geist auf das, was uns und andere befristet und unbefristet glücklich macht. Wir richten dabei unseren Geist auf die aus, die die besten Eigenschaften und Fähigkeiten haben, und so verbinden wir uns mit wirklichen Qualitäten.

Mitfreude ist aber vor allem auch die effektivste und am wenigsten aufwändigste Methode, um gute geistige Eindrücke aufzubauen. Denn wir müssen selbst kaum etwas dafür tun.

Auch wird das Positive, das andere getan haben, durch unsere Mitfreude nicht weniger. Wir nehmen anderen mit unserer anteilnehmende Freude also nichts weg.

Und wenn wir mit Gutem beschäftigt sind, führen wir in dieser Zeit weniger Negatives aus und sammeln damit auch weniger leidbringende geistige Eindrücke an.

Auch geht es uns besser, da es angenehmer ist, sich zu freuen als neidisch oder eifersüchtig zu sein. Unsere guten Eigenschaften nehmen also zu.

Neid dagegen trennt uns vom Glück, also von dem, was wir so gerne haben möchten und deshalb den anderen nicht gönnen können.

Unter anderem trennt uns auch Stolz von den wirklich guten Eigenschaften, die andere haben und die wir nicht haben.

Und weil wir irrigerweise meinen, wir könnten und wüssten schon alles, wird es für uns auch schwer, von den Fähigkeiten anderer zu profitieren und davon zu lernen.

Freuen wir uns aber mit anderen, wächst unsere Wertschätzung für sie. Dadurch werden auch unsere Beziehungen gestärkt und verbessert.

Wir können weiter auch gut in Teams zusammenarbeiten. Denn wir sind erfreut darüber, dass die anderen etwas können, das man selbst nicht so gut beherrscht. Man kann es aber auch so sehen: Dann müssen wir das, was andere besser können als wir, nämlich nicht auch noch selbst machen! Diese Sichtweise hat zwar egoistische Anteile. Aber zu Beginn kann man es auch so sehen und dann die egoistische Komponente nach und nach reduzieren. Übrigens ist es typisch für erfolgreiche Teams, dass nicht jede Person alles macht. In einer Band spielt beispielsweise auch nicht jede und jeder alle Instrumente. Jede Person spielt das, was sie am besten kann.

Schließlich hilft uns Mitfreude, davon abzulassen, uns dauernd mit anderen zu vergleichen. Und dann einzuteilen in „besser" und „schlechter", was eine Variante von „Ich" und „Du" und damit eine dualistische Sichtweise ist. Bei Neid und Eifersucht klebt man nämlich, wie erwähnt, an dem, was andere sind, haben und erleben, das Etikett „besser" an. Bei Stolz gibt man sich selbst die Bewertung „besser". Daher hilft uns Mitfreude, diese Bewertungen zu reduzieren. Damit vermindert sich auch unser Kleben an diesen leidbringenden Geisteszuständen.

Auch ist Mitfreude, der dritte Wunsch der Vier Unermesslichen. Denn wenn wir bei den ersten beiden Vier Unermesslichen anderen wünschen, dass sie nicht leiden und glücklich sein mögen, könnte dadurch Neid oder Eifersucht entstehen. Dem wirken wir entgegen, indem wir dann gleich Mitfreude hervorbringen.

Unsere anteilnehmende Freude ist weiter für andere anziehend. Im buddhistischen Kontext können wir ihnen so helfen, mit der Lehre Buddhas in Kontakt zu kommen. Lehrerinnen und Lehrer ziehen durch diese Praxis auch Schülerinnen und Schüler an.

Nachteile von Neid

Neid hat nur Nachteile. Das gilt auch für die versteckteren Varianten, wie etwas abwerten, das man selbst aber so gerne hätte und nicht haben kann.

Tatsächlich ist Neid ein großer Räuber der eigenen guten geistigen Eindrücke.

Und er ist tatsächlich eine der Verhaltensweisen, die am stärksten verhindern, dass wir gute geistige Eindrücke aufbauen.

Auch sammelt man negative geistige Eindrücke an und verliert gute geistige Eindrücke, wenn man neidisch ist.

Und man wird das, was man neidet, das heißt, das, was man auch so gerne haben möchte, gerade durch diesen Neid nicht erhalten.

Weiter fühlt man sich nicht gut, wenn man neidisch ist. Man verplempert also die eigene kostbare, ständig verrinnende Zeit in leidbringenden Zuständen.

Schließlich liegt man so im Wettstreit mit denen, die es besser gemacht haben, anstatt sie als Vorbilder zu sehen.

Aber auch andere fühlen sich nicht gut in unserer Gegenwart und ziehen sich zurück, wenn wir neidisch sind. Durch das Konkurrenzverhalten kann man also auch nur schwer in Teams zusammenarbeiten.

Schließlich kann Neid zu weiteren, weniger klugen Handlungen führen. Denn Neid trübt, so wie die anderen störenden Emotionen, den Geist. Und so kann man nicht mehr klar erkennen, was sinnvoll und was wenig sinnvoll ist.

Man sieht auch nicht, dass der Fehler dafür, etwas nicht zu haben, grundlegend und ausschließlich bei einem selbst liegt. Denn man hat keine entsprechenden Handlungen gesetzt, um zu erhalten, was man anderen neidet. Die, denen man etwas neidet, haben allerdings genau das getan!

Weiter hat man sich auch nicht über gute Handlungen, die zu dem führen, was man so gerne hätte, gefreut. Weder bei sich selbst noch bei anderen. Diese Freude über Gutes führt übrigens auch dazu, dass das Karma schneller reift.

Schließlich hat man, als man den Fehler machte, der dazu führte, dass man etwas jetzt nicht hat, diesen nicht erkannt und rechtzeitig bereinigt.
Und auch jetzt bereinigt man es nicht, stattdessen ist man neidisch! Es wäre aber wichtig, wenigstens jetzt die Ursache für den Mangelzustand zu bereinigen und Mitfreude über das Gute, das andere haben oder tun, hervorzubringen.
Dabei müssen wir nicht genau wissen, was das für ein Fehler war.

Schließlich nehmen durch Neid Qualitäten, die wir schon haben, ab. Beispielsweise genügsam, zufrieden und geduldig zu sein. Man verliert durch Neid somit, was man bereits erreichen konnte.

Neid hat schließlich auch die Kraft, eine Existenz zu kreieren, in der wir mit anderen kämpfen und konkurrieren.

Warum Neid unlogisch ist

Wenn man Neid empfindet, gönnt man anderen ihr Glück nicht. Das heißt auch, dass man indirekt wünscht, dass es ihnen schlechter geht und dass man meint, man selbst wäre dann glücklicher. Durch Freude daran, dass es anderen weniger gut geht, wird man jedoch nicht bewirken können, dass es ihnen schlecht geht. Denn die Ursache für Leid anderer ist nicht unsere Zufriedenheit mit ihrem Leid, sondern deren eigenes, leidvolles Handeln. Doch durch Freude an ihrem Leid kreiert man die Ursache für eigenes, zukünftiges Unglück.

Tatsächlich ist es auch für jemanden, die oder der das Bodhisattva-Verhalten übt, unlogisch, eifersüchtig und neidisch zu sein. Als Bodhisattvas möchten wir, dass andere glücklich sind und dass es ihnen gut geht. Und wir möchten, dass sie Buddhas werden. Sind sie Buddhas, erhalten sie unermesslich viele Geschenke und erleben ungetrübtes Glück. Neidisch zu sein, wenn andere fühlende Wesen ein bisschen Geld erhalten oder Glück erleben und gleichzeitig dafür zu arbeiten, dass sie Buddhas werden, die dann Unmengen guter Dinge erhalten, ist paradox. Sich schlecht zu fühlen, wenn andere glücklich sind oder etwas haben, ist somit, vom Bodhisattva-Standpunkt aus gesehen, widersinnig.

Aber auch unabhängig davon ist das eigene Verhalten oft widersprüchlich. Beispielsweise ärgert man sich möglicherweise, wenn einem keiner hilft. Wenn einem dann aber jemand hilft und es gut macht, stört es einen vielleicht auch, weil man neidisch wird. Zum Beispiel, wenn andere diese Person dafür loben.

Weiter: Kann man schon nicht froh sein, wenn es anderen gut geht, wie will man dann das Leid aushalten, das damit einhergeht, dass man selbst, als Folge des eigenen Neides, die eigene Eifersucht und so weiter erleben wird?

Auch kann es einem egal sein, ob Geld oder ein Geschenk beim Gebenden ist oder bei der Person, die es erhält. In beiden Fällen ist es nämlich nicht bei einem selbst. Und man müsste auf den Gebenden ebenfalls neidisch sein, denn dieser hat das Geld oder Geschenk auch einst erhalten.
Oft ist man das aber nicht. Auch diese Verhaltensweise ist insofern nicht logisch.

Andere, die Glück erleben, waren auch einfach klug genug, die Ursachen für das Gute zu setzen. Wir sollten sie insofern dankbar als Beispiel und Ansporn hierfür sehen, statt neidisch zu sein und ihnen übelzuwollen. Und man sollte bereuen, dass man selbst offensichtlich weniger kluge Ursachen gesetzt hat.

Wir können natürlich einwenden, dass Mitfreude Anhaftung sei und Anhaftung wäre nicht gut. Das ist aber nicht so, denn auch Buddhas und Bodhisattvas freuen sich über das Glück anderer. Tatsächlich ist Mitfreude eine Quelle des Glücks und Anhaftung eine Quelle des Leidens. Das ist der springende Punkt.

Durch diese Überlegungen und dadurch, dass wir darüber nachdenken, reduzieren sich Neid wie auch Eifersucht auf natürliche Weise.

Mitfreude in unserem alltäglichen Leben üben

Eine Fundgrube für die Übung von Mitfreude ist unser Alltag. Denn hier ist man ständig mit Situationen konfrontiert, in denen man Neid oder Eifersucht oder Konkurrenzdenken erlebt. Teilweise, obwohl wir genau wissen, dass es besser ist, sich von Herzen zu freuen, wenn andere etwas gut machen und es ihnen gut geht.

Der Alltag ist hier aber nicht nur unser Übungsfeld, sondern auch unser Prüfstein. Können wir das, was die Unterweisungen sagen, schon erfolgreich anwenden? Oder können wir es noch nicht?

Vielleicht sehen wir also eine Person, die glücklich ist. Das ist ein Grund dafür, sich von Herzen mit ihr zu freuen. Auch über das Positive, das sie einmal getan hat und was dazu führte, dass sie jetzt glücklich ist.

Oder wir warten auf die U-Bahn, und da fällt uns eine wirklich schöne Frau oder ein gutaussehender Mann auf. Manchmal sucht man dann reflexartig nach Fehlern. Oder man ist neidisch. Das kann einem sogar den ganzen Heimweg verderben.
Alternativ könnten wir uns von Herzen freuen, dass diese Person irgendwann einmal gut gehandelt hat und als Folge dieses guten Handelns jetzt einen harmonischen Körper hat. Sie muss Geduld kultiviert haben, denn das führt zu gutem Aussehen.

Möglicherweise lesen wir auch, dass jemand für gutes Tun geehrt wird. Das ist ein Grund, sich über die guten Taten dieser Person zu freuen. Sowie über die Anerkennung, die sie erhalten hat. Freuen wir uns darüber, ist eine karmische Folge, das auch wir Wertschätzung erfahren werden.

Und wenn wir im Vorbeigehen zufällig hören, wie ein Vater sein Kind zu etwas Sinnvollem ermutigt, können wir darüber froh sein. Denn es ist etwas Gutes.

Schließlich wirkt es sich günstig auf unsere Beziehung zu unserem Partner aus, wenn wir uns zusammen mit ihm über seine Erfolge und alles Gute in seinem Leben freuen können. Dasselbe gilt für Freundschaften, im Beruf und überall, wo wir mit Menschen zu tun haben. Beispielsweise in der unmittelbaren Nachbarschaft.

So kann man sich also, anstatt neidisch zu sein, weil man selbst arbeiten muss, die anderen aber frei haben, von Herzen darüber freuen, wenn es ihnen gut geht. Oder dass sie schöne Ferien verleben können.

Was ist der Traumurlaub in Wirklichkeit?

Allerdings ist der Traumurlaub bei richtigerer Betrachtungsweise gar kein Traumurlaub und mithin vielleicht gar nicht so interessant.

Denn was findet dort in Wirklichkeit statt? Die Realität ist, dass die Freunde gerade das Reifen guter geistiger Eindrücke erleben. Allerdings nutzen sie diese nicht, um weiter Gutes aufzubauen. Stattdessen verbrauchen sie ihre guten geistigen Eindrücke im Erleben von etwas vergänglichem Glück. Der Freiraum, den sie gerade haben, verpufft also für nichts als ein wenig bedingte Freude.
Und genau besehen ist dieses Glück immer auch vermischt mit Leid, es ist also getrübtes Glück. Vielleicht ist es dort in der Südsee abends etwas zu kalt. Das Essen ist möglicherweise nicht immer sehr gut. Eigentlich würden sie auch gerade so gerne in der Kaffeebar um die Ecke einen Espresso mit heißer Milch extra trinken und so weiter.

Denn das, was wir als Glück erleben, ist nichts anderes als eine Abweichung von unserem Normalzustand, und zwar in Richtung Glück.
Oder anders ausgedrückt: Für jemanden, die oder der nichts zu essen hat, ist ein Stück Brot Glück. Für eine Person, die in der Südsee Urlaub macht, ist „nur" ein Stück Brot fast schon ein Unglück.

Und die schönen Erlebnisse, die unsere Freunde haben, sind mit dem Ende der Urlaubs vorbei. Oder spätestens, wenn sie sie vergessen haben. Und wenn es gut gegangen ist, wurden keine nennenswerten, leidvollen Eindrücke aufgebaut.

Wäre es nicht klüger gewesen, die Ressourcen anders einzusetzen? Das heißt, für die interessanteste Traumreise überhaupt, für unsere Reise zur Erleuchtung. Denn diese ist nicht nur ausgesprochen spannend, nicht zuletzt auch, weil wir fortlaufend Herausforderungen zu meistern haben. Sie erfüllt unser Leben auch immer mehr mit wundervollen, frohen Momenten. Wir durchleben auch Szenen, für die wir ansonsten eine Kinokarte benötigen würden. Oder den Eintritt für eine Komödie bezahlen müssten. Und am Ende dieser Reise, am Ziel, erwartet uns unermessliches, ungetrübtes Glück, das nicht mehr vergeht. Schließlich können wir dann endlich allen anderen in perfekter Weise helfen.

Der Traumurlaub ist dagegen eine ziemliche, wenn auch halbwegs angenehme, Fehlinvestition. Aber das macht es nicht wirklich besser.

Eine Ausnahme wäre es, wenn dieser Traumurlaub dazu führen würde, dass jemand so mit der Lehre Buddhas in Kontakt kommt, sehr viel Gutes für andere tun könnte oder etwas in dieser Richtung.

Was können wir mit unserer Arbeit erreichen, während andere im Traumurlaub sind?

Wir selbst aber arbeiten, während die Freunde auf Weltreise sind, und generieren (hoffentlich) etwas für andere. Vielleicht stellen wir Arbeitsplätze bereit und vergeben Aufträge, die Arbeitsplätze sichern. Auch generieren wir vielfältige Einnahmen für das Gemeinwesen, wie Steuern und Abgaben, die überwiegend anderen zugutekommen.

Schließlich hilft uns die schwierige Situation, mit der Konkurrenz und der Auftraggeberin Geduld zu üben, die für das Erreichen der Erleuchtung so wichtig ist. Weiter führt Geduld auf relativer Ebene nicht nur zu gutem Aussehen, sondern auch zu Gesundheit, langem Leben, Ruhm und, wie es traditionell heißt, zu den unermesslichen Freuden eines universellen Monarchen.

Wenn wir uns diese Punkte vor Augen führen, wird der Traumurlaub immer unattraktiver.

Tatsächlich heißt das allerdings nicht, dass wir nicht, zum Nutzen aller fühlenden Wesen, in Urlaub fahren dürfen. Wir könnten einen Teil für Erholung verwenden und einen anderen Teil unserer Ferien dafür nutzen, um zu meditieren oder um buddhistische Bücher zu lesen. Wir könnten auch eine ertrinkende Biene oder Fliege aus einem See erretten. Oder Amseln ein paar Rosinen geben und anderes mehr. Wir könnten auch am Strand sitzen und Mitfreude üben oder im Geist die Sieben Übungen durchgehen.
Wenn wir wissen wie können wir jede Situation nutzen, um Gutes aufzubauen. Aber wir können freie Zeit auch dafür verwenden, um daheim ein Retreat zu machen. Oder um in ein buddhistisches Zentrum zu fahren.

Wie gehen wir jetzt mit dem Traumurlaub der Freunde und mit unserer Arbeit um?

In Bezug auf die Freunde und den vermeintlichen Traumurlaub gönnen wir ihnen allerdings trotzdem von Herzen eine wirklich gute Zeit und freuen uns darüber. Dabei können wir auch erkennen, was sich wirklich abspielt.

Gleichzeitig ist es möglich, im Namen der Freunde die Fehlentscheidung, ohne Neid oder Schadenfreude, zu bereuen und Wünsche zu machen, damit deren weitere Entscheidungen besser ausfallen. Das bedeutet im buddhistischen Kontext, dass wir wünschen, dass sie in Zukunft auf unbefristetes Glück statt auf befristetes Glück setzen. Ein Vorteil davon, ungetrübtes, unbefristetes Glück im eigenen Geistesstrom verwirklicht zu haben, ist, dass es egal ist, wo wir sind, wie wir aussehen, wer wir sind und was wir haben. Es geht uns stets bestens.

Weiter können wir uns darüber freuen, dass wir selbst gerade (hoffentlich) gute geistige Eindrücke aufbauen, großzügig arbeiten, um etwas für andere zu bewirken und dabei unter anderem Mitfreude trainieren können.

Drei wesentliche Anlässe für Mitfreude

Die vielen Anlässe für Mitfreude lassen sich auch in drei Punkte unterteilen:

1. Freude daran, wenn jemand etwas Gutes erlebt und an der Ursache dafür: Sehen wir also ein glückliches Paar, freuen wir uns, dass es ihnen gut geht. Und daran, dass sie einmal die Ursachen für dieses Glück gesetzt haben.
2. Freude darüber, dass jemand etwas Gutes tut und an den Ursachen hierfür: Wenn jemand zum Beispiel eine Hilfsorganisation gründet, freuen wir uns. Weiter sind wir froh, dass diese Person vorher die guten geistigen Eindrücke ansammeln konnte, um jetzt weiter Gutes hervorzubringen.
3. Freude darüber, dass der Buddha-Zustand existiert und an den Ursachen hierfür und daran, dass andere die Lehre Buddhas zur Verfügung haben, diese studieren, praktizieren und verwirklichen:
Sieht man also jemanden, die oder der bei schönstem Sonnenschein auf einer Parkbank im Nymphenburger Schlosspark sitzt und ein buddhistisches Buch durcharbeitet, ist auch das ein Grund zur Freude.

Die Bettlerin und der König

Es gab einmal einen König, der zur Zeit Buddhas lebte. Er lud Buddha und dessen Gefolge für vier Monate zur täglichen Mahlzeit in den Palast ein. Die jeweiligen Reste der Mahlzeiten erhielten die Bettlerinnen und Bettler. Weiter brachte dieser König alles, was er besaß, dem Buddha dar.

Unter den Bettlerinnen und Bettlern war eine Frau, die sehr arm war. Auch sie kam immer und holte etwas von den Überresten des Essens.
Dabei dachte sie: „Der König muss viele gute, insbesondere großzügige Handlungen ausgeführt haben, deshalb ist er jetzt so reich. Und mit diesem Reichtum tut er auch weiter Gutes.

Denn dadurch, dass er den Buddha und sein Gefolge bewirtet, erwirbt er unermesslich viele, gute geistige Eindrücke. Wie schön ist das für den König!" So freute sie sich von ganzem Herzen darüber, ohne das kleinste bisschen Neid.

Abends wurde der Verdienst aus den guten Handlungen, so, wie es üblich war, gewidmet. Also fragte Buddha den König, vielleicht in etwa mit den Worten: „Soll ich den Verdienst aus diesen Gaben dir widmen oder soll ich ihn einer Person widmen, die es mehr wert ist?"
Der König dachte natürlich, dass es niemanden gäbe, die oder der es mehr als er selbst wert sei, dass ihm oder ihr der Verdienst gewidmet würde.
So meinte er: „Bitte widme den Verdienst der Person, die es am meisten wert ist." Und so widmete Buddha den Verdienst der Bettlerin.

Da war der König völlig perplex. Aber auch sein Gefolge war erstaunt. Wie konnte das denn möglich sein? Der König hatte doch alles ausgerichtet und bezahlt!

Aber es war wohl ein einmaliger Vorfall, also ließ man es auf sich beruhen.

Am nächsten Abend gab es wieder eine köstliche Mahlzeit. Auch dieses Mal fragte Buddha, wem die Widmung gelten sollte. Der König konnte sich gar nicht vorstellen, dass schon wieder jemand anderer mehr Verdienst angesammelt hätte. Und so optierte er auch jetzt dafür, dass die guten geistigen Eindrücke der Person gewidmet werden sollten, die es am meisten verdiente. Und erneut tauchte der Name die Bettlerin bei der Widmung des Verdienstes auf. Langsam wurde es ziemlich peinlich für den König.

Und auch am dritten Abend geschah das gleiche. Da dachte er, dass diese unmögliche Situation, in der er alles bezahlte und die Bettlerin allen Vorteil daraus erhielt, beendet werden müsse. Deshalb besprach er sich mit seinen Beraterinnen und Beratern.
Diese meinten, dass sie am nächsten Tag besonders viel von den Getränken und Mengen von Essen verschütten würden. Dann kämen sicher wieder die Bettlerinnen und Bettler, und die Angestellten des Königs würden sie dann schlagen.

Genauso geschah es. Die Mahlzeit wurde serviert, und es waren erneut viele Bettlerinnen und Bettler zugegen. Als diese dann die Reste holen wollten, wurden sie verprügelt. Auch die besagte Bettlerin erhielt Schläge, als sie holen wollte, was übrig war. Da wurde sie ärgerlich. Und dieses Mal konnte sie sich gar nicht für den König freuen. An dem Abend wurde folglich der Verdienst dem Sponsor selbst gewidmet.

Wir sehen an diesem Beispiel unter anderem auch, was Neid anrichten kann.

Und wir fragen uns möglicherweise gerade, wieso Buddha diese Situation nicht verhindert hat. Allerdings können wir nicht beurteilen, wieso er so gehandelt hat. Hier können wir davon ausgehen, dass eine oder ein Buddha soviel mehr Überblick hat als wir, dass es sicher gute Gründe dafür gegeben haben muss.

Könnte es sein, dass ein Grund dafür war, dass wir heute lernen können, was Neid anrichten kann? Nun, wir wissen es eben nicht.

Jedenfalls sehen wir anhand dieser Geschichte, was passieren kann, wenn man sich durch das, was im Außen geschieht, zu Wut hinreißen lässt. So, wie die Bettlerin zugelassen hat, dass sie, beeinflusst durch äußere Umstände, den Zugang zu ihren inneren Qualitäten, hier Mitfreude, verloren hat.

Möglicherweise taucht weiter die Frage auf, wieso die Mitfreude der Bettlerin verdienstvoller war als die tatsächliche Gabe des Königs.
Hier sei darauf verwiesen, dass geistige Handlungen kraftvoller sind als Handlungen mit der Rede. Handlungen mit der Sprache wiederum sind segensreicher als das, was mit dem Körper getan wird.
Daher kann die geistige Handlung der Mitfreude mehr gute geistige Eindrücke hervorbringen als die tatsächliche Bewirtung.
Das bedeutet auf uns bezogen aber nicht, dass wir nichts mehr geben, weil wir meinen, Mitfreude sei schon ausreichend. Tatsächlich ist es sinnvoll, jede noch so kleine Möglichkeit dafür zu nutzen, etwas mit Körper, Rede und Geist zu geben.

Vielleicht war die Mitfreude der Bettlerin aber auch ungetrübter als die Großzügigkeit des Königs, die mit Anhaftung verbunden war. Warum vermuten wir das?! Weil er etwas dafür haben wollte, nämlich die Widmung des Verdienstes. Vielleicht war er auch zu sehr auf seine Position bedacht.
Hätte er als Gegenleistung für die Gaben nichts haben wollen und wäre er nicht auf seinen Ruf bedacht gewesen, hätte er sich darüber gefreut, dass die bitterarme Bettlerin den Verdienst erhielt. Und damit hätte er den gleichen Verdienst oder sogar noch größeren Verdienst erhalten als die Bettlerin!

Angemerkt sei hier noch, dass der König die Folgen seiner leidbildenden Handlung selbst erfahren hat oder gerade erfährt oder in Zukunft erfahren wird. Vorausgesetzt, er hat sie nicht gereinigt.

Wir allerdings wenden uns jetzt besser wieder unserem Lernprozess zu, statt zu der Analyse der Fehler anderer. Obwohl es natürlich sinnvoll sein kann, um zum Nutzen aller fühlenden Wesen etwas zu lernen.

Details zu Qualitäten und Handlungen,
über die wir uns freuen können

Es kann nützlich sein, noch genauer nachzuforschen, was wirkliche Qualitäten sind. Worüber können wir uns im Einzelnen freuen? Und wer tut etwas Gutes? Denn auch über Personen, die sinnvoll handeln, können wir Freude empfinden.

Möglicherweise meint man aber, es sei doch klar, was gute Eigenschaften sind und was nicht. Hier sei daran erinnert, dass es Sichtweisen gibt, die es zum Beispiel als Qualität ansehen, geschickt töten zu können. Nicht alle wissen also, was getan und was gelassen werden sollte. Aber auch in weniger krassen Fällen ist das, was man für gut hält, nicht unbedingt das, was wirklich gut ist. Wir müssen also einfach wissen, was das Gute ist, über das wir uns freuen. Das heißt, welche Arten von Verdienst es gibt. Und wer diejenigen sind, die diese guten Handlungen ausführen, die also wirkliche, für uns erstrebenswerte Qualitäten haben.

Bereits in den vorherigen Kapiteln finden wir Informationen dazu. Aber es kann helfen, wenn wir noch einmal die verschiedenen Handlungen wiederholen:

1. positive Handlungen, hierüber können wir uns freuen,
2. negative Handlungen, hierüber sollte man sich nicht freuen,
3. weitgehend neutrale Handlungen, hier kann man sich freuen, dass wenigstens nichts Negatives angesammelt wird,
4. unbewegte Handlungen, sie entstehen durch das Halten des Geistes in bestimmten Konzentrationszuständen. Hier wird kein Karma, also auch keine Ursache für Leid angesammelt. Das ist ein Grund zur Freude.

Mitfreude im buddhistischen Kontext bezeichnet also eine geistige Haltung, die darauf ausgerichtet ist, dass wir uns von Herzen an den Qualitäten und am guten Tun der Buddhas und Bodhisattvas, anderer Verwirklichter und aller fühlenden Wesen (wir sind tatsächlich auch dabei) erfreuen und sehr glücklich darüber sind. Vor allem aber erfreuen wir uns weiter auch an den Ursachen des Guten.

Durch diese Art der Mitfreude werden wir uns bewusst, was eine gute Richtung für uns ist und was unser tatsächlicher Reichtum ist. Wir werden uns weiter klar darüber, was wirklich gut, förderlich und glückbringend ist und verbinden uns damit, sowie mit denen, die es tun.

Damit wird diese Praxis zu einem Gegenmittel gegen den eigenen Neid, die eigene Eifersucht und das eigene Konkurrenzverhalten.

Das sind Verhaltensweisen, die man nicht nur als leidvoll empfindet, sondern die auch den Schatz der eigenen, guten geistigen Eindrücke vermindern. Freuen wir uns dagegen wirklich am Gutem, so sammeln wir, bei reiner Geisteshaltung, die gleiche Menge glückbringender Geisteseindrücke an wie die Person oder die Personen, die es tun, getan haben oder tun werden. Oder sogar noch mehr!

Als buddhistische Praxis geht Mitfreude aber weiter und ist dann noch umfassender und wirksamer.

So heißt es, dass das Gewicht der riesigen Meru-Berge in Milliarden von Welten eher berechnet werden kann als der Verdienst, der aus Mitfreude erwächst.

Daher überlegen wir noch genauer, wer wirklich Gutes tut, und zwar überall. Und wer Gutes in der Vergangenheit getan hat und noch tun wird.

Haben wir also eine Lama oder einen Lama, so ist es wichtig, dass wir uns über alles das freuen, was sie oder er tut. Denn die Sichtweise sollte sein, sie oder ihn als Buddha zu sehen, und Buddhas handeln immer zum Nutzen von anderen. So heißt es auch: Sehen wir die Lama oder den Lama als Buddha, erhalten wir den Segen einer Buddha oder eines Buddhas. Sieht man die Lama oder den Lama als normale Person, erhält man den Segen einer normalen Person. Weiter freuen wir uns auch über alles, was unser Lama hat oder Angenehmes erlebt.

Es gibt schließlich zahllose fühlende Wesen, die den Buddhazustand verwirklicht haben. Auch wird es unermesslich viele weitere Buddhas geben. Darüber, dass fühlende Wesen Erleuchtung erreicht haben, jetzt erreichen und in Zukunft erreichen werden, freuen wir uns ebenfalls sehr. Vor allem aber, dass sie die Ursachen dafür gesetzt haben, setzen oder setzen werden.
Denn eine Buddha oder ein Buddha zu sein bedeutet, von Leid völlig frei zu sein. Im Buddhazustand erlebt man unter anderem dauerhaftes Glück und ungetrübte Freude.
Weiter haben Buddhas unermesslich viele positive Handlungen ausgeführt, in immensem Ausmaß glückbringende geistige Eindrücke angesammelt sowie alles Negative bereinigt. Und sie haben Bodhicitta perfekt hervorgebracht und die geschickten Mittel, wie die Widmung, völlig zielführend angewendet. Auch haben sie Zugang zu ihrer Weisheit gefunden. Schließlich besteht die Aktivität von Buddhas im unermesslichen, vorstellungsfreien Wirken zum Nutzen aller fühlenden Wesen.
Wir können uns also beispielsweise am perfekten Mitgefühl von Buddhas erfreuen, das völlig frei von Vorstellungen auf alle Notwendigkeiten reagiert, ohne in Ich, Tun und Du zu unterscheiden.

Wir können uns weiter auch überlegen, dass Buddha 84.000 Belehrungen gegeben hat.

Es ist möglich, dass wir hier ins Detail gehen und uns vorstellen, wie er diese Erklärungen gegeben hat. Und wie ihm viele fühlende Wesen zugehört haben und unermesslichen Nutzen dadurch hatten.

Dann freuen wir uns von ganzem Herzen darüber, dass Buddha so vielen helfen konnte, die dann wiederum ihrerseits anderen helfen konnten, derzeit helfen können und in Zukunft helfen werden. Damit hätten wir, bei entsprechend reiner Geisteshaltung, sogar die gleichen guten Eindrücke angesammelt wie Buddha in einer derartigen Situation!

Auch lehrten und lehren unzählige Buddhas. Das ist ein Anlass zu sehr großer Freude. Und es werden unfassbar viele Buddhas in Zukunft lehren, worüber wir glücklich sein können.

Weiter engagieren sich die Bodhisattvas unermüdlich für das Glück und den Nutzen anderer. Sie werden auch Erbinnen und Erben der Buddhas genannt, oder auch Kronprinzessinnen und Kronprinzen. Der Grund ist, dass sie dabei sind, die gleiche Verwirklichung wie Buddha zu erreichen. Es gibt hier den Verdienst, der mit absolutem Wissen einhergeht, es ist der Verdienst der Bodhisattvas auf der ersten Bodhisattvastufe bis einschließlich zur Buddhaschaft. Sich hierüber und über die Ursache dafür zu freuen, führt dazu, dass wir sehr gute geistige Eindrücke ansammeln, obwohl wir diese Handlungen derzeit selbst gar nicht ausführen können.

Die meisten guten geistigen Eindrücke durch Mitfreude werden allerdings erzielt, wenn wir uns über das Positive hoher Bodhisattvas freuen. Denn sie bleiben im Daseinskreislauf, um allen fühlenden Wesen zu helfen. Hohe Bodhisattvas denken eben nur an andere und schieben dafür sogar die Verwirklichung ihrer eigenen Buddhaschaft auf!

Hohe Bodhisattvas würden beispielsweise sofort ihre Hand an ein Tier verfüttern, wenn es nötig ist. Für uns wäre das derzeit kaum möglich. Und wir sollten es momentan auch nicht tun, denn wir verfügen noch nicht über genügend Weisheit, um zu wissen, ob es wirklich nutzt. Weiter besteht die Gefahr, dass man diese Handlung anschließend bereut. Damit würde man die guten geistigen Eindrücke wieder zunichtemachen.

Schließlich ist Mitfreude über die erleuchtete Geisteshaltung sehr verdienstvoll. Denn die erleuchtete Geisteshaltung ist die beste positive Handlung. Diese edle, kostbare und so überaus seltene Haltung des Geistes ist tatsächlich die Wurzel für Erleuchtung. Denn Buddhas sind die Manifestation von Bodhicitta.

In einer von Buddhas Lehrreden, dem „Vom Haushälter Viradatta erbetenen Sutra", heißt es beispielsweise:

„Wenn die Verdienste von Bodhicitta eine Form hätten,
so würden sie den ganzen Himmelsraum füllen und noch viel mehr."

(Siehe Zitateliste Seite 569-572)

Im „Eintritt in die Bodhisattva-Praxis" heißt es:

„Die, die nicht glücklich sind und viel Leid zu tragen haben,
stellt die erleuchtete Geisteshaltung zufrieden mit allem Glück.
Sie beendet alles Leid und vertreibt geistige Verdunkelung.
Wo gibt es eine vergleichbare Tugend?
Wo findet man so einen Freund?
Wo gibt es solche Verdienste?"

(Siehe Zitateliste Seite 569-572)

Und im selben Text heißt es:

„Von dem Zeitpunkt an, wo diese Geisteshaltung wirklich angenommen wird,
vermehrt sich die Kraft der Verdienste ununterbrochen
– selbst im Schlaf und bei Achtlosigkeit –
und wird so unermesslich wie der Himmelsraum."

(Siehe Zitateliste Seite 569-572)

Bereits den Gedanken zu haben, einem einzigen fühlenden Wesen, das gerade keine Hand frei hat, die Türe aufzuhalten, ist sehr gut. Diese Idee zu haben und sie dann auch auszuführen, ist noch besser. Allerdings ist der auch nur einmalige Gedanke und Wunsch, dass kein fühlendes Wesen mehr Zahnschmerzen bekommen sollte, viel, viel segensreicher. Noch besser ist es, sich für ein derartiges Ziel einzusetzen.
Doch noch unermesslich weiter, größer und umfassender ist die erleuchtete Geisteshaltung, die darauf abzielt, alle fühlenden Wesen für immer von all ihrem Leid zu befreien. Sowie allen fühlenden Wesen zu helfen, sämtliche Trübungen zu beseitigen und alle Qualitäten zu entwickeln. Also Buddhas zu werden. Es ist somit sehr gut, wenn wir uns über diese Geisteshaltung wirklich von ganzem Herzen freuen und über die, die sich darin üben, sie hervorzubringen.

Dann freuen wir uns über das Verdienst der Pratyekabuddhas, der Arhatis und der Arhats, die als Schülerinnen und Schüler der Buddhas bezeichnet werden. Sie werden so genannt, weil sie Befreiung anstreben, nicht die volle Buddhaschaft. Sie erreichen also sehr lange nicht die gleiche Verwirklichung wie Buddhas. Hierbei treten Pratyekabuddhas in Phasen auf, in denen es keine oder keinen Buddha gibt, und sie bewirken viele glückbringende Taten.

Auch haben sie über hundert Kalpas Positives angesammelt, also über sehr, sehr lange Zeiträume. Den Arhats wiederum haben wir zu verdanken, dass die Lehre „unseres" Buddhas noch für uns erhalten ist. Und sie haben ebenfalls über hundert Weltzeitalter Gutes aufgebaut. Wir können darüber sehr froh sein!

Weiter freuen wir uns über alle anderen, die der Lehre Buddhas folgen.

Eine relativ einfache und doch tiefgründige Möglichkeit, um Mitfreude hervorzubringen, ist das Lesen oder Anhören der Lebensgeschichten von Verwirklichten. Viele von ihnen haben große Mühen auf sich genommen, und sich über ihre Erfolge zu freuen, ist Mitfreude. Wir können hier Freude über ihre Qualitäten hervorbringen. Dabei hilft es, wenn wir uns überlegen, wie vielen sie geholfen haben. Denn zunächst sind sie selbst den Weg gegangen und haben den Dharma verwirklicht. Dann haben sie die Lehre Buddhas weitergegeben.

Ein weiterer Anlass, sich zu freuen, ist die Tatsache, dass es fühlende Wesen gibt, die den kostbaren Menschenkörper für sich kreiert haben. Denn dieser ermöglicht es, sich auf den buddhistischen Weg zu begeben und im besten Fall Erleuchtung in einem Leben zu erreichen. Diese Situation beruht nicht auf Zufall oder Ähnlichem. Sie beruht darauf, dass wir die Ursachen dafür gesetzt haben.

Tatsächlich ist der kostbare Menschenkörper sehr, sehr schwer zu erzielen und überaus nützlich. Daher ist er für uns äußerst kostbar. Allerdings können wir ihn auch leicht wieder verlieren.

Eine Analogie hilft, diesen Sachverhalt zu verdeutlichen: Es gibt so viele Wesen in den Paranoiabereichen wie es Staubkörner auf der Erde gibt. Es sind so viele Hungergeister vorhanden wie sich Sandkörner im Ganges befinden. Es gibt so viele Tiere wie Getreidekörner in einem Bierfass zu finden sind, weiter so viele Halbgöttinnen oder Halbgötter wie Schneeflocken in einem Schneesturm.
Aber es gibt nur so wenige Göttinnen oder Götter und Menschen wie Staubteilchen unter einem Fingernagel.
Und von diesen Menschen haben nur sehr, sehr wenige den kostbaren Menschenkörper.
Davon verwenden wieder nur sehr wenige diese kostbare Situation, um ernsthaft die Lehre Buddhas zu üben.
Und von diesen sehr wenigen Praktizierenden können wiederum nur sehr wenige den Weg nutzen, der in einem Leben zur Erleuchtung führt und der ausnahmslos die Anleitung durch eine oder einen qualifizierten Lama erfordert. Wieder überaus wenige erreichen dann tatsächlich Erleuchtung in einem Leben!

Hilfreich ist an dieser Stelle auch die Information, dass wir in einem sehr glücklichen Weltzeitalter (Kalpa) leben, in dem es 1000 Buddhas gab oder geben wird. Es gibt auch etwas abweichende Zahlen, so ist manchmal von 1001 Buddhas die Rede.

Nur drei dieser 1000 Buddhas lehren öffentlich den kostbaren Vajrayana, jenen Weg also, auf dem man am schnellsten voranschreiten kann. Bestenfalls kann man auf diesem Weg sogar in einem Leben Buddhaschaft erreichen. „Unser" Buddha Shakyamuni lehrte diesen Weg.

Karmapa wird der übernächste Buddha sein, auch er wird als Buddha den Vajrayana lehren. Angemerkt sei, dass es auch heißt, dass Karmapa jetzt bereits ein Buddha ist, der als hoher Bodhisattva erscheint, weil wir keinen Buddha wahrnehmen können.

Dann wird ein weiterer Buddha gegen Ende unseres Weltzeitalters diesen schnellen Weg lehren. Die anderen 997 Buddhas lehren den Vajrayana nicht öffentlich, sondern eventuell nur ausgewählten Schülerinnen und Schüler.

Nach diesem Weltzeitalter wird es dann 60 Kalpas geben, in denen gar kein Buddha erscheint.

Hinzu kommt, dass die Ursache für alles Gute, also auch für den kostbaren Menschenkörper, die Geisteshaltung von Liebe und Mitgefühl ist. Diese Geisteshaltung ist aber überaus selten.

Es ist also wirklich ein Grund zu sehr, sehr großer Freude, dass wir einen kostbaren Menschenkörper erlangt haben. Das beinhaltet auch, dass eine oder ein Buddha erschienen ist und ihre oder seine Belehrungen noch für uns zugänglich sind. In unserem Fall ist es weiter ein Buddha, der Informationen über den Vajrayana gegeben hat. Denn Buddha Shakyamuni hat diesen schnellen Weg gelehrt. Darüber hinaus haben wir eine Verbindung zu Karmapa, der als übernächster Buddha (auch) den Vajrayana lehren wird.

Denn da wir dieses Buch lesen und damit auch etwas von und über Karmapa erfahren haben, haben auch wir spätestens jetzt eine Verbindung zu ihm.

Und es ist wirklich ein Grund zu sehr großer Freude, wenn wir erfahren, dass andere das alles bestmöglich nutzen können. Das bedeutet, dass sie sich mit der Lehre Buddhas befassen können und sie erfolgreich anwenden können.

Aber auch, wenn fühlende Wesen keinen Zugang zur Lehre Buddhas haben, so haben sie die Buddha-Natur, worüber wir uns von ganzem Herzen freuen sollten. Denn sie ist die Ursache dafür, dass für uns alle Erleuchtung erreichbar ist. Selbst dann, wenn es noch sehr lange dauern sollte und bis dahin leider sehr viel Leid erlebt werden könnte.

Wenn wir uns so über all das Gute freuen und etwas Zeit haben, ist es hilfreich, noch mehr ins Detail zu gehen. Wir zählen uns also die guten Dinge, die andere tun, haben oder erleben, in Gedanken auf. Beispielsweise gibt es Menschen, die buddhistische Zentren aufbauen, die anderen ehrenamtlich helfen, materiell etwas für andere geben oder Hilfsorganisationen gründen. Es gibt Personen, die die eigene Arbeit gut machen, um etwas für andere zu erreichen.

Viele ziehen Kinder auf oder helfen ihren alten Eltern. Auch wird Bienen dazu verholfen, ins Freie zu fliegen, alte Hunde oder Pferde werden aufgenommen und versorgt. Gänseblümchen werden nicht gepflückt, weil sie die Wohnung von kleinen Tieren sind, die dann sterben müssten.

Angemerkt sei hier, dass es auf die Situation ankommt, ob es sinnvoll ist oder nicht, eine Biene ins Freie fliegen zu lassen. Denn wenn sich die Biene während einer buddhistischen Unterweisung in einen Saal verirrt hat, ist es für sie selbst nützlich, wenn sie noch ein bisschen im Raum bleibt, ehe wir sie ins Freie bringen.

Es heißt weiter, dass wir uns vor allem an dem Verdienst, den andere haben, erfreuen können. Denn das bedeutet, dass sie früher einmal gut gedacht, geredet oder gehandelt haben. Um nämlich die Kapazität zu haben, Gutes tun zu können, müssen sie vorher entsprechende gute Ursachen kreiert haben. Wenn jemand also in der Notfallmedizin arbeiten will, benötigt sie oder er eine gute Ausbildung, muss verhältnismäßig gesund sein und so weiter. Diese Voraussetzungen beruhen darauf, dass die Person früher Gutes aufgebaut hat.

Wir können bei Mitfreude auch eine andere Einteilung wählen:

1. Wir freuen uns über diejenigen, die Sinnvolles tun, damit sie eine bessere Wiedergeburt erhalten.
2. Wir empfinden große Freude über die, die Gutes tun, um Befreiung zu erreichen.
3. Weiter ist es ein Grund zu sehr großer Freude, wenn andere gut handeln, weil sie so Erleuchtung zum Nutzen aller fühlenden Wesen erlangen möchten.
Allerdings sind damit nicht alle fühlenden Wesen und Verwirklichte erfasst, über deren Gutes freuen wir uns also auch noch.

Eine andere Betrachtungsweise ist, Mitfreude über all das Gute zu empfinden, das in Nirvana und Samsara jemals angesammelt wurde, angesammelt wird und angesammelt werden wird, sowie über die Ursachen dafür. Und zwar in der Gesamtheit. Dann können wir wieder ins Detail gehen. Denn es ist sehr gut, wenn wir uns genau ausmalen, was es an Positivem gibt und was Gutes getan wird.

Diese Vorgehensweise führt auch dazu, dass wir uns genauer damit befassen, was überhaupt gut ist. Damit steigt die Wahrscheinlichkeit, dass wir selbst diese Handlungen dann auch immer mehr ausführen und angemessener handeln. Weiter finden wir so heraus, dass es auch Handlungen gibt, bei denen wir gar nicht sicher sind, ob sie sinnvoll oder weniger sinnvoll sind. Diese Punkte können wir dann notieren und bei nächster Gelegenheit entsprechende Fragen stellen. Gut wäre es, wenn wir versuchen, vorab schon selbst zu recherchieren.

Wir erfreuen uns schließlich auch an allen guten Gedanken, die je gedacht wurden, jetzt gedacht werden und zu einem späteren Zeitpunkt gedacht werden.

Und ebenso über alle guten Absichten.

Weiter freuen wir uns über alles Gute, das gesagt wird. Darüber, wenn etwas in guter Art und Weise ausgedrückt wird. Weiter über Gutes, das mit der Sprache erreicht werden konnte. Beispielsweise Verhandlungen auf politischer Ebene, die den Schaden durch Kriege oder Konflikte verringern oder beenden konnten und können. Verhandlungen, die dazu führen, dass ein Gefangenenaustausch stattfindet oder dass Gefangene freigelassen werden. Gute Gespräche, die Streit beilegen und über gewaltfreie Kommunikation. Wieder freuen wir uns über all das in Vergangenheit, Gegenwart und Zukunft.

Aber vor allem ist es auf Ebene der Sprache ein Grund zur Freude, wenn der Dharma gelehrt wird und wenn es lediglich eine Zeile ist. Es gibt Beispiele von Menschen, die für die Aussicht auf einige Zeilen der Lehre Buddhas nicht nur sehr große Mühen, wie lange beschwerliche Reisen, auf sich genommen haben. Manche haben sogar Teile ihres Körpers dafür gegeben. Allerdings tut man das nur, wenn es wirklich notwendig und sinnvoll ist und erst bei entsprechender Verwirklichung. Sich selbst zu verstümmeln für nichts, was im buddhistischen Sinn auch nur annähernd von Bedeutung ist, ist wenig kluges Verhalten.

Wir können auch konkrete Situationen in unserem direkten Umfeld als Auslöser dafür verwenden, um Mitfreude zu trainieren.
Zum Beispiel möchte eine Freundin ihren Urlaub dafür verwenden, um zu einem buddhistischen Kurs zu fahren, was eine sehr gute Investition in dauerhaftes Glück darstellt. Man selbst würde auch gerne hinfahren, aber es geht nicht. Statt dann neidisch zu sein, weil man nicht wird teilnehmen können, ist es besser, wenn wir uns wirklich von ganzem Herzen freuen. Dann haben wir zwar die Übertragungen selbst nicht erhalten, aber die gleichen guten geisten Eidnrücke oder ähnlich gute geistige Eindrücke angesammelt wie sie.
Und zwar ohne dass sich die guten geistigen Eindrücke bei ihr oder irgend jemand anderem verringert hätten. Auch werden wir dadurch, dass wir uns von Herzen darüber freuen, dass sie eine so kostbare Möglichkeit hat und diese auch wahrnimmt, diese Belehrungen und Ermächtigungen eines Tages ebenfalls erhalten können. Und wir werden langfristig Erleuchtung erreichen. Allerdings bedeutet das wiederum nicht, dass man nicht mehr zu buddhistischen Kursen fahren sollte, nicht mehr zu meditieren bräuchte oder sich nicht anstrengen sollte. Es geht hier um eine tiefgründige Methode, mit der wir bei jeder Gelegenheit gute geistige Eindrücke aufbauen können, und zwar durch die Praxis der Mitfreude.

Neid dagegen führt nicht dazu, dass man etwas erhält. Das wurde schon erklärt.

Man fühlt sich dann nur schlecht, weil man die Weltreise oder die Fahrt zum buddhistischen Kurs neidet, aber die anderen fahren - hoffentlich - trotzdem. Denn bringt man sie auch noch davon ab, zu fahren, dann gibt es bereits zwei oder drei Personen, die Leid durch Neid erleben, mindestens.

Was den buddhistischen Kurs angeht, so weitet sich das Negative aber noch aus. Denn da sind auch viele andere, die immensen Nutzen davon gehabt hätten, wenn die Freundin zu dem Kurs gefahren wäre. Und wenn sie so auf ihrer Reise ins Glück schneller weitergekommen wäre.

Es gibt natürlich Ausnahmen. Hohe buddhistische Lehrerinnen oder Lehrer zum Beispiel könnten möglicherweise raten, nicht zu fahren, weil sie sehen, dass es sinnvoller für die Freundin ist, oder aus was für einem Grund auch immer.

Wir wissen inzwischen weiter auch, dass es sehr glückbringend ist, sich darüber zu freuen, wenn andere gute Bedingungen für die buddhistische Praxis haben, hier erfolgreich sind, gut praktizieren und sich verbessern können.

Schließlich freuen wir uns über alle, die die zehn leidbringenden Handlungen unterlassen und die die zehn glückbringenden Handlungen ausführen. Und zwar über das Unterlassen der (weniger guten) Handlung selbst und der Ursachen dafür oder über die (gute) Handlung selbst und die Ursache dafür.

Zur Erinnerung: Diese zehn Handlungen, die zu Leid führen, sind: Töten, Stehlen, leidbringendes sexuelles Verhalten, Lügen, Verleumden, verletzende Rede, sinnloses Gerede, Begierde, Böswilligkeit und Unwissenheit.

Bei den ersten sieben dieser Handlungen ist aber die Absicht entscheidend. Das bedeutet, bei guter Motivation zum Nutzen anderer, darf man diese ersten sieben Handlungen ausnahmsweise ausführen. Insgesamt sollten wir somit in allen Situationen und Umständen, bei allem, was wir denken, sagen und tun, ein gutes Herz für andere haben. Und dieses so gut, wir wir es können, mit Weisheit oder doch mindestens mit einer gewissen Intelligenz verbinden. Das ist wichtiger als schematisches Handeln. Es ist ähnlich wie bei einer roten Ampel. Im Normalfall halten wir an, wenn die Ampel rot anzeigt. Es gibt jedoch Szenarien, in denen eine rote Ampel überfahren werden darf. Beispielsweise darf das im Notfall die Notärztin oder der Notarzt. Oder andere Personen, zum Beispiel, wenn es darum geht, die Rettungswege frei zu machen.

Die letzten drei Handlungen, die alle den Geist betreffen, sollten wir aber in jedem Fall nach und nach reduzieren und schließlich aufgeben, denn sie sind immer problembildend.

Dann freuen wir uns über alle, die die zehn glückbringenden Handlungen ausführen, das heißt:

1. Leben geben, schützen oder verlängern (denn Leben zu retten bedeutet tatsächlich, Leben zu verlängern),
2. sinnvoll und großzügig geben,
3. sexuelles Verhalten, das angemessen ist und das dann auch zu Glück führt,
4. sinnvoll ehrlich sein,
5. gut über andere reden, wenn es sinnvoll ist, was meist der Fall sein wird,
6. freundlich und angenehm sprechen,
7. sinnvolle Gespräche führen,
8. nicht anhaften, klammern und gierig oder geizig sein,
9. gute Wünsche, also anderen Gutes wünschen,
10. richtige Sichtweise, wie dass Mitfreude über Gutes zu Glück führt.

Weiter ist es eine Quelle für Mitfreude, wenn jemand von den fünf, extremen Handlungen Abstand nimmt. Um diese hier kurz zu wiederholen: Es handelt sich um das Verletzten einer Buddha oder eines Buddha in schlechter Absicht, das Töten einer Arhati oder eines Arhats, das Töten der Mutter, das Töten des Vaters und das Spalten der Sangha.

Wenn jemand das Gegenteil von diesen fünf sehr leidbringenden Handlungen tut, freuen wir uns darüber und über die Ursache dafür. Wenn also jemand der eigenen Mutter das Leben rettet, ist das ein Grund zu großer Freude.

Sehr, sehr gute erfreuliche Handlungen sind weiter das Nehmen und Halten von Gelübden, wie Zuflucht, Pratimoksha-Gelübde, Bodhisattva-Versprechen und Vajrayana-Gelübde.

So heißt es über die Zufluchtnahme in einer Lehrrede des Buddha, im „Makellosen Sutra":

> „Wenn das Verdienst der Zufluchtnahme
> einen Körper annehmen könnte,
> würde der gesamte Raum nicht ausreichen,
> ihn aufzunehmen."

(Siehe Zitateliste Seite 569-572)

Aus tiefstem Herzen Zuflucht zu nehmen, ist tatsächlich die beste Methode, um die Probleme dieses Lebens zu vertreiben oder mindestens eine der besten Methoden. Und es ist gut, wenn wir so verbunden mit der Zuflucht sind, dass sie uns in jeder kritischen Situation einfällt. Sogar in einem Alptraum! Denn wenn wir gestorben sind, folgt meist der Zwischenzustand. Und dieser kann auch alptraumartig sein. Sind wir aber darin geübt, uns bei schwierigem Erleben an die Zuflucht zu erinnern, so wird das auch im Zwischenzustand der Fall sein.

Das ist äußert nützlich für uns.

Bei allen gemischten Handlungen, die zwar schon positive, aber auch noch negative Anteile haben, gibt es ebenfalls Grund zur Mitfreude über den positiven Anteil. Den negativen Anteil können wir bedauern. Und zwar auch im Namen der Personen, die ihn ausgeführt oder veranlasst haben oder sich darüber gefreut haben. Würden wir uns über alles, was eine Person tut, freuen, wären die negativen Verhaltensweisen enthalten, was weniger gut wäre. Wir erfreuen uns somit nicht an der ganzen Anhäufung der Handlungen. Es ist hier ähnlich, wie wenn wir das Gold in einem Haufen aus Gold und Müll finden wollen. Wir suchen das Gold heraus. Und an diesem erfreuen wir uns, nicht an der Mischung aus Gold und Abfall.

Das Ausführen jeder der Sechs Befreienden Handlungen (Sechs Paramitas) und ihrer jeweiligen Ursache(n) ist ein Grund dafür, sich zu freuen. Zur Wiederholung, die Sechs Paramitas sind: sinnvolle Großzügigkeit, sinnvolles Verhalten (im Wesentlichen die zehn leidbringenden Handlungen unterlassen und die zehn glückbringenden Handlungen ausführen), positive Geduld, von Freude getragener, unermüdlicher Einsatz, geistige Stabilität und Weisheit.

Hierzu gibt es eine Aufstellung von Atisha, und während wir sie lesen, könnten wir Mitfreude darüber üben, dass jemand etwas so Prägnantes formuliert hat. Weiter darüber, dass es diese Verse gibt. Und über den Verdienst, den Atisha vorher aufgebaut hatte, wodurch diese schöne Fassung überhaupt erst möglich wurde. Wir können uns schließlich über alle freuen, die an der Verbreitung der Verse teilgenommen haben. Und so weiter. In dieser Art können wir uns auch über andere buddhistische Texte freuen.

Die Zeilen lauten:

„Die beste Freigiebigkeit ist Nicht-Anhaften.
Das beste sinnvolle Verhalten ist das Befrieden des Geistes.
Die beste Geduld ist, bescheiden zu sein.
Der beste Eifer ist, Geschäftigkeit aufzugeben.
Die beste Konzentration ist, den Geist nicht zu verändern.
Die beste Weisheit ist, von nichts anzunehmen, dass es wirklich existiert."

(Siehe Zitateliste Seite 569-572)

Wir können uns auch über die sehr freuen, die es schaffen, problembildenden Emotionen nicht zu folgen.

Schließlich können wir glücklich sein, wenn andere und wir selbst die richtige Sichtweise aufrechterhalten können. Vor allem in Situationen, in denen das sehr schwer ist.

Hält also jemand in einem Umfeld, das Töten gutheißt oder Folter akzeptiert, daran fest, dass das keine glückbringenden Verhaltensweisen sind, ist das wirklich sehr gut. Es gibt tatsächlich auch Menschen, die sogar ohne entsprechende Erziehung in der Kindheit, ohne philosophisches System, ohne Religion und ohne die Lehre Buddhas zu kennen, natürlicherweise wissen, was richtig ist und es auch gegen Widerstände durchsetzen. Und dabei sogar einen gelassenen, liebevollen Geisteszustand aufrechterhalten können.

Ein weiterer Grund zur anteilnehmenden Freude ist es, wenn andere auch unter schwierigen Umständen die Lehre Buddhas nicht aufgeben.

Freude können wir ebenfalls empfinden, wenn jemand tiefgründige Erklärungen erhält und diese aufnehmen kann.

Generell erfreuen wir uns dabei immer auch über die Ursachen des Guten, es wurde nicht bei jedem Punkt jeweils explizit mitaufgezählt.

Weiter ist es wichtig, dass wir das Positive auf Erleuchtung ausrichten, denn der Buddhazustand ist das Beste, das andere und wir erreichen können.
Das bedeutet, wir verbinden das angesammelte Gute durch die Widmung mit Bodhicitta. Wir widmen also den Verdienst aus unserer Übung der Mitfreude der raschen und leichten Erleuchtung aller fühlenden Wesen, ohne an Ich, Tun und Du anzuhaften. Das heißt, wir widmen so, wie Buddhas und Bodhisattvas ihre Widmung gestalten. Denn wenn wir Gutes nicht für Befreiung und Erleuchtung verwenden, werden wir es mit hoher Wahrscheinlichkeit wieder verlieren. Das wäre, von Ausnahmen abgesehen, ineffizient.

Noch detaillierteres Mitfreuen am Beispiel des kostbaren Menschenkörpers

Wie sehr wir bei jedem einzelnen Punkt noch weiter ins Detail gehen können, um uns das Gute zu vergegenwärtigen, zeigt folgende Ausführung:

Unsere menschliche Wiedergeburt aufgrund eines sehr, sehr guten Karmas kann also mit sinnlosen, da nicht aus dem Leid herausführenden Dingen vertan werden.

Oder aber wir nutzen sie, um Befreiung und Erleuchtung zu erreichen oder uns mindestens in diese Richtung zu bewegen.

Setzt man den eigenen Körper, der dauernd etwas benötigt, nicht für das Erreichen der Erleuchtung ein, ist fast alles, was man in ihn investiert, insofern nutzlos oder sogar schädlich. Wenn man stirbt, wird man den Körper nämlich zurücklassen, ohne etwas davon mitnehmen zu können. Er ist insofern eine Fehlinvestition, wenn man ihn nicht dafür einsetzt, dauerhaft frei von Leid zu werden. Dann, im nächsten Leben, hat man einen anderen Körper. Und wie dieser aussieht, hängt nicht davon ab, wie viel man für den eigenen, jetzigen Körper tut. Sondern wie viele glückbringende und leidbringende Eindrücke wir in unserem Geistesstrom haben und welche davon gerade zur Reife kommen.

Wenn wir also unseren momentanen Körper nicht dafür einsetzen, langfristig Erleuchtung zu erreichen, ist es, wie wenn wir Angestellte zu Hause haben, die jeden Monat Lohn erhalten, aber nichts tun. Das heißt allerdings nicht, dass wir dem eigenen Körper, den wir auf unserem buddhistischen Weg benötigen, unnötig schaden sollten. Das sollten wir auch dann nicht tun, wenn wir einem anderen oder keinem spirituellen Weg folgen!

Die unermesslich vielen, fühlenden Wesen in anderen Daseinsbereichen haben nicht die Möglichkeit, Befreiung und Erleuchtung zu erreichen. Sie können Buddhaschaft zwar grundsätzlich erreichen, aber eben nicht in diesen Daseinsformen. Eine menschliche Wiedergeburt ist somit notwendige Voraussetzung dafür, um Buddhaschaft zu verwirklichen. Nicht zuletzt deshalb ist eine Wiedergeburt in einem menschlichen Körper in etwa so zu sehen, wie wenn wir einen Berg schon halb hinaufgeklettert sind.

Es ist aber unerlässlich, dass diese menschliche Wiedergeburt weitere Bedingungen erfüllt, damit wir den hochwertigsten Zustand, Erleuchtung, erreichen können. Denn dann ist unsere Existenz wie ein guter Traum.

Ohne einen menschlichen Körper, der zusätzlich bestimmte weitere Bedingungen erfüllt, wäre unser Leben wie ein schlechter Traum. Denn Erleuchtung ist dann nicht in Reichweite, und zwar wahrscheinlich für sehr lange Zeit nicht.

Dieses Dasein als Mensch haben wir auch nicht zufällig erlangt. Sondern weil wir über Weltzeitalter hinweg positive Handlungen ausgeführt haben. Und da es so selten und so schwierig ist, dass fühlende Wesen sinnvoll handeln, ist es sehr, sehr selten, ein kostbares Menschendasein zu erreichen. Und deshalb ist es so leicht, es wieder zu verlieren. Kostbar heißt hier, dass so eine Art von Existenz sehr nützlich und sehr schwer zu erreichen ist. Das wurde im vorigen Kapitel schon erläutert.

Kostbarer Menschenkörper heißt dagegen nicht, dass wir intelligent, schön gesund und reich sind.

Kostbarer Menschenkörper bedeutet detaillierter, dass wir die im folgenden beschriebenen acht Freiheiten und zehn Möglichkeiten haben. Und wir benötigen die drei Arten der Hingabe. Es folgen also die Bedingungen, die unerlässlich sind, damit unser menschliches Dasein eine Möglichkeit dafür bietet Befreiung und Erleuchtung zu erreichen. Während wir sie lesen, können wir uns über jeden Punkt und dessen Ursachen wirklich sehr freuen.

Diese zusätzlichen Bedingungen sind:

1. die acht Freiheiten
Sie beschreiben, dass wir von acht hindernden Faktoren frei sein müssen:

1.1. keine Geburt als Paranoiawesen (Höllenwesen),
1.2. keine Geburt als hungriger Geist,
1.3. keine Geburt als Tier,
1.4. keine Geburt als Göttin/Gott oder Halbgöttin/Halbgott,
1.5. keine Geburt in einer Gesellschaft, in der die Lehre Buddhas unbekannt oder nicht zugänglich ist,
1.6. keine Geburt mit schwerer geistiger oder körperlicher Behinderung,
1.7. keine falschen Sichtweisen; im Wesentlichen keine nihilistische und keine existenzialistische Sichtweise, wobei erstere leidbringender ist,
1.8. keine Wiedergeburt in einer Zeit, in der keine oder kein Buddha erschienen ist.

2. die zehn Möglichkeiten
Wir benötigen unbedingt zehn weitere unterstützende Faktoren, nämlich:

2.1. fünf, die von uns selbst abhängen:
    2.1.1. Wir brauchen eine Wiedergeburt als Mensch.
    2.1.2. Wir benötigen eine Wiedergeburt in einem zentral gelegenen Land, das heißt dort, wo die Lehre Buddhas vorhanden ist.
    2.1.3. Wir müssen über vollständige Sinnesfähigkeiten verfügen.
    2.1.4. Wir dürfen keine der fünf extremen Handlungen in diesem Leben begangen haben.
    2.1.5. Wir benötigen Vertrauen in die richtigen Objekte, also zum Beispiel in die Unterweisungen Buddhas.
2.2. fünf, die von anderen abhängen:
    2.2.1. Eine oder ein Buddha muss in der Welt erschienen.
    2.2.2. Sie oder er muss den Dharma lehren oder gelehrt haben.
    2.2.3. Ihre oder seine Lehren müssen noch vorhanden sein.
    2.2.4. Es müssen Personen vorhanden sein, die diese praktizieren
    2.2.5. Es muss noch Personen geben, die anderen gegenüber Liebe und Mitgefühl haben und die Praktizierende des Dharma unterstützen; das beinhaltet vor allem authentische buddhistische Lehrerinnen und Lehrer.

3. die drei Aspekte der Hingabe (drei Arten von Vertrauen):

3.1. überzeugtes Vertrauen:
Wir erkennen die Verknüpfung zwischen Ursache und Wirkung und sind von den ersten beiden der Vier Edlen Wahrheiten überzeugt.
3.2. strebendes Vertrauen:
Wir streben danach, Erleuchtung zu erreichen.
3.3. inspiriertes Vertrauen:
Wir vertrauen den Drei Juwelen und sind von ihnen inspiriert.

Haben wir den kostbaren Menschenkörper erzielt und praktizieren die Lehre Buddhas, gibt es drei Wege:

1. den Kleinen Weg, auf dem man 100 Weltzeitalter benötigt, um zur Erleuchtung zu gelangen,
2. den Großen Weg, auf dem man 3 Weltzeitalter für Erleuchtung benötigt,
3. den Diamantweg, auf dem wir Erleuchtung in einem Leben erreichen können.

Auch ist es nötig, dass wir eine authentische buddhistische Lehrerin oder einen authentischen buddhistischen Lehrer haben.
Schließlich müssen wir sie oder ihn gut geprüft haben und umsetzen können, was sie oder er uns nahelegt. Unabhängig davon, was wir selbst meinen.

So heißt es auch:

> „Jene, die gut gerüstet und mit stetiger Intelligenz
> Ihrem Lehrer dienen, ohne Rücksicht auf Gesundheit und Leben,
> Die seinen Anweisungen folgen, ohne sich zu schonen,
> Werden allein durch die Kraft ihrer Hingabe befreit."

(Siehe Zitateliste Seite 569-572)

Wenn wir uns mit diesen Sachverhalten näher beschäftigen, stellen wir fest, wie schwer und wie selten ein kostbares menschliches Dasein ist.
Hinzu kommt, dass man es sehr leicht wieder verlieren kann, es gibt viele Ablenkungen. Auch die Gefahr, zu sterben und den kostbaren Menschenkörper wieder zu verlieren, ist hoch. Dann wieder eine solche Gelegenheit zu erhalten, ist äußerst schwer. Den buddhistischen Weg unter qualifizierter Anleitung zu gehen, ist noch schwieriger.

Es ist also genau besehen ein Grund zu sehr, sehr großer Mitfreude, wenn fühlende Wesen eine so großartige Möglichkeit erreicht haben. Und noch viel mehr, wenn jemand in der Lage ist, eine derart hervorragende Ausgangslage zu nutzen und gute Ergebnisse erzielt.

Das beinhaltet, auch im Alltag die Lehre Buddhas anzuwenden, zu einem buddhistischen Kurs fahren zu können oder ein Retreat in einem buddhistischen Zentrum zu machen. Es schließt ein, ehrenamtlich mitzuhelfen, um die Lehre Buddhas auch anderen zur Verfügung zu stellen und so weiter.

Worüber man sich nicht freuen sollte

Es gibt verschiedene Möglichkeiten dafür, die Ursachen für Angenehmes und Unangenehmes anzusammeln.

Bezogen auf Unangemessenes sind das:

1. Man führt die unpassende Handlung selbst aus.
2. Man stiftet andere zu schädigendem Handeln an. Das schließt ein, dass man die eigentliche Handlung dann nicht selbst ausführt.
3. Man ist froh über eine unkluge Handlung anderer. Auch hier ist man selbst nicht die oder der eigentliche Handelnde.
Über diese drei Handlungen sollten wir uns nicht freuen.

Man freut sich also weder über eigene unpassende Handlungen noch erfreut man sich an dem leidbringenden Tun, zu dem man andere veranlasst hat.
Auch ist es wirklich wichtig, dass man sich nicht am negativen Verhalten und Handeln von anderen erfreut. Das ist etwas, was sehr schnell und von einem selbst unbemerkt vorkommen kann.
Es reicht, ein zufriedenes Gefühl darüber zu haben, wenn beispielsweise "die Ärztinnen" oder „die Ärzte", "die Politikerinnen" oder „die Politiker" oder "der Jet Set" in der öffentlichen Meinung herabgewürdigt werden. Oder eine einzelne Prominente oder ein einzelner Prominenter.

Es folgen jetzt einige Beispiele dazu, worüber man kein zufriedenes Gefühl entwickeln sollte:

Man sollte sich am Leid, wie an körperlichen Unzulänglichkeiten, anderer nicht erfreuen, denn auch das wird schließlich für einen selbst leidbringend.
Auch eine Beteiligung an negativen verbalen Massenattacken auf andere sind sehr regelmäßig aus buddhistischer Sicht wenig sinnvoll.

Weiter ist Mobbing in so gut wie allen Fällen keine glückbringende Handlung.

Und am Leid von Gegnerinnen und Gegnern sollte man sich ebenfalls nicht erfreuen. Weiter ist es wichtig, aufzupassen, dass man keine Schadenfreude empfindet.

Also angenommen, unserer Kollegin wird ihr Schmuck gestohlen. Freut man sich über die clevere Diebin oder bewundert sie, so führt der Diebstahl nicht nur bei der Diebin zu leidbringenden geistigen Eindrücken, sondern auch bei einem selbst. In so einem Szenario könnte auch Schadenfreude auftreten, beispielsweise, wenn man die Kollegin nicht mag, vielleicht weil sie immer viel Freizeit hat, während man selbst arbeiten muss. Tatsächlich ist Schadenfreude aber leidbringend, mithin nicht wünschenswert.

Schließlich erfreuen wir uns auch nicht am Leid derer, die anderen viel Schaden zugefügt haben. Wenn also zum Beispiel eine grausame Diktatorin gefangengenommen und dann erschossen wird, sollten wir eine andere Vorgehensweise bevorzugen. Denn hier ist Mitgefühl angebracht, da so jemand unermessliches Leid vor sich hat. Und wir bedauern das, was sie getan hat, in ihrem Namen. Weiter machen wir gute Wünsche dafür, dass sie möglichst schnell den Weg zur Erleuchtung finden möge. Dazu sagen wir Mantren. Wenn man nicht einsehen kann, warum man das tun sollte, ist folgende Überlegung hilfreich: Wenn sich die Diktatorin bessern kann, werden viele andere weniger Leid durch sie erleben.
Wenn wir also nichts für die Diktatorin tun wollen, dann doch wenigstens für die, die unter den Qualen leiden würden, wenn sie möglicherweise noch Äonen lang so weitermachen würde, nachdem sie die Paranoiabereiche wieder verlassen hat. Dort wird sie nämlich vermutlich vorher noch sehr oft wiedergeboren werden.

Gutes mit dem Wunsch verbinden, dass Negatives gereinigt wird

Es ist wichtig, dass wir Positives auch mit dem Wunsch verbinden, dass damit Negatives, das während unzähliger Leben angesammelt wurde, gereinigt wird. Sammeln wir Positives an, ohne das zu tun, kann das Ergebnis sein, dass Negatives im eigenen Geist beim Tod doch zu einer Wiedergeburt in den leidvollen Daseinsbereichen führt.

Vorausgesetzt, es gibt keine anderen Faktoren. So wurde beschrieben, dass beispielsweise Karmapa sehen, hören oder das Zustandekommen einer körperlichen Berührung mit ihm dazu führen kann, dass wir keine Wiedergeburten in den drei leidvollen Daseinsbereichen mehr haben werden. Auch sehr schwierige Wiedergeburten im menschlichen Bereich werden wir dann mit höherer Wahrscheinlichkeit nicht mehr erleben.

Sollten aber solche Faktoren nicht gegeben sein und haben wir beim Ansammeln von Verdienst auch die Ausrichtung, dass sich das Gute so auswirkt, dass Negatives gereinigt wird, werden wir normalerweise beim Tod nicht in Bedingungen geraten, die das Sterben schwierig machen.

Und dann Auslöser dafür werden, dass man in den niederen Daseinsbereichen wiedergeboren wird. Dieser Wunsch ist nicht zu verwechseln mit der Widmung, durch die wir das Gute für die Erleuchtung aller fühlenden Wesen (wir sind auch dabei) einsetzen. Wünschen wir also, dass das angesammelte Gute Schwieriges bereinigt, so sollte diese Vorgehensweise in Bodhicitta eingebettet sein. Es ist die Geisteshaltung, mit der wir, was auch immer wir tun, wünschen, ansammeln und so weiter, uns auf die rasche und leichte Erleuchtung aller fühlenden Wesen ausrichten.

Alles Gute, das aus unseren Bemühungen entstanden ist, sollten wir also in korrekter Weise widmen, wie die Buddhas und Bodhisattvas es tun.

Mitfreude mit Bodhicitta verbinden

Auch die guten geistigen Eindrücke, die durch Mitfreuen aufgebaut werden, sollten also mit Bodhicitta verbunden werden.
Wie schon erklärt wurde, kann das Gute sonst auch eine schwierige Richtung einnehmen, wie beispielsweise bei einer Diktatorin oder einem Diktator, die oder der aufgrund früherer guter Taten viel Macht und Reichtum erlangt hat, aber sehr leidvoll für andere und auch für sich selbst handelt. Damit verliert sie oder er alles wieder. Und reißt viele andere mit.

Wie wir Mitfreuen noch effektiver gestalten können

Obwohl wir uns über jede noch so kleine gute Tat freuen sollten, ist es doch auch hilfreich, Bilder von sehr großen guten Taten, die andere und man selbst ausgeführt haben oder in der Zukunft ausführen werden, im eigenen Geist entstehen zu lassen. Wir stellen uns dazu den Nutzen der hilfreichen Handlung vor und freuen uns so richtig und von ganzem Herzen darüber. Und über die Ursache darüber, dass vorher gutes Potenzial aufgebaut wurde, durch das dann Hilfreiches getan werden konnte.

Allgemein gilt auch: Je plastischer, intensiver und genauer wir das Bild des Positiven im eigenen Geist entstehen lassen, desto größer sind die guten geistigen Eindrücke. Dabei vergegenwärtigen wir aber weiter auch möglichst viele Einzelheiten.

Die Art und Weise, in der wir Mitfreude üben, ist von ganzem Herzen, aufrichtig und respektvoll, ohne Anhaftung, Groll oder eben Neid. Weiter ohne Stolz über unsere gelungene Praxis der Mitfreude sowie ohne andere störende Emotionen.

Weiter freuen wir uns, so gut es geht, in der Art, die frei davon ist, in Ich, Tun und Du zu unterteilen.

Und bei Bodhisattvas ist die Mitfreude ganz erfüllt von der erleuchteten Geisteshaltung. Daher üben auch wir Mitfreude, damit wir alle rasch und leicht Erleuchtung erreichen.

Genau dafür widmen wir dann die guten geistigen Eindrücke aus unserer Übung, und zwar so, wie die Buddhas und Bodhisattvas widmen. Darüber freuen wir uns anschließend von ganzem Herzen.

Anfangs wird uns das alles eher künstlich erscheinen, auch die Mitfreude selbst. Das ist nicht ungewöhnlich. Es ist ein Training, das Zeit braucht. Mit fortschreitender Übung werden wir Mitfreude aber auch wirklich empfinden. Das zeigt dann, dass unsere anteilnehmende Freude zunimmt und somit effektiver wird.

Freude über die eigenen guten Handlungen

Und wir vergessen nicht, uns über unsere eigenen guten Handlungen in Vergangenheit, Gegenwart und Zukunft zu freuen. Hier bezieht sich Vergangenheit auch auf frühere Leben, und Zukunft impliziert zukünftige Leben.

Auch können wir glücklich darüber sein, wenn wir selbst andere zu gutem Tun veranlasst haben oder sie dazu angeleitet haben.

Ein weiterer Grund zur Freude ist alles, was wir in Bezug auf die Lehre Buddhas getan haben oder tun. Das ist wichtig, damit wir nicht entmutigt werden, denn dann besteht unter anderem die Gefahr, dass wir den Dharma aufgeben. Freuen wir uns aber über unsere buddhistischen Aktivitäten, so fördert es, dass wir sie auch weiter ausführen. Schließlich freuen wir uns schon auf und über unsere zukünftigen Dharma-Aktivitäten.

Freude über die Handlungen anderer steht im Vordergrund

Tatsächlich sollte Mitfreude über die guten Handlungen anderer im Rahmen der Sieben Übungen jedoch im Vordergrund stehen. Ansonsten könnte zuviel Anhaftung an das eigene Gute entstehen. Allgemein gilt aber, dass es wichtig ist, zu üben, möglichst mit immer weniger Anhaftung, sich auch über die eigenen guten Handlungen zu freuen. Und zwar vor allem abends unmittelbar vor dem Einschlafen.

Gutes, das aus Mitfreuen entsteht, nicht wieder verlieren

Auch bei Mitfreude ist es sinnvoll gleichzeitig oder anschließend von Handlungen Abstand zu nehmen, die die durch die Mitfreude aufgebaute, guten Eindrücke wieder vermindern oder zunichte machen.

Haben wir also Gutes getan oder tun es, ist es grundsätzlich sinnvoll:

1. diese guten Handlungen dann nicht zu bedauern oder zu bereuen,
2. darauf zu achten, dass man nicht etwas zurückerhalten möchte, zum Beispiel Lob dafür, dass man so gut übt,
3. unsere guten Aktivitäten nicht überall herumzuerzählen; außer mit guter Motivation, also um andere dazu zu inspirieren, ähnlich gut zu handeln,
4. zu widmen, mehr dazu im Kapitel zur siebten der Sieben Übungen.

Mitfreuen frei von Dualität

Wir erfreuen uns an allem Guten, was getan wird, und zwar unabhängig davon, wer es tut.

Das beinhaltet, dass wir uns auch dann an Positivem erfreuen, wenn wir überhaupt nichts dazu beigetragen haben.
Denn es kommt sehr schnell vor, dass jemand etwas Sinnvolles tut, und man wird neidisch, weil man selbst nicht beteiligt war. Man kann eine derartige Funktionsweise des Geistes bei sich bemerken, wenn man aufmerksam ist.
Dabei wäre es an sich so einfach und so nützlich, sich am Guten anderer zu erfreuen, auch dann, wenn man keinerlei Anteil daran hatte. Oder es so aussieht, denn um Gutes im Außen wahrnehmen zu können, muss man irgendwann entsprechende Samen „gepflanzt" haben.

Wir sollten uns weiter am Positiven derer erfreuen, die wir nicht mögen. Wenn also unsere ärgste Feindin oder unser ärgster Feind Gutes tut oder erlebt, ist das ein Grund dafür, dass wir richtig glücklich sein können.

Und wir erfreuen uns auch am Positiven derer, die uns wiederum nicht mögen.

Schließlich ist es gut, sich am Guten zu erfreuen, auch wenn es in einer Art getan wird, die uns ohne wirklichen Grund nicht gefällt. Tatsächlich ist die Ursache dafür oft auch Neid oder Eifersucht.

Wir sollten also Mitfreude mehr und mehr ohne Anhaftung oder Abneigung praktizieren und sie nicht davon abhängig machen, wer etwas wie und wo getan hat oder tut oder tun wird.

Weiter ist es nützlich, wenn wir üben, keine Unterschiede zu machen zwischen der Person, die sich freut, das sind wir, und der Mitfreude sowie der Person, über deren gute Ansammlung wir uns freuen.

Wenn hier die Rede davon ist, frei von Dualität zu üben, könnte der Gedanke entstehen, dass da nichts sei. Dabei ist die Annahme von Nicht-Existenz wieder ein Greifen und damit Anhaftung, die wiederum als Gegenstück Ablehnung hat. Und schon ist da wieder Dualität.

Vielleicht entsteht sogar jedes Mal etwas Furcht, wenn wir hören, dass nichts wirklich existiert. Der Grund ist auch, dass man das Wort "wirklich" so leicht überliest.Tatsächlich hat Buddha im Dritten Lehrzyklus Erklärungen zur Buddha-Natur gegeben. Denn durch den Zweiten Lehrzyklus (über Leerheit) könnte die Vorstellung entstehen, dass nichts da sei. Der dritte Lehrzyklus wirkt dem entgegen.
Denn da ist die Buddha-Natur, die Qualität von Mitgefühl, die verbunden ist mit Klarheit und Leerheit. Leerheit im buddhistischen Sinn bedeutet dabei, frei zu sein vom Greifen nach einem Ich. Was die Buddha-Natur genau ist, können wir aber erst wissen, wenn wir selbst Buddhas sind.
Aber wir wissen also, was wir in der Essenz wirklich sind: Buddhas. Und wir wissen auch, dass die Ideen, die wir darüber haben, den Buddha-Zustand nicht erfassen können. Auch wenn wir den Buddhazustand über Qualitäten, wie Mitgefühl, Weisheit oder Kraft beschreiben können.

Und doch können wir einen Eindruck davon erhalten, was der Buddha-Zustand ist. Wenn wir nämlich diejenigen direkt erleben, die auf dem Weg zur Erleuchtung viel weiter sind als wir oder die erleuchtet sind. Weiter, wenn wir selbst die Unterweisungen Buddhas ernsthaft und konsequent anwenden. Wir werden bemerken, dass wir uns rasant verändern, und zwar zum Guten. Auch können wir jetzt schon Informationen darüber erhalten, dass dieser Zustand einer oder eines Buddha unermesslich viel besser ist als alles, was wir derzeit an Gutem erfahren.

Weil man aber etwas Fassbares haben möchte, kann es trotzdem sehr schnell passieren, dass man die Buddha-Natur für so etwas wie eine Seele hält. Und damit doch für eine Art von Ich. Diese Vorstellungen entsprechen jedoch nicht dem, was die Buddha-Natur ist. Aber auch, wenn subtil immer wieder die Idee auftaucht, dass da wirklich etwas ist und wir eine Vorstellung dabei haben, ist es gut, sich klarzumachen, dass das die eigenen Ideen sind. Und nicht, was die Erklärungen sagen.

Da wir aber nun einmal immer auf der Suche nach etwas sind, das wir festhalten können, gibt es die Licht-Energieformen der Erleuchtung, die Buddhas im Freudenzustand. Sie sind wie ein Hologramm.

Das heißt, sie sind weniger fassbar und fest als das, was wir als unseren Körper wahrnehmen. Aber sie sind doch greifbarer als der Wahrheitszustand, der Dharmakaya der Erleuchtung.

Die Repräsentantinnen und Repräsentanten der Erleuchtung vergegenwärtigen wir auch in Licht- und Energieformen vor uns im Raum, während wir die Sieben Übungen ausführen.
Angemerkt sei, dass das nicht heißt, dass sie alle im Freudenzustand sind. Buddha Shakyamuni ist zum Beispiel ein Ausstrahlungszustand.

Bereuen und Mitfreuen in vergleichender Übersicht

Im folgenden schematische Übersichten zur Essenz dessen, was wir bereuen und worüber wir uns freuen sollten.

bereuen	alles, was von Glück, Befreiung und Erleuchtung wegführt
mitfreuen	über alles, was zu Glück, Befreiung und Erleuchtung hinführt

bereuen	das, was verringert und unterlassen werden sollte, um Glück, Befreiung und Erleuchtung zu erreichen
mitfreuen	über das, was vermehrt und getan werden sollte, um Glück, Befreiung und Erleuchtung zu erreichen

	glückbildende Handlungen	leidbildende Handlungen
bereuen	nein	ja
mitfreuen	ja	nein

bereuen, um	unsere Begrenzungen, Hindernisse und Schwierigkeiten zu erkennen und zu reduzieren
mitfreuen, um	unsere Qualitäten und unseren Reichtum zu erkennen und zu vermehren

bereuen	Der Hauptbezugspunkt ist das negative Tun von uns selbst. Der Nebenbezugspunkt ist das negative Tun anderer.
mitfreuen	Der Hauptbezugspunkt ist das positive Tun anderer. Der Nebenbezugspunkt ist das positive Tun von uns selbst.

sich nicht freuen über und bereuen	1. die leidbringenden eigenen Taten 2. die Ursache eigener, leidbringender Taten 3. die leidbringenden Taten anderer 4. die Ursache leidbringender Taten anderer
sich freuen über	1. die glückbringenden Taten anderer 2. die Ursache glückbringender Taten anderer 3. die eigenen glückbringenden Taten 4. die Ursache eigener, glückbringender Taten

Mitfreuen entspricht folgender Grundübung

Mitfreude entspricht der dritten Grundübung, den Mandala-Gaben.

Mitfreuen im Kurzüberblick

Worüber wir uns freuen:	über alles Gute und die Ursache dafür
Gegenmittel gegen	Neid, Eifersucht, sowie Konkurrenzdenken, Ich-Anhaftung, auch Stolz
Verdienst/Reinigung	Aufbau von Verdienst

Mitfreuen als alleinige Übung

Wir bringen unsere Aufmerksamkeit zu dem, was wir jetzt tun, und lösen uns, so gut wie wir können, von der Vorstellung, dass es ein Ich, ein Tun und ein Gegenüber gibt, wie wir meinen. Wir sind also auch weniger im Modus von "Ich übe", sondern eher in der Haltung, dass etwas getan wird.

Geistig präsent und mit Offenheit, Vertrauen, Hingabe und Freude nehmen wir dann Zuflucht und bringen die erleuchtete Geisteshaltung hervor.

Als nächstes stellen wir uns einen offenen und weiten, leeren Raum vor.

Indem sie in unserer Vergegenwärtigung auf von uns angebotenen, kostbaren und bequemen Sitzen Platz nehmen, erscheinen vor uns in diesem Raum, strahlend, wunderschön und vollkommen, die Repräsentantinnen und Repräsentanten der Erleuchtung.

Im Regelfall ist im Zentrum Buddha. Oder die oder der eigene Lama, in der Karma-Kagyü Linie ist das Karmapa. Oder unser Yidam oder eine Meditationsgottheit, die uns besonders gefällt. Jeweils mit Gefolge.
Wir können auch denken, dass sich auf jedem Atom des Universums unzählige Reine Länder befinden. In ihnen verweilen wiederum zahllose Buddhas der Vergangenheit, Gegenwart und Zukunft mit großem Gefolge aus Bodhisattvas, Pratyekabuddhas, Arhatis und Arhats, Hörerinnen und Hörern.

Sie befinden sich in strahlenden, wunderschönen, vollkommenen Licht-Energieformen vor uns im Raum, und wir denken an ihre unermesslichen Qualitäten.

Vor ihnen führen wir in Duplikaten von uns, in der Anzahl, wie es Atome in den Welten gibt, mit allen fühlenden Wesen, die jetzt den kostbaren Menschenkörper haben, die Übung aus.

So praktizieren wir alle die vierte Übung, Mitfreuen, in Vergangenheit, Gegenwart und Zukunft.

Wir alle freuen uns von ganzem Herzen über das Gute, das Buddhas, Bodhisattvas, Pratyekabuddhas, Arhatis und Arhats, und Hörerinnen und Hörer getan haben, tun oder tun werden. Und über alles, das Buddhistinnen und Buddhisten, Nicht-Buddhistinnen und Nicht-Buddhisten getan haben, tun und tun werden. Weiter über das Gute, das sie alle erlebt haben, erleben und erleben werden. Und über die Ursache all dessen.

Hierbei können wir die Informationen verwenden, die wir in diesem Kapitel erhalten haben.

Dann bitten wir die gütigen, weisen, strahlenden, wunderschönen und vollkommenen Repräsentantinnen und Repräsentanten der Erleuchtung, dass sie unsere Übung annehmen.

Anschließend löst sich der zentrale Aspekt mit Gefolge in Licht auf und verschmilzt mit uns und allen fühlenden Wesen im kostbaren Menschenkörper.

Als nächstes ruhen wir in der Gewissheit, dass unser Geist und der Geist des zentralen Aspektes nicht verschieden voneinander sind.

Schließlich widmen wir ausnahmslos dieses und alles andere Gute, das jemals angesammelt wurde, angesammelt wird und angesammelt werden wird und die Ursachen für Gutes aus den drei Zeiten mit vollendetem Mitgefühl und perfekter Weisheit, das heißt, so wie die Buddhas und Bodhisattvas widmen, der raschen und leichten Erleuchtung aller fühlenden Wesen.

Wir verweilen noch einen Moment geistig anwesend und freuen uns von ganzem Herzen über das Gute, das wir gerade zusammengetragen haben.

2.5. Auffordern

statt

Unwissenheit

Die fünfte Übung, das Fragen nach Anleitung, bedeutet, dass wir uns klar darüber sind, dass wir jemanden benötigen, die oder der uns hilft. Und zwar vor allem dabei, letztendlich die volle Verwirklichung unseres ganzen, großartigen Potenzials zu erreichen. Und wir belassen es nicht nur bei dieser Erkenntnis, wir fragen tatsächlich auch ganz konkret nach Hilfestellung.

Damit beginnen wir, unsere Unwissenheit zu reduzieren und können sie schließlich beseitigen. Unwissenheit beinhaltet, dass man nicht weiß, was zu tun und was zu lassen ist, damit es uns und anderen gut geht. Vor allem aber bedeutet es, dass man nicht weiß, wie man langfristig das bestmögliche Ziel, Buddhaschaft, erreichen kann.
Unwissenheit im buddhistischen Sinn ist also nicht mangelnde Intelligenz. Es ist ein Geisteszustand, der sich irrt beziehungsweise falsch beurteilt.

Um Missverständnissen vorzubeugen: Gerade großes weltliches Wissen, das ohne Intelligenz gar nicht möglich wäre, kann eine versteckte Form von Unwissenheit sein.

Auffordern ist tatsächlich eine der kraftvollsten Methoden gegen Unwissenheit. Und gegen Degeneration. Damit ist auch diese Zeit gemeint, in der wir leben und die voller Leid ist.

Unser normales Leben

Wir alle haben etwas, das uns interessiert oder fasziniert und das uns Freude macht. Es ist vielleicht eine Sportart, möglicherweise kochen wir gerne, interessieren uns für Autos oder für ferne Länder oder gehen gerne tanzen.
Schließlich gibt es Gebiete, auf denen wir bereits gut sind, uns aber doch noch verbessern möchten. Vielleicht ist es ein Musikinstrument oder etwas anderes Künstlerisches.

Dann gibt es auch Bereiche, die uns schwer fallen und wo wir Schwierigkeiten haben. Das ist vielleicht die Kollegin, die immer wieder die Türen zu laut schließt. Es kann weiter sein, dass wir gerne mehr Geld hätten, erfolgreicher wären oder aber unsere sexuellen Begegnungen nicht so sind, wie wir sie uns wünschen. Meist führt das dann dazu, dass wir anfangen, nach Lösungen zu suchen, um Verbesserungen zu erzielen.
Aber auch, wenn wir von etwas fasziniert sind, ist es ganz natürlich, Informationen zu suchen.

404

Dabei finden wir heute in Hülle und Fülle Lösungsvorschläge. Die Herausforderung besteht inzwischen meist zunächst darin, aus der Vielfalt von Informationen herauszufiltern, was richtig und für uns hilfreich und effektiv ist. Ideen für Lösungen gibt es ja genügend.

Haben wir dann die gesuchten Informationen gefunden, stellen wir möglicherweise fest, dass dieses zunächst hilfreiche Wissen für ein bestimmtes Problem nach einiger Zeit nicht mehr ausreicht. Dann möchten wir vielleicht auch Personen finden, die diesbezüglich mehr wissen und können als wir. Oder doch zumindest Gleichgesinnte, mit denen wir uns austauschen können.

Das heißt, wir suchen jemanden, die oder der uns etwas erklärt und von der oder dem wir lernen können. Dabei ist es meist effektiver, und es geht schneller, wenn wir von jemand Fortgeschrittenem direkt lernen können.

Dem liegt auch die Erfahrung zugrunde, dass wir im direkten Austausch gezielt korrigiert werden können. Aber auch durch Nachahmen und Abschauen können wir viel dazulernen. Manchmal scheint es sogar so, als würden sich Verhaltensweisen und dergleichen wie von selbst übertragen. Oder anders ausgedrückt, es ist die gute, aber auch die schlechte Gesellschaft, die „abfärben" kann. Das wurde schon erklärt.

Nach erster Beschäftigung mit einem Thema recherchieren wir also vermutlich, wer Expertin oder Experte auf diesem Gebiet ist, das uns so sehr interessiert. Und ob diese Person Vorträge oder Kurse anbietet. Gibt es vielleicht Kongresse zu dem Thema, Übungsgruppen, Vereine oder anderes mehr?

Aber es gibt auch Probleme bei diese Art der Vorgehensweise. Denn man weiß als Anfängerin oder Anfänger wenig. Und weil man wenig weiß, besteht die Gefahr darin, an falschen Stellen zu suchen oder dass man sich mit geringer Qualität zufriedengibt. Oft auch nur vorübergehend. Dann merken wir wieder, dass das nicht alles sein kann beziehungsweise dass es auch Leid gibt.

Hat man also zum Bespiel einen Partner, und die Beziehung ist sehr gut, bedeutet das trotzdem nicht, dass dieses Glück für immer anhält. Spätestens, wenn einer stirbt, ist diese Beziehung zu Ende. Und dann? Je besser die Beziehung war, desto schwieriger wird vermutlich das Ende sein. Leid ist eben wieder einmal nur eine Frage der Zeit.

Wären wir aber dauerhaft glücklich und frei von Leid, müssten wir nicht immer etwas suchen oder leiden, wenn wir etwas verlieren.

Denn, ehrlich betrachtet, wir sind nicht nur hier und da mal auf der Suche. Wir sind in Wirklichkeit in jedem Moment auf der Suche, mal mehr, mal weniger, meist, ohne es recht zu merken.

Woher wir das wissen? Weil wir immer etwas wollen.

Beispielsweise einen Traumurlaub oder dass Zahnschmerzen verschwinden. Man sucht den perfekten Partner, möchte Blätter aus dem Nymphenburger Schlosspark mitnehmen, giert nach Schokoeis mit Schlagsahne. Möglichst ohne Bienen, die einen ärgern. Man möchte einen Porsche, aber ohne Emissionen. Man will, dass sich die Nachbarin ärgert, weil sie keine Tageszeitung hat und so weiter.
Es fällt uns eben immer etwas ein, was wir jetzt tun könnten, was wir lieber tun würden, was besser sein könnte oder was wir haben möchten. Und was wir nicht tun möchten, was wir nicht haben möchten, was wir überhaupt und ganz bestimmt nicht erleben wollen.

Die eigentliche Frage an dieser Stelle ist, ob wir Interesse daran haben, derartigen Szenarien ausgeliefert zu sein, unbewusst, oder, buddhistisch ausgedrückt, unwissend darüber, was wirklich geschieht? Oder ob wir eine grundlegende, dauerhafte Lösung haben möchten.

Im gigantischen Supermarkt dessen, was man mit den eigenen Ressourcen an Zeit und Geld tun kann, gibt es allerdings nicht viel, was zu Befreiung und Erleuchtung führt. Kann man es finden?
Denn vermutlich werden die Werbebanner im Internet nicht darauf hinweisen und auch die allgemeine Werbung nicht. Im Supermarkt findet man vielleicht einige Produkte mit einem Buddha auf der Verpackung. Allerdings ist man nicht wie die ceylonesische Prinzessin, die allein durch das Sehen eines Bildes Buddhas Verwirklichung erreicht hat. Vermutlich interessiert einen auch weniger der Buddha auf der Box als vielmehr der, hoffentlich wenigstens vergängliches Glück bereithaltende Inhalt.

Man muss nämlich wirklich sehr, sehr gutes Karma dafür haben, um auf der eigenen, ständigen Suche der Lehre Buddhas zu begegnen. Und dafür, dass diese Begegnung in ein fruchtbares Engagement mündet.
Denn selbst, wenn man der Lehre Buddhas begegnet, ist die Frage, ob man sie verwenden kann und ob man mit dieser Verwendung Verbesserungen erzielen kann. Möchten wir tatsächlich bei dem Projekt, ein dauerhaftes, glückliches, problemfreies und für uns selbst und andere maximal nützliches Leben zu führen, Hilfestellung erhalten?

Wenn wir das wollen, ist es notwendig, die entsprechenden Expertinnen und Experten danach zu fragen.

Warum hat Buddha gelehrt?

Buddha hat gesagt, dass er gelehrt hat, weil alle fühlenden Wesen glücklich sein wollen und weil sie Leid vermeiden möchten.

Wieso soll ich die Lehre Buddhas für Lösungen heranziehen?

Wir suchen bei den Buddhas die Antwort darauf, wie wir unsere Probleme lösen können, weil sie die Lösung für alle Probleme gefunden und alle Fähigkeiten zur Verfügung haben. Das schließt ein, dass sie alles wissen. Auch haben sie keine Eigeninteressen, sie lehren einzig und alleine zu unserem Glück.

Das hört sich anfangs ziemlich anspruchsvoll an. Beschäftigen wir uns aber intensiver mit dem Dharma und lernen hohe buddhistische Lehrerinnen und Lehrer kennen, werden wir nach und nach bemerken, dass sie einfach mehr wissen als wir. Sie wissen sogar über Dinge Bescheid, mit denen sie sich – nach unserem Informationsstand – nie befasst haben. Wie ist das möglich? Wenn wir dieses „nie" entschlüsseln, werden wir feststellen, dass „nie" für uns heißt, in diesem Leben nicht. Tatsächlich haben sich Buddhas aber schon in vielen früheren Leben intensiv damit auseinandergesetzt, was zu Glück auf allen Ebenen führt und was leidvoll ist. Und sie erinnern sich daran, weil sie völlig ungehindert und klar sind. Tatsächlich haben sie eben keine Begrenzungen, und sie haben alle Qualitäten verwirklicht.

Vielleicht klingt Allwissenheit auch nicht völlig unglaubwürdig, wenn wir unser eigenes Leben betrachten. Denn wenn wir im Starnberger See schwimmen, können wir uns im Regelfall daran erinnern, wo zu Hause im Bad die Zahnbürste steht. Obwohl wir sie nicht sehen. Wir können auch jemand anderem erklären, was sie oder er mit einer Zahnbürste tun soll und warum das nützlich ist. Das heißt auch, dass wir schon eine gewisse Kapazität haben. Die Fähigkeiten Buddhas sind allerdings unermesslich viel größer, sie sind unbegrenzt.

Daher können Buddhas nicht nur Anleitung bei einem Problem geben, das man selbst hat. Oder das man zum Beispiel mit dem Freund oder der Freundin hat. Oder bei einigen Problemen, die man mit einigen anderen hat. Oder für viele Probleme, vielleicht mit vielen oder allen Personen, denen man begegnet.

Die Lehre Buddhas gibt uns tatsächlich Hilfestellung für sämtliche Probleme, die wir mit wem, wo und wie auch immer haben oder haben könnten. Und darüber hinaus dafür, wie wir die Schwierigkeiten von allen anderen fühlenden Wesen ein für allemal lösen können.

Weiter, wie wir alle   Qualitäten verwirklichen können, zum Nutzen aller fühlenden Wesen.

Es wurde immer wieder erwähnt, aber es soll noch einmal angemerkt werden: Buddha zu sein beinhaltet, ständig völlig ungetrübte Freude und komplett ungetrübtes Glück zu erfahren. Es ist also ein Zustand, der alles, was wir kennen, weit hinter sich lässt, und zwar – das ist das Wichtige – in positiver Hinsicht. Buddhas sind also diejenigen, die alles, was man an Gutem erreichen könnte, erreicht haben. Und da sie alle geistigen Trübungen überwunden haben, leiden sie nie mehr. Das bedeutet, egal was passiert, sie erleben es nicht als leidvoll. Dabei ist der Zustand, in dem Buddhas verweilen, keine Indifferenz oder Gleichgültigkeit, auch keine emotionale Vereisung und keine Art von Koma.
Die Qualitäten der Buddhas sind weiter zahllos, beispielsweise sind Erleuchtete in ihrer Erkenntnis völlig ungehindert. Das bedeutet auch, dass sie den Weg kennen, auf dem jedes fühlende Wesen Buddhaschaft erlangen kann. Sie sind diejenigen, die uns, die wir in der Finsternis der Unwissenheit und damit des Leidens, umherirren, den Weg zeigen können.

Sie wissen somit, wo in diesem gigantischen Supermarkt, den wir auch Daseinskreislauf nennen, die Bücher stehen, die uns wirklich weiterhelfen. Wo wir im Internet suchen sollten, wenn wir wirkliche Lösungen finden möchten. Zu welchem Kurs wir gehen sollten, wenn wir wirklich glücklich sein möchten und andere beschützen wollen. Welche Meditation für uns hilfreich ist.
Sie kennen bei jedem Problem die beste Lösung, und zwar bei jedem einzelnen der zahllosen fühlenden Wesen. Denn wir sind alle miteinander verbunden und etwas, das einen von uns betrifft, betrifft auch die anderen.

Buddhas haben also exakte Kenntnis davon, was wir in jeder Sekunde tun sollten, um auf dem schnellsten Weg Erleuchtung zu erreichen; falls wir uns schon entschlossen haben, dass das unser Langzeitprojekt sein soll.
Das wirklich Wichtige bei allen diesen Punkten ist, dass sie uns jetzt und hier zur Erleuchtung führen können. Daher ist es gut, sie vor allem danach zu fragen, und zwar ebenfalls jetzt und hier. Allerdings sind Erleuchtete oft für uns nicht in Reichweite.

Daher können wir folgende Übung ausführen, um mehr und mehr authentische und zielführende Anleitungen zu erhalten.

Zur Ausführung ist zu sagen, dass wir diese Praxis zu Hause auf dem Meditationskissen üben können. Aber wir können sie im Prinzip auch überall ausführen. Denn sie sollte fester Bestandteil unseres Bodhisattvastils sein. Beispielsweise, wenn wir im Supermarkt einkaufen und in der Warteschlange stehen.

Hier die Übung:

Wir verbinden uns mit der Zuflucht und der erleuchteten Geisteshaltung.

Dann vergegenwärtigen wir Buddha oder andere Repräsentantinnen und Repräsentanten der Erleuchtung strahlend, wunderschön und vollkommen vor uns im Raum vor, und laden sie ein, auf ihnen jeweils entsprechenden, sehr schönen, kostbaren und bequemen Thron-Sitzen Platz zu nehmen.

Als nächstes bringen wir viele überaus kostbare, erlesene, tausendspeichige Räder dar. Weiter denken wir, dass wir alles, was in dem Supermarkt, in dem wir gerade warten müssen, vorhanden ist, reinigen. Dann vervielfältigen wir diese Dinge myriadenfach und denken, dass sie vollkommen sind. Alles, was im Supermarkt selbst vorzufinden ist, bringen wir weiter im Namen der Besitzerinnen und Besitzer dar. Und auch zahllose weitere Gaben, die wir in unserer Vorstellung haben entstehen lassen, bringen wir im Namen aller fühlenden Wesen dar.

Dann denken wir: "Liebe Buddhas, bitte sagt mir doch, wie kann ich zum Nutzen aller fühlenden Wesen Erleuchtung erreichen? Was muss ich dafür tun? Und wie können alle anderen fühlenden Wesen Erleuchtung erreichen, kannst du ihnen bitte ebenfalls Erklärungen geben? Und kannst du bitte den Weg zur Erleuchtung so lehren, wie es unseren Fähigkeiten entspricht?"

Anschließend widmen wir den Verdienst der raschen und leichten Erleuchtung aller fühlenden Wesen, so wie die Buddhas und Bodhisattvas widmen.

Schließlich freuen wir uns von ganzem Herzen darüber, dass wir diese Übung ausgeführt haben und die Zeit so gut nutzen konnten.

Als Alternative hier noch eine kürzere Variante:

Nachdem wir uns mit Zuflucht und Bodhicitta verbunden haben, vergegenwärtigen wir beispielsweise Karmapa oder Machig Labdrön oder die Grüne Tara oder Milarepa vor uns im Raum und bitten von ganzem Herzen:

„Möge ich den Zustand von Mahamudra verwirklichen."

Dann widmen wir die guten geistigen Eindrücke und freuen uns.

Angemerkt sei hier, das Mahamudra die höchsten Belehrungen Buddhas sind.

Gut wäre es, vor der Bitte in Gedanken Gaben, wie viele Blumen, einzuflechten. Vielleicht wirkt diese Übung wie die Vorstellungen eines kleinen Kindes. Daher ist es gut sich daran zu erinnern, dass die Repräsentantinnen und Repräsentanten der Erleuchtung für uns immer da sind, auch wenn wir an sie denken.

Das heißt, sie sind auch da, wenn wir sie vor uns vergegenwärtigen.

Warum aber bringen wir kostbare Räder mit tausend Speichen dar? Der Grund ist, dass das tausendspeichige Rad dafür steht, dass Buddha dreimal das Rad der Lehre gedreht hat. Und weil wir so ein Rad geben, das eben für den Dharma steht, erhalten wir den Dharma von Buddha über unsere Lehrerinnen und Lehrer. Wir pflanzen also den karmischen Samen dafür, um buddhistische Erklärungen und Übertragungen zu erhalten. So erbitten wir den Anfang des Fadens, der uns aus dem Labyrinth des Daseinskreislaufes herausführt. Allerdings haben wir so ein überaus kostbares Rad derzeit gar nicht. Daher geben wir es in der Vorstellung.

Wenn wir die Repräsentantinnen und Repräsentanten der Erleuchtung immer wieder – auch in Gedanken – um Unterweisungen bitten, werden wir diese auch erhalten, es ist nur noch eine Frage der Zeit.
Aber: Wir müssen das nicht glauben, wir können es selbst ausprobieren. Der Dharma kann hier über sehr erstaunliche Wege zu uns gelangen. Zum Beispiel könnte man eines Tages, nach längerer täglicher Praxis der Sieben Übungen und monatelangem Verschenken von rund hundert Büchern, von einer Person, die man gerade erst kennengelernt hat, aus heiterem Himmel ein buddhistisches Buch geschenkt bekommen. Dieses Buch ist dann der Auslöser dafür, um bestimmte Belehrungen zu erhalten und damit vieles wesentlich besser zu verstehen. Und effektiver anwenden zu können. Das ist übrigens eine wahre Geschichte, die sich in München zugetragen hat und nicht in Tibet vor 300 Jahren!

Grundsätzlich ist es auch sehr notwendig, die Lehre Buddhas zu erhalten. Denn nur durch die buddhistischen Lehrerinnen und Lehrer erhalten wir Zugang zu unserer Weisheit, die tatsächlich immer schon da war, da ist und da sein wird. Derzeit ist sie allerdings für uns nicht annähernd zugänglich, deshalb bleibt uns nichts anderes übrig als die Buddhas und Bodhisattvas zu fragen, wenn es uns immer besser gehen soll und wenn wir schließlich das wirklich lohnendste Ziel, Erleuchtung, erreichen wollen. Buddhas sind hier ähnlich wie ein perfektes Navigationsgerät, das nie irrt, auch wenn dieser Vergleich der Weisheit von hohen buddhistischen Meisterinnen und Meistern nicht annähernd gerecht wird.

Wir verstehen also, wieso und dass die Lehre Buddhas für uns sehr nützlich ist und wollen sie in unser Leben aufnehmen. Daraus ergibt sich dann der Wunsch, mehr darüber zu erfahren und zu lernen, und so bitten wir die Buddhas und Bodhisattvas um Unterstützung.
Allerdings sind wir anfangs vor allem mit uns selbst beschäftigt. Das bedeutet, zunächst wollen wir im Regelfall, dass die Buddhas lehren, weil wir Lösungen für unsere eigenen Probleme suchen; beispielsweise eben für Beziehungsprobleme oder um über den Verlust eines geliebten Partners hinwegzukommen.

Es kann aber auch sein, dass wir einfach generell vom Dharma sehr angetan sind. Vielleicht gibt es auch Buddhistinnen oder Buddhisten, die wir gut finden.

Daher wird es uns erst im Laufe der Zeit und mit fortschreitendem Einstieg in das, was Buddha lehrt, gelingen, den Fokus von uns selbst mehr und mehr hin auf andere zu verschieben. Wir werden uns also erst mit der Zeit mehr dafür interessieren, Erleuchtung zum Nutzen aller zu erreichen. Anfangs kann dieses Ziel nicht sehr erstrebenswert erscheinen. Auch das ist nichts Ungewöhnliches. Wir brauchen uns deshalb auch nicht schlecht oder minderwertig zu fühlen.

Wichtig ist, dass wir anfangen zu üben, weitermachen und nicht aufgeben.

Wen kann ich denn heute fragen?

Obwohl Buddha Shakyamuni nicht mehr lebt, haben beziehungsweise hätten wir aufgrund unseres guten Karmas auch heute noch grundsätzlich die Möglichkeit, die gleiche Verwirklichung zu erreichen wie er.

Denn seine Lehre ist erhalten. Vor allem aber gibt es bis auf den heutigen Tag die ununterbrochenen Linien von Verwirklichten, die Buddhas Lehre authentisch lebendig halten. In den Linien gibt es weiter die noch nicht voll verwirklichten Lehrerinnen und Lehrer. Schließlich gibt es Personen, die zwar noch nicht befreit oder erleuchtet sind, die aber weiter fortgeschritten sind als wir. Und es gibt andere, die ein ähnliches Niveau haben wie wir. Sie alle können wir treffen. Und wir können zu Vorträgen gehen, Kurse besuchen, Gruppen, Zentren oder Retreatstellen aufsuchen. Oder authentische Dharma-Bücher lesen.

Wir können Teile eines Urlaubs oder eines Sabbaticals nutzen, um in einem buddhistischen Zentrum ehrenamtlich mitzuhelfen.

Weiter ist sehr hilfreich, zu Hause kurze Retreats zu machen. Leben wir nicht alleine, ist es doch möglich, dass wir uns für einen Tag in ein Zimmer zurückziehen. Mit den anderen können wir ausmachen, dass wir nicht gestört werden. Wir haben dann sogar den Vorteil, dass wir sie bitten können, auch für uns Essen mit zuzubereiten und es zu jeweils bestimmter Zeit vor unsere Zimmertüre zu stellen. Dann müssen wir noch nicht einmal selbst kochen!

Weiter ist es sinnvoll, kurze Auszeiten von einigen Tagen oder Wochen für eine Zurückziehung zu nutzen. Das können wir in buddhistischen Zentren tun. Vor allem, wenn wir beispielsweise für eine Meditation Anleitung benötigen. Vielleicht machen wir aber auch einige Monate Retreat in einem Zentrum. Manche entscheiden sich für jahrelange oder sogar lebenslange Retreats.

Es gibt auch die Möglichkeit, eine etwas abgelegenere Ferienwohnung anzumieten, wenn wir bereits wissen, wie wir ein Retreat für uns selbst organisieren.

Angemerkt sei hier auch, dass wir zwar den Alltag sehr gut nutzen können. Allerdings ist die Wahrscheinlichkeit, langfristig deutlich glücklicher zu sein und Befreiung und schließlich Erleuchtung zu erreichen, ohne Zurückziehungen geringer. Selbst Buddha hat uns einen Erleuchtungsweg vorgelebt, der Rückzug beinhaltet hat.

Es gibt also viele Wege, und mithilfe der Lehrerinnen und Lehrer können wir herausfinden, was uns zum jeweiligen Zeitpunkt entspricht.

Dabei ist es wichtig, dass wir nicht hinter unseren Möglichkeiten zurückbleiben. Das heißt, dass wir die Situation, in der wir sind, effizient nutzen, um auf der Reise zur Erleuchtung in diesem Leben so weit wie möglich voranzukommen. Dabei wird es uns im Großen und Ganzen nach und nach immer besser gehen.

Gute buddhistische Lehrerinnen und Lehrer

Es sind vor allem die Lehrerinnen oder Lehrer, die uns erklären, wie die Welt und wie unser Geist funktioniert. Und wie wir schließlich die wahre, erleuchtete Natur unseres Geistes erkennen können. Man selbst hat diese Informationen nicht oder nicht in ausreichendem Maße. Oder aber man hat sie, kann sie aber nicht umsetzen. Der Beweis dafür ist, dass man Leid erlebt. Es gibt eben immer etwas, dass man nicht mag oder anders haben möchte.

Grundsätzlich sind gute Dharmalehrerinnen und Dharmalehrer für uns sehr nützlich. Sie sind aber auch selten. Tatsächlich ist es einfach schwierig, Leute zu finden, die lehren können. So gibt es beispielsweise gute Praktizierende, die aber keine Kapazität haben, Erklärungen zu geben. Oder sie könnten lehren, aber die Schülerinnen und Schüler haben nicht das gute Karma, ihnen zu begegnen und dann auch Unterweisungen von ihnen zu erhalten.
Weiter kann das Problem bei einem selbst liegen. Vielleicht hat man gerade starke Kopfschmerzen, weil man zuviel in der Sonne war und meint daher, nicht zu einem Kurs fahren zu können. Vielleicht ist auch ein Flug ausgefallen.

Oder man hat nicht genug Geld, um die Reise zu einem Kurs zu finanzieren. Es kann sein, dass man im Stau feststeckt und die erste Unterweisung eines buddhistischen Wochenendkurses am Freitagabend verpasst. Oder ein Kurs kann nicht stattfinden, weil gerade keine Übersetzerin oder kein Übersetzer zu finden ist. Auch ist es möglich, dass man selbst vergessen hat, etwas zum Schreiben mitzunehmen und keine Aufzeichnungen machen kann.

Oder man ist zu abgelenkt, weil man gerade mit der Akquirierung eines Auftrages beschäftigt ist. Oder damit, wann man endlich wieder das Smartphone anschalten kann. Vielleicht sorgt aber auch gerade eine Biene für Ablenkung.

Aber auch die, die lehren können, haben viele Hindernisse. Vielleicht sind sie zu alt oder zu krank oder können aus anderen Gründen nicht reisen.

Möglicherweise erreicht uns die Art der Lehrerin oder des Lehrers, den Dharma zu präsentieren, nicht. Auch das ist möglich.

Allerdings sind buddhistische Lehrerinnen und Lehrer nicht annähernd so rar wie Buddhas. Und selbst, wenn eine oder ein Buddha in diese Welt gekommen ist, wenn sie oder er nicht lehrt, ist es für uns so, wie wenn keine oder kein Buddha erschienen ist. Deshalb ist es so wichtig, dass Buddhas Erklärungen geben. Und die Voraussetzung dafür ist, wie bei allen buddhistischen Lehrerinnen und Lehrern, dass wir sie auffordern, zu lehren.

Weiter besteht seitens der Schülerinnen und Schüler auch öfter das Problem, dass sie anstelle des Guten eher die Fehler der Dharmalehrenden sehen und nicht das Gute. Statt sich dann mit den Belehrungen zu befassen, befasst man sich mit den Fehlern der Person, die einem etwas erklärt. Sieht man allerdings nur die Schwachpunkte, kann man nicht von der Lehrerin oder vom Lehrer profitieren.
Sehen wir aber die Vorzüge, obwohl sogar Fehler da zu sein scheinen, können wir immensen Nutzen erhalten. Daher ist es sehr wichtig, dass wir wissen, wie wir uns verhalten sollten, wenn wir dann jemandem begegnen, die oder der uns wirklich beschützen kann.

Nicht zuletzt deshalb ist es sinnvoll, die Anleitungen, die die Sieben Übungen auch hierfür geben, in der Vergegenwärtigung zu üben.

Niguma und ihr Schüler Khyungpo Naljor

Khyungpo Naljor war auf der Suche nach weiteren Unterweisungen. Und ihm war klar, dass Niguma, die voll verwirklichte, große buddhistische Meisterin, ihm würde geben können, was er benötigte. Ein Problem war allerdings, dass Niguma schon länger tot war. So sah es zumindest aus. Trotzdem begab er sich auf die Suche nach ihr, und schließlich begegnete er ihr dann doch.

Aber statt Erklärungen zu erhalten, so wie er es sich wünschte, drohte sie ihm: „Was willst du hier!? Wenn du nicht sofort wieder gehst, dann wird dich mein Dakini-Gefolge auffressen. Verschwinde!"

Aber Khyungpo Naljor ließ sich nicht einschüchtern. Er wich nicht von der Stelle. Zu sehr wollte er von Niguma den Dharma erläutert haben.

Daraufhin forderte Niguma ihn auf, ihr sein Gold zu geben. Denn da sie voll verwirklicht war, wußte sie, dass er Gold bei sich hatte.

Khyunpo Naljor zögerte nicht und gab ihr sofort das gesamte Gold, das er besaß. Es war in der damaligen Zeit auch nichts Ungewöhnliches, dass Lehrerinnen oder Lehrer von Schülerinnen oder Schülern Gold oder Edelsteine oder andere kostbare Dinge erhielten.

Niguma nahm dieses Gold. Dann jedoch, und Khyunpo Naljor war durchaus einen Moment überrascht, warf sie das gesamte Gold ins Gebüsch. Er dachte dann: "Sie hat überhaupt kein Interesse an meinem Gold. Für sie ist es einerlei, ob es im Gebüsch liegt oder ob sie es für sich nimmt. Wäre sie eine normale Person, würde sie das Gold für sich behalten und nicht wegwerfen. Sie muss einfach eine verwirklichte Meisterin sein!"

Und wieder fragte er sie nach Erklärungen, denn er sah keinen Fehler darin, dass Niguma ihm gedroht hatte. Oder dass sie sein Gold zuerst hatte haben wollen und dann wegwarf.
Schließlich gab ihm Niguma die Übertragungen, die er sich so sehr wünschte.

Wie sich das Ganze nun zugetragen hat, da Niguma ja tot war? Vielleicht in einer Vision? Oder ist es „wirklich" geschehen? Wäre das Ergebnis für Khyungpo Naljor in einem der beiden Fälle anders gewesen?

Angemerkt sei hier, dass wir uns derzeit nicht auf Visionen oder Träume verlassen sollten. Sind wir nicht sicher, fragen wir also Dharma-Lehrende.

Warum ist es sinnvoll, direkte Erklärungen zu erhalten

Wie wichtig es ab einem bestimmten Punkt ist, jemanden zu haben, mit der oder dem wir in persönlichem Austausch stehen, wird an einem Beispiel deutlich:
Schreiben wir etwas in einer anderen Sprache, die wir nicht perfekt beherrschen, wie Französisch, bemerken wir die Fehler nicht. Vielleicht denken wir auch, der Text sei fehlerfrei. Oder wir sind so gut wie sicher, dass Fehler vorhanden sind, wissen aber nicht, welche es sind. Und selbst wenn wir suchen, kann es sein, dass wir nicht alles finden, was falsch ist. Und es wird Zeit kosten. Jemand, die oder der die Sprache jedoch perfekt spricht, liest unsere Zeilen einmal und kann uns sofort jeden Fehler aufzeigen und uns helfen. Vorausgesetzt, wir sind offen genug, um die Korrekturen anzunehmen.

So ähnlich kann uns eine voll verwirklichte Lehrerin oder ein voll verwirklichter Lehrer direkt dabei helfen, uns zu verbessern.

Allerdings kann es vorkommen, dass uns eine Lehrerin oder ein Lehrer, die oder den wir auffordern, zu lehren, zu jemand anderem schickt. Ein Grund dafür kann sein, dass unsere karmische Verbindung zu dieser anderen Person besser ist.

Als zum Beispiel der Vater von Prinzessin Lakshminkara sie um buddhistische Erklärungen bat, war die karmische Verbindung dafür zu schwach. Aber die Verbindung zu Lakshminkaras Schüler und Gefährten war viel stärker. Dieser war Latrinenputzer am Hof ihres Vaters, des Königs. Die gute Verbindung und die guten Eigenschaften des Vaters zeigen sich hier übrigens auch darin, dass der König den Mann, der vorher die Toiletten gesäubert hatte und der der Schüler seiner Tochter war, auf den eigenen Thron setzte. Und dann verbeugte er sich vor ihm.

Und auch Marpa wurde zu Niguma geschickt, um von ihr zu lernen.

Wen fordern wir auf, zu lehren?

Wesentlich ist es natürlich, frühzeitig abzuklären, ob die Person oder die Personen denen wir uns anvertrauen, auch qualifiziert und authentisch sind.

Hier bieten die Linien im tibetischen Buddhismus einen gewissen Schutz. Denn es gibt Übertragungslinien, die viele Jahrhunderte überdauern und die Linienhalterin oder der Linienhalter ist voll verwirklicht. Diese an der Spitze stehenden Personen stellen auch sicher, dass die Methoden, die zur Erleuchtung führen, nicht verwässert werden, sondern originalgetreu erhalten und weitergegeben werden. Beziehungsweise Anpassungen vorgenommen werden können, ohne dass dabei Fehler passieren. Das ist absolut notwendig, damit die Methoden auch weiter zur Erleuchtung führen.
Werden sie jedoch verwässert von Leuten, die keinen vollen Überblick haben, kann es sein, dass ihre Anwendung nicht mehr zur Erleuchtung führt.
Sind wir schon etwas weiter vorangeschritten, haben wir vielleicht auch eine Lama oder einen Lama, die oder der uns betreut. Es sollte vorher von uns geprüft worden sein, ob sie oder er qualifiziert und autorisiert ist.
Wenn diese Lama oder dieser Lama nicht voll verwirklicht ist, ist es wichtig, dass sie oder er in einer Linie stehend lehrt, an deren Spitze jemand ist, die oder der erleuchtet ist.
Für uns selbst ist es nämlich derzeit kaum möglich, zu beurteilen, wer erleuchtet ist und wer nicht. Daher wird es fast unvermeidlich sein, dass wir in einer authentischen, buddhistischen Linie praktizieren, wenn wir sicher sein wollen, dass wir unsere Ressourcen, wie Zeit und Geld, nicht verschwenden.

Es ist somit wirklich sehr wichtig, dass wir sehr genau prüfen, worauf wir uns bei der Expedition in unseren von uns bisher unerforschten Geist verlassen wollen. Eine Reiseführerin oder ein Reiseführer, die oder der sich genau auskennt, ist einfach unerlässlich.

Wozu fordern wir auf?

Wonach wir tatsächlich fragen, das ist die alles durchdringende Weisheit. Wie der Name schon sagt, durchdringt diese alles, ist also überall und immer da. Allerdings hat man als normale Person keinen Zugang dazu. Diesen Zugang erhalten wir dann indirekt über die buddhistischen Lehrerinnen und Lehrer. Wesentlich ist aber auch Einsatz von unserer Seite. Und zwar in einer Art, die auch die gewünschten Ergebnisse hervorbringt.

Die Aktivität der Buddhas und Bodhisattvas ist allerdings nicht auf das Lehren des Dharmas im engeren Sinn beschränkt. Denn sie tun alles, was das Karma der fühlenden Wesen zulässt, um diesen zu helfen. Sie können sich also zum Beispiel auch als Sängerin oder Sänger manifestieren, deren oder dessen Lieder anderen glückliche Stunden ermöglichen. Das Wertvollste, das Buddhas und Bodhisattvas uns geben, ist allerdings eben die Lehre Buddhas.

Dabei kann der Dharma in perfekter Weise nur von Buddhas gelehrt werden. Deshalb verlassen wir uns im Zweifelsfall auf die Erklärungen Buddhas und nicht auf Visionen. Auf diese sollten wir uns erst verlassen, wenn wir entsprechend weit fortgeschritten sind. Sind wir nicht sicher, fragen wir jemanden, die oder der sich auskennt. Ist es wirklich wichtig, fragen wir eine Person, die mindestens Befreiung erreicht hat.

Sind wir selbst entsprechend weit fortgeschritten, kann es bei wichtigen Fragen reichen, an einem Kurs mit hohen Lamas teilzunehmen. Im Laufe des Vortrages werden wir die Antworten erhalten. Wir müssen sie „nur" erkennen können.
Aber selbst dann ist es gut, zu fragen, wenn es wichtig ist und wir uns nicht sicher sind.

Allerdings benötigen wir das gute Karma, die guten geistigen Eindrücke, um überhaupt in die Nähe von hoch Verwirklichten gelangen zu können und dann dort vielleicht sogar ein persönliches Gespräch führen zu können. Ohne positives Potenzial ist ein derartiges persönliches Gespräch nicht in Reichweite.

Natürlich können aber auch andere, weniger fortgeschrittene buddhistische Lehrende für uns von größtem Nutzen sein. Vor allem, wenn wir sie als Buddhas sehen können. Es heißt, dass der Segen der Buddhas bei einer Schülerin oder bei einem Schüler mit viel Vertrauen dazu führt, dass sie oder er nicht fehlgehen wird.

Bei der Lehre Buddhas geht es dann grundsächlich nicht um Themen, die zwar interessant sind, die aber nicht zur Erleuchtung führen. Es geht darum, den Buddhazustand zum Nutzen aller fühlenden Wesen zu verwirklichen und darum, die überaus kostbare Anleitung hierfür zu erhalten. Das ist das Wichtigste, worum wir bitten und wozu wir Fragen stellen.

Weiter fordern wir dazu auf, dass die Buddhas und Bodhisattvas fortlaufend lehren. Das ist nötig, damit wir und alle anderen das langfristige Ziel auch wirklich erreichen.

Beim Ersuchen um Unterweisungen gibt es im Wesentlichen drei Varianten:

1. Wir bitten allgemein um den Dharma.
2. Wir erbitten bestimmte Unterweisungen oder Übertragungen.
3. Auch Nachfragen, um etwas genauer verstehen zu können, ist eine Form des Aufforderns.

Die Buddhas auffordern, das unübertreffliche Rad der Lehre zu drehen, bedeutet dann, dass wir die Buddhas auffordern, auf Basis der Vier Edlen Wahrheiten zu lehren. Es gibt hier unendliche viele Arten, wie diese gelehrt werden. Und zwar entsprechend den Neigungen und der Auffassungsgabe der jeweiligen fühlenden Wesen. Wir fragen also danach, dass gemäß den verschiedenen Fähigkeiten der fühlenden Wesen gelehrt wird, und dem, was sie benötigen. Weiter entsprechend ihren (sinnvollen) Wünschen.

Auch können wir konkret um Erklärungen zur Lehre Buddhas bitten. Das heißt, wir fragen authentische Dharmalehrerinnen und Dharmalehrer, ob sie zu einem bestimmten buddhistischen Thema Erklärungen geben können. Dabei bitten wir vor allem um Erklärungen zum Großen Weg, dieser enthält den Vajrayana. Es kann auch manchmal hilfreich sein, dass wir während einer Unterweisung nach weiteren oder genaueren Erklärungen fragen.

Allerdings sind buddhistische Belehrungen überall und immer vorhanden. Das bedeutet, dass die Buddhas das Rad der Lehre ständig drehen. Es liegt an uns, ob wir das erkennen und davon profitieren können. Es hängt hier von unserer Hingabe ab, denn Buddha hat versprochen, immer sofort da zu sein, wenn wir tiefe Hingabe haben. Gut zu wissen: Sie oder er ist auch sonst immer für uns da! Auch ist es von unseren guten geistigen Eindrücken abhängig, ob wir das, was geschieht, als Belehrung erkennen und verstehen können oder nicht.

Beispielsweise kann das Lesen der Tageszeitung ein netter Zeitvertreib, also eigentlich Zeitverschwendung, sein. Es kann einem den ganzen Tag verderben. Vielleicht finden wir in der Tageszeitung aber auch Hinweise, die uns im normalen Leben weiterhelfen.

Zum Beispiel Energiespartipps. Aber das Lesen der Tageszeitung kann auch eine großartige Belehrung sein. Beispielsweise, was uns erwarten kann, wenn unsere nächste Wiedergeburt in einem der Krisenherde dieser Welt erfolgen würde. Das motiviert uns unter Umständen dazu, die Zeitung beiseite zu legen und die 37 Übungen der Bodhisattvas aus der Handtasche hervorzuholen. Um dann einen weiteren Vers auswendig zu lernen, den wir in der nächsten Woche in unserem Alltag anwenden wollen.

Oder wir finden auf einem Herbstspaziergang herabgefallene Blätter. Eben waren sie noch grün und hingen am Baum, jetzt sind sie schon herabgefallen. So vergeht die Zeit, es ist unsere Lebenszeit.

Verwenden wir sie gut?

Wie fordern wir auf?

Gampopa erklärt:

> „Ich bitte mit gefalteten Händen,
> die Buddhas aller Richtungen,
> bitte entflammt das Licht der Lehre,
> um die Dunkelheit der leidvollen Verstrickungen
> der fühlenden Wesen zu vertreiben."

(Siehe Zitateliste Seite 569-572)

Eine Voraussetzung für das Auffordern ist, dass wir unseren Stolz soweit reduziert haben, dass wir überhaupt fragen. Auch daher ist es, mithilfe der ersten Übung, so wichtig, an diesem Thema zu arbeiten.
Und wenn wir fragen, benötigen wir Respekt und Wertschätzung für das, was uns erklärt wird. Weiter für die, die uns die Erklärungen geben.

Auch ist es, wie erwähnt, nötig, genug Gutes aufgebaut zu haben. Das bedeutet zum Beispiel auch, dass wir das Geld haben, um zu einem buddhistischen Kurs fahren zu können. Schließlich sollten wir nicht zu viele Probleme haben, sonst ist das Wochenende, an dem der Kurs stattfinde, blockiert. Beispielsweise, weil man mit einem gebrochenen Bein in der Notfallaufnahme sitzt. Aber auch zu viele Verpflichtungen können einen behindern. Dann hat man vielleicht keine Zeit, weil man zur Hochzeit der besten Freundin fährt.

Die vorhergehenden Schritte der Sieben Übungen helfen uns auch dabei, diesbezüglich alles Notwendige und gute Bedingungen zu erhalten.

Üben wir allerdings lediglich Auffordern, sollten wir uns, wie vor jeder Übung, mit der Zuflucht verbinden, dem perfekten Schutz vor Leid.

418

Besonders wichtig ist aber wieder unsere Motivation, die beim Auffordern, den Dharma zu lehren, von Bodhicitta durchdrungen sein sollte. Wir bitten also die Buddhas und Bodhisattvas, zu lehren, um dann selbst langfristig allen fühlenden Wesen helfen zu können, Erleuchtung zu erreichen. Und damit möglichst viele Interessierte die Lehre Buddhas erhalten können.

Tatsächlich bitten wir weiter im Namen aller fühlenden Wesen. Wir stellen uns also vor, dass wir an der Spitze aller fühlenden Wesen stehen und die Lehrenden um den Dharma bitten. Hierdurch entsteht viel Verdienst, der dann durch die Widmung allen fühlenden Wesen zukommt. Im konkreten Fall bitten wir also für andere mit, wenn wir Lamas einladen oder Kurse mitorganisieren.

Auch erhalten andere so die Lehre Buddhas. Vielleicht ist es die einzige diesbezügliche Chance, die sie in diesem Leben haben werden. Möglicherweise ist es sogar die einzige Möglichkeit, die sie in diesem und in vielen nächsten Leben haben werden.

Eine andere Variante kann sein, dass wir selbst zusammen mit allen anderen um das strahlendste, kostbarste Kronjuwel aller Welten, den Dharma, bitten.

Schließlich fordern wir die Buddhas und andere buddhistische Lehrerinnen und Lehrer nicht einfach so auf. In der Regel wird das Bitten um Unterweisungen und Übertragungen mit tatsächlichen und vorgestellten Gaben verbunden. Das ist eine Möglichkeit, für uns Verdienst aufzubauen, der wiederum nötig ist, um Erklärungen zu erhalten, zu verstehen, anzuwenden und verwirklichen zu können.
Diese Gaben können wir uns im Einzelnen vorstellen, und zwar als vielfältige Darbringungen in unermesslicher Menge, wunderschön, vollkommen, nutzbringend und die niemandem bei der Herstellung geschadet haben.
Traditionell wird hier vor buddhistischen Unterweisungen der Lehrerin oder dem Lehrer ein Mandala dargebracht. Im Geist bringt man dann weitere Gaben hervor. Es wäre aber auch gut, selbst etwas Konkretes an eine Dharmalehrerin oder einen Dharmalehrer zu geben, wenn wir Erklärungen und Übertragungen erhalten. Es kann eine Kleinigkeit sein, wenn wir wenig haben. Sind wir wohlhabend, sollte es allerdings eine angemessene Gabe sein. Wir können wieder sowohl die konkreten als auch die vorgestellten Gaben geistig reinigen, vervielfältigen und makellos werden lassen. Weitere Informationen dazu, wie Gaben gestaltet werden, ist bei der zweiten Praxis der Sieben Übungen, die weiter vorne beschrieben wurde, genauer erklärt.

Denn auch, wenn wir im Rahmen der Sieben Übungen auffordern, zu lehren, bringen wir vorher Gaben dar, und zwar bei der zweiten Übung.

Vor der Praxis ist es also wie immer wichtig, Zuflucht zu nehmen und Bodhicitta hervorzubringen.

Während der Praxis sollten wir möglichst frei davon sein, Ich, Tun und Du als getrennt voneinander wahrzunehmen. Auch denken wir bei der Übung nicht, dass das "nur" eine Vergegenwärtigung ist. Wir machen uns klar, dass wir wirklich auffordern. Allerdings in dem Wissen, dass diese Vergegenwärtigung nicht in dem Sinn wirklich ist, wie der Tisch, der vielleicht vor uns steht. Weiter ist es gu, geistig präsent zu sein. Und nach unserer Übung sollte das Gute der raschen und leichten Erleuchtung aller fühlenden Wesen gewidmet werden, wie die Buddhas und Bodhisattvas widmen. Und dann erfreuen wir uns an dem Guten, das wir ansammeln konnten.

Der Nachteil davon, nicht aufzufordern:
ohne Auffordern wird kein Dharma gelehrt

Dharmalehrerinnen und Dharmalehrer werden nicht von alleine den Dharma lehren. Wir müssen also nach Erklärungen und Anleitung fragen. Es ist daher notwendig, dass wir sie auffordern und im übertragenen Sinn sagen: "Bitte, bringt Licht." Denn es wird definitiv nicht von alleine passieren.

Daher ist dieser Schritt des Aufforderns die Grundlage dafür, dass der überaus kostbare Dharma überhaupt gelehrt werden kann. Der Ursprung dafür, dass der Dharma gelehrt wird, war, ist und wird sein, dass danach gefragt wurde. Das trifft auf jedes kleinste bisschen von buddhistischen Unterweisungen zu. Es wurde immer vorher darum gebeten.
Wir haben also die Verantwortung dafür, dass buddhistische Belehrungen gegeben werden. Es ist eine große, wundervolle und kostbare Verantwortung.

Der Nutzen des Aufforderns

Buddhas und Bodhisattvas haben das Bodhisattva-Versprechen abgelegt. Das heißt, sie haben versprochen, jede Schwierigkeit auf sich zu nehmen, um anderen zu helfen. Und zwar vor allem dabei, Erleuchtung zu erreichen. Daher muss die Tatsache, dass sie erst nach Aufforderung den Dharma lehren, gute Gründe zum Nutzen der fühlenden Wesen haben.

So lehrte Buddha Shakyamuni in den ersten sieben Wochen nach seiner Erleuchtung nicht. Dann erhielt er von Brahma ein kostbares, goldenes Rad mit tausend Speichen und von Indra eine exquisite, weiße, rechtsdrehende Muschel mit der Bitte, den Dharma zu unterrichten. Erst dann gab er Unterweisungen.

Tatsächlich konnten Brahma und Indra dadurch, dass sie Gaben dargebracht und gefragt haben, unermesslich viele gute geistige Samen ansammeln. Und auch wir sammeln durch das Bitten um Belehrungen gute geistige Eindrücke an.

Dabei ist es aber notwendig, vorher genug Verdienst, also gute geistige Eindrücke, aufzubauen, um buddhistischen Lehrerinnen und Lehrern überhaupt begegnen zu können. Denn erst dann, und nachdem anschließend aufgefordert wurde, können wir von ihnen Erklärungen und Anleitung erhalten und diese dann erfolgreich umsetzen. Diesen Verdienst haben wir ebenfalls in den vorherigen Übungen aufgebaut und vermehren ihn durch das Auffordern noch weiter. Damit hatten wir uns schon beschäftigt. Fehlen dagegen ausreichende gute geistige Eindrücke bei den Lernenden, lehren die Buddhas nicht.

Denn die Ursache dafür, die Lehre Buddhas zu erhalten, sind die guten geistigen Eindrücke, das gute Karma derjenigen, die diese Übertragungen erhalten. Die Bedingung dafür, dass gelehrt wird, ist dann, dass jemand danach fragt, denn durch das Fragen wird die Ursache aktiviert. Wenn die Ursache vorhanden ist, also das gute Karma, aber niemand fragt nach der Lehre Buddhas, dann gibt es keine Anleitung. Die Ursache wird dann nicht aktiviert.

Beispielsweise gibt es Orte, an denen Buddhas nur eine Woche lehren, dann entfernen sie sich wieder. Wobei es für die fühlenden Wesen dort so aussieht, wie wenn sie stürben. In einem derartigen Szenario ist es das gute Karma, dass die fühlenden Wesen Buddha sehen und auch kurze Zeit Erklärungen erhalten. Aber es fehlt der Verdienst dafür, dass sie oder er länger bleibt. Dabei baut schon das alleinige Hören der Lehre Buddhas immens viele, gute geistige Eindrücke auf.
Wenn wir beispielsweise eine Billion Welten voll mit Juwelen und anderen kostbaren Dingen den Buddhas als Gabe darbringen, so wäre der Verdienst größer, der daraus entsteht, dass nur ein einziger Vers der Lehre Buddhas gelehrt oder gehört wird. Und das passiert erst, nachdem danach gefragt wurde.

Einmal verbraucht es also sehr viele, gute geistige Eindrücke, um den Dharma zu erhalten. Andererseits, vor allem, wenn wir geschickt vorgehen, können wir immense Mengen von Verdienst ansammeln. Zentral ist die richtige Widmung.

Es ist auch weiter nötig geistige Trübungen zu reinigen, um mit der Lehre Buddhas überhaupt in Kontakt zu kommen und sie verstehen und anwenden zu können. Weiter ist Verdienst sehr wichtig ,und es ist wirklich wichtig, zu fragen.

Aber auch bei einem Geist, der unglücklich ist und in dem viel Leidvolles akut ist, ist das Fragen nach Erklärungen sehr nützlich. Denn das Auffordern dazu, das unübertreffliche Rad der kostbaren Lehre Buddhas zu drehen, wirkt als Gegenmittel gegen Unwissenheit. Dabei hat sie verschiedene Facetten. Eine davon ist, dass man nicht weiß, wie man den Grundstein für glückliches Erleben legt und Leid vermeidet. Eine andere ist, dass man keine Ahnung hat, wie man Erleuchtung erreicht und wie man anderen wirklich helfen kann.

Schließlich reinigt man durch das Auffordern negative geistige Eindrücke, die daraus entstanden sind, dass man den Dharma gering geschätzt hat. Oder weil man die Lehre Buddhas aufgegeben hat, auch in früheren Leben.

Und das Auffordern, den Dharma zu lehren, ist ein Gegenmittel gegen die falsche Sicht, dass der Dharma nicht richtig sei. Und weiter ein Schutz gegen diese Sichtweise in zukünftigen Leben. Auffordern hilft uns damit auch, die Lehre Buddhas jetzt und in Zukunft nicht aufzugeben.

Schließlich reinigen wir durch das Auffordern (und auch durch das Bitten, Genaueres im nächsten Kapitel) das negative Karma, das dadurch entstanden ist, dass man andere früher daran gehindert hat, den Dharma zu erhalten.

Wie wir bereits wissen, lehren Buddhas und Bodhisattvas stets auf die eine oder andere Art und Weise, ob wir das wahrnehmen können oder nicht. Aber durch das Auffordern sind wir näher bei ihnen und werden auch in ihrer Nähe wiedergeboren. Und zwar als nahe Lernende in ihrem Gefolge. Da wir dann näher bei ihnen sind, erreichen wir schneller Erleuchtung.

Dann hilft uns Auffordern dabei, in diesem und in zukünftigen Leben eine starke, gute Verbindung zu unserer buddhistischen Lehrerin oder zu unserem buddhistischen Lehrer aufrechtzuerhalten.
Ein weiterer Aspekt besteht darin, dass durch das Auffordern Liebe und Mitgefühl in unserem Geist entstehen und weiter anwachsen. Denn wir fordern die Buddhas und Bodhisattvas auf, zu lehren, damit viele den Dharma erhalten können. Wir wissen ja inzwischen, wie sehr die fühlenden Wesen diese Informationen benötigen.

Schließlich haben Buddhas noch nicht ausreichend überall gelehrt, auch daher fragen wir.

Ein anderer Punkt ist, dass durch das Auffordern der Lehre Buddhas der erforderliche Respekt entgegengebracht wird und dass wir sie auf unserer Prioritätenliste nach vorne setzen. Denn wenn wir uns um etwas bemühen, schätzen wir es in der Regel mehr, als wenn wir es einfach so erhalten.
Auch das Verständnis dafür, wie kostbar der Dharma ist, entsteht und vertieft sich durch das Auffordern. Weiter die Erkenntnis, wie schwierig es ist, Lebensumstände zu erreichen, in denen wir auf die Lehre Buddhas treffen, sie erhalten und erfolgreich anwenden können. Auch durch dieses Wissen strengen wir uns mehr an. Stehen wir etwa vor der Frage, ob wir in einen normalen Urlaub oder zu einer, vor allem wichtigen, buddhistischen Veranstaltung fahren, ist die Antwort klar, wenn wir verstanden haben, wie kostbar die Lehre Buddhas ist. Durch das Auffordern entsteht in uns auch Dankbarkeit dafür, so etwas Wertvolles bekommen zu können.

Diese Dankbarkeit erstreckt sich sowohl auf die Verwirklichten als auch auf alle fühlenden Wesen. Denn sie alle haben uns schon unzählige Male geholfen, beispielsweise, indem sie uns großgezogen haben. So sind wir schließlich dort angelangt, wo wir heute sind.

Durch die Bitte, das Rad der Lehre zu drehen, wünschen wir weiter für alle fühlenden Wesen, dass sie den Nirmanakaya erreichen.

Da der Begriff "unübertreffliches Rad des Dharma", also "unübertreffliches Rad der Lehre Buddhas" beim Thema Auffordern und auch allgemein in den Texten öfter vorkommt, jetzt einige Erläuterungen dazu:

Ein Rad ist etwas, das uns von einem Ort an einen anderen Ort bringen kann. So ist die Lehre Buddhas wie ein Rad, mit dem wir zur Erleuchtung reisen können. Aber es steht auch dafür, dass die Lehre Buddhas vom Geistesstrom der oder des Lamas auf den Geistesstrom der Schülerin oder des Schülers übergeht. Weiter ist es stabil. Das weist darauf hin, dass der Dharma stabil ist. Er kann also nicht von Geistestrübungen zerstört werden.
Der Begriff "unübertrefflich" weist auf die Qualität der Lehre Buddhas hin. Denn sie gibt uns die Informationen darüber, wie wir das Beste überhaupt erlangen können, für uns und für alle anderen. Bessere, wertvollere Informationen können wir definitiv nicht bekommen.
Auch wurde schon erklärt, dass wir, wie Brahma, Buddha in der Vergegenwärtigung ein überaus kostbares, goldenes und mit Juwelen besetztes, tausendspeichiges Rad geben und wir dann den Dharma, den Buddha mittels dreimaligem Drehen des Dharmarades gelehrt hat, erhalten. Denn hier kommt die Beziehung zwischen Ursache und Wirkung zum Tragen.

Richtig zuhören

Wenn man es tiefergehend untersucht, wird man feststellen, dass es schwierig ist, genau zuzuhören. Auch kann man nie alles, was man gehört hat, behalten. Und man hat die Tendenz, Gehörtes mit eigenen Konzepten zu vermischen. Daher gibt es im buddhistischen Kontext eine Beschreibung dafür, wie wir den Unterweisungen zuhören sollten. In der folgenden Analogie wird allerdings beschrieben, wie man sich beim Hören des Dharmas nicht verhalten sollte.

Diese Analogie zu erinnern, kann bei jeder Form von Kommunikation helfen:

1. Wir sollten nicht sein wie eine Tasse, die herumgedreht ist, während der Tee eingegossen wird. Denn dann wird die Tasse den Tee nicht aufnehmen können.
   Ist man also geistesabwesend, dann weiß man anschließend nicht, was erklärt wurde.

2. Wir sollten keiner Tasse gleichen, die zwar richtig herum platziert ist, aber Löcher hat. Wenn dann der Tee eingegossen wird, bleibt er nämlich nicht in der Tasse.
Vergisst man also wieder, was gesagt wurde, weiß man ebenfalls nicht, was einem mitgeteilt wurde.
3. Wir sollten nicht einer Tasse ähneln, die zwar richtig platziert ist und keine Löcher hat, die allerdings verschmutzt ist.
Damit ist gemeint, dass man das, was gesagt wurde. tendenziell mit den eigenen Ideen und Konzepten mischt und es damit verdreht. Man verfälscht somit das Gehörte. und es ist dann nicht genau das, was erzählt wurde und vor allem, was gemeint war. Auch das sollte man nicht tun.

Wir haben einfach viel mehr von den Unterweisungen, wenn wir mehr und mehr wie eine Tasse werden, die richtig herum platziert ist, keine Löcher hat und die sauber ist.

Es sind tatsächlich wiederum die buddhistischen Methoden, die uns helfen können. immer besser zuzuhören. Das nutzt uns dann auch bei anderen Aktivitäten.

Man wird also anfangs, wenn man Unterweisungen hört oder liest, nur einen winzigen Teil davon verstehen können, vielleicht weit unter 1 %.
Lesen oder hören wir den Text erneut, verstehen wir schon etwas mehr. Denken wir darüber nach, lernen bestimmte, kürzere Texte vielleicht auch auswendig und meditieren, wird sich unser Verständnis zunehmend vertiefen. Vor allem bei wichtigen Belehrungen zu grundlegenden Themen reicht es einfach nicht, sie nur ein einziges Mal zu hören oder zu lesen. Es ist sinnvoll, sie dutzende, hunderte und schließlich tausende Male zu hören und zu lesen. Traditionell heißt es, dass man buddhistische Sachverhalte 3000 Mal zur Kenntnis erhalten haben sollte. Und es ist wirklich wichtig, zu praktizieren, das beinhaltet formale Meditation. Selbst dann hat man allerdings nicht annähernd alles verstanden.
Aber wir verstehen immer mehr, und auch das ist dann ein gutes Resultat unserer buddhistischen Übung.

Meint man aber, immer das gleiche zu hören, dann ist das ein Zeichen dafür, dass sich bei einem selbst derzeit nicht allzu viel tut. Sehr vermutlich denkt man nicht oder nicht gründlich genug über die Inhalte nach, und fast sicher meditiert man nicht oder zuwenig. Oder es gibt andere Fehler.

Sinnvolle Fragen bei persönlichen Gesprächen mit Lamas

Man könnte beim Gespräch mit einer Lama oder einem Lama sehr viele Fragen stellen; und das kann zwischenzeitlich auch sinnvoll und gut sein.

Allerdings ist es günstig, vor allem bei Gesprächen mit hohen Lamas, Fragen in Richtung Dharma zu stellen. Warum ist das so?

Der Grund ist, dass ein derartiges persönliches Gespräch sehr, sehr kostbar ist. Wir haben es zwar vergessen, aber wir haben immense Mengen an guten Eindrücken aufbauen müssen, um uns in so einer luxuriösen Lage wiederzufinden.
Wozu wollen wir diese Kostbarkeit nutzen? Um nach den Lottozahlen zu fragen? Selbst wenn wir sie erhielten und gewännen, was wäre damit tatsächlich gewonnen? Ein wenig vergängliches Glück, vielleicht. Wäre es da nicht besser, danach zu fragen, wie wir langfristig Erleuchtung erreichen können? Denn wenn wir erleuchtet sind, erhalten wir alle Lottozahlen, die es jemals gab, gibt oder geben wird, sozusagen gratis dazu. Denn wenn wir eines Tages voll verwirklicht sein werden, werden wir sie selbst kennen. Hat man bei so einem Gespräch allerdings nicht den Mut, danach zu fragen, was man tun sollte, um rasch und leicht Erleuchtung zu erreichen, gibt es andere sinnvolle Fragen. Beispielsweise könnten wir fragen, welche Meditation wir üben sollten. Oder wir können wichtige Fragen zur Lehre Buddhas klären. Wir können auch fragen, ob die Dharmalehrerin oder der Dharmalehrer einen generellen Rat hat. Ohne dann noch etwas Einschränkendes an die Frage dranzuhängen, wie „...zu meiner derzeitigen Situation" oder „....was meinen Lebensgefährten angeht". Möglicherweise erleben wir eine Überraschung, wenn wir so wenig festgelegt fragen.

Das sind allerdings lediglich einige Anregungen, die vielleicht nützlich sind. Natürlich können wir trotzdem fragen, was wir wollen!

Auffordern im Kurzüberblick

Wen auffordern wir auf?	die Repräsentantinnen und Repräsentanten der Erleuchtung, wie Buddhas und Bodhisattvas
Gegenmittel gegen	Unwissenheit
Verdienst/Reinigung	Aufbau von Verdienst

Auffordern als alleinige Übung

Wir bringen unsere Aufmerksamkeit zu dem, was wir jetzt tun und lösen uns, so gut wie wir können, von der Vorstellung, dass es ein Ich, ein Tun und ein Gegenüber gibt, wie wir meinen. Wir sind also auch weniger im Modus von "Ich übe", sondern eher in der Haltung, dass etwas getan wird.

Geistig präsent und mit Offenheit, Vertrauen, Hingabe und Freude nehmen wir dann Zuflucht und bringen die erleuchtete Geisteshaltung hervor.

Als nächstes stellen wir uns einen offenen und weiten leeren Raum vor.

Indem sie in unserer Vergegenwärtigung auf von uns angebotenen, kostbaren und bequemen Sitzen Platz nehmen, erscheinen vor uns in diesem Raum, strahlend, wunderschön und vollkommen, die Repräsentantinnen und Repräsentanten der Erleuchtung.

Wir können auch denken, dass sich auf jedem Atom des Universums unzählige Reine Länder befinden. In ihnen verweilen wiederum zahllose Buddhas der Vergangenheit, Gegenwart und Zukunft mit großem Gefolge aus Bodhisattvas, Pratyekabuddhas, Arhatis und Arhats, Hörerinnen und Hörern.

Sie befinden sich in strahlenden, wunderschönen, vollkommenen Licht-Energieformen vor uns im Raum, und wir denken an ihre unermesslichen Qualitäten.

Vor ihnen führen wir in Duplikaten von uns, in der Anzahl, wie es Atome in den Welten gibt, mit allen fühlenden Wesen, die jetzt den kostbaren Menschenkörper haben, die Übung aus.

So praktizieren wir alle die fünfte Übung, Auffordern, in Vergangenheit, Gegenwart und Zukunft.

Wir alle bringen unendlich viele, goldene,mit Juwelen besetzte, wunderschöne, tausendspreichige Räder und andere kostbare Gaben dar. Dann fordern wir aus tiefstem Herzen mit gefalteten Händen auf, den Dharma, vor allem den Großen Weg und den Diamantweg in der jeweils passenden Art zu vermitteln und niemals damit aufzuhören. Wir alle bitten dabei sowohl um die Unterweisungen in ihrer Gesamtheit als auch um jede einzelne der 84.000 Belehrungen.

Hierbei können wir die Informationen, die wir in diesem Kapitel erhalten haben, verwenden.

Dann bitten wir die gütigen, weisen, strahlenden, wunderschönen und vollkommenen Repräsentantinnen und Repräsentanten der Erleuchtung, dass sie unsere Übung annehmen.

Anschließend löst sich der zentrale Aspekt mit Gefolge in Licht auf und verschmilzt mit uns und allen fühlenden Wesen im kostbaren Menschenkörper.

Als nächstes ruhen wir in der Gewissheit, dass unser Geist und der Geist des zentralen Aspektes nicht verschieden voneinander sind.

Schließlich widmen wir ausnahmslos dieses und alles andere Gute, das jemals angesammelt wurde, angesammelt wird und angesammelt werden wird und die Ursachen für Gutes aus den drei Zeiten mit vollendetem Mitgefühl und perfekter Weisheit, das heißt, so wie die Buddhas und Bodhisattvas widmen, der raschen und leichten Erleuchtung aller fühlenden Wesen.

Wir verweilen noch einen Moment geistig anwesend und freuen uns von ganzem Herzen über das Gute, das wir gerade zusammentragen konnten.

2.6. Bitten

statt

Zweifel

Wir bitten im sechsten Schritt darum, dass die Buddhas und Bodhisattva und die anderen Repräsentantinnen und Repräsentanten der Erleuchtung bei uns bleiben, damit es uns und allen anderen gut geht und damit wir Erleuchtung erreichen. Und wir möchten, dass sie bleiben, solange wir sie brauchen. Das heißt, bis wir und alle anderen fühlenden Wesen schließlich den Buddhazustand verwirklicht haben.

Diese Übung wirkt gegen das Geringschätzen der Lehre Buddhas, gegen falsche Sichtweisen, Zweifel und Hindernisse. Und sie hilft uns, die Verbindung zu denen zu intensivieren, die uns wirklich helfen können.

Wenn wir jemanden wirklich brauchen

Als Kinder haben wir unsere Mutter und unseren Vater gebraucht oder andere Personen, die sich gekümmert haben, bis wir selbst erwachsen waren. Und es war notwendig, dass sie auch da blieben. Denn sie haben uns unter anderem Liebe, Geborgenheit, Schutz und Anleitung gegeben.

Und auch wenn wir erwachsen sind und jemand für uns wichtig ist, möchten wir, dass diese geliebte Person bei uns bleibt und dass sie uns nicht verlässt.

Sollte sie dann weggehen wollen, flehen wir sie inständig an, vielleicht in der Art wie: „Bitte, bitte verlass mich nicht." Oder: „Ich brauche dich, bitte geh nicht weg und lass mich doch bitte nicht alleine." Wenn die andere Person dann merkt, wie wichtig sie für uns ist, wird sie es sich vielleicht anders überlegen und bleiben. Dann sind wir glücklich und freuen uns sehr darüber.

Allerdings, so schön es ist, dieses Glück wird nicht von Dauer sein. Denn alles, was bedingt ist, wird irgendwann zu Ende sein oder nicht mehr funktionieren. Das Glück ist wieder einmal von etwas im Außen abhängig. Von etwas, das auf Ursachen beruht und daher vergänglich ist.

Weiter ist die Liebe in einem derartigen Szenario mit Anhaftung verbunden, und Anhaftung trübt unseren Geist. Denn auch von uns als positiv empfundene Gefühle sind bei uns fühlenden Wesen gemischt mit leidbringenden Gefühlen. Der glückbringende Anteil, also zum Beispiel Liebe oder Anteilnahme, ist jedoch eine Qualität.

Die Buddhas und Bodhisattvas bitten zu bleiben

Bitten wir die Buddhas und Bodhisattvas oder andere, die mindestens die Befreiung erreicht haben, zu bleiben, tun wir das ebenfalls, weil wir erkannt haben, wie sehr wir sie brauchen. Allerdings liegt die Situation hier anders. Denn sie sind die einzigen, wirklich verlässlichen Freundinnen und Freunde, die wir haben. Der Grund dafür ist, dass sie keinerlei eigene Interessen haben. Stattdessen ist ihr Ziel einzig und alleine das Wohl und das Glück aller fühlenden Wesen. Das beinhaltet Gegnerinnen und Gegner. Weiter leiten sie uns ausschließlich dahingehend an, dass wir uns langfristig in Richtung Befreiung und Erleuchtung entwickeln. Daher sind sie unser wirklicher Schutz vor Leid. Buddhas und Bodhisattvas werden also immer zu unserem Nutzen handeln und niemals zu unserem Schaden.

Es kann aber manchmal vorkommen, dass wir etwas Ungemach in Kauf nehmen müssen. Beispielsweise bei der Umsetzung von Aufgaben, die wir von Dharma-Lehrenden erhalten. Das liegt allerdings an uns selbst, auch daran, dass wir Gewohnheiten aufgeben müssen, die nicht zuträglich sind.

So wurde Rechungma von ihrem Lehrer Milarepa allein gelassen, als sie krank war. Dadurch bekam sie aber vielleicht nicht zuletzt das nötige Vertrauen, dass auch schwierige Situationen überwunden werden können. Oder es gab andere Gründe. Diese von außen besehen wenig mitfühlende Handlung war tatsächlich mit Sicherheit mitfühlend. Auch wenn wir das nicht erkennen können.

Normale Personen können uns dagegen dahingehend beeinflussen, dass wir eine Richtung einschlagen, die negativ ist, zumindest teilweise. Das wurde schon mehrfach erläutert. Beispielsweise haben die meisten nicht ganz von alleine angefangen zu rauchen, sondern haben es von anderen übernommen. Es ist daher auch nicht sinnvoll, normale Personen völlig zu idealisieren. Trotzdem üben wir, andere zu schätzen, sehen dabei aber auch klar, dass sie uns und anderen auch im besten Fall nur begrenzt helfen können.

Buddhas und Bodhisattvas hingegen können uns Hilfestellung dafür geben, das maximal Erreichbare zu verwirklichen. Aber sie helfen uns auch bei allen Problemen, zum Beispiel, wenn wir Trost benötigen. Weil Buddhas und Bodhisattvas also so wichtig für uns sind, bitten wir sie inständig, bei uns zu bleiben.

Wir denken in etwa: „Bitte, bitte geht nicht weg, lasst mich nicht alleine. Bitte, bitte bleibt doch bei mir und hört nicht auf mich anzuleiten, damit es allen gut geht und alle schließlich schnell und leicht Erleuchtung erreichen können. Und bitte bleibt auch wirklich so lange, bis alle fühlenden Wesen erleuchtet sind."

Das Bitten, zu bleiben, ist auch deshalb so wichtig, weil unser Leben und unsere guten Umstände ähnlich verrinnen wie Sand in einer Sanduhr. Oder wie die begrenzte Nutzungszeit für einen Internet-Zugang. Die Zeit läuft einfach unerbittlich ab. Und wir müssen entscheiden, was wir in der Zeit tun wollen. Wollen wir in der ablaufenden Zeit Computerspiele spielen oder kostbare Informationen herunterladen, nämlich die Beschreibung der Reiseroute zum Schatzhaus unseres eigenen Geistes?

Bitten wir die buddhistischen Lehrerinnen und Lehrer, zu bleiben, macht uns das weiter auch bewusst, dass sie irgendwann gehen werden. Das hilft uns dabei, mehr Anstrengung aufzubringen und ihre Anwesenheit und Hilfestellung deutlich mehr zu schätzen und zu nutzen.

Es soll noch angemerkt werden, dass die Bitte zu bleiben auch in etwas versteckterer Form in vielen Meditationstexten vorkommt. Denn hier bitten wir darum, dass der kostbare Erleuchtungsgeist bei denen entsteht, wo er noch nicht entstanden ist. Dass er da, wo er schon entstanden ist, immer weiter anwachsen möge. Und dass wir nie von der kostbaren, erleuchteten Geisteshaltung getrennt sein mögen. Weiter, dass uns alle Buddhas sicher halten und dass wir alle leidbringenden Handlungen aufgeben können. Und dass die Wünsche der Buddhas und Bodhisattvas in Erfüllung gehen und alle fühlenden Wesen das Glück erlangen mögen, das sie ihnen wünschen.
Schließlich, dass alle niederen Daseinsbereiche für immer geleert sein und dass alle Wünsche der Erleuchteten und der Bodhisattvas vollendet werden mögen.

Vorteile des Bittens

Diese Bitte, zu bleiben, beinhaltet Gebete für das lange Leben der Lehrenden. Und diese haben tatsächlich den Effekt, dass sie länger leben und damit länger bei uns bleiben. Denn hier greift die Ursache-Wirkung-Beziehung. Bleiben Lehrende länger, können wir mehr Zeit mit unseren Lehrerinnen und Lehrern verbringen und hoffentlich sinnvoll nutzen.

Auch die Weiße Tara-Praxis, die unter anderem für langes Leben verwendet wird, ist in diesem Zusammenhang sehr nützlich. Zum Beispiel auch, wenn die oder der Lama krank ist.

Weiter sind diese Wunschgebete für das lange Leben unserer Lamas und auch unserer Dharma-Schwestern und Dharma-Brüder eine sehr tiefgründige Methode, um Hemmnisse zu beseitigen, die unser eigenes Leben bedrohen.
Die Bitte, zu bleiben, führt also auch dazu, dass wir selbst ein längeres Leben haben und weniger von Krankheit befallen werden.

Sind hohe Lamas gestorben, dann stellen die Gebete und Wünsche für eine rasche Wiedergeburt ebenfalls eine Form der Bitte, zu bleiben, dar.

Leben Lamas lange, sind gesund und werden rasch wiedergeboren, dann können sie lange lehren und helfen. Damit bleibt auch der Dharma lange in der Welt. So erhalten wir für uns wahrnehmbare, buddhistische Erklärungen.

Auch ist die oder der Dharma-Lehrende die Bedingung, um Erleuchtung zu erreichen. Wir benötigen sie also unbedingt, und zwar lange genug. Angemerkt werden soll an dieser Stelle, dass jedes fühlende Wesen eine buddhistische Lehrerin oder einen buddhistischen Lehrer hat. Wir brauchen also nicht zu befürchten, dass wir niemanden haben und alleine zurückgelassen werden. Tatsächlich ist es auch unsere wichtigste Aufgabe, unsere Herzenslama oder unseren Herzenslama zu finden. Da ab einem bestimmten   Grad der Verwirklichung jede Form angenommen werden kann, könnte es sich auch um einen   Partner oder um ein Tier handeln Allerdings kann das recht verwirrend sein, deshalb ist es am besten, wenn wir in einer buddhistischen Linie üben.

Weiter gilt auch für allgemeine Menschen, die viel Gutes tun: Leben sie lange und sind gesund, können sie wesentlich mehr für andere erreichen. Daher können wir durchaus auch daran denken, ihnen ein langes Leben zu wünschen.

Schließlich reinigen wir durch Bitten und auch durch Auffordern, das im vorigen Kapitel beschrieben wurde, negatives Karma, das entstanden ist, weil wir früher andere daran gehindert haben, buddhistische Erklärungen zu erhalten.

Aber wir bitten die Buddhas und Bodhisattvas nicht nur, zu bleiben, weil es um den Dharma geht. Wir bitten sie auch, weil sie die Quelle von allem Glück sind. Denn, wie wir schon wissen, Buddhas und Bodhisattvas wünschen, dass es allen fühlenden Wesen gut geht. Und aufgrund ihres immensen Verdienstes und ihrer hohen Verwirklichung haben ihre Wünsche große Kraft und manifestieren sich. Durch ihre Wünsche, die sich manifestieren, erfahren wir sehr viel Gutes. Die grenzenlose Freude, die durch sie entsteht, hat also zwei Aspekte: Die unmittelbare Freude, die entsteht, wenn sie bleiben, beispielsweise durch Wohlstand. Weiter ist die letztendliche Freude, Erleuchtung, zu nennen.

Im Überblick:

zwei Arten von Freude	und deren Aspekte
unmittelbare Freude	Wohlstand, Einfluss, Gesundheit, Frieden und so weiter
letztendliche Freude	Erleuchtung

Schließlich werden durch unsere Bitte, zu bleiben, Zweifel und Hindernisse entfernt, und unsere Unwissenheit wird reduziert. Und sie ist hilfreich bei falscher Sicht.

Weiter ist Bitten bei Geringschätzen der erleuchteten Aktivität und bei unangemessenen Handlungen gegenüber Buddhas und buddhistischen Lehrerinnen und Lehrern nützlich.

Auch führt die Bitte, zu bleiben, dazu, dass wir in zukünftigen Leben wieder authentischen buddhistischen Lehrerinnen und Lehrern begegnen.

Wir wünschen schließlich weiter, dass jeder Bereich eine oder einen Buddha haben möge, die oder der auch lange lehrt. Auch darauf arbeiten wir durch Auffordern und Bitten hin.

Durch die sehr kraftvollen Wünsche und durch die wirkungsvolle Bitte werden wir dann auch fähig, das Reine Land des Sambhogakayazustandes zu erreichen.

Der letztendliche Nutzen ist schließlich, dass unser eigener Geist mit dem Weisheitsgeist der Buddhas vollkommen verschmilzt. Dann sind wir erleuchtet.

Das lange Leben fühlender Wesen

Aber wir machen nicht nur Gebete für das lange, gesunde Leben der Buddhas und Bodhisattvas und anderer, die mindestens Befreiung erreicht haben. Sondern auch für das lange Leben aller fühlenden Wesen. Das bedeutet, dass wir grundsätzlich allen ein langes, glückliches, sinnvolles und gesundes Leben wünschen. Das schließt uns selbst ein.

Weiter sollten wir so handeln und sprechen, dass andere und wir selbst lange und gesund leben können.
Es ist also sehr gut, kleine Tiere beiseite zu setzen, wenn sie sich auf einen Weg verirrt haben, auf dem Leute gehen oder Fahrradfahrerinnen und Fahrradfahrer unterwegs sind. Damit bringen wir sie in Sicherheit und verlängern sehr vermutlich ihr Leben.
Auch die kleine Fliege oder Biene, die gerade auf dem Starnberger See zappelt, während wir schwimmen wollen, können wir vor dem Ertrinken retten. Indem wir beispielsweise ein Blatt Papier unter ihre winzigen Füsschen halten und dieses Blatt dann mit der Fliege oder der Biene an einen sicheren, geschützten, schattigen Ort legen. Tatsächlich verwenden wir hier auch besser Papier als das Blatt einer Pflanze. Warum wir das tun? Weil auf dem Blatt der Pflanze auch kleine Tiere leben, die geschädigt oder getötet würden, wenn wir es in das Wasser halten.

Wir versuchen überhaupt, so gut wie wir können, nicht das Glück eines fühlenden Wesens auf Kosten von anderen fühlenden Wesen zu erzielen. Das heißt, während wir ein Leben zu retten versuchen, gefährden wir nicht din anderes Leben. Man angelt also auch keine Fische, um sie an einen Hund zu verfüttern. Was uns selbst angeht, so hängt es von unserer Verwirklichung ab, wie weit wir unser eigenes Leben riskieren können oder nicht.

Insbesondere ist es weiter nicht gut, wenn man denkt, dass jemand sterben sollte. Oder wenn man sich darüber freut, wenn eine Person oder ein Tier verstirbt. Beispielsweise, weil man dann weniger belastet ist oder Geld erbt. Oder weil man denkt jemand, die oder der Schreckliches getan hat, hätte den Tod verdient. Zum Beispiel eine Diktatorin oder ein Diktator.

Es ist auch in der Regel nicht hilfreich, ohne wichtigen Grund darüber nachzudenken oder darüber zu sprechen, wann jemand wohl sterben wird.

Die große Dakini von Tsurphu

Khandro Urgyen Tsomo, die große Dakini von Tsurphu, wurde, wie ihr Beiname andeutet, in der Nähe von Tsurphu geboren.

Später, als Khakyab Dorje sehr krank war, konnte sie durch ihre hohe Verwirklichung seine Heilung bewirken und sein Leben um fast ein Jahrzehnt verlängern. Khakyab Dorje, der 15. Karmapa, war auch ihr Gefährte und der Vater der drei Kinder, die Khandro Urgyen Tsomo geboren hat.

Für einen selbst ist es vielleicht wieder eine dieser tibetischen Geschichten, märchenartig und nicht wissenschaftlich erwiesen. Wenn wir recherchieren, können wir aber feststellen, dass selbst normale Leute das Leben anderer verlängern. Beispielsweise, indem sie ein guter Partner oder eine gute Partnerin sind. Über den lebensverlängernden Einfluss erfreulicher Beziehungen gibt es auch Untersuchungen. Allerdings ist es noch etwas ganz anderes, wenn durch die Anwendung buddhistischer Methoden Lebensverlängerung bewirkt wird.

Prakashashila

Prakashashila, eine buddhistische Nonne, wußte aufgrund ihrer Verwirklichung, dass die buddhistischen Abidharma-Lehren in Indien dabei waren, zu erlöschen. Sie sah aber auch, dass es die Möglichkeit gab, das zu verhindern. Und zwar durch zwei außergewöhnliche Kinder, die für das Weiterbestehen des Buddhismus von sehr großer Bedeutung sein würden. Also entschloss sie sich ihre Nonnengelübde zurückzugeben.

Dann suchte sie sich einen Partner, wurde schwanger und ermöglichte es damit, Asanga zu inkarnieren. Als das Kind größer wurde, sollte es weltliche Aufgaben übernehmen. Aber Asanga hörte auf seine Mutter, die ihm sagte, dass er sein Leben auf den Buddhismus ausrichten sollte. Später hatte Prakashashila einen weiteren Partner. Auch mit ihm hatte sie ein Kind. Das Kind aus dieser neuen Verbindung war Vasubandu. Prakakashila hat also beiden jenes Leben ermöglicht, zum Nutzen aller fühlenden Wesen.

Diese Begebenheit zeigt auch, welche große Bedeutung Frauen im tibetischen Buddhismus haben. Nicht zuletzt wurden nahezu alle großen Lehrerinnen und Lehrer von Frauen in dieses Leben geboren. Eine Ausnahme ist Guru Rinpoche, er wurde in einer Lotusblüte geboren.

Aber warum müssen wir überhaupt bitten?

Auch hier, wie beim Auffordern, kann man sich fragen, wieso man überhaupt bittet. Buddhas und Bodhisattvas haben, wie erwähnt, doch bereits mit dem Bodhisattva-Versprechen zugesagt, allen fühlenden Wesen zu helfen, in jeder Hinsicht. Und dafür jegliche Schwierigkeit auf sich zu nehmen.

Es muss also auch für das Bitten gute Gründe für den Nutzen der fühlenden Wesen geben.

Tatsächlich sind Buddhas und hohe Bodhisattvas in Wirklichkeit immer bei uns. Wir sind niemals allein. Wir sind immer geborgen, beschützt und von ihrer tiefen, unvoreingenommenen und reinen Liebe umfangen. Sie sind diejenigen, die uns durch ihre Weisheit völlig verstehen, lieben und die Kraft und die Mittel haben, uns wirklich zu helfen.

So sagte Yeshe Tsogyal:

> Wo immer Raum ist, ist er von den fünf Elementen durchdrungen.
> Wo immer die fünf Elemente sind, ist das Zuhause der fühlenden Wesen.
> Wo immer fühlende Wesen sind, gibt es Karma und Verunreinigungen.
> Wo immer Verunreinigungen sind, ist mein Mitgefühl.
> Wo immer fühlende Wesen etwas benötigen, da bin ich, um ihnen zu helfen.

(Siehe Zitateliste Seite 569-572)

Allerdings ist man oft nicht so fortgeschritten, dass man die Hilfe auch wahrnehmen kann. Um mit Buddhas und Bodhisattvas in Kontakt treten und von ihnen lernen zu können, ist es für uns einfach derzeit noch notwendig, dass sie in einem Körper wie dem unseren erscheinen.

Daher bitten wir darum, dass sie eben in einem solchen Körper bei uns bleiben. Weiter, dass sie immer wieder einen Körper annehmen, den wir wahrnehmen können.

Dieser menschlich anmutende Körper der Repräsentantinnen und Repräsentanten der Erleuchtung erscheint und vergeht also wieder, so wie unser Körper. Das heißt, der sogenannte Ausstrahlungskörper wird in unserer Wahrnehmung geboren und stirbt dann. Für uns sieht das dann also so aus, wie wenn Buddha oder unsere Lama oder unser Lama nicht mehr da ist. Und dann bitten wir sie oder ihn, wiederzukommen. In Wirklichkeit bitten wir aber nicht darum, dass sie oder er bei uns bleibt, denn sie oder er ist ja immer da. Sondern wir bitten darum, dass sie oder er in einer Form bleibt oder wiederkommt, in der wir eine Verbindung aufnehmen können. Freundlicherweise nehmen Buddha und hohe Bodhisattvas auch eine Form an, die wir wahrnehmen und mit der wir in Kontakt treten können, eben den Ausstrahlungskörper, den Nirmanakaya.

Eine weitere Form der Buddhas ist der Licht-Energiekörper des Sambhogakayas. Wir können ihn aber erst wahrnehmen, wenn wir entsprechend weit verwirklicht sind. Diese strahlende, wunderschönen und vollkommenen Licht-Energieformen sind wie eine Brücke zwischen Form und ,Dharmakaya, der für uns derzeit nicht fassbar ist. Denn wir brauchen Form und wir sehen nur die Form, die wahre Natur ist verdeckt. Die Form ist aber nicht das, was man denkt, sie ist nicht so fest und isoliert. Sie ist also nicht da, und wir sind hier, getrennt davon. Denn wir sind viel mehr mit allem verbunden, als wir derzeit bemerken. Und es ist alles fließend und stets in Veränderung.

Ähnlich wie ein See, der keinen Moment oder Bruchteil eines Moments gleich ist. An sich müssten wir ihm also jeden Moment oder Bruchteil eines Moments einen anderen Namen geben. Aber für uns scheint der See irgendwie immer gleich zu sein, daher geben wir ihm stets denselben Namen, zum Beispiel Starnberger See. Dabei wissen wir aber, dass der Starnberger See nicht immer gleich bleibt. Er ist bei gutem Wetter anders als bei Windböen. Und im Sommer sieht der See ebenfalls nicht so aus wie an sehr kalten Wintertagen.
Einerseits ist der See also jeden Moment und Bruchteil davon anders. Andererseits wissen wir, dass er in unserem Erleben auch irgendwie immer derselbe See ist.

So bitten wir also auch darum, dass Buddha in einer Art bleibt, die wir als Buddha kontinuierlich von Moment zu Moment erkennen können. Oder unsere Lama oder unseren Lama, wenn gerade keine Buddha oder kein Buddha in einer Form da ist, in der wir direkten Kontakt aufnehmen können.

Nachteile davon, nicht zu bitten

Wenn Bodhisattvas feststellen, dass sie anderen nicht helfen können, lassen sie ihre Bodhisattva-Aktivität beiseite. Es kann sein, dass sie stattdessen in den Zustand vollkommener Ruhe, das kleine Nirwana, eingehen. Sie erlangen dann also den Zustand einer Arhati oder eines Arhat. Daher ist es wichtig, dass wir ihnen vermitteln, dass wir sie sehr benötigen und dass wir wollen, dass sie unbedingt bei uns bleiben.

Schließlich könnten Buddhas und Bodhisattvas auch den Eindruck haben, sie hätten alles gelehrt, was es zu lehren gibt. Und dann gehen sie, das heißt, es wirkt auf uns so, als würden sie uns verlassen. Dem wirken wir durch inständiges Bitten entgegen.

Weiter gibt es Schülerinnen und Schüler, die fortlaufend nicht umsetzen, was Dharmalehrerinnen und Dharmalehrer versuchen, ihnen beizubringen. In so einem Fall ist es für Buddhas und Bodhisattvas zwecklos, zu bleiben und Erklärungen zu geben. Woanders hingegen würden Erläuterungen auf fruchtbaren Boden fallen. Und eben weil Buddhas und Bodhisattvas das Bodhisattva-Versprechen abgelegt haben, gehen sie dorthin, wo fühlende Wesen ihnen folgen. Auf diese Art wird es auch oft erklärt.

Tatsächlich ist es aber so, dass seitens der Lernenden, die nichts oder kaum üben, die Verbindung schwindet. Das bedeutet, Buddhas und hohe Bodhisattvas verschwinden aus der Wahrnehmung der Schülerinnen und der Schüler. Sie sind trotzdem immer da.

Der Tod von Buddhas und Bodhisattvas ist eine Belehrung

Und auch wenn Buddhas und hohe Bodhisattvas Kontrolle über die eigene Lebensspanne haben: Sie manifestieren ihren Tod, um uns auf Vergänglichkeit aufmerksam zu machen.

Würden sie immer in einem für uns wahrnehmbaren Körper bleiben, würde man vielleicht meinen, man müsste auch nicht sterben. Dann könnte bei einem selbst der Eindruck entstehen, es wäre nicht nötig, sich anstrengen. Und man hätte noch alle Zeit der Welt für die buddhistische Praxis. Diese Vorstellung kann auch vorhanden sein, ohne dass man es recht bemerkt.

Wenn es darum geht, zu praktizieren, denkt man aber paradoxerweise auch öfter, man hätte keine Zeit. Denn da sind Gedanken wie: „Ich würde ja gerne meditieren, aber mir fehlt einfach die Zeit."

Denn genau gerade dann, wenn es darum geht zu praktizieren, muss unbedingt noch Brot gekauft und gekocht werden. Und die Kinokarte für das Wochenende muss auch noch reserviert werden. Nachher will man das ganz wichtige Fußballspiel anschauen oder Musik hören. Später geht man dann noch tanzen. Und so geht es weiter. Bis dieses Leben vorbei ist.

Die Grundübungen zu machen, die 37 Übungen der Bodhisattvas regelmäßig zu lesen, auswendigzulernen und die Belehrung anzuwenden, auch auf die Alltagstätigkeiten, ist einem nicht in den Sinn gekommen.

Wann wir sterben werden, wissen wir allerdings nicht. Denn man hat so gut wie keinen Einfluss auf den eigenen Todeszeitpunkt. Und im Regelfall auch nicht auf das, was dann kommt. Wenn wir genauer nachdenken, werden wir weiter bemerken, dass wir auf das, was in diesem Leben noch passieren wird, ebenfalls keinen allzu großen Einfluss haben.

Die Realität ist: Es ist gewiss, dass wir sterben müssen und es ist ungewiss, wann das sein wird.

Man ist, drastischer formuliert, wie eine Person, die in der Todeszelle sitzt und keine Ahnung hat, wann sie auf dem elektrischen Stuhl hingerichtet wird. Jeden Moment können die Wärterinnen oder Wärter kommen und einen zur Henkersmahlzeit abholen, dem letzten Essen in diesem Leben. Und man weiß noch nicht einmal, ob einem der Espresso dann noch schmecken wird!

Natürlich sollten wir die Dinge nicht zu schwarz malen. Vermutlich werden wir auch noch länger leben. Aber genau wissen wir es nicht. Es kann also ganz heilsam sein, sich auch einmal klarzumachen, dass es reine Spekulation ist, zu meinen, man hätte noch ganz viel Zeit für die Praxis.

Es ist dann auch möglich, dass man meint, man hätte nur noch wenig Zeit für die Praxis, weil man schon so alt ist. Man denkt dann in etwa: „Ich bin schon so alt, da lohnt es sich gar nicht mehr, jetzt noch anzufangen."

Die Wahrheit ist: Gerade wenn man „schon so alt" ist, ist es allerhöchste Zeit mit der Praxis anzufangen oder intensiv fortzufahren, und zwar genau jetzt.

Wenn wir diese Überlegungen anstellen, dann nicht, um Angst zu bekommen. Es geht im Gegenteil darum, die Dinge realistisch einzuschätzen. Dazu gehört, dass wir mehr und mehr jede Situation und jeden Moment gut nutzen. Einmal, damit andere und wir selbst bedingtes, leider aber vergängliches Glück erfahren. Vor allem aber, damit wir uns alle in Richtung Befreiung und Erleuchtung bewegen. Das tun wir aber nicht mit Stress und Druck, sondern in einer entspannten Art und Weise, mit frohem Geist und in dem Wissen, dass uns die Buddhas immer halten und helfen werden, wenn wir es zulassen.

Und wenn wir die Belehrungen anwenden und uns dabei immer mehr verbessern, sind wir beschützt und geborgen, es kann uns immer weniger Schlimmes widerfahren. Wir sind damit auf dem Weg ins wirkliche Glück.

Dafür ist es aber nötig, dass wir Erklärungen und Übertragungen von dafür qualifizierten Dharmalehrerinnen und Dharmalehrern erhalten. Deshalb fragen wir sie danach und bitten sie, zu bleiben.

Schließlich bitten wir auch, zu bleiben, weil wir mehr und mehr erkennen, dass es wirklich dringend ist, dass wir die eigenen Aktivitäten in Richtung dauerhaftes Glück ausrichten.

Weiter sollten wir auch wissen, dass wir definitiv einen Weg finden werden, um uns mehr und mehr dem Dharma zuzuwenden, wenn wir es wirklich wollen.

Beispielsweise können wir andere Aktivitäten reduzieren oder ganz unterlassen. Man muss nicht wirklich jeden Abend Filme ansehen und täglich Stunden im Internet verbringen. Und mehr als 30 mal ein Kommunikationsgerät anschalten. Und so weiter. Oder? Zwingt einen etwa jemand dazu? Real ist: Da ist niemand, die oder der einem das aufbürdet. Niemand anderer als man selbst ist es, die oder der diese Situation und den ganzen damit verbundenen Stress und Druck kreiert.

Um in Ruhe üben zu können, ist es auch hilfreich, wenn wir bestimmte Zeiten einhalten. Das heißt, am besten meditieren wir zu einer bestimmten Tageszeit. Beispielsweise könnten wir also morgens nach dem Aufstehen praktizieren. Das wäre sehr gut. Wenn es einem zunächst schwerfällt, können wir jeden Morgen 3 Minuten reservieren. In dieser Zeit setzen wir uns auf das Meditationskissen und versuchen, ruhig(er) zu werden. Das machen wir so lange, bis wir uns daran gewöhnt haben. Lässt man einmal einen Tag ausfallen, fängt man am nächsten Tag trotzdem wieder damit an. Geht es gut, bauen wir die Übung aus. Wir üben also 5 Minuten. Vielleicht nutzen wir die Zeit jetzt nicht nur dafür, um ruhig zu werden, sondern fokussieren uns auch auf unseren Atem. Und dann können wir noch 3 Mantren sagen. Im nächsten Schritt können wir uns vor dem Üben mit der Zuflucht verbinden und mit Bodhicitta. Am Ende der 5 Minuten ist es gut, in richtiger Weise zu widmen. Mehr zu Widmung folgt noch. So können wir uns an das regelmäßige Üben gewöhnen und mehr Zeit dafür einplanen. Und uns dann eine Meditation geben lassen, die wir täglich üben.

Sind wir weiter fortgeschritten, können wir generell einen, zwei oder mehrere Abende in der Woche für unsere buddhistischen Aktivitäten, vor allem Meditation, freihalten. Auch einen Samstag im Monat oder ein Wochenende in jeweils zwei Monaten könnten wir für unsere Übung reservieren.
Wir können auch jeden Tag oder jeden Montag und Mittwoch in der U-Bahn buddhistische Unterweisungen lesen.

Oder, wenn es uns an einem schönen Tag vehement in die Sonne zieht, haben wir sehr wohl die Möglichkeit, auf dem Balkon oder auf einer Parkbank Belehrungen zu lesen.

Wir haben Urlaub, auch diesen können wir zumindest teilweise für ein besseres Leben und für Befreiung und langfristig Erleuchtung einsetzen. Warum also nicht jedes Jahr zwei oder drei Wochen für eine Zurückziehung freihalten? Oder zwei Wochenenden im Jahr für Mithilfe in einem buddhistischen Zentrum? Es gibt viele Varianten und es ist gut, nicht zu vergessen, sie umzusetzen. Regelmäßigkeit, was Zeit oder Zeitpunkt im Jahresablauf betrifft, kann eine sehr große Unterstützung sein. Hilfreich kann es auch sein, wenn wir uns mit anderen, die die gleiche Meditationspraxis üben, einmal im Jahr für eine Woche zu einem Retreat in einem buddhistischen Zentrum verabreden. Oder ein Ferienhaus oder Ferienwohnungen dafür anmietet. Es könnten auch zwei Wochenenden im Jahr sein, zum Beispiel im Frühjahr und im Herbst. Und zwar jedes Jahr. Jahr für Jahr!

Abgesehen davon haben wir allerdings auch jeden Tag eine Fülle von Möglichkeiten, die buddhistischen Informationen anzuwenden und in unser Leben zu integrieren. Wenn wir dann den Dharma immer mehr in unser Leben aufnehmen, können wir uns morgens, wenn wir aufwachen, gleich mit der Zuflucht und mit Bodhicitta verbinden. Wir könnten uns so auch gleich morgens vornehmen, für andere nützlich zu sein. Vielleicht überlegen wir auch schon, was wir konkret für andere tun können. Zum Beispiel könnten wir mit der Tochter oder dem Enkel der besten Freundin zur Grüne Tara-Kindermeditation gehen. Aber auch andere, scheinbar kleine Dinge könnten wir uns vornehmen. Beispielsweise andere freundlicher anzublicken.

Im Tagesablauf gibt es wirklich viele Möglichkeiten, die wir nutzen können. Vielleicht steht man vor der Eisdiele in der Schlange und die alte Frau ganz vorne, die schlecht sieht, kramt in unserer Wahrnehmung super extra langsam das Geld heraus. Da kann man sich ärgern. Vielleicht macht man eine Bemerkung, die die eigene Gemütslage zum Ausdruck bringt.
Aber wir könnten stattdessen auch jemandem ein Lächeln schenken. Den Hund, der herüberschaut, streicheln. Oder wir könnten auch ein Gespräch mit jemandem beginnen und so eine Verbindung schaffen, die irgendwann einmal nutzbringend für die andere Person sein wird. Möglicherweise auch für einen selbst. Wir könnten diese kleine Pause auch für das Üben von Geduld verwenden. Wir identifizieren also die Anhaftung an das Eis in unserem Geist, die daraus resultierende Ungeduld und die Abneigung dagegen, dass es so langsam vorangeht. Dann lassen wir die leidbringenden Gedanken und Gefühle schnell fallen, wie ein zu heißes Eisen, an dem wir uns gerade verbrennen.
Und finden wir in uns nicht doch auch Liebe und Mitgefühl für diese alte Frau? Es gibt weitere Alternativen: Wie wäre es, wenn wir die Situation zum Üben geistiger Präsenz nutzen?!

Wir versuchen also, im Augenblick zu verweilen. Oder wir sagen einige Mantren. Weiter könnten wir in Gedanken auswendig ein Wunschgebet, wie die Vier Unermesslichen, rezitieren.

Schauen wir uns um, bemerken wir, wie viele gute Dinge es gibt: Es ist vielleicht gerade Frühling, alles blüht, die wärmer werdende Sonne tut gut. Auch das Geschäft dort drüben hat sehr schöne Schuhe; und so weiter. Alles das könnten wir in Gedanken duplizieren und diese Duplikate dann im Geist reinigen, unendlich vervielfältigen, sie perfektionieren und dann den Buddhas und Bodhisattvas darbringen. Damit praktizieren wir den zweiten Schritt der Sieben Übungen. Und dann bitten wir die Verwirklichten, in Gedanken immer bei uns zu bleiben, in einer Form, zu der wir Zugang zu ihnen haben. Das ist der sechste Teil der Sieben Übungen.

Und vielleicht sind sie tatsächlich auch schon bei uns: und zwar in der Gestalt der alten Frau da vorne! Und sie geben uns gerade eine Belehrung dazu, wie wir mit so einer Situation umgehen können..

Schließlich können wir in Gedanken auch alle Sieben Übungen durchgehen. Wir könnten die Situation aber auch dafür nutzen, um darüber nachzudenken, dass wir eines Tages ebenfalls so alt sein werden wie die alte Dame. Dann können wir nicht mehr zum Kurs mit voll verwirklichten Lehrerinnen und Lehrern fahren. Es ist also besser, das dieses Jahr zu tun.

Natürlich, man kann sich auch weiter ärgern, ungeduldig von einem Bein auf das andere treten und sich selbst diese kostbaren Momente, sie werden nicht wiederkommen, vermiesen.

Wir haben also die Chance, wirklich den ganzen Tag zu nutzen, um gute geistige Eindrücke aufzubauen. Wir können uns das nicht oft genug klarmachen. Weiter liegt es an uns, ob wir in allen Situationen, auch in denen, die lästiger sind, eine gute Zeit haben und andere daran teilnehmen lassen wollen oder nicht. Und in gewisser Weise sind damit weiter die Buddhas und Bodhisattvas durch uns und durch das, was wir denken, sagen und tun, den ganzen Tag über anwesend. Auch, wenn es in einer Form ist, die nicht so aussieht wie Buddha oder wie die Weisse Tara, wie wir sie von Statuen und Bildern kennen.

Schließlich haben wir das gute Karma, dass es Pausen vom Alltag gibt. Diese können wir für die formale Meditation nutzen. Und am Abend wieder meditieren. Sind wir zu müde, könnten wir trotzdem 30 Sekunden nutzen, um einige Mantren zu sagen. Oder wir lesen einige Zeilen in einem buddhistischen Buch.

Dann, vor dem Einschlafen ist es hilfreich, den Tag Revue passieren zu lassen und zu schauen, was weniger gut war und es zu bereinigen. Dabei nehmen wir uns auch ohne großes Drama vor, es das nächste Mal besser zu machen.

Als nächstes freuen wir uns über die Dinge, die wir (im buddhistischen Sinn) gut gemacht haben. Und mit diesen guten Gedanken und Gefühlen schlafen wir ein.

Eine etwas ausführlichere Übung ist, dass wir spätestens am Ende jeden Tages Negatives mit den Vier Kräften bereinigen.Sie sind sehr effektiv und im Kapitel „Bedauern" beschrieben. Weiter ist es überaus segensreich, jeden Abend vor dem Einschlafen auf der Bettkante sitzend dreimal das Vajrasattva-Mantra zu sagen. Damit reinigen wir das an dem Tag angesammelte, schwierige Karma. Abends, unmittelbar bevor wir dann einschlafen, könnten wir weiter das Gute, das wir in der letzten Nacht und während des Tages angesammelt haben, der raschen und leichten Erleuchtung aller fühlenden Wesen widmen, so wie die Buddhas und Bodhisattvas. Und wir erfreuen uns auch an dem, was wir gut gemacht haben.
Und es gibt weitere Übungen, die wir anwenden können, bevor wir den Wachzustand verlassen.3

Ganz grundsätzlich können wir auch dankbar, beschützt und glücklich einschlafen. Denn unser Lama oder unsere Lama und die Buddhas sind immer mit ihrer ganzen Liebe, ihrem Mitgefühl, ihrer Weisheit und Kraft für uns da, ob wir sie nun sehen können oder nicht. Das wissen wir jetzt!

Wie bitten wir?

Beim Bitten ist es wieder wichtig, vorher Zuflucht zu nehmen und dann die erleuchtete Geisteshaltung hervorzubringen.

Wir sollten also nicht primär aus Anhaftung bitten, sondern mit der Motivation, zum Nutzen aller langfristig Erleuchtung zu erlangen. Darum bemühen wir uns, obwohl wir natürlich Anhaftung an die Repräsentantinnen und Repräsentanten der Erleuchtung haben. Wie wir schon wissen, ist es aber eine Anhaftung, die nicht so negativ ist, da sie uns in Richtung Glück und Erleuchtung führt. Trotzdem sollten wir uns darin üben, unsere Beziehung zu denen, die Erleuchtung repräsentieren, nicht als emotionalen Tsunami zu gestalten.

Wesentlich ist es auch, die Bitte mit Respekt vorzutragen. Traditionell faltet man dabei die Hände. Noch wichtiger ist aber beim Bitten die dankbare, präsente und tief empfundene Geisteshaltung zum Nutzen aller fühlenden Wesen

Weiter bringen wir vor dem eigentlichen Bitten Gaben dar. Und zwar zumindest geistig vorgestellt. Bei tatsächlichen Gaben fügen wir geistig vorgestellte Darbringungen hinzu. Die tatsächlichen und die vorgestellten Gaben reinigen wir dann in der Vergegenwärtigung, vervielfältigen sie bis ins Unermessliche und lassen sie makellos und grenzenlos kostbar werden.
In der Vorstellung können wir dem höheren Feld der Ansammlung kostbare, bequeme Throne und exquisite Orte, wie wunderschöne Paläste, zum Verweilen, also Bleiben, darbringen, verbunden mit der Bitte, so lange bei uns und allen fühlenden Wesen zu bleiben, bis wir alle erleuchtet sind.

Traditionell wird bei der Bitte, zu beiben, ein Mandala dargebracht. Hohen buddhistischen Lehrerinnen und Lehrern werden auch weitere Gaben, wie Darstellungen von Körper, Rede und Geist Buddhas, gegeben.

Schließlich richten wir die Bitte mit der Entschlossenheit an die Buddhas und Bodhisattvas, den Weg auch zu Ende zu gehen und nicht vorher aufzugeben.
Wir denken also in etwa: „Ich werde diesen außergewöhnlichen, kostbaren, sehr schwer und so selten zu findenden, spannenden Weg ganz gewiss zu Ende gehen. Bitte bleibt auch so lange bei mir und bei allen anderen fühlenden Wesen." Dabei stellen wir uns vor, dass die Repräsentantinnen und Repräsentanten der Erleuchtung so lange zum Wohl aller fühlenden Wesen bleiben, bis der Daseinskreislauf geleert ist.

Wird die Bitte, zu verweilen, alleine geübt, sollten wir das Gute der Erleuchtung aller fühlenden Wesen widmen, so wie die Buddhas und Bodhisattvas es tun.

Anschließend freuen wir uns von ganzem Herzen über unsere Praxis.

Auffordern und Bitten
als Gegenmittel gegen Geringschätzen im Vergleich

Übung:	Gegenmittel gegen:
Auffordern	den Dharma geringschätzen
Bitten	die buddhistische Lehrerin oder den Lehrer geringschätzen

Bitten im Kurzüberblick

Wen bitten wir?	die Repräsentantinnen und Repräsentanten der Erleuchtung, vor allem aber unsere oder unseren Lama
Gegenmittel gegen	falsche Sicht, Zweifel
Verdienst/Reinigung	Aufbau von Positivem

Bitten als alleinige Übung

Wir bringen unsere Aufmerksamkeit zu dem, was wir jetzt tun, und lösen uns, so gut wie wir können, von der Vorstellung, dass es ein Ich, ein Tun und ein Gegenüber gibt, wie wir meinen. Wir sind also auch weniger im Modus von "Ich übe", sondern eher in der Haltung, dass etwas getan wird.

Geistig präsent und mit Offenheit, Vertrauen, Hingabe und Freude nehmen wir dann Zuflucht und bringen die erleuchtete Geisteshaltung hervor.

Als nächstes stellen wir uns einen offenen und weiten, leeren Raum vor.

Indem sie in unserer Vergegenwärtigung auf von uns angebotenen, kostbaren und bequemen Sitzen Platz nehmen, erscheinen vor uns in diesem Raum, strahlend, wunderschön und vollkommen, die Repräsentantinnen und Repräsentanten der Erleuchtung.

Im Regelfall ist im Zentrum Buddha. Oder die oder der eigene Lama, in der Karma-Kagyü Linie ist das Karmapa. Oder unser Yidam oder eine Meditationsgottheit, die uns besonders gefällt. Jeweils mit Gefolge.
Wir können auch denken, dass sich auf jedem Atom des Universums unzählige Reine Länder befinden. In ihnen verweilen wiederum zahllose Buddhas der Vergangenheit, Gegenwart und Zukunft mit großem Gefolge aus Bodhisattvas, Pratyekabuddhas, Arhatis und Arhats, Hörerinnen und Hörern.

Sie befinden sich in strahlenden, wunderschönen, vollkommenen Licht-Energieformen vor uns im Raum, und wir denken an ihre unermesslichen Qualitäten.

Vor ihnen führen wir in Duplikaten von uns, in der Anzahl, wie es Atome in den Welten gibt, mit allen fühlenden Wesen, die jetzt den kostbaren Menschenkörper haben, die Übung aus.

So praktizieren wir alle die sechste Übung, Bitten, in Vergangenheit, Gegenwart und Zukunft.

Wir alle bringen unermesslich viele, kostbare und vollkommene Gaben dar. Hier können wir erneut exquisite Throne und vollkommene Paläste darbringen. Dann bitten wir mit gefalteten Händen aus tiefstem Herzen alle Dharma-Lehrenden darum, zu bleiben, und wir machen Langlebenswünsche für das vor uns vergegenwärtigte Feld der Ansammlung und für alle Dharma-Lehrenden.

Hierbei können wir die Informationen, die wir in diesem Kapitel erhalten haben, verwenden.

Dann bitten wir die gütigen, weisen, strahlenden, wunderschönen und vollkommenen Repräsentantinnen und Repräsentanten der Erleuchtung, dass sie unsere Übung annehmen.

Anschließend löst sich der zentrale Aspekt mit Gefolge in Licht auf und verschmilzt mit uns und allen fühlenden Wesen im kostbaren Menschenkörper.

Als nächstes ruhen wir in der Gewissheit, dass unser Geist und der Geist des zentralen Aspektes nicht verschieden voneinander sind.

Schließlich widmen wir ausnahmslos dieses und alles andere Gute, das jemals angesammelt wurde, angesammelt wird und angesammelt werden wird und die Ursachen für Gutes aus den drei Zeiten mit vollendetem Mitgefühl und perfekter Weisheit, das heißt, so wie die Buddhas und Bodhisattvas widmen, der raschen und leichten Erleuchtung aller fühlenden Wesen.

Wir verweilen noch einen Moment geistig anwesend und freuen uns von ganzem Herzen über das Gute, das wir gerade zusammengetragen haben.

2.7. Widmen
statt
Anhaftung an unsere guten geistigen Eindrücke

Mit dem siebten Schritt richten wir die positive Kraft, die wir angesammelt haben, auf das bestmögliche Ziel aus: Erleuchtung für alle.
Weiter vermindern wir durch die Widmung unsere Tendenz, gute geistige Eindrücke für uns selbst horten zu wollen statt sie mit allen fühlenden Wesen zu teilen. Sie vermindert also die Anhaftung an unseren Verdienst.

Auch hilft uns die Widmung dabei, nicht immer alles uns selbst zuzuschreiben, und damit wirkt sie gegen Ich-Bezogenheit und Stolz.

Es ist hier wirklich sehr wichtig, in richtiger Weise zu widmen, damit die sinnvollste Verwendung gesichert ist und wir das Positive oder das meiste davon nicht wieder verlieren.

Tatsächlich ist die Widmung einer der wichtigsten Aspekte buddhistischer Praxis. Es heißt auch, sie ist das geschickteste Mittel aller geschickten Mittel der Bodhisattvas.

Unsere Absichten im Alltag

Was immer wir tun, wir haben vorher eine Absicht, die die Richtung vorgibt.

Wollen wir etwas zu essen haben, gehen wir beispielsweise in die Küche und schauen in den Kühlschrank. Ist dieser leer, gehen wir vielleicht Karotten und Kartoffeln kaufen. Oder wir kaufen Kirschen und Joghurt. Kein Schokoeis!
Haben wir Sehnsucht nach unserem Partner, rufen wir ihn an und überlegen, wann und wo wir ihn endlich wiedersehen können. Vielleicht bei einem Picknick.
Oder wir planen,, jemandem ein Geschenk zum Geburtstag zu machen. Dann widmen wir uns dieser Absicht und setzen dafür etwas von unseren Ressourcen, wie Zeit und Geld, ein. Das passiert ganz natürlich, und wir denken nie tiefergehend darüber nach.

Unser Glück ist Einschränkungen unterworfen

Allerdings geht es hier stets um befristetes Glück. Es ist zeitlich begrenzt, denn irgendwann ist dieses Glück zu Ende. Und es ist räumlich begrenzt.
Denn man denkt bei dem, was man möchte, an sich selbst oder an einige andere. Äußerst selten aber denkt ein fühlendes Wesen an alle fühlenden Wesen und an die Beseitigung aller ihrer Probleme.

Manchmal meint man auch, man dächte gerade an alle fühlenden Wesen, vergisst aber genau die, die momentan in der Nähe sind!
Beispielsweise die Biene in der Küche, die unbedingt ins Freie möchte, während man selbst zwar für einen Augenblick an Bodhicitta denkt, dann aber wieder die ganze Aufmerksamkeit auf den eigenen Hunger richtet und in den Kühlschrank schaut. Etwas anderes nimmt man dann vielleicht gar nicht mehr wahr. Insbesondere die verzweifelte Biene nicht.

Weiter ist die Qualität des beschränkten Glücks, wenn man es überhaupt erreicht, nicht bestmöglich.
Beispielsweise verpacken wir ein Geburtstagsgeschenk, vielleicht eine Kinokarte. Dabei denken wir an die Person, die wir beschenken wollen. Es gibt aber unzählige andere, fühlende Wesen. An diese denkt man in dem Moment nicht. Um richtig verstanden zu werden, es ist sehr gut, anderen eine Freude zu machen. Nur sollten wir nicht übersehen, dass das, was wir da tun, begrenzt ist. Wir erreichen dieses eine fühlende Wesen, das sich, hoffentlich, freut. Wobei diese Freude keine Freude pur sein wird.
Vielleicht freut sich dann noch die Kinobesitzerin oder der Kinobesitzer. Und einige andere, deren Lebensunterhalt mit der Karte in Zusammenhang steht oder die anderweitig daran beteiligt sind. Es sind tatsächlich sehr viele, manche, wie die Erbauerinnen und Erbauer des Kinos, sind vielleicht sogar schon tot. Möglicherweise gibt es auch jemanden, die oder der sich nicht freut, sondern neidisch ist. Und vielleicht wurden bei der Herstellung des Präsentes andere fühlende Wesen geschädigt. Tatsächlich ist das sogar fast sicher. Auch ist die Freude beim Beschenkten und den anderen nicht von Dauer. Sie ist schließlich auch nicht von bester Qualität, das heißt, nicht ungetrübt. Die Handlung ist also genauer betrachtet insgesamt einfach ziemlich begrenzt.

Oder wir schauen uns ein anderes Beispiel näher an: Wir wissen, wir haben demnächst zwei Wochen Urlaub. Normalerweise gehen wir dann so vor, dass wir diese freie Zeit verplanen. Und sei es, offen zu lassen, wie wir diesen knappen halben Monat verbringen wollen, was tatsächlich auch eine Art von Plan ist. Wir widmen damit eine unserer Ressourcen einem bestimmten Zweck.

Das Problem ist allerdings, dass sich auch hier das Gute erschöpfen wird: Der Urlaub ist irgendwann aufgebraucht. Und dann muss man sich wieder anstrengen, um erneut Anspruch auf Urlaub und Geld dafür zu erwerben. Sehr vereinfacht können wir es auch so beschreiben: Man arbeitet, um in Urlaub fahren zu können. Dann fährt man in Urlaub, um wieder arbeiten zu können.
Oder man verdient 500 Euro, und dann gibt man sie wieder aus, verdient wieder Geld, gibt es wieder aus und so weiter. Man sammelt also etwas an, und dann verbraucht man es wieder, das passiert in einem fort. Es ist wie ein Rad, das sich ständig dreht.

Dabei sind die Zusammenhänge nicht immer derart einfach und leicht ersichtlich wie in obigen Beispielen. Es kann tatsächlich auch sein, dass wir jetzt etwas ansammeln, aber die Auswirkungen erst viel später erleben. So beginnen wir mit Anfang zwanzig in die Rentenversicherung einzuzahlen. Geld erhalten wir aber erst Jahrzehnte später.

Umgekehrt gilt auch: Wir haben früher etwas getan, auch in früheren Leben, und erleben jetzt die Resultate. Ein Beispiel wäre die Schule, für die wir nichts bezahlen. So sieht es für uns zumindest aus, weil wir nicht überblicken können, was wir in früheren Leben getan haben. Irgendwann müssen wir allerdings Gutes aufgebaut haben, sonst würden wir das alles nicht unentgeltlich erhalten.

So erfreulich diese guten Ergebnisse auch sein mögen, sie sind leider vergänglich und führen nicht zu ungetrübter Freude. Es ist beschränktes Glück.

Widmungen, die uns nicht wirklich weiterbringen

Es ist möglich, positive Handlungen darauf auszurichten, dass sie bestimmte Ergebnisse hervorbringen sollen, sie also dafür zu widmen. Beispielsweise dafür, reich zu werden, intelligent zu sein, nette Nachbarinnen und Nachbarn oder eine freundliche Kollegin zu bekommen. Oder dafür, um, die große Liebe zu finden. Oder um immer das neuestes Kommunikationsgerät kaufen zu können.

Damit das funktioniert, und zwar zügig, ist aber noch mehr nötig. Beispielsweise muss man wissen, welche Ursache zu welchem Resultat führt. Und dieser Same sollte dann natürlich auch gepflanzt werden. Weiter ist die Widmung in Richtung des gewünschten Ergebnisses wichtig.
Zur Beschleunigung ist es dann erforderlich sich über das Gute zu freuen und zwar jeden Abend vor dem Einschlafen.
Schließlich ist es notwendig, die Handlungen, die das, was man möchte, verhindern, bei sich selbst zu identifizieren, zu bereuen, abzustellen und etwas für die Wiedergutmachung zu tun.

Allerdings ist das alles eher befristet, wie wir schon wissen. Insofern ist diese Vorgehensweise, wenn man ausschließlich so handelt, bei genauem Hinsehen, ein Vergeuden von Ressourcen. Diese Bemühungen sind nicht nachhaltig.
Um richtig verstanden zu werden: Es kann sehr sinnvoll sein, wenn man in bestimmten Bereichen ein größeres Problem hat, das Gesetz von Ursache und Wirkung zu nutzen, um es zu lösen.
Unsere Hauptaktivität sollte allerdings langfristig darauf abzielen, Befreiung und Erleuchtung anzustreben. Dann sind nämlich alle unsere Probleme gelöst, und wir können allen fühlenden Wesen in bestmöglicher Weise helfen.

Schließlich kann es sein, dass wir tatsächlich das gewünschte Ergebnis erzielen. Es passt dann aber nicht mehr, oder man hat sogar Nachteile. Wie ist das möglich?

Es ist hier denkbar, dass man das Ergebnis in einer späteren Wiedergeburt erlebt, also zum Beispiel sehr reich sein wird. Allerdings unglücklicherweise zu einer Zeit, in der Reiche ermordet werden, weil Reichtum verpönt ist. Schaut man sich die Geschichte an, so konnte es zu gewissen Zeiten durchaus ein tödliches Risiko darstellen, wohlhabend zu sein. Auch Intelligenz, obwohl wünschenswert, ist nicht immer und überall von Vorteil. In eine mächtige Familie geboren zu werden, kann ebenfalls zu Schwierigkeiten führen.

Daher ist es schon wichtig, dass wir nicht irgendetwas tun, sondern mehr und mehr wissen und verstehen, was wir tun.

Auch ist es möglich, dass man erhält, was man haben wollte. Allerdings macht es einen lediglich in der ersten Zeit glücklich, dann jedoch unglücklich.

Es ist beispielsweise ein Auto, das man so sehr haben wollte, mit dem man dann aber einen Unfall hat.

Hätten wir dagegen mindestens die meisten guten geistigen Eindrücke der Erleuchtung aller gewidmet, in der Art wie die Buddhas und Bodhisattvas widmen, wären wir dem wirklichen Glück wesentlich nähergekommen.

Natürlich können wir auch Gutes tun, das bewusst auf eine bessere Wiedergeburt im Daseinskreislauf abzielt. Also beispielsweise eine Wiedergeburt im Bereich der Begierdegöttinnen und Begierdegötter, bei denen alles, was sie sich wünschen, sogleich erscheint, während aber auch fortlaufend neue Wünsche entstehen.

Ziel ist es bei dieser Art der Widmung, die Qualität unseres Glücks zu verbessern und die Dauer zu verlängern. Allerdings ist das doch auch wieder zeitlich limitiert, und wir sind nicht dauerhaft in Sicherheit. Denn wer weiß, ob wir danach nicht in Umstände geraten, die wieder sehr leidvoll sein werden. Tatsächlich ist das so gut wie sicher.

Der Götterbereichsmodus ist grob angenähert etwa vergleichbar mit einem langen, äußerst perfekten Urlaub, nur noch viel, viel besser; allerdings wird diese wunderbare Zeit irgendwann zu Ende sein.

Aber auch in Bezug auf den Personenkreis ist diese Ausrichtung sehr begrenzt. Nämlich auf ein fühlendes Wesen, und das ist man selbst.

Ohne Widmung, die auf Befreiung und Erleuchtung ausgerichtet ist, werden wir grundsätzlich die guten geistigen Eindrücke fast stets wieder verlieren.

Entweder, weil wir Gutes aufgebaut haben, es dann aber durch glückliches Erleben wieder verlieren, wie durch gute Umstände in diesem Leben oder durch eine gute Wiedergeburt.

Oder aber, weil wir zwar Positives aufgebaut haben. Dann allerdings vermindert oder zerstört man es selbst wieder, ohne etwas davon zu haben.

Beispielsweise, indem man leidbringend handelt. Gerade auch Aktivitäten wie Hass oder Neid können Unmengen positiver geistiger Eindrücke vernichten.

An diesen Beispielen sehen wir auch, wie wichtig es ist, genau zu wissen, wie der Geist funktioniert und was wir womit bewirken. Ansonsten ist man wie jemand, die oder der mit verbundenen Augen in einem Porzellanladen wild umhertanzt. Und dann wundert man sich, dass es Scherben gibt, an denen man sich verletzt.

In allen Szenarien, in denen man am Daseinskreislauf festhält, kommt man also in Wirklichkeit nicht weiter, denn mal geht es uns besser, mal geht es einem schlechter. Dauerhaft frei von Leid wird man so nicht. Man dreht sich also bildlich ausgedrückt im Kreis, das nennt sich dann auch Daseinskreislauf.

Aber selbst wenn wir unsere Ressourcen dafür einsetzen würden, dass wir selbst frei von Leid werden, und zwar dauerhaft, so leiden alle anderen weiter.

Dieses Szenario tritt bei Praktizierenden des Kleinen Weges ein. Ihr Ziel es ist es selbst dauerhaft frei von Leid zu werden, und dafür setzen sie alles ein. Und sie strengen sich wirklich sehr an. Haben sie ihr Ziel erreicht, ist der Nutzen damit allerdings zu Ende. Bei ihnen führt das Gute also dazu, dass es sich in der Weite erschöpft, in der nichts mehr bleibt, was sie im Daseinskreislauf festhalten könnte. Sie sind dann frei vom Leid, und zwar auf Dauer, aber noch nicht erleuchtet. Alle anderen fühlenden Wesen leiden weiter. Es dauert dann sehr, sehr lange, bis sie schließlich durch die Hilfe von Buddhas Erleuchtung erlangen. Das ist sehr viel Zeit, die vergeht, und in dieser Zeit leiden unermesslich viele fühlende Wesen immens.

Nun könnte man auf die Idee kommen, die Widmung so zu gestalten, dass alle frei vom Leid werden, also Befreiung erreichen. Aber auch das ist noch nicht das Maximum, was möglich ist. Das volle Potenzial wurde nicht verwirklicht. Denn Befreiung ist noch nicht Buddhaschaft. Damit ist auch das sozusagen zu klein gewidmet.

Widmung, die zur Erleuchtung führt

Wir wäre es aber, wenn wir unsere Ressourcen, das, was wir so mühevoll erworben haben und erwerben, für das maximale Ergebnis einsetzen könnten? Und wenn wir sichergehen könnten, dass es uns dabei immer besser geht und dass wir irgendwann überhaupt nicht mehr leiden müssten?
Wenn Aussicht darauf bestünde, dass das Gute vor allem dafür verwendet würde, um schließlich volle Verwirklichung zu erreichen. Und wenn wir dann unser unermessliches Potenzial zum Besten aller anderen fühlenden Wesen einsetzen könnten und dafür, dass wir sie zur Erleuchtung führen können?

Tatsächlich ist das möglich.

Allerdings ist es nötig, dass wir das, was uns zur Verfügung steht, wissend gut und zielgerichtet einsetzen. Denn die Widmung, das, wofür wir unsere Ressourcen einsetzen, ist wie das Lenken eines Autos. So wird die Richtung bestimmt. Und sie sollte mindestens gut sein. Am besten ist es, wenn sie perfekt ist, unabhängig davon, wie schnell wir mit dem Auto reisen können. Denn selbst das schnellste Auto nützt uns nichts, wenn die Richtung ins Unglück führt.

Es wäre also überaus nützlich, wenn wir unsere Freiheiten, Möglichkeiten und unser Vertrauen verwenden, um Leidbringendes abzubauen und möglichst wenig Leidbringendes neu zu generieren. Sowie möglichst wenig Glückbringendes zu verlieren und das wirklich Gute aufzubauen. Und es ist wesentlich, unseren Geist unter Kontrolle zu bringen. Vor allem aber benötigen wir die Anleitung durch eine qualifizierte, authentische buddhistische Lehrerin oder einen qualifizierten, buddhistischen Lehrer. Auch die Umsetzung dessen, was sie oder er uns beibringt, ist unerlässlich. Dazu gehört eben auch die korrekte Widmung. Es ist einfach notwendig, dass wir das, was wir an Gutem erreicht haben, vor Verlust in Sicherheit bringen. Und dass wir es für das Beste überhaupt einsetzen, dafür, dass alle fühlenden Wesen langfristig Erleuchtung erreichen. Wir wollen ja nicht nur alleine erleuchtet werden, sondern allen helfen. Und der Sinn der Erleuchtung ist nichts anderes als das befristete und unbefristete Glück der Wesen. Unser Tun erhält damit eine Ausrichtung auf die Erleuchtung, das Gute erschöpft sich nicht, und der Nutzen ist unbegrenzt. Denn da wir nicht auf ein eigenes Ziel fokussiert sind, weil der Geist grenzenlos ist und weil die fühlenden Wesen zahllos sind, wird so auch das Gute natürlicherweise grenzenlos. Darauf richten wir unseren Geist aus.
Dann sind positive Handlungen wie Tropfen, die wir einem Ozean hinzufügen. Sie gehen nicht verloren, sondern werden Teil des Meeres und bleiben so lange erhalten wie der Ozean vorhanden ist. Legt man einen Tropfen allerdings auf die Kühlerhaube eines Autos, ist er sehr bald vergangen.

So heißt es in einer von Buddhas Lehrrede, im von Aksayamati erbetenen Sutra :

„Verehrter Shariputra,
so wie ein einzelner Wassertropfen, der in einen Ozean fällt,
bis an das Ende der Zeit nicht verloren geht und
sich niemals erschöpft,
genauso werden die Wurzeln des Heilsamen,
die dem Erwachen gewidmet sind,
bis zum Verwirklichen des Herzens des großen Erwachens
nicht verloren gehen und sich niemals erschöpfen."

(Siehe Zitateliste Seite 569-572)

Widmen verbindet so das Gute mit dem Ziel, Erleuchtung zum Nutzen aller fühlenden Wesen hervorzubringen, und damit auch mit Bodhicitta.

Weiter muss die Widmung, damit sie zur Erleuchtung führt, frei vom Greifen nach Ich, Tun und Du sein. Das ist einem aber derzeit nicht möglich. Daher widmen wir so, wie Buddhas und Bodhisattvas widmen.

Es ist wirklich wichtig, so vorzugehen.

Die zwei vorteilhaften Ergebnisse einer korrekten, auf die Erleuchtung aller fühlenden Wesen ausgerichteten Widmung

Widmen stellt den Segen dar, der dazu führt, dass sich durch die Ursachen des Guten die Leiden aller fühlender Wesen klären, und der zur Ursache für Erleuchtung wird.

Widmen für die Erleuchtung aller fühlenden Wesen hat somit zwei Ergebnisse:

1. Auch solange wir noch im Daseinskreislauf sind, wird unser Glück zunehmen. Und wir erreichen gute Wiedergeburten, und zwar als Mensch oder doch im Bereich der Göttinnen und Götter. Verglichen mit den anderen, möglichen Daseinsformen leiden wir dann also viel weniger.
2. Wir erreichen schließlich Erleuchtung. Dann gleicht unsere Aktivität der Unendlichkeit des Raumes. Das Ergebnis unseres guten Tuns endet so niemals.

Ein Überblick:

Art der Widmung:	Ergebnis:
für bestimmte Zwecke, beispielsweise um gut auszusehen	- bedingtes Glück (angenehm, aber vergänglich, qualitativ schlechter und erreicht nicht alle)
wie die Buddhas und Bodhisattvas, für die rasche und leichte Erleuchtung aller fühlenden Wesen	- letztendliches Glück (unvergänglich, beste Qualität, erreicht alle) und - bedingtes Glück (angenehm, aber vergänglich, qualitativ schlechter und erreicht nicht alle)

Angemerkt werden soll noch, dass ein weiterer Nutzen der Widmung ist, dass sie uns befähigt, die drei Kayas, die drei Körper, einer oder eines Buddha zu erlangen. Diese drei Körper haben wir schon kennengelernt, es sind der Nirmanakaya, der Sambhogakaya und der Dharmakaya.

Nachteile einer nicht auf die Erleuchtung aller fühlenden Wesen ausgerichteten Widmung

Widmet man die eigenen Bemühungen nicht in richtiger Art und Weise für das Ziel, die Erleuchtung aller, gehen so gut wie sämtliche positiven geistigen Eindrücke in unterschiedlicher Weise immer wieder verloren. Das wurde bereits mehrmals ausführlich erläutert.

Man ist dann wie eine Person, die einen Stein den Berg hinaufschiebt, dann rollt er wieder herunter, wieder schiebt man den Stein hinauf, wieder rollt er herunter. Und so geht es immer weiter. Selbst die Muskeln, die man so aufbaut, wird man wieder verlieren, spätestens wenn man stirbt.

Der Vollständigkeit halber soll hier noch erwähnt werden, dass gute Handlungen mit dem korrekten Verständnis von Leerheit und Handlungen, die ein sehr reines Objekt, zum Beispiel eine voll verwirklichte Lehrerin oder einen voll verwirklichten Lehrer, als Bezugspunkt haben, davon ausgenommen sind.

Die anderen nützlichen Handlungen tragen zum Daseinskreislauf bei, außer sie werden korrekt der Erleuchtung aller gewidmet. Die nicht so nützlichen Handlungen tragen natürlich auch zum Daseinskreislauf bei.

Im Überblick:

Handlungen, die zu Befreiung und Erleuchtung führen:	1. korrekt der Befreiung und Erleuchtung gewidmete Handlungen 2. Handlungen, die ein sehr reines Objekt (kann auch eine Person sein) zum Bezugspunkt haben 3. Handlungen, die mit dem korrekten Verständnis der Leerheit ausgeführt werden
Handlungen, die dazu führen, dass man weiter im Daseinskreislauf herumwandert:	die anderen Handlungen

Sinnvolle Widmungen, die nicht auf Erleuchtung ausgerichtet sind

Es gibt im buddhistischen Kontext also Widmungen, die nicht direkt auf die Erleuchtung aller fühlenden Wesen abzielen, sondern auf eigenen Nutzen. Aber es gibt auch die Möglichkeit, Gutes dem Nutzen anderer zu widmen.

Möglicherweise widmen wir also eine Meditation, zum Beispiel auf den Medizinbuddha, damit Kranke, auch kranke Tiere, wieder gesund werden.

Wir können auch im Namen von Verstorbenen etwas spenden oder Mantren sagen und die daraus entstehenden positiven Eindrücke deren guter Wiedergeburt widmen.

Oder wir widmen Meditationen auf Weiße Tara für das lange Leben der buddhistischen Lehrerin oder des buddhistischen Lehrers.

Eine gängige Vorgehensweise ist es weiter, für hohe Lamas zu widmen. Hier widmen wir nicht, damit diese Negatives bereinigen, sondern damit bei ihrer Aktivität zum Nutzen aller fühlenden Wesen keine Hindernisse auftreten.
So ist es auch üblich, beim Ableben einer buddhistischen Lehrerin oder eines buddhistischen Lehrers gute Kräfte für ihre oder seine rasche Wiedergeburt zu widmen, denn dadurch wird das Wohl aller fühlenden Wesen bewirkt.

Ein Beispiel für eine Widmung, die die guten geistigen Eindrücke nicht direkt auf die rasche und leichte Erleuchtung aller fühlenden Wesen ausrichtet, ist im Sutra zum Gebrüll eines Löwen (Srimaladevi Sutra) beschrieben.

Hier wird erzählt, dass die Königin Srimaladevi in Gegenwart des Buddhas drei große Versprechen ablegte, diese sind:

1. Sie widmete alle ihre bisher angesammelten guten geistigen Eindrücke dafür, um in allen zukünftigen Leben die Lehre Buddhas hören zu können.
2. Sie widmete all ihren Verdienst für die Erfüllung des Wunsches, den Dharma mit anderen fühlenden Wesen zu teilen.
3. Sie wünschte weiter, dass sie den Dharma stets höher schätzen würde als ihr Leben und ihren Körper und dass sie das auch würde umsetzen können.

Sie machte so sehr sinnvolle und hilfreiche Wünsche, die letztendlich auch auf die Erleuchtung aller abzielen. Auch wenn es nicht explizit benannt wurde.

Aber wir haben trotz allem möglicherweise auch weltliche Wünsche, die vielleicht sogar für unsere Praxis wichtig sind. Also beispielsweise gesund zu werden, um eine Zurückziehung, also ein Meditationsretreat machen zu können.

Es soll hier ausdrücklich nocheinmal angemerkt sein, dass es wirklich nicht falsch ist, auch für bestimmte Zwecke zu widmen. Und dann die guten Samen durch regelmäßige Mitfreude über das, was wir selbst getan haben, mit exzellenten Wachstumsbedingungen zu versehen.

Aber wir müssen genau wissen, was wir tun. Und das schließt ein, dass wir unser Langzeitprojekt, Erleuchtung für alle, nicht aus den Augen verlieren. Denn das ist das Beste, was wir erreichen können. Wollen wir uns denn wirklich mit weniger zufriedengeben?!

Im Allgemeinen ist es also grundsätzlich am sinnvollsten, Gutes und dessen Ursache der raschen und leichten Erleuchtung aller fühlenden Wesen zu widmen, so wie die Buddhas und Bodhisattvas widmen. Eine weitere Möglichkeit ist es, dann andere angemessene Wünsche anzufügen. Und sich schließlich über das Gute, das wir getan haben, von Herzen zu freuen.

Angeraten ist hier, Wünsche nicht zu genau zu fassen. Wir widmen also korrekt der Erleuchtung und hängen in einem Satz an, was wir noch wollen. Und vergessen nicht, uns darüber zu freuen, dass wir Gutes aufgebaut haben.

Detailliertere, auf Erleuchtung ausgerichtete Widmung

Die fühlenden Wesen in den niederen Daseinsbereichen haben wenig Verdienst. Deshalb wünschen wir auch, dass sie alle durch unsere guten geistigen Eindrücke bessere Wiedergeburten in den höheren Bereichen erhalten.
Denn es ist schwierig, aus den drei niederen Daseinsbereichen in den menschlichen Bereich zu gelangen. Aus den höheren Daseinsbereichen hierher zu kommen, ist leichter. Dabei erleben die fühlenden Wesen der höheren Daseinsbereiche zwar mehr oder weniger Glück, es ist aber vergänglich, öfter qualitativ nicht so gut, und dieses Glück erreicht nicht alle. Hier wünschen wir, dass alle fühlenden Wesen in den höheren Bereichen diese gute Wiedergeburt durch ihren Verdienst dafür nutzen können, um zur Erleuchtung reisen zu können.

Die Widmung umfassend gestalten

Bei der Widmung beziehen wir allerdings nicht nur das ein, was wir gerade vorher selbst angesammelt haben.

Tatsächlich widmen wir alles Gute, das überall von allen Verwirklichten und von allen fühlenden Wesen in der Vergangenheit getan wurde. Was gegenwärtig getan wird. Und was in Zukunft getan werden wird.

Letzteres mag unsinnig erscheinen, da die Handlungen in der Zukunft noch gar nicht ausgeführt sind. Hier sei daran erinnert, dass auch Zeit eine Illusion ist.

Weiter hilft uns dieses Widmen zukünftiger guter Eindrücke dabei, dass wir nicht jetzt schon beginnen, an guten Eindrücken in der Zukunft zu haften; und es wirkt unserem zukünftigen Haften an guten Eindrücken entgegen. So schaffen wir hier und heute bereits gute Gewohnheiten für die Zukunft.
Auch haben wir in dem Moment, wo wir zukünftiges Gutes widmen, die Absicht, etwas Positives in Zukunft zu tun. Eine solche Absicht ist verdienstvoll, und auch diese guten geistigen Eindrücke können wir wieder widmen.

Der Grund dafür, dass wir das Gute der Verwirklichten widmen, ist, dass deren Verdienst unermesslich ist. Sie wissen einfach, wie man im Bruchteil eines Augenblicks immense Ansammlungen von Verdienst generieren kann.

Auch die Kraft dafür, dass sich die Wünsche von Buddhas und Bodhisattvas zum Wohl der fühlenden Wesen erfüllen, hängt mit ihrer immensen Ansammlung von Verdienst zusammen. Das wissen wir schon.

Wir könnten jetzt einwenden, dass wir nicht nehmen sollten, was nicht gegeben wurde und dass man deshalb nur das widmen sollte, was man selbst erworben hat. Daher kann es sinnvoller sein, die guten Dinge, wie Verdienst, die andere erworben haben, in deren Namen in korrekter Weise der Erleuchtung aller zu widmen. Hier sei daran erinnert, dass wir alle glücklich sein möchten und die allermeisten fühlenden Wesen wissen nicht, wie das zu bewerkstelligen ist.
Wir dagegen wissen inzwischen mehr. Daher unternehmen wir etwas Zielführendes, auch für die anderen und in ihrem Sinn, ihrem Wunsch nach Glück. Wenn wir also im Namen der anderen widmen, sind wir ähnlich wie die ältere Schwester oder der ältere Bruder, die oder der dem kleinen Geschwisterchen hilft, die Sandburg so zu bauen, dass das Haus entsteht, das es sich so sehr wünscht. Das kleine Geschwisterchen weiß nicht, dass das Haus nicht entstehen wird, wenn es den Sand mal hierhin, mal dorthin schüttet.

Auch ist dieses Widmen im Namen anderer nicht egoistisch motiviert, denn es ist durchdrungen von einer guten Motivation, dem Erreichen der Erleuchtung für alle. Selbst wenn wir also etwas wegnehmen würden, die positive Absicht würde Gutes daraus entstehen lassen.

Trotzdem: Es ist gut, sich immer darüber klar zu sein, dass wir grundlegend üben, anderen nichts wegzunehmen. Sollten wir also trotzdem weiter Bedenken haben, können wir den Verdienst auch duplizieren und das Duplikat reinigen, es unendlich vervielfältigen, es perfektionieren und dann widmen.

Was die Buddhas und Bodhisattvas angeht, so widmen sie sowieso alles für das Glück anderer. Wenn wir also in ihrem Namen ihr positives Potenzial der raschen und leichten Erleuchtung aller fühlenden Wesen, so wie die Buddhas und Bodhisattvas, widmen, sind wir auf ihrer Linie.

Und da sie viel kraftvoller widmen können als wir, widmen wir wie die Buddhas und Bodhisattvas. Damit schließen wir uns der Art an, wie sie es machen.

Weiter widmen wir nicht nur die guten Handlungen selbst, sondern auch deren Ursache (Wurzel). Denn um gut handeln zu können, müssen wir und andere früher auch schon Positives getan haben.

Eine andere Aufstellung zur Widmung hat drei Unterpunkte:

1. Wir widmen das Gute und die Ursache des Guten von Nirwana.
2. Wir widmen das Gute und die Ursache des Guten von Samsara.
3. Wir widmen das Gute und die Ursache des Guten des ursprünglichen Zustandes. Letzterer bedeutet, dass alle fühlenden Wesen die Buddha-Natur haben; das ist etwas überaus Positives.

Auch geringfügige gute Handlungen widmen

Weiter widmen wir alles, egal, wie wenig es ist. Denn manchmal meint man, dass eine kleine Sache nicht viel bewirkt.
Und zwar sowohl, was gutes, als auch, was weniger gutes Tun betrifft.

Mal eben über den Zaun zu greifen und eine Kirsche vom Baum der Nachbarin zu nehmen, das scheint wirklich etwas zu sein, was man sich erlauben kann. Vor allem, wenn man inzwischen durch das buddhistische Training eine gute Beziehung zu ihr hat.
Oder man meint vielleicht, es sei nicht schlimm, die Parkuhr nicht zu bezahlen. Zumindest dieses eine Mal. Nächstes Mal bezahlt man ja wieder.
Auch die Biene, die aus der Küche ins Freie fliegen möchte, ist so klein, was macht es schon, ob man sie hinauslässt? Vor allem, wo man doch gerade ganz andere Sorgen hat, denn der Kühlschrank ist ja leer!

Tatsächlich ist ein Problem dabei, dass diese scheinbar so kleinen, weniger guten Handlungsweisen zur Gewohnheit werden. Und dann ist es eine kleine Handlung hier, eine andere kleine Handlung dort. So sammeln sich auch geringfügige Dinge an.
Staubkörner beispielsweise sind ganz klein. Aber sie werden im Laufe der Zeit immer mehr, und irgendwann ist da eine dicke Schicht von Staub. Und eines Tages, irgendwann, kann man nicht mehr sehen, was sich wirklich in dem Zimmer befindet.

Dazu kommt noch, dass man vielleicht meint, wenn so eine kleine Kirsche keine Rolle spielt, dann ist es auch nicht so wichtig, ob man das ausgeliehene Buch zeitnah zurückgibt oder nicht. Oder ob man dann irgendwann entscheidet, es doch zu behalten.

Und so werden die Dinge, die man nimmt, ohne dass sie gegeben wurden, immer größer, und auch ihre Anzahl nimmt zu.

Dazu kommt, dass sich karmische Samen alle 24 Stunden verdoppeln.

Die gute Nachricht ist hier, dass sich auch kleine gute Taten ansammeln.

Einer Person, die gerade keine Hand frei hat, die Türe aufzuhalten oder den Hund zu streicheln, scheint vielleicht belanglos zu sein. Aber es sind auch unsere vielen kleinen guten Handlungen, die sich mit der Zeit summieren. So wie viele kleine Tropfen schließlich einen Ozean füllen werden.

Weiter führen kleine gute Taten dazu, dass wir die gute Gewohnheit entwickeln, an das Glück anderer zu denken. Und wenn wir das dann im Kleinen können, kann unser Wirken immer umfassender werden. Aber es fängt mit kleinen Handlungen an.

So heißt es im Sutra des Weisen und des Törichten:

> „Unterschätzt kleine guten Taten nicht,
> indem ihr glaubt, sie würden kaum helfen:
> denn auch einzelne Wassertropfen
> füllen mit der Zeit einen riesigen Topf."

(Siehe Zitateliste Seite 569-572)

Daher ist es gut, wenn wir auch auf scheinbar geringfügige Dinge achten. Und die positiven kleinen Dinge dann auch widmen. Wenn wir wollen, können wir uns vorher und nachher noch daran erfreuen, dann vermehren wir die guten geistigen Eindrücke und bringen sie schneller zur Reife. Wir nutzen also etwas Kleines, um durch Mitfreuen größeren Verdienst daraus zu gewinnen und schneller Ergebnisse zu erzielen.

Die negativen Handlungen werden dagegen selbstverständlich nicht gewidmet, sie sind Gegenstand unseres Bedauerns.

Mit klarem Geist widmen

Auch wirkt es unterstützend, wenn wir beim Widmen geistig klar und wach, froh und entspannt sind. Statt also an alles Mögliche zu denken, während man widmet, wie daran, ob man einen Strafzettel bekommen wird oder nicht, widmen wir bewusst. Man geht also auch nicht mit den Gedanken am Strand spazieren, während man die Widmung herunterleiert.

Und selbst, wenn wir schon viele Male gewidmet haben, sollten wir trotzdem so widmen, wie wenn wir es das erste Mal tun. Und mit derselben Aufmerksamkeit, mit der wir eine Anleitung lesen oder in Gedanken wiederholen würden, die Informationen darüber enthält, wie wir einen Schatz finden können, der hundert Millionen Euro wert ist. Wobei wir diese Anleitung nur ein einziges Mal lesen dürften! Wir wären sicher sehr aufmerksam und präsent!

Frei von Dualität widmen

Wir versuchen weiter grundsätzlich, so gut, wie es uns möglich ist, nicht an Gutem anzuhaften. Auch bei der Widmung üben wir daher, unsere guten geistigen Eindrücke nicht für uns selbst festzuhalten. Denn eine Widmung, die mit Greifen, also Anhaftung, verbunden ist, ist nicht ungetrübt. Man sagt auch, sie ist nicht makellos.
Tatsächlich bedeutet Anhaftung, etwas nicht ganz gegeben zu haben. Und so entfaltet die Widmung dann auch nicht die volle Wirksamkeit.

Frei von Greifen nach dem Selbst wird die Widmung dagegen ungetrübt, also makellos. Sie ist damit wesentlich wirksamer. Wir trainieren daher frei von der Idee, also von dem Gedanken, zu widmen, dass hier jemand ist, die oder der etwas tut, etwas, das getan wird und dass getrennt davon dort eine Empfängerin oder ein Empfänger vorhanden ist.

Allerdings ist das mehr oder weniger ausgeprägte Haften die Art und Weise, die einem derzeit für das Widmen zur Verfügung steht. Von dieser Vorstellung, die auf Anhaftung beruht, frei zu sein, ist derzeit noch nicht möglich. Auch deshalb sind die Buddhas und Bodhisattvas hier unsere Stütze und wir widmen also so, wie sie es tun. Das bedeutet, wir verbinden uns mit der Widmung, die frei von der Vorstellung ist, dass Subjekt, Tun und Objekt voneinander getrennt sind.

Das Widmen selbst wirkt dann auch wieder Anhaftung entgegen. Denn statt die guten Eindrücke für sich selbst verwenden zu wollen, verschenken wir sie an alle. Im Regelfall widmen wir auch sofort, damit das Gute nicht zwischenzeitlich wieder ganz oder teilweise verloren geht. Wir investieren also unseren Verdienst sofort in die Erleuchtung aller fühlenden Wesen, indem wir ihn loslassen.

Eine bessere Anlagestrategie gibt es nicht.

Mit Bodhicitta widmen

Auch beim Widmen behalten wir die rasche und leichte Erleuchtung aller fühlenden Wesen als Dreh- und Angelpunkt unseres Tuns im Geist.

Weil wir am Anfang einer Praxis die erleuchtete Geisteshaltung hervorgebracht haben, heißt das also nicht, dass es damit getan ist. Diese kostbare Geisteshaltung sollte nach und nach die gesamte Übung und damit auch unsere Widmung völlig durchdringen.

Tatsächlich sollte unser Geist mehr und mehr und schließlich permanent und völlig mit Bodhicitta verbunden sein.

Die drei exzellenten Übungen

Diese drei Übungen sind sehr wichtig, damit Gutes dauerhaft und stabil wird. Denn in sie eingebettete, gute Handlungen führen zu Befreiung und Erleuchtung. Diese drei exzellenten Übungen sind Bodhicitta, Reine Sicht/frei von dualistischen Bezugspunkten sein und die Widmung.
Was immer wir tun, es sollte von Bodhicitta motiviert sein. Daher ist es wichtig, diese Geisteshaltung zu Beginn hervorzubringen und sie dann aufrechtzuerhalten. Machen wir also eine Verbeugung, ist es eben eine Verbeugung. Führen wir allerdings eine Verbeugung mit Bodhicitta aus, das heißt zum Nutzen aller fühlenden Wesen, ist es, wie wenn wir zahllose Verbeugungen machen.

Während der Handlung ist es dann gut, alles in vollkommener Weise als reines Land der Buddhas zu sehen. Die fühlenden Wesen sollten wir als Buddhas erkennen. Und uns selbst, vorausgesetzt, wir haben die Ermächtigung, als die entsprechende Weisheitsgottheit. Tatsächlich gibt es auch eine andere Variante der Unterweisung. Hier wird erklärt, dass in der Mitte statt reiner Sicht das Gewahrsein der Nicht-Dualität (das heißt, frei sein davon, Ich, Tun und Du als voneinander getrennt wahrzunehmen) aufrechterhalten werden sollte.
Das scheint auf den ersten Blick ein Widerspruch zu sein. Betrachten wir den Sachverhalt allerdings genauer, stellen wir fest, dass Buddhas jenseits von Dualität sind. Fühlende Wesen als Buddhas zu sehen, bringt uns so mit Nicht-Dualität in Verbindung. Vielleicht ist aber auch das ziemlich theoretisch. Verständlicher ist möglicherweise, dass wir in der Mitte, also während wir handeln, möglichst wenig emotional und gedanklich verwickelt sein sollten und uns so wenig wie möglich an Bezugspunkte klammern sollten.

Am Ende der Handlung ist es wichtig, dass wir das Gute in perfekter Weise widmen. Das heißt, wir denken, dass das Positive, das entstanden ist, für die rasche und leichte Erleuchtung aller fühlenden Wesen gewidmet wird, so wie Buddhas und Bodhisattvas widmen. Wir können auch eine der Widmungsformeln aus Meditationstexten verwenden.

Im Überblick:

Phase einer Handlung:	wichtig ist:
Beginn	gute Motivation zum vorläufigen und letztendlichen Nutzen aller fühlenden Wesen entstehen lassen, also Bodhicitta; diese Geisteshaltung aufrechterhalten
Mitte	reine Sicht; alles als schön und vollkommen sehen; alle Wesen als Buddhas sehen, alle Worte als Mantren und alle Gedanken als Weisheit, frei von Dualität
Ende	korrekte Widmung

Diese drei Schritte sind wirklich sehr kostbar. Es kann eine große Hilfe sein, sie sich zu Herzen zu nehmen und zu üben.

Die fünfgliedrige Mahamudra-Praxis und die Widmung

Die fünfgliedrige Mahamudra-Praxis besteht aus Bodhicitta, Yidam Praxis, Guru Yoga, Mahamudra-Übung und Widmung. Auch daran können wir die Bedeutung der Widmung ersehen.

Die Widmung, die von den Buddhas und Bodhisattvas als die Höchste gepriesen wird

Öfter findet sich beim Thema Widmung in der Literatur, dass in der Art und Weise gewidmet wird, die von den Buddhas und Bodhisattvas als die Höchste gepriesen wird.

Das bedeutet:

1. Wir widmen, damit alle Erleuchtung erreichen. Also dafür, dass alle fühlenden Wesen ihre wahre Natur erkennen mögen, die grundlegend so klar und rein ist wie Wasser, wenn sich alle Trübungen gesetzt haben.
2. Wir halten nicht im geringsten fest. Wir machen uns also keine Gedanken darüber, wer wie viel von dem Verdienst erhält. Oder darüber, ob man selbst auch genug davon bekommt, weil man sich so angestrengt hat.
3. Auch sehen wir alle fühlenden Wesen als gleichwertig an. Das bedeutet, dass wir erkennen, dass wir alle Glück erreichen und Leid vermeiden möchten. Auch sind wir alle der Vergänglichkeit unterworfen, und wir gleichen einander in der Leerheit.

Unterschied zwischen Geben und Widmen

Möglicherweise taucht zwischenzeitlich die Frage auf, wie sich Geben und Widmung voneinander unterscheiden. Beides hat ja auch damit zu tun, dass man übt, das Greifen nach Gutem zu reduzieren.

Dabei ist der Punkt, dass wir beim Geben unsere Anhaftung an unseren Besitz, unseren Körper und daran, den Dharma für uns behalten zu wollen, vermindern. Es geht hier im Wesentlichen um die Frucht, das Ergebnis, das wir weggeben.

Widmen dagegen verringert unsere Anhaftung an unsere guten geistigen Eindrücke. Hier geht es darum, die Samen, die Ursachen, wegzugeben, und zwar so, dass diese die besten Früchte tragen, Erleuchtung für alle.

Im Überblick:

Geben verringert primär:	Anhaftung an unseren eigenen Besitz und an unseren eigenen Körper, auch daran, den Dharma für uns behalten zu wollen; also Anhaftung an die Frucht, an das Ergebnis.
Widmen verringert primär:	Anhaftung an unsere guten geistigen Eindrücke; also Anhaftung an den Samen, an die Ursache.

Unterschied zwischen Wunschgebeten und Widmen

Tatsächlich ist die Widmung ein Wunsch, ein Wunschgebet. Wunschgebete sind dagegen nicht unbedingt auch Widmungen.

Der Unterschied besteht darin, dass bei der Widmung gezielt vorher Positives angesammelt wurde.

Beim Wunschgebet wurde nicht vorher unbedingt gezielt Gutes angesammelt. Aber das Wunschgebet selbst baut Gutes auf. Trotzdem ist es sinnvoll, Positives aufzubauen, bevor wir ein buddhistisches Wunschgebet sagen. Denn damit wird es kraftvoller und erfüllt sich schneller. Es gilt tatsächlich auch: Je weniger Verdienst man hat, desto weniger wirksam sind Wunschgebete.

Auch ist es ein sehr geschicktes Mittel, Wunschgebete und Widmung in Kombination zu verwenden. So können wir die Zeitspanne für die Ansammlung von guten geistigen Eindrücken, die sonst sehr lange braucht, außerordentlich verkürzen.

Hier werden die Wunschgebete in der Regel vor die Widmung platziert. Wenn wir uns dann am Ende über das Positive freuen, bringen wir diese guten Eindrücke noch schneller zur Reife.

Die Kombination von Verdienst, Wunschgebet und Widmung

Kombinieren wir Verdienst, Wunschgebet und Widmung, erhalten wir eine hervorragende und sehr wirksame Praxis.
Alle drei Punkte finden wir beispielsweise im Samantabhadra-Wunschgebet. Hier ist mit „Samantabhadra" der Bodhisattva gemeint, es gibt ein weiteres Wunschgebet, was nach dem Buddha Samantabhadra benannt ist.

In dem Wunschgebet des Bodhisattvas Samantabhadra werden zunächst die Sieben Übungen praktiziert, um Verdienst anzusammeln.
Dann werden umfangreiche und weitreichende Wunschgebete gemacht. Schließlich folgt die perfekte Widmung.

Aufbau des Samantabhadra-Wunschgebetes:

Phase des Textes:	Übung:
Anfang	die Sieben Übungen, vor allem zum Aufbau von Verdienst
Hauptteil	äußerst umfassende und überaus weitreichende Wunschgebete
Abschluss	perfekte Widmung

Idealerweise freuen wie uns nach der Rezitation, wie immer, über das Gute, das wir gerade angesammelt haben.

Widmen am Ende von Meditationen und am Ende des Tages

Wenn wir Gutes aufgebaut haben, sollten wir es in richtiger Weise möglichst sofort für die rasche und leichte Erleuchtung aller fühlenden Wesen widmen, in der Art und Weise, wie die Buddhas und Bodhisattvas widmen. Das machen wir, damit das Gute nicht wieder verloren geht.

Es ist also wichtig, die Widmung unmittelbar an unsere Übung anzuschließen und das nicht zu vergessen. Typischerweise finden wir Widmungen daher immer am Ende von angeleiteten Meditationen.

Auch widmen erfahrende Übende spätestens am Ende eines jeden Tages alles Gute. Besser wäre es, sofort zu widmen, wenn wir etwas Gutes kreiert haben.

Beispielsweise können wir den Verdienst, der durch das, was wir jetzt gerade lesen, entsteht, widmen, wenn wir diese Ausführungen beiseite legen und beginnen, etwas anderes zu tun.

Regelmäßig zu widmen, gehört tatsächlich ebenfalls zum Lebensstil einer Bodhisattva oder eines Bodhisattvas.

Denn wir sorgen so dafür, dass angesammeltes Gutes das Glück aller fühlenden Wesen hervorbringt.
Und zwar einerseits das vergängliche Glück. Andererseits vor allem aber das unvergängliche Glück des völlig reinen Buddhazustandes. Und dessen unermessliche Qualitäten, die dann für das vorstellungsfreie Wirken aller fühlenden Wesen eingesetzt werden.

Schematischer Überblick über die Widmung

Wer widmet?	ich selbst mit allen fühlenden Wesen in deren Namen
Was widmen wir?	das Gute und die Ursache des Guten von Körper, Sprache und Geist - aller Buddhas und Bodhisattvas - aller anderen Verwirklichten, wie von Pratyekabuddhas - aller fühlenden Wesen (wir sind auch dabei) - der drei Zeiten - der zehn Richtungen
Für welches Ziel widmen wir?	für die rasche und leichte Erleuchtung
Für wessen Erleuchtung widmen wir?	all derer, die noch nicht erleuchtet sind
In welcher Art und Weise widmen wir?	wie die Buddhas und Bodhisattvas
Warum widmen wir?	- um sicherzustellen, dass das Positive nicht wieder verlorengeht - um es für die Erleuchtung all derer einzusetzen, die noch nicht erleuchtet sind
Wie ist die Natur der Widmung?	positiv

Mögliche kurze Widmungsformel

Es gibt in Meditationstexten Widmungsformeln. Eine kurze Variante finden wir im Kapitel mit den vorformulierten Texten.

Widmen im Rahmen der Sieben Übungen

Im Rahmen der Sieben Übungen widmen wir (mindestens) alles, was wir durch die vorhergehenden sechs Punkte angesammelt haben.

Diese Punkte, Verehren, Gaben darbringen, Bedauern, Mitfreuen, Auffordern und Bitten werden unmittelbar vor der Widmung selbst nochmals kurz aufgeführt.

Wir machen uns damit auch bewusst, womit wir die guten Eindrücke, die wir jetzt widmen, angesammelt haben. Ein Ergebnis davon ist, dass wir uns klarer darüber werden, wie wir gute Eindrücke ansammeln können. Damit sind wir achtsamer in Bezug auf die positiven Dinge, die wir tun, beziehungsweise tun können.

Im Kurzüberblick

Was wird gewidmet?	alles Positive und dessen Ursachen
Gegenmittel gegen	Anhaftung
Verdienst/Reinigung	Verdienst

Widmen als alleinige Übung

Ehe wir widmen, benötigen wir etwas, das wir widmen können. Wir müssen also etwas angesammelt haben.

Bei den vorigen Übungen und bei den Sieben Übungen als Ganzes ist jeweils etwas vorhanden, das wir dann widmen können.

Hier beim Widmen als alleinige Übung können wir aber geschickte Mittel nutzen. Es gibt nämlich schon sehr viel Gutes aus Vergangenheit, Gegenwart und der Zukunft. Und zwar von fühlenden Wesen, von denen, die auf den Erleuchtungsstufen sind und von Buddhas. Das können wir verwenden.

Wir bringen unsere Aufmerksamkeit zu dem, was wir jetzt tun, und lösen uns, so gut wie wir können, von der Vorstellung, dass es ein Ich, ein Tun und ein Gegenüber gibt, wie wir meinen. Wir sind also auch weniger im Modus von "Ich übe", sondern eher in der Haltung, dass etwas getan wird.

Geistig präsent und mit Offenheit, Vertrauen, Hingabe und Freude nehmen wir dann Zuflucht und bringen die erleuchtete Geisteshaltung hervor.

Als nächstes stellen wir uns einen offenen und weiten, leeren Raum vor.

Indem sie in unserer Vergegenwärtigung auf von uns angebotenen, kostbaren und bequemen Sitzen Platz nehmen, erscheinen vor uns in diesem Raum, strahlend, wunderschön und vollkommen, die Repräsentantinnen und Repräsentanten der Erleuchtung.

Im Regelfall ist im Zentrum Buddha. Oder die oder der eigene Lama, in der Karma-Kagyü Linie ist das Karmapa. Oder unser Yidam oder eine Meditationsgottheit, die uns besonders gefällt. Jeweils mit Gefolge.
Wir können auch denken, dass sich auf jedem Atom des Universums unzählige Reine Länder befinden. In ihnen verweilen wiederum zahllose Buddhas der Vergangenheit, Gegenwart und Zukunft mit großem Gefolge aus Bodhisattvas, Pratyekabuddhas, Arhatis und Arhats, Hörerinnen und Hörern.

Sie befinden sich in strahlenden, wunderschönen, vollkommenen Licht-Energieformen vor uns im Raum, und wir denken an ihre unermesslichen Qualitäten.

Vor ihnen führen wir in Duplikaten von uns, in der Anzahl, wie es Atome in den Welten gibt, mit allen fühlenden Wesen, die jetzt den kostbaren Menschenkörper haben, die Übung aus.

So praktizieren wir alle die siebte Übung, Widmen, in Vergangenheit, Gegenwart und Zukunft.

Alles, was jemals an Gutem angesammelt wurde, gerade angesammelt wird oder in Zukunft angesammelt werden wird, und sei es noch so gering, widmen wir von ganzem Herzen der raschen und leichten Erleuchtung aller fühlenden Wesen. Weiter alle Ursachen des Guten.
Dann können wir das alles reinigen, unendlich vervielfältigen, perfektionieren und nochmal widmen.

Hierbei können wir die Informationen, die wir in diesem Kapitel erhalten haben, verwenden.

Dann bitten wir die gütigen, weisen, strahlenden, wunderschönen und vollkommenen Repräsentantinnen und Repräsentanten der Erleuchtung, dass sie unsere Übung annehmen.

Anschließend löst sich der zentrale Aspekt mit Gefolge in Licht auf und verschmilzt mit uns und allen fühlenden Wesen im kostbaren Menschenkörper.

Als nächstes ruhen wir in der Gewissheit, dass unser Geist und der Geist des zentralen Aspektes nicht verschieden voneinander sind.

Schließlich widmen wir ausnahmslos dieses und alles andere Gute, das jemals angesammelt wurde, angesammelt wird und angesammelt werden wird und die Ursachen für Gutes aus den drei Zeiten mit vollendetem Mitgefühl und perfekter Weisheit, das heißt, so wie die Buddhas und Bodhisattvas widmen, der raschen und leichten Erleuchtung aller fühlenden Wesen.

Wir verweilen noch einen Moment geistig anwesend und freuen uns von ganzem Herzen über das Gute, das wir gerade zusammengetragen haben.

3. Die Vier Ursachen für eine Wiedergeburt in Dewachen
oder
Unsere Reise in das Reine Land der Großen Freude
oder
Reiseführerin in das Reine Land der Großen Freude

Dewachen ist das Reine Land der Großen Freude von Buddha Amitabha, dem Buddha des grenzenlosen Lichtes.

Er ist der Gefährte von Pandaravasini, einer weiblichen Buddha. Sie hat viele Ausstrahlungen, eine davon haben wir bereits kennengelernt, es ist Mandarava.

Um Dewachen manifestieren zu können, hat Buddha Amitabha als normales, fühlendes Wesen begonnen; also genauso so wie wir. Dann hat er über sehr lange Zeiträume unvorstellbar viele gute, geistige Eindrücke angesammelt und sie für das Entstehen eines für andere verhältnismäßig leicht erreichbaren Reinen Bereiches eingesetzt. Er hat also Wunschgebete für die Entstehung von Dewachen gemacht, die durch seinen immensen Verdienst Wirklichkeit werden konnten.

Es ist in etwa ähnlich, wie wenn jemand sieht, dass viele Leute in der Wüste umherirren. Um anderen zu helfen, strengt sich diese Person sehr an und findet schließlich auch Wasser. Aber sie behält es nicht für sich. Sondern diese Person verwendet das Wasser und die Erträge daraus, um wunderschöne Gärten mit Blumen und fruchttragenden Bäumen anzulegen. Sie baut komfortable Häuser, stellt die allerbeste und hilfreichste Bildung bereit und sorgt dafür, dass alles vorhanden ist und jeder Wunsch erfüllt werden kann. Und zwar ohne Arbeit, Geldmangel oder Krankheit. Ohne Beziehungsstress, nicht wertschätzende Chefin, leere Kühlschränke, nicht zum Lippenstift passenden Nagellack. Und ohne Bienen, die stechen. Oder andere Schwierigkeiten.
Vor allem ist es in dieser Oase möglich, alle Qualitäten zu verwirklichen und alle Probleme hinter sich zu lassen. Und wenn man das erreicht hat, kann man den anderen, die weiter in der Wüste umherirren, effektiv und dauerhaft helfen.
Diese gütige, mitfühlende, liebevolle, tatkräftige und weise Person hat alle in die Oase eingeladen. Aber um dorthin zu gelangen, sind bestimmte Voraussetzungen notwendig. Also eine gewisse charakterliche Ähnlichkeit, wie Güte, Liebe und Mitgefühl für andere. Dann genug Proviant für die Reise dorthin. Und es darf nicht zu viele Reiseschwierigkeiten geben. Weiter die Informationen über die Oase, um zu wissen, dass es so einen Ort gibt und um ihn zu finden. Sowie vor allem der intensive Wunsch, dorthin zu gelangen.

Tatsächlich können wir sehr grob angenähert das Reine Land von Buddha Amitabha wie eine perfekte Oase spiritueller Natur betrachten. Allerdings ist es in diesem Reinen Land, Dewachen, viel, viel besser und wesentlich schöner.

Einmal in Dewachen angekommen, erleben wir kein Leid mehr. Wir sind weiter an einem Ort, wo alles vorhanden ist, was gut für uns ist, und dort können wir uns ohne Probleme verbessern. Dort gibt es auch keine Hindernisse für unseren weiteren Weg in Richtung Erleuchtung. Es ist ein Ort, an dem alle, die sich dort aufhalten, tiefes Glück, großen Frieden und völlige Geborgenheit erleben. Und wo wir bleiben können, solange, wie wir wollen.
Weiter haben wir in Dewachen die Fähigkeit, wenn wir das wünschen, auch schon vor Erreichen der Buddhaschaft, das heißt, als Bodhisattvas, in unreine, also leidvolle Welten zurückzukommen, um den fühlenden Wesen dort zu helfen. Da man auf den Bodhisattva-Stufen ist, leidet man in diesen problembehafteten Bereichen nicht mehr und ist von Nutzen für andere.

Fragen wir uns, ob Dewachen (tib.) oder Sukhavati (skr.) ein Ort ist, der auch tatsächlich existiert, so ist die Antwort, dass das so ist.
Amitabha ist von den männlichen Buddhas der fünf Buddha-Familien der Buddha der westlichen Himmelsrichtung. Daher liegt sein Reines Land von uns aus gesehen sehr, sehr weit entfernt in Richtung Sonnenuntergang. Allerdings kann man, wenn man die wahre Natur des Geistes verwirklicht hat, Dewachen auch sofort hier und jetzt erfahren. Dann ist es nicht weit entfernt.

Auf die Frage, ob dieses Land eine Illusion ist, kann man auch die Antwort geben, dass es nicht mehr und nicht weniger eine Illusion ist, als das, was wir jetzt erleben. Unsere derzeit erlebte Welt gibt es, wie es Dewachen gibt. Und Dewachen gibt es, wie es unsere derzeitig erlebte Welt gibt. Im Unterschied dazu sind die perfekten Universen, die wir als Gaben, zum Beispiel bei der zweiten Praxis der Sieben Übungen darbringen, etwas, das wir uns vorgestellt haben. Angemerkt sei, dass sie trotzdem wie tatsächliche Gaben wirken.

Im folgenden einige Vorteile einer Wiedergeburt in Dewachen:

1. Eine Wiedergeburt ist dort möglich, ohne vorher Befreiung erreicht zu haben.
2. Wir erleben in Dewachen kein Leid mehr.
3. Alles, was unsere Sinne erfreut, tritt spontan auf, wenn wir es möchten.
4. Wir sind im Reinen Land der Großen Freude in der allerbester Gesellschaft, der von Buddha Amitabha. Auch alle anderen dort sind sehr angenehm.
5. Wir können von dort aus die Reinen Bereiche anderer Buddhas besuchen.
6. Vor allem aber können wir in Dewachen ungehindert weiter zur Erleuchtung reisen.
7. Weiter können wir denen helfen, die wir zurückließen, als wir gestorben sind.

Um unmittelbar nach dem Tod nach Dewachen gelangen zu können, gibt es verschiedene Methoden. Bekannt ist die Bewusstseinsübertragung nach Dewachen, das sogenannte Phowa. Es ist eine der sechs Übungen von Naropa. Ein nur einmaliger Phowakurs ist allerdings keine absolut sichere Methode, um Dewachen zu erreichen. Zum Beispiel dann nicht, wenn man anschließend keinerlei Phowa-Praxis mehr macht. Aber selbst in so einem Fall wäre ein auch nur einmaliger Phowakurs sehr sinnvoll. Haben wir die Gelegenheit, so einen Kurs zu machen, ist das eine wirklich große Chance für uns.

Wollen wir dagegen sicher in Dewachen wiedergeboren werden, gibt es die Möglichkeit, die Vier Ursachen für eine derartige Wiedergeburt zu praktizieren. Und zwar regelmäßig, das ist essenziell.

Die Vier Ursachen für eine Wiedergeburt in Dewachen

Buddha hat gelehrt, dass es vier Voraussetzungen gibt, die, richtig und regelmäßig angewendet, dazu führen, dass wir unmittelbar nach dem Tod mit Sicherheit nach Dewachen gelangen werden:

1. Es ist eine reine, erleuchtete Geisteshaltung (Bodhicitta) erforderlich.
Das entspricht dem guten Charakter in unserem Beispiel mit der Oase.
Angemerkt sei allerdings, dass Bodhicitta viel mehr ist als ein guter
Charakter.
2. Es ist notwendig, gute geistige Eindrücke aufzubauen und leidbringende
geistige Eindrücke abzubauen, beispielsweise durch die Sieben Übungen.
Hier sind die Sieben Übungen eine der wichtigsten Ursachen dafür, um in das
Reine Land der Großen Freude von Buddha Amitabha zu gelangen.
Im Beispiel mit der Oase wäre das der Proviant und das Abbauen von
hindernden Faktoren, also von Reiseschwierigkeiten.
3. Es ist weiter erforderlich, sich damit vertrautzumachen, was die Qualitäten
von Buddha Amitabha und seinem Reinen Land sind und wie es dort
aussieht. Denn nur, wenn wir Informationen darüber haben, wie schön und
vollkommen Dewachen ist, wollen wir auch dorthin gelangen.
Das ist analog zu den Informationen darüber, wie es in der Oase aussieht.
4. Es ist essenziell, sich ganz intensiv zu wünschen, nach dem Tod dorthin zu
gelangen, zum Beispiel durch einsgerichtete, überzeugte und
vertrauensvolle Wunschgebete.
Dies entspricht dem Wunsch, die Oase im obigen Beispiel zu erreichen. Denn
sonst macht man sich erst gar nicht auf den Weg.

Die wichtigste dieser Vier Ursachen ist aber, dass wir sehr intensiv und voll Vertrauen wünschen, nach Dewachen zu gelangen.

Dieser tief empfundene Wunsch sollte verbunden sein mit der völligen Überzeugung und dem vollkommenen Vertrauen, dass wir tatsächlich im Reinen Land der Großen Freude wiedergeboren werden. Und zwar ohne den geringsten Zweifel.

Insbesondere unmittelbar vor dem Tod ist es sehr wichtig, sich fortlaufend auf Bodhicitta oder doch auf Liebe und Mitgefühl auszurichten.

Wir können uns auch an Dewachen und Buddha Amitabha oder ein anderes Reines Land erinnern und intensiv wünschen, dort wiedergeboren zu werden, um allen fühlenden Wesen helfen zu können.
Da Dewachen aber im Vergleich zu anderen Reinen Ländern relativ leicht erreichbar ist, ist es viel besser und vor allem sicherer, sich auf Dewachen zu fokussieren.

Sind wir beim Sterben in der Lage, uns Buddha Amitabha voll Vertrauen und stabil über unserem Kopf vorzustellen, heißt es, dass wir davon ausgehen können, in Dewachen wiedergeboren zu werden.

Es kann aber sogar besser sein, sich mit Bodhicitta oder Liebe und Mitgefühl zu verbinden.

Warum ist das so?

Weil man in Dewachen sehr lange braucht, bis man Erleuchtung erreicht, während unzählige fühlende Wesen weiter leiden. Wird man aber als Mensch mit sehr guten Praxisbedingungen wiedergeboren, kann man wesentlich schneller Erleuchtung erlangen und anderen viel schneller helfen. Dabei ist die stabile Ausrichtung auf Bodhicitta oder Liebe und Mitgefühl beim Sterben sehr wichtig, um eine solche Wiedergeburt zu ermöglichen.

Allerdings ist es nötig, das auch zu können. Wenn man sich diesbezüglich also nicht wirklich ganz, ganz sicher ist, wäre es vermutlich besser, die Voraussetzungen für eine Wiedergeburt in Dewachen zu schaffen.

Es hängt somit von der persönlichen Situation, der Verwirklichung und dem Rat der eigenen Lama oder des eigenen Lamas ab, was sinnvoll ist.

Zwei Ursachen, die
eine Wiedergeburt in Dewachen unmöglich machen

Wenn jemand unbedingt in Dewachen wiedergeboren werden möchte, dann gibt es zwei Ursachen, die die Wiedergeburt in Dewachen trotzdem unmöglich machen:

1. Eine dieser Ursachen ist das Aufgeben der Lehre Buddhas.
   Hierzu gehört auch, dass man bestimmte Teile der Lehre Buddhas ablehnt, also beispielsweise den Kleinen Weg und das nicht abstellt und bereinigt.
2. Die andere verhindernde Ursache ist das Ausführen einer oder mehrerer der fünf extremen Handlungen. Vorausgesetzt, man hat sie nicht rechtzeitig bereinigt.
   Tatsächlich führt jede der fünf extremen Handlungen unmittelbar nach dem Tod in die Paranoiabereiche. Wohingegen die Vier Ursachen für eine Wiedergeburt in Dewachen unmittelbar nach dem Tod eben nach Dewachen führen. Angemerkt werden soll hier, dass eine oder mehrere oder alle der fünf extremen Handlungen beispielsweise mit der intensiven Praxis des Samantabhadra-Wunschgebetes gereinigt werden können.
   Im Tibetischen Totenbuch heißt es allerdings auch, dass jemand die oder der Phowa zur rechten Zeit anwendet, selbst, wenn sie oder er eine der fünf extremen Handlungen begangen hat, eine höhere Wiedergeburt oder Befreiung erreichen kann.
   Insofern verhindert eine der nicht bereinigten fünf extremen Handlungen zwar eine Wiedergeburt in Dewachen (allein) aufgrund von intensiven Wünschen, nicht jedoch durch Phowa, was sachgerecht und zur passenden Zeit angewendet wurde. Vorausgesetzt, man ist dazu fähig!

An dieser Stelle sei angemerkt, dass der tiefgründigste aller wesentlichen Punkte der Bewusstseinsübertragung im Tod ist, sofort das Bewusstsein, die Aufmerksamkeit, auf die buddhistische Lehrerin oder den buddhistischen Lehrer oder auf die eigenen Meditationsgottheit am eigenen Scheitelpunkt zu richten. Hier sei nochmals daran erinnert, dass in der Karma-Kagyü-Linie mit Lehrer Karmapa gemeint ist.
Mindestens jedoch sollte man die Konzentration, die Aufmerksamkeit, sofort auf den eigenen Scheitelpunkt richten.

Diese Methode wird auch „augenblickliche Bewusstseinsübertragung" oder „kraftvolle Bewusstseinsübertragung" genannt.

Bei den folgenden Erklärungen werden Varianten in der Abfolge der Vier Ursachen aufgeführt. Man kann für die jeweilige Reihenfolge auch Begründungen anführen.

Verschiedene Fassungen der Vier Ursachen

Wie erwähnt, sagte Buddha selbst, dass wir sicher in Dewachen wiedergeboren werden, wenn wir durch das Ausführen der vier folgenden Übungen die Ursache kreieren.
Und zwar, wenn wir die vier Übungen dreimal täglich praktizieren. Allerdings ist es weiter erforderlich, keinen Zweifel daran zu haben, dass wir mit dieser Praxis nach Dewachen gelangen können.
Die Reihenfolge der Vier Ursachen ist hier:

1. Wir entwickeln mindestens dreimal täglich Bodhicitta. Beispielsweise, indem wir dreimal pro Tag bewusst und präsent das Bodhisattva-Versprechen ablegen. Eine Fassung des Bodhisattva-Versprechens finden wir auch weiter hinten in diesem Buch.
   Weiter, indem wir uns so gut, wie wir es können, darum bemühen, egal wo wir sind und was wir tun, mit der erleuchteten Geisteshaltung zu handeln.
2. Es ist nötig, gute geistige Eindrücke aufzubauen und leidbringende geistige Eindrücke abzubauen. Zum Beispiel, indem wir dreimal täglich bewusst die Sieben Übungen ausführen. Auch sonst sollten wir anderen nicht schaden, so gut es uns möglich ist und hilfreich für sie sein, indem wir entsprechend denken, sprechen und handeln.
3. Weiter ist es wichtig, dass wir dreimal pro Tag vor unserem geistigen Auge, zum Beispiel entsprechend der (noch folgenden) Beschreibung, Dewachen entstehen lassen. Wichtig ist es, sich das Reine Land der Großen Freude von Buddha Amitabha möglichst detailliert und perfekt vorzustellen.
4. Und wir vergegenwärtigen Buddha Amitabha strahlend, wunderschön und vollkommen vor uns im Raum auf einem ihm gemäßen, kostbaren Thron. Dabei ist er umgeben von zahllosen Bodhisattvas und anderen, die mindestens Befreiung erreicht haben, weiter ist die Umgebung vollkommen. In dem Bewusstsein seiner zahllosen, grenzenlosen Qualitäten verbeugen wir uns (vor allem in der Vorstellung) vor ihm. Das bedeutet, wir ehren und verehren ihn. Dann wünschen wir uns intensiv und bewusst, in seinem Reinen Land wiedergeboren zu werden.

Die folgende Fassung der Vier Ursachen für eine Wiedergeburt im Reinen Land der Großen Freude stammt von Deshin Shegpa, dem 5. Karmapa:

1. Wir führen uns die Qualitäten von Buddha Amitabha vor Augen, das können wir mit der ersten Praxis der Sieben Übungen, dem Verehren, verbinden.
2. Wir sammeln Verdienst mit den Sieben Übungen an.
3. Wir bringen Bodhicitta, die erleuchtete Geisteshaltung, hervor.
4. Wir lassen Dewachen vor unserem geistigen Auge entstehen und streben danach, dort wiedergeboren zu werden.

Auf die folgende Fassung bezog sich Shamar Rinpoche, als er erklärte, dass wir mit Sicherheit sofort nach dem Ende dieses Lebens Dewachen erreichen, wenn wir mit den Übungen verbunden sind und bleiben:

1. Wir nehmen das Bodhisattva-Versprechen, kultivieren die entsprechende Geisteshaltung und wenden Bodhicitta an. Von Zeit zu Zeit erneuern wir das Bodhisattva-Versprechen bei buddhistischen Lehrenden.
2. Wir werden uns der Qualitäten von Buddha Amitabha bewusst und machen uns mit seinem Reinen Land vertraut. So entsteht der Wunsch, dorthin zu gelangen. Und damit auch der Antrieb, etwas dafür zu tun, beispielsweise die Sieben Übungen zu praktizieren.
3. Wir stellen uns vor, dass sich auf jedem Atom des Universums Dewachen befindet ,und wir verweilen in unendlich vielen Duplikaten von uns selbst in jedem dieser Reinen Länder der Großen Freude. Dort praktizieren wir und alle unsere Duplikate, zusammen mit allen fühlenden Wesen, die jetzt den kostbaren Menschenkörper haben, die Sieben Übungen.
Damit bauen wir die Ursachen dafür auf, dass unser Wunsch, dorthin zu gelangen, Wirklichkeit werden kann.
4. Wir rezitieren das Samantabhadra-Wunschgebet.
Am Anfang dieses Gebetes stehen die Sieben Übungen, weiter hinten finden wir dann Wünsche für eine Wiedergeburt in Dewachen.
Auch ist das Samantabhadra-Wunschgebet durchdrungen von Bodhicitta, es hilft uns also, die erleuchtete Geisteshaltung hervorzubringen.
Weiter enthält es Hinweise auf die Qualitäten von Buddha Amitabha und von Dewachen.
Trotzdem ist es gut, die ersten hier genannten Punkte deshalb nicht zu vernachlässigen.

Eine weitere Fassung der Vier Ursachen stammt von Karma Chagme, der seine Praxis auf eine Wiedergeburt dort ausgerichtet hat:

1. Wir befassen uns mit Buddha Amitabhas exquisiten Eigenschaften und mit seinen grenzenlosen Fähigkeiten.
2. Wir sammeln Verdienst mit den Sieben Übungen an.
3. Wir bringen Bodhicitta hervor.
4. Wir lassen Dewachen klar im eigenen Geist entstehen und wünschen intensiv, dort wiedergeboren zu werden.

Für die weiteren Erläuterungen wird aus Gründen der Übersichtlichkeit eine dieser Reihenfolgen verwendet.

Erste Ursache: Bodhicitta

Dafür, dass Bodhicitta an erster Stelle steht, können wir gute Gründe finden. Denn bei allen buddhistischen Aktivitäten wird zu Beginn die eigene positive Absicht ins Bewusstsein gerufen und gestärkt. Wir erinnern uns also daran und richten uns darauf aus, dass wir zum Nutzen aller fühlenden Wesen wirken. Da das am besten möglich ist, wenn wir Erleuchtung erreicht haben, streben wir sie langfristig an. Tatsächlich ist Erleuchtung aber ohne Bodhicitta nicht möglich. Bei Bodhicitta unterscheiden wir absolutes, wahres Bodhicitta von relativem, künstlich erzeugtem Bodhicitta. Damit haben wir uns schon befasst, es sei hier aber nochmals kurz wiederholt.

Absolutes Bodhicitta ist Leerheit, die in der Essenz Mitgefühl ist. Dabei ist Leerheit nicht nichts, sondern das Freisein vom Greifen nach einem Ich. Und damit von einem Du und dem Tun.

Relatives Bodhicitta wird in Wunsch und Anwendung unterschieden.

Um den Wunsch zu haben, die erleuchtete Geisteshaltung hervorzubringen, ist es zunächst nötig, Liebe und Mitgefühl für alle fühlenden Wesen zu empfinden. Hierbei ist Mitgefühl der Wunsch, dass alle fühlenden Wesen frei von Leid und der Ursache von Leid sein mögen. Und Liebe ist der Wunsch, dass sie alle Glück und die Ursache von Glück haben mögen. Dabei unterscheiden wir nicht, das bedeutet, wir lassen uns nicht davon leiten, ob wir ein fühlendes Wesen mögen oder nicht. Wir wünschen also nicht der süßen Katze Glück, aber der ekeligen Kakerlake den Tod. Oder der süssen Biene auf dem Photo alles Gute, aber der Biene, die etwas von unserem Eis haben möchte, mindestens, dass sie verschwindet. Denn tatsächlich haben alle fühlenden Wesen die Buddha-Natur. Und sie möchten Glück erleben und Leid vermeiden, so wie wir eben auch. Das ist etwas, das uns allen gemeinsam ist. Die Form eines fühlenden Wesens ist dagegen Ausdruck der unterschiedlichen Karmas und ändert sich sowieso von Moment zu Moment. Wen wir jetzt mögen oder schön finden, mögen wir morgen schon nicht mehr oder finden sie oder ihn weniger attraktiv. Dafür empfinden wir jetzt Zuneigung zu jemand anderem, die oder der uns vorher gar nicht aufgefallen ist. Auch wird die Kakerlake möglicherweise in vielen Jahren als unser zukünftiger, gutaussehender Ehemann wiedergeboren. Und unsere Lieblingskatze wird vielleicht der Hund, der uns in zwanzig Jahren beißt.

Weiter fühlt man mit denen mit, die derzeit offensichtlich leiden. Denen, die es besser haben als man selbst, neidet man aber ihr Glück. Das ist eine falsche Sichtweise. Denn egal, ob jemand gerade Glück oder Leid erlebt, beides ist eine Momentaufnahme, die vergänglich ist. Und grundlegend ist da immer Leid, denn selbst wenn jemand in unserem Daseinsbereich oder im Tierbereich glücklich zu sein scheint, es ist fast nie wirklich alles perfekt.

Aber alle fühlenden Wesen, die nicht sicher davor sind, Leid zu erleben, haben sehr viel für uns getan. Entweder in früheren Leben oder in diesem Leben, direkt oder indirekt. Und wenn wir wieder einmal darüber nachdenken, entsteht ganz natürlich Liebe für sie.

Doch obwohl fühlende Wesen unbedingt glücklich sein wollen, führen ihre Handlungen, weil sie es nicht besser wissen, überwiegend zu zukünftigem Leid. Wenn wir das beobachten und darüber nachdenken, auf Grundlage dessen, was Buddha sagt, entsteht ganz natürlich Mitgefühl und der Wunsch, zu helfen.

Wir können dann über begrenzte Hilfestellung hinausdenken, und so entsteht der intensive Wunsch, dass alle fühlenden Wesen für immer frei von Leid und der Ursache dafür sein mögen. Und dass sie glücklich sein und die Ursache dafür haben mögen. Damit kommt das Bodhisattva-Versprechen in Reichweite. Denn wir haben den Herzenswunsch, dass alle fühlenden Wesen den perfekten Zustand, Erleuchtung, erreichen und dass wir ihnen dazu verhelfen können.

Beim relativen Bodhicitta entsteht somit zunächst der Wunsch, die erleuchtete Geisteshaltung hervorzubringen.

Beim nächsten Schritt des relativen Bodhicittas versprechen wir, diesen Wunsch in die Tat umzusetzen und nehmen das Bodhisattva-Versprechen. Wir belassen es also nicht bei dem Wunsch, sondern sagen verbindlich zu, die erleuchtete Geisteshaltung hervorzubringen und anzuwenden. Es schließt sich das Training dazu an, wie eine Bodhisattva oder ein Bodhisattva zu leben. Das bedeutet, wir informieren uns über diese Geisteshaltung und üben sie immer mehr ein. Die klassischen Methoden hierzu sind die Sechs Befreienden Handlungen.

Das Bodhisattva-Versprechen sollte dann nicht mehr aufgegeben und immer wieder erneuert, beziehungsweise repariert werden.

Für eine Bodhisattva oder einen Bodhisattva ist der Wunsch, nach Dewachen zu gelangen, mithin davon motiviert, anschließend für andere besser und schneller nützlich sein zu können. Denn der Wunsch, in Dewachen wiedergeboren zu werden, sollte nicht aus dem Egomodus heraus erfolgen. Und tatsächlich haben andererseits auch nur Bodhisattvas die erforderlichen Qualitäten, um Dewachen erreichen zu können. Wir möchten also nach Dewachen, um anderen besser helfen zu können. Und unter anderem damit erreichen wir überhaupt erst Dewachen. Es ist deshalb wichtig, das Bodhisattva-Versprechen auch zu nehmen. Vorher ist mindestens das Nehmen der buddhistischen Zuflucht nötig.

Bereits diese erste Ursache, Bodhicitta, baut immens viele gute geistige Eindrücke auf und wirkt Hindernissen effizient entgegen. Denn Bodhicitta ist das Gegenmittel gegen alle Probleme und die natürliche, kostbare Quelle von Freude und Glück.

Nur ein Moment von Bodhicitta beseitigt unermesslich viel Negatives und ist ein Schutz vor leidvollen Wiedergeburten. Weiter entsteht viel mehr Verdienst, wenn wir unsere buddhistischen Übungen mit Bodhicitta verbinden, da sie dann auf alle, also zahllose, fühlende Wesen ausgerichtet sind. Damit ist auch der Verdienst grenzenlos.

Tatsächlich wird auch jede nützliche Handlung, die mit dieser Geisteshaltung ausgeführt wird, grenzenlos, da sie für alle fühlenden Wesen, deren Anzahl unbegrenzt ist, ausgeführt wurde.

Andererseits ist es erforderlich, Verdienst aufzubauen, um überhaupt Bodhicitta hervorbringen zu können. Das mag der Grund dafür sein, dass in manchen Versionen der Vier Ursachen für eine Wiedergeburt in Dewachen der Aufbau von guten geistigen Eindrücken vor der erleuchteten Geisteshaltung angeordnet ist.

Zweite Ursache: Verdienst

Während wir den für das Erreichen von Dewachen erforderlichen Verdienst aufbauen, bleibt unsere Motivation auf die rasche und leichte Erleuchtung aller fühlenden Wesen ausgerichtet.

Im Zusammenhang mit den Vier Ursachen für die Wiedergeburt in Dewachen ist es nötig, (weitere) gute geistige Eindrücke aufzubauen. Zum einen, damit wir überhaupt erst Qualitäten bei Buddha Amitabha und in Dewachen bemerken können. Weiter, damit unsere Wunschgebete, dorthin zu gelangen, Wirklichkeit werden. Es wurde schon mehrfach beschrieben, dass es von unseren guten geistigen Eindrücken abhängt, ob und wie schnell Wunschgebete Wirklichkeit werden oder nicht. Bei entsprechend viel Verdienst ist unbegrenzte und sehr schnelle Wirkung möglich.

Auch ist es notwendig, schädigende Einflüsse abzuschwächen oder zu beseitigen, da sie unsere Reise behindern. Denn Problematisches führt auch dazu, dass wir immer wieder Schwierigkeiten haben, die dann unsere Energie an Negatives binden.

Beispielsweise könnten bildlich gesprochen Räuber unsere Reisekasse stehlen, und dann müssen wir erst wieder Zeit und Energie aufbringen, um erneut Geld zu verdienen. Tatsächlich sind die Diebe hier die leidbringenden geistigen Eindrücke, die das Guthaben wegnehmen, das wir für die Erleuchtung aller fühlenden Wesen zusammentragen. Würden wir das zulassen, wäre es keine Großzügigkeit, sondern wenig klug. Damit das nicht geschieht, bereinigen wir das Schwierige, das wir angesammelt haben, fortlaufend. Und wir geben Gutes sofort weg. Werden wir aber im normalen Leben bestohlen, sollten wir das Geld oder was auch immer uns weggenommen wurde, innerlich zwar sofort loslassen.

Das heißt aber nicht, dass wir nicht versuchen, die Diebe zur Verantwortung zu ziehen. Denn sie haben Verhaltensweisen, die ihnen Leid einbringen werden. Auch werden andere durch deren Verhalten geschädigt, wenn wir nichts unternehmen. Allgemein gilt weiter, dass die Widmung unserer guten geistigen Eindrücke auch deshalb so wichtig ist, weil wir damit unseren Reiseproviant in Sicherheit bringen. Er kann dann eben nicht mehr gestohlen werden.

Der Aufbau von Verdienst im Rahmen der Vier Ursachen für eine Wiedergeburt in Dewachen erfolgt klassischerweise mit den Sieben Übungen. Angemerkt sei, dass es auch viele andere Möglichkeiten gibt, um Verdienst anzusammeln.

Im folgenden eine Fassung von Karma Chagme dazu, wie wir vor Buddha Amitabha die Sieben Übungen ausführen und damit (unter anderem) Verdienst ansammeln können:

In westlicher Richtung ist ein wunderschöner Thron, von acht Pfauen getragen, auf dem Buddha Amitabha im vollen Lotussitz in strahlend roter Farbe verweilt. Rechts von ihm verweilt der Bodhisattva Chenrezig, er ist von strahlendem Weiß. Links von ihm befindet sich Vajrapani von strahlender, blauer Körperfarbe.

Von seiner rechten Hand sendet Buddha Amitabha Lichtstrahlen aus, die zu Chenrezig werden, der ebenfalls eine Billion sekundäre Ausstrahlungen Chenrezigs ausstrahlt, die drei tausendfache Universen, die nicht unterscheidbar sind, ausfüllen.

Buddha Amitabha sendet aus seiner linken Hand Lichtstrahlen aus, die zur Grünen Tara werden. Von dieser gehen wiederum eine Billion Grüne Taras aus, die drei tausendfache Universen, die nicht unterscheidbar sind, ausfüllen.

Und aus dem Herzen von Buddha Amitabha strahlen Lichtstrahlen aus, die zu Guru Rinpoche werden, der auch eine Billion seiner selbst ausstrahlt, die wiederum drei tausendfache Universen, die nicht unterscheidbar sind, ausfüllen.

Buddha Amitabha schaut dabei mit seinen überaus gütigen und liebevollen Augen zu uns und auf alle fühlenden Wesen. Hierbei denken wir nicht, Buddha Amitabha wäre weit weg und wünschen auch nicht, er wäre näher bei uns.

Nun führen wir die Sieben Übungen aus. Diese beinhalten im siebten Schritt die Widmung.

Angemerkt sei, dass auf dem Thron weiter eine Lotusblüte und eine Vollmondscheibe liegen, auf denen Buddha Amitabha sitzt. Diese zusätzlichen Informationen gibt es weiter hinten in dem besagten Text.

Buddha sagte übrigens selbst, dass niemand mit wenig Verdienst in Dewachen wiedergeboren werden kann.

Dritte Ursache: sich mit den Qualitäten von Buddha Amitabha und Dewachen vertraut machen

Auch bei der dritten Ursache ist unsere Motivation wieder die rasche und leichte Erleuchtung aller fühlenden Wesen.

Dieser hier dritte Punkt kann auch an erster Stelle stehen. Dann führen wir uns gleich die Qualitäten von Buddha Amitabha und seinem Reinen Land vor Augen. Und bringen von Beginn an den Wunsch hervor, dorthin gelangen zu wollen.

Weiter kann dieser hier dritte Punkt auch an zweiter Stelle stehen. Durch das Bodhisattva-Versprechen bauen wir dann bereits gute geistige Eindrücke auf und negative geistige Eindrücke ab. Das führt auch dazu, dass wir offen für die Qualitäten von Buddha Amitabha und Dewachen werden. Und durch die Informationen über diese Qualitäten wird uns klarer, wie wunderschön und vollkommen es dort ist. Somit entsteht der Antrieb, weiteren Verdienst aufzubauen, der für die Erfüllung unserer Wunschgebete wichtig ist.

Steht dieser Punkt an dritter Stelle, so haben wir bereits vorher Bodhicitta hervorgebracht und durch die Sieben Übungen noch mehr Verdienst aufgebaut und Negatives bereinigt. Das führt dazu, dass wir für die Beschreibungen über Buddha Amitabha und Dewachen zugänglicher werden. Dadurch entsteht in uns der Wunsch und Antrieb, dorthin zu gelangen. Und wenn wir dorthin wollen, tun wir gerne wiederum das, was dafür nötig ist. Auftretende Schwierigkeiten können wir somit auch besser bewältigen.
Haben wir damit die ersten drei Ursachen zusammengetragen, können wir schließlich Wunschgebete so praktizieren, dass sie Wirklichkeit werden. Denn wir haben die dafür so wichtigen guten geistigen Eindrücke angesammelt.

Wie wir vorgehen, hängt auch davon ab, was die eigene Lehrerin oder der eigene Lehrer empfiehlt und was uns liegt.

Um nach Dewachen gelangen zu können, ist es also nötig, dass wir uns mit Buddha Amitabha und Dewachen befassen.
Wenn wir zum Beispiel lesen oder von anderen hören, wie interessant und schön es in einem buddhistischen Zentrum ist, das etwas weiter weg gelegen ist, dann möchten wir dorthin fahren. Und wir legen Geld für die Reise beiseite, informieren uns, bringen Zeit für die Vorbereitungen auf.

Selbst dann, wenn unser Sportverein uns zu der Zeit, in der wir fahren wollen, beanspruchen möchte oder es unangenehme Erlebnisse gibt, die geeignet sind, uns von der Reise abzuhalten: Wir sind einfach entschlossen, an diesen Ort zu reisen und setzen das konsequent um.

So ist es auch mit Dewachen. Wenn wir unbedingt dorthin wollen, tun wir, was dafür nötig ist.

Weiter befassen wir uns mit Buddha Amitabha und Dewachen, weil unser Geist damit vertraut sein muss, damit wir dorthin gelangen können.

Und dadurch, dass wir an Dewachen denken und dorthin gelangen möchten, entsteht, verbunden mit den Wünschen, die Buddha Amitabha gemacht hat, eine starke Verbindung zu ihm und zu seinem Reinen Bereich.

Auch ist es wichtig, zu wissen, wie es in Dewachen aussieht, damit wir uns beim Sterben daran erinnern können.

Es könnte allerdings die Frage auftreten, ob wir Dewachen überhaupt erreichen können? Die Antwort ist, wir können dorthin gelangen, und Buddha Amitabha kann uns helfen.

Einmal, weil wir grundlegend die gleiche, erleuchtete Natur haben wie er. Diese ist bei uns, im Gegensatz zu Buddha Amitabha, verschleiert. Und zwar durch unsere Emotionen, die die Klarheit unserer erleuchteten Natur trüben. Weiter durch die Schleier des Wissens.

Zusätzlich gibt es weitere Voraussetzungen, so hat Buddha Amitabha Verdienst angesammelt. Und er hat Wunschgebete gemacht, dafür, dass wir seinen Reinen Bereich erreichen können.

Von unserer Seite sind dann vor allem Vertrauen und ebenfalls mindestens intensive Wunschgebete erforderlich. Wollen wir sicher sein, dass wir Dewachen erreichen, ist die Praxis der Vier Ursachen sinnvoll.

Es folgen jetzt Informationen zu Buddha Amitabha und zu Dewachen:

Buddha Amitabha hat vor unzähligen Weltzeitaltern als Mönch Dharmakara (tib.: Chökyi Jungne) mit seiner Praxis begonnen und das Bodhisattva-Versprechen abgelegt. Bereits zu dieser Zeit hat er sich intensiv gewünscht, einen makellosen Bereich zu manifestieren. Dort sollten die Wesen nur Freude erfahren und völlig problemfrei in Richtung Erleuchtung reisen können. Das bedeutet, sein Reiner Bereich sollte auch für fühlende Wesen ohne direkte Erfahrung der Leerheit, also ohne mindestens die Befreiung erreicht zu haben, zugänglich sein. Also auch fühlende Wesen, die noch nach einem, ihrem Ich greifen, sollten nach ihrem Tod Wiedergeburt dort annehmen können.

Damit ist Dewachen in diesem Punkt besonders, da es viel leichter erreichbar ist als andere Reine Buddha-Länder. Denn normalerweise kann man erst in Reine Bereiche gelangen, wenn man mindestens Befreiung, also die erste Bodhisattva-Stufe, verwirklicht hat.

Es gibt viele weitere Reine Länder, zu denen man erst Zugang bekommt, wenn man noch weiter fortgeschritten ist. Dabei enthält Dewachen das Gute aller Reinen Bereiche.

Wenn wir also sterben, ohne Befreiung erreicht zu haben, ist das Ticket für die Reise nach Dewachen unsere wirkliche große Chance.

Der Reine Bereich, den der Mönch Dharmakara kreieren wollte, sollte sogar nur durch den Wunsch eines fühlenden Wesens, dorthin zu gelangen, erreichbar sein. Vorausgesetzt, jemand ist keine allzu schlechte Person und macht diese Wünsche ernsthaft, intensiv, fortlaufend, hingebungsvoll und ohne Zweifel.

Dharmakara hat dann zahllose Weltzeitalter hindurch in immens großem Umfang für den Nutzen und das Wohlergehen anderer fühlender Wesen gewirkt. So erzählte Buddha Shakyamuni in seinen Lehrreden, dass Dharmakara seinen Körper öfter nutzbringend für andere hergegeben hat als es Staubpartikel in dieser Welt gibt. Und Dharmakara machte immer wieder intensive Wünsche für das Hervorbringen von Dewachen. Als er dann schließlich Erleuchtung erreichte, manifestierte er dadurch dieses Reine Land.

Im folgenden weitere Qualitäten von Buddha Amitabha und Dewachen:

1. Es heißt, wenn wir mit einsgerichtetem Respekt zu Buddha Amitabha beten, wird unsere Lebenskraft erst nach 100 Jahren enden, und die verschiedenen Arten vorzeitigen Todes werden abgewehrt. Außer es gibt in vollständiger Reifung befindliches Karma; also Karma, das bereits ausgebrochen ist. Das ist ähnlich, wie wenn man etwas Schlechtes gegessen hat. Zunächst bemerkt man nichts davon, aber das Gift ist im Körper. Dann bekommt man Beschwerden, die Krankheit ist also ausgebrochen. So ähnlich ist es, wenn Karma in vollständiger Reifung ist. Die Beschwerden sind schon da.
2. Sich an einen der Namen von Buddha Amitabha zu erinnern, schützt vor allen Gefahren. Zum Beispiel durch Feuer, Wasser, Gift, Waffen und anderen, die einem schaden wollen. Einzige Ausnahme ist hier früheres Karma in voller Reifung, zur Erklärung, was das ist, siehe Punkt eins. Trotzdem sollten wir nicht leichtsinnig mit unserem kostbaren menschlichen Körper umgehen. Nicht zuletzt, weil wir ein schlechtes Beispiel für andere sein könnten.
3. Wenn wir auch nur ein einziges Mal von Buddha Amitabha und Dewachen hören und dann aus tiefstem Vertrauen heraus einmal die Hände zusammenlegen, sammeln wir mehr Verdienst an, als wenn wir zahllose Dreitausender Universen mit Edelsteinen, Gold, Silber und anderen Gaben darbringen.
4. Auch wird jemand, die oder der von Buddha Amitabha hört und dabei lediglich einmal wirkliches, sehr tiefes Vertrauen empfindet, niemals den Weg zur Erleuchtung verlieren und die Extreme des Daseinskreislaufes transformieren können.

5. Und es heißt, wenn jemand den Namen von Buddha Amitabha hört, wird die Person bis zur Erleuchtung keine ungünstigen Wiedergeburten mehr haben. Stattdessen wird sie in allen zukünftigen Leben in einer guten Familie wiedergeboren werden und ein makelloses Verhalten haben.
Natürlich kann man sich jetzt fragen, wieso das einmalige Hören eines bloßen Namens derart positive Auswirkungen haben sollte. Aber auch das Hören eines Namens setzt das Karma dafür voraus und eine Verbindung, um ihn überhaupt hören zu können. Weiter schafft das Hören wiederum eine Verbindung beziehungsweise fördert und vertieft diese. So muss man sehr gutes Karma haben, um das Wort „Buddha" nur ein einziges Mal zu hören!
6. Buddha Shakyamuni sagte auch, wenn gute Männer und gute Frauen den Namen von Buddha Amitabha hören und ihn ohne Ablenkung einen, zwei, drei, vier, fünf, sechs oder sieben Tage im Herzen behalten, wird am Ende ihres Lebens Buddha Amitabha und sein Gefolge vor ihnen erscheinen. Zu ihrem Todeszeitpunkt werden sie in Dewachen wiedergeboren werden.

Der Name von Buddha Amitabhas Reinem Bereich, Dewachen auf Tibetisch oder Sukhavati auf Sanskrit, bedeutet Große Glückseligkeit. Der Grund ist, dass die Wesen, die dort leben, immer Freude und Glück und keinerlei Leid erleben.

In diesem Reinen Bereich verweilt Buddha Amitabha, strahlend schön und vollkommen. Er sitzt auf einem kostbaren Thron, der mit wertvollen Juwelen besetzt ist. Dieser wird von acht Pfauen getragen. Auf dem Thron liegt eine perfekte, tausendblättrige Lotusblüte, auf dieser liegt wiederum eine völlig makellose Vollmondscheibe. Auf der rückwärtigen Seite des Sitzes befindet sich als Rückenstütze ein wunderschöner Bodhibaum, der exquisite Früchte und kostbare Juwelen trägt. Buddha Amitabha sitzt dort in strahlendem Glanz und von transparenter, leuchtender, rubinroter Farbe.
Er hat ein wunderschönes Gesicht und zwei Arme. Die Hände hält Buddha Amitabha in der Geste des Gleichmutes, und mit ihnen hält er gleichzeitig eine mit Nektar gefüllte Gabenschale. Seine Beine sind in der Vajra Position gekreuzt. Das heißt, er sitzt im vollen Lotussitz. Weiter trägt er die drei Dharmaroben. Der Körper von Buddha Amitabha ist mit allen 32 Hauptmerkmalen und allen 80 Nebenmerkmalen der Vollkommenheit ausgestattet. Weiter verfügt Buddha Amitabha über die 60 Merkmale erleuchteter Rede und die Merkmale des erleuchteten Geistes.
Sein überaus gütiger und liebevoller Blick erfasst alle fühlenden Wesen. So schaut Buddha Amitabha von Dewachen auch zu uns und blickt jede und jeden von uns voller Liebe und Mitgefühl an. Und zwar immer.

Er wird auf Sanskrit „Amitabha" genannt, auf Tibetisch heißt er „Öpame". Das bedeutet „Grenzenloses Licht", denn der Glanz seines Lichtes ist grenzenlos. Es erhellt alle Reinen Länder in allen zehn Richtungen. Auch ist seine Lebensspanne und die der Wesen, die in seinem Reinen Land leben, grenzenlos und erstreckt sich über unzählbar viele Weltzeitalter.

Auf Buddha Amitabhas rechter Seite befindet sich Chenrezig von leuchtend weißer Farbe, dieser hält in seiner linken Hand eine wunderschöne Lotusblüte. Links befindet sich, in strahlendem Blau, Vajrapani, der in der linken Hand auch eine Lotusblüte hält, die aber mit einem Vajra versehen ist. Die rechte Hand beider Bodhisattvas ist in der Geste des Gewährens der Zuflucht zu uns hin gerichtet. Es gibt hier aber auch abweichende Beschreibungen dazu, wie Chenrezig und Vajrapani aussehen. Budha Amitabha ist weiter umgeben von einem großen Gefolge. Alles ist wunderschön, strahlend, sehr kostbar und transparent.

Unmittelbar nachdem wir gestorben sind, wird Buddha Amitabha mit Gefolge auf uns zukommen und uns in einem Moment in sein Reines Land hinleiten, wenn wir die Ursachen dafür zusammengetragen haben.

Die Geburt in Dewachen erfolgt immer aus einer zauberhaften, vollkommenen Lotusblüte. Das heißt, das Leid und die Schmerzen, die bei uns für Mutter und Kind mit Schwangerschaft und Geburt einhergehen, gibt es dort nicht. Sind wir dann in Dewachen angekommen, können wir durch die Unterweisungen von Buddha Amitabha unmittelbar Befreiung erreichen. Damit ist Leid für uns vorbei.

Es gibt in Dewachen auch keine Unterscheidung in Frau und Mann. Wir erleben dort also keine Dualität und das damit verbundene Leid. In Dewachen halten sich zwar unterschiedliche Wesen auf, aber diese Unterschiede spielen keine Rolle. Insbesondere stören sie nicht. Überall in Dewachen ist es sehr angenehm, wunderschön und kostbar, und wir erleben völlig ungetrübte Freude und vollkommenen Frieden. Wir sind dort glücklich, und es ist ein Glück, das frei ist von Leid. Es ist vollkommenes, dauerhaftes Glück, im Gegensatz zu unserem getrübtem, vergänglichem Glück. Es gibt dort weder Alter, Krankheit noch Tod. Wir müssen nicht arbeiten, haben keine Zahnschmerzen, Beziehungsprobleme, Geldsorgen, Gegnerinnen oder Gegner. Und es sind keine stechenden Bienen vorhanden. Es gibt in Dewachen keinerlei Schwierigkeiten und Gefahren. Wir erleben auch keine störenden Gefühle. Noch nicht einmal das Wort Leid gibt es dort. Denn durch das Mitgefühl und die Gegenwart von Buddha Amitabha wird alles Hinderliche ferngehalten oder beseitigt. Wenn wir dann auch einmal woanders hin möchten, reicht es, daran zu denken und wir sind dort, auch wenn Dewachen von sieben Umrandungen, sieben Netzen und sieben Reihen von Bäumen umgeben ist. Diese bestehen alle aus kostbarsten Substanzen. Und wir benötigen in Dewachen keinen festen Wohnort. Trotzdem, wenn wir es möchten, können wir wunderschöne Paläste und Wohnorte manifestieren. Wenn wir schlafen wollen, erscheinen wunderschöne Throne mit vielen bequemen und kostbaren Kissen, auf die wir unseren Kopf legen können. Auch die Kleidung ist so beschaffen, dass es uns nie zu kalt oder zu warm ist. Immer ist die Temperatur so, wie es angenehm ist. Wir haften in Dewachen weiter weder an Besitz, noch haben wir Anhaftung an den Ort, an dem wir uns befinden, und wir haften auch nicht an unserem Körper.

Dabei erhalten wir alles, was wir uns wünschen, in dem Moment, in dem wir es uns wünschen. Es entsteht spontan aus unseren Handflächen. Dort fehlt es uns also an nichts, alles Gewünschte ist sofort zugänglich. Weiter gibt es in Dewachen Gabengöttinnen, die uns und allen anderen ständig Gaben darbringen. Wir erhalten somit fortlaufend Geschenke.

Was die Landschaft angeht, sie ist weich, strahlend, anziehend und schön.

Der Boden in Dewachen besteht aus verschiedensten Juwelen und ist so glatt und angenehm wie unsere Handfläche, dabei sehr weit, es gibt viel Platz. Wir finden dort also keine spitzen Steine oder sonstigen hinderlichen Strukturen. Wenn wir in Dewachen gehen, sinken wir vier Fingerbreit in den überaus angenehmen Boden ein, und dann nimmt der Boden wieder die ursprüngliche Form an. Dabei sind die Böden mit entzückenden Blumen bedeckt.

Auch wird ein wundervoller Blumenregen von einer überaus angenehmen, leichten, duftenden Windbrise herangeweht. Aus Bäumen, Flüssen und Lotusblüten entstehen alle Arten von Vergnügen, wie angenehme Formen, Klänge, Gerüche, Berührungen und Geschmäcker; Nahrung dort ist reiner Weisheitsnektar. Hierdurch vergrößern sich Glückseligkeit und Freude.

Und es gibt 1600 kostbare Bodhi-Bäume, sie sind mit vielen wunderbaren Girlanden geschmückt, die aus exquisiten Früchten und bezaubernden Blumen bestehen. Allein nur dadurch, dass wir diese Bäume mit unseren fünf Sinnen wahrnehmen, werden diese fünf Sinne nicht mehr krank. Hören wir also den Klang eines Bodhi-Baumes, bekommen wir keine Ohrkrankheiten mehr. Und meditieren wir über den Bodhi-Baum, werden wir von da an bis zur Erleuchtung keine Verwirrung des Denkens mehr erleben.

Weiter sind wunscherfüllende Bäume vorhanden, die aus vielen, wertvollen Juwelen bestehen. Auch tragen die Bäume exzellente Früchte, es ist immer die Sorte, die wir gerade am liebsten haben möchten. Die Bäume sind darüber hinaus mit Juwelen geschmückt, und ihr Laub ist aus kostbarstem Stoff. Schließlich haben diese perfekten Bäume Spiralen der Freude und zahllose, wunderschöne Blumen aus reinen Lichtformen. Aus Wolken regnen entzückende Blütenblätter herab, und am wundervollen Himmel gibt es vollkommene Regenbögen. Und dreimal am Tag und dreimal in der Nacht regnet es Mandarava-Blumen vom Himmel. Am Morgen, der ganz klar ist, sammeln wir diese Blüten in Körben und bringen große Mengen davon den vielen hunderttausend Millionen Buddhas anderer Himmelsrichtungen als Gaben dar. Auch vielfältige andere Gaben bringen wir zahllosen Buddhas dar. Diese Gaben werden allein dadurch, dass wir daran denken, aus unseren Handflächen hervorgebracht.

Mittags kehren wir wieder nach Dewachen zurück, und nachdem wir köstlich gegessen haben, wandeln wir in dieser vollkommenen Umgebung umher und praktizieren Gehmeditation.

Es gibt viele Seen und Flüsse, mit Wasser der acht guten Eigenschaften. Das köstliche Wasser in den wundervollen Seen von Dewachen ist leicht, es bewegt sich in kreisartigen Bewegungen und ohne Strudel. Dabei ist dieses köstliche Wasser genauso warm oder kalt, wie wir es haben möchten.
Die Seen und ihre Einfassungen, die mit Stufen und Simsen versehen sind, sind aus den sieben Arten von Juwelen gemacht, und ihr Grund besteht aus reinem, goldenem Sand.
An den Seiten der überaus lieblichen Seen befinden sich perfekte Stufen aus den vier kostbaren Substanzen, Gold, Silber, Lapislazuli und Kristall. Oberhalb dieser Seen gibt es liebreizende Pavillons. Sie sind mit Gold, Silber, Lapislazuli, Kristall, Perlmutt, roten Perlen und Karneolen verziert. Und es gibt in der Mitte der Seen duftende, große, vollkommene Lotusblüten, die köstliche Früchte hervorbringen und zahllose Lichtstrahlen aus Lotuslicht ausstrahlen. Diese Lotusblüten sind rot, blau, gelb und weiß, schön, und sie strahlen Licht in ihrer jeweiligen Farbe aus.
Die Spitzen dieser Lichtstrahlen sind geschmückt mit vollkommenen, wundervollen Buddhas. Diese lehren in allen Welten den kostbaren Dharma.

Weiter wird Licht von Buddha Amitabha selbst ausgestrahlt, das immer überaus angenehm ist.

Auch wunderschöne Vögel, wie Pfaue oder Schwäne, sind im Reinen Land der Großen Freude vorhanden. Sie werden von Buddha Amitabha manifestiert. Denn fühlende Wesen, die Tiere sind, können sich dort nicht aufhalten, da sie nicht befreit sind. Die hier von Buddha Amitabha manifestierten Vögel haben sehr schönes Gefieder, sie singen wunderbar, und ihr Gesang ist eine angenehme, tiefgründige Dharma-Belehrung.

Wenn der Wind durch die juwelengeschmückten Bäume und die mit exquisiten Juwelen geschmückten Netze weht, geben diese wundervolle Klänge von sich. Es is,t wie wenn hunderttausend Musikinstrumente vollkommen und wunderschön zusammen spielen. Wer diese bezaubernden Klänge hört, in dessen Herzen entsteht ganz natürlich Achtsamkeit in Bezug auf Buddha, seine Lehre und der Sangha, und man erinnert sich an sie.
Und wenn wir grundsätzlich Klänge hören wollen, hören wir sie. Wenn nicht, weil wir meditieren oder ruhen möchten, dann ist es still.

Auch gibt es Gebiete in Dewachen mit zahllosen, kostbarsten Schätzen und wertvollsten Juwelen jeder Art.

In diesem Reinen Bereich sind unermesslich viele Wesen, die auf dem Weg zur Erleuchtung voranschreiten. Wir sind also in der allerbesten Gesellschaft von Buddha Amitabha und Gleichgesinnten. Tatsächlich haben die Wesen, also wir dann auch, in Dewachen unzählbar viele, gute Eigenschaften. So ist unser Denken liebevoll, großzügig, zärtlich, furchtlos, unvoreingenommen und gleichmütig. Weiter sind wir von tadellosem Verhalten, voll von Wissen und Weisheit, geduldig, tatkräftig, methodisch, zurückhaltend, hilfsbereit und haben zahllose weitere Vorzüge.

Alle, die dort sind, praktizieren das Große Fahrzeug und leben, wie erwähnt, unermesslich lange. Auch haben wir dort alle goldfarbene, wunderschöne perfekte Körper.

Weiter verfügen wir in Dewachen über die fünf Kräfte, also Hellsichtigkeit, hypernormales Hören, wir können Wunder wirken, frühere Existenzen erinnern, und wir kennen den Geist anderer. Dann haben wir auch die fünf Augen, also das physische Auge, das göttliche Auge, das Auge des Dharma, das Weisheitsauge und das Auge des ursprünglichen Gewahrseins.

Wir sehen und hören Buddha Amitabha in Dewachen und bekommen von ihm und auch von Chenrezig und von Vajrapani Unterweisungen.

Wenn wir es möchten, können wir, wie wir schon wissen, durch unsere wunderbaren Kräfte, aber auch in alle anderen, unendlich vielen Buddha-Länder reisen. Dort haben wir die kostbare Möglichkeit, von Buddhas Erklärungen zu hören, zahllose Gaben darzubringen und die Buddhas dort zu preisen.

Alle diese Aktivitäten führen dazu, dass wir immer weiter immens viele gute geistige Eindrücke aufbauen, mühelos und frei von Hindernissen. Und wir können alles, was wir in Bezug auf die kostbare Lehre Buddhas wissen oder erhalten wollen, mühelos bekommen. Immer können wir also den Dharma hören und praktizieren. Dabei verstehen wir alles. Vor allem können wir jede Meditation ausführen, die wir üben möchten. Und unser Geist erreicht rasch und mühelos tiefe Meditationszustände. Es gibt dabei keinerlei störende Einflüsse, wir können uns also leicht mehr und mehr der Erleuchtung nähern.

Auch sind wir in Dewachen durch unsere Hellsichtigkeit in der Lage, alle zu sehen, die uns nah und lieb waren. Wir können sie beschützen, Segen geben und sie zum Zeitpunkt ihres Todes in dieses Reine Land führen.

Wenn wir in Dewachen angekommen sind, erhalten wir weiter von Buddha Amitabha eine Prophezeiung über unsere zukünftige Buddhaschaft, das heißt, welcher Buddha wir sein werden und so weiter.

Jetzt zur Art und Weise, in der wir uns mit dieser Beschreibung befassen sollten: Es sollte ohne Emotionalität, Anhaftung oder Neid geschehen. Stattdessen ist Hingabe und Offenheit die empfohlene geistige Haltung. Vor allem sollten wir keinerlei Zweifel haben.

Bei den Beschreibungen ist es wichtig, diese nicht nur zu lesen, denn auch, wenn wir Dewachen nicht mit unseren Augen sehen können, ist es doch wichtig, Buddha Amitabha und seinen vollkommenen Reinen Bereich vor unserem geistigen Auge klar entstehen zu lassen. Ganz so, als wären wir bereits dort.

Auch sollte man nicht an dies und das denken, sondern die ungeteilte Aufmerksamkeit darauf richten, Dewachen im eigenen Geist hervorzubringen. Ansonsten können Hindernisse für die eigene Wiedergeburt dort entstehen.

Weitere Informationen und Beschreibungen zu Dewachen und Buddha Amitabha gibt es in Buddhas Lehrreden. Beispielsweise im kleinen Sukhavati Sutra oder im großen Sukhavati Sutra. Diese Sutren sind sehr kostbar und werden von allen Buddhas erinnert, geschützt und den fühlenden Wesen sehr empfohlen. Allein schon durch das Lesen und Wertschätzen beider Sukhavati Sutren ist es möglich, immens viele gute geistige Eindrücke anzusammeln.

Vierte Ursache:
Wunsch(gebete, um) nach Dewachen zu gelangen

Dieser Punkt ist von den Vier Ursachen der wichtigste.

Nachdem wir uns damit befasst haben, welche Qualitäten Buddha Amitabha hat und wie schön und vollkommen Dewachen ist, wünschen wir intensiv aus tiefstem Herzen, dort hinzugelangen. Dabei bleibt unsere Motivation auf die Erleuchtung aller ausgerichtet. So üben wir auch die erste Ursache weiter.

Auch sollten wir fortlaufend gute geistige Eindrücke ansammeln.

Es kann unter Umständen hilfreich sein, sich nochmals klar zu machen, dass wir jetzt in einer Situation sind, die einerseits objektiv betrachtet außergewöhnlich gut, andererseits aber fragil, vergänglich und nicht nur dadurch leidvoll ist.
Vor allem aber sind wir, wenn wir sterben, in großer Gefahr. Denn man könnte grundsätzlich in jeden der sechs Daseinsbereiche geraten. Damit würde man für lange Zeit den Zugang zur kostbaren Lehre Buddhas, die den Weg in das Glück aufzeigt, verlieren. Aber selbst, wenn man die ganz leidvollen Wiedergeburten vielleicht schon nicht mehr erleben wird, könnte man doch noch viel Leid erleben und (unnötig) lange vom Dharma abgeschnitten bleiben.
Wir führen uns also an dieser Stelle nochmals vor Augen, wie unerträglich das Leid in den niederen Daseinsbereichen ist. Aber auch, dass das Leid in den anderen Daseinsbereichen für uns nur schwer zu ertragen sein könnte. Weiter, dass uns das Glück in den höheren Daseinsbereichen nicht wirklich hilft, da es vergänglich ist. Und wir erinnern uns vor allem daran, dass wir alle anderen nicht im Stich lassen und sie beschützen wollen.

Aus diesen Gründen könnten wir beschließen, dass wir an uns arbeiten wollen.

Haben wir diesen Entschluss gefasst, streben wir danach, alle Probleme zu beseitigen und alle unsere Qualitäten freizulegen. Und damit weiter danach, wirkliche Sicherheit und dauerhafte Freude zu finden. Vor allem aber wollen wir allen anderen helfen. Und so wünschen wir intensiv von ganzem Herzen, nach Dewachen zu gelangen, zum Nutzen aller fühlenden Wesen. Es gibt für diesen Wunsch auch zusammengestellte Wunschgebete, auch in diesem Buch, im Kapitel mit den vorgefassten Texten.

Wichtig ist es, diese Wunschgebete nicht geistesabwesend abzuspulen, sondern sie, ohne abgelenkt zu sein, in Gedanken oder laut zu rezitieren.

Und wie mehrfach erwähnt wurde, wir sollten nicht im Geringsten daran zweifeln, dass unsere nächste Wiedergeburt in Dewachen stattfinden wird.

Hat man nämlich Zweifel, kann es sein, dass sich die Lotusblüte, aus der man in Dewachen geboren wird, zunächst nicht öffnet. Aber in der geschlossenen Lotusblüte wird man ebenfalls glücklich und zufrieden sein, mit allen Freuden. Man kann Buddha Amitabha dann auch schon hören und seine Unterweisungen erhalten. Aber man kann ihm eben noch nicht direkt begegnen. Dieser Zustand dauert 500 Jahre, dann öffnet sich die Lotusblüte, und man wird schließlich alle Vorzüge von Dewachen erfahren können. Trotzdem wäre es eine Verzögerung.

Das, was wir in der Gegenwart einer Erleuchteten oder eines Erleuchteten wünschen, geht in Erfüllung. Und Buddhas sind anwesend, wenn wir an sie denken. Es ist also insofern das Gleiche, ob wir Wünsche vor einer oder einem tatsächlich anwesenden Buddha oder vor einer oder einem vergegenwärtigten Buddha machen. Auch daher ist es so segensreich, Buddha Amitabha vor sich um Raum zu vergegenwärtigen und in dieser Art und Weise die Wünsche für eine Wiedergeburt in seinem reinen Bereich zu machen.

Dewachen und die Meditation auf Buddha Amitabha

Angemerkt sei, dass Shamar Rinpoche zur Praxis von Buddha Amitabha, die vom Tertön Mingyur Dorje gefunden wurde, meinte, dass deren tägliche, morgendliche Übung sicher dazu führt, dass man in Dewachen wiedergeboren wird.
Diese Praxis kann man sogar in 7 Minuten machen, wenn man sie zügig, aber ordentlich übt. Auch hier gilt einmal mehr: Eine scheinbar kleine Ursache, ein scheinbar kleiner Aufwand, kann zu immens großem Nutzen führen!

Überblick über die
Vier Ursachen mit Angabe von einigen weiterführenden Texten

Wie man eine Verbindung mit Reinen Ländern aufnehmen und dort Geburt annehmen kann, wird in etwa 200 Lehrreden des Buddhas und Kommentaren beschrieben. Neben den beiden bereits genannten Sutren zum Beispiel im Lotus-Sutra, im Prajnaparamita-Sutra und im Surangama-Sutra.

Alle Vier Ursachen für eine Wiedergeburt in Dewachen sind auch in dem Text "Wege des Strebens nach einer Wiedergeburt in Dewachen", von Deshin Shegpa, dem 5. Karmapa, beschrieben. Sowie in "The Lotus Garland", Commentary to the Dewachen wishing prayer" von Karma Chagme. Auch die anderen tibetisch-buddhistischen Linien haben exquisites Informationsmaterial und Texte dazu, wie man Dewachen erreichen kann.

Im folgenden eine Aufstellung über einige Texte oder Aktivitäten zu jeder der Vier Ursachen, es gibt aber noch viele, viele andere:

1. Bodhisattva-Einstellung:
1.1. Das Bodhisattva-Versprechen sollte in der Regel mindestens beim ersten Mal (von Ausnahmen abgesehen) bei einer dafür autorisierten Person genommen werden. Hierzu ist mindestens vorher das Nehmen der Zuflucht bei einer dafür autorisierten Person nötig.
Das Bodhisattva- Versprechen sollte weiter von Zeit zu Zeit vor einer dafür autorisierten Person erneuert werden. Auch wäre es gut, es in die tägliche Praxis zu integrieren. Hilfreich ist weiter, wenn wir uns immer wieder mit der Zuflucht verbinden.
Formulierungen für die Zuflucht und für das Bodhisattva-Versprechen folgen später im Text.
1.2. Informationen über das Verhalten von Bodhisattvas und Übungen dazu sollten durch Lesen, Nachdenken und Meditieren verinnerlicht werden.
Beispiele sind: 1.2.1. die „37 Übungen der Bodhisattvas",
                   1.2.2. das Sieben -Punkte-Geistestraining (Lojong),
                   1.2.3. das "Bodhicaryavatara" von Shantideva,
                   1.2.4. die Sieben Übungen.
2. Übungen, um gute geistige Eindrücke aufzubauen und Leidbringendes abzubauen:
Beispiele sind: 2.1. die Sieben Übungen,
                   2.2. die zehn leidbringenden Handlungen unterlassen und das Gegenteil davon tun,
                   2.3. anderen nicht schaden, ihnen nutzen und den eigenen Geist zähmen, also befrieden,
                   2.4. die Grundübungen, vor allem Vajrasattva-Meditation und die Mandala-Gaben,

2.5. Hören, Nachdenken, Meditieren,

2.6. Dharma-Aktivitäten.

3. Beschreibungen der Qualitäten von Buddha Amitabha und Dewachen lesen oder hören und sich damit befassen, immer wieder:

Beispiele sind: 3.1. Lehrreden von Buddha Shakyamuni, wie die kürzere oder längere Fassung des Sukhavati-Sutras, das ist die kürzere oder längere Beschreibung von Dewachen,

3.2. "Wege des Strebens nach einer Wiedergeburt in Dewachen" von Deshin Shegpa, dem 5. Karmapa, mit Erklärungen von Khenpo Chödrak Rinpoche (Bodhi-Verlag, Wien),

3.3. "Das Wunschgebet für Dewachen, das Reine Land der Großen Freude" von Karma Chagme.

4. Wunschgebete dafür, um in Dewachen wiedergeboren zu werden:

Hierzu ruftenwir uns die Qualitäten von Buddha Amitabha ins Gedächtnis und verbeugen uns konkret (beispielsweise vor einem Bild) und/oder in der Vorstellung vor ihm. Dann richten wir intensive Wünsche und Gebete an Buddha Amitabha, mit dem Inhalt, dass wir in seinem vollkommenen Reinen Land Dewachen wiedergeboren werden mögen.

Beispiele sind: 4.1. „Samantabhadra Wunschgebet" (Avatamsaka-Sutra),

4.2. „Wunschgebet für die Wiedergeburt in Dewachen" (in diesem Buch im Kapitel mit den vorgefassten Texten),

4.3. "Wege des Strebens nach einer Wiedergeburt in Dewachen" von Deshin Shegpa, dem 5. Karmapa, mit Erklärungen von Khenpo Chödrak Rinpoche (Bodhi-Verlag, Wien),

4.4. "Das Wunschgebet für Dewachen, das Reine Land der Großen Freude" von Karma Chagme,

4.5. Wunschgebet für die Wiedergeburt in Dewachen vom 6. Shamar Rinpoche (im Kapitel mit den vorgefassten Texten),

4.6. die wunderschönen Wunschgebete anderer Linien.

4. Einige grundlegende, vorformulierte Texte

Eine Formulierung für das Nehmen der Zuflucht im Großen Weg

„Bis ich das Herz der Erleuchtung erreiche,
nehme ich Zuflucht zu Buddha,
ebenso zum Dharma und zur verwirklichten Sangha."

(Siehe Zitateliste Seite 569-572)

Erinnert werden soll an dieser Stelle daran, dass die formale Zuflucht vor einer dafür autorisierten, buddhistischen Lehrerin oder vor einem dafür autorisierten, buddhistischem Lehrer genommen werden muss. Und sie ist mindeste Voraussetzung für das Bodhisattva-Versprechen.

Eine Formulierung für das Bodhisattva-Versprechen, in Kombination mit der Zuflucht

Bei dieser Formulierung des Bodhisattva-Versprechens ist es mit der Zuflucht verbunden.

Wir vergegenwärtigen die Buddhas und Bodhisattvas vor uns im Raum und denken oder sagen dreimal.

„Bis ich das Herz der Erleuchtung erreicht habe,
nehme ich Zuflucht zu Buddha.
Ebenso nehme ich Zuflucht
zum Dharma und zur Versammlung der Bodhisattvas.
So wie Buddhas der Vergangenheit
die erleuchtete Geisteshaltung hervorgebracht haben und
die Übungen Stufe für Stufe geübt haben,
so werde auch ich zum Nutzen der fühlenden Wesen
die erleuchtete Geisteshaltung hervorbringen und
die Übungen stufenweise praktizieren."

(Siehe Zitateliste Seite 569-572)

Dann stellen wir uns vor, dass sich die Buddhas und Bodhisattvas in Licht auflösen. Dieses Licht schmilzt in uns hinein, und Bodhicitta kommt in unserem Geist hervor.

Es ist gut, die Widmung anzuschließen (siehe nächster Text).

Weitere Informationen in Bezug auf das Bodhisattva-Versprechen finden wir unter anderem im Einleitungskapitel.

Eine Formulierung für die Widmung

Widmungen finden sich praktisch am Ende eines jeden Meditationstextes. Darüber hinaus gibt es ausführliche Widmungen, zum Beispiel im 10. Kapitel des Bodhicaryavataras von Shantideva.

Im folgenden eine kurze Fassung einer Widmung:

> Möge ich durch diese guten geistigen Eindrücke
> Erleuchtung erlangen,
> alles was schädlich ist, überwinden und
> alle fühlenden Wesen
> aus dem Ozean von Geburt, Alter, Krankheit und Tod
> befreien."

> So wie der heldenhafte Manjushri in seiner vollkommenen Weisheit und
> wie der Bodhisattva Samantabhadra
> widme ich ihrem Vorbild folgend und genauso vollkommen wie sie
> alles Gute dem Wohl aller fühlenden Wesen.

> Mögen diese Wünsche durch den Segen der drei Körper der Buddhas,
> durch den Segen der unveränderlichen Wahrheit, der Natur der Dinge und
> durch den Segen des Strebens einer geeinten Sangha
> genauso in Erfüllung gehen, wie ich sie gewidmet habe.

(Siehe Zitateliste Seite 569-572)

Es ist auch möglich, lediglich den ersten Absatz zu verwenden und die beiden folgenden wegzulassen. Zum Beispiel, wenn die Zeit einmal wirklich sehr knapp sein sollte. Statt also gar nicht zu widmen, verwenden wir die Kurzfassung. Denn wir versuchen immer zu üben, so gut, wie es eben gerade möglich ist.

Eine Formulierung für ein
Wunschgebet für die Wiedergeburt in Dewachen
vom 6. Shamarpa, Chökyi Wangchuk,
in Verbindung mit den Sieben Übungen

Emaho!

Von hier aus, in Richtung der untergehenden Sonne,
an einem Platz, der zahllose Welten weit entfernt ist,
dem reinen Bereich der Freude, Dewachen,
verweilt der höchst kostbare, vollendete
Buddha Genzenloses Leben und Licht.

Diesem Schützer bringe ich Verehrung dar.
Ich bringe geistig ausgestrahlte Gabenwolken wie Samantabhadra dar.
Ich bekenne über Lebenszeiten Angesammeltes, was Leid hervorbringt.
Ich erfreue mich am Guten aller fühlenden Wesen.
Ich erbitte dringend das Drehen des Dharmarades.
Ich bitte (den Schützer) darum, nicht in das Nirwana einzugehen.

Durch mein in den drei Zeiten angesammeltes Gutes
möge ich, wenn ich sterbe,
von hier aus unmittelbar in diesem höchst kostbaren Bereich
geboren werden,
wie der Schützer.

Möge ich auch das Gute von anderen und von mir vollenden.
Ich bete, dass dieser Wunsch bestimmt in Erfüllung geht!

(Siehe Zitateliste Seite 569-572)

Eine Formulierung für ein
Wunschgebet für die Wiedergeburt in Dewachen

Dieses Gebet ist das klassische Wunschgebet für eine Wiedergeburt in Dewachen. Für die tibetische Fassung gibt es auch eine sehr schöne Melodie.

Dieses Wunschgebet wird dreimal hintereinander rezitiert:

E MA HO.
Wundervoller Buddha „Grenzenloses Licht",
zu Deiner Rechten ist der „Herr des Großen Mitgefühls" und
zur Linken der Bodhisattva „Große Kraft".
Du bist umgeben von Buddhas und Bodhisattvas ohne Zahl.

Grenzenloses Glück und wundervolle Freude herrschen in
Deinem Land der Wahren Freude.
Mögen ich und andere,
sobald wir dieses Leben verlassen,
ohne anderweitige Geburt anzunehmen
direkt bei Dir geboren werden und
Dein Antlitz, „Grenzenloses Licht", erblicken!

Buddhas und Bodhisattvas aller zehn Richtungen,
gewährt Euren Segen,
dass dieses von mir gesprochene Gebet ohne Hindernisse in Erfüllung geht!

Teyata pensa driya awa bodanaye soha.

(Siehe Zitateliste Seite 569-572)

5. Verschiedene Fassungen der Sieben Übungen

Eine Möglichkeit einer angeleiteten Fassung

Wir bringen unsere Aufmerksamkeit zu dem, was wir jetzt tun, und lösen uns, so gut wie wir können, von der Vorstellung, dass es ein Ich, ein Tun und ein Gegenüber gibt, wie wir meinen. Wir sind also auch weniger im Modus von "Ich übe", sondern eher in der Haltung, dass etwas getan wird.

Geistig präsent und mit Offenheit, Vertrauen, Hingabe und Freude nehmen wir dann Zuflucht und bringen die erleuchtete Geisteshaltung hervor.

Als nächstes stellen wir uns einen offenen und weiten, leeren Raum vor.

Indem sie in unserer Vergegenwärtigung auf von uns angebotenen, kostbaren und bequemen Sitzen Platz nehmen, erscheinen vor uns in diesem Raum, strahlend, wunderschön und vollkommen, die Repräsentantinnen und Repräsentanten der Erleuchtung.

Im Regelfall ist im Zentrum Buddha. Oder die oder der eigene Lama, in der Karma-Kagyü Linie ist das Karmapa. Oder unser Yidam oder eine Meditationsgottheit, die uns besonders gefällt. Jeweils mit Gefolge.
Wir können auch denken, dass sich auf jedem Atom des Universums unzählige Reine Länder befinden. In ihnen verweilen wiederum zahllose Buddhas der Vergangenheit, Gegenwart und Zukunft mit großem Gefolge aus Bodhisattvas, Pratyekabuddhas, Arhatis und Arhats, Hörerinnen und Hörern.

Sie befinden sich in strahlenden, wunderschönen, vollkommenen Licht-Energieformen vor uns im Raum, und wir denken an ihre unermesslichen Qualitäten.

Vor ihnen führen wir in Duplikaten von uns, in der Anzahl, wie es Atome in den Welten gibt, mit allen fühlenden Wesen, die jetzt den kostbaren Menschenkörper haben, die Übung aus.

So praktizieren wir alle die Übungen in Vergangenheit, Gegenwart und Zukunft.

Im ersten Schritt vergegenwärtigen wir uns die unermesslichen, vollkommenen Eigenschaften und Fähigkeiten der Repräsentantinnen und Repräsentanten der Erleuchtung. Dann preisen wir die exzellenten, guten Eigenschaften derer, die Erleuchtung repräsentieren, mit wunderschönen Klängen und Melodien.

Schließlich stellen wir uns vor, dass wir uns, mit allen unseren Duplikaten und mit allen fühlenden Wesen im kostbaren Menschenkörper, verbeugen.

Weiter füllen wir, unsere Duplikate und alle fühlenden Wesen im kostbaren Menschenkörper in der Vorstellung das gesamte Universum mit gereinigten, ins Unermessliche vervielfältigten und dann perfektionierten Gaben. Diese werden vollkommen präsentiert und von sehr gut gekleideten, wunderschönen Helferinnen und Helfern in überaus angenehmer Art dargebracht.

Im nächsten Schritt bedauern wir, unsere Duplikate und alle fühlenden Wesen im kostbaren Menschenkörper vor dem Feld der Ansammlung zutiefst alles Unangemessene, das wir jemals getan haben, tun oder tun werden sowie die Ursachen dafür. Wir bedauern auch alles Negative und die Ursache für alles, das alle anderen Wesen getan haben, tun oder tun werden.

Die vierte Übung besteht darin, dass wir, unsere zahllosen Duplikate und alle fühlenden Wesen im kostbaren Menschenkörper sich von ganzem Herzen über alles Gute und die Ursachen dafür freuen. Vor allem über das, was die Buddhas, Bodhisattvas, Pratyekabuddhas, Arhatis und Arhats, Hörerinnen und Hörerinnen getan haben, tun und tun werden. Und über das, was alle anderen und wir getan haben, tun und tun werden. Sowie über das Gute, das alle fühlenden Wesen erlebt haben, erleben und erleben werden. Und über die Ursache all dessen.

Anschließend fordern wir, unsere Duplikate und alle fühlenden Wesen im kostbaren Menschenkörper die Repräsentantinnen und Repräsentanten der Erleuchtung tief bewegt und mit gefalteten Händen auf, den überaus kostbaren Dharma in der, den fühlenden Wesen jeweils gemässen Art, vor allem aber den Großen Weg und den Diamantweg, zu vermitteln und niemals damit aufzuhören. Hierbei bitten wir um die Unterweisungen in ihrer Gesamtheit und um jede einzelne der 84.000 Belehrungen. Dabei können wir ein unermesslich schönes und kostbares, tausendspeichiges Rad darbringen.

Die sechste Übung besteht darin, dass wir, unsere Duplikate und alle fühlenden Wesen im kostbaren Menschenkörper die Repräsentantinnen und Repräsentanten der Erleuchtung mit gefalteten Händen aus tiefstem Herzen bitten, bei uns zu bleiben, so lange, wie wir sie benötigen und dass wir Langlebenswünsche für sie machen.

Im siebten Schritt widmen wir, unsere Duplikate und alle fühlenden Wesen im kostbaren Menschenkörper die guten geistigen Eindrücke, die durch diese Übungen von Verehren, Darbringen, Bedauern, Mitfreuen, Auffordern und Bitten entstanden sind, und seien sie noch so gering, der raschen, leichten Erleuchtung aller fühlenden Wesen, wie die Buddhas und Bodhisattvas widmen.

Dann bitten wir die gütigen, weisen, strahlenden, wunderschönen und vollkommenen Repräsentantinnen und Repräsentanten der Erleuchtung, dass sie unsere Übung annehmen.

Anschließend löst sich der zentrale Aspekt mit Gefolge in Licht auf und verschmilzt mit uns und allen fühlenden Wesen im kostbaren Menschenkörper.

Als nächstes ruhen wir in der Gewissheit, dass unser Geist und der Geist des zentralen Aspektes nicht verschieden voneinander sind.

Schließlich widmen wir ausnahmslos dieses und alles andere Gute, das jemals angesammelt wurde, angesammelt wird und angesammelt werden wird und die Ursachen für Gutes aus den drei Zeiten mit vollendetem Mitgefühl und perfekter Weisheit, das heißt, so wie die Buddhas und Bodhisattvas widmen, der raschen und leichten Erleuchtung aller fühlenden Wesen.

Wir verweilen noch einen Moment geistig anwesend und freuen uns von ganzem Herzen über das Gute, das wir gerade zusammengetragen haben.

Fassung, in die weitere
Varianten der Sieben Übungen eingebettet werden können

Wir bringen unsere Aufmerksamkeit zu dem, was wir jetzt tun, und lösen uns, so gut wie wir können, von der Vorstellung, dass es ein Ich, ein Tun und ein Gegenüber gibt, wie wir meinen. Wir sind also auch weniger im Modus von "Ich übe", sondern eher in der Haltung, dass etwas getan wird.

Geistig präsent und mit Offenheit, Vertrauen, Hingabe und Freude nehmen wir dann Zuflucht und bringen die erleuchtete Geisteshaltung hervor.

Als nächstes stellen wir uns einen offenen und weiten, leeren Raum vor.

Indem sie in unserer Vergegenwärtigung auf von uns angebotenen, kostbaren und bequemen Sitzen Platz nehmen, erscheinen vor uns in diesem Raum, strahlend, wunderschön und vollkommen, die Repräsentantinnen und Repräsentanten der Erleuchtung.
Im Regelfall ist im Zentrum Buddha. Oder die oder der eigene Lama, in der Karma-Kagyü Linie ist das Karmapa. Oder unser Yidam oder eine Meditationsgottheit, die uns besonders gefällt. Jeweils mit Gefolge.
Wir können auch denken, dass sich auf jedem Atom des Universums unzählige Reine Länder befinden. In ihnen verweilen wiederum zahllose Buddhas der Vergangenheit, Gegenwart und Zukunft mit großem Gefolge aus Bodhisattvas, Pratyekabuddhas, Arhatis und Arhats, Hörerinnen und Hörern.

Sie befinden sich in strahlenden, wunderschönen, vollkommenen Licht-Energieformen vor uns im Raum, und wir denken an ihre unermesslichen Qualitäten.

Vor ihnen führen wir in Duplikaten von uns, in der Anzahl, wie es Atome in den Welten gibt, mit allen fühlenden Wesen, die jetzt den kostbaren Menschenkörper haben, die Übung aus.

So praktizieren wir alle die siebte Übung, Widmen, in Vergangenheit, Gegenwart und Zukunft.

- Hier fügen wir die sieben Schritte der Sieben Übungen ein, Varianten finden wir im folgenden Text. -

Dann bitten wir die gütigen, weisen, strahlenden, wunderschönen und vollkommenen Repräsentantinnen und Repräsentanten der Erleuchtung, dass sie unsere Übung annehmen.

Anschließend löst sich der zentrale Aspekt mit Gefolge in Licht auf und verschmilzt mit uns und allen fühlenden Wesen im kostbaren Menschenkörper.

Als nächstes ruhen wir in der Gewissheit, dass unser Geist und der Geist des zentralen Aspektes nicht verschieden voneinander sind.

Schließlich widmen wir ausnahmslos dieses und alles andere Gute, das jemals angesammelt wurde, angesammelt wird und angesammelt werden wird und die Ursachen für Gutes aus den drei Zeiten mit vollendetem Mitgefühl und perfekter Weisheit, das heißt, so wie die Buddhas und Bodhisattvas widmen, der raschen und leichten Erleuchtung aller fühlenden Wesen.

Wir verweilen noch einen Moment geistig anwesend und freuen uns von ganzem Herzen über das Gute, das wir gerade zusammengetragen haben.

Eine weitere angeleitete Fassung

Wir bringen unsere Aufmerksamkeit zu dem, was wir jetzt tun. Dafür kann es hilfreich sein, sich auf den Atem zu fokussieren.

Geistig präsent und mit Offenheit, Vertrauen, Hingabe und Freude erinnern wir uns daran, dass Buddha, Sangha und der Dharma alles bereithalten, was uns endgültig und völlig aus allem Leid herausführen kann, hin zu einem Zustand von dauerhaftem, ungetrübtem Glück.

Dann denken wir an andere, die auch nicht leiden, sondern glücklich sein möchten. Wir wollen diesen Weg einschlagen, um ihnen ebenfalls zu helfen.

Dann stellen wir uns einen offenen und weiten, leeren Raum vor.

Wir laden unsere oder unseren Herzenslama in Gedanken ein, vor uns in diesem Raum, auf einem kostbaren und bequemen Sitz Platz zu nehmen. Wenn wir noch keine oder keinen Herzenslama gefunden haben, denken wir, dass sie oder er jetzt doch vor uns im Raum verweilt. Sollten wir Fehler an ihr oder ihm wahrnehmen, stellen wir uns vor, wie sie oder er aussieht, ohne diese Fehler zu haben. Unsere oder unser Herzenslama ist also vollkommen, wunderschön, strahlend und völlig glücklich. Und wir denken, dass sie oder er tatsächlich vor uns im Raum ist, es ist kein Photo oder ähnliches.

Im ersten Schritt überlegen wir, was wir an unserer oder unserem Lama schätzen, was wir bewundern, was wir lernen möchten. Wir denken ganz konkret über eine oder mehrere Eigenschaften nach und bringen in uns Hochachtung und Wertschätzung dafür hervor. Wir stellen uns auch vor, wie wir anderen von diesen Qualitäten erzählen, ohne ihnen etwas aufzudrängen.

Im zweiten Schritt überlegen wir, was unserer Lama oder unserem Lama eine Freude machen könnte, was wir ihr oder ihm schenken könnten. Es kann etwas sein, das uns heute oder gestern sehr gefallen hat. Vielleicht ist es eine wunderschöne Blume, vielleicht ist es unsere eigene Praxis. Es könnten unermesslich viele Buddhastatuen sein. Da wir mit der Vorstellung arbeiten, sind uns keine Grenzen gesetzt, und wir können sehr großzügig sein.

Im dritten Schritt überlegen wir, was wir heute oder in den letzten Tagen nicht gut gemacht haben. Das bezieht sich auf unser Denken, Reden und Handeln. Vielleicht haben wir schlecht über jemanden gedacht oder waren wütend. Vielleicht haben wir eine Mücke getötet. Hier versuchen wir, so gut wie es uns möglich ist, herauszufinden, was besonders leidvoll war und erzählen es voller Reue unserer Lama oder unserem Lama. Dabei haben wir keine Schuldgefühle. Denn unsere oder unser Lama ist Liebe und Güte und Weisheit pur. Es tut uns jetzt auch sehr leid, dass wir noch nicht in der Lage sind, diese Qualitäten in uns selbst auch hervorzuholen und anzuwenden. Wir nehmen uns also vor, solche Handlungen nicht mehr auszuführen, sondern das Gegenteil zu tun. Waren wir also ruppig, nehmen wir uns vor, das zu lassen und freundlich zu allen zu sein.

Im vierten Schritt überlegen wir, wie viel unsere Lama oder unser Lama für uns und für alle anderen tut und freuen uns von ganzem Herzen daran. Auch freuen wir uns über alles Gute, das unsere Lama und unser Lama erlebt.

Im fünften Schritt bitten wir unsere oder unseren Herzenslama uns und alle anderen fühlenden Wesen stets anzuleiten und uns zu helfen, bis wir selbst erleuchtet sind.

Auch dann, wenn wir nicht in ihrer oder seiner Nähe sind, wenn es lange dauert und wir uns immer mal wieder ungeschickt verhalten.

Im sechsten Schritt bitten wir unsere Lama oder unseren Lama, bei uns und allen anderen zu bleiben, bis wir erleuchtet sind, auch dann, in welcher Form auch immer, wenn sie oder er nicht konkret bei uns ist. Wir wünschen weiter aus tiefstem Herzen, dass sie oder er lange lebt und gesund bleibt.

Dann bitten wir unsere oder unseren Lama, unsere Übung anzunehmen.

Anschließend löst sich unsere oder unser Lama in Licht auf und verschmilzt mit uns. Wir können vergegenwärtigen, dass wir sie oder ihn einladen, in unserem Herzen Platz zu nehmen. Sie oder er ist sehr erfreut darüber, kommt zu uns und befindet sich dann über unserem Kopf. Ihr oder sein Gesicht ist in dieselbe Richtung gewandt wie unseres. Dann bewegt sie oder er sich vor unserer Wirbelsäule, die aufrecht ist, in unser Herz. Dort nimmt sie oder er in einem komfortablen, wunderschönen Raum auf einer Lotusblüte Platz.

Als nächstes ruhen wir in der Gewissheit, dass unser Geist und der Geist unserer Lama oder unseres Lamas grundlegend gleich sind.

Schließlich widmen wir dieses und alles andere Gute, das jemals angesammelt wurde, angesammelt wird und angesammelt werden wird sowie die Ursachen mit vollendetem Mitgefühl und perfekter Weisheit, also so wie die Buddhas und Bodhisattvas widmen, dafür, dass alle den höchsten Zustand erreichen.

Wir verweilen noch einen Moment geistig anwesend und freuen uns von ganzem Herzen über das Gute, das wir zusammengetragen haben.

Wir bleiben dann weiter geistig präsent, und mit Freude beenden wir unsere Übung. Dann wenden wir uns geistig präsent unserer nächsten Aktivität zu.

Kurze Fassung

Verehren, Geben, Bedauern, Erfreuen, Auffordern, Bitten und Widmen.

(Siehe Zitateliste Seite 569-572)

Klassische Fassung,
die so oder so ähnlich oft in Texten zu finden ist

Was immer an Gutem durch
Verehren und Darbringen, Bekennen und Erfreuen, Auffordern und Bitten
angesammelt wurde, und sei es noch so gering,
ich widme all dies dem Erlangen vollkommener Erleuchtung.

Siehe Zitateliste Seite 574-577)

Fassung von Machig Labdrön
als sie Sönam Lama um die Ermächtigung der fünf Göttinnen
des Herzens der Vajravarahi bat

„Vor allen Lamas, die in den Zustand der Bewusstheit der ursprünglichen
Weisheit einführen, werfe ich mich nieder!
Vor den Devas und Gottheiten, die Kräfte gewähren, werfe ich mich nieder!
Vor den Buddhas,
die zeigen, was man annehmen und was man zurückweisen soll,
werfe ich mich nieder!
Vor dem Dharma, der von Verhaftung befreit, werfe ich mich nieder!
Vor der Sangha, der Gaben darzubringen segensreich ist,
werfe ich mich nieder!
Vor den Wächtern des Dharma, die alle Hindernisse beseitigen,
werfe ich mich nieder!
Bis ich die Erleuchtung erreicht habe, will ich zu euch allen beten!
Ich bringe die fünf Sinnesfreuden dar.
Ich entsage allem negativen Tun.
Bitte, drehe das Rad des Dharma!
Scheidet nicht dahin!
Und mögen jegliche erworbenen Verdienste
an alle fühlenden Wesen verteilt werden!"

(Siehe Zitateliste Seite 569-572)

Fassung aus dem Meditationstext:
„Das Ritual der Grünen Tara"

„Wo immer sie in den Welten der zehn Richtungen weilen,
verbeuge ich mich voller Inspiration mit Körper, Rede und Geist
vor ausnahmslos allen Löwen unter den Menschen,
die in den drei Zeiten erscheinen.

Mit der Kraft der Wunschgebete für vortreffliche Aktivität
vergegenwärtige ich mir sämtliche Siegreichen im Geiste und
verbeuge mich vollständig
mit so vielen Körpern, wie es Partikel in allen Gefilden gibt,
allen Siegreichen meine völlige Ehrerbietung erweisend.

Auf jedem Partikel stelle ich mir so viele Buddhas vor, wie es Partikel gibt -
Buddhas, die inmitten ihrer Erben weilen
und auf diese Weise alle Dharmaräume ausnahmslos und vollständig
mit Siegreichen füllen.

Mit unerschöpflichen Ozeanen von Preisungen
verkündige ich mit allen Klängen eines Meeres verschiedenster Melodien
aufs Vortrefflichste die Qualitäten aller Siegreichen und
preise sämtliche Zur-Freude-Gegangenen.

Edle Blumen, edle Girlanden, angenehme Klänge,
parfümierte, vorzügliche Schirme, vortreffliche Butterlampen und
feines Räucherwerk
bringe ich diesen Siegreichen dar.

Weiterhin opfere ich diesen Siegern
feinste Gewänder, erlesene Parfüms und
Gefäße mit aromatischem Pulver, so hoch wie Berg Meru,
ein spezielles Arrangement des Allerbesten und Edelsten.

Zudem verehre ich sämtliche Siegreichen
mit allen Arten von Gaben, unübertrefflich und in unermesslicher Fülle.
Mit den Kräften des Vertrauens in vortreffliche Aktivität
bringe ich allen Buddhas Verbeugungen und Opferungen dar.
Ich bekenne jede einzelne all der schädlichen Handlungen,
die ich jemals, beeinflusst von Begierde, Hass und Dummheit,
mit dem Körper, der Rede und ebenso auch mit dem Geist beging.

501

Ich bitte inständig sämtliche Schützer,
all die Leuchten der Welten in den zehn Richtungen,
die schrittweise die Erleuchtung, uneingeschränkte Buddhaschaft,
hervorgebracht haben:
Dreht das Rad (der Lehre) auf unübertreffliche Weise!

All jene, die den Übergang ins „Jenseits von Leid" zeigen möchten,
bitte ich zudem mit vortrefflich aneinandergelegten Händen,
zum Nutzen und für das Glück aller Wesen,
für so viele Zeitalter zu bleiben,
wie es Partikel in den Gefilden gibt.

Was immer ich an Heilsamem durch
Verbeugen, Opfern, Bekennen, Mitfreuen, Ersuchen und Bitten
angesammelt habe – und sei es noch so gering –
ich widme alles dem Ziel der Erleuchtung."

(Siehe Zitateliste Seite 569-572)

Fassung aus einem Milarepa Meditationstext

„Den eigenen Geist als Lama erkennend verbeugen wir uns voller Hingabe.
Frei von Anhaften bringen wir die sechs Sinne als Gaben dar.
In der Weite selbstgewahren Seins bekennen wir
dualistisches Ergreifen und Fixieren.
Wir erfreuen uns am ununterbrochen strömenden Mitgefühl.
Bitte drehe das Dharmarad alldurchdringenden Gewahrseins.
Wir ersuchen dich,
im durch nichts zu verbessernden Dharmakaya zu verweilen und
widmen dies,
so dass alle Wesen, die den Raum füllen, die drei Körper erlangen.
Möge dies die Abgründe Samsaras erschüttern und
das Wohl der Wesen bewirken."

(Siehe Zitateliste Seite 569-572)

Fassung aus einem Guru Yoga der vierten Grundübung

„Ich verbeuge mich vor dem strahlenden, wahren Lama
im Akanistha, dem Palast des Wahrheitsraumes.
Du bist die Essenz der Buddhas der drei Zeiten
und zeigst mir unmittelbar meinen Geist als Wahrheitszustand.

Ich preise Dich und schenke dir im Geist Körper und Besitz.

Ich gestehe mir
alle leidbringenden Handlungen ein, die ich zuvor getan habe, und
werde in Zukunft keine weiteren mehr tun.
Ich freue mich an den guten Handlungen aller Wesen und gebe sie weiter,
damit sie zur Ursache der höchsten Erleuchtung werden.

Ich bitte dich, hierzubleiben und nicht ins Nirvana zu gehen.

Ich ersuche dich, das Rad der Lehre des
höchsten, unübertrefflichen Fahrzeuges zu drehen.

- Die Widmung steht dann am Ende des Textes für den gesamten Text, sie fehlt
also hier und müsste beim Üben noch hinzugefügt werden. -

(Siehe Zitateliste Seite 569-572)

Fassung aus dem Samantabhadra-Wunschgebet

Verehren, mit dem Körper
1. All ihr Buddhas der drei Zeiten und
der zahllosen Welten der zehn Richtungen, ihr Löwen unter den Menschen:
Euch allen bringe ich meine Verehrung dar,
voll Freude, durch Körper, Rede und Geist.
2. Durch die Kraft der Wege des Strebens nach dem Vollendeten Wirken
seid ihr, all ihr Siegreichen, tatsächlich in meinem Geist.
Mit Körpern so zahlreich wie Atome in den Welten
verbeuge ich mich und
bezeuge euch, all ihr Siegreichen, höchste Verehrung."

Verehren, mit dem Geist
3. In einem einzigen Atom weilen Buddhas, so zahlreich wie Atome,
von Bodhisattvas umgeben.
Ich vertraue darauf, dass damit alles, die gesamte Sphäre des Seins,
von euch Siegreichen erfüllt ist."

Verehren, mit der Sprache
4. Die Ozeane eurer unerschöpflichen Qualitäten
preise ich in allen Tönen, mit Ozeanen verschiedener Wohlklänge.
In vollkommener Weise beschreibe ich eure Qualitäten, all ihr Siegreichen,
und lobpreise euch, all ihr Sugatas.

Gaben, übertreffbare Gaben
5. Edle Blumen und edle Girlanden, Klänge, Balsam und erlesenste Schirme,
vollkommene Lichter und edles Räucherwerk
bringe ich euch Siegreichen als Gaben dar.
6. Edle Gewänder und feinste Düfte
sowie Pulversäckchen, dem Berg Meru gleich:
All dies Erlesene, vollendet angerichtet,
bringe ich euch Siegreichen als Gabe dar."

Gaben, unübertreffliche Gaben
7. Gaben, unübertrefflich und umfangreich,
bringe ich euch, all ihr Siegreichen,
voll Wertschätzung dar.
Mit der Kraft des Vertrauens in das Vollendete Wirken
verehre ich euch und bringe euch, all ihr Siegreichen, Gaben dar."

Bedauern

8. Von Begierde, Zorn und Unwissenheit vereinnahmt
habe ich Negatives getan, durch Körper, Rede und Geist.
All diese üblen Taten, was immer es auch war, bekenne ich im Einzelnen."

Mitfreuen

9. Ich erfreue mich an all dem Guten
aller Siegreichen und Bodhisattvas der zehn Richtungen, der Pratyekabuddhas,
all jener, die auf dem Weg sind oder bereits am Ziel
sowie jenem aller Wesen."

Auffordern

10. Leuchten der Welten aller zehn Richtungen,
die ihr über die Stufen zur Erleuchtung
den Buddha-Zustand, Freiheit von Verhaftetsein, erlangt habt,
euch alle, ihr Schützer, fordere ich auf:
„Dreht das unübertreffliche Rad!"

Bitten

11. Jene unter euch, die beabsichtigen, das Paranirvana zu zeigen,
bitte ich mit gefalteten Händen:
Bleibt zum Wohl und zur Freude aller Wesen
für Äonen, so zahlreich, wie es Atome in den Welten gibt."

Widmen

12. Was immer an Gutem durch
Verehren und Opfern, Bekennen und Erfreuen, Auffordern und Bitten
angesammelt wurde, und sei es noch so gering,
ich widme all dies dem Erlangen vollkommener Erleuchtung."

(Siehe Zitateliste Seite 569-572)

Fassung aus dem Tibetischen Totenbuch

Das Gebet in zehn Abteilungen für die Ansammlung (von Verdienst).

(Zuerst) vergegenwärtige die
Drei Juwelen und die Gottheiten der einhundert erleuchteten Familien
im Raum vor dir und dann rezitiere wie folgt:

1. Die Abteilung der Zufluchtnahme
„Om ah hung. Hochachtungsvoll nehme ich Zuflucht,
untrennbar von jetzt bis zur Erleuchtung,
zur Unendlichkeit der friedlichen und zornvollen Gottheiten,
zu den Siegreichen, die zur Glückseligkeit gegangen sind,
zu den Drei Juwelen, den Meditationsgottheiten,
zum Ozean der Dakinis und der Versammlung der eidgebundenen Schützer
innerhalb der unendlichen (Buddha-)Felder,
die bis zu den Grenzen des Raumes reichen."

2. Die Abteilung der Einladung
„Ich bitte die unendlichen friedlichen und zornvollen Gottheiten
der zehn Richtungen und drei Zeiten,
jene erbarmenden Emanationen,
die unterscheidendes Gewahrsein und geschickte Mittel verkörpern,
zum Wohle aller Lebewesen an diesen Ort zu kommen."

3. Die Abteilung der Bitte (an die Gottheiten), Platz zu nehmen
„Ich bitte darum, dass (die Meditationsgottheiten) hier Platz nehmen
auf Kissen von Sonne, Mond und Lotus,
(wie sie) geschickte Mittel, unterscheidendes Gewahrsein und
deren unbefleckte (Vereinigung symbolisieren),
auf ihren juwelenbesetzten Thronen, (die) in der Form von Löwen
- und so weiter (gestaltet sind),
in (einer Haltung) makellosen, höchsten Entzückens
innerhalb dieses Mandalas reinen Erkennens,
welches die (natürliche) Reinheit der phänomenalen Existenz ist!"

4. Die Abteilung der Ehrerbietung

„Ich verneige mich
vor der Versammlung der friedlichen und zornvollen Siegreichen,
vor den Vater- und Muttergottheiten und ihrer (gesamten) Nachkommenschaft,
(deren Essenz) das reine Erkennen des Samantabhadra (ist),
das sich als unbefleckte Glückseligkeit
im geheimen Schoß der Samantabhadri offenbart."

5. Die Abteilung der Darbringung von Gaben

„Ich bitte die friedlichen und zornvollen Gottheiten,
die Ozeane jener, die zur Glückseligkeit gegangen sind,
teilzuhaben an diesen unschätzbaren äußeren, inneren und geheimen Gaben,
sowohl an den tatsächlich aufgestellten
als auch an den in der Vorstellung aufgestellten,
die zum Wohle aller Lebewesen dargebracht werden."

6. Die Abteilung des Benennens von Negativität
„Ich bestätige und bekenne reumütig all meine negativen Verdunkelungen
sowie all meine gewohnheitsmäßigen Neigungen von Körper, Rede und Geist,
die anfangslos unter dem Einfluss der drei Gifte stehen,
welche die sich ansammelnden Ursachen (für die Wiedergeburt)
in den niedrigen Seinszuständen (des Leidens) des Daseinskreislaufes sind."

7. Die Abteilung der Mitfreude
„Ich erfreue mich mit großem Entzücken an den
(Buddha-)Feldern höchster Glückseligkeit,
wo alle phänomenale Existenz
(als) die Verbreitung der Weite der Wirklichkeit (erkannt wird).
Ich erfreue mich an (allen) erbarmungsvollen Taten,
an ihren Verdiensten und an ihrer altruistischen Absicht sowie
an allen (Taten, die) die Quelle von Verdienst und reinem Erkennen (sind)."

8. Die Abteilung des Drehens des Rades der (heiligen) Lehren
„Ich ermahne die Lehrer überall in den Feldern der zehn Richtungen,
die so zahlreich sind wie die Atome,
sich von ihren meditativen Verpflichtungen
zum Wohle aller fühlenden Wesen dazu bewegen zu lassen,
das Rad der heiligen Lehren zu drehen
und auf diese Weise die Weite des Raumes zu durchdringen."

9. Die Abteilung der Bitte an die Buddhas, nicht in das Nirwana einzugehen

„Ich flehe euch an, oh Lehrer, unendliche Buddhas
ohne Ausnahme, (anwesend) zu bleiben und nicht in Nirwana überzugehen
und weiterhin Taten
von weitreichendem Nutzen zum Wohle der Wesen auszuüben,
bis die Weltsysteme des Daseinskreislaufes geleert sind!"

10. Die Abteilung, in der (das Verdienst) dem unübertroffenen Großen Weg gewidmet wird

„Mögen alle fühlenden Wesen
überall bis in die weitesten Welten des Raumes (kraft)
sämtlichen vergangenen, gegenwärtigen und zukünftigen Verdienstes,
das ich ansammle,
zu würdigen Empfängern des unübertroffenen großen Weges heranreifen und
dann rasch den Status der
unendlichen friedlichen und zornvollen Gottheiten erlangen!"

(Siehe Zitateliste Seite 569-572)

Fassung aus dem Bodhicarya-Avatara

In diesem Werk von Shantideva gibt es eine ganze Reihe von Versen, die zu den Sieben Übungen gehören.

Fassung aus dem Dewachen-Wunschgebet von Deshin Shegpa, dem 5. Karmapa

In diesem Wunschgebet finden wir zu Beginn die Sieben Übungen in Bezug auf Buddha Amitabha.

Eine Formulierung für ein Wunschgebet für die Wiedergeburt in Dewachen vom 6. Shamarpa, Chökyi Wangchuk, in Verbindung mit den Sieben Übungen

Dieses Wunschgebet, welches die Sieben Übungen enthält, finden wir im Kapitel über die Vier Ursachen für eine Wiedergeburt in Dewachen, auf Seite 497.

6. Glossar

Begriffe, die an erster Stelle eine Zahl beinhalten, sind oft stehende Begriffe. Sie werden hier dann auch entsprechend, also unter der Zahl, eingeordnet.

Abhidharma:
Die Lehre Buddhas wird in drei Abteilungen, drei Körbe, eingeteilt. Einer dieser Körbe heißt Abhidharma. Hier geht es um die Frage, was Befreiung und Erleuchtung ermöglicht und was sie verhindert.
Die anderen beiden Körbe sind Sutra (Unterweisungen für die persönliche Übung) und Vinaya (Erklärungen zu angemessenem Verhalten).

Abneigung, Ärger:
Aufgrund von Unwissenheit darüber, wie die Dinge wirklich sind, kommt es zu einer fehlerhaften Beurteilung. Das heißt, zu einer Geisteshaltung, die die (vermeintlich) schlechten Eigenschaften von etwas übertreibt und es vermeiden möchte. Abneigung ist insofern eine Form von Anhaftung, da es im Vorfeld immer eine Idee davon gab, wie etwas sein sollte. Diese Vorstellung wurde aber nicht erfüllt. Auch sind Zorn, Ärger und Abneigung Hinweise dafür, dass gerade nicht genug gute geistige Eindrücke reifen, um etwas Besseres, etwas Gutes zu sehen und zu erleben. Insofern ist Zorn eine Mangelerscheinung und bedingt weitere Mangelerscheinungen.
Abneigung und Ärger gehören zu den fünf hauptsächlichen störenden Gefühlen. Ein mögliches Ergebnis von Abneigung, Ärger und Zorn ist eine Wiedergeburt in den Paranoiabereichen (Höllenbereiche).

Achi Chökyi Dölma: *1059
Eine Tibeterin, die als Manifestation der ursprünglichen Weisheit gesehen wird. Ihre Mutter hieß Dringza Darjam, ihr Vater war Nanam Päl. Beide Eltern starben, als sie acht Jahre alt war, und sie wuchs dann bei ihrem Onkel auf.
Achi war sehr schön, und es gab viele Männer, die ihr, allerdings erfolglos, Heiratsanträge machten.
Denn sie hatte in einer Vision ihren zukünftigen Partner, einen Yogi, gesehen. Daher verließ sie mit nur 16 Jahren ihre Heimat und reiste in den entfernten Ostteil Tibets, wo sie diesen Mann auch tatsächlich traf. Dort überzeugte sie ihn von der Notwendigkeit einer Verbindung zwischen ihnen beiden. Sie heirateten und Achi bekam vier Kinder. Als Achi dieses Leben verließ, ritt sie auf einem blauen Wolkenpferd in den Himmel, und es blieb kein Körper zurück.
Achi ist die große Dharma-Schützerin der Lehre Buddhas. Einer ihrer Urenkel, Jigten Sumgön, ist der Begründer der Drikung-Linie, und es besteht auch daher eine starke Verbindung zur Drikung-Linie.

Acht Freiheiten:
Um Erleuchtung zu erreichen, ist eine Wiedergeburt als Mensch erforderlich. Darüber hinaus sind bestimmte Bedingungen nötig, die diese Wiedergeburt als Mensch zu einem kostbaren Menschendasein machen. Wir sprechen dann von einem kostbaren Menschenkörper. Zu diesen Bedingungen gehören die acht Freiheiten, das heißt, das Freisein von acht verhindernden Umständen. Nähere Erläuterungen dazu gibt es im Kapitel über Mitfreude.

Acht Mahayana-Gelübde:
Es handelt sich um acht Versprechen, die in der Regel für einen Tag oder für einen längeren Zeitraum, auch bis zur Erleuchtung, abgelegt werden (können). Sie sind vor allem aus der Meditation des sogenannten Nyung Nyes bekannt:
1. nicht töten,
2. nicht nehmen, was nicht gegeben wurde,
3. kein Sex,
4. nicht lügen,
5. keine berauschenden Substanzen zu sich nehmen,
6. nicht auf hohen Sitzen liegen oder sitzen,
7. nicht zur falschen Zeit essen, also ab Mittag nichts mehr zu sich nehmen,
8. keinen Schmuck tragen, kein Parfüm verwenden, nicht tanzen, nicht singen.

Alleinverwirklicher:
Siehe „Selbstverwirklicher".

Akanistha (skr.):
Og min (tib.)
Der Bereich, in dem eine oder ein Bodhisattva am Ende der 10. Bodhisattvastufe in der Sambhogakaya-Form erscheint und dort auf Grundlage des Guten, die sie oder er über Äonen angesammelt hat, Erleuchtung erreicht. Darüber, wo Akanistha ist, gibt es verschiedene Aussagen.

Ambapali: circa 500 v. u. Z.
Sie wurde unter einem Mangobaum gefunden, es heißt, sie sei auf übernatürliche Weise geboren worden. Da sie sehr schön war und Prinzen um sie kämpften, wurde beschlossen, dass sie erste Prostituierte der Stadt Vesali (heute Basarh) werden sollte. Dann traf sie Buddha, hörte ihn, gab alles auf, folgte dem Dharma und erreichte Verwirklichung.

Amitabha (skr.):
Öpame (tib.)
Wörtlich: „Buddha des Grenzenlosen Lichtes".
Männlicher Buddha von roter Körperfarbe, der zur Lotus-Familie gehört.
Er ist einer der fünf Dhyani-Buddhas und der Gefährte von Pandaravasini.
Seine Himmelrichtung ist der Westen.

Dort liegt auch das von ihm manifestierte Reine Land, Dewachen, das er durch seinen unermesslichen Verdienst und durch seine unermüdlichen Wunschgebete ermöglicht hat. Dewachen ist im Gegensatz zu den anderen Reinen Ländern auch für fühlende Wesen erreichbar, die noch nicht Befreiung erreicht haben.

Mehr Informationen dazu im Kapitel zu den „Die Vier Ursachen für eine Wiedergeburt in Dewachen."

Anhaftung:

Eine Geisteshaltung, die die guten Eigenschaften von etwas übertreibt und es dann haben möchte. Es kommt also aufgrund von Unwissenheit darüber, wie die Dinge wirklich sind, zu einer fehlerhaften Beurteilung.

Unwissenheit führt somit zu Ich-Anhaftung und alles, was dieses Ich als (vermeintlich) angenehm empfindet, möchte es erreichen oder vermehren. Um das zu bewerkstelligen, handelt man sehr oft leidvoll, für sich und für andere. Dieses unangemessene Handeln kreiert die Ursache dafür, dass später als Ergebnis wieder leidvolles Erleben entsteht. Eine stärkere Ausprägung von Anhaftung ist Begierde, die zu den fünf hauptsächlichen störenden Gefühlen gehört. Ein mögliches Ergebnis von Anhaftung und von ihren unterschiedlichen Ausprägungen ist eine Wiedergeburt im menschlichen Bereich.

Siehe auch „Ich".

Arhati, Arhat:

"Jemand, die oder der den (wirklichen) Feind (die Ich-Anhaftung) überwunden hat".

Eine Arhati oder ein Arhat verweilt in einem komplett gezähmten Geisteszustand, in dem Leid und dessen Ursache völlig und dauerhaft überwunden ist. Erleuchtung ist allerdings noch nicht verwirklicht. Arhatis und Arhats sind neben den Pratyekabuddhas diejenigen, die das maximal mögliche Ziel des Kleinen Weges erreicht haben.

Nach Auffassung des Großen Weges wird eine Arhati oder ein Arhat nach zehn kosmischen Zeitaltern (auch Weltzeitalter oder Kalpa) mit Hilfe der Buddhas den Bodhisattva-Weg einschlagen und schließlich Erleuchtung erreichen.

Asanga: 4. oder 5. Jhd. n. u. Z.

Eines der beiden Kinder von Prakashashila („Klare Disziplin"). Sie hatte ein weiteres Kind, es war Vasubandu.

Siehe auch „Prakashashila".

Atisha: um 1000 n. u. Z.

Indischer Meister und Gelehrter. Er erhielt viele Bodhicitta-Lehren, vor allem von Dharmakirti in Indonesien. Sein letztes Lebensjahrzehnt verbrachte er in Tibet.

Auflösungsphase:

Siehe „Vollendungsphase".

Ausstrahlungszustand:
trul ku (tib.), Nirmanakaya (skr.)
Wird auch als Ausstrahlungskörper bezeichnet.
Erleuchtete haben mehrere Körper. Meistens ist von drei Körpern die Rede.
Hierbei dient der Wahrheitszustand (bzw.-körper) dem eigenen Nutzen. Der
Freudenzustand (bzw.-körper) und der Ausstrahlungszustand (bzw. -körper)
bewirken beide den Nutzen von anderen.
Der Ausstrahlungszustand kann von denen gesehen werden, die das Karma
dafür haben. Ein Beispiel für diese Art von Körper ist Buddha Shakyamuni.
Tatsächlich kann ein Buddha aus authentischem Mitgefühl aber viele Formen
annehmen. Die perfekteste Form ist jedoch die eines Buddhas.
Ein Beispiel für den Freudenzustand ist die Grüne Tara. Tatsächlich ist der
Freudenzustand nur für fortgeschrittene Bodhisattvas direkt wahrnehmbar.
Der Wahrheitszustand ist das letztendliche, zeitlose Wesen einer Buddha oder
eines Buddhas, jenseits von Beschreibbarkeit.

Authentische Liebe:
Siehe „Liebe".

Authentisches Mitgefühl:
Siehe „Mitgefühl".

Avalokiteshvara:
Siehe „Chenrezig".

Befreiende Handlungen:
Siehe „Sechs Paramitas.

Befreiung:
Der Begriff bezeichnet die Befreiung vom Daseinskreislauf. Es ist ein Zustand,
in dem man frei von Leid und den Ursachen von Leid ist. Erleuchtung ist
allerdings noch nicht erreicht.
Im Kleinen Weg spricht man statt von Befreiung von Arhatschaft. Im Großen
Weg verwendet man den Begriff der ersten Bodhisattvastufe oder man sagt
erstes Bhumi. Im Diamantweg wird die Bezeichnung Befreiung verwendet.
Dieser Zustand bedeutet, dass man frei davon ist, sich mit einem Ich zu
identifizieren. Die Schleier der Emotionen sind damit sehr weitgehend gefallen.
Es verbleiben im Wesentlichen aber noch die Wissensschleier. Sind auch diese
und die minimalen, noch vorhandenen emotionalen Schleier entfernt, hat man
den Buddhazustand verwirklicht.
Befreiung, die acht Freiheiten und Freiheit im normalen Sprachgebrauch
bezeichnen jeweils etwas anderes. Erklärungen dazu finden wir im
Einleitungskapitel und dort dann im Unterkapitel: „Der Weg zur Erleuchtung".
Siehe auch „Acht Freiheiten".

Begierde:
Siehe „Anhaftung".

Berg Meru:
Siehe „Meru".

Bodhicitta (skr.):
Wird auch als Erleuchtungsgeist oder erleuchtete Geisteshaltung bezeichnet.
Bodhicitta ist die positivste Handlung von allen. Diese Geisteshaltung, die
ausschließlich das Glück der fühlenden Wesen und dessen Ursache bewirken
möchte. Es ist also die auf die Erleuchtung aller fühlenden Wesen
ausgerichtete, unfehlbare Vorgehensweise, um Buddhaschaft zu erreichen.
Bodhicitta umfasst die beiden Aspekte von Mitgefühl und Leerheit. Leerheit
beendet unser Herumirren im Daseinskreislauf, da wir nicht mehr nach einem,
unserem vermeintlich vorhandenen, Ich greifen. Mitgefühl bewahrt uns davor,
auf den Kleinen Weg zu geraten, da wir unser Herz für alle fühlenden Wesen
öffnen.
Wir unterscheiden zwei Arten von Bodhicitta:
1. Relatives Bodhicitta, es ist wiederum unterteilt in:
    1.1. Bodhicitta des Wunsches, wir wünschen, Bodhicitta hervorzubringen.
    1.2. Bodhicitta der Anwendung, das heißt, dass wir die Sechs Paramitas
        üben, womit wir Bodhicitta anwenden. Das Bodhisattva-Versprechen
        gehört ebenfalls zum Bodhicitta der Anwendung.
    Relatives Bodhicitta wird vom dualistischen Geist ausgehend geübt. Es ist
    vergleichsweise einfach hervorzubringen, aber der Nutzen ist unermesslich.
2. Absolutes Bodhicitta:
    Erkenntnis der Untrennbarkeit von Leerheit und Mitgefühl, strahlend,
    unerschütterlich und nicht mit Konzepten erfassbar.
    Es ist die Leerheit und die nicht wandelbare, nicht endende Aktivität der
    Klarheit, die in der Essenz Mitgefühl ist. Auf absoluter Ebene ist es die direkte
    Einsicht in die letztendliche Natur. Hat man relatives Bodhicitta vollkommen
    hervorgebracht, kommt absolutes Bodhicitta hervor.
    Als Anfängerin oder Anfänger kann man absolutes Bodhicitta allerdings noch
    nicht wirklich praktizieren.
    Absolutes Bodhicitta, absolutes Wissen und Buddha-Zustand bezeichnen
    dasselbe.
Siehe auch „Bodhisattva" und „Bodhisattva-Versprechen".

Bhumi:
Siehe „Bodhisattvastufen".

Bodhi-Baum:
Eine Pappel, unter der Buddha saß, als er Erleuchtung erreichte. Der Bodhi-
Baum wurde in späterer Zeit ein Symbol für die Buddhaschaft selbst.

Bodhicaryavatara:
Wesentliches, sehr bekanntes Werk von Shantideva zur erleuchteten Geisteshaltung (Bodhicitta).

Bodhisattva (skr.):
Jemand, die oder der dem Bodhisattvaweg folgt und Erleuchtung zum Nutzen aller fühlenden Wesen erreichen möchte.
Nicht alle Bodhisattvas sind gleich weit fortgeschritten. Im Wesentlichen kann man unterscheiden zwischen:
1. denjenigen, die sich entschlossen haben, alle anderen fühlenden Wesen zur Erleuchtung zu führen und sich im Bodhisattvaverhalten zu üben, aber noch nicht Befreiung erreicht haben;
2. denjenigen, die mindestens die erste oder eine der weiteren Bodhisattvastufen erreicht haben. Sie haben sehr viel umfassendere Möglichkeiten, anderen zu helfen, als diejenigen, die noch nicht so weit sind.
Wir können die Aktivitäten von Bodhisattvas wie folgt beschreiben:
1. Vervollkommnung von Verdienst und komplettes Freilegen von Weisheit,
2. zur Reife führen von fühlenden Wesen,
3. Reinigen der Welten des Daseinskreislaufes.
Im weiteren Sinn ist eine oder ein Bodhisattva jemand, die oder der sehr viel für andere tut, ohne dafür etwas zurückerhalten zu wollen.
Formal wird man eine oder ein Bodhisattva, indem man das Bodhisattva-Versprechen ablegt. Damit hat die eigene Aktivität dann auch wesentlich mehr Kraft.
Siehe auch „Bodhicitta" und „Bodhisattva-Versprechen".

Bodhisattva "Große Kraft":
Vajrapani (skr.), Channa Dorje (tib.)
Er verkörpert die Tatkraft aller Buddhas.

Bodhisattvastufe(n):
Bhumi(s) (skr.)
Sie werden auch als Bodhisattva-Ebenen bezeichnet.
Meist ist von zehn Stufen die Rede, wobei jede Stufe die vorherige an Reinheit und Qualitäten übertrifft. Bodhisattvas ab der 8. Stufe haben beispielsweise Kontrolle über ihre Lebensdauer. Es gibt auch die Einteilung in dreizehn Stufen.

Bodhisattva-Versprechen:
Auch Bodhisattva-Gelübde.
Man verspricht zum Besten aller fühlenden Wesen, den Buddhazustand zu erreichen. Das beinhaltet, dass man alle fühlenden Wesen zur Erleuchtung führen wird, das sagt man verbindlich zu.
Dieses Versprechen wird im Regelfall bei einer oder einem Bodhisattva genommen. Ist das nicht durchführbar, weil die Anreise Lebensgefahr bedeutet oder eingegangene Verpflichtungen eine Reise wirklich verhindern, kann man das Versprechen vor einer Buddhastatue nehmen.

Ist auch eine solche nicht vorhanden, dann visualisiert man Manifestationen des Buddhas und der Bodhisattvas vor sich im Raum und sagt das Gelübde dreimal. Die Voraussetzung für das Ablegen des Bodhisattva-Versprechens ist allermindestens die buddhistische Zuflucht, die man bei einer autorisierten Dharmalehrerin oder einem autorisierten Dharmalehrer nimmt.

Brahma:
Der Begriff bezeichnet den indischen Gott Brahma, der Herrscher der Götter im ersten Formbereich. Er wird im Buddhismus nicht als unsterblich betrachtet.

Brahmanin,Brahmane:
Gehört der obersten Kaste in Indien an und wird als reines Wesen gesehen, und für diese Person ist Reinheit auch wichtig.

Buddha (skr.):
sang gye (tib.)
Bezeichnet den vollkommen erleuchteten Geisteszustand, der absolute Weisheit ist. Buddha ist hier die Bezeichnung für jemanden, die oder der erleuchtet ist. Es kann auch nochmals unterschieden werden in jemanden, die oder der erleuchtet ist. Und jemand, die oder der als Buddha in einem Weltzeitalter erscheint. Das heißt auch, nicht alle, die erleuchtet sind, erscheinen als Buddhas.
Im umgangssprachlichen Kontext ist Buddha im Regelfall unser historischer Buddha, Buddha Shakyamuni. Er ist der vierte von den insgesamt etwa 1000 Buddhas unseres Weltzeitalters und einer von dreien dieser 1000 Buddhas, der den Diamantweg, den Vajrayana, öffentlich lehrt, der Erleuchtung in einem Leben ermöglicht. Vorausgesetzt, man setzt sich unter anderem sehr intensiv dafür ein.
Das tibetische Wort für Buddha setzt sich aus zwei Silben zusammen: Einmal „sang", das bedeutet "vollkommen gereinigt" von allen Schleiern, die die Klarheit des Geistes trüben. Alles, was es zu bereinigen gibt, ist also bereinigt. Weiter „gye", das bedeutet die "vollkommene Entfaltung" aller Qualitäten. Alles, was es zu entfalten oder an Qualitäten freizulegen gibt, ist verwirklicht.
Der Buddhazustand ist unter anderem gekennzeichnet durch die Qualitäten von reinstem Mitgefühl, vollkommener Weisheit und perfekter Tatkraft. Weiter ist es die beste Möglichkeit, anderen zu helfen, selbst eine oder ein Buddha zu sein.
Dabei ist der Unterschied zwischen einer oder einem Buddha und einer oder einem Bodhisattva so groß, wie der Unterschied zwischen der Menge des Wassers in einem Ozean und der Menge des Wassers im Fußabdruck eines Ochsens. Allerdings ist eine oder ein Bodhisattva auf der 10. Stufe jemand, die oder der soviel weiter ist als man selbst, dass man als normale Person diesen Zustand nicht annähernd erfassen kann. Daher sollte man sich nicht dazu verleiten lassen, den Vergleich mit einem Ochsen dahingehend missezuverstehen, dass eine oder ein Bodhisattva der 10. Stufe tatsächlich so ist wie ein Ochse. Es ist tatsächlich die Menge des Wassers in dem Fußabdruck, die mit der Menge des Wassers in einem Ozean verglichen wird.

Buddha Amitabha:
Siehe „Amitabha".

Buddha-Aspekt:
Bezeichnet eine erleuchtete Form, die eine oder mehrere der Qualitäten des Buddhazustandes besonders deutlich repräsentiert.
So steht die Grüne Tara für schnelle Aktivität und Hilfe, Weiße Tara verlängert das Leben und unterstützt das Erreichen fortgeschrittener Meditationszustände, Chenrezig steht in besonderer Weise für Liebe und Mitgefühl. Und der Medizinbuddha hilft vor allem bei Krankheiten.

Buddhafeld:
Siehe „Reines Land".

Buddha mit Gefolge:
Buddhas sind von einem Gefolge umgeben, das aus Bodhisattvas, Arhatis und Arhats und anderen besteht.

Buddha Land:
Siehe „Reines Land"

Buddha-Natur:
Dieser Begriff bezeichnet die Qualität von Mitgefühl verbunden mit Klarheit und Leerheit (frei sein vom Greifen nach einem Ich).
Alle fühlenden Wesen haben die Buddha-Natur und zwar immer. Sie ist die Ursache dafür, dass fühlende Wesen Erleuchtung erreichen können. Und da uns allen die Buddha-Natur innewohnt, sind wir auch von Natur aus gut. Es ist also in Wirklichkeit und grundlegend nichts Böses oder Schlechtes in uns. Negatives ist lediglich temporär, allerdings deshalb nicht belanglos, es ist trotzdem ziemlich unangenehm.

Buddhaschaft:
Siehe „Buddha".

Buddhistischer Altar:
Siehe im Kapitel über „Verehren".

Chenrezig (tib.):
Avalokiteshvara (skr.)
Deutsche Bezeichnung: Liebevolle Augen
Männliche Meditationsgottheit von strahlend weißer Körperfarbe mit vier Armen. Chenrezig verweilt auf der 10. Bodhisattvastufe und verkörpert das Mitgefühl und die Liebe aller Buddhas. Neben Grüner Tara ist er einer der wichtigsten und bekanntesten Meditationsaspekte des tibetischen Buddhismus.
Das Mantra von Chenrezig lautet: Om mani padme hung.

Chökyi Wangchug: 1584-1930
6. Shamarpa

Chöd-Praxis:
Wird auch einfach als Chöd bezeichnet.
Wortwörtlich bedeutet Chöd "schneiden", "zerstören".
Diese Praxis wurde von der Tibeterin Machig Labdrön auf Basis ihrer hohen Verwirklichung entwickelt. Ihre Methode wurde zunächst in Tibet praktiziert, dann in Indien, und nicht umgekehrt, wie andere Übungen.
Es ist eine Meditation, in der vergegenwärtigt wird, dass man den eigenen Körper hergibt. Dann verwandelt sich dieser, von einem selbst oft als unzulänglich betrachteter Körper, in makellose, wunderbare, zahllose Gaben. Durch diese Übung wird die Anhaftung an den eigenen Körper überwunden, und durch sie können viele Krankheiten und geistige Störungen geheilt werden. Die heilende Wirkung kann bereits erfolgen, wenn jemand dabeisitzt, während andere diese Praxis ausführen. Weiter übt man mithilfe dieser Meditation, mit dem umzugehen, was man nicht mag und was einen ängstigt. Vor allem aber führt die Praxis von Chöd zum Erkennen der Natur des Geistes, zur Erleuchtung. Sie gehört somit zu den buddhistischen Übungen, mit denen Buddhaschaft erreicht werden kann. Für diese Meditation sind definitiv Voraussetzungen notwendig, und es ist eine Praxis, die regelmäßig eher von erfahrenen Praktizierenden ausgeführt wird.

Dagmema: 11. Jhd. n. u. Z.
Eine Tibeterin, ihr Mann war Marpa.
Sie hat viel zur Karma-Kagyü-Linie beigetragen. Unter anderem hat sie Marpas tiefe Versenkungszustände ermöglicht. Weiter hat sie Milarepa beigestanden, als dieser schwere Reinigungen seines negativen Karmas durchleben musste.
Dakini (skr.):
kha dro ma (tib.)
Wörtlich: „Weibliche Person, die im Himmel geht".
Es gibt verschiedene Arten von Dakinis, erleuchtete und nicht erleuchtete.
Erleuchtete Dakinis sind weibliche Buddhas.

Daseinskreislauf:
Samsara (skr.), khor wa (tib.)
Der Daseinskreislauf ist gekennzeichnet durch Unwissenheit, Leid, Unbeständigkeit und Illusion. Und es gibt ihn seit anfangsloser Zeit.
Es handelt sich hier allerdings nicht um einen Ort oder um ein Land, es ist tatsächlich der Zustand des nicht erleuchteten Geistes. In diesem Zustand der Unwissenheit hat man keinerlei Kontrolle über die eigenen Erfahrungen und erlebt fortlaufend unfreiwillige Wiedergeburten in bedingten, leidvollen Zuständen. Es ist also der Kreislauf sich ständig wiederholender Probleme.

Dabei sind Anstrengungen, die auf den Daseinskreislauf ausgerichtet sind, eher unökonomisch, denn man verliert das, was man erreicht hat, immer wieder. Es ist, wie wenn man Blätter zusammenträgt, die dann vom Wind verweht werden, die man dann wieder sammelt, wieder weht der Wind sie fort, und so geht es immer weiter.

Denn in den leidvollen Existenzen erlebt man Leid, und es ist schwierig, von dort aus wieder in die höheren Bereiche zu gelangen. In den glücklichen Existenzen erlebt man zwar mehr Glück, es ist allerdings vergänglich und stellt damit lediglich einen Aufschub von Leid dar.

Dabei weiß man tatsächlich weder genau, wie man befristetes Glück sicher erreichen kann, noch wie man diesem Kreislauf endgültig entrinnen und dauerhaftes Glück erreichen kann.

Vom Gesichtspunkt des Karmas aus gesehen ist eine Wiedergeburt in den glücklichsten Existenzen, den Götterbereichen, durchaus wünschenswert. Allerdings ist dieses Glück vergänglich.

Möchten wir aber Erleuchtung erreichen, ist eine Wiedergeburt im Bereich der Menschen wesentlich sinnvoller, da wir als Mensch Buddhaschaft verwirklichen können. Allerdings benötigen wir dafür einen kostbaren Menschenkörper, eine authentische, buddhistische Lehrerin oder einen authentischen, buddhistischen Lehrer. Weiter ist das erfolgreiche Befolgen ihrer oder seiner Anleitungen notwendig.

Deshin Shegpa: 14./15. Jhd. n. u. Z.
5. Karmapa

Deva (skr.):
Siehe „Göttin, Gott".

Dewachen (tib.):
Sukhavati (skr.)
Reines Land der Großen Freude von Buddha Amitabha. Es liegt von uns aus gesehen sehr, sehr weit in westlicher Richtung.
Siehe auch im Kapitel: „Die Vier Ursachen für eine Wiedergeburt in Dewachen."

Dharma (skr.):
chö (tib.)
Bezeichnet die Lehre Buddhas.
Es sind die allgemeingültigen, zeitlosen Informationen darüber, was richtig und wahr ist und was nicht richtig und nicht wahr ist. Es geht beim Dharma also um das, was zu wissen, zu verstehen und zu verwirklichen ist. Und nicht darum, vor der Wirklichkeit davonzulaufen. Buddha Shakyamuni hat diese Informationen selbst erfolgreich angewendet. Nachdem er sie in seinem Geistesstrom komplett verwirklicht hatte, hat er sie, auf Nachfrage hin, weitergegeben. Zunächst lehrte er dann die Vier Edlen Wahrheiten, die seine gesamte Lehre enthalten.

Dabei wurde die buddhistische Lehre nicht von Buddha erfunden oder kreiert. Weiter ist die Lehre Buddhas nicht sein Eigentum oder etwas, das nur Buddha Shakyamuni weiß oder anwenden und verwirklichen kann. Denn bei der Lehre Budddhas handelt es sich um die kompletten Methoden, die dazu dienen, alle äußeren und inneren Probleme zu beseitigen. Sie kann von jedem fühlenden Wesen angewendet und verwirklicht werden.

Der kostbare Dharma hält also Erklärungen darüber bereit, wie andere und man selbst dauerhaft und vollständig dem Leid entrinnen und Erleuchtung erreichen können. Dabei bedeutet Erleuchtung, dass alle Schleier, alles was hindert, bereinigt ist und dass alle Qualitäten freigelegt sind.

Oft wird die Lehre Buddhas in Kleinen Weg und in Großen Weg unterteilt. Dann enthält der Große Weg den Diamantweg. Es gibt auch die Unterteilung in Kleinen Weg, Großen Weg und Diamantweg.

Eine weitere Unterteilung bezeichnet Kleinen Weg und Großen Weg. Und der Große Weg wird dann in Sutra und Tantra (Vajrayana oder Mantrayana oder Diamantweg) eingeteilt.

Weiter bildet der Dharma zusammen mit Buddha und Sangha die (äußere) Zuflucht.

Siehe auch „Vier Edle Wahrheiten" und „Zuflucht".

Dharmadhatu (skr.):
Bezeichnet den Raum der Phänomene.
Bezeichnet also die alles durchdringende, nicht duale Dimension, frei von Anhaftung und damit auch von Ich-Bezogenheit. In ihr findet das Spiel der Erscheinungen statt, und für Erleuchtete zeigt sich in ihr die wahre Natur der Phänomene.

Diamantgeist:
Vajrasattva (skr.), dor je sem pa (tib.)
Buddha-Aspekt, bei dem das Reinigen von Negativem im Vordergrund steht. Bei der Diamantgeist-Praxis wird das längere Mantra fortlaufend rezitiert.
Das kurze Mantra, auch für alle Belange, die schnell und sofort bereinigt werden sollten, lautet: Om benza sato hung.

Diamantweg:
Siehe „Vajrayana".

Drei Arten von Vertrauen:
Um das menschliche Dasein für den Weg zur Erleuchtung nutzen zu können, sind acht Freiheiten, zehn Möglichkeiten und drei Arten von Vertrauen nötig. Nähere Erläuterungen finden sich im Kapitel „Mitfreuen".

Drei Bereiche:
Siehe „Drei Daseinsbereiche" und „Sechs Daseinsbereiche".

Drei Daseinsbereiche:
Meist wird die Bezeichnung „Drei Bereiche" verwendet.
Fühlende Wesen gibt es in verschiedenen Bereichen. Spricht man von drei Daseinsbereichen, so sind diese unterteilt in:
1. Bereich der Begierde (Wesen der Höllenbereiche, hungrige Geister, Tiere, Menschen, Halbgöttinnen/Halbgötter, niedere Götterinnen/niedere Götter): Die fühlenden Wesen hier erleben Begierde in Bezug auf Sinnesobjekte, da sie durch diese vergängliche Freuden erfahren, allerdings auch Leid.
2. Bereich der (subtilen) Form mit den Göttinnen und Göttern des mittleren Bereiches:
Diese Wesen verweilen mit ihrem Geist, sind erfüllt von Frieden und Freude und haben an äußeren Dingen kein Interesse. Sie haften zwar an ihrer Form, sind jedoch frei von der viel intensiveren Anhaftung des Begierdebereiches. Leid erleben sie wieder kurz bevor sie in niedere Bereiche reinkarnieren.
3. Bereich der Formlosigkeit mit den Göttinnen und Göttern des höchsten Bereiches:
Diese Wesen haben lediglich eine geistige Form, daher haben sie keine Körperempfindung und versinken so tief in Ausgeglichenheit, dass sie dort viele tausend Kalpas verweilen können. Sie sind also frei von der Anhaftung des Bereiches der Begierde und erfahren lange Zeit kein Leid. Allerdings ist dieser Zustand zeitlich begrenzt. Und die nächste Wiedergeburt erfolgt dann wieder in leidvollen Bereichen. Letztlich ist nichts dauerhaft Gutes erreicht.
Der Vollständigkeit halber sei angemerkt, dass der Begriff „Drei Bereiche" auch manchmal die Bereiche unter, auf und über der Erde bezeichnet.
Siehe auch „Sechs Daseinsbereiche".

Drei Exzellente Übungen:
Siehe im Kapitel „Widmen".

Drei Gifte:
Damit sind die drei geistigen Gifte Unwissenheit, Anhaftung und Abneigung gemeint.

Drei Juwelen:
kön chog sum (tib.), tri ratna (skr.)
Dieser Begriff bezeichnet Buddha, Dharma und (verwirklichte) Sangha. Diese drei werden auch als äußere Zuflucht bezeichnet.
Hierbei ist Buddha die letztendliche, eigentliche Zuflucht. Dharma und Sangha bilden die vorläufige Zuflucht.
Man nimmt solange Zuflucht, bis man selbst eine oder ein Buddha geworden ist.
Siehe auch "Zuflucht", "Lama" und "Drei Wurzeln."

Drei Körper:
Erleuchtete haben mehrere Körper. Am gängigsten ist die Einteilung in drei Körper. Einer davon bewirkt den eigenen Nutzen, zwei bewirken den Nutzen anderer:
1. der Dharmakaya, Wahrheitskörper oder -zustand, für den eigenen Nutzen,
2. der Sambhogakaya, Freudenkörper oder - zustand, für den Nutzen anderer,
3. der Nirmanakaya, Ausstrahlungskörper oder -zustand, zum Nutzen anderer.
Es gibt auch weitere Gliederungen, zum Beispiel in vier Körper.
Siehe auch „Ausstrahlungskörper", „Freudenkörper" und „Wahrheitskörper".

Drei Kreise:
Bezeichnung für Subjekt, Tat und Objekt.
Siehe auch „Dualistische Bezugspunkte", sowie mehrfache Erklärungen im Text.

Dreitausendfaches Universum:
Es sind 1000 mal 1000 mal 1000 Universen; also eine Milliarde Universen.

Drei Dharmaroben:
Es handelt sich um die typischen Kleidungsstücke der Nonnen und Mönche, für die es genaue Vorgaben gibt.

Drei Tore:
Bezeichnung für Körper, Rede und Geist.
Mit diesen Dreien sammeln wir Gutes und Schwieriges an. So wie tatsächliche Tore bewacht werden, so sollten wir also auch diese Drei Tore bewachen. Wir bemühen uns mithin, angemessen statt unangemessen zu denken, zu reden und zu handeln.

Drei Wurzeln:
Außer zu den Drei Juwelen, der äußeren Zuflucht, nimmt man im Diamantweg zusätzlich Zuflucht zu den Drei Wurzeln, sie bestehen aus:
1. dem oder der Lama, der Wurzel des Segens,
2. dem Yidam, der Wurzel der Verwirklichung,
3. den Schützerinnen und Schützern, der Wurzel der perfekten Aktivität für alle fühlenden Wesen.
Die oder der Wurzellama vereint in sich die äußere und die innere Zuflucht.
Siehe auch „Diamantweg", „Drei Juwelen", „Lama", „Segen", „Wurzellama", „Yidam" und „Zuflucht".

Drei Zeiten:
Bezeichnung für Vergangenheit, Gegenwart und Zukunft.

Drugpa Künleg: 15./16. Jhd. n. u. Z.
Er ist ein Meister der Drugpa-Kagyü-Linie. Die Geschichten über ihn erzählen von seinem unkonventionellen Verhalten, das Teil seiner Belehrungen war.

Dualistische Bezugspunkte:

Aufgrund von Unwissenheit erleben wir den Geist und seine Projektionen, innen und außen, Ich und Du, Subjekt und Objekt, die sich gegenseitig bedingen, als voneinander getrennt. So entstehen dualistische Bezugspunkte. Diese beiden Bezugspunkte führen dazu, dass wir handeln und uns im Daseinskreislauf verstricken. Beispielsweise gibt es die Tochter nur, wenn auch die Mutter vorhanden ist und umgekehrt. Beide bedingen also einander. Allerdings ist da kein Ich und kein Du, wie wir sie wahrnehmen. Denn sie sind grundlegend von gleicher Natur. Die Unterschiede, die wir machen, sind Zuschreibungen.

Eifersucht:

Eines der fünf hauptsächlichen störenden Gefühle. Jemand anderer ist glücklich , ohne dass man selbst die Ursache dafür ist, und davon fühlt man sich gestört. Eine Folge von Eifersucht kann auch eine Wiedergeburt im Bereich der Halbgöttinnen oder Halbgötter sein.

Einundzwanzig Taras:

Diese 21 Formen zeigen verschiedene Aspekte der mitfühlenden Aktivität der Grünen Tara. Manche dieser Formen sind friedvoll, andere kraftvoll schützend. Die 21 Taras unterscheiden sich regelmäßig durch Körperhaltung, Körperfarbe und Attribute. Jede der 21 Aspekte hat bestimmte Aktivitätsbereiche, beispielsweise Hilfe bei Fieber. Eine typische Übung ist der Lobpreis der 21 Taras, in dem die Qualitäten von jeder einzelnen Tara beschrieben und gepriesen werden.

Die Weiße Tara gehört nicht zu diesen 21 Manifestationen der Grünen Tara, auch wenn einige der 21 Taras eine weiße Körperfarbe haben.
Siehe auch „Grüne Tara", „Weiße Tara" und „Sarasvati".

Einweihung:
Siehe „Ermächtigung"

Emotionale Liebe:
Siehe „Liebe".

Emotionales Mitgefühl:
Siehe „Mitgefühl".

Entstehungsphase:
Siehe „Erzeugungsstufe".

Entstehen in Abhängigkeit:
Alle Erscheinungen entstehen in Abhängigkeit voneinander und sind miteinander verbunden. Einerseits gibt es die 12 Glieder des abhängigen Entstehens. Hierzu gibt es umfangreiche Erklärungen. Andererseits gibt es auch ein Entstehen in Abhängigkeit, das nicht zu diesem Themenkomplex gehört. Es liegt beispielsweise vor, wenn man von rechts und links spricht. Eines gibt es nicht ohne das andere. Denn nimmt man von zwei Tassen auf einem Tisch die linke Tasse weg, dann bezeichnet man die andere Tasse nicht mehr als rechte Tasse. Und entfernt man von zwei Tassen, die auf dem Tisch stehen, diejenige auf der linken Seite und platziert sie auf die rechte Seite der rechten Tasse, dann wird die rechte Tasse zur linken Tasse.

Erleuchtung:
Zustand des Geistes einer Buddha oder eines Buddhas. Es ist der reinste und perfekteste Zustand, den es gibt. Denn alle Schleier, alles was hindert, ist gereinigt. Und alle Qualitäten sind voll verwirklicht.
Die Aktivität dieses Zustandes ist das vorstellungsfreie Wirken zum Wohl der fühlenden Wesen.
Siehe auch „Buddha".

Ermächtigung:
wang (tib.), abisheka (skr.)
Auch die Bezeichnung Einweihung wird verwendet.
Wir erhalten hier die Erlaubnis, die Ermächtigung, eine bestimmte Methode oder Meditation zu verwenden. In der Regel folgt eine Ermächtigung einem festgelegten Ablauf, und bei ihr wird ein überaus positiver Same kreiert.

Üben wir entsprechend den Methoden, zu denen wir ermächtigt worden sind, erhalten wir ein Ergebnis, eine Frucht. Die perfekteste Frucht ist Erleuchtung. Nicht alle buddhistischen Meditationen und Methoden führen zur Erleuchtung.

Erzeugungsstufe:
Sie wird auch Erzeugungsphase oder Entstehungsphase genannt.
Es handelt sich um den Teil einer Meditation, in der man die Visualisierung entstehen lässt. Die Mantraphase gehört ebenfalls hierher. Mit der Erzeugungsphase übt man vor allem auch Geistesruhe, also geistige Stabilität, und baut gute geistige Eindrücke auf. Weiter reinigen wir uns durch diese Phase vom gewohnheitsmäßigen Festhalten an den vier Arten von Geburt.
Dabei ist die Vergegenwärtigung transparent, und wir üben, nicht zwischen dem Entstehenlassen und dem sich daran anschließenden Auflösenlassen (während der Auflösungs-, Verschmelzungs- bzw. Vollendungsphase) zu trennen. Es ist eher ein kontinuierlicher Prozess. Das, was entsteht, ist also transparent und löst sich dann wieder auf.
Siehe auch „Vollendungsstufe".

Feld der Ansammlung:
Auch Verdienstfeld.
Sowohl die Repräsentantinnen und Repräsentanten der Erleuchtung als auch die fühlenden Wesen sind ein Feld der Ansammlung.
Denn beide sind wie ein Feld, durch das wir durch das, was wir denken, sagen und tun, Samen erhalten können.
Pflanzen wir Gutes, dann erhalten wir, Samen, aus denen später, bildlich gesprochen, Blumen wachsen können. Pflanzen wir weniger Gutes, erhalten wir, bildlich gesprochen, beispielsweise Samen von Eisenhut, das ist eine hochgiftige Pflanze.
Oft ist aber mit Feld der Ansammlung die Repräsentantinnen und Repräsentanten der Erleuchtung gemeint, obwohl es sich hier tatsächlich und genauer um das höhere Feld der Ansammlung handelt.
Siehe „Höheres Feld der Ansammlung".

Freudenkörper, Freudenzustand:
long ku (tib.), Sambhogakaya (skr.)
Erleuchtete haben mehrere Körper, meistens ist von drei Körpern die Rede.
Hierbei dient der Wahrheitszustand (bzw.-körper) dem eigenen Nutzen. Der Freudenzustand (bzw.-körper) und der Ausstrahlungszustand (bzw. -körper) wird für den den Nutzen anderer angenommen.
Der Ausstrahlungszustand kann von denen gesehen werden, die das Karma dafür haben. Ein Beispiel für diese Art von Körper ist Buddha Shakyamuni.
Tatsächlich kann ein Buddha aus Mitgefühl aber viele Formen annehmen. Die perfekteste Form ist jedoch die eines Buddhas.
Ein Beispiel für den Freudenzustand ist die Grüne Tara. Dieser Zustand ist nur für fortgeschrittene Bodhisattvas direkt wahrnehmbar. Eines der Merkmale des Freudenkörpers ist der Schmuck, der erleuchtete Qualitäten symbolisiert.
Der Wahrheitszustand ist das letztendliche, zeitlose Wesen einer oder eines Buddhas, jenseits von Beschreibbarkeit.

Fühlendes Wesen:
Ein Wesen, das fühlen kann und das einen Geist hat. Fühlende Wesen finden wir in den sechs Daseinsbereichen.
Alle fühlenden Wesen wollen Glück erreichen und Leid vermeiden. Das ist Ausdruck ihrer Buddha-Natur. Allen ist weiter gemeinsam, dass sie meinen, sie hätten ein Ich. Das macht einen Teil der Trübungen aus, aufgrund derer sie nicht wissen, wie Glück kreiert werden kann. So handeln sie überwiegend unangemessen, und die Folge davon ist Leid, für sich selbst und für andere.
Siehe auch „Drei Daseinsbereiche" und „Sechs Daseinsbereiche".

Fünf Sinnesfreuden:
Bezeichnet die Freude, die durch die Erfahrungen der fünf Sinne entstehen, also durch Sehen, Hören, Riechen, Schmecken und Berührung/Erfahrungen durch den Tastsinn oder durch Bewegung.

Fünf extreme Vergehen:
Es handelt sich um folgende, sehr stark leidbildende Taten:
1. eine, einen Buddha in böser Absicht so verletzen, dass sie oder er blutet,
2. eine Arhati oder einen Arhat ermorden,
3. die eigene Mutter umbringen,
4. den eigenen Vater töten,
5. die verwirklichte Sangha spalten, das heißt, hier Zwietracht säen.
Jede dieser Handlungen ist so negativ, dass sie unmittelbar nach dem Tod zu unerträglichstem Leid führen wird. Denn man kreiert mit diesen Handlungen eine sehr leidvolle Wiedergeburt in den Paranoiabereichen, und zwar ohne vorher den Zwischenzustand zu durchleben. Man kann aber das negative Karma aus diesen Handlungen vor dem Tod reinigen, zum Beispiel durch die intensive Rezitation des Samantabhadra-Wunschgebetes (hier ist der Bodhisattva gemeint).

Fünfgliedrige Mahamudra-Praxis:
Die fünfgliedrige Mahamudra Praxis besteht aus folgenden fünf Gliedern:
1. Bodhicitta,
2. Yidam-Praxis,
3. Guru Yoga,
4. Mahamudra-Praxis,
5. Widmung.

Fünf Schleier:
Spricht man von fünf Schleiern, sind damit die fünf hauptsächlichen Hindernisse für das Erreichen tiefer Meditation gemeint:
1. Wildheit des Geistes,
2. Böswilligkeit,
3. Dumpfheit und Müdigkeit,
4. Interesse an Begierde,
5. Interesse an Zweifel.
Siehe auch „Schleier".

Fünf Wege:
Der Große Weg kann auch in fünf Wege oder Pfade eingeteilt werden:
1. Weg der Ansammlung,
2. Weg der Verbindung/Überleitung,
3. Weg des Sehens,
4. Weg der Meditation,
5. Weg der Vervollkommnung.
Der Weg des Sehens entspricht der Befreiung.

Gampopa: 11. und 12. Jhd. n. u. Z.
Er war Arzt, verlor seine Familie und wendete sich dann intensiv buddhistischer Praxis zu. Ehe er seinen wichtigsten Lehrer, Milarepa, traf, waren die Sieben Übungen seine Hauptpraxis.

Gampopa selbst hatte viele Schülerinnen und Schüler. Einige sind die Gründer der verschiedenen Kagyü-Schulen. So war Gampopa der Lehrer des 1. Karmapas, Düsum Khyenpa. Auf andere seiner Schüler gehen die anderen Kagyü-Linien zurück, wie zum Beispiel die Drikung-Kagyü-Linie, die Shangpa-Kagyü-Linie oder die Drugpa-Kagyü-Linie.

Das Hauptwerk Gampopas ist "Der Kostbare Schmuck der Befreiung". Gampopa sagte selbst, dass dieses Werk zu lesen so sei, wie ihm selbst zu begegnen.

Garchen Rinpoche: *1936 in Osttibet
Ein voll verwirklichter Lehrer der Drikung-Kagyü-Linie. Er verbrachte mehr als zwanzig Jahre in chinesischer Gefangenschaft und lehrt anschließend weltweit.

Gebetsmühle:
Wird auch als Mani-Rad oder Mani-Mühle bezeichnet.
Ein Rad oder eine Walze, im Inneren befinden sich Mantren oder Gebete, die auf einer Papierrolle, inzwischen auch auf Mikrofilm, aufgedruckt sind. Auch außen sind Gebetsmühlen mit Mantren verziert.
Die Gebetsmühle wird im Uhrzeigersinn in Schwung gebracht. So dreht sich die Trommel mit den Mantren oder Gebeten bei jeder Umdrehung mit.
Gebetsmühlen können mit menschlicher Kraft in Bewegung gesetzt werden oder beispielsweise durch Wind oder durch Wasser. Heute gibt es auch Gebetsmühlen, die mit Batterie, Strom oder durch Licht betrieben werden.
Durch das Drehen dieser Mühlen wird eine Verbindung zwischen körperlicher Aktivität und Spiritualität hergestellt, um alle Aspekte des Lebens in den Weg zur Erleuchtung zu integrieren. Beim Drehen wünschen wir, dass die Mantren oder Gebete in der Walze durch das Drehen zum Wohle aller fühlenden Wesen wirken, deren Leid und die Ursache davon beseitigen und ihnen Glück und die Ursache davon bringen. Auch vergegenwärtigen wir, dass die Mantren oder Gebete beim Drehen Licht zu allen fühlenden Wesen ausstrahlen und deren Leid und dessen Ursache beseitigen. Und dass die fühlenden Wesen mit dem Licht Glück und die Ursache davon erhalten. Schließlich üben wir während des Drehens die Sichtweise, dass Drehende oder Drehender, die Handlung des Drehens und die Empfängerinnen und Empfänger frei von Dualität sind. Beim und durch das Drehen dieser Mühlen bauen wir Verdienst auf und reinigen weniger Gutes.
Der Begriff Mani-Rad oder Mani-Mühle rührt daher, dass die Mühlen meist das Mantra „Om mani peme hung", also das Mani-Mantra, enthalten.

Geist:
Es handelt sich um unser fortlaufendes, nicht abreißendes Erleben.
An sich ist unser Geist völlig ungetrübt und unbeeinträchtigt, und damit stehen alle Qualitäten zur Verfügung. Ähnlich wie der Himmel grundlegend frei von Wolken ist. Sind jedoch Wolken vorhanden, dann können diese zwar die Sicht einschränken, aber sie können den Himmel niemals verändern.

Auch ist der Himmel nicht verunreinigt oder beeinträchtigt, wenn Wolken entstehen oder sich auflösen.

Der Geist kann beschrieben werden als Klarheit und Leerheit. Hierbei bedeutet Klarheit, dass der Geist wahrnimmt und versteht. Leerheit bedeutet, dass da keine Substanz ist, nichts Sichtbares oder Greifbares. Wir können Leerheit aber auch als frei sein vom Greifen, von Anhaftung, an ein, unser vorgestelltes Ich beschreiben. Mitgefühl ist eine der Qualitäten, von der der Geist durchdrungen ist. Dies hier ist aber lediglich der Versuch einer Beschreibung des erleuchteten Geistes, denn letztlich kann man nur wissen, was Erleuchtung ist, wenn man sie verwirklicht hat. Denn der nicht erleuchtete Geist ist eben verschleiert, durch Emotionen und Wissensschleier. Buddhistische Aktivitäten sind darauf ausgerichtet, diese Schleier zu beseitigen.

Geistesruhe, Stille Meditation:
Shine (tib.), Shamatha (skr.)
Mühelos präsenter und klarer Geisteszustand, in dem wir entspannt und gelassen verweilen können.
Bei der Meditation der Geistesruhe üben wir, den Geist ohne Ablenkung und ohne Anstrengung so lange, wie wir möchten, mit oder ohne Objekt (unterstützendes Mittel) klar und einsgerichtet ruhen zu lassen, um den Geist unter Kontrolle zu bekommen. Geistesruhe ist Grundlage für das Erkennen der wahren Natur der Geistes. Geistesruhe ist insofern kein schläfriger oder dumpfer Zustand, sondern im Gegenteil ein wesentlich wacherer Zustand als das, was man normalerweise erlebt, wenn man wach ist.
Geistesruhe ist sehr wichtig, aber sie allein führt weder zur Befreiung noch zur Erleuchtung. Dafür ist es zusätzlich notwendig, eben auf der Basis einer guten Shine-Meditation, Lhagtong, die Einsichtsmeditation, zu praktizieren.
Siehe auch „Erzeugungsphase" und „Vollendungsphase".

Geiz:
Aus starker Anhaftung möchte man nicht geben und gibt nicht.
Geiz kann zu einer Wiedergeburt als hungriger Geist (Hungergeist) führen.
Siehe auch „Hungriger Geist".

Gelongma Palmo: 11. Jhd. n. u. Z.
Bedeutet wörtlich „Die strahlende Nonne".
Gelongma Palmo war eine Prinzessin des indischen Königreiches Uddhiyana. Aber statt zu heiraten, setzte sie durch, dass sie Nonne wurde. Nach einiger Zeit erkrankte sie allerdings schwer an Lepra und konnte nicht mehr in einer Gemeinschaft leben. Trotz ihrer schweren Krankheit meditierte sie unermüdlich auf den 1000-armigen Chenrezig. Schließlich wurde sie vollkommen geheilt und erreichte die 10. Bodhisattvastufe. Sie begründet das Nyung-Nye Fasten-Ritual, das heute linienübergreifend eine sehr wichtige Praxis ist. Als sie später männliche Schüler als Gefährten nahm, wurde sie dafür kritisiert. Daraufhin zeigte sie bei einem Feste, dass sie alle Konzepte überwunden hatte, indem sie sich den Kopf abschnitt, durch die Luft flog und ihn sich wieder aufsetzte.

Gelübde:
Im Großen Weg werden drei Ebenen unterschieden:
1. Äußere Gelübde, auch Pratimoksha-Gelübde, durch die man übt davon abzulassen, sich und anderen zu schaden. Es gibt hier verschiedene Gruppen von buddhistischen Praktizierenden, die jeweils unterschiedliche Versprechen abgelegt haben:
1.1. voll ordinierte Nonnen und Mönche,
1.2. Nonnenanwärterin (eine Zwischenform zwischen Nonne und Novizin),
1.3. Novizinnen und Novizen,
1.4. ordinierte weibliche und männliche Laienpraktizierende (ohne Zölibat).
Man kann auch, ohne in einer dieser Gruppen zu sein, einzelne oder mehrere äußere Gelübde nehmen, auch für eine begrenzte Zeitspanne.
2. inneres Gelübde, das Bodhisattva-Gelübde,
3. geheime Gelübde, es sind die Vajrayana Gelübde (tib.: dam zig).
Siehe auch „Bodhisattva-Versprechen und „Vierzehn tantrische Wurzelgelübde".

Geschickte Mittel:
Um zur Erleuchtung zu gelangen, sind sowohl geschickte Mittel als auch Weisheit notwendig. Mit geschickten Mitteln alleine kann man zwar gute geistige Eindrücke aufbauen, aber den Daseinskreislauf und damit Leid nicht hinter sich lassen. Allein mit Weisheit erreicht man zwar Befreiung, aber nicht Erleuchtung. Die Sechs Befreienden Handlungen (Sechs Paramitas) vereinen sowohl geschickte Mittel als auch Weisheit. Oder besser gesagt, den zunehmenden Zugang zu unserer Weisheit, die wir aufgrund unserer Buddha-Natur bereits grundlegend haben, die aber verschleiert, derzeit also nicht voll zugänglich ist.

Göttin, Gott:
Deva (skr.)
Bezeichnet ein fühlendes Wesen, das sich derzeit im Bereich der Göttinnen und Götter, einem der sechs Daseinsbereiche, aufhält und das weder befreit noch erleuchtet ist. In diesen Bereich gelangt man durch sehr viele gute geistige Eindrücke, diese Existenz verbraucht aber auch sehr viel Verdienst.
Im Vergleich zu den anderen Daseinsbereichen erleben Göttinnen und Götter sehr viel Glück und wenig oder kein Leid.
Aber gegen Ende ihres Lebens in diesem Bereich können diese Wesen ihre zukünftige Wiedergeburt sehen. Darunter leiden sie dann sehr. Denn diese nächste Existenz ist in der Regel viel schlechter.
Der Bereich der Göttinnen und Götter ist wiederum in verschiedene Bereiche aufgeteilt, die wesentlichste Einteilung ist in Begierdegöttinnen und Begierdegötter, Göttinnen und Götter im Bereich der Form und Göttinnen und Götter im formlosen Bereich.
Das störende Gefühl, das diesen Bereich kreiert, ist Stolz.
Der Begriff Göttin oder Gott ist nicht zu verwechseln mit der Bezeichnung Meditationsgottheit, die als Repräsentantin Repräsentant der Erleuchtung und frei davon ist zu leiden.

Der Begriff Göttin oder Gott im Buddhismus ist auch nicht zu verwechseln mit dem, was unter Gott in anderen Religionen verstanden wird.

Gottheit:
Siehe „Yidam".

Großer Weg:
Mahayana (skr.), theg chen (tib.)
Bezeichnet den Weg der Bodhisattvas. Hier möchten wir Erleuchtung erreichen. Und zwar, um alle anderen fühlenden Wesen zu befreien und um ihnen dabei zu helfen, Buddhaschaft zu verwirklichen. Es ist der Weg von authentischer Liebe und authentischem Mitgefühl für alle fühlenden Wesen, und wir schulen uns im Großen Weg durch die Anwendung und Vervollkommnung der Sechs Paramitas. Grundlage des Großen Weges sind die Erklärungen des Kleinen Weges, beispielsweise dazu, dass es möglich ist, dauerhaft leidfrei zu werden.

Grundübungen:
chag chen ngön dro (tib.), ngön dro (tib.)
Werden auch vorbereitende Übungen oder Ngöndro genannt.
Sie bestehen aus den vier allgemeinen, vorbereitenden Übungen und den vier besonderen, vorbereitenden Übungen.
Die vier allgemeinen vorbereitenden Übungen sind die vier grundlegenden Gedanken:
1. kostbarer Menschenkörper, unsere große Chance sinnvoll nutzen,
2. Vergänglichkeit, diese großartige Chance bleibt nicht bestehen,
3. Karma, Ursache und Wirkung funktionieren unfehlbar,
4. der Daseinskreislauf hat keine gute Qualität, Erleuchtung ist das Bestmögliche.
Die vier besonderen, vorbereitenden Übungen bestehen in:
1. Zuflucht und Bodhicitta, vor allem zur Reinigung,
2. Diamantgeistmeditation (Vajrasattva-Praxis), vor allem zur Reinigung,
3. Mandala-Gaben, vor allem zum Aufbau von Verdienst,
4. Guru Yoga, Meditation auf die erleuchtete Lehrerin oder auf den erleuchteten Lehrer, um den Segen der Lama oder des Lamas (Guru) zu erhalten. Diese Übung baut ebenfalls gute geistige Eindrücke auf und reinigt Schwieriges. Der Schwerpunkt liegt aber darauf, den Segen der Lama oder des Lamas zu erhalten.
Es gibt bei den vier besonderen, vorbereitenden Übungen aber auch andere Einteilungen und Zusammenstellungen, zum Beispiel in fünf besondere, vorbereitende Übungen.
Die Grundübungen sind die Vorbereitung für das Hervorbringen von Bodhicitta und auch für Mahamudra. Es heißt, sie sind wichtiger als die spätere Hauptpraxis. Aber auch allein durch die Grundübungen, ohne weitere andere Übungen, kann man Erleuchtung erreichen. Vorausgesetzt, man praktiziert entsprechend intensiv.

Grüne Tara:
döl ma oder dröl ma (tib.)
Wird auch Grüne Befreierin genannt.
Eine der wichtigsten und bekanntesten Meditationsgottheiten des tibetischen Buddhismus. Ihre strahlende grüne Körperfarbe ist die Farbe des Windelementes und ein Hinweis darauf, dass ihre Aktivität besonders schnell ist. Grüne Tara verkörpert den aktiven, weiblichen Aspekt des Mitgefühls aller Buddhas. Durch sie erhalten wir also zügige, unmittelbare Hilfe und Schutz bei Schwierigkeiten. Insbesondere befreit sie von Furcht und Krankheiten, wir können sie aber bei allen Problemen anrufen. Sie kam auch Chenrezig zur Hilfe und hat ihn ermutigt, weiterzumachen, als er verzweifelt war und dachte, er könne den unendlich vielen fühlenden Wesen doch nicht helfen. Wenn wir uns an Grüne Tara wenden, sollte Bodhicitta unsere grundlegende Motivation sein. Das heißt, auch wenn wir gerade um Hilfe für uns selbst bitten, bleiben wir doch grundlegend auf Erleuchtungskurs zum Besten aller fühlenden Wesen.
Der Gefährte der Grünen Tara ist Buddha Amoghasiddhi.
Das Mantra der Grünen Tara lautet: Om tare tuttare ture soha.

Guru (skr.):
Siehe „Lama".

Guru Rinpoche (skr.): 8.-9. Jhd. n. u. Z.
Padmasambhava (tib.)
Er wird auch als der zweite Buddha bezeichnet, und sein Kommen und seine Aktivität wurde vom, in diesem Kontext auch als ersten Buddha bezeichneten, Buddha Shakyamuni vorhergesagt. Guru Rinpoche zog nach Tibet und unterwarf negative Kräfte, verbreitete den Vajrayana und verbarg mit seiner tibetischen Gefährtin und Schülerin Yeshe Tsogyal unzählige spirituelle Schätze für zukünftige Generationen. Yeshe Tsogyal war aber auch oft ohne ihn überall in Tibet aktiv. Es heißt, dass Guru Rinpoches vorhergehende, indische Schülerin und Gefährtin Mandarava, eine Ausstrahlung von Buddha Pandaravasini, diese Aktivität möglich gemacht hatte, weil sie sein Leben verlängert hat.

Guru Yoga (skr.):
la ma nal jor (tib.)
Bezeichnet die Meditation auf die erleuchtete oder den erleuchteten Lama.
Wir erhalten bei dieser Übung den Segen von Körper, Rede und Geist der Lama oder des Lamas, und die drei Zustände der Erleuchtung werden in uns erweckt. Wir üben also Einswerdung mit den erleuchteten Eigenschaften der Lama oder des Lamas. Jemand, die oder der Guru Yoga mit sehr großer Hingabe praktiziert, kann Erleuchtung erreichen.

Gute geistige Eindrücke:
Siehe „Verdienst".

Halbgöttin, Halbgott:
Bezeichnet ein fühlendes Wesen in einem der sechs Daseinsbereiche, eben dem der Halbgöttinnen und Halbgötter. Sie kämpfen untereinander und gegen bestimmte Götter. Aber sie verlieren fortlaufend, was noch zusätzlich leidvoll ist. Insofern sollte der Begriff Halbgöttin oder Halbgott nicht dahingehend missinterpretiert werden, dass es sich um eine äußerst angenehme Daseinsform handelt. Das störende Gefühl, das diesen Wahrnehmungsmodus kreiert, ist Eifersucht.

Hass:
Eines der fünf grundlegenden störenden Gefühle. Es ist eine Geisteshaltung, die die negativen Seiten von jemandem oder etwas stark übertreibt und sehr leicht zu leidvoller Aktivität verleitet.
Hass ist sehr negativ, da er Unmengen guter geistiger Eindrücke zerstören und dazu führen kann, dass man in sehr leidvolle Zustände und Umstände gerät. Es gibt Methoden, um mit Hass umzugehen. Näheres in den einzelnen Kapiteln. Siehe auch „Abneigung".

Hauptmerkmal/e:
Siehe „Körperliche Hauptmerkmale".

Haushälterin, Haushälter:
Eine Person, die in einem Haushalt lebt, einer Tätigkeit für den Erwerb des Lebensunterhaltes nachgeht, Partner oder Partnerin und eventuell Kinder hat.

Herr des Großen Mitgefühls:
Siehe „Chenrezig".

Hinayana (skr.):
Siehe „Kleiner Weg".

Hindernisse:
Hindernisse erschweren oder verhindern den Fortschritt auf dem buddhistischen Weg. Unter Umständen führen sie sogar zu Rückschritten.
Aber auch angenehme Situationen, Dinge oder Menschen können zu Hindernissen werden, wenn sie einen ablenken. Dabei sind Hindernisse nur dann problematisch, wenn man nicht die Unterweisungen dazu hat, wie man Nutzen aus ihnen ziehen und sie verwenden kann. Haben wir diese Unterweisungen und wenden sie auch wirklich an, werden Hindernisse glückbringend und förderlich. Eine wesentliche Möglichkeit, um mit Hindernissen umzugehen, besteht darin, jede Sorge um sich selbst aufgeben, dann lösen sich alle Schwierigkeiten auf. Allerdings bedeutet das nicht, dass man leichtsinnig sein sollte. Auch sind Hingabe zur oder zum Lama und Bodhicitta beim Auftreten von Hindernissen wirklich wichtig. Eine weitere, sehr effektive Methode ist es, sich mit den Drei Juwelen zu verbinden.

Höhere Bereiche:
Bezeichnet die Bereiche der:
1. Menschen,
2. Halbgöttinnen und Halbgötter,
3. Göttinnen und Götter.
Diese Bereiche heißen höhere Bereiche, weil sie angenehmer sind als die niedrigeren Bereiche. Dauerhaft frei von Leid ist man hier allerdings nicht.

Höheres Feld der Ansammlung:
Um Erleuchtung zu erlangen, benötigen wir die beiden Ansammlungen, Verdienst und Weisheit.
Weisheit haben wir zwar bereits, aber sie ist für uns zur Zeit nicht ungehindert zugänglich. Daher benötigen wir sehr viel Verdienst, um unsere Weisheit freizulegen.
Um Verdienst einfacher und besser anzusammeln, verwenden wir oft auch die Repräsentantinnen und Repräsentanten der Erleuchtung als Stütze, sie sind unser vergegenwärtigter Bezugspunkt, eben das höhere Feld der Ansammlung. Durch diese Ausrichtung wird unsere Praxis kraftvoller. Auch haben wir, in Gedanken oder konkret, direkt vor uns, wo wir hinmöchten, aber auch wer und wie wir in Wirklichkeit grundlegend bereits sind.
Das höhere Feld der Ansammlung ist also wie ein äußerst gutes Feld, durch das wir sehr gute Samen ansammeln können, und so können wir auch exquisite Früchte erhalten.
Siehe auch „Feld der Ansammlung" und Erklärungen in den einzelnen Kapiteln.

Hörerinnen, Hörer:
Shravaka (skr.)
Sie haben die Lehre Buddhas von Buddha selbst gehört, und sie vermitteln den Dharma auch an andere.
Ihr Hauptaugenmerk liegt allerdings darauf, sich selbst schnellstmöglich von Leid zu befreien. Sie sind also nicht so mitfühlend wie die Bodhisattvas, die immer wieder in die Welt zurückkommen, bis auch das letzte fühlende Wesen frei von Leid ist.
Hörerinnen und Hörer finden wir in Gruppen, Selbstverwirklicher ziehen sich dagegen, nachdem sie den Dharma gehört haben, alleine zurück.
Selbstverwirklicher sind eine Untergruppe der Hörerinnen und Hörer.
Siehe „Selbstverwirklicher".

Hundert erleuchtete Familien:
Werden auch als hundert Buddha-Familien bezeichnet.
Es gibt neben den fünf Buddha-Familien eine weitere gängige Einteilung, und zwar in hundert Buddha-Familien. Diese spielen für den Zwischenzustand eine Rolle, weiter beim Hundersilbenmantra von Vajrasattva (Diamantgeist).

Hungergeist:
Siehe „Hungriger Geist".

Hungriger Geist:
Preta (skr.), yi dag (tib.)
Auch Hungergeist.
Wesen in einem der sechs Daseinsbereiche. Hungrige Geister erfahren intensives und langandauerndes Leid durch Hunger und Durst.
Es handelt sich also um fühlende Wesen mit einem Bewusstseinszustand, in dem extremer Mangel und große Probleme, vor allem in Bezug auf ausreichendes und gutes Essen und Trinken, erlebt werden.
In den seltenen Fällen, in denen sie dann doch etwas zu essen oder zu trinken finden, kann eine Art ihres Leidens darin bestehen, dass sie nichts zu sich nehmen können, ohne große Qualen zu erleben.
Ursache für eine derartige Existenz ist starker und oft auftretender Geiz, der eine Gewohnheit geworden ist. Sowie das Behindern der Freigiebigkeit anderer. Es gibt aber auch weitere Ursachen.

Ich:
Siehe Kapitel „Bedauern".

Indra:
König des Götterreiches der Dreiunddreißig, das ist einer der sechs Bereiche der Götter des Begierdebereiches.

Jetsünma Chimey Lüding Rinpoche:
Eine der wenigen weiblichen, zeitgenössischen Rinpoche. Sie steht in der Tradition der Sayka-Linie. Ihr Bruder war der vorherige Sakya Trizin, also das Oberhaupt der Sayka-Linie des tibetischen Buddhismus.

Jowo Statue:
Berühmte und sehr bedeutende, vergoldete Bronzestatue, die Buddha als zwölfjährigen Prinzen darstellt. Sie steht in Lhasa im Jokhang, und sie wurde von der chinesischen Prinzessin Wencheng anläßlich ihres, durch Heirat erfolgten, Wohnortwechsels nach Tibet gestiftet.

Khakyab Dorje: *1871-1922*
15. Karmapa. Er gehört zu den Karmapas, auf die es ein Guru-Yoga gibt.

Kalpa (tib):
Siehe „Weltzeitalter".

Karma (skr.):
le (tib.)
Bedeutet wörtlich „Handlung", „Tat".
Unfehlbare Korrelation zwischen Ursache und Wirkung.
Alle Handlungen mit Körper, Sprache und Geist hinterlassen geistige Eindrücke. Diese sind dann die Ursache für ein späteres Ergebnis. Die geistigen Eindrücke reifen in diesem oder in zukünftigen Leben heran. Das heißt, das karmische Ergebnis kann auch auftreten, wenn die Handlung schon sehr lange vergangen ist. Tötet man also einen Fisch, den man dann isst, so ist das Ergebnis vom Gesichtspunkt der Karmas aus nicht der Genuss, den dieses Essen hervorbringt. Das karmische Ergebnis des Tötens besteht darin, dass man selbst sein eigenes Leben verkürzt und krank wird. Der Vollständigkeit halber sei angemerkt, dass Töten auch zu weiteren, anderen karmischen Ergebnissen führen kann. Auch kann ein karmisches Ergebnis durch Reinigung abgeschwächt werden.
Der Genuss, der durch das Essen des Fisches entsteht, hat tatsächlich eine andere Ursache als das Töten, Zubereiten und Essen des Fisches.
Würde das Töten, Zubereiten und Essen des Fisches die Ursache für den Genuss sein, müssten diese Handlungen immer zu Genuss führen. Denn wenn etwas die Ursache für ein Ergebnis ist, dann muss es immer die Ursache für dieses Ergebnis sein. Es dürfte also niemals ein Fisch schlecht schmecken, er müsste immer gut schmecken.
Grundsätzlich führen Handlungen zu einem Ergebnis von gleicher Natur. Glückbringende Handlungen mit Körper, Rede und Geist führen also zu Glück, leidbringendes Handeln mit Körper, Rede und Geist führt zu Leid. Und neutrale Handlungen mit Körper, Rede und Geist haben ein als neutral empfundenes Ergebnis. Weiter gibt es unbewegte Handlungen, die mit bestimmten Vertiefungszuständen in Zusammenhang stehen. Was wir erleben, bestimmen demnach wir selbst, wir sind also verantwortlich und nicht die anderen oder die Umstände. Es ist eine sehr gute Nachricht für uns, dass es so ist. Denn über Karma Bescheid zu wissen, über das, was glückbringend und was leidbringend ist, hilft uns, Kontrolle darüber zu erhalten, was geschehen wird.

Karma Chagme: 16. Jhd. n. u. Z.
Bekannter Lehrer der Karma-Kagyü Linie.

Karma-Kagyü-Linie:
Eine der vier großen Linien des tibetischen Buddhismus, deren Oberhaupt Karmapa ist. Schwerpunkte in dieser Linie sind Meditationspraxis, Sichtweise und die nahe Verbindung zwischen Lehrerin oder Lehrer und Schülerin oder Schüler. Der Kontakt muss dafür aber nicht stets räumlich eng sein. Allerdings kann eine enge räumliche Verbindung sehr hilfreich sein, weil wir im direkten Kontakt viel lernen können, wenn wir offen dafür sind.

Karma Pakshi: *1204/6-1283 n. u. Z.*
2. Karmapa. Er gehört zu den Karmapas, auf die es ein Guru-Yoga gibt.

Karmapa (skr./tib.):
Wörtlich "derjenige, der die Buddha-Tat ausführt".
Karmapa ist das Oberhaupt der Karma-Kagyü-Linie, eine der großen Linien des tibetischen Buddhismus. Er wurde von Buddha Shakyamuni und von Guru Rinpoche vorausgesagt. Der erste Karmapa war Düsum Khyenpa (1110-1193). Der 17. Karmapa, Thaye Dorje, wurde 1983 in Tibet geboren, floh 1994 nach Indien und ist heute das Oberhaupt der Karma-Kagyü-Linie.
Karmapas Mantra lautet: Karmapa chenno

Khandro Rinpoche: * 19.8.1967 in Kalimpong/Indien
Zeitgenössische, verwirklichte Meisterin des tibetischen Buddhismus. Als kleines Kind wurde sie vom 16. Karmapa als Wiedergeburt von Khandro Urgyen Tsomo anerkannt. Diese trug auch den Namen „Große Dakini von Tsurphu", und ihr Gefährte war der 15. Karmapa.

Khandro Urgyen Tsomo:
Auch „Khandro Urgyen Tsomo", „Große Dakini von Tsurphu" und „Dakini von Tsurphu".
Verwirklichte Tibeterin der Karma-Kagyü Linie. Sie konnte das Leben ihres Mannes, des 15. Karmapas, um etwa ein Jahrzehnt verlängern. Außerdem ermöglichte sie drei Kindern die Inkarnation.

Khenpo Chödrak:
Haupt-Khenpo (buddhistischer Gelehrter) der Karma-Kagyü Linie.

Khyungpo Naljor: 10./12. Jhd. n. u. Z.
Auch Lama Shang.
Ein großer tibetischer Lehrer, Schüler von Niguma und Sukhasiddhi und anderen. Er ist ein Lama und der Namensgeber der Shangpa-Linie.

Kisagotami: in etwa 500 v. u. Z.
Sie stammte aus einer armen Familie und war mit Buddha Shakyamuni verwandt. Kisagotami und der Sohn eines Bankiers wurden verheiratet. In der Familie ihre Mannes wurde sie bis zur Geburt ihres Kindes schlecht behandelt. Als es im Kleinkindalter starb, wurde Kisagotami geisteskrank. So irrte sie mit dem toten Kind von Tür zu Tür und bat um Medizin. Jemand schickte sie zu Buddha, der meinte, sie solle ihm ein Senfsamenkorn einer Familie bringen, bei der nie jemand gestorben sei. Sie folgte diesem Rat, denn sie hoffte, dass Buddha ihr eine Medizin geben würde, um ihr Kind wieder lebendig zu machen.
So sehr sie suchte, sie fand kein Haus, in dem niemand gestorben war. Da wurde ihr klar, dass der Tod alle ereilt, und ihre Geisteskrankheit verschwand. Sie ging zu Buddha, bat um Ordination zur Nonne und erreichte Verwirklichung.

Kleiner Weg:
Hinayana (skr.), thek chung (tib.)
Es ist der Weg der Hörerinnen und Hörer (Shravakas), weiter der Selbstverwirklicher (Pratyekabuddhas). Ihr Ziel ist es, Befreiung für sich selbst zu erreichen. Erleuchtung erlangen sie zwar auch, aber es dauert sehr lange. Der Begriff "klein" bedeutet, dass die Motivation kleiner, weniger umfassend ist als im Großen Weg, wo man Erleuchtung erreichen möchte, um allen zu helfen. Tatsächlich sollte man aber nicht denken, dass der Kleine Weg minderwertig wäre. Buddha hat ihn gelehrt, weil fühlende Wesen eine starke Tendenz haben, sich für sich selbst zu interessieren. Aber beide Wege sind die Lehre Buddhas. Die Schwerpunkte sind allerdings unterschiedlich, da fühlende Wesen unterschiedlich sind und daher verschiedene Wege benötigen. Genauer betrachtet gibt es auch so viele Wege zur Erleuchtung, wie es fühlende Wesen gibt. Denn jedes fühlende Wesen hat seinen eigenen Weg. Im Kleinen Weg liegt der Schwerpunkt der Übung auf den Vier Edlen Wahrheiten, den zwölf Gliedern des abhängigen Entstehens und darauf, sich von schwierigen Geisteszuständen fernzuhalten. Die Belehrungen des Kleinen Weges sind Grundlage für den Großen Weg und den Diamantweg.

König(in) unter den Wegen des Strebens nach dem vollendenden Wirken der Edlen:
Auch „Samantabhadra-Wunschgebet".
Name eines bedeutenden, sehr wirkungsvollen Wunschgebetes, das von dem Bodhisattva Samantabhadra stammt. Es wird auch Samantabhadra-Wunschgebet genannt. Es gibt noch einen anderen Text, der diese Bezeichnung trägt. Allerdings ist hier der gleichnamigen Buddha Samatabhadra gemeint.
Siehe auch „Samantabhadra", sowie im Kapitel „Einleitung".

Körperliche Hauptmerkmale:
Eine Buddha oder ein Buddha ist gekennzeichnet durch:
1. Sie oder er hat die 32 körperlichen Hauptmerkmale und die 80 körperlichen Nebenmerkmale. Ein körperliches Hauptmerkmal ist zum Beispiel die Ushnisha, das ist die Erhöhung auf dem Scheitel einer Buddha oder eines Buddhas. Ein weiteres Hauptmerkmal ist die makellose Haut.
2. Weiter verfügt sie oder er über die 60 exzellenten Eigenschaften der Sprache.
3. Und sie oder er hat unermessliche, geistige Qualitäten, die aus dem nicht gedanklichen Samadhi von Buddhas erwachsen.
Siehe auch „Körperliche Nebenmerkmale".

Körperliche Nebenmerkmale:
Eine oder ein Buddha ist gekennzeichnet durch:
1. Sie oder er verfügt über die 32 körperliche Hauptmerkmale und über die 80 körperliche Nebenmerkmale. Ein körperliches Nebenmerkmal sind die kupferfarbenen Nägel.
2. Sie oder er hat die 60 exzellente Merkmale der Sprache.
3. Sie oder er verfügt über unermessliche, geistige Qualitäten, die aus dem nicht gedanklichen Samadhi von Buddhas erwachsen.
Siehe auch „Körperliche Hauptmerkmale".

Kontemplation:
Anderer Ausdruck für vertieftes Nachdenken, der zweite der drei Schritte, Hören, Nachdenken, Meditieren.

Kostbarer Menschenkörper:
Siehe „Drei Arten von Vertrauen" und im Kapitel „Mitfreude".

Lakshminkara: 8. Jhd. n. u. Z
Sie war eine Prinzessin aus einem buddhistischen Königshaus. Als Lakshminkara einen grausamen Prinzen heiraten sollte, zog sie sich lieber zur Meditation zurück. Dann erreichte Lakshminkara durch die gute buddhistische Basis, die sie legen konnte, als sie noch bei ihren Eltern lebte, ohne weitere Anleitung Erleuchtung. Als sich eines Tages der Vater ihres ehemaligen Verlobten an ihren Retreatplatz verirrte, war er so beeindruckt von ihr, dass er daraufhin auch in seinem Königreich den Buddhismus förderte.

Lama:
Guru (skr.) la ma (tib.)
Wortwörtlich „das Höchste", umgangssprachlich auch „höchste Mutter".
Bezeichnet eine buddhistische Lehrerin oder einen buddhistischer Lehrer.
Es heisst, eine oder ein Lama hat für jedes fühlende Wesen die Liebe und das Mitgefühl wie eine Mutter ihrem einzigen Kind gegenüber. Es gibt Lamas auf verschiedenen Niveaus. Entscheidend ist die Sicht der Schülerin oder des Schülers. So heißt es, wenn wir die Dharma-Lehrerin oder den Dharma-Lehrer als Buddha sehen, erhalten wir den Segen Buddhas. Sehen wir die Lehrerin oder den Lehrer aber als normale Person, erhalten wir den Segen einer normalen Person. Und zwar unabhängig davon, wie verwirklicht die Lehrerin oder der Lehrer tatsächlich ist. Allerdings bedeutet das nicht, dass wir ungeprüft und naiv buddhistischen Lehrerinnen und buddhistischen Lehrern vertrauen sollten. Die Reihenfolge ist, zunächst gut und gründlich zu prüfen. Und zwar auf Grundlage der Informationen dazu, wie man prüft. Wenn diese Prüfung positiv ausfällt, dann ist es allerdings wichtig, unerschütterlich zu vertrauen.
Die oder der Lama vereinigt die gesamte Zuflucht. Bei den Drei Wurzeln ist sie oder er die Wurzel des Segens. Im Diamantweg, dem Vajrayana, ist die oder der Lama auch unerlässlich für die tiefgründigsten Belehrungen.

Tatsächlich kann die oder der Lama auch am direktesten mit der Schülerin oder dem Schüler arbeiten. Eine qualifizierte Dharmalehrerin oder einen qualifizierten Dharmalehrer zu haben ist also, bei entsprechend qualifizierter Schülerin oder qualifiziertem Schüler, im Regelfall am effizientesten. Siehe auch „Drei Juwelen" und „Drei Wurzeln".

Lama Jigme Rinpoche: *1949 in Kham/Osttibet
Als die Situation in Osttibet zu schwierig wurde, sorgte seine Mutter, Phuntsok Wangmo, entsprechend dem Rat des bereits verstorbenen Vaters, dafür, dass er zusammen mit seinem Bruder, dem 14. Shamarpa, zu seinem Onkel, dem 16. Karmapa, nach Tsurphu geschickt wurde. Dort erhielt er eine fundierte buddhistische Ausbildung. 1959 begleitete Lama Jigme Rinpoche den 16. Karmapa, mit vielen anderen, als dieser Tibet verließ. 1974 zog Lama Jigme Rinpoche, auf Wunsch des 16. Karmapas, nach Frankreich, um sich um den Aufbau des europäischen Hauptsitzes Karmapas in Europa zu kümmern. Auch wurde er Karmapas Stellvertreter für die europäischen Zentren der Linie. Inzwischen ist Lama Jigme Rinpoche der Generalsekretär des 17. Karmapas.

Lama Pema Zangmo:
Eine der wenigen zeitgenössischen, tibetischen Frauen, die in der Karma-Kagyü- Linie den Titel „Lama" erhalten haben.

Lama Walli (Lama Waltraud Sander):
Deutsche Lama, die nach gut eineinhalb Jahrzehnten Zurückziehung in Frankreich unter Anleitung von Gendün Rinpoche, ebenso wie ihr damaliger Mann, Befreiung erreichte.

Leerheit:
Shunyata (skr.), tong pan yi (tib.)
Buddha hat im zweiten seiner drei Lehrzyklen Leerheit erklärt. Das bezeichnet die Freiheit davon, an einem Ich anzuhaften. Eine Vorstufe zum Verständnis von Leerheit ist es, Vergänglichkeit, Unbeständigkeit, zu verstehen. Wir erkennen also zunehmend, dass die Dinge entstehen und wieder vergehen und dass das fortlaufend stattfindet. Auch da, wo man es zunächst nicht bemerkt. So ist der Ort, an dem wir leben, in ständiger Veränderung. Er ist keinen Moment gleich, noch nicht einmal einen Bruchteil eines Moments oder davon Bruchteile. Letzten Endes gibt es nichts, was fassbar ist. Doch fortlaufend entsteht und vergeht etwas. Dabei entsteht alles Zusammengesetzte nicht zufällig oder aus sich heraus, sondern unterliegt dem Gesetz von Ursache und Wirkung.
Die Erklärungen von Unbeständigkeit und Entstehen in Abhängigkeit sind eng verbunden mit Erklärungen zur Leerheit. Wichtig ist, zu verstehen, dass Leerheit nicht heißt, dass da nichts ist. Der Begriff bezeichnet, dass da nichts unabhängig von uns ist. Denn das, was erscheint, übrigens auch, was wir denken, sind sich gerade öffnende Samen, und zwar 65 pro Sekunde. Leerheit bedeutet also nicht Nihilismus.

Tatsächlich hat Buddha im dritten Lehrzyklus als Gegenmittel dagegen, dass man meinen könnte, da sei nichts, Erklärungen zur Buddha-Natur gegeben. Sie ist die unermessliche Schatzkammer aller Qualitäten, ein für uns noch unfassbarer Reichtum. Und sie ist frei von allem, was schwierig ist. Es ist ein völlig reiner Zustand, jenseits dessen, was man derzeit für möglich halten kann.

Liebe:
Die Erste der Vier Unermesslichen. Es ist der Wunsch, dass alle fühlenden Wesen Glück und die Ursache von Glück erleben mögen.
Die Liebe einer Buddha oder eines Buddha richtet sich stets und ununterbrochen auf alle fühlenden Wesen, ohne Unterschiede zu machen.

Liebevolle Augen:
Siehe „Chenrezig".

Linie:
Auch „Tradition", „Schule".
Dieser Begriff bezeichnet im Buddhismus die ununterbrochene Abfolge von Lehrenden und Lernenden. Hier hat die Nachfolgerin oder der Nachfolger die gleiche Verwirklichung wie die Lehrerin oder der Lehrer. So kann der Schatz des Dharma unverfälscht bewahrt und weitergegeben werden. Es gibt weiter Lehrende und Praktizierende, die unterschiedlich weit fortgeschritten sind und die in der entsprechenden Linie üben, sowie Übende, die parallel in anderen Linien praktizieren. Dann Teilzeitübende, die immer mal wieder vorbeischauen. Schließlich Praktizierende, die, ohne dass viele es wissen, im Retreat sind.

Lhasa:
Tibetische Hauptstadt.

Lojong:
Siehe „Sieben-Punkte-Geistestraining".

Löwen unter den Menschen:
Andere Bezeichnung für Buddhas.
Der Begriff beschreibt die Furchtlosigkeit, die aus der Verwirklichung entspringt.

Machig Labdrön: 10. und 11. Jhd. n. u. Z.
Berühmte Tibeterin, die die Chöd-Praxis begründet hat.
Ihr späterer Partner, Thöpabhadra, war ihr vorhergesagt worden. Mit ihm hatte sie eine Tochter und zwei Söhne. Später überließ sie ihrem Gefährten für einige Zeit die Erziehung der Kinder, um eine weitere Zurückziehung zu machen.
Machig Labdrön lebte 99 Jahre und verwirklichte 1143 den Regenbogenkörper.
Ihr Kommen war von Buddha Shakyamuni vorhergesagt worden.
Siehe „Chöd".

Mahamudra (skr.):
chag chen oder chag ya chen po (tib.)
Bedeutet Großes Siegel.
Buddha meinte hierzu: "Sucht keine höheren Belehrungen als diese, es gibt sie nicht." Das Große Siegel wird vor allem in der Karma-Kagyü-Linie gelehrt und umfasst Grundlage, Weg und Ziel. Es führt zu einer direkten Erfahrung der Natur des Geistes. In anderen Linien werden Dzogchen und Madyamika vermittelt. Die Unterschiede zwischen Mahamudra, Dzogchen und Madyamika werden in einem Vers der Mahamudra-Wünsche des 3. Karmapas beschrieben. Eine andere Beschreibung, die von Garchen Rinpoche stammt, sagt, dass diese drei Bezeichnungen so sind, wie wenn eine Person drei Namen hat.

Mahamudra Wünsche des 3. Karmapas:
Der 3. Karmapa fasste Erklärungen und Wünsche für die Verwirklichung von Mahamudra in 25 Verse.

Mahayana:
Siehe „Großer Weg".

Mallika: 6. Jhd. v. u. Z.
Sie war eine Königin und Schülerin Buddhas. Ihr Mann war der König Pasenadi. Dieser fragte sie oft um Rat. Im Regelfall hörte er auch auf sie, denn sie war eine sehr weise Frau. Beispielsweise riet sie ihm, zum Thema Tieropfer Buddha zu fragen. Buddha sagte dem König dann, dass das keine gute Handlung ist.

Mandala (skr.):
Wörtlich „Kreis".
Kraftkreis eines Buddha-Aspektes, auf die im Diamantweg meditiert wird.
Das Mandala besteht in einem tantrischen Meditationsaspekt in der Mitte und den anderen Aspekten, der makellosen Umgebung, die diesem zugeordnet sind. Es ist eine symbolische Darstellung aller Qualitäten des erleuchteten Geistes. Beispielsweise finden wir Mandalas auf tibetischen Rollbildern, die auch als Stütze für die Visualisierung bei Meditationen verwendet werden. Auch werden Mandalas aus Sand gestreut und dann wieder verwischt. Weiter bezeichnet man das Universum, das man bei den Mandala-Gaben darbringt, als Mandala.
Siehe „Mandala-Gaben".
Mandala Gaben:
Klassische Übung, um gute geistige Eindrücke aufzubauen. Hier wird dem höheren Feld der Ansammlung, den Repräsentantinnen und Repräsentanten der Erleuchtung, ein symbolisches Universum als Gabe dargebracht.
Mandala-Gaben werden auch im Rahmen der Grundübungen ausgeführt, in der Karma-Kagyü Linie als dritte Praxis.

Mandarava: 8. Jhr. n. u. Z.
Sie war eine Prinzessin aus dem Königreich Zahor in Indien. Mit ihrem Lehrer und Mann, Guru Rinpoche, verbreitete sie den Buddhismus. Mandarava hat Guru Rinpoches Leben um viele Jahre verlängert, so dass wir es auch ihr verdanken, dass dieser dann nach Tibet reisen und dort wirken konnte.
Sie ist eine Ausstrahlung von Pandaravasini, deren Gefährte Buddha Amitabha ist.

Mandarava (Blume):
Blume, die in Dewachen wächst.

Mandabhadri:
Eine Prinzessin, die ihren Körper an einen Tiger verfüttert hat.

Manibhadra: 9. Jhd. n. u. Z.
Sie war eine Tochter aus reichem Elternhaus und lebte in Agarce (Nordindien). Manibhadra traf ihren Meister dadurch, dass er eines Tages bettelnd vor ihrer Türe stand. Er gab ihr dann auf einem Leichenverbrennungsplatz die Ermächtigung in Samvara und lehrte sie Meditation. Manibhadra übte mit ihm sieben Tage. Anschließend, wieder zu Hause, setzte sie durch, das Jahr bis zu ihrer Hochzeit mit buddhistischer Praxis verbringen zu können. Dann heiratete sie und verband ihr Alltagsleben mit ihrer buddhistischen Übung. Als ihr eines Tages ein Krug zerbrach, erreichte sie Verwirklichung.

Mantra (skr.):
ngag (tib.)
Bedeutet wörtlich „Schutz für den Geist".
Ein Mantra ist eine Aneinanderreihung von Worten, im Regelfall in Sanskrit. Buddhistische Mantren sind die natürliche Schwingung einer Buddhaform, also der Erleuchtung, auf Ebene der Rede. Sie reifen unsere Sprache, reinigen von Negativität, bauen Gutes auf und helfen dabei, dass wir in Richtung Erleuchtung reisen können. Sie schützen weiter den Geist, und Mantren sind ein sehr gutes Mittel, um den Geist davor zu bewahren, sich (zu sehr) in gewöhnliche Erscheinungen und Vorstellungen zu verstricken. Wenn es schwierig ist, formale Meditationen anzuwenden, zum Beispiel, weil man aufgewühlt ist, kann das Sagen von Mantren mit einer Mala (buddhistische Zählkette) stützend wirken.
Es ist hier aber auch wichtig, zu schauen, wie viele Mantren in einer bestimmten Situation zuträglich sind. Auch wurde beobachtet, dass das Halten einer Mala, die für das Zählen von Mantren verwendet wurde, selbst ohne Mantrarezitation helfen kann, wenn man sich in schwierigen Geisteszuständen befindet.
Es gibt unterschiedliche Mantren für verschiedene Zwecke, auch wenn grundlegend die Verbindung zur Erleuchtung am wesentlichsten ist.

Zwei der häufig verwendeten Mantren sind die Mantren von:

1. Grüner Tara: Om tare tuttare ture soha
2. Chenrezig: Om mani padme hung

Das Mantra der Grünen Tara hilft bei allen Problemen, Angst, Krankheit und Entscheidungsschwierigkeiten.

Chenrezigs Mantra bereinigt unter anderem die sechs störenden Gefühle.

Weiter werden bei den Meditationen des Vajrayanas Mantren rezitiert, während die Visualisierung geübt wird. Diese Mantraphase gehört zur Erzeugungsstufe, der Entstehungsphase, der Meditation.

Im Rahmen einer Meditation auf eine Weisheitsgottheit ist diese selbst so zu sehen wie eine Butterlampe oder Kerzenflamme. Und das Mantra bringt, bildlich beschrieben, die Flamme zum Brennen, facht sie also an.

Mara (skr.):

Bezeichnet die personifizierten Gegenkräfte des Erwachens und bezieht sich auf alles, was Befreiung und Erleuchtung verhindert.

Man unterscheidet vier Arten von Mara:

1. Mara als Verkörperung störender Gefühle oder Kleshas:
   Es gibt 84.000 störende Gefühle.
   In der Regel werden sie in die sechs grundlegenden, störenden Gefühle, Unwissenheit, Begierde, Hass, Stolz, Zweifel und falsche Anschauung (falsche Sicht, falsche Sichtweise) zusammengefasst. Es gibt für störende Gefühle auch die weitere gängige Einteilung: Unwissenheit, Begierde, Hass, Neid und Eifersucht.

2. Mara, der für die fünf Aggregate (Skandhas) steht:
   Es ist unsere Identifikation mit unserem vorgestellten Ich, die zu Leid führt. Beispielsweise erlebt man körperliche Schmerzen, weil man sich mit dem Körper identifiziert.

3. Mara des Todes, auch der Todesherr genannt:
   Der Tod ist leidvoll, weil man nicht erkennt, dass es lediglich ein weiterer Moment ist, in dem Veränderung stattfindet. Denn in Wirklichkeit ist unsere Buddha-Natur unzerstörbar und kann nicht sterben.

4. Mara, des Göttersohnes:
   Damit ist die Anhaftung an Sinnesfreuden, äußere Dinge, spirituelle Fortschritte und spirituelle Fähigkeiten gemeint.
   Durch Anhaftung entsteht Abneigung, unter anderem gegen das, was einen nicht erfreut. Vieles empfinden wir aber auch als neutral.
   Weil man das Angenehme haben möchte und das Unangenehme vermeiden will, handelt man. Allerdings leider auch oft ohne (viel) Wissen und Weisheit. Daher führt das eigene Handeln dann oft nicht zu Glück, sondern, entgegen den eigenen Wünschen, zu Leid.
   Auch entsteht durch die Sinnesobjekte Ablenkung von dem, was wirklich wichtig ist, es ist unser Weg zur Erleuchtung.

Marpa: *11. Jhd. n. u. Z.*
Ein Tibeter, der drei Mal nach Indien reiste, um die Lehre Buddhas zu erhalten. Als Marpas Hauptlehrer gilt Naropa. Weiter ist Maitripa einer seiner wichtigen Lehrer. Marpa erhielt auch weitere Übertragungen von anderen Lehrerinnen und Lehrern, beispielsweise von Niguma.
Marpa wurde der erste tibetische Linienhalter der Karma-Kagyü-Linie, und sein wichtigster Schüler war Milarepa. Marpa war der Mann von Dagmema, die seinem Schüler Milarepa half, als dieser schwere Reinigungen von negativem Karma erlebte. Auch hatte Marpa Dagmema zu verdanken, dass er tiefe Meditationszustände erreichte.

Meditation:
Bedeutet wörtlich: "sich vertraut machen", „gewöhnen".
Es gibt buddhistische Meditationen und nichtbuddhistische Meditationen.
Bei den buddhistischen Meditationen finden wir Meditationen, mit denen wir Erleuchtung erreichen können und Meditationen, die nicht bis zur Erleuchtung führen.
Buddhistische Meditationen, die Erleuchtung ermöglichen, bestehen aus den zwei Phasen Shine und Lhagtong. Mit Shine üben wir, den Geist unter Kontrolle zu bringen, das heißt, wir erlangen geistige Stabilität. Bei der Lhagtong-Übung untersuchen wir die Natur des Geistes und erkennen sie schließlich.
Beide Meditationen sind wichtig, denn mit Shine allein kann man weder Befreiung noch Erleuchtung erreichen. Lhagtong dagegen wird man, ohne ein Mindestmaß an Verwirklichung von Shine, nicht wirklich praktizieren können.
Tatsächlich sammeln und beruhigen wir den Geist durch Geistesruhe, dadurch wird er natürlicherweise klar. So ist das Ziel dieser Praxis, dass der Geist nicht abgelenkt wird von seiner Klarheit.
Es ist ähnlich, wie wenn sich ein aufgewühlter See beruhigt. Erst wenn das Wasser ruhig ist, wird es klar. Und erst dann können wir den Grund sehen, ihn untersuchen und erkennen. Auf den Geist bezogen heißt das, dass wir ihn erst dann mit Erfolgsaussichten untersuchen können, wenn er in der Lage ist, stabil ruhig und damit klar zu sein. Und dann können wir ihn weiter auch auf das zu untersuchende Objekt oder Thema richten, ohne abzuschweifen.
Ein anderes Beispiel ist das einer Kerze, die zunächst ruhig brennen muss, damit wir sehen und untersuchen können, was sich in einem Zimmer befindet. Flackert die Kerze oder geht sie dauernd aus, ist das nicht möglich.

Meditationsgottheit, Meditationsaspekt:
Siehe „Yidam".

Meisterin, Meister:
Im buddhistischen Kontext ein anderes Wort für Lehrerin oder Lehrer oder Lama, die oder der Erleuchtung erreicht hat oder auf dem Erleuchtungsweg weit fortgeschritten ist.

Mensch:
Fühlendes Wesen in einem der sechs Daseinsbereiche. Das Leid im Bereich der Menschen besteht in Geburt, Altern, Krankheit und Tod. Weiter leidet man, weil man von denen getrennt ist, die man mag und mit denen zusammen sein muss, die man nicht mag. Und man findet nicht, was man sucht, und es ist schwierig die eigene Existenz aufrechtzuerhalten. Angemerkt sei hier, dass Geburt im Buddhismus den Moment der Konzeption bezeichnet. Auch setzt Altern bereits mit der Konzeption ein. Trotz aller Probleme ist eine Wiedergeburt als Mensch für das Erreichen der Erleuchtung am besten geeignet. Es sind dafür aber bestimmte weitere Ressourcen nötig, die dann den kostbaren Menschenkörper ausmachen. Sie werden über die acht Freiheiten, die zehn Möglichkeiten und die drei Arten des Vertrauens beschrieben. Auch benötigt man eine qualifizierte Dharmalehrerin oder einen qualifizierten Dharmalehrer, und man muss dem folgen, was diese oder dieser einem rät.
Das störende Gefühl, das zu einer Wiedergeburt als Mensch führt, ist Begierde.
Siehe auch Erklärungen zum kostbaren Menschenkörper im Kapitel „Mitfreude".

Meru:
Auch Berg Meru.
Gemäß der buddhistischen Kosmologie ist der Berg Meru ein göttlicher Berg, der sich in der Mitte des Universums befindet. Er ist umgeben von den vier Kontinenten. Der südliche Kontinent heißt Jambudvipa, es ist der Kontinent, auf dem wir leben. Weiter ist der Berg Meru umgeben von den acht Subkontinenten und den sieben Weltmeeren. Er ruht mit diesen, ihn umgebenden Strukturen, auf einem Fundament aus Gold.

Milarepa: 11. und 12. Jhd. n. u. Z.
Der bekannteste tibetische Yogi und Poet. Er ist einer der Linienhalter der Karma-Kagyü-Linie. Sein wichtigster Lehrer war Marpa. Die wichtigste nichtmenschliche Schülerin von Milarepa war Tseringma, sein wichtigster menschlicher Schüler war Gampopa.

Mitgefühl:
Die Zweite der Vier Unermesslichen. Es ist der Wunsch, dass alle fühlenden Wesen frei von Leid und der Ursache von Leid sein mögen.
Liebe und Mitgefühl sind Voraussetzung für die erleuchtete Geisteshaltung, Bodhicitta. Aber Liebe und Mitgefühl sind nicht die erleuchtete Geisteshaltung.
Bodhicitta ist das Alleinstellungsmerkmal des Großen Weges, denn Bodhicitta finden wir weder bei Nicht-Buddhistinnen und Nicht-Buddhisten noch im Kleinen Weg. Mitgefühl dagegen gibt es auch bei Nicht-Buddhistinnen und Nicht-Buddhisten und im Kleinen Weg.
Siehe „Bodhicitta".

Mudra (skr.):
chag (tib.)
Bedeutet wörtlich "Zeichen", "Siegel".
Der Begriff Mudra kann jede Art von Symbol bezeichnen. So ist das gebogene Messer von Vajravarahi eine Mudra.
Im Besonderen handelt es sich bei Mudras aber um Körperhaltungen oder Handgesten der personifizierten Repräsentantinnen und Repräsentanten der Erleuchtung, und sie drücken hier meistens eine bestimmte Aktivität aus. Weiter werden Mudras bei tantrischen Ritualen ausgeführt.
Im Tantra werden vier Arten von Mudras unterschieden:
1. Siegel des Versprechens (skr. Samayamudra),
2. Siegel der Aktivität (skr. Karmamudra),
3. Siegel der Lehre (skr. Dharmamudra),
4. Großes Siegel (skr. Mahamudra).
Siehe „Mahamudra".

Nagini, Naga (skr.):
Wörtlich "Schlange" oder "Schlangenkönigin oder „Schlangenköng".
Im deutschen wird Nagini als weibliche Form verwendet und Naga als männliche Form.
Es gibt acht Klassen von Naginis beziehungsweise Nagas, die sich auf die Daseinsbereiche der Göttinnen und Götter, der Halbgöttinnen und Halbgötter sowie der Tiere verteilen.
Ihr Körper oder ihr Unterkörper hat eine Fisch- oder Schlangenform, und sie leben unter Wasser, an Wasserläufen, unter der Erde oder im weiten Raum. Dabei können sie von Menschen normalerweise nicht gesehen werden. Einige sind hohe Bodhisattvas, andere sind boshaft. Naginis beziehungsweise Nagas können phasenweise eine menschliche Form annehmen. Es heißt auch, dass sie große Schätze haben. Aber sie können auch Dharmatexte aufbewahren, die ihnen von großen Meditationsmeisterinnen oder Meditationsmeistern anvertraut wurden. Naginis und Nagas sind sehr empfindlich, und wenn man Gewässer verschmutzt oder in der Erde gräbt, kann man sie sehr leicht verärgern.
Dann verursachen sie Krankheiten, Seuchen oder Unwetter. Beispielsweise heißt es, dass Lepra eine Nagini- beziehungsweise eine Nagakrankheit ist.

Neid:
Eines der fünf grundlegenden störenden Gefühle, das auftritt, wenn jemand anderer etwas hat, das man selbst gerne haben möchte. Das stört einen dann, man gönnt es der anderen Person also nicht.
Neid kann zur Wiedergeburt im Bereich der Halbgöttinnen und Halbgötter führen.

Ngöndro:
Siehe „Grundübungen".

Niederwerfung:
Siehe „Verbeugung".

Nihilistische Sichtweise:
Man verneint beispielsweise das Gesetz von Ursache und Wirkung. Oder man hält es nicht für gegeben, dass es vergangene und zukünftige Leben gibt.
Tatsächlich ist die nihilistische Sichtweise eine von zwei grundlegenden falschen Sichtweisen, neben der existenzialistischen Sichtweise.
Dabei ist die nihilistische Sichtweise allerdings schädlicher, da sie zu mehr unangemessenem Handeln und damit eher in die niederen, leidvolleren Bereiche führt. Bei einer existenzialistischen Sichtweise ist die Wahrscheinlichkeit für angemessene Handlungen und damit für eine Wiedergeburt in den höheren Bereichen größer.
Daher ist die existenzialistische Sichtweise als bessere Sicht einzustufen.

Nirmanakaya (skr.):
trul ku (tib.)
Siehe „Ausstrahlungszustand".

Nirwana (skr.):
Nirvana (skr.), nyang ngen le de pa (tib.)
Allgemein verwendet bezeichnet dieser Begriff die Befreiung aus den Leiden des Daseinskreislaufes, ohne dass Buddhaschaft verwirklicht ist. Denn in diesem Zustand besteht eine subtile Abgrenzung gegen ein vermeintlich vorhandenes Samsara, das man ja hinter sich lassen will. Es wird daher auch einseitiges Nirwana genannt und betrifft die Hörerinnen und Hörer und die Selbstverwirklicher.
Im Großen Weg bedeutet Nirwana Erleuchtung. Man spricht dann auch von vollkommenem Nirwana.

Niedere Bereiche:
Bezeichnet die drei leidvolleren der sechs Daseinsbereiche, und sie heißen niedere Bereiche, weil sie unangenehmer sind. Es handelt sich um die Bereiche der Paranoiawesen (Höllenbereichswesen), der Hungergeister und der Tiere.

Ordinierte, Ordinierter:
Bezeichnung für alle, die entsprechende Gelübde abgelegt und sie nicht zurückgegeben haben. Es gibt auch nicht zölibatär lebende Ordinierte.
Siehe auch „Gelübde."

Padmasambhava:
Siehe „Guru Rinpoche".

Paldabum: ca. 11./12. Jhd n. u. Z.
Eine Tibeterin aus begütertem Elternhaus, ihr Lehrer war Milarepa.

Pandaravasini:
gö kar mo (tib.)
Bedeutet wörtlich „die weiß Gekleidete".
Pandaravasini repräsentiert die Reinheit des Feuerelementes. Ihre Körperfarbe ist rot. Sie ist eine weibliche Buddha, und ihr Gefährte ist Buddha Amitabha.

Paramita:
Siehe „Sechs Paramitas".

Paranirvana (skr.):
Bezeichnet den Tod einer Buddha oder eines Buddhas. Es ist ein Zustand jenseits von Samsara und einseitigem Nirwana.
Siehe „Nirwana" und „Samsara".

Paranoiabereiche:
Siehe Paranoiawesen.

Paranoiawesen:
Wird auch als Wesen der Höllenbereiche bezeichnet.
Fühlendes Wesen im leidvollsten der sechs Daseinsbereiche. Dort erlebt man permanent extreme Qualen, vor allem durch äußerste Hitze und extremste Kälte, als Auswirkung unintelligenter, früherer Handlungen. Diese Zustände dauern sehr lange an. Typischerweise bringt der Tod fast nie eine Erlösung, denn man wird meistens gleich wieder dort geboren. In diesen Bereichen schafft man keine neuen Ursachen für Karma, sondern trägt sehr leidvolles Karma ab. Erstrebenswert ist diese Existenz deshalb aber nicht, denn es gibt sehr viel bessere, weniger leidbehaftete Möglichkeiten, um Negativität zu entfernen.
Ursache für eine Wiedergeburt in diesen Zuständen des extremsten Erlebens von Leid können unter anderem Hass, Töten, verletzende Rede, Verleumdung und die fünf extremen Handlungen sein.

Pasenadi: 6 Jhd. v. u. Z.
Er war ein König von Kosala und ein Schüler Buddhas. Pasenadi war der Mann von Mallika, die seine Hauptkönigin war und die er oft um Rat fragte, den er dann im Regelfall befolgte.

Phowa (tib.):
Bezeichnet im engeren Sinn das Bewusste Sterben, wird auch Meditation des bewussten Sterbens genannt.
Eigentlich ist aber die generelle Übertragung des Bewusstseins gemeint. Das kann auch zu Lebzeiten geschehen. Beispielsweise beinhaltet die Chöd Meditation Bewußtseinsübertragungen.
Meist ist mit diesem Begriff aber gemeint, dass man lernt und übt, im Moment des Todes das eigene Bewusstsein in ein Reines Land zu übertragen.

Das Reine Land der Großen Freude von Buddha Amitabha ist viel leichter erreichbar als die anderen Reinen Länder. Denn hier kann man, unter anderem durch Phowa, Wiedergeburt annehmen, ohne dass man Befreiung verwirklicht hat. Voraussetzung ist aber, dass man Phowa korrekt gelernt hat, es regelmäßig übt und man darf nicht zu negativ sein. Phowa ist allerdings keine absolut sichere Methode, um Dewachen zu erreichen.

Prakashashila: ca. 4. Jhd. n. u. Z.
Bedeutet wörtlich: „Klare Disziplin".
Eine buddhistische Nonne, die ihre Nonnengelübde zurückgab, weil sie erkannt hatte, dass sie, durch zwei zukünftige Kinder, Asanga und Vasubandu, für den Erhalt des Buddhismus von allergrößter Bedeutung sein würde.

Pratyekabuddha (skr.):
Siehe „Selbstverwirklicher".

Punnika: circa 500 v. u. Z.
Eine Inderin, die als Sklavin geboren wurde und dann auch zunächst weiter eine für das Wasserholen zuständige Leibeigene war. Eines Tages hörte sie, wie Buddha eine Unterweisung gab und erreichte durch die Begegnung mit ihm erste Verwirklichung. Sie wollte dann Nonne und seine Schülerin werden und Buddha folgen. Mit ihrem unfreien Status war das aber zunächst nicht möglich. So bat sie ihn, nicht abzureisen, sondern ihr zu helfen. Buddha blieb also noch. Da Punnika zum Haushalt eines reichen Schülers Buddhas gehörte, gab dieser sie nicht nur frei, sondern adoptierte sie sogar als Tochter. Dann erhielt Punnika die volle Ordination und wurde eine Arhati.

Rad des Dharma drehen:
Das „Rad des Dharma" steht für Buddhas Lehre.
Hierbei bedeutet „Rad des Dharma drehen", dass ein Buddha den Dharma in einem vollständigen Zyklus gelehrt hat. Dieser bleibt dann für lange Zeit zur Verfügung. Buddha hat zu seinen Lebzeiten drei Zyklen von Belehrungen gegeben, die für uns auch heute noch zugänglich sind. In diesen drei Lehrzyklen geht es schwerpunktmäßig um folgende Themen:
1. Die Vier Edlen Wahrheiten:
   Hierunter fallen auch die Erklärungen von Ursache und Wirkung.
   Buddha hat hier erklärt, wie der Daseinskreislauf funktioniert und und wie es möglich ist, dauerhaft frei von Leid zu werden.
   Die beiden Schulen des Hinayanas (Kleiner Weg) stützen sich auf diese Erläuterungen.
   Diese Erklärungen befreien von der extremen Sichtweise der Nicht-Existenz.

2. Leerheit:
   Hier sind die Erklärungen zu Mitgefühl und Weisheit zu finden.
   Beim ersten Drehen hat Buddha Erklärungen dazu gegeben, dass der
   Daseinskreislauf in einer bestimmten Weise funktioniert. Dann hat er im
   zweiten Lehrzyklus erläutert, dass das, was erscheint, frei von unabhängiger
   Existenz ist, was aber nicht heißt, dass da nichts ist. Denn was da ist, das ist
   das, was aus den sich öffnenden karmischen Samen erscheint. Leerheit
   heißt damit auch, frei davon zu sein, am vermeintlich vorhandenen Ich
   anzuhaften, denn auch das Ich erscheint aus karmischen Samen und ändert
   sich fortlaufend.
   Die Erläuterungen des zweiten Lehrzyklus sind Mahayana-Belehrungen,
   das heißt, Unterweisungen des Großen Weges.
   Diese Erklärungen befreien von der extremen Sichtweise der Existenz.
3. Die Buddha-Natur:
   Im dritten Lehrzyklus gab Buddha Unterweisungen zur letztendlichen
   Wirklichkeit, zur Buddha-Natur, die alle fühlende Wesen haben, und zu den
   Buddha-Eigenschaften.
   Diese Erläuterungen wirken der Sichtweise entgegen, dass der zweite
   Lehrzyklus aussagen würde, da sei nichts.
   Er gibt hier also die Erklärungen zur Buddha-Natur, zu der wir aber derzeit
   keinen oder nur sehr eingeschränkt Zugang haben. Die Buddha-Natur ist für
   uns tatsächlich nicht annähernd in ihrem ganzen Ausmaß an unermesslichen
   Qualitäten und makelloser Reinheit fassbar.
   In diesem dritten Lehrzyklus geht es auch um das Freisein von jeglicher
   Sichtweise oder Position, die man einnehmen könnte. Mithin auch der
   Anschauung, da sei etwas oder da sei nichts.

Rahulabhadra:
Siehe „Saraha".
Rechungma: *11. bzw. 12 Jhd. n. u. Z.*
Ihr Lehrer war Milarepa. Sie erreichte Verwirklichung.

Reines Land:
shing kham (tib.)
Reiner Bereich oder Bewusstseinsebene, die eine Buddha oder ein Buddha
durch ihre oder seine Verdienste und ihre oder seine Wunschgebete
manifestiert.
Fühlende Wesen können durch ihr Karma, durch ihr Vertrauen und durch ihre
Hingabe dorthin gelangen. Im Regelfall sind diese Reinen Länder allerdings erst
für jemanden erreichbar, die oder der mindestens Befreiung erreicht hat. Das
Reine Land von Buddha Amitabha ist unter bestimmten Bedingungen nach dem
Tod auch für fühlende Wesen zugänglich, die noch keine Befreiung erlangt
haben. Die Hauptbedingungen dafür sind kein zu schlechter Mensch zu sein,
und sie bestehen weiter in intensiven, hingebungsvollen, zweifelsfreien
Wünsche für eine Wiedergeburt im Reinen Land von Buddha Amitabha.

Welche weiteren Bedingungen hilfreich sind, ist in diesem Buch beschrieben.

In Reinen Ländern sind wir ohne jegliches Leiden, frei von Hindernissen und Problemen, und diese Reinen Bereiche sind außerhalb des Daseinskreislaufes. Nach der Wiedergeburt dort erhalten wir, in einer überaus förderlichen, freudvollen und angenehmen, wunderschönen Umgebung, Belehrungen von dem Buddha dieses Landes. Wenn wir wollen, können wir aber auch andere Reine Länder besuchen und dort Erklärungen erhalten. Es ist auch möglich, so lange in dem Reinen Land zu bleiben, bis wir Erleuchtung erreicht haben.

Repräsentantinnen und Repräsentanten der Erleuchtung:
Alles, was Erleuchtung darstellt, also:
1. der oder die eigene Lama (die oder den man als Buddha sehen sollte),
2. der eigene Yidam,
3. die Buddhas und Bodhisattvas,
4. die Drei Juwelen (Buddha, Dharma und Sangha),
5. die Drei Wurzeln (Lama, Yidam und Schützerinnen und Schützer),
6. Stupas, die den Geist Buddhas symbolisieren,
7. und so weiter.
Umfassender gesehen, sind es alle Phänomene. Es ist also alles und zwar dann, wenn man alles als Körper, Rede und Geist von Buddhas sehen kann.

Rinpoche (tib.):
Bedeutet wörtlich "Kostbare", „Kostbarer"
Ehrentitel für eine hohe, buddhistische Lehrerin oder für einen hohen, buddhistischen Lehrer. Dieser Titel wird auch als Anrede verwendet.

Samadhi (skr.):
Bezeichnet wörtlich „Versenkung", „Sammlung".
Es ist ein Vertiefungszustand, der durch die Meditation der Geistesruhe erreicht wird. Der Grad der Einsicht bei verschiedenen Samadhis kann unterschiedlich sein. Daher kann Samadhi ein Vertiefungszustand innerhalb der sechs Bereiche sein. Aber auch ein Vertiefungszustand von jemandem, die oder der nicht mehr dem Daseinskreislauf ausgeliefert ist, kann diese Bezeichnung tragen.

Samantabhadra:
Es gibt den Buddha Samantabhadra und den Bodhisattva Samantabhadra.
Im diesem Text ist, wenn nichts anderes erwähnt wird, der Bodhisattva Samantabhadra gemeint.

Samantabhadra-Gabenwolken:
Samantabhadra konnte Gaben durch die Kraft seiner Konzentration unermesslich vervielfachen.
Bei den Samantabhadra-Gabenwolken handelt es sich um eine sehr wirksame Vorgehensweise, um das Geben und die Gaben grenzenlos zu gestalten.
Siehe auch im Kapitel „Geben".

Samantabhadra-Wunschgebet:
Siehe „Samantabhadra" und „König(in) unter den Wegen des Strebens nach dem vollendenden Wirken der Edlen".

Samantabhadri:
Eine weibliche Buddha, ihr Gefährte ist Samantabhadra. Sie wird oft mit ihm in Vereinigung dargestellt. Ist sie ohne ihren Gefährten dargestellt, hält sie die Hände in der Meditationsgeste im Schoß. Ihre Körperfarbe ist weiß.

Samsara (skr.):
Siehe „Daseinskreislauf".

Sambhogakaya (skr.):
Siehe „Freudenzustand".

Sangha (skr.):
gen dün (tib.)
Bedeutet wörtlich "Menge", "Schar".
Der Begriff bezeichnet diejenigen, die uns auf dem Weg zur Erleuchtung helfen, ermutigen und Vorbild sind. Wir unterscheiden verschiedene Ebenen:
1. Im engeren Sinn sind Sangha diejenigen, die mindestens Befreiung erreicht haben. Sie heißen dann auch verwirklichter Sangha oder edle Sangha. Die verwirklichte Sangha ist Teil der Drei Juwelen und damit Teil der Zuflucht. Grundsätzlich nehmen wir Zuflucht zu denen, die mindestens Befreiung erreicht haben. Im Großen Weg nimmt man allerdings nur Zuflucht zu den Bodhisattvas, nicht zu den Pratyekabuddhas und Arhats, letztere werden aber sehr respektiert und geschätzt.
2. Der Begriff kann auch die bezeichnen, die ordiniert sind. Sangha heißt hier, dass mindestens vier Nonnen oder Mönche anwesend sind, unabhängig vom Verwirklichungsgrad.
3. Und die Bezeichnung kann sich auch auf eine Gruppe von Laienanhängerinnen und/oder Laienanhängern mit entsprechenden Gelübden, unabhängig von der Verwirklichung, beziehen.
4. Umgangssprachlich werden buddhistische Gruppen oft Sangha genannt. Es sind also diejenigen, mit denen wir den buddhistischen Weg gehen.

Saraha: 8. Jhd. n. u. Z
Ein indischer Mahasiddha. Er hieß zunächst Rahulabhadra. Dann traf er eine für seinen Weg sehr wichtige Frau, und sein Name wurde an ihrem orientiert.

Sarasvati (skr.):
yang chen ma (tib.)
Weiblicher Meditationsaspekt. Typisch ist für Sarasvati, dass sie eine Vinya (ein Saiteninstrument) hält. Sarasvati fördert Weisheit, den Intellekt, Musik, Sprache, Poesie, überhaupt die Kultur und Künste. Der perfekteste, schönste Klang, den es gibt, wird von Sarasvati und ihrer Vinya hervorgebracht.
Wir finden sie auch bei den 21 Taras, als zweite Tara, und ihr Gefährte ist Manjushri, der Weisheitsbuddha.

Schleier:
Sie trüben den Geist und machen ihn unklar, so dass man das, was ist, nicht sehen kann. Spricht man von zwei Schleiern, dann sind die beiden Schleier der störenden Gefühle und der Erkenntnis gemeint. Alle anderen Schleier sind hier enthalten. Haben wir alle Schleier beseitigt, sind wir erleuchtet.
Siehe „Fünf Schleier"

Schützerinnen, Schützer:
Dharmapala (skr.)
Licht-Energieformen von Buddhas, die entweder Hindernisse auf dem Weg zur Erleuchtung entfernen oder alle nötigen Bedingungen für wirkliche Dharma-Praktizierende schaffen. Sie gehören zu den Drei Wurzeln und damit zur inneren Zuflucht.
Siehe „Drei Wurzeln" und „Zuflucht".

Sechs Bereiche oder sechs Daseinsbereiche:
Siehe „Daseinsbereiche".
Sechs Daseinsbereiche:
Es gibt verschiedene grundlegende Erlebnismöglichkeiten, diese werden meistens in die sechs Daseinsbereiche eingeteilt:
1. fühlende Wesen in den Höllenbereichen; hauptsächliches, störendes Gefühl ist Hass,
2. hungrige Geister; hauptsächliches, störendes Gefühl ist Geiz,
3. Tiere; hauptsächliches, störendes Gefühl ist Unwissenheit bzw. Dumpfheit,
4. Menschen; hauptsächliches, störendes Gefühl ist Begierde,
5. Halbgöttinnen oder Halbgötter; hauptsächliches, störendes Gefühl ist Eifersucht,
6. Göttin oder Gott (niedere, mittlere und höchste); hauptsächliches, störendes Gefühl ist Stolz.
Allen Daseinsbereiche ist gemeinsam, dass sie leidvoll sind. Selbst wenn man eine sehr gute Wiedergeburt hat, ist diese zeitlich begrenzt. Das bedeutet, man ist als fühlendes Wesen im Daseinskreislauf nie in Sicherheit vor Leid.
Siehe auch „Drei Daseinsbereiche".

Sechs Paramitas (skr.):
Auch Sechs Befreiende Handlungen.

Die Sechs Paramitas beschreiben, was wir auf dem Großen Weg üben. Werden sie mit der Absicht ausgeführt, Erleuchtung zum Nutzen aller fühlenden Wesen zu erlangen, werden sie eine Praxis der Bodhisattvas.
Es sind:
1. sinnvolle Großzügigkeit,
2. sinnvolles Verhalten ,
3. sinnvolle Geduld,
4. sinnvolle, von Freude getragene Aktivität,
5. Meditation/geistige Stabilität,
6. Weisheit.
Es ist auch manchmal die Rede von Zehn Paramitas, dann ist das sechste Paramita in vier Paramitas aufgeteilt. Das sechste Paramita wird dann als separater Punkt mit aufgezählt, und so kommt man auf die Zahl zehn. Eigentlich sind es dann aber neun Paramitas. Die Paramitas sieben bis zehn sind: geschickte Mittel, Wunschgebete, Kraft und ursprüngliche Weisheit.
Weitere Informationen in der Einleitung und im Kapitel „Gaben darbringen".

Segen der Lehrerin, des Lehrers:
Umwandlung des Geisteszustandes von leidvoll und leidbringend zu glücklich und glückbringend durch die Inspiration unserer Lama oder unseres Lamas.

Selbstverwirklicher:
Pratyekabuddha (skr.)
Auch Alleinverwirklicher.
Bezeichnet die Hörerinnen oder Hörer, die Unterweisungen einer oder eines Buddhas gehört haben und die sich dann völlig alleine zurückziehen. In dieser Zeit geben sie den Dharma nicht an andere weiter. Wenn sie wiedergeboren werden, können sie, auf sich alleingestellt, tiefe meditative Versenkung hervorbringen. Ihre Verwirklichung entspricht der einer Arhati oder eines Arhats oder übertrifft diese. Pratyekabuddhas können auftreten, wenn keine Buddha oder kein Buddha erschienen ist, und sie können den fühlenden Wesen dann nutzen. Aber auch Pratyekabuddhas können nicht alleine Erleuchtung erreichen. Sie benötigen die Führung einer Buddha oder eines Buddhas.

Shamarpa:
Auch Shamar Rinpoche.
Zweithöchster Lehrer der Karma-Kagyü Linie. In einer Prophezeiung des zweiten Karmapas erklärte dieser, dass der Karmapa in Zukunft in zwei Nirmanakaya-Formen inkarnieren würde, als Karmapa und als Shamarpa.
Siehe auch „Nirmanakaya" und dann „Ausstrahlungszustand".

Shariputra: etwa 500 v. u. Z
Er war einer der engsten Schüler Buddhas, und er erreichte den Arhatzustand.

Shine (tib.):
Siehe Geistesruhe.

Sieben Aspekte der Praxis:
Aspekte der buddhistischen Übung, durch die man fähig wird, Erleuchtung zu erlangen. Einer dieser Aspekte ist zum Beispiel tiefe Meditation.

Sieben-Punkte-Geistestraining:
lo jong (tib.)
Auch Lojong.
Das Sieben-Punkte-Geistestraining ist eine Zusammenstellung von Übungen zum Geistestraining und deckt den ganzen Weg zur Erleuchtung ab. Es ist ein effektives Training, um den Geist darin zu schulen, in allen Situationen, seien sie förderlich oder hinderlich, die Anhaftung an das vorgestellte Ich zu überwinden. Was immer passiert, es wird also genutzt, um Bodhicitta hervorzubringen und auf dem Weg zur Erleuchtung weiterzugehen. Im Sieben-Punkte Geistestraining wird die Praxis des Tonglen betont, mit der wir sehr viel Verdienst aufbauen können und Schwieriges auflösen können. Die Anweisungen für diese Geistesschulung stammen von Buddha Shakyamuni. Ein Kommentar wurde von Geshe Chekhawa zusammengestellt.
Dieses Sieben-Punkte Geistestraining ist nicht zu verwechseln mit den Sieben Übungen oder mit dem Sieben-Zeilen-Gebet.
Siehe auch „Tonglen" und „Sieben-Zeilen-Gebet".

Sieben Zeilen-Gebet:
Sehr bekanntes und tiefgründiges Gebet an Guru Rinpoche. Es wird vor allem in der Nyigmapa-Tradition verwendet.
Neben der offensichtlichen Anrufung gibt es eine innere und eine geheime Bedeutungsebene. Im Prinzip handelt es sich um ein Guru Yoga.
Siehe auch „Sieben-Punkte Geistestraining".

Siebenunddreißig Übungen der Bodhisattvas:
Eine Zusammenstellung des buddhistischen Weges in 37 Versen von Thogme Zangpo.
Es sind Übungen, in denen das beschrieben wird, was Bodhisattvas üben, um die erleuchtete Geisteshaltung hervorzubringen. In diesen Versen ist der Weg zur Erleuchtung enthalten.

Sieben Zweige der Erleuchtung:
Auf dem Pfad des Sehens, wenn man also die 1. Bodhisattvastufe erreicht hat, wendet man die Sieben Zweige der Erleuchtung an:
1. vollkommene Achtsamkeit,
2. vollkommenes unterscheidendes Gewahrsein,
3. vollkommene Ausdauer,
4. vollkommener Freudenzustand,
5. vollkommene Entspannung,
6. vollkommene Vertiefung,
7. vollkommener Gleichmut.

Siegreiche, Siegreicher:
Eine der Bezeichnungen für eine oder einen Buddha.

Shantideva: 7. Jhd. n. u. Z.
Er war ein indischer Dichter und Verwirklichter. Sein bekanntes Hauptwerk ist das Bodhicaryavatara, in dem es um Bodhicitta geht.

Skandha (skr.):
Wörtlich: „Haufen", „Ansammlung", „Gruppe".
Es sind die Bestandteile einer Person. Durch das Festhalten an diesen Ansammlungen, als einer vermeintlich unabhängig bestehenden Einheit, kommt es zur Ich-Illusion. Daraus ergibt sich das Leid im Daseinskreislauf.
Es gibt fünf Skandhas:
1. Form,
2. Empfindung,
3. Unterscheidung,
4. gestaltbildende Geistesfaktoren,
5. Bewusstsein.
Ein fühlendes Wesen im Begierdebereich oder im Formbereich ist durch die fünf Anhäufungen gekennzeichnet. Hier beschreibt die Anhäufung der Form den Körper, die anderen vier Skandhas sind Aspekte des Geistes.
Bei einem fühlenden Wesen im formlosen Bereich fehlt die Anhäufung der Form, die anderen vier Skandhas sind aber vorhanden.
Die fünf Skandhas haben Bezug zu den hauptsächlichen, störenden Gefühlen:
1. Form: Unwissenheit, Dummheit,
2. Empfindung: Stolz,
3. Unterscheidung: Begierde, Anhaftung,
4. gestaltbildende Geistesfaktoren: Neid,
5. Bewusstsein: Ärger.
Tatsächlich sind auch Dinge, wie ein Tisch, Anhäufungen ihrer Teile. Aber nur fühlende Wesen haben einen Geist.

Shravaka:
Siehe Hörerinnen und Hörer.

Srimaladevi: circa 500 v. u. Z.
Eine Königin, die drei große Gelübde vor Buddha Shakyamuni ablegte.

Statue, buddhistische:
Buddhistische Statuen stehen für den erleuchteten Körper. Sie werden in genau vorgeschriebener Weise hergestellt, unter anderem mit Mantren gefüllt, gesegnet und stehen typischerweise, aber nicht nur, auf buddhistischen Altären. Wir verwenden die Statuen von Meditationsaspekten als Unterstützung für die Vergegenwärtigung desselben Aspektes in der Meditation.

Stolz:
Eines der fünf grundlegenden störenden Gefühle, bei dem man sich für besser hält als andere.
Er kann zu einer Wiedergeburt im Bereich der Göttinnen oder der Götter führen.

Stupa:
chör ten (tib.)
Bedeutet wörtlich „Stütze für Gaben".
Buddhistisches Bauwerk, das in genau vorgeschriebener Weise erbaut, mit Reliquien, Mantren und Gaben gefüllt und dann gesegnet wird. Es symbolisiert den Geist Buddhas, wohingegen buddhistische Texte die erleuchtete Rede darstellen und Statuen für den erleuchteten Körper stehen.
An einer Stupa wird meditiert. Weiter werden Übungen ausgeführt, wie die Kora (Umrunden im Uhrzeigersinn), und es werden Gaben dargebracht.

Sukhasiddhi (skr.): 11. Jhd. n. u. Z.
de wa ngön drub (tib.)
Bedeutet wörtlich „Verwirklicherin der Freude".
Nachdem sie einem Bettler während einer Hungersnot das letzte Essen gegeben hatte und wohl auch selbst etwas davon gegessen hatte, wurde sie von ihrer Familie verstoßen. Sukhasiddhi baute dann ein erfolgreiches Geschäft auf. Als eine junge Frau, Avadhutima, immer wieder Essen und Bier für ihren Lehrer, Virupa, holte und auf Nachfrage von diesem erzählte, entstand im Geist von Sukhasiddhi tiefe Hingabe. Sie suchte diesen Lehrer auf und erhielt mit 61 Jahren erste Belehrungen. Dabei war sie so voller Hingabe, dass sie unmittelbar während der Ermächtigung Verwirklichung erreicht hat.

Sutra (skr.):
do (tib.):
Bedeutet örtlich „Faden" im Sinne von Leitfaden.
Es ist eine Bezeichnung für Buddhas Lehrreden. Aber nicht alle Sutren sind Lehrreden von Buddha Shakyamuni.
Weiter wird der Begriff im Großen Weg verwendet, um Sutra und Tantra zu unterscheiden. Durch genaues Untersuchen wird im Sutra die Ursache für Erleuchtung aufgebaut. Man spricht auch vom Ursachen-Merkmal-Weg, weil hier lange Zeit die Ursachen für die Erleuchtung angesammelt werden. Denn setzt man korrekt die Ursachen für Erleuchtung, kann auch „nur" Erleuchtung das Ergebnis sein, nichts anderes. Es handelt sich hier um Lehren des Buddhas, die alle praktizieren können, ohne dass dazu Übertragungen, wie Ermächtigungen, nötig sind.
Auch gibt es die Einteilung der Lehre Buddhas in 3 sogenannte Körbe, einer davon wird als Sutra bezeichnet. Die anderen sind Vinaya und Abidharma.
Siehe „Tantra".

Tantra (skr.):
gyü (tib.):
Wörtlich „Gewebe", „Geflecht".
Die Tantra-Texte sind die Basistexte des Vajrayana. Hier wird das Augenmerk auf das Ergebnis gelegt. Wir identifizieren uns mit der Erleuchtung, und die verwendeten Methoden ermöglichen sehr schnelle Ergebnisse.
Grundsätzlich unterteilen wir in verschiedene Tantraklassen. Eine der gängigsten Unterteilungen spricht von vier Tantraklassen. Es gibt aber auch andere Unterteilungen, zum Beispiel in sechs Tantraklassen.
Typisch für die Meditationen, die im Tantra verwendet werden, sind folgende Voraussetzungen: Ermächtigung (tib.: wang), Textübertragung (tib.: lung) und Texterklärung (tib.: thri). Um eine Ermächtigung erhalten zu können, sind die buddhistische Zuflucht und die erleuchtete Geisteshaltung erforderlich.
Siehe „Sutra".

Tashi Khyidren: circa 8. Jhd. n. u. Z.
Eine bhutanesische Prinzessin. Sie war eine Schülerin von Yeshe Tsogyal und später auch von Guru Rinpoche

Tausendarmiger Chenrezig:
Eine Form von Chenrezig, bei der er 1000 Arme hat.
Siehe „Chenrezig".

Teilretreat:
Bei einem Retreat oder Teilretreat nehmen wir für eine bestimmte Zeitspanne gewisse Einschränkungen für Körper, Sprache und Geist auf uns.
Solche Vorgaben schaffen damit erst den Freiraum dafür, dass wir uns ungestört und intensiv mit einer Übung befassen können. So gesehen sind es dann auch keine Einschränkungen. Denn diese Maßnahmen ergreifen wir, um die eigentlichen Einschränkungen, die im Alltag für unsere Praxis bestehen, zu vermindern oder teilweise auch auszuschalten. Bei einem Teilretreat, vielleicht über ein Wochenende zu Hause, sind die Einschränkungen weniger stark ausgeprägt. Zum Beispiel könnten wir zweimal zwei Stunden täglich meditieren und nicht telefonieren. Oder wir üben vier mal zwei Stunden und halten uns von Kommunikation und Informationserhalt, wie im Internet surfen, Tageszeitung lesen und so weiter, fern. Die Struktur können wir hier weitgehend selbst festlegen, sollten uns dann aber daran halten und bestimmte grundlegende Faktoren beachten. Es gibt auch eine Reihe von Informationen, die hilfreich für ein Retreat oder Teilretreat sind. Bevor wir ein derartiges Retreat zum ersten Mal machen, ist es also sehr sinnvoll, erfahrene Praktizierenden um Rat zu fragen. Es kann weiter gut sein, bevor wir alleine Retreats durchführen, an Gruppenretreats teilgenommen zu haben.

Tenjur:
Die Kommentare zu den direkten Lehren Buddhas, dem Kanjur.

Tertön Mingyur Dorje: 1645-1667
Er ist der Schatzfinder des Namchö Zyklus, der ein Terma ist.

Tibetisches Totenbuch:
Von Guru Rinpoche verfasster Text über Sterben, Tod und Zwischenzustand.

Tier, Tierbereich:
Einer der sechs Daseinsbereiche. Fühlende Wesen, die als Tier wiedergeboren werden, sind geistig dumpf, auch wenn sie in einzelnen Bereichen größere Fähigkeiten haben mögen als wir, also ohne Hilfsmittel fliegen können.
Das zugeordnete, störende Gefühl ist Unwissenheit.

Tonglen:
tong len (tib.)
Eine der wichtigsten Übungen des Großen Weges, um Bodhicitta hervorzubringen. Man nimmt in der Vorstellung das Leid aller fühlenden Wesen und dessen Ursache auf sich, und wir schenken ihnen unser komplettes, eigenes Glück und dessen Ursache. Wenn wir diese Meditation ausführen möchten, sind vorher mündliche Erklärungen dazu sinnvoll.

Torma:
Ein meist aus Mehl und Butter geformtes Ritualobjekt. Es kann eine Meditationsgottheit, ein Mandala, eine Gabe oder manchmal auch eine Waffe zum Bezwingen schwieriger Kräfte sein.

Tsa tsa Statue:
Eine kleine, buddhistische Statue aus Ton, die mit einer Gussform hergestellt wird und bemalt werden kann.
Es ist auch möglich, sie als kleines Reliquienbehältnis zu verwenden. Es gibt weitere Tsa tsas, beispielsweise kleine Stupas. Durch das Herstellen von Tsa tsas können wir Verdienst ansammeln.

Tsog (tib.):
Ganachakra (skr.)
Eigentlich tsog kyi khor lo (tib.)
Ein buddhistisches Ritual, in dem wir Essen und Getränke als Weisheitsnektar segnen, darbringen und dann zu uns nehmen.
Hierbei betrachten wir alle weiblichen Übenden als Verkörperung der Weisheit und alle männlichen Praktizierenden als Verkörperung der geschickten Mittel.
Wir sammeln durch das Tsog-Ritual Verdienst an, und die tantrischen Gelübde werden gereinigt und erneuert. Yeshe Tsogyal hat gesagt, dass, wenn wir auch nur ein einziges Mal Tsog (auf vollständige und perfekte Weise) praktizieren, die Türe zu den (drei) niederen Daseinsbereichen geschlossen wird. Auch werden Krieg, Hungersnöte und Krankheiten beruhigt, und Wünsche der Praktizierenden werden hindernisfrei erfüllt.. natürlich.., die guten Wünsche!

Tsurphu:
Dieser Ort war der tibetische Hauptsitz der Karmapas.

Übertragungslinie:
Buddhas Lehre und ihre Verwirklichung, die in ununterbrochener Linie von der Lehrerin oder dem Lehrer auf die Schülerin oder den Schüler mit schließlich gleicher Verwirklichung weitergegeben wurde.
Siehe auch „Linie".

Universeller Monarch:
Chakravartin (skr.)
Wird auch als universeller Herrscher bezeichnet.
Ein König, der aufgrund von sehr viel Verdienst über alle oder mindestens einen der vier Kontinente (nach buddhistischer Kosmologie) herrscht. Derzeit gibt es bei uns keinen universellen Monarchen, da niemand die völlige Herrschaft über unseren Kontinent (Jambudvipa) hat. Ein Weltenherrscher folgt der Lehre Buddhas und verbreitet sie überall.
Sein Zeichen ist das tausendspeichige Rad, welches für seine unbegrenzte Macht steht und für die Lehre Buddhas.

Unwissenheit:
Geisteszustand, der unklar ist und falsch beurteilt. Daher erkennt man nicht, was im eigenen Geist passiert. Das führt zu täuschenden Wahrnehmungen (Illusionen), der Geist folgt Gedanken und Gefühlen und das weitere Denken, Reden und Handeln wird davon geprägt. Unwissenheit bedingt also Anhaftung an ein erfundenes Ich, damit erscheint ein davon getrenntes, vermeintliches Du, und man handelt auf dieser Grundlage. Damit entsteht der Daseinskreislauf, ohne dass man versteht, wie er funktioniert, und somit hat man auch keine Kontrolle.
Aufgrund von Unwissenheit erkennt man auch die eigene Buddha-Natur nicht.Unwissenheit beziehungsweise Dumpfheit kann zu einer Wiedergeburt im Tierbereich führen.

Ursprüngliche Weisheit:
Die Weisheit, die nach innen gerichtet ist. Unterscheidende Weisheit ist nach außen gerichtet.

Ushnisha:
Eines der 32 körperlichen Hauptmerkmale der Vollkommenheit einer Buddha oder eines Buddhas. Sie beruht auf unermesslich viel Ansammlung von Gutem. Und sie ist ein Ergebnis von Verbeugungen.

Vajrabruder:
Siehe „Vajraschwester".

Vajraschwester:
Vajraschwestern oder Vajrabrüder sind diejenigen, die die Vajrayana-Gelübde halten und von derselben tantrischen Meisterin oder demselben tantrischen Meister eine Ermächtigung irgendeiner Tantraklasse erhalten haben. Dabei muss die Ermächtigung nicht zur gleichen Zeit erfolgt sein, und die Tantraklasse muss nicht dieselbe sein.
Siehe auch „Tantra".

Vajrasattva-Mantra:
Sehr effektives Reinigungsmantra. Normalerweise wird das Mantra verwendet, das aus hundert Silben besteht.
Das kurze Mantra lautet: Om benza sato hum.

Vajra-Stolz:
Wird auch als auch göttlicher Stolz bezeichnet.
Es ist ein nicht verblendeter Stolz. Man betrachtet sich selbst als Gottheit, die Umgebung wird als die einer Gottheit gesehen, und jedes Vergnügen wird als das der Gottheit erfahren. Er ist somit Gegenmittel gegen gewöhnliche Vorstellungen. Man geht dabei davon aus, dass man selbst die Gottheit (tatsächlich) ist. Es ist somit nicht wie eine Verkleidung im Karneval.
Ehe man sich selbst als Gottheit vergegenwärtigen kann, ist die entsprechende Ermächtigung nötig, die Zuflucht und die erleuchtete Geisteshaltung erfordert.

Vajrayana (skr.):
dor je theg pa (tib.)
Wird auch Mantrayana, Diamantweg oder Tantra genannt.
Der Große Weg gliedert sich in Sutra und Tantra (Tantra kann synonym für Vajrayana, Mantrayana oder Diamantweg verwendet werden).
Man findet aber auch die Auffassung, dass Vajrayana ein eigenständiger, vom Großen Weg getrennter Weg ist.
Grundlage des Vajrayanas sind die Erklärungen des Kleinen Weges, also beispielsweise die Information darüber, dass man Leid dauerhaft hinter sich lassen kann. Weiter die Unterweisungen der Sutraabteilung des Großen Weges, zum Beispiel über Bodhicitta.
Einer der Unterschiede zwischen Sutra und Tantra ist allerdings, dass im Sutra der Schwerpunkt auf den Geist gelegt wird. Im Tantra oder Vajrayana werden auch Körper und Sprache einbezogen. Auch steht im Sutra der Weg im Mittelpunkt, während im Vajrayana das Ergebnis, die Erleuchtung, in die tägliche Übung einbezogen wird. Weiter werden im Vajrayana spezielle Methoden verwendet, durch die Erleuchtung in einem Leben möglich werden kann. Die Motivation dafür ist, das Leid der fühlenden Wesen derart unerträglich zu finden, dass man ihnen so schnell wie möglich helfen möchte.
Im Vajrayana macht man die Übungen eher privat und nicht öffentlich, deshalb werden sie auch als geheim bezeichnet, und es gibt den Begriff „geheimes Mantrayana".

Die formale Praxis besteht beim Vajrayana in den vorbereitenden Übungen, weiter im Üben der Entstehungsphase (Erzeugungsphase) und der Auflösungsphase (Vollendungspase) der Meditation.
Insbesondere wird im Vajrayana auch geübt, alles so zu sehen, wie es von Natur aus ist, nämlich vollkommen makellos.
Siehe „Sutra" und „Tantra".

Verbeugung:
Wird auch Niederwerfung genannt.
Es handelt sich um eine Geste des Respekts und der Ehrerbietung.
Im Buddhismus erfolgen Verbeugungen mit dem Körper, mit der Rede und mit dem Geist vor den Repräsentantinnen und Repräsentanten der Erleuchtung. Diese Übung vermindert Stolz. Es gibt verschiedene Arten von Verbeugungen.
Siehe auch im Kapitel „Verehren".

Verdienst:
sö nam (tib.)
Es gibt auch die Bezeichnung „gute geistige Eindrücke".
Um Erleuchtung zu erreichen, ist es nötig, sehr viele gute geistige Eindrücke (Verdienst) anzusammeln und alle negativen geistigen Eindrücke zu bereinigen. Weiter ist der Segen der spirituellen Lehrerin oder des spirituellen Lehrers unerlässlich.
Verdienst ist dabei nicht vor allem etwas Materielles, obwohl gute geistige Eindrücke auch Gutes, wie Wohlstand, gute Umstände, Gesundheit und (vergängliches) Glück, zur Folge haben können. Viel wichtiger ist allerdings, dass unsere Fähigkeiten zunehmend verfügbarer werden und dass unsere Geisteshaltung positiver wird. Dadurch können wir noch mehr Verdienst aufbauen, wodurch wir wieder mehr Fähigkeiten zur Verfügung haben, zum Nutzen anderer und zum eigenen Nutzen. Und wir werden glücklicher.
Buddhistische Meditationen und Übungen bauen im Regelfall Verdienst auf und Negativität ab. Verdienst sollte dann in erster Linie der raschen und leichten Erleuchtung aller fühlenden Wesen gewidmet werden, in der Art, wie die Buddhas und Bodhisattva widmen. Sonst wird man das Gute wieder verlieren. Beispiele für Übungen, die sehr viel Verdienst aufbauen, sind die Mandala-Gaben und die Sieben Übungen.

Verwirklichung:
Dieser Begriff ist eine, eher weniger genaue Bezeichnung dafür, dass jemand auf dem buddhistischen Weg fortgeschritten ist. In der Regel kann man davon ausgehen, dass mindestens die Befreiung, maximal die Erleuchtung gemeint ist. Für allgemeine Wesen ist es nicht direkt ersichtlich, wie weit jemand auf dem buddhistischen Weg ist, daher kann man dann diesen Begriff verwenden.

Vier Arten, um fühlende Wesen anzuziehen:
Es handelt sich um vier Methoden, die vor allem von Dharmalehrerinnen und Dharmalehrern angewendet werden. Es sind:
1. Großzügigkeit,
2. beim Erklären der Lehre Buddhas angenehm sprechen,
3. den Bedürfnissen eines jeden fühlenden Wesens entsprechend lehren,
4. sich im Einklang damit verhalten, was man lehrt.

Vier Edle Wahrheiten:
Nach seiner Erleuchtung hat Buddha sieben Wochen lang nicht gelehrt, bis er darum gebeten wurde. Dann hat er als Erstes die Vier Edlen Wahrheiten erklärt:
1. Es gibt Leiden.
   Und zwar drei Arten von Leid. Denn stets stimmt und passt etwas nicht.
2. Es gibt eine Ursache für Leiden.
   Die grundlegende Ursache für Leid ist Unwissenheit. Man versteht nicht, wie der Daseinskreislauf funktioniert und wie man Erleuchtung erreicht.
3. Es gibt ein Ende des Leidens.
   Leid endet ab einem gewissen Verwirklichungsgrad.
4. Es gibt einen Weg zum Ende des Leidens.
   Leid endet nicht von alleine, es ist erforderlich, dass wir etwas tun. Das heißt, es ist nötig, dass wir die Methoden, die dafür erforderlich sind, lernen und kontinuierlich anwenden, und zwar unter qualifizierter Anleitung.

Vier Empfängerinnen, vier Empfänger:
Siehe im Kapitel „Gaben darbringen".

Vier Maras:
Siehe „Mara".

Vier Unermessliche:
Vier Wünsche, die beim strebenden Bodhicitta eingeordnet werden:
1. Mögen alle fühlenden Wesen Glück und die Ursache von Glück haben.
2. Mögen sie frei sein von Leid und der Ursache von Leid.
3. Mögen sie niemals von echter Freude, die frei von Leid ist, getrennt sein.
4. Mögen sie bei Nah und Fern, frei von Anhaftung und Abneigung, in großem Gleichmut verweilen.

Vierzehn tantrische Wurzelgelübde:
Es handelt sich um das grundlegende Versprechen im Diamantweg (Vajrayana, Mantrayana oder auch Tantra oder Tantrayana), durch die wichtige Fehler vermieden werden. In ihrer Essenz sind sie wesentlich, um eine gute Verbindung zur Dharmalehrerin oder zum Dharmalehrer aufrechtzuhalten, und ihr Dreh- und Angelpunkt ist Bodhicitta.

Vinya:
Saiteninstrument, das typischerweise von Sarasvati gespielt wird.
Siehe „Sarasvati."

Virupa:
Ein Inder und einer der 84 Mahasiddhas. Er ist bedeutend für die Sakya-Linie des tibetischen Buddhismus.

Vollendungsstufe:
Auch Vollendungsphase/-stufe, Verschmelzungsphase oder Auflösungsphase.
Es handelt sich um den Teil der Meditation, in dem die Vergegenwärtigung in Licht aufgelöst wird und in uns hinein verschmilzt. Wir verschmelzen mit einem Buddha-Aspekt. Danach verweilen wir in der Erfahrung der Leerheit, das heißt, frei vom Greifen nach einem vermeintlich vorhandenen Ich, so gut, wie wir können. Hierbei ist die Visualisierung transparent, und wir trennen, so gut wie möglich, nicht in Entstehen und dann Auflösenlassen. Es ist also eher ein fortlaufender Prozess. Das, was entsteht, ist transparent und wird dann wieder aufgelöst. Es heißt auch, dass es sei, wie wenn wir Wasser in Wasser gießen würden, was aber hieße, dass die Menge des Wassers zunehmen würde. Wichtig ist, zu verstehen, dass der wesentliche Punkt bei dieser Erklärung nicht ganz erfasst ist. Das ist oft bei Analogien der Fall. Tatsächlich sind Verschmelzen oder Auflösen so, wie wenn wir die Wände und die Decken eines Zimmers einreißen. Der Raum im Zimmer und außerhalb des Zimmers war immer derselbe und ist und wird auch nicht mehr oder weniger. Die Wände und die Decke, die den Raum trennen, wurden nur irrigerweise so wahrgenommen.
Der Schwerpunkt in dieser Phase liegt auf der Einsichtsmeditation (Lhagtong).
Weiter wird die Meditation über die Kanäle und Energien des, als Vajra-Körper visualisierten, eigenen Körpers, Vollendungsphase genannt.
Siehe „Entstehungsstufe" und „Meditation".

Wahrheitskörper:
chö ku (tib.), Dharmakaya (skr.)
Wird auch als Wahrheitszustand bezeichnet.
Erleuchtete haben mehrere Körper, meistens ist von drei Körpern die Rede.
Hierbei dient der Wahrheitszustand (oder -körper) dem eigenen Nutzen. Der Freudenzustand (oder -körper) und der Ausstrahlungszustand (oder -körper) bringen beide den Nutzen von anderen hervor.
Der Ausstrahlungszustand kann von denen gesehen werden, die das gute Karma dafür haben. Ein Beispiel für diese Art von Körper ist Buddha Shakyamuni. Tatsächlich können Buddhas aus Mitgefühl viele Formen annehmen. Die perfekteste Form ist aber die einer Buddha oder eines Buddhas. Ein Beispiel für den Freudenzustand ist Grüne Tara. Allerdings ist der Freudenzustand nur für fortgeschrittene Bodhisattvas direkt wahrnehmbar.
Der Wahrheitszustand ist das letztendliche, zeitlose Wesen einer Buddha beziehungsweise eines Buddhas, jenseits von Beschreibbarkeit.

Wege des Strebens nach dem Vollendeten Wirken der Edlen:
Siehe „König(in) unter den Wegen des Strebens nach dem vollendenden Wirken der Edlen."

Weisheitsbuddha:
Manjushri (skr.)
Meditationsaspekt der perfekten Weisheit.

Weisse Tara:
Sitatara (skr.), dröl kar beziehungsweise döl kar (tib.)
Wird auch als Weiße Befreierin bezeichnet.
Sie ist eine weibliche Meditationsgottheit mit weißer Körperfarbe im vollen Lotussitz. Typisch sind ihre 7 Augen, mit denen sie liebevoll auf alle fühlenden Wesen schaut und deren Leid sie sehen kann. Diese 7 Augen umfassen, neben den üblichen beiden Augen, das Weisheitsauge in der Mitte der Stirn und weitere vier Augen, jeweils eines auf jeder Handfläche und auf jeder Fußsohle.
Weisse Tara wird vor allem mit langem Leben in Verbindung gebracht. Weiter verhilft sie zu Gesundheit, fortgeschrittenen Meditationszuständen und Klarheit.

Weltenherrscher:
Siehe „Universeller Herrscher".

Weltzeitalter:
kal pa (tib.)
Wird auch als Zeitalter, kosmisches Zeitalter oder Kalpa bezeichnet.
Umfasst den Zeitraum des Entstehens, Bestehens, Vergehens und Brachliegens eines Universums.
Hierbei besteht ein Großes Kalpa aus 20 Teilkalpas.
Und ein Teilkalpa hat wiederum vier Phasen:
1. Entstehen einer Welt,
2. Bestehen dieser Welt,
3. Zerfall dieser Welt,
4. Phase der Leere.
Somit ergeben sich 20 Teilkalpas mit je vier Phasen, das sind 80 Teilkalpa-Phasen pro Kalpa.
In einer Analogie wird ein großes Weltzeitalter so beschrieben: Es dauert so lange, wie eine Taube, die alle hundert Jahre ein Reiskorn an der gleichen Stelle fallen lässt, benötigt, um dadurch einen Reisberg in der Höhe des Berges Meru (das ist die Mittelachse unserer diskusförmigen Galaxis) anzuhäufen.
Ein andere traditionelle Analogie ist: Wenn eine Jungfrau alle drei Jahre mit ihrer Kleidung einen zehn Kubikmeilen großen Felsen bestreicht, dauert es ein kleines Kalpa, bis dieser abgetragen ist.

Wiedergeburt:
Dieses Leben ist kein singulärer, in sich abgeschlossener Event oder Vorgang.

Denn im Wesentlichen verläuft der Daseinskreislauf in den vier Phasen Geburt, Leben, Tod, Zwischenzustand. Und diese Phasen wiederholen sich fortlaufend. Das heißt, es erfolgt erneut Geburt, Leben, Tod und so weiter.

Wiedergeburt bezeichnet hier die jeweils erneute Geburt, kann aber auch das gesamte neue Leben beschreiben.

In Wirklichkeit ändert sich die Täuschung in unserem Daseinsbereich zwar fortlaufend. Es gibt aber radikalere Änderungen, dazu gehören Geburt und Tod. Tatsächlich kann die Wiedergeburt bei entsprechender Verwirklichung zum Besten der fühlenden Wesen auch vollkommen bewusst gesteuert werden.

Aber auch schon vorher kann man selbst die nächste Wiedergeburt bis zu einem gewissen Ausmaß beeinflussen. Hierzu gibt es verschiedene Maßnahmen, eine davon ist Phowa. Weiter kann man auf die nächste Wiedergeburt beim eigenen Sterben, durch gute Wünsche zum Wohle der fühlenden Wesen, Einfluss ausüben. Aber man kann dann nicht steuern, wo man genau wiedergeboren werden wird.

Auch kann eine entsprechend qualifizierte Lama oder ein entsprechend qualifizierter Lama bei einer anderen Person in deren Zwischenzustand hilfreichen Einfluss auf die nächste Wiedergeburt nehmen.

Schließlich können auch weniger Qualifizierte im Zwischenzustand Hilfestellung geben, zum Beispiel durch das Rezitieren des Hundertsilbenmantras von Vajrasattva für die Verstorbene oder für den Verstorbenen.

Siehe auch im Kapitel über „Die Vier Ursachen für eine Wiedergeburt in Dewachen".

Wunscherfüllender Baum:
Bezeichnet einen magischen Baum. Seine Wurzeln reichen bis zum Bereich der Halbgöttinnen und Halbgötter hinab, seine Früchte reifen in einem der Götterbereiche.

Wunschgebete:
mön lam (tib.)
Wir machen im buddhistischen Kontext Wunschgebete, deren Essenz ist, dass alle fühlenden Wesen rasch und leicht Erleuchtung erreichen und dass es ihnen auch schon vorher gutgehen möge. Diese Wunschgebete sind Ausdruck des Wunsches, Bodhicitta hervorzubringen, es nicht abnehmen zu lassen, es anwachsen zu lassen und es zu vervollkommnen. Tatsächlich ist dafür, dass Wunschgebete Wirklichkeit werden, Verdienst erforderlich. Schneller reifen sie heran, wenn man sich immer wieder darüber freut, dass man sie gemacht hat.

Dabei sind Wunschgebete im buddhistischen Kontext auch wieder eine Möglichkeit, Verdienst anzusammeln. Wunschgebete sind das achte Paramita, gehören also zu den Übungen des Erleuchtungsgeistes der Anwendung. Alle Bodhisattvas machen umfangreiche Wunschgebete.

Beispiele für Wunschgebete findet man im Samantabhadra Wunschgebet und im 10. Kapitel des Bodhicaryatara.

Siehe „Sechs Paramitas".

Wurzellama:
Die oder der Lama, die oder der uns in die Natur des Geistes einführt.

Yeshe Tsogyal: 8. Jhd. n. u. Z.
Eine Tibeterin, die einen regionalen Großkönig heiratete. Am Hof ihres Mannes lernte sie Guru Rinpoche kennen, der ihr Lehrer und ihr Gefährte wurde. Sie praktizierte unter teilweise sehr harten Bedingungen und mit verschiedenen Gefährten. Weiter war sie maßgeblich daran beteiligt, den Buddhismus in Tibet auszubreiten.

Yidam:
yi dam (tib.)
Wird auch als persönlicher Meditationsaspekt, persönliche Übungsgottheit, Gottheit oder Meditationsgottheit bezeichnet.
Yidams sind weibliche oder männliche Buddhas im Freudenzustand, und sie repräsentieren jeweils eine der besonderen Qualitäten des erleuchteten Geistes, zum Beispiel Furchtlosigkeit und schnelle Hilfe (Grüne Tara).
Auf diese persönliche Meditationsgottheit stützen wir uns bei unserer Praxis und identifizieren uns mit ihr. Das bedeutet, wir üben mit ihr und durch sie. Am Besten verwenden wir die Meditationsgottheit, zu der wir die engste Verbindung haben. Diese Praxis ist dann für die jeweilige Übende oder für den jeweiligen Übenden die schnellste Methode dafür, um mit einem Yidam als Stütze den Buddhazustand zu verwirklichen. Am Besten hilft uns eine oder ein Lama dabei, unseren Yidam ausfindig zu machen.
Tatsächlich gibt es sehr viele Yidams, aber wir benötigen lediglich eine oder einen. Es ist ähnlich wie in der Apotheke: Es gibt sehr viele Mittel, aber wir müssen sie nicht alle nehmen. Das passende einzunehmen reicht.
Um diese Art von Meditationen, die zum Vajrayana gehören, erfolgreich üben zu können, benötigen wir die Übertragungen dafür. Das bedeutet mindestens, neben der Zuflucht, die erleuchtete Geisteshaltung, die Ermächtigung, die Textübertragung und die Texterklärung.
Allgemein können wir bestimmte Meditationen mit einem Yidam als Stütze unter Umständen auch ohne Übertragungen beginnen oder ausführen. Allerdings wirken sie dann nicht so gut. Weiter gibt es aber auch Meditationen, die ohne die entsprechenden Übertragungen nicht ausgeführt werden dürfen.
Der Yidam ist eine der drei Wurzeln der Zuflucht und steht für die Quelle der Verwirklichung, da wir diese durch die Praxis auf ihn erreichen.
Die Gottheit oder Meditationsgottheit ist nicht zu verwechseln mit Göttin oder Gott. Letztere Bezeichnungen beziehen sich im buddhistischen Kontext auf fühlende Wesen in einem der sechs Daseinsbereiche, sie sind also weder befreit noch erleuchtet.
Weiter bezeichnet Gott im normalen Sprachgebrauch und in anderen Religionen ebenfalls etwas anderes als Meditationsgottheit (verwirklicht) und Göttin oder Gott (nicht verwirklicht) im Buddhismus.
Siehe „Drei Wurzeln" und „Vajrayana".

Yogini, Yogi:
Bezeichnet wörtlich jemanden, die oder der Verbindung mit der eigenen, wahren Natur herstellt. Der Begriff wird für ernsthaft Praktizierende des Vajyayana verwendet. Yogini ist die weibliche Form, und Yogi ist die männliche Form.

Zehn Möglichkeiten:
Um Erleuchtung zu erreichen, ist eine Wiedergeburt als Mensch nötig. Darüber hinaus sind bestimmte Bedingungen erforderlich, die diese Wiedergeburt als Mensch zu einem Dasein in einem kostbaren Menschenkörper machen. Zu diesen Bedingungen gehören auch die zehn Möglichkeiten, es sind zehn förderliche Umstände.
Siehe im Kapitel „Mitfreude".

Zehn Richtungen:
Die vier Himmelsrichtungen, die vier Richtungen dazwischen, sowie oben (Zenit) und unten (Nadir). Es ist eine Bezeichnung für überall.

Zeitalter:
Siehe „Weltzeitalter".

Zuflucht:
kyab dro (tib.)
Bedeutet wörtlich "Zum Schutz gehen".
Angenommen, wir sind in den Bergen unterwegs, es wird gerade dunkel, wir sind hungrig, es ist sehr kalt, und es zieht ein Sturm auf. Dann sehen wir auf einmal eine Hütte. Hier werden wir den Schlüssel nur suchen und durch die Türe in die Hütte hineingehen wollen, wenn wir Vertrauen haben, dass wir im Inneren auch tatsächlich Schutz finden werden. Vermuten wir in der Hütte eine Gefahr oder denken, dass sie keinen Schutz bieten wird, werden wir sie nicht betreten wollen. Analog ist es bei der buddhistischen Zuflucht, an die wir uns wenden, um Schutz vor allem Leid im Daseinskreislauf zu finden.
Voraussetzungen für die Zuflucht sind somit:
1. die Angst vor Leid und
2. das Vertrauen in die Kapazität der Drei Juwelen, uns davor zu beschützen.
Wir erkennen also, dass wir schutzbedürftig sind und Hilfe benötigen. Weiter, dass wir Schutz vor Leid und Hilfe nicht bei Bedingtem finden, also durch Geld, Idole, Methoden oder durch eine Karriere. Denn das alles kann nützlich sein, ist aber vergänglich und hilft einem nicht, Leid dauerhaft hinter sich zu lassen.
Wir wenden uns also mit Hingabe und Vertrauen den Drei Juwelen zu:
1. Buddha ist unser Ziel, es ist der erleuchtete Geisteszustand.
2. Dharma zeigt uns die Reiseroute zur Erleuchtung auf.
3. Verwirklichte Sangha sind diejenigen, die Buddhas Lehre authentisch üben, sie weitergeben und mindestens Befreiung erreicht haben. Es ist unsere kundige Reisebegleitung.

Hierbei ist Buddha, der erleuchtete Geist, die letztendliche Zuflucht. Dharma und Sangha sind die vorläufige Zuflucht.

Buddhistin oder Buddhist wird man, indem man Zuflucht zu den Drei Juwelen nimmt. Im Diamantweg (Vajrayana) nimmt man weiter Zuflucht zu Lama, Yidam und Schützerin beziehungsweise Schützer.

Unsere tatsächliche Zuflucht im Großen Weg ist jedoch nichts anderes als unser eigener, erleuchteter Geist und damit Bodhicitta. Und Bodhicitta wird freigelegt, wenn wir diesen Schutz auch unbedingt für andere erreichen möchten.

Zuflucht nehmen:

Die wörtliche und sinnvolle Übersetzung ist, dass wir dahin gehen, wo Schutz ist.

Die Zuflucht bringt uns, wenn wir dauerhaft frei von Leid werden wollen, von falschen Wegen auf den richtigen Weg. Es ist der Weg, der uns und anderen eine glückbringende Richtung eröffnet. Und dieser Weg hat zum Ziel, dass alle unseren Begrenzungen, alle unsere Schwierigkeiten, beendet werden. Und dass wir unsere zahllosen, unermesslichen Fähigkeiten, unseren Reichtum, uneingeschränkt zur Verfügung haben. Die Zufluchtnahme enthält die Essenz des Dharmas, und es ist wichtig sie zu praktizieren. Sie verschließt den Eingang zu niedrigen Wiedergeburten, und sie ist das Gegenmittel gegen alle Probleme.

Formal wird bei der Zufluchtnahme bei einer oder einem Lama etwas Haar abgeschnitten. Das erinnert daran, dass sich Buddha, nach Verlassen der Heimat und seiner Familie, das Haar abgeschnitten hatte.

Weiter erhält man einen buddhistischen Namen als gutes Zeichen. Hierbei weist der Zufluchtsname auf Qualitäten hin, die wir haben.

Der Bodhisattvaname weist auf die Aktivität hin, die wir entwickeln werden.

Zur-Freude-Gegangene, Zur-Freude-Gegangener:

Andere Bezeichnung für Buddhas, denn der Buddhazustand ist, unter unermesslich vielem anderem, gekennzeichnet durch perfekte Freude.

Zwischenzustand:

bar do (tib.)

Wird auch als Bardo bezeichnet.

Verschiedene grundlegende Zustände des Bewusstseinsstromes. Sie werden in sechs Phasen unterteilt: dieses Leben, Traum, meditative Versenkung, Sterben, die erste Phase des Zwischenzustandes und dessen zweite Phase.

Im engeren Sinn ist Bardo die Bezeichnung für die Zeit zwischen Tod und erneuter Wiedergeburt, die in der Regel sieben Wochen dauert. Es gibt Wiedergeburten, die sofort nach dem Tod, ohne Zwischenzustand, stattfinden, zum Beispiel nach Ausführen der fünf extremen Handlungen. Oder, wenn man nach diesem Leben im formlosen Bereich wiedergeboren wird. Weiter, wenn man in Dewachen wiedergeboren wird.

Siehe auch „Fünf extreme Handlungen" und „Dewachen", sowie im Kapitel „Die Vier Ursachen für eine Wiedergeburt in Dewachen".

7. Nachweis der Zitate

Nr.	Seite im Buch	Zitat von/Herkunft	Fundstelle	Seitennummer
1	23	Manibhadra	Angelika Prenzel (Hrsg.), „Dakinis", Buddhistischer Verlag, Wuppertal, 2007	149
2	26	Kisagotami	Susan Murcott, „First Buddhist Women" Parallax Presse, Berkeley, 1991/2006	100
3	32	Atisha	allgemein bekannt	-
4	35	keine Angabe	Chenga Sherab Jungne, „Funkensprühen des kostbaren Vajras", Garchen Stiftung, München, 2014	56
5	38	allgemeiner Spruch	Patrul Rinpoche, Die Worte meines vollendeten Lehrers", 5. Auflage, Arbor Verlag, Freiamt, 2005	369
6	54	Buddha	allgemein bekannt	-
7	58	Buddha	allgemein bekannt	-
8	61	Jetsünma Chimey Lüding Rinpoche	Interview: „Frauen: eine buddhistische Sicht"	-
9	62	-	allgemein bekannt	-
10	68	3. Karmapa	Lama Ole Nydahl, „Das große Siegel", Joy Verlag, Sulzberg, 1998	190 und 198
11	107	aus einem Tantra	Patrul Rinpoche, „Die Worte meines vollendeten Lehrers", 5. Auflage, Arbor Verlag, Freiamt, 2005	390
12	108	aus einem Tantra	Patrul Rinpoche, „Die Worte meines vollendeten Lehrers", 5. Auflage, Arbor Verlag, Freiamt, 2005	391
13	108	Spruch	Patrul Rinpoche, „Die Worte meines vollendeten Lehrers", 5. Auflage, Arbor Verlag, Freiamt, 2005	391
14	108	Spruch	allgemein bekannt	
15	109	Buddha	allgemein bekannt	-
16	112	Buddha	allgemein bekannt	-
17	120	Djamgön Kongtrül Rinpoche	Djamgön Kongtrül Rinpoche, „Mahamudra, das Licht des wahren Sinnes" Norbu Verlag, Obermoschel, 2014	162,163
18	120	Djamgön Kongtrül Rinpoche	Djamgön Kongtrül Rinpoche, „Mahamudra, das Licht des wahren Sinnes" Norbu Verlag, Obermoschel, 2014	164

19	120	Djamgön Kongtrül Rinpoche	Djamgön Kongtrül Rinpoche, „Mahamudra, das Licht des wahren Sinnes" Norbu Verlag, Obermoschel, 2014	165
20	121	Kalu Rinpoche	Kalu Rinpoche, „Den Pfad des Buddha gehen", Barth Verlag, bzw. Scherz Verlag, u.a. Wien, 4. Auflage, 1998	205
21	121	Patrul Rinpoche	Patrul Rinpoche, „Die Worte meines vollendeten Lehrers", 5. Auflage, Arbor Verlag, Freiamt, 2005	398
22	125	Drugpa Künleg	allgemein bekannt	-
23	125	Drugpa Künleg	allgemein bekannt	-
24	128	Rahulabadra	allgemein bekannt	-
25	129	Niguma	allgemein bekannt	-
26	129	Tibetisches Sprichwort	allgemein bekannt	-
27	144	Saraha	allgemein bekannt	-
28	151	Buddha	Susan Murcott, „First Buddhist Women" Parallax Presse, Berkeley, 1991/2006	148
29	160	Buddha	allgemein bekannt	
30	166	Mantra	allgemein bekannt	
31	166	Grüne Tara	allgemein bekannt	
32	167	Mandarava	„The life and liberation of Princess Mandarava, Wisdom Publication, Boston 1998	90
33	168	Ratnaketu	Padmasambhava, „Tibetisches Totenbuch", Arkana, München, 2. Auflage, 2008	303
34	168	Ratnaketu	Padmasambhava, „Tibetisches Totenbuch", Arkana, München, 2. Auflage, 2008	303
35	187	Mandarava	allgemein bekannt	-
36	204	Lehrrede von Buddha	allgemein bekannt	-
37	208	Yeshe Tsogyal	Angelika Prenzel (Hrsg.),„Dakinis", Buddhistischer Verlag, Wuppertal, 2007	137
38	215	Karmapa	allgemein bekannt	
39	233	Shantideva	allgemein bekannt	
40	266	Mantra	allgemein bekannt	
41	266	Mantra	allgemein bekannt	
42	278	Königstantra des geheimen Nektars	Gampopa, „Der kostbare Schmuck der Befreiung", Norbu Verlag, Obermoschel, 3. Auflage, 2017	225

43	301	„Kleines Manual achtsamer Meditation"	Gampopa, „Der kostbare Schmuck der Befreiung", Norbu Verlag, Obermoschel, 3. Auflage, 2017	92
42	308	Punnika	Susan Murcott, „First Buddhist Women" Parallax Presse, Berkeley, 1991/2006	191 ff
43	330	Buddha Sutra des Weisen und des Törichten	Patrul Rinpoche, „Die Worte meines vollendeten Lehrers", 5. Auflage, Arbor Verlag, Freiamt, 2005	179
44	333	Buddha Sutra der hundert Taten	Patrul Rinpoche, „Die Worte meines vollendeten Lehrers", 5. Auflage, Arbor Verlag, Freiamt, 2005	173
45	350	Mondlicht Sutra	Gampopa, „Der kostbare Schmuck der Befreiung", Norbu Verlag, Obermoschel, 3. Auflage, 2017	172
46	352	Buddha	Gampopa, „Der kostbare Schmuck der Befreiung", Norbu Verlag, Obermoschel, 3. Auflage, 2017	140
48	354	Buddha Sutra des goldenen Lichts	Gampopa, „Der kostbare Schmuck der Befreiung", Norbu Verlag, Obermoschel, 3. Auflage, 2017	131
49	382	vom Haushälter Viradatta erbetenes Sutra	Gampopa, „Der kostbare Schmuck der Befreiung", Norbu Verlag, Obermoschel, 3. Auflage, 2017	141
50	382	„Eintritt in die Bodhisattva Praxis"	Gampopa, „Der kostbare Schmuck der Befreiung", Norbu Verlag, Obermoschel, 3. Auflage, 2017	142
51	382	„Eintritt in die Bodhisattva Praxis"	Gampopa, „Der kostbare Schmuck der Befreiung", Norbu Verlag, Obermoschel, 3. Auflage, 2017	142
52	388	Makelloses Sutra	Patrul Rinpoche, „Die Worte meines vollendeten Lehrers", 5. Auflage, Arbor Verlag, Freiamt, 2005	256
53	389	Atisha	Patrul Rinpoche, „Die Worte meines vollendeten Lehrers", 5. Auflage, Arbor Verlag, Freiamt, 2005	327
54	393	unbekannt	Patrul Rinpoche, „Die Worte meines vollendeten Lehrers", 5. Auflage, Arbor Verlag, Freiamt, 2005	203
55	418	Gampopa	Gampopa, „Juwelenschmuck der Befreiung", Tashi Verlag, Elmshorn, 2. Auflage, 2005	127
56	434	Yeshe Tsogyal	„Lady of the Lotus Born", Shambala, Boston u. London, 2002	162

57	450	von Aksayamati erbetenes Sutra	Gampopa, „Der kostbare Schmuck der Befreiung", Norbu Verlag, Obermoschel, 3. Auflage, 2017	163
58	457	Sutra des Weisen und des Törichten	Patrul Rinpoche, „Die Worte meines vollendeten Lehrers", 5. Auflage, Arbor Verlag, Freiamt, 2005	179
59	490	Widmung	allgemein verwendet	-
60	490	Z u f l u c h t u n d Bodhisattva-versprechen	allgemein verwendet	-
61	491	Widmung	allgemein verwendet	-
62	492	6. Shamarpa, Chökyi Wangchug	Übersetzung aus dem Tibetischen und Englischen: Brigitte Thelen	-
63	493	Tertön Mingyur Dorje	allgemein bekannt	-
64	499	Kürzeste Fassung der Sieben Übungen	allgemein bekannt	-
65	500	Kurze Fassung der Sieben Übungen	allgemein bekannt	-
66	500	Machig Labdrön	Tsültrim Allione, „Tibets weise Frauen", Theseus Verlag, Berlin, 2001	206
67	501-502	Geist-Terma: „Die tiefgründige E s s e n z d e r Befreierin"	„Das Ritual der Grünen Tara", Norbu Verlag, Obermoschel, 2008	11
68	502	Autor_in im Text nicht angegeben	Milarepa Guru Yoga, Norbu Verlag, Obermoschel, 2006	9
69	503	9. Karmapa	9. Karmapa„Meditation auf den Lama", BDD Verband, Wuppertal, 2002	8
70	504-505	Samantabhadra Wunschgebet	Buddha, „Der König unter den Wegen des Strebens nach dem vollendeten Wirken der Edlen", Bodhi Verlag, Wien, 2007	17-19
71	506-.508	Padmasambhava	Padmasambhava, „Tibetisches Totenbuch", Arkana, München, 2. Auflage, 2008	123 ff
72	Rück-seite	Shamar Rinpoche	Mündliche Belehrung, Renchen-Ulm, Bodhipath	-
73	Rück-seite	Mipham Rinpoche	Mipham Rinpoche, „Gateway to knowledge", Band 3, Rangjung Yeshe, Boudhanath u.a. 2002	214

Ausschließlich englische Übersetzungen seitens der Autorin sind nicht extra gekennzeichnet. Dass übersetzt wurde, ergibt sich aus der Tatsache, dass ein Titel englischsprachig ist.

8. Adressen

Einerseits ist es sinnvoll und hilfreich, Adressen von wichtigen Zentren und Organisationen zur Verfügung zu stellen. Andererseits hat die Verfasserin keinen ausreichenden Überblick über die Gruppen, Lehrerinnen und Lehrer und Zentren anderer Linien im deutschsprachigen Raum.

Daher sei auf die Deutsche Buddhistische Union verwiesen.

Bezüglich der Karma-Kagyü-Linie wurde im Buch von Lama Jigme Rinpoche, welches verfasserinnenseits herausgegeben wird, eine Seite mit Adressen von großen und wichtigen Zentren der Karma-Kagyü Linie eingefügt. Im Zweifelsfall sei hierauf verwiesen.

9. Nachwort

Inzwischen haben wir viel Material an die Hand bekommen, um den besten Film vieler Weltzeitalter nicht nur sehen, sondern auch hoffentlich auch immer mehr genießen zu können.

Der Film heißt:

„Wie ich dabei bin, zu erkennen, dass es „Ich" nicht so gibt, wie ich bisher dachte."

Untertitel:

„Meine Abenteuer auf der erfolglosen Suche nach meinem wirklichem Ich."

Anschließend drehen wir die Fortsetzung:

„Erleuchtung für alle".

Untertitel:

„`Meine´ Abenteuer auf dem Rettungseinsatz für alle fühlenden Wesen."

10. Die Autorin

Die Autorin mit dem Mantra aus dem Forceful Waterfall Sutra, das auf ein T-Shirt aufgedruckt wurde.

Dieses Mantra zu sehen, reinigt die leidbringenden Handlungen von dreihundert Millionen Weltzeitaltern (Kalpas)!

Photo und Copyright: des Photos: Brigitte Thelen

Brigitte Thelen wurde in den 60er Jahren geboren. Von Jugend auf geschäftliche Aktivitäten. Nach dem Studium der Pharmazie Tätigkeit als Apothekerin, anschließend fünf Jahre Studium der Humanmedizin mit Physikum und erstem medizinischen Staatsexamen, dann Ausbildung zur Heilpraktikerin. Jahrelange Tätigkeit in naturheilkundlicher Praxis in München und Vortragstätigkeit. Autorin mehrerer Bücher.

Seit 1998 Auseinandersetzung mit dem tibetischem Buddhismus, überwiegend in der Karma-Kagyü-Linie unter Leitung des 17. Karmapa Thaye Dorje und auch Erhalt einer ganzen Reihe von Übertragungen und Unterweisungen von buddhistischen Lehrerinnen und Lehrern aus anderen Linien des tibetischen Buddhismus.

Übersetzerin und Herausgeberin von „Unsere Gefühle, Schlüssel zu Freude und Glück" (derzeit 5. Auflage) von Lama Jigme Rinpoche.